U0938652

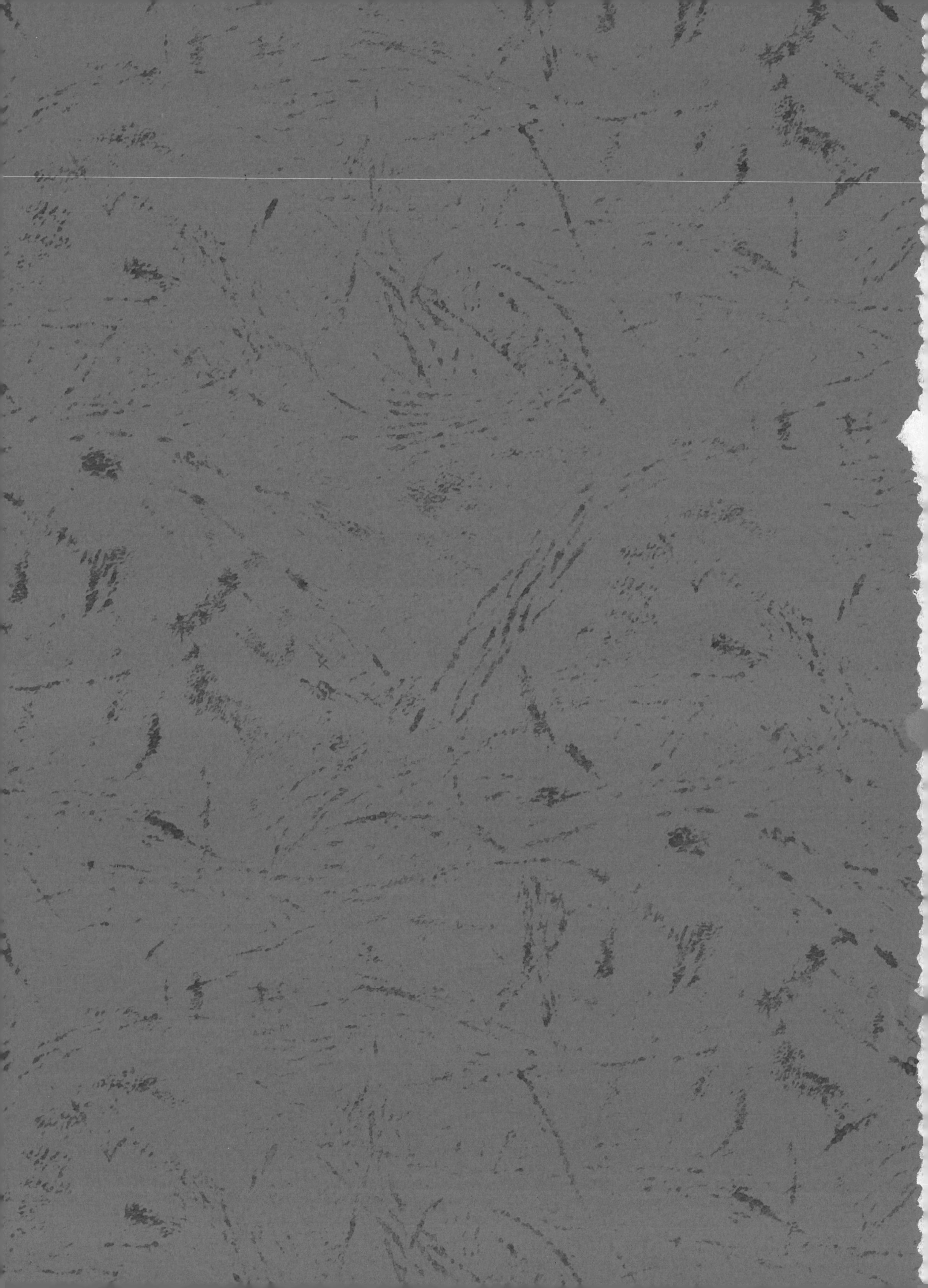

2018

浙江外事僑務年鑑

《浙江外事侨务年鉴》编纂委员会 编

ZHEJIANG FOREIGN AND OVERSEAS CHINESE AFFAIRS YEARBOOK

ZHEJIANG UNIVERSITY PRESS
浙江大学出版社

图书在版编目（CIP）数据

浙江外事侨务年鉴. 2018 /《浙江外事侨务年鉴》编纂委员会编. -- 杭州 : 浙江大学出版社, 2018.11
ISBN 978-7-308-18675-9

Ⅰ. ①浙… Ⅱ. ①浙… Ⅲ. ①外事管理—浙江—2018—年鉴②华侨事务—浙江—2018—年鉴 Ⅳ. ①D827.55-54②D634-54

中国版本图书馆CIP数据核字(2018)第223704号

2018

浙江外事侨务年鉴

《浙江外事侨务年鉴》编纂委员会编

责任编辑	李海燕
责任校对	孙秀丽　严晓萍
封面设计	王一之
出版发行	浙江大学出版社
	（杭州市天目山路148号　邮政编码310007）
	（网址：http://www.zjupress.com）
排　　版	浙江新华图文制作有限公司
印　　刷	浙江新华数码印务有限公司
开　　本	889mm×1194mm　1/16
印　　张	22.75
插　　页	8
字　　数	500千
版 印 次	2018年11月第1版　2018年11月第1次印刷
书　　号	ISBN 978-7-308-18675-9
定　　价	150.00元

编 辑 说 明

一、《浙江外事侨务年鉴》由浙江省人民政府外事侨务办公室主持编纂，是浙江省涉外涉侨工作年度大事、新事和要事的信息资料文献。

二、《浙江外事侨务年鉴（2018）》主要记述2017年1月1日至12月31日期间发生的涉外涉侨事件。鉴于浙江省人民政府外事侨务办公室与浙江省人民政府港澳事务办公室合署这一实际情况，本年鉴将港澳工作也列入收编范围。

三、《浙江外事侨务年鉴（2018）》设图记、特载、省级外事侨务、部门外事侨务、高校外事侨务、地市外事侨务六大栏目，共有条目1500余条。条目一般按事件发生时间的先后顺序排列。

四、本年鉴列有详细目录。为方便读者保存和查阅，配有光盘。

五、本年鉴所收内容（含图片）均由省外事侨务办公室各处（室）和直属单位，各地市外事（侨务）办公室，以及省级各有关部门、单位和驻浙机构提供。年鉴的编辑、出版得到全省各级各单位外事侨务部门的高度重视与积极配合。借此，谨向参与年鉴编辑工作的领导和作者致谢。因编辑水平所限，书中难免有不足之处，敬请广大读者批评指正。

《浙江外事侨务年鉴》编辑部

2018年11月

2017年4月5日，省长车俊会见柬埔寨国王西哈莫尼。

2017年4月9日，省长车俊会见挪威首相索尔贝格。

2017年5月11日，省委书记车俊参加波音737完工和交付中心项目开工。

2017年5月16日，省委书记车俊会见巴基斯坦总理谢里夫。

2017年11月10日，省委书记、省人大常委会主任车俊，省委副书记、省长袁家军出席浙江省·西澳大利亚州建立友好关系30周年暨友好省州关系拓展协议签字仪式。

2017年11月13日，省委书记、省人大常委会主任车俊在庆祝“浙江省·静冈县建立友好关系35周年”庆祝大会上致辞。

2017年7月9日，省委副书记、省长袁家军会见世界银行行长金墉。

2017年8月23日，省委副书记、省长袁家军会见香港特区行政长官林郑月娥。

2017年9月18日，省委副书记、省长袁家军出席首届世界油商大会开幕式。

2017年6月9日，省委副书记、宁波市委书记唐一军会见捷克工贸部副部长穆日茨基。

2017年9月23日，省委副书记、宁波市委书记唐一军会见泰国副总理塔纳萨・巴迪玛巴功。

2017年11月20日，省委常委、杭州市委书记赵一德会见匈牙利布达佩斯市常务副市长鲍格迪。

2017年4月20日，省委常委、组织部长任振鹤会见塔吉克斯坦人民民主党第一副主席萨伊德穆罗德・法托赫佐达。

2017年2月16日，省委常委、秘书长，省友协会长陈金彪会见日本日中友协副会长、福井县日中友协会长酒井哲夫。

2017年9月21日，省委常委、常务副省长冯飞会见美国福特汽车执行副总裁兼全球市场总裁吉姆·法利。

2017年9月6日，省委常委、温州市委书记周江勇会见布隆迪参议长雷韦里安·恩迪库里约。

2017年1月11日，省人大常委会副主任茅临生会见乌拉圭众议长赫拉尔多·阿马里利亚。

2017年9月26日，省人大常委会副主任毛光烈会见匈牙利宪法法院院长舒尤克·道玛什。

2017年9月22日，省人大常委会副主任袁荣祥会见美国新泽西州议会副议长高顿·约翰逊。

2017年4月25日，省人大常委会副主任刘力伟会见乌克兰波罗申科集团“团结”党（执政党）秘书长、议会执法立法保障委员会委员萨夫拉索夫。

2017年5月9日，省人大常委会副主任姒健敏会见赞比亚国民议会议长马蒂比尼。

2017年4月13日，副省长熊建平会见美国驻沪总领事史墨客和上海美国商会会长季瑞达。

2017年5月2日，副省长朱从玖会见摩根大通银行中国区主席兼首席执行官李一。

2017年3月1日，副省长梁黎明会见爱尔兰驻沪总领事何莉。

2017年4月21日，副省长梁黎明会见巴基斯坦驻沪总领事纳依姆汗。

2017年5月3日，副省长梁黎明会见英国驻沪总领事吴侨文。

2017年5月17日，副省长成岳冲会见新西兰科技与创新部部长兼高等教育技能与就业部部长保罗·高德史密斯。

2017年11月30日，省政协副主席王建满会见捷克前总理伊日·帕鲁贝克。

2017年1月23日，省外侨办主任金永辉在杭州慰问日本归侨林娜美。

2017年6月22日，省外侨办联合省人大民侨委赴省重点侨乡地区开展华侨权益保护立法调研。

2017年10月1日，“2017中华文化大乐园——澳大利亚悉尼营”。

2017年6月7日，国务院侨办第40期海外华裔青年企业家中国经济研修班在杭州举行。

目　录

特载

省级外事侨务

大事记

综　述

对外工作

美洲和大洋洲

欧洲

亚洲和非洲

侨务工作

港澳事务

对外民间交往

部门外事侨务

省经信委

省教育厅

省科技厅

省高级人民法院

省公安厅

省人力社保厅

省国土资源厅

省交通运输厅

省农业厅

省林业厅

省商务厅

省文化厅

省卫生计生委

省环保厅

省新广局

省体育局

省海洋与渔业局

亚太小水电中心

国际小水电中心

省总工会

团　省　委

省科协

省妇联

省文联

省工商联

省残联

省贸促会

省农科院

高校外事侨务

浙江大学

中国美术学院

浙江工业大学

浙江师范大学

浙江理工大学

杭州电子科技大学

浙江工商大学

中国计量大学

浙江中医药大学

浙江海洋大学

浙江农林大学

温州医科大学

浙江传媒学院

浙江外国语学院

温州大学

浙江树人大学

浙江万里学院

宁波大学

宁波诺丁汉大学

义乌工商职业技术学院

地市外事侨务

杭　州　市

综述

重要活动

主要出访

主要来访

友好城市交流

侨务工作

港澳事务

宁 波 市

综述

重要活动

主要出访

主要来访

友好城市交流

侨务工作

港澳事务

温　州　市

综述

重要活动

主要出访

主要来访

友好交流与活动

嘉　兴　市

综述

重要活动

主要出访

主要来访

湖 州 市

综述

重要活动

主要出访

主要来访

侨务工作

绍　兴　市

综述

重要活动

主要出访

主要来访

友好城市交流

金　华　市

综述

重要活动

主要出访

主要来访

侨务工作

衢 州 市

综述

重要活动

友好城市交流

侨务工作

台州市

综述

主要出访

主要来访

侨务工作

丽水市

综述

重要活动

主要出访

特载

Featured Articles

在2017年国际形势与中国外交研讨会开幕式上的演讲(摘要)

外交部长　王　毅

2017年12月11日

即将过去的2017年,不论对世界还是中国,都是具有特殊和重要意义的一年。

对世界而言,国际格局和力量对比正处于发展演变的重要关头,各种不稳定不确定因素日益增多,诸多新问题新挑战层出不穷。人类社会再一次走到历史的十字路口,是开放还是封闭,是合作还是对抗,是共赢还是零和?对这些问题,各方都在认真思索。在此过程当中,大国作出什么样的选择,将会牵动世界的未来发展,也攸关人类的前途命运。

就中国来说,党的十八大以来,在以习近平同志为核心的党中央领导下,中国的各项事业都取得历史性成就,发生历史性变革。今年我们胜利召开中共十九大,确立了习近平新时代中国特色社会主义思想,开启了中国特色社会主义事业的新征程,同时也明确了进入新时代的中国外交应当努力的方向和目标,对困扰世界的重大问题提出了中国答案,那就是,高举和平、发展、合作、共赢旗帜,推动构建新型国际关系,推动构建人类命运共同体。可以说,2017年,既是中国外交的回顾总结之年,又是开启新篇之年。

今年以来,我们在党中央坚强领导下,认真贯彻过去五年来习近平总书记提出的一系列新思想、新理念、新举措,推动中国外交继续积极创新,开拓进取,又取得不少重要突破和进展。归纳起来,主要有以下五个方面:

一是描绘了共建"一带一路"的世纪蓝图。习近平主席提出"一带一路"重大倡议四年多来,"一带一路"建设从理念转化为行动、从愿景转变为现实,不断释放合作共赢的红利,不断汇聚吸引力凝聚力,世界上越来越多国家把期待的目光投向了中国,把合作的希望寄托于"一带一路"。

今年5月,习主席在北京成功主持首届"一带一路"国际合作高峰论坛。世界各国热情高涨,纷纷要求与会,出现一席难求的盛况。29位外国国家元首和首脑齐聚北京,130多个国家的高级代表和70多个国际组织的负责人踊跃参会,成为中国首倡主办、层级最高、规模最大的多边外交活动,形成世界各国合力推进"一带一路"建设的全球共识。

这次论坛上,习主席提出建设和平之路、繁荣之路、开放之路、创新之路、文明之路的目标,规划了"一带一路"未来合作的路径,展示了共同发展繁荣的前景。论坛以行动为导向、以项目为落脚点,达成5大类、76大项、270多项合作成果,推动一系列重大合作项目落地,编织起以亚欧大陆为中心,辐射全球各大陆、连接世界各大洋的互利合作网络,构建起发展战略对接、各自优势互补、彼此互联互通、包容开放发展的国际合作平台。

"一带一路"之所以成为当今世界最受欢迎的国际公共产品,关键在于抓住发展赤字、治理赤字两大矛盾,针对经济增长乏力、合作动力不足双重困境,顺应各国要求加快发展的愿望,坚持共商共建共享的理念,从全球更大范围整合经济要素和发展资源,从而为破解发展难题、完善经济治理、实现可持续发展、推动全球化再平衡开辟了新的路径。

到目前为止,我们已经同80个国家和组织签署"一带一路"合作协议,同30多个国家开展了机制化产能合作,在沿线24个国家推进建设75个境外经贸合作区,中国企业对沿线国家投资累计超过500亿美元,创造了近20万个就业岗位。以首届“一带一路”国际合作高峰论坛为契机,共建“一带一路”正在全面展开,日益呈现出强大的生机活力,不仅对全球发展产生积极和深远影响,也将为构建人类命运共同体注入强劲和持久动力。

二是发出了引领全球化方向的时代强音。面对世界经济低迷不振,复苏艰难;面对国际局势动荡不安,纷争不断,政治家的判断力、领导力和行动力比黄金还要宝贵。习主席年初达沃斯之行,为世界各国提振了信心,给全球化进程指明了方向。

习主席在世界经济论坛年会发表重要演讲,指出人类文明进步历程从来没有平坦的大道可走,再大的困难都不可能阻挡人类前行的步伐。遇到困难,不要埋怨自己,不要指责他人,而是要一起来战胜困难。指出困扰世界的很多问题并不是经济全球化造成的,开全球化的历史倒车行不通,就像世界经济的大海,不可能退回到孤立的小湖泊、小河流。强调要坚定不移发展开放型世界经济,搞保护主义如同把自己关进黑屋子,隔绝了阳光和空气。习主席还提出了推动世界经济增长和全球化再平衡的中国方案,呼吁联手打造创新驱动的增长模式、开放共赢的合作模式、公正合理的治理模式、平衡普惠的发展模式。

习主席访问联合国日内瓦总部,是进入新世纪以来我国领导人首次到访这一多边国际组织,也是继习主席出席联合国成立70周年系列峰会后又一个重大外交行动,进一步发出中国全力支持联合国,全力支持多边主义的明确信号。习主席登上万国宫讲坛,系统阐述了共同构建人类命运共同体这一重大国际倡议,为解决人类社会面临的种种全球性挑战提出了中国方案,使中国理念上升为国际共识。

从达沃斯到日内瓦,从汉堡到岘港,习主席在一系列国际场合发表重要演讲,提出鲜明主张,为世界经济把脉开方,为全球治理贡献力量。中国正在成为国际体系变革最为积极的因素,正在成为完善全球治理最为活跃的动力,中国梦与世界梦越来越紧密地联系在一起。

三是在稳定大国关系方面发挥了中流砥柱作用。中美关系不仅攸关两国福祉,而且牵动整个世界。中美打开交往大门45年,一路走来有鲜花也有荆棘,有风雨更有彩虹。中美从相互隔绝发展到互为重要合作伙伴,关键在于双方从人民根本利益出发,从两国关系大局出发,把握好前进的正确方向。

两国元首的引领,历来都是推动中美关系向前发展的关键所在。今年以来,习主席与特朗普总统举行3次会晤,多次通话通信,为世界上这对最复杂、最重要的双边关系发挥了战略稳定作用。特朗普总统上任后不久,中美元首就举行海湖庄园会晤,确立了涵盖中美关系各个领域的4个高级别对话机制,商定了主要方向的合作规划,实现了中美关系的平稳过渡和良好开局。中共十九大闭幕不久,特朗普总统对华进行国事访问,双方同意在互利互惠基础上拓展广泛领域合作,在相互尊重基础上妥善管控分歧,访问取得了实实在在成果,就深化各领域合作达成一系列重要共识,美方表示期待建立起更为强劲有力的美中关系。

中美两国作为世界前两大经济体,彼此良性互动,致力合作共赢,是向国际社会发出的积极信号,也将为各方带来正面预期,不仅对中美双方有利,符合两国人民利益,也会受到国际社会的普遍欢迎。当然,中美关系从来都难以一帆风顺,始终是在克服各种困难和干扰中向前发展。两国社会制度不同,历史文化各异。中国无意改变美国,也不想取代美国;美国无法左右中国,更不可能阻止中国的发展。随着两国各领域合作全面铺开,各层次交往日益密切,中美彼此的利益越来越相互交融,共同利益已经远远超越分歧。合作则共赢,对抗必双输,这是任何有战略眼光和清醒头脑的人都会认同的客观事实,也是一个不以人的意志为转移的必然趋势。为此,中美之间需要进一步相互适应。中国愿意在相互尊重基础上,与作为超级大国的美国和平共处;美国也需要了解和接受一个走符合自身国情发展道路、坚持中国特色社会主义的中国。中美交往当然要遵守规则,这个规则就是公认的国际法和国际关系基本准则,就是联合国宪章的宗旨和原则,就是中美共同签署的三个联合公报。对中美两国而言,零和博弈、寻求对抗的陈旧思维已不可取,求同存异、合作共赢才是开辟未来的正道。

中俄两国互为最大的邻国,中俄关系经历了国际风云的检验,日益显示其坚韧性和稳定性,呈现出历史的厚重感和穿透力。中俄全面战略协作伙伴关系在双方努力下保持高水平运行。今年一年内,习近平主席与普京总统实现了互访,举行5次会晤,密集沟通对表,在关乎全球战略稳定的重大问题上始终紧密协作,在关乎欧亚地区振兴的发展战略上加强深度对接,引领中俄战略协作向着更高水平、更宽领域、更深层次不断迈进,中俄关系已经成为当今世界维护和平安宁、主持公平正义、倡导合作共赢的重要基石。

中欧四大伙伴关系建设不断取得新的进展。习主席成功访问德国、瑞士、芬兰,在汉堡同法国新任总统马克龙以及英国首相梅举行会晤,保持和加强战略沟通。李克强总理出席中国—欧盟领导人年度会晤,与中东欧16国领导人共同推进跨区域合作平台建设。面对欧洲内部聚集的各种不稳定因素,中国对欧政策稳如泰山,始终如一。我们将继续从全球格局和世界大势看待和推进中欧关系,坚定支持欧洲一体化进程,乐见欧盟的团结与发展,坚持在相互尊重基础上管控和处理分歧。同时,通过扩大相互利益汇合点,打造区域合作增长点,进一步丰富和拓展中欧关系的战略内涵。

四是维护了周边形势稳定和地区合作势头。中国人常讲,远亲不如近邻。我们同邻国关系理应好上加好,亲上加亲。党的十九大后,习近平总书记、国家主席首次出访就选择了越南和老挝这两个山水相连的社会主义邻国,传统友谊焕发生机,务实合作深化拓展,并向国际社会传递出中国推动构建周边命运共同体的明确信号。一年来,习主席两次会见杜特尔特总统,李总理成功访问菲律宾,中菲关系展现稳定发展的前景。我们结交新朋友,更不忘老朋友,同柬埔寨、巴基斯坦、哈萨克斯坦、塔吉克斯坦等传统友好国家深化了彼此互信,巩固了相互支持。

一段时间以来,中韩关系因"萨德"问题遭遇寒流。文在寅总统就任后,选择了对华友好合作,对外作出了不考虑追加萨德系统、不加入美国反导体系、不发展韩美日三方军事同盟的重要表态,双方就阶段性处理"萨德"问题达成一致。再过几天,文在寅总统将应习主席邀请对华进行首次国事访问。中方愿同韩方共同努力,以中韩建交25周年为契机,珍惜迄今合作成果,增进相互了解信任,有效管控矛盾分歧,深化务实互利合作,推动中韩关系健康发展,共同致力于朝鲜半岛的和平稳定。

今年是中日邦交正常化45周年,45年的经验教训足以使人们认识到中日关系的症结所在和健康发展的至关重要。中方重视日方这段时间采取的改善对华关系举措,欢迎日方参与"一带一路"建设。希望日方不犹豫,不后退,不反复,多做有助于增信释疑的事情,多出有利于良性互动的主意,只要持续向前走,光明就在前头。我们愿与日方相向而行,推动中日关系早日回到正常发展轨道,使中日友好重新成为两国交往的主流。

中印同为发展中大国,战略契合点远远大于具体分歧,合作需要明显超越局部摩擦。我们一贯重视作为两大邻国和两大文明古国的睦邻友好,同时坚定维护自身的主权权益与领土完整。我们有理有利有节处理了印度边防部队越界进入中国洞朗地区事件,通过外交手段使印方撤回装备和人员,既体现了对中印关系的珍惜和重视,也彰显了维护地区和平稳定的诚意与担当。我们相信,只要双方深入开展战略沟通,及时消除战略疑虑,中印合作的战略价值就会更清晰地呈现在人们面前，中印就能实现两国领导人期待的“龙象共舞”和“1+1=11”的前景。

中蒙关系前一段经历了一些曲折。蒙古人民党新政府成立以来，更加重视发展对华关系。上个星期，蒙古新任外长首次访华，强调蒙古把中国置于对外政策的优先战略位置，重申蒙古坚定奉行一个中国政策，尊重中国在涉藏、涉疆以及台湾问题上的核心利益，中方对此予以充分肯定。蒙方意识到保持自身政策稳定的重要性，希把蒙中关系打造成邻国交往的典范，我们对此表示欢迎，愿与蒙方为此作出共同努力。

中国历来是周边区域合作的引领者，地区和平发展的守望者。在岘港，面对亚太经济合作新形势新挑战，习主席在APEC领导人会议上坚持建设开放型经济体系，呼吁推进亚太自贸区进程，推动亚太经济一体化取得新的进展。在阿斯塔纳，习主席出席上海合作组织扩员后首次峰会，强调应不忘初心，弘扬“上海精神”，同时与时俱进，开创地区合作新局面，确保上合组织沿着正确方向向前发展。在马尼拉，李总理出席东亚合作领导人系列会议，推动中国—东盟关系从成长期迈向更高质量和更高水平的成熟期，呼吁加快东亚经济共同体建设进程。我们还积极推动澜湄合作这一中国首倡的次区域合作，弘扬“同饮一江水，命运紧相连”的澜湄主题，培育“平等相待、真诚互助、亲如一家”的澜湄文化，以推土机精神，开展接地气合作，突出务实高效，聚焦民生改善。启动一年多来，已取得可观早期收获，澜湄合作专项基金全面运行，创造了“天天有进展，月月有成果”的澜湄效率。

中国在南海问题上的立场为历届中国政府所坚持，既体现了中国在政策上的连续性，又展示了我们维护主权的坚定性。南海沿岸诸国都是中国的邻国，我们始终希望南海成为和平之海，友谊之海、合作之海。今年以来，我们积极推动南海局势降温趋缓，同东盟国家恢复并巩固了通过当事国对话协商和平解决争议的共识，推进了地区国家共同制定南海规则的进程。在提前达成“南海行为准则”框架基础上，已正式宣布启动“准则”实质性案文的具体磋商。

中国同东盟国家建立的信任弥足珍贵，稳定南海局势的成果来之不易。个别域外国家似乎对南海风平浪静并不舒服，还想伺机兴风作浪。但“青山遮不住，毕竟东流去”，中国和东盟国家完全有能力，也有智慧共同维护好南海地区的和平稳定。

作为国际社会重要一员，中国积极斡旋周边地区的热点问题。在半岛核问题上，我们从维护国际核不扩散体系，维护朝鲜半岛和平稳定出发，始终坚持实现半岛无核化目标，坚持通过对话谈判解决问题。为此，我们全面落实联合国安理会各项涉朝决议，一方面以实际行动阻遏朝鲜的核导开发进程，一方面提出旨在为恢复对话谈判创造条件的“双暂停”倡议。中国坚持客观公正立场，秉持负责任的态度，为执行决议、劝和促谈、维稳防乱履行了应尽的国际义务，发挥了自身的独特作用。我们在阿富汗和巴基斯坦之间进行穿梭外交，推动双方同意建立双边危机管控机制，为阿富汗国内政治和解与重建、改善阿巴双边关系作出了贡献。我们对缅甸和孟加拉展开斡旋努力，提出了解决缅甸若开邦问题的“三步走”设想，得到缅孟两国积极响应，为双方坐下来达成初步共识、签署相关协议发挥了作用。

五是开启了金砖合作第二个“金色十年”。在习主席亲自主持下，通过金砖五国共同努力，金砖机制顶住各种唱衰的论调，在厦门举行的领导人会晤取得圆满成功。厦门会晤决定，发展更紧密、更广泛、更全面的金砖战略伙伴关系，打造金砖合作经贸财金、政治安全、人文交流“三轮驱动”升级版，不仅为金砖国家合作开辟了更加光明的未来，而且提振了国际社会对新兴市场国家发展前景的正面预期，在金砖合作进程中具有标志性意义。

厦门会晤还开创了“金砖+”合作新模式，举行新兴市场国家与发展中国家对话会，首次从全球范围邀请埃及等5个具有代表性的新兴市场国家和发展中国家领导人出席，聚焦落实2030年可持续发展议程，深化了与非洲、拉美、中东、欧亚国家的务实合作，构建了具有全球影响的南南合作新平台。

除了这五大方面主要成果，我们坚定维护国家主权安全，积极服务国内开放发展，加快海外利益保护能力建设，不断创新公共外交方式，启动推进对外工作机制体制改革，中国外交的内涵和外延不断拓展。

十八大以来，中国外交之所以能够全方位展开，取得开创性成果，最重要的一个原因就是习近平总书记对外交工作的正确领导和亲力亲为。五年来，习总书记洞察世界大势，站立时代潮头，在外交领域提出了一系列新理念新举措和新战略，引领着中国外交不断前行；习总书记不辞辛劳，密集的元首外交维护了国家利益，提升了国际地位，树立起大国形象，展现出领袖风范。

党的十九大胜利召开，为中国外交指明了方向。习总书记在十九大报告中，明确提出我们要推动构建新型国际关系、推动构建人类命运共同体。这“两个构建”概括了中国外交今后努力的总目标。

“两个构建”，源自五千年中华文化天下为公的优良传统，源自六十多年来新中国和平外交的核心价值，也源自中国共产党人把中国与各国人民福祉融为一体的世界情怀。

构建新型国际关系，是要走出一条国与国交往的新路。其核心内涵，一是相互尊重，主张国家不分大小、强弱、贫富一律平等，不同制度、宗教、文明一视同仁。二是公平正义，强调反对弱肉强食的丛林法则，维护世界各国尤其是发展中国家的正当合法权益。三是合作共赢，呼吁超越零和博弈、赢者通吃的旧思维，倡导共谋发展、互利互惠的新思路。

构建人类命运共同体，是要拿出解决各种全球性难题的方案。不管什么国家，哪个民族，大家都生活在同一个星球上，可谓风雨同舟、命运与共，应当把这个世界建设成和睦的大家庭，把各国人民对美好生活的向往变成现实。具体而言就是推动建设“五个世界”，包括持久和平的世界、普遍安全的世界、共同繁荣的世界、开放包容的世界、清洁美丽的世界。这五个世界既是我国“五位一体”总体布局在国际层面的延伸，也顺应了人类发展进步潮流，符合世界各国的共同愿望。

2018年，是贯彻落实十九大精神的开局之年，随着中国特色社会主义进入新时代，中国外交也需要呈现新气象，展示新作为，体现新担当。

我们将践行十九大作出的战略规划部署，不断开创中国特色大国外交新局面。十九大报告关于外交部分的开篇就指出，“中国共产党是为中国人民谋幸福的政党，也是为人类进步事业而奋斗的政党，中国共产党始终把为人类作出新的更大的贡献作为自己的使命”。作为当今世界最大的发展中国家，中国仍然要把自身发展作为执政兴国的第一要务。13亿多中国人整体实现现代化，将是一幅波澜壮阔的历史画卷，本身就是中华民族对人类文明进步作出的最大贡献。中国外交必须首先为全面建成小康社会和实现“两个一百年”奋斗目标营造更良好的外部环境，提供更坚实的外部助力。与此同时，作为联合国安理会常任理事国，中国也应当在自身发展的过程中心系全球，兼济世界，为维护世界和平承担应尽的国际责任，为促进共同发展发挥应有的大国作用。进入新时代的中国外交，应当有更加远大的目光，更加恢宏的格局，更加开阔的胸襟，更加从容的气度，更多从全世界、全人类整体利益的角度思考问题，积极作为。

面对世界的大发展、大变革和大调整，我们将继续高举和平、发展、合作、共赢的旗帜，在和平共处五项原则基础上发展同各国友好合作。我们将坚定捍卫以联合国为核心的当代国际体系，维护和拓展广大发展中国家的正当权益。我们将秉持共商共建共享的全球治理观，推动国际政治经济秩序朝着更加公正合理的方向发展。我们将坚持大小国家一律平等，和平解决国际争端，推进国际关系的民主化和法治化。我们将发挥好负责任大国作用，始终坚定不移地做世界和平的建设者、全球发展的贡献者、国际秩序的维护者。

一、拓展全球伙伴关系网络，推动构建新型国际关系。近年来，中国顺应历史潮流，提出并建设对话而不对抗，结伴而不结盟的伙伴关系。习近平总书记明确指出，志同道合是伙伴，求同存异也是伙伴。在这一开放包容理念的指引下，我们已同100多个国家建立起伙伴关系。这些国家彼此之间各有不同，伙伴关系的名称和形式也不尽一致，但其实质内涵都是平等相待，互利共赢，都超越了社会制度和发展阶段的差异。中国的这一重要实践，为各国之间探索相处之道提供了新的选择，受到各方的普遍欢迎和认可。下一步，我们将进一步扩大同各国利益的汇合点，不断提升伙伴关系的含金量，为构建新型国际关系创造条件，增添动力。

构建新型国际关系，大国是关键。我们将继续加强同俄罗斯、美国、欧洲等主要大国和国家集团的协调合作，构建总体稳定、均衡发展的大国关系框架，维护全球和平安宁，促进世界和谐发展。

二、从周边和发展中国家着手，推进人类命运共同体建设。我们与周边国家山水相连、唇齿相依，历来是和平与发展的同路人，具有成为命运共同体的天然条件。习主席提出构建命运共同体倡议，首先就是立足周边，面向发展中国家。我们将从周边起步，以发展中国家为依托，稳步推进命运共同体建设。

我们将按照亲诚惠容理念和与邻为善、以邻为伴周边外交方针深化同周边国家关系。抓住明年中国—东盟建立战略伙伴关系15周年等重要节点，通过制定“中国—东盟战略伙伴关系2030年愿景”，深化同周边国家的互利合作，帮助友好国家提高自主发展能力。我们将办好博鳌亚洲论坛、上合组织青岛峰会两大面向周边的主场外交，凝聚守望相助的地区共识，增添区域合作的发展动力。我们将坚持落实《宣言》和“准则”磋商“双轮驱动”，同域内国家一道，维护南海稳定，推动海上合作。我们还将同地区各国继续推动RCEP有关商谈进程，争取早日签署，为亚太合作开辟新的前景。

我们将秉持正确义利观和真实亲诚理念加强同发展中国家团结合作，继续用好中非、中拉、中阿之间业已建立的机制性合作平台。明年中国外交的一件大事，就是主办好新一届中非合作论坛这一盛会。我们愿同非洲的兄弟姐妹共商未来发展大计，就中非合作推出新举措，打造新亮点，迈上新台阶。尤其是响应广大非洲国家的愿望，把“一带一路”倡议与非洲《2063年议程》更紧密相互对接，让共建“一带一路”成为引领中非全方位合作新的强劲动力。我们还将同拉美、阿拉伯国家举行中拉论坛、中阿合作论坛的部长级会议，为中拉、中阿合作注入新的内涵。

三、全面推进“一带一路”建设，通过互利合作造福世界各国。习主席在“一带一路”国际合作高峰论坛发表的重要讲话，擘画了共建“一带一路”的宏伟蓝图。我们愿同各方一起，脚踏实地加油干，实施好首届高峰论坛的270项成果，建设好论坛的后续机制，开好重点领域部长级会议，为2019年举办第二届高峰论坛做好准备。我们愿把政策沟通、设施联通、贸易畅通、资金融通、民心相通落到实处，同更多国家达成共建“一带一路”的共识，以骨干通道和关键节点上的大项目为重点，取得更多惠及民生的早期收获。从中巴经济走廊到中老、中缅经济走廊，从比雷埃夫斯港到皎漂港，从亚洲的中老、中泰铁路到非洲、欧洲乃至拉丁美洲的铁路项目，我们将实现“一带一路”建设动力转换、提质升级。切实贯彻落实好共商共建共享理念，充分发挥这一国际公共产品的辐射和带动功能。

此外，习主席已经在“一带一路”国际合作高峰论坛上宣布，明年中国将在上海举办首届中国国际进口博览会，这将是全世界第一个专门为进口举办的博览会，向世界表明中国愿意打开自己的市场，让各国分享中国的发展机遇。

四、积极探索中国特色热点问题解决之道，为世界稳定发挥更大建设性作用。中国愿意参与热点问题的和平解决，积极探索具有中国特色的建设性介入方式。我们将继续倡导并践行"解决热点问题三原则"，即：坚持不干涉内政，反对强加于人；坚持客观公道，反对谋取私利；坚持政治解决，反对使用武力。这些原则经历了实践检验，取得了积极成效，得到越来越多国家的认同。

当前，朝鲜半岛形势仍然深陷示强与对抗的恶性循环，前景不容乐观。但同时也要看到，和平的希望仍未湮灭，谈判的前景依然存在，动武的选择绝不可接受。我们认为，下一步各方还是应当认真考虑中方提出的"双暂停"倡议，先走出缓和局势的第一步，至少先把半岛局势从目前的"对抗黑洞"中拉出来，为重启对话谈判创造必要的条件和氛围。

在半岛核问题上，中方做了比各方都要多的努力，承受了比各方都要大的代价。我们始终认为，各方在处理这一问题上应当有一个共同的遵循，那就是必须遵循联合国安理会有关决议的规定和精神。安理会决议代表着国际社会的共同意志，是各成员方都需要遵守的国际责任，中方也将予以严格执行。如果谁提出不符合安理会决议的要求，实施安理会决议以外的举措，甚至采取单方面的行动，势必破坏安理会的团结，损害别国的正当权益，我们也决不会赞同和接受。

这几天，中东局势再起波折。中国一向坚定支持巴勒斯坦人民恢复民族合法权利，支持建立以1967年边界为基础、以东耶路撒冷为首都、拥有完全主权的、独立的巴勒斯坦国。耶路撒冷的地位必须依据联合国决议通过对话谈判确定，"两国方案"仍是从根本上解决巴勒斯坦问题的可行途径。我们呼吁各方都保持谨慎克制，避免为挑战丛生的中东局势制造新的动荡。我们将落实好习主席提出的解决巴勒斯坦问题"四点主张"，争取年内在北京举行巴以和平人士研讨会，为推动解决巴以问题继续发挥建设性作用。叙利亚问题有望转入政治解决的新阶段，我们支持通过对话谈判达成未来政治安排，支持通过合力反恐维护地区稳定，支持通过和平重建实现长治久安。

我们将继续加大对阿富汗问题的关注与投入。年底前，中国、阿富汗和巴基斯坦三国外长预定在北京举行首次三方外长会，就阿富汗和平和解重建、改善阿巴关系、开展中阿巴三方合作等展开探讨，争取达成更多共识，取得可视成果。我们还将继续发挥斡旋作用，推动缅甸若开邦问题逐步得到妥善解决。

五、进一步贴近国情和人民需求，加大服务国内发展和保护海外利益的力度。今年，外交部先后在蓝厅举办了五场全球推介活动，支持云南、安徽、吉林、内蒙古、江西等5个中西部省区提升全球知名度，打造国际新名片，产生了积极成效。我们还成功举办多场外交外事知识进高校和进党校等活动，增进了社会各界对国际形势和外交政策的理解认知。

我们将不断探索新思路新方式，更好为国内发展服好务。2018年，外交部将以"新时代的中国"为主题，办好更多地方省区市全球推介，全力服务京津冀协同发展、雄安新区规划建设、2022年冬奥会等战略部署，为各地扩大对外开放搭建高层次平台。我们还将发挥外交部和驻外使领馆信息资源优势，为国内改革发展提供"定制信息服务"。

打造海外民生工程永远在路上。我们将不断加强能力和机制建设，坚持以人民为中心，深化领事工作改革，完善12308微信版等领事信息平台，让外交领事服务更接地气，更有人气。我们将适应海外利益不断延伸的新形势，适应人员和企业"走出去"的新特点，加大推动中外人员往来便利化。我们还将进一步完善领事保护机制体制，探索构建海外中国平安体系，编织中国公民和企业在海外的可靠安全网络。

"潮起宜踏浪，风正可扬帆。"今天的世界，正在经历前所未有的变革调整；今天的中国，即将迎来民族复兴的最终胜利。在这样一个伟大的时代，我们将在以习近平同志为核心的党中央领导下，牢记使命，不负重托，不断推动中国特色大国外交取得新突破，迈上新台阶。

（摘自外交部网站）

省级外事侨务

Foreign and Overseas Chinese Affairs at the Provincial Level

大事记

（2017年）

1月

11日 省人大常委会副主任茅临生会见乌拉圭众议长赫拉尔多·阿马里利亚一行。省外侨办副主任彭波参加会见。

13日 副省长梁黎明会见阿拉伯驻华使节团一行。省外侨办副主任陈安参加会见。

14日 省委书记、省人大常委会主任夏宝龙会见宴请越共中央总书记阮富仲一行。省委常委、秘书长陈金彪，副省长梁黎明，省外侨办主任金永辉、副主任陈安参加会见。省委副书记、代省长车俊，省政协主席乔传秀，省委副书记、省政法委书记袁家军，省委常委、宣传部长葛慧君，省委常委、省军区政委王新海，省委常委、杭州市委书记赵一德，省委常委、秘书长陈金彪，省委常委、宁波市委书记、代市长唐一军，省人大常委会党组书记、副主任茅临生，副省长梁黎明，省外侨办主任金永辉、副主任陈安参加宴请。

2月

8日 省委副书记袁家军宴请波音中国公司总裁庄博润一行。

12日至21日 省人大常委会副主任茅临生率团访问越南、柬埔寨和马来西亚。省外侨办副主任陈安陪同出访。

16日 省委常委、秘书长，省友协会长陈金彪会见日本福井县日中友好协会会长酒井哲夫一行。省外侨办主任、省友协常务副会长金永辉，省友协专职副会长陈爱珍参加会见。

27日 副省长梁黎明会见日本静冈县日中友好协议会理事长栗原绩一行。省外侨办副主任陈安参加会见。

3月

1日 副省长梁黎明会见爱尔兰驻沪总领事何莉一行。省外侨办副主任顾建新参加会见。

3日 省委副书记袁家军会见原越共中央政治局委员、河内市委书记范光毅一行。省外侨办主任金永辉参加会见。

22日 省委书记、省人大常委会主任夏宝龙会见国际奥委会名誉主席雅克·罗格一行。副省长成岳冲，省外侨办主任金永辉参加会见。

24日 副省长梁黎明会见蒙古国第一批高中级领导干部考察团一行。省外侨办副主任陈安参加会见。

27日 省长车俊会见捷克中捷克州州长雅罗斯拉娃·耶尔曼诺娃一行。省外侨办主任金永辉、副主任顾建新参加会见。

30日 副省长梁黎明会见法国法兰西岛大区议会副主席奥托曼·纳斯鲁一行。省外侨办副主任顾建新参加会见。

4月

4日至13日 副省长梁黎明率浙江省代表团访问日本、英国和西班牙。

5日 省长车俊会见柬埔寨国王诺罗敦·西哈莫尼一行。副省长高兴夫、省外侨办副主任陈安参加会见。

7日 省长车俊会见乌兹别克斯坦对外经济联系、投资和贸易部部长加尼耶夫一行。省外侨办副主任彭波参加会见。

9日 省长车俊会见挪威王国首相埃尔娜·索尔贝格一行。省外侨办副主任彭波、陈江风参加会见。

13日 副省长熊建平会见美国驻沪总领事史墨客和美国商会会长季瑞达一行。省外侨办副主任彭波参加会见。

17日 省长车俊会见圣多美和普林西比总理帕特里斯·特罗瓦达一行。副省长梁黎明，省外侨办主任金永辉参加会见。

17日 省长车俊会见亚奥理事会主席艾哈迈德·法赫德·萨巴赫一行。国家体育局副局长杨树安，副省长成岳冲，省外侨办主任金永辉参加会见。

18日 省委书记、省人大常委会主任夏宝龙会见日本雅马哈株式会社社长中田卓也一行。省委常委、秘书长陈金彪，省外侨办主任金永辉参加会见。

18日 副省长梁黎明会见2017年浙江海外示范性侨团高级研修班一行。省外侨办主任金永辉参加会见。

20日 省委常委、组织部长任振鹤会见塔吉克斯坦人民民主党（执政党）干部考察团一行。省外侨办主任金永辉参加会见。

20日 副省长梁黎明会见巴基斯坦驻沪总领事纳依姆汗一行。省外侨办副主任陈安参加会见。

21日 省委副书记袁家军会见澳大利亚前贸易投资部部长安德鲁·罗布一行。省外侨办副主任彭波等参加会见。

24日 副省长梁黎明会见以撒马尔罕市市长沃希德·拉希莫夫为团长的乌兹别克斯坦地方领导人访华代表团一行。省外侨办副主任顾建新参加会见。

25日 省人大常委会副主任刘力伟会见乌克兰波罗申科集团“团结”党干部考察团一行。省外侨办副巡视员余亦平参加会见。

25日 副省长、浙新经贸理事会浙方主席梁黎明会见新加坡文化社区及青年部兼贸工部高级政务部部长沈颖一行。省外侨办副主任陈江风参加会见。

26日 省长车俊会见国际刑警组织主席孟宏伟一行。司法部副部长刘志强，省委常委、公安厅长徐加爱参加会见。

27日 省长车俊会见新加坡文化社区及青年部兼贸工部高级政务部部长沈颖一行。省委常委、秘书长陈金彪，省外侨办主任金永辉参加会见。

5　月

2日 副省长朱从玖会见摩根大通银行中国区主席李一一行。省外侨办副主任彭波参加会见。

3日 省委常委、常务副省长冯飞会见美国波音公司中国总裁庄博润一行。

3日 副省长梁黎明会见英国驻沪总领事吴侨文一行。省外侨办副主任顾建新参加会见。

4日至14日 省人大常委会副主任王辉忠率浙江省代表团访问南非、津巴布韦和纳米比亚。

9日 省人大常委会副主任姒健敏会见赞比亚议长马蒂比尼一行。省外侨办副主任陈安参加会见。

10日 省委书记车俊，省委副书记、代省长袁家军会见美国波音公司副董事长雷·康纳一行。省委常委、秘书长陈金彪，省委常委、常务副省长冯飞，省外侨办主任金永辉参加会见。

12日 省委书记车俊会见马来西亚总理纳吉布一行。省委常委、杭州市委书记赵一德，省委常委、秘书长陈金彪，副省长梁黎明，省外侨办主任金永辉参加会见。

15日 省委副书记、代省长袁家军会见越南承天顺化省党委副书记、省人民委员会主席阮文高一行。省外侨办主任金永辉参加会见。

16日 省委书记车俊会见大洋洲“一带一路”促进机制代表团。省委常委、秘书长陈金彪，省外侨办主任金永辉参加会见。

16日 省委书记车俊会见巴基斯坦总理谢里夫一行。省外侨办主任金永辉参加会见。

16日 国务院侨务办公室主任裘援平，省委副书记、代省长袁家军在宁波为浙江省首个“侨梦苑”揭牌，这是中国第16个挂牌成立的“侨梦苑”。

17日 副省长成岳冲会见新西兰科技与创新部长兼高等教育、技能与就业部部长保罗·高德史密斯一行。省外侨办副主任彭波参加会见。

17日至26日 常务副省长冯飞率浙江省代表团访问捷克、匈牙利和保加利亚。

24日 省委副书记、代省长袁家军会见泰国清迈府府尹巴温一行。省外侨办主任金永辉参加会见。

6月

5日 副省长梁黎明会见香港特区政府政制及内地事务局局长陈岳鹏并参加香港特别行政区政府成立二十周年暨浙江联络处揭牌典礼庆祝晚宴。省港澳办主任金永辉参加上述活动。

7日 省委副书记、代省长袁家军会见前来出席中国—中东欧国家投资贸易博览会的罗马尼亚前总理、罗中之家名誉主席维克多·蓬塔。省外侨办主任金永辉参加会见。

7日 省人大常委会副主任刘力伟会见墨西哥众议院法律公平委员会秘书长里卡多·拉米雷斯·涅托一行。

7日 副省长朱从玖宴请美国辉瑞公司执行副总裁克斯滕·路德居根森一行。省外侨办副巡视员余亦平参加宴请。

8日 省委书记车俊与出席浙江省参与“一带一路”建设推进会的外国嘉宾会面交流。省委副书记、代省长袁家军，省委副书记、宁波市委书记唐一军，省委常委、秘书长陈金彪，省委常委、常务副省长冯飞，副省长梁黎明，省外侨办主任金永辉参加活动。

8日 省委副书记、代省长袁家军会见中澳现代产业园项目客人。省委常委、常务副省长冯飞，省外侨办主任金永辉参加会见。

9日 省委书记车俊会见美国肯恩大学校长达伍德·法拉希一行。省委常委、秘书长陈金彪，省外侨办主任金永辉参加会见。

15日 省委书记车俊会见德国前总统、全球中小企业联盟全球主席克里斯蒂安·武尔夫。省委常委、秘书长，省友协会长陈金彪和省外侨办主任、省友协常务副会长金永辉，省友协专职副会长陈爱珍等参加会见。

15日 省委常委、宣传部长葛慧君会见尼泊尔主流媒体和友好团体考察团一行。省外侨办副主任陈安参加会见。

26日 省委常委、纪委书记刘建超会见澳门廉政公署专员张永春一行。省港澳办主任金永辉参加会见。

27日 省委书记车俊会见瑞士ABB集团（阿西布朗勃法瑞）首席执行官史毕福一行。省委常委、秘书长陈金彪，省委常委、常务副省长冯飞，省外侨办副主任顾建新参加会见。

27日至7月4日 副省长熊建平率浙江省代表团访问德国和日本。

28日 省委书记车俊会见瑞典首相斯特凡·勒文一行。省委常委、秘书长陈金彪，省外侨办副主任顾建新参加会见。

28日 省人大常委会副主任袁荣祥会见南非东开普省议长诺克索罗·科维埃特一行。省外侨办副主任陈安参加会见。

7月

8日至10日 省委常委、统战部长冯志礼率浙江省代表团访问香港。

9日 省委副书记、省长袁家军会见世界银行行长金墉一行。省外侨办主任金永辉参加会见。

10日至19日 省委常委、宣传部长葛慧君率浙江省代表团访问柬埔寨、泰国和越南。

12日至21日 副省长高兴夫率浙江省代表团访问俄罗斯、英国和香港。

8月

6日至15日 省政协副主席、省侨联主任吴晶率浙江省代表团访问俄罗斯、德国和奥地利。

7日 省委副书记、省长袁家军会见美国密歇根州州长里克·斯奈德一行。省外侨办主任、省友协常务副会长金永辉，省友协专职副会长陈爱珍参加会见。

7日至16日 省政协主席乔传秀率浙江省代表团访问新加坡、澳大利亚和斐济。

14日至19日 省委常委、公安厅长徐加爱率浙江省代表团访问香港和澳门。

23日 省委副书记、省长袁家军会见香港特别行政区行政长官林郑月娥。省港澳办副主任彭波参加会见。

24日 省委副书记、省长袁家军会见国际奥委会主席巴赫一行。副省长成岳冲，省外侨办副主任彭波参加会见。

9 月

6日 省委书记、省人大常委会主任车俊会见新加坡佳通集团副主席林美金一行。省委常委、省纪委书记、省监察委员会主任刘建超，省外侨办主任金永辉参加会见。

8日 省委书记、省人大常委会主任车俊会见2017年第一批越南共产党高级干部考察团一行。省委常委、秘书长陈金彪，省外侨办主任金永辉参加会见。

15日 省委书记、省人大常委会主任车俊会见美国伊利诺伊州州长罗纳一行。省委常委、秘书长，省友协会长陈金彪和副省长梁黎明，省外侨办主任、省友协常务副会长金永辉，省友协专职副会长陈爱珍等参加会见。

15日 省委副书记、省长袁家军会见迪拜环球港务集团董事长兼首席执行官苏尔坦·苏莱姆一行。副省长高兴夫，省外侨办主任金永辉参加会见。

17日 省委书记、省人大常委会主任车俊，省委副书记、省长袁家军与出席首届世界油商大会的重要嘉宾见面交流。省委常委、常务副省长冯飞，副省长朱从玖、梁黎明、高兴夫，省外侨办主任金永辉参加活动。

17日 省委副书记、省长袁家军会见荷兰壳牌公司原油交易副总裁迈克·穆勒一行。副省长梁黎明参加会见。

17日 省委副书记、省长袁家军会见美国霍尼韦尔公司环球油品主席兼首席执行官李蓓凯一行。副省长梁黎明参加会见。

17日 省委副书记、省长袁家军会见美国雪佛龙公司全球原油副总裁莱恩·克罗格梅尔一行。副省长梁黎明参加会见。

18日 省委常委、常务副省长冯飞会见沙特阿美公司亚洲副总裁穆莎巴·卡塔尼一行。省外侨办副巡视员余亦平参加会见。

18日 省委常委、常务副省长冯飞会见文莱政府和石油企业代表团。省外侨办副巡视员余亦平参加会见。

18日 省委常委、常务副省长冯飞会见英国政府和石油企业代表团。省外侨办副巡视员余亦平参加会见。

18日 副省长朱从玖会见瑞士嘉能可新加坡有限公司总经理郭进展一行。

18日 副省长朱从玖会见摩科瑞能源贸易（美国）有限公司董事、总经理，摩科瑞LPG、化工品贸易全球总监大卫·塔克一行。

18日 副省长梁黎明会见瑞士维多集团董事局董事、亚太区总裁许惠铭一行。

20日 省委副书记、省长袁家军会见英国诺丁汉郡议长凯瑟琳·克兹、首席执行官安东尼·梅一行。会见结束后，副省长梁黎明宴请代表团一行。省外侨办主任金永辉参加会见宴请。

21日 省委副书记、省长袁家军出席在舟山市举行的2017国际海岛旅游大会并会见第七批太平洋岛国政治家联合考察团。副省长梁黎明参加会见。

21日 省委常委、常务副省长冯飞会见美国福特汽车公司执行副总裁兼全球市场总裁吉姆·法利一行。省外侨办副主任彭波参加会见。

25日 省委书记、省人大常委会主任车俊会见中国海外交流协会海外理事代表团主要成员。副省长梁黎明，省外侨办主任金永辉参加会见。

26日 省人大常委会副主任毛光烈会见匈牙利宪法法院院长舒尤克·道玛什一行。省外侨办副巡视员余亦平参加会见。

28日 省委书记、省人大常委会主任车俊会见由美国州立法领袖基金会主席史蒂芬·雷吉斯率领的美国州议会领袖代表团。省委常委、秘书长，省友协会长陈金彪和省人大常委会副主任姒健敏，省外侨办主任、省友协常务副会长金永辉，省友协专职副会长陈爱珍等参加会见。

29日 副省长梁黎明会见塞尔维亚伏伊伏丁那自治省副省长兼经济与旅游部部长伊万·德科维奇一行。会见结束后，省外侨办主任金永辉宴请代表团一行。省外侨办副主任顾建新参加会见宴请。

30日 副省长梁黎明宴请出席中国和欧亚经济联盟经贸合作协议第五轮谈判双方的主要嘉宾。省外侨办主任金永辉参加宴请。

10 月

24日 副省长成岳冲与比利时西弗兰德省副省长让·德贝通共同主持召开两省经贸促进委员会第五次会议。会议结束后，成岳冲宴请西弗兰德省代表团一行。省外侨办副主任顾建新参加会议。

26日 省委副书记、省长袁家军会见捷中友好合作协会主席雅罗斯拉夫·德沃吉克一行。省外侨办主任金永辉、副主任顾建新参加会见。

11 月

2日 副省长梁黎明会见德国驻沪总领事欧珍。会见结束后，省外侨办主任金永辉宴请欧珍一行。省外侨办副主任顾建新参加会见宴请。

4日 副省长梁黎明会见斐济驻华大使约阿尼·奈法卢拉一行。省外侨办副主任彭波参加会见。

6日 副省长高兴夫在上海中国国际工业博览会期间会见英国中部发展引擎计划执行机构主席庄贝思。省外侨办副主任顾建新参加会见。

7日 省人大常委会副主任姒健敏会见美国州议会会议主席德布·彼德斯一行。省外侨办主任、省友协常务副会长金永辉，省友协专职副会长陈爱珍参加会见。

7日 副省长梁黎明会见南波西米亚州第一副州长约瑟夫·克诺特率领的捷克各州官员代表团一行。省外侨办副主任顾建新参加会见。

8日 副省长梁黎明会见驻澳中资企业及澳门本地企业代表团一行，省港澳办副主任陈江风参加会见。10日，副省长梁黎明宴请驻澳中资企业及澳门本地企业代表团一行，省港澳办主任金永辉参加宴请。

8日至16日 省委常委、杭州市委书记赵一德率浙江省代表团访问德国、匈牙利和以色列。

10日 省委书记、省人大常委会主任车俊，省委副书记、省长袁家军会见澳大利亚西澳州州长马克·麦高恩一行。袁家军与马克·麦高恩签署《浙江省政府与澳大利亚西澳大利亚州政府签署友好省州关系拓展协议》，车俊、澳大利亚驻沪总领事梅耕瑞见证协议签署。省外侨办主任金永辉参加上述活动。

11日 副省长梁黎明与澳大利亚西澳州州长马克·麦高恩共同出席“浙江省·西澳州交流委员会”第七次会议开幕式并致辞。双方见证《浙江省贸促会与澳中商会西澳分会谅解备忘录》《浙江科发资本管理有限公司与澳大利亚默多克大学合作谅解备忘录》《浙江省蜜蜂产业协会、浙江省蜂业协会与西澳养蜂协会缔结友好协会协议书》和《杭州市海外企业家投资联合会与澳中商会西澳分会谅解备忘录》的签署。省外侨办副主任彭波参加上述活动。

13日 省委书记、省人大常委会主任车俊，省委副书记、省长袁家军出席浙江省·静冈县结好35周年庆祝活动。车俊和日本静冈县知事川胜平太在庆祝大会上致辞。袁家军与川胜平太签署《进一步深化浙江省·静冈县友好交流合作共同宣言》。车俊向川胜平太颁发“浙江省荣誉公民”奖牌和证书。副省长梁黎明主持庆祝大会。全国政协文史和学习委员会副主任、中国国际茶文化研究会会长周国富，省委常委、秘书长陈金彪，省人大常委会副主任王辉忠，副省长梁黎明，省政协原副主席徐鸿道，省外侨办主任金永辉和副主任陈安、陈江风参加上述活动。

14日 全国人大环资委副主任委员，原浙江省委书记、省人大常委会主任夏宝龙会见日本静冈县知事川胜平太一行。省外侨办主任金永辉，省友协常务副会长阮忠训参加会见。

17日 副省长梁黎明会见古巴驻沪总领事内斯托·托雷斯。省外侨办副主任陈安参加会见。

17日 副省长梁黎明会见捷克皮尔森州副州长伊沃·格律能一行。省外侨办副主任陈安参加会见。

26日至12月3日 副省长孙景淼率浙江省代表团访问墨西哥和美国。

29日 省委副书记、省长袁家军出席首届世界浙商大会并会见海外高层次人才、华商、外商、国际组织代表。省外侨办主任金永辉参加会见。

29日至12月8日 省委常委、秘书长陈金彪率浙江省代表团访问俄罗斯、奥地利和罗马尼亚。

30日 省政协副主席王建满会见以捷克前总理伊日·帕鲁贝克为团长的捷克名人代表团一行。省外侨办副主任顾建新参加会见。

12月

2日至3日 省委副书记、省长袁家军在乌镇互联网峰会期间，分别会见谷歌公司首席执行官桑德尔·皮猜、思科公司首席执行官罗卓克。省外侨办主任金永辉参加会见。

2日至4日 省委常委、宣传部长葛慧君会见中央人民政府驻香港特别行政区联络办公室副主任陈冬。

2日至4日 副省长梁黎明访问香港。省港澳办副主任陈江风陪同出访。

3日 中共中央政治局常委、中央书记处书记王沪宁在乌镇会见前来参加互联网大会的蒙古国副总理恩赫图布新一行，省委书记、省人大常委会主任车俊，省委副书记、省长袁家军参加会见。

3日 省委副书记、省长袁家军在乌镇会见美国苹果公司首席执行官蒂姆·库克一行。省外侨办主任金永辉参加会见。

6日 省委副书记、省长袁家军会见比利时西弗兰德省省长卡尔·德卡卢维一行。省外侨办党组成员、礼宾处处长陈艳勤参加会见。

7日 省委书记、省人大常委会主任车俊，省委副书记、省长袁家军会见美国福特汽车公司执行董事长比尔·福特一行。省委常委、杭州市委书记赵一德参加会见。袁家军与比尔·福特一行餐叙，并出席福特与众泰纯电动乘用车合营公司金华整车工厂项目签约仪式。

11日 副省长梁黎明会见韩国忠清南道副知事许承旭一行。

12日 副省长梁黎明会见韩国驻沪总领事卞永台一行。省外侨办副主任彭波参加会见。

12日 副省长梁黎明会见印度新任驻沪总领事瑞峰一行。省外侨办副主任彭波参加会见。

13日 副省长梁黎明会见哈萨克斯坦“光明道路”党副主席巴尔雷巴耶夫率领的哈萨克斯坦“光明道路”党企业家代表团一行。省外侨办副主任顾建新参加会见。

14日 省委常委、秘书长陈金彪会见以众议院内政与公职事务委员会主席维尔莫伦为团长的比利时多党议员团一行。省外侨办副主任顾建新参加会见。

21日 省人大常委会副主任袁荣祥会见欧洲议会副议长帕帕迪莫里斯（希腊籍）一行。省外侨办副主任顾建新参加会见。

（周赵行）

综　述

【概况】 2017年,全省外事侨务系统以习近平新时代中国特色社会主义思想为指导,深入学习贯彻省第十四次党代会及省委十四届二次全会精神,以"八八战略"为指引深入推进"五大四化一统筹",精心谋划、主动作为,在服务党和国家中心任务、服务国家总体外交、服务地方发展、服务侨胞创新创业上取得新成绩。

紧扣中心大局,服务国家总体外交。充分发挥浙江省区位优势、民营经济优势、文化资源优势,积极配合国家总体外交。加强与重点友城的合作。2017年是浙江省与美国印第安纳州结好30周年,省委书记车俊出访印第安纳州,美国副总统彭斯专门写信向车俊书记致贺。成功举办浙静结好35周年庆祝活动,日本静冈县知事川胜平太率500余名各界人士到浙江参加庆祝活动,并表示静冈县将积极支持"一带一路"倡议,愿当日本参与"一带一路"的先锋。浙江省授予川胜平太"浙江省荣誉公民"称号。高质量完成重大外事活动服务保障任务。为配合中央领导高层出访活动,省长袁家军出访罗马尼亚,出席"2017中国—中东欧政党对话会",并代表参会的6个中国地方省份作主旨发言。积极参与和配合办好"一带一路"国际合作高峰论坛、第四届世界互联网大会、首届世界油商大会、厦门金砖国家5个部长级会议、第四届世界浙商大会、哈萨克斯坦阿斯塔纳世博会"浙江日"等重要会议和多边外交活动的外事服务保障工作,讲好浙江故事,进一步提升浙江国际知名度和美誉度。精心做好重要来宾接待工作,全年接待外国及港澳团组251批3500余人次。发挥侨务资源优势服务中心工作。重点加强与参政华人、中青年侨领、新华侨华人和华裔新生代杰出人士的联络联谊,引导华侨华人在推进与外国政党和政府关系、促进浙江与世界各国人民友好交流等方面发挥重要作用。探索在海外侨团设立领事保护联络处,聘请在当地有声望的侨领担任海外领事联络员,协调处理海外领事保护事件。

聚焦"一带一路",实现大交流新突破。围绕省委、省政府全力打造"一带一路"战略枢纽的目标,积极服务全省新一轮对外开放。做好省级领导出访工作。省委书记、省人大常委会主任车俊率团访问美国、挪威和瑞典,出席29场公务活动,举办5场大型经贸、旅游活动,会见包括7位正部级在内的多位外国政要。访问美国波音公司、瑞典沃尔沃公司等和部分浙江在美国、瑞典投资企业,进一步推动与三国地方政府的务实交流合作。省委副书记、省长袁家军出访捷克、罗马尼亚和塞尔维亚,开展27场公务活动,与捷克方共商共建"一带一路"捷克站、推动与罗马尼亚开展港口合作、与塞尔维亚共同建设贝尔麦克商贸物流园,积极开展友城交流,有力促进双边友好合作关系。积极服务开放发展。围绕大湾区大花园大通道大都市区建设、转型升级系列组合拳、浙江自贸区等全省中心工作,全力配合省有关部门,推进波音737完工和交付中心项目建设和义新欧、甬新欧班列常态化运行。圆满完成浙江省参与"一带一路"建设推进会服务保障任务,邀请22个国家和地区51名大使、总领事、使(领)馆官员及驻华机构代表参加会议,牵头办好"一带一路"国际合作高峰论坛中外媒体吹风会,成功举办中国—中东欧投资贸易博览会、"浙江—诺丁汉投资贸易洽谈会”等近百场经贸洽谈对接活动，有力推动与“一带一路”沿线国家的经贸合作。充分发挥对外交往窗口作用，密切与外国驻华使（领）馆的沟通联系，举办浙江省情介绍会、“东盟国家驻华使节走进浙江”“签证官看民企”等活动。积极推广APEC商务旅行卡，因公签证获签率达99%以上。因私签证代办业务稳步发展，为全省对外开放和企业“走出去”提供有力支持。推动吸引浙商回归。充分发挥海外侨胞分布广、数量多、有影响的优势，成功举办中国侨商会科技创新委员会年会、中东欧侨商宁波峰会、相聚长三角、国侨办海外华裔青年企业家中国经济高级研修班、海外侨商家乡行等侨务引智引资活动，加强企业、技术、项目、文化交流与合作。全面贯彻落实国侨办关于“侨梦苑”建设的指导意见，推动余姚市成功创建浙江省首家“侨梦苑”。

围绕浙江国际化，提升交流领域和层次。集中发挥外事侨务和港澳友协资源，拓展国（境）外交往渠道，丰富交往内涵，提升浙江国际化水平。推动友城工作可持续发展。办好与日本静冈县结好35周年和与美国印第安纳州、澳大利亚西澳州结好30周年庆典等友城周年庆活动、产业对接或项目推介会，放大友城合作效应，推动友城提质增效。全年新增友城12对，总数达416对。召开友城协调机构双边交流年会10余次，与美国印第安纳州、日本静冈县、澳大利亚西澳州、德国石荷州、捷克皮尔森州等的传统友城关系进一步巩固拓展。积极拓展民间对外交流。举办“盛世号”邮轮“丝路秀”文艺演出、“美丽浙江”图片展、旅游推广周、“新丝路·新战略”主题采访等中外文化交流活动30多场。以青少年为重点，成功举办浙江省大学生访日交流团、“走进欧洲——浙江省高中生英语口语大赛”、海外名校学子走进金华古村落等活动。加强中外合作办学，持续推进“千校结好”项目，不断提升教育国际化水平。积极拓展侨务文化交流，培训海外华文教师120余人次，组织1600多名华裔青少年参加“中国寻根之旅——浙江营”和“中华文化大乐园——澳大利亚悉尼营”活动。拓展浙港澳合作空间。积极做好港澳政府、商会、同乡会及知名人士、青少年的联系联谊工作，凝聚人心，有力配合全国港澳工作大局。接待香港特别行政区行政长官林郑月娥等港澳政要和企业家团组访问考察浙江，协助设立香港特区政府浙江联络处，做好香港回归祖国20周年配套庆祝活动，举办香港服务业代表团走进自贸区、浙江·澳门企业交流会等经贸交流活动。

推进侨团建设，为侨服务实现新突破。继续抓好“规模化、规范化、本土化、年轻化”侨团建设，引导培育一批示范性侨团，带动提升侨务工作整体水平。继续推进“四化”侨团建设。坚持统筹协调、严格标准、规范程序，新认定第二批海外示范性侨团30家，在俄罗斯、澳大利亚新建联合性侨团2家。进一步规范涉侨行政行为。开展华侨权益保护立法调研，完成《浙江省华侨权益保护条例（草案）》起草工作。修订《浙江省华侨权益保障暂行规定》。全年审批办理华侨回国定居6500余人次，认定“三侨生”746名。加强国内为侨公共服务体系建设，分别创建国侨办“为侨服务示范单位”“为侨法律服务工作站”8家。深入推进“归侨侨眷关爱工程”，组织开展“侨界医疗专家服务队”“送剧进侨乡”活动、结对助学、职业技能培训等，走访慰问困难归侨侨眷1700多人、帮扶困难归侨侨眷400多人。抓好联谊服务引导。首度将海外侨领研习班纳入省委组织部“专题班”计划，成功举办首期浙江省海外示范性侨团侨领研习班，在红船精神发源地嘉兴成功举办海外中青年侨领研习班，100多名示范性侨团侨领和侨团骨干参加培训。

加强统筹协调，提升大外事侨务管理能力。积极履行外侨工作归口管理职责，切实加强对全省外侨工作的统筹协调。组织召开全省侨务工作会议，推行省政府印发的《贯彻落实〈国家侨务工作纲要（2016—2020年）〉的实施意见》，组织编制浙江省首个外事侨务五年规划——《浙江省外事侨务“十三五”发展规划》。加强因公出国(境)管理。严格执行中央外办、外交部要求,优先保障和主动服务重点国家交流合作、“一带一路”建设、国际产能合作、周边外交、引资引智等重点任务需求,严控党政机关和参公管理事业单位人员出访总量,进一步提升出访实效。加强涉侨工作统筹协调。完善涉侨工作联席会议制度、省直涉侨部门工作会商机制、涉侨重大活动和涉侨办班研习培训统筹制度等机制,努力推动全省涉侨工作形成合力。召开全省侨务工作联席会议,研究安排全省涉侨重点工作。

*深入推进“最多跑一次”改革,推动外侨工作改革创新。*按照省委、省政府推进“最多跑一次”改革的决策部署,全面强化简政放权、流程再造、科学布点等举措。省委书记车俊先后两次作出重要批示,充分肯定基层侨务部门“最多跑一次”工作。全年共办理领事认证25万余份,居“最多跑一次”省级前100高频事项第一位。统筹协调抓好“最多跑一次”改革。坚持服务做加法、事项做减法、效能做乘法、流程做除法。召开全省外侨系统“最多跑一次”事项标准化座谈会,开展“八统一”工作。加强系统建设及数据共享,切实解决申办APEC商务旅行卡审核事项“信息孤岛”问题。打造“最多跑一次”海外版,温州市瓯海区、文成县和丽水市青田县积极延伸拓展跨境服务,通过远程视频办理身份认证、公证等涉侨服务事项,得到广泛好评。积极探索外事政校合作模式,在全国高校系统和外事系统首创设立因公出国(境)护照签证代办点,建立“浙江省对外交流服务中心浙江大学办事处”,为高校师生就近提供出国(境)一条龙服务。

【夏宝龙率团访问阿联酋、泰国和蒙古】 4月2日至11日,应阿联酋经济部部长苏尔坦·阿勒曼苏里、泰国外交部部长敦·帕玛威奈和蒙古人民党总书记阿玛尔巴伊斯格楞邀请,省委书记、省人大常委会主任夏宝龙率浙江省代表团访问阿联酋、泰国和蒙古。

在阿联酋,夏宝龙分别会见迪拜酋长国亲王、迪拜最高执行委员会第二副主席、阿联酋航空董事长谢赫艾哈迈德·阿勒马克图姆等王室成员和经济部部长苏尔坦·阿勒曼苏里、迪拜环球港务集团董事长苏尔坦·苏莱姆、阿布扎比欧提巴集团董事长法提玛·阿勒欧提巴、罗塔纳航空公司相关负责人等高级官员和企业界人士,就推动浙江与阿联酋友好交往进行直接有效对话,并就加强双方全方位合作达成重要共识。夏宝龙出席在迪拜举办的第七届国际投资年会相关活动,考察参展的浙江省湖州市展馆。代表团还考察迪拜国际机场、迪拜杰贝阿里自由港区、迪拜龙城中国商品城、阿布扎比罗塔纳航空公司等一批企业和项目,见证浙江省海港集团与迪拜环球港务集团的战略合作框架协议书签署仪式。夏宝龙还会见在阿浙江籍华侨代表并召开座谈会,听取浙江首个在海外成立的联合侨团——阿联酋浙江联合侨团发展情况汇报并发表讲话。

在泰国,夏宝龙分别会见泰国外交部部长敦·帕玛威奈、罗勇府府尹素拉萨·乍能世全等泰方高级官员,考察浙江省华立集团在泰国罗勇府投资的中泰罗勇工业园,出席园区浙江企业座谈会,实地考察园区内富通、中策、盾安三家浙江企业和位于北柳府的正泰集团泰国公司。在友好省罗勇府访问期间,夏宝龙与素拉萨·乍能世全共同见证浙江联合出版集团向泰国罗勇府达信学校赠送图书8000册建立“新丝路书屋”的捐赠仪式、浙江交通职业技术学院与罗勇府达信中学友好合作协议的签订。代表团还在曼谷出席“美丽中国·诗画浙江”泰国(曼谷)旅游推广周启幕仪式,走访拥有94年历史的泰国江浙会馆并出席在泰浙江籍侨胞座谈会。

在蒙古,夏宝龙分别会见蒙古人民党主席、国家大呼拉尔主席恩赫包勒德,政府总理额尔登巴特,副总理呼尔勒苏赫,政府办公厅主任蒙赫巴特,人民党总书记阿尔玛巴依斯格楞等蒙古人民党或国家领导人,着眼蒙古未来政局变化给中蒙关系发展带来的新机遇,以做蒙古人民党高层工作和拓展浙蒙务实合作为抓手，宣传推介中国执政治国理念，推动“一带一路”建设。代表团广泛接触蒙古各部门、企业界、基层党员干部和民众，深入那莱赫牧区等基层考察调研，与蒙古各界人士坦诚深入交流，增进双方理解互信，促进务实合作。在乌兰巴托，夏宝龙和蒙赫巴特共同出席浙蒙合作交流会，双方企业达成多项合作协议。夏宝龙还同在蒙浙商座谈，听取浙蒙合作情况介绍和意见建议。

访问期间，中国驻迪拜总领事李凌冰、驻泰国大使宁赋魁、驻蒙古大使邢海明陪同代表团出席相关活动。

【袁家军率团访问罗马尼亚、捷克和塞尔维亚】 7月13日至22日，应罗马尼亚社民党总书记内亚克苏、捷克中国投资论坛主办方捷中友好合作协会主席德沃吉克和塞尔维亚贸易、旅游和电信部国务秘书尼克切维奇的邀请，省委副书记、省长袁家军率浙江省代表团访问罗马尼亚、捷克和塞尔维亚。

在罗马尼亚，袁家军出席中联部组织的“2017中国—中东欧政党对话会”，代表参会的中国6个地方省份作开幕式发言，并在“一带一路”建设与地方合作分论坛上致辞。论坛期间，来自浙江的40多位企业家与罗马尼亚有关部门和企业进行合作洽谈。袁家军还会见罗马尼亚副总理兼地区发展部部长什海德、伊尔福夫省省长马力安·彼特拉克，就推动浙江与罗马尼亚的友好交往进行会谈并达成重要共识，看望在罗马尼亚的浙江籍华人华侨社团负责人。

在捷克，袁家军出席“2017中国投资论坛”并在欢迎晚宴上致辞。会见捷克众议院议长哈马切克、工贸部部长哈弗里切克、皮尔森州州长伯纳德、中捷克州州长伊尔曼诺娃等。出席“义新欧”班列布拉格—义乌列车首发仪式，见证义乌市与捷克乌斯季市、霍穆托夫市签订合作备忘录。召开浙江省和捷克皮尔森州结好十周年暨经贸合作交流会，并与皮尔森州签署深化合作备忘录，浙江省30多家企业与皮尔森州有关部门和企业进行项目合作洽谈。袁家军还与中国驻捷克大使马克卿进行交流，考察斯柯达交通公司、正泰集团在捷克的公司等，看望浙籍侨领。

在塞尔维亚，袁家军会见塞尔维亚副总理兼贸易、旅游和电信部部长利亚伊奇，塞尔维亚前总统、发展对华对俄关系委员会主席尼科利奇及贝尔格莱德市市长马利和克拉古耶瓦茨市市长罗德米尔等，就深化浙江与塞尔维亚在贸易投资、科技创新、生态旅游、电子商务等重点领域合作达成共识。考察贝尔格莱德中国商品批发市场及浙江在中东欧的唯一一家省级境外经贸合作区——贝尔麦克商贸物流园，并同在塞浙商座谈。代表团还前往中国驻南联盟被炸使馆旧址，凭吊在使馆被炸事件中英勇牺牲的烈士。

【车俊率团访问美国、挪威和瑞典】 8月23日至9月1日，省委书记、省人大常委会主任车俊率浙江省代表团访问美国、挪威和瑞典。

在美国，副总统、印第安纳州前任州长彭斯专门就代表团到访印第安纳州并出席两省州结好30周年庆祝活动给车俊发来贺信。车俊会见美国交通部部长赵小兰、美中贸易委员会会长傅强恩、伊利诺伊州州长罗纳、印第安纳州州长霍尔科姆，出席浙江省—印第安纳州结好30周年庆祝活动。车俊还会见波音公司董事长米伦伯格，就进一步深化合作进行会谈并达成重要共识；会见肯恩大学校长法拉希，就深化合作事宜进行交流；考察万向集团美国公司、泰普森集团西域户外用品公司。

在挪威，车俊会见挪威外交大臣布伦德、北挪威省省长诺瓦尔，并签署两省进一步深化友好交流合作协议。车俊一行还考察诺德莱克斯三文鱼公司和当地一批重点文化产业项目，调研挪威海岛开发建设和海洋管理情况。

在瑞典，车俊会见瑞典企业和创新大臣丹贝尔、乌普萨拉省省长伊南德、哥德堡市市长赫曼森，与伊南德签署两省进一步深化友好交流合作协议。车俊一行还调研沃尔沃公司和吉利中欧汽车技术中心，了解其创新发展和创新平台建设等情况，并考察阿斯利康公司、吉罗斯蛋白质公司。

中国驻美公使吴玺、驻纽约总领事章启月、驻芝加哥总领事洪磊，驻挪威大使王民，驻瑞典大使桂从友、驻哥德堡总领事刘春等全程或部分陪同出席活动。

【第九届“驻华使节走进浙江”活动】 9月25日至28日在杭州和绍兴两地先后举行。由省外侨办、中国公共外交协会和中国—东盟中心联合举办。文莱、泰国、柬埔寨、印度尼西亚、马来西亚、缅甸、菲律宾、越南、新加坡等东盟国家驻华大使和驻沪总领事及特派代表25人应邀参加。副省长梁黎明在杭州会见“走进浙江”的东盟国家驻华使节一行，重点介绍浙江省经济社会发展现状，希望借此活动举办契机进一步推动浙江与东盟各国在共建“一带一路”框架下实现合作共赢、共同发展。在杭州期间，驻华使节一行参加在中国美术学院举办的“山水相依——中国美术学院艺术家东盟十国行美术作品展”开幕式，赴海康威视公司实地考察。在绍兴期间，驻华使节一行出席“绍兴市情介绍会”，并通过对绍兴轻纺城展示中心和联合市场、兰亭、周恩来祖居、柯岩、鲁镇等参观考察，加深对绍兴历史文化、风土人情、经济发展和投资环境的认识与了解。各国驻华使节纷纷表示，东盟国家与浙江合作潜力巨大，愿推动其所在国与浙江省及杭州市、绍兴市在经贸、科技、人文等领域交流合作，实现互利共赢。

【浙江籍海外侨胞热议党的十九大】 10月18日，中国共产党第十九次全国代表大会在北京开幕。海内外侨界密切关注大会盛况，通过集中收看开幕式、进行座谈交流等，学习会议精神，畅谈感想体会，向海外宣传好党的十九大精神。侨胞们对中共中央总书记习近平代表十八届中央委员会所作的报告纷纷点赞，特别是报告中提出“要广泛团结联系海外侨胞和归侨侨眷，共同致力于中华民族伟大复兴”，深受鼓舞、倍感振奋。浙江籍海外侨胞纷纷表示，过去五年，在以习近平总书记为核心的党中央坚强领导下，中国改革开放和社会主义现代化建设取得了巨大成就和历史性变革，中国的国际地位和国际影响力都上了一个新台阶，“朋友圈”越来越大。党的十九大报告指出中国特色社会主义已进入新时代，提出了习近平新时代中国特色社会主义思想，对从现在起到本世纪中叶把中国建设成为社会主义现代化强国作了战略安排，对今后一个时期党和国家各项事业发展作出全面部署，令海外华侨华人对祖国的发展充满信心，也进一步激发了海外侨胞为之努力奋斗，为实现中华民族伟大复兴的中国梦努力贡献力量。

法国海外省圭亚那江浙沪华侨联合会主席、法国亚美杰国际投资集团董事长郭胜华表示，华侨华人是连接中国梦与世界梦的桥梁与使者，海外侨胞要如习近平总书记所说，像石榴籽一样，紧紧抱在一起，戮力同心画出最大同心圆。国家“千人计划”专家、浙江贝达药业有限公司董事长丁列明说，党的十八大以来，党和国家越来越重视人才和创新，给归国人员实现中国梦提供了很好的平台和机会。热切期盼党和国家在人才建设、科技创新等方面出台更多举措，把全社会的智慧和力量凝聚到创新发展上来。欧洲华商会会长傅旭敏表示，要认真学习贯彻十九大报告，以更大的热情更多的努力发挥自身优势，团结广大侨胞向着实现中华民族伟大复兴的中国梦奋勇前进，积极参与祖国“一带一路”建设，促进中欧全方位对接发展，为祖国引智、引资、引技、引才，更好地为实现“两个一百年”的奋斗目标添砖加瓦。同时也期待祖国出台更多针对华人华侨的利好政策，吸引更多有志报国的人才回到祖国施展才华，报效祖国。德国和平统一促进会会长夏康民说，党的十九大报告使实现“两个一百年”奋斗目标有了更加清晰的时间表和路线图，为中国共产党点赞！省政协常委、海外留学归国创业人员林东认为，中国梦是海内外中华儿女共同的梦，今天，中华民族伟大复兴的中国梦比以往任何时候都更加触手可及。海外侨界人才济济，在实现中国梦的路上可以发挥独特作用和优势。澳大利亚浙江侨团联合会会长陈静认为，中国经历了从“站起来”到“富起来”再到“强起来”的历史性飞跃。中国社会稳定繁荣、经济蓬勃发展，是海外华侨华人最强有力的保障。新西兰江浙沪同乡会会长胡志良表示，过去五年，中国经济飞速发展，人民生活水平不断提高，中国人到海外旅游的人数超过以往任何时期。他的很多江浙沪朋友都来到新西兰旅游观光。另外，许多外国大城市的街道上，都有中文的指示信息。这足以显示中国在海外的地位有了明显提高。智利统促会副会长兼秘书长说，作为南美新闻网的执行总编，这次亲临现场采访十九大，亲耳聆听习近平总书记的报告，感到非常荣幸。广大海外华人华侨要积极争做实现中华民族伟大复兴的参与者、践行者及见证者！南非温州总商会会长朱书宏说，他将与非洲的侨界青年一起，跟随国家“一带一路”倡议“走出去”，帮助祖国与住在国的合作，同时带领更多华侨华人回到国内，助力祖国的发展，形成同心共圆中国梦的磅礴力量。美国洛杉矶温州商会会长林选栋表示，中国在世界上的影响力与日俱增，搭乘中国发展快车的华侨华人对祖国家乡未来发展充满信心，一定会积极参与共创中华民族伟大复兴的美好未来。

【推进“最多跑一次”改革】 2017年，省外侨办积极贯彻落实省委、省政府关于“最多跑一次”改革的重大决策部署，坚持外侨为民宗旨，立足部门实际，精心谋划、精细部署、精准发力，巧念“加减乘除”经，扎实推进全省外侨系统“最多跑一次”改革，着力解决好外侨部门服务广大群众、海外侨胞“最后一公里”。改革工作取得阶段性成效。**服务做加法**。坚持以人民为中心的工作理念，通过授权代办、增加布点等举措，探索推出更多便民化、优质化服务。在高校接受外国留学生审批中，为方便外国留学生办理，经省外侨办多次调研，并积极争取外交部等上级主管部门的支持，授权各接收学校“代跑”、代为办理有关审批事宜。围绕科学布点、就近服务原则，在领事认证、APEC商务旅行卡申办最为集中的高教园区、海归创业园等地增设服务点，并在浙江大学开展试点工作，为浙江省“引进来”和“走出去”的群众及企事业单位提供优质服务。**事项做减法**。根据省政府“最多跑一次”改革部署，在认真对照权力清单和公共服务事项目录基础上，全面梳理涉外涉侨所有服务事项，科学“瘦身”，尽最大限度缩小需要“上门跑”的涉外涉侨办事事项。经省政府深化“四张清单一张网”改革推进职能转变协调小组同意，由省外侨办承担的涉外涉侨办事事项明确减少为7项。**效能做乘法**。按照智慧外侨建设要求，依托浙江政务服务网，积极推进信息化建设，加快与有关单位实现数据衔接，让数据的“跑”替代群众的“跑”，实现广大群众、海外侨胞办事效能作乘法。在“领事认证”工作方面，在全国范围内首创公证认证联席会议制度，初步实现了与司法部门数据对接。针对在办理“浙江省归国华侨证核发”和“华侨、归侨和侨眷身份认定”事项中需申请人提供出入境有关证明、“申办APEC商务旅行卡”要求申请人提供社保缴交证明等情况，省外侨办着手制定一揽子计划，争取早日与相关部门建立信息沟通交流平台，实现数据共建、共享，方便办事群众，提高工作效能。**流程做除法**。在把握政策前提下，减少办理层级、缩减办理时限、提高办证效率。“归侨、华侨子女、归侨子女考生身份确认”，涉及中高考加分，社会关注度比较高。在多次实地调研的基础上，提出简政放权改革方案，由“三侨生”按其就读学校属地在相应市、县（市、区）侨办（外侨办）办理身份确认，缩小了需要“跑”的区域范畴。通过流程再造，“高等学校接受外国留学生审批”办理事项由三个工作日基本实现一个工作日办结。同时，省外侨办按“最多跑一次”改革要求，推进清单之外的其他办事事项效能改革。邀请外国人来华审批基本实现“跑零次”，因公出国（境）任务审批有望年底前实现“最多跑一次”。

【出国（境）和外国人来华管理】 2017年，全省各级因公出国（境）任务审批机关贯彻落实中央和省委、省政府有关文件精神，从严规范管理、突出精准管理、优化服务措施，“最多跑一次”成效显著，初步实现计划总量可控、服务精准、质量提升工作目标，出国（境）管理工作迈上新台阶。

全省因公出国（境）管理有三大特点：一是创新制度建设，以制度建设推动管理。起草《中共浙江省委外事工作领导小组办公室、浙江省人民政府外事侨务办公室关于贯彻落实中央进一步加强因公出国管理有关工作精神的通知》《关于进一步加强和规范因公出国（境）培训工作的意见》，联合有关部门印发《全省性行业协会商会与行政机关脱钩后外事管理办法（试行）》《关于修订因公临时出国、因公短期出国培训有关管理规定的通知》，进一步完善因公出国（境）管理各环节制度建设。二是强化管控能力，有效规范因公出国（境）访问。发挥因公出国（境）常态化管理机制作用，严格执行因公出国（境）审批与经费审核联动机制，严控出访总量，2017年全省批准党政机关和参公管理事业单位因公出国（境）团组6174人次，比上年下降2.4%。因人找事、无实质内容出访团组明显减少。三是全面提升服务水平，积极引导出访资源向经济社会发展领域集聚。紧密围绕省委省政府“五水共治”“四换三名”等中心工作，积极引导全省因公出访资源更加有效服务全省经济社会发展。细化落实中央适度调整部分团组和人员因公出国（境）管理政策，对企业和科研人员实行分类管理、适度灵活，积极推动经贸、科技教育类团组“走出去”。全省批准因公出国（境）团组7661批25426人次，其中经贸科教类团组占68%，总体结构进一步优化。

建立健全制度，充分发挥各项机制作用。一是严格落实中央关于进一步加强出国管理工作精神。11月20日，中央外事工作领导小组办公室和外交部联合发出通知，要求进一步加强因公出国管理工作，出访切忌扎堆，严格审批把关，防止公款出国旅游回潮。省委主要领导高度重视并作出重要批示。省外侨办连夜召开会议，研究从严贯彻落实的工作思路，第一时间起草了《中共浙江省委外事工作领导小组办公室、浙江省人民政府外事侨务办公室关于贯彻落实中央进一步加强因公出国管理有关工作精神的通知》。经省委外事工作领导小组审签后，4天内印发文件至全省各外事审批权单位和外事申报单位。二是制发因公出国（境）审批新文件。4月，与省外专局联合印发《关于进一步加强和规范因公出国（境）培训工作的意见》，要求培训类团组进一步优化结构、提高实效，切实加强对培训类团组的监督和管理。联合有关部门印发《全省性行业协会商会与行政机关脱钩后外事管理办法（试行）》，明确脱钩后外事工作的指导原则、管理体制，规范了脱钩后有关外事工作的管理程序。与省财政厅、省人力社保厅联合印发《关于修订因公临时出国、因公短期出国培训有关管理规定的通知》，建立健全因公临时出国计划与财务管理内部控制制度，优化出国经费和团组任务审批流程。

做好省级领导出访服务工作。着力完善省级领导出访报批全流程跟踪管理措施，尽早启动高访团组报批程序，严格遵守行文规范和公文运转原则，确保文件材料完整准确体现“活动实、日程满、安排细”的出访内容。

推动教学科研人员出访便利化。贯彻教学科研人员学术性出国与党政干部因公出国区别管理政策，鼓励支持高校和科研院所积极参与国际重大科技计划、科学工程和专业学术交流，积极服务全省教育国际化战略的实施，进一步推动教学科研人员出访便利化。全年派出调研组赴杭州、金华、温州等地，召集有关单位职能处室负责人、中小学校负责人50余人次，研究大中小学教学科研人员出访存在的问题并现场协调解决。同时，根据实际情况推行“免审制”倾斜措施，对符合免审资质的省属本科院校省管（不含）

以下人员以教师身份因公出国、赴港澳开展与本人专业相关的学术活动,在规定时间内经办人核准后可当场出具批件,提高了办事效率,拟在更大范围内推开。

加强政策宣讲培训。11月30日在丽水举办全省因公出国(境)审批工作培训班,各省直单位与各市、县(区、市)150余人参加培训。培训班上,就中央最新文件精神和新年度计划报批工作进行政策宣讲解读,并针对日常任务报批注意事项开展专题讲座,帮助各地、各单位提高认识、转变观念,提升把握政策的能力。

【因公签证】 2017年,全省办理因公出国团组9616批26199人次,办理因公赴港澳团组1424批4151人次。省外侨办办理因公出国团组6805批17890人次,办理因公赴港澳团组820批2376人次。全省颁发因公电子护照15499本,颁发因公赴港澳通行证3171本。省外侨办颁发因公电子护照9538本,颁发因公赴港澳通行证1818本。全省办理因公签证8763批28316人次,省外侨办办理因公签证6785批21162人次。

【领事认证】 2017年,全省办理领事认证单认证151461份(民事类76992份,商业类74469份)、双认证100932份。省外侨办办理领事认证单认证122469份(民事类71103份,商业类51366份)、双认证78643份。2017年,省外侨办承办了第12期全国被授权地方外办领事认证业务培训班。推进信息化建设,配合外交部领事司顺利启用领事认证电子签名和防伪二维码。2017年,新增哥斯达黎加双认证业务。

【因私签证】 2017年,全省办理因私签证12804批21145人次,APEC商务旅行卡1668批2549人。浙江省对外交流服务中心(省外事翻译中心)办理因私签证8918批14231人次,办理APEC商务旅行卡782批1163人,代办各地市外办、央企等单位因公护照签证292批798人次,代打各类签证表格3850份。首创外事政校合作形式,5月份在浙江大学设立办事处,推出出国(境)各项业务联办及全程代办服务,就近服务浙江大学师生,全年共办理各项业务899批1038人次。

【精准服务显成效】 2017年,浙江省对外交流服务中心(省外事翻译中心)加强因公出国(境)"绿色通道""香港专项通道"及因私签证"VIP"通道建设,助力高层互访、"一带一路"战略开展及重大涉外活动。为2017哈萨克斯坦阿斯塔纳世博会省贸促会先遣团及后续团组20批157人做好签证统筹安排及证照申办工作,完成70批379人"香港专项通道"通行证办理工作。加强赴美签证省外侨办专属通道建设,主动邀请美国驻沪总领事馆签证官到杭州、温州、义乌、台州等地举办"美国签证政策说明会",将新政策落到实处。积极参加澳大利亚、加拿大、捷克等驻沪总领事馆组织的讲座,把握签证新动向。

【参与"最多跑一次"改革工作】 2017年,浙江省对外交流服务中心(省外事翻译中心)"领事认证"和"申办APEC商务旅行卡"事项已基本实现"最多跑一次"并向"零跑腿"迈进。组织召开全省公证认证联席会议、全省商事出证认证联席会议,有效解决民事认证退证率高、商事认证业务外流等突出问题,顺畅中间渠道。建立联席会议长效机制和互动沟通平台,通过与部分公证系统、商事出证系统单位签订领事认证代办合作协议,建立联办机制,大力推进领事认证"一窗受理"进程,消除中梗阻。梳理并精简业务流程清单,统一对外办事标准,同步调整政务服务网公示内容,形成网上网下、省市县三级一致的服务指南,有效指导申办人高效办事。免去APEC商务旅行卡申办材料中"无犯罪记录证明"公证。推行因私签证、APEC商务旅行卡等业务"容缺受理"及补件服务,精简部分流程。打破信息孤岛,加快推进"一窗受理"平台联网,已完成系统对接前期梳理及部分数据共享工作。

(周赵行 杜薇 孙文佳 蒋岚)

浙江外事侨务部门组织机构暨负责人名录

（2017年12月31日止）

省外侨办(港澳办)

党组书记、主任:金永辉
党组成员、副主任:彭　波
顾建新
陈　安
王通林
(兼任浙江省对口支援新疆阿克苏地区指挥部指挥长)
陈江风
党组成员、省友协专职副会长:陈爱珍
党组成员、礼宾处(翻译室)处长:陈艳勤
副巡视员:余亦平
莫丽丽
(2017年3月止)

各市外(侨)办

·杭州市外侨办·

主　任:董祖德
副主任、巡视员:祝　平
副主任:杜士根
胡德斌
孔德胜
友协专职副会长:邬莲平

·宁波市外办·

主　任:叶荣钟
副主任:江　鲁
(2017年4月止)
石国祥
陈国苗
徐平元
(2017年7月起)

·宁波市侨办·

主　任:顾正为
副主任:赵　骏
陈进军
鲁爱丽
(2017年5月起)

·温州市外侨办·

主　任:邱华萍
(2017年5月止)
雷文东
(2017年5月起)
副主任:陈瓯平
周海平
朱玉贵
周怀中
许　捷
(2017年8月止)

·嘉兴市外侨办·

主　任:朱永明
副主任:朱冬权
庄玉娥
娄新生
朱海林
陆　震

·湖州市外侨办·

主　任:孙虎林
副主任:徐汝忠
潘宇文
沈　列
孙建平
(2017年1月起)

·绍兴市外侨办·

主　任:邓大庆
(2017年6月止)
副主任:张小华
金海燕
宋　南
俞　平
(2017年8月起)

·金华市外侨办·

主　任:章　宏

副主任:张远平

程广兴

金　烨

韩建和

·衢州市外侨办·

主　任:朱晓红

副主任:周立年

(2017 年 9 月止)

彭　力

·舟山市外侨办·

党组书记:陈利文

主　任:方　维

(2017 年 4 月止)

陈利文

(2017 年 4 月起)

副主任:刘　宁

庄海波

·台州市外侨办·

主　任:金敬中

副主任:徐跃莲

胡　斌

友协专职副会长:王　蓓

·丽水市外侨办·

主　任:邢长勇

副主任:金晓伟

潘建亮

刘光利

对外工作

美洲和大洋洲

【乌拉圭众议长访问浙江】 1月10日至12日，乌拉圭众议长赫拉尔多·阿马里利亚一行6人，在全国人大财政经济委员会委员李礼辉等陪同下访问浙江。11日，省人大常委会副主任茅临生会见阿马里利亚一行。茅临生简要介绍浙江经济社会发展近况。他说，浙江是一片人杰地灵的土地，浙江以中国1%的陆域面积、4%的人口，创造了近6.5%的经济总量。2016年在杭州召开的G20峰会，让浙江更加开放、更加国际化。浙江省和乌拉圭之间有着巨大的合作潜力。今后，双方可在经贸、农业、能源、旅游、文化等领域进一步挖掘合作资源，创新合作方式，不断深化双方友好关系。阿马里利亚说，乌拉圭和中国建交以来，在高层互访、经济、文化、教育等方面开展积极交流，取得了丰硕成果。乌拉圭希望今后与浙江省在经济、文化、体育特别是足球方面能够开展更广泛的交流，促进和巩固双赢友好关系。阿马里利亚还邀请浙江省派团参加2017年11月在乌拉圭东角市举办的中拉企业家峰会。省人大常委会外事工作委员会主任瞿素芬、副主任何新国，省外侨办副主任彭波参加会见。

在浙期间，阿马里利亚一行还访问阿里巴巴集团、杭州国际博览中心和都锦生丝绸博物馆，并游览西湖。

【美国驻沪副总领事访问浙江】 1月11日，美国驻沪副总领事关德琳一行2人访问浙江。拜会省公安厅，了解浙江省落实《中国反对拐卖人口行动计划》的情况、实施方案和措施以及相关人员系统培训和依法打击拐卖人口犯罪活动的成绩，探讨合作的可能性。

【澳大利亚驻华大使馆教育公参访问浙江】 1月15日至17日，澳大利亚驻华大使馆教育公参魏柯玲一行2人访问浙江。

在浙期间，魏柯玲一行拜会省教育厅、浙江大学，推进澳大利亚与浙江省各类院校的交流与合作。

【美国驻沪总领馆外联处处长访问浙江】 1月16日，美国驻沪总领事馆外联处处长费曼舒一行2人访问浙江，旁听省"两会"开幕式。省外侨办副主任彭波接待代表团一行。

【波音中国总裁访问浙江】 2月8日，波音中国总裁庄博润一行4人访问浙江。省委副书记袁家军设便宴招待客人，省政府办公厅副秘书长夏海伟、省发改委副主任何中伟参加。

【浙江省数字动画专业师生交流团一行访问澳大利亚】 2月10日至16日，浙江省数字动画专业师生交流团一行12人访问澳大利亚西澳州。访问期间，交流团一行参加创意产业论坛、金考拉国际华语电影节开幕夜，拜会西澳州发展部、中国驻珀斯总领事馆。参加TAFE学院创意大师班，就虚拟现实和数字视频等相关技术进行学习交流。

【美国驻沪总领事访问浙江】 2月24日，美国驻沪总领事史墨客一行5人访问浙江，拜会浙江工商大学校长，并在浙江工商大学以"中美合作"为主题作演讲。中午，史墨客与浙江民营企业家代表举行“选择美国”商务午餐会，省工商联副主席、富通集团董事局主席王建沂，华立集团、万丰奥特集团、美都能源股份有限公司、西子联合控股有限公司等企业代表参加。

【斐济地方政府、住房和环境部常秘访问浙江】 2月27日至28日，斐济地方政府、住房和环境部常秘乔舒亚·维克列夫一行4人访问浙江。在浙期间，乔舒亚·维克列夫一行拜会省外侨办，洽谈浙江企业与斐济投资合作事宜，并考察浙江万国建筑设计有限公司。省外侨办副主任彭波接待代表团一行。

【加拿大安大略省驻上海首席代表访问浙江】 3月2日，加拿大安大略省驻上海首席代表黄文楚访问浙江，与省外侨办商谈促进浙江省与安大略省友好合作事宜。

【智利独立参议员团访问浙江】 3月3日，智利独立参议员团一行访问浙江，考察了解浙江民营企业及市政建设管理情况。

【巴西库里提巴双年展负责人访问浙江】 3月20日，巴西库里提巴双年展负责人佩雷拉率代表团一行访问浙江。访浙期间，代表团与省有关部门探讨浙江与巴西巴拉那州文化交流合作事项，并邀请浙江相关单位参加库里提巴双年展。

【阿根廷创新阵线代表团访问浙江】 3月21日，阿根廷创新阵线代表团一行8人访问浙江，考察了解浙江民营企业及智慧城市建设情况。

【美国兰德公司亚太政策中心主任访问浙江】 3月23日，美国兰德公司亚太政策中心主任拉斐奇·多萨尼访问浙江。与省教育厅、科技厅就浙江教育发展和科技创新等政策进行交流。

【加拿大爱德华王子省省长访问浙江】 3月27日至28日，加拿大爱德华王子省省长韦德·麦克劳克伦对浙江进行非正式访问。在浙期间，韦德·麦克劳克伦一行参访了阿里巴巴集团。

【美国印第安纳州洛根斯波特教育代表团访问浙江】 4月4日，美国印第安纳州洛根斯波特教育代表团访问浙江，与省外侨办会谈，探讨浙江省与印州千校结好进一步发展计划。

【加拿大驻华大使访问浙江】 4月11日至12日，加拿大驻华大使麦家廉对浙江进行非正式访问。在浙期间，麦家廉一行参访阿里巴巴集团和金诚集团。

【美国驻沪总领馆经济领事访问浙江】 4月12日至13日，美国驻沪总领事馆经济领事林熙致一行2人访问浙江。在浙期间，林熙致一行拜会浙江大学中国农村发展研究院、网易公司，调研农村互联网+、信息安全、互联网发展政策、共享经济等。

【美国驻沪总领事和上海美国商会会长访问浙江】 4月13日，美国驻沪总领事史墨客和上海美国商会会长季瑞达携部分美资企业高管一行18人访问浙江。副省长熊建平会见代表团，简要介绍浙江经济社会发展情况，特别是民营经济和环境保护发展现状。熊建平说，浙江省政府着力为企业打造高效的发展投资环境，始终欢迎国际合作与投资。熊建平为强生、默沙东等跨国药企介绍浙江医疗目录审批有关情况，并欢迎相关企业提供质高价优的产品参与竞争。史墨客和季瑞达表示，此次携具有国际领先水平的美资公司访问浙江，商谈合作，与双方未来互利发展息息相关。上海美国商会非常重视与浙江的关系，将进一步努力帮助中国企业特别是浙江企业走出去。美资企业分别介绍在浙江及在中国的业务拓展情况。季瑞达代表上海美国商会向熊建平提交了美资药企有关浙江医保目录调整的相关建议函。省政府副秘书长傅晓风，省外侨办副主任彭波，省环保厅总工程师朱留沙等参加会见。省外侨办主任金永辉宴请代表团，彭波参加。

在浙期间，代表团还拜会省发改委和省环保厅，就外资企业在浙发展政策、环保准入等进行交流。省发改委副主任林骏和朱留沙分别与代表团会面。

【澳大利亚贸易投资部前部长访问浙江】 4月21日，省委副书记袁家军会见澳大利亚贸易投资部前部长安德鲁·罗布一行3人。双方就浙江中澳现代产业园建设及澳牛进口事宜进行商谈。省外侨办副主任彭波接待代表团一行。

【美国驻沪总领馆新闻官访问浙江】 4月25日，美国驻沪总领事馆新闻官夏炎一行2人访问浙江，拜会省新闻出版广电局、浙江日报报业集团，增进与浙江省媒体间的互相理解和交往，寻求未来合作可能性。

【澳大利亚西澳州工商委员会主席访问浙江】 4月26日至27日，澳大利亚西澳州工商委员会主席亚当·汉德利访问浙江，与浙江海港集团进行工作会谈，探讨西澳州弗里曼特港与浙江宁波舟山港开展海港合作事宜。

【美国摩根大通银行中国区主席访问浙江】 5月2日，副省长朱从玖会见美国摩根大通银行中国区主席李一一行4人。双方就摩根大通在浙战略投资和业务发展、为浙江企业提供金融支持及配合浙江经济金融对外开放等议题进行交流。省政府副秘书长陆建强、省金融办主任张雁云、省外侨办副主任彭波等参加会见。

【波音中国总裁访问浙江】 5月3日，常务副省长冯飞会见波音中国总裁庄博润一行3人。双方就波音737完工和交付中心建设及波音与浙江后续合作等事宜交换意见。

【澳大利亚西澳州驻华商务代表处代表访问浙江】 5月3日至4日，澳大利亚西澳州驻华商务代表处代表陈惠娥一行访问浙江，与省外侨办有关部门商谈2017年友城交流工作计划。省外侨办副主任彭波接待陈惠娥一行。

【加拿大新不伦瑞克省机遇发展署组织企业代表团访问浙江】 5月9日至10日，加拿大新不伦瑞克省机遇发展署组织企业代表团一行10人访问浙江。代表团拜会省商务厅外贸促进中心等，寻求新不伦瑞克省与浙江开展经贸合作机会。

【大洋洲"一带一路"促进机制代表团访问浙江】 5月16日，大洋洲"一带一路"促进机制代表团一行7人访问浙江。省委书记车俊会见代表团一行，介绍浙江基本情况和经济发展概况。车俊说，浙江是一个社会主义市场体系发达的省份，是中国民营经济发源地之一，浙江经济具有很强的活力。浙江的新经济和新产业蓬勃发展，特别是以电子商务为代表的信息产业和信息服务业，比如以阿里巴巴为代表的跨国电商企业。车俊表示，对外开放是中国和浙江的重要战略，浙江积极响应"一带一路"倡议，鼓励企业积极走出去。浙江与新西兰有着广泛贸易关系，期待此次代表团来访能成为发展双方更加全面和平衡贸易关系的契机，欢迎新西兰企业、学校、医疗机构及发达的农牧业走进浙江。新西兰国家党主席彼得·古德费洛作为大洋洲"一带一路"促进机制荣誉主席表示，新西兰是一个经济外向的贸易型国家，2008年与中国签署自由贸易协定以来新西兰的贸易有了长足增长，"一带一路"机制将更加开放并扩大两国间的贸易，使双方具有更好发展前景。彼得·古德费洛认为，新西兰是通往南太平洋国家的一个入口，浙江与新西兰的合作将打开南太平洋的大门，相信浙江将成为"一带一路"倡议的中心地区，大洋洲"一带一路"促进机制将抓住每一个机会，积极推进与浙江贸易合作。省委常委、秘书长陈金彪，省委副秘书长、办公厅主任李火林，省外侨办主任金永辉，省发改委主任李学忠，省委副秘书长吴伟平，省政府副秘书长王纲陪同会见。

【新西兰科技与创新部长兼高等教育、技能与就业部长访问浙江】

5月17日至18日，新西兰科技与创新部部长兼高等教育、技能与就业部部长保罗·高德史密斯一行9人访问浙江。副省长成岳冲会见高德史密斯一行，简要介绍浙江经济社会发展情况。成岳冲说，浙江省教育体系完备、规模较大，近年来积极推动教育国际化，与新西兰开展广泛的教育国际交流与合作。2006年以来，双方一直本着真诚的态度，在有力的推进机制下，保持良好合作势头。希望双方以“一带一路”建设为契机，加强与新西兰各领域的深度合作，特别在教育科技方面，希望双方教育和科技部门建立长效对接机制，推动合作办学、教育交流、科学研究及创新平台建设，务实推进现有合作项目，不断创造新的合作机会，实现共赢发展。高德史密斯表示，他非常期待与中国、特别是与浙江省深化教育合作。此次访问浙江，代表团参观了新通教育集团，看到浙江省与新西兰在教育方面的巨大合作潜力。新西兰非常欢迎浙江学生赴新留学深造。在参观浙江大学果树科学研究院时，看到浙江大学与新西兰科学家开展的众多合作项目取得丰硕成果，感到非常高兴。他期待双方继续加强在科技创新等领域的交流，拓展更多互利合作机会。省政府副秘书长李云宁，省外侨办副主任彭波，省教育厅副厅长于永明，省科技厅副厅长王坚，浙江大学城市学院院长吴健参加会见。

在浙期间，代表团还出席新西兰怀卡托大学—浙江大学城市学院联合学院开幕式、奥克兰大学创新研究院开幕式，并在凯悦酒店举办招待酒会。

【墨西哥众议院法律公平委员会代表团访问浙江】 6月6日至8日，墨西哥众议院法律公平委员会秘书长里卡多·拉米雷斯·涅托一行5人，在全国人大法律委员会办公室副主任喻世红等3人陪同下访问浙江。省人大常委会副主任刘力伟会见代表团一行，简要介绍浙江经济社会发展近况。刘力伟说，浙江正在不断涌现出一大批引领时代发展的创业创新人才，拥有阿里巴巴、新华三、海康威视等一大批相关企业，世界互联网大会已连续三届在浙江乌镇召开。浙江省政府一直不遗余力地优化创业环境、投资环境，浙江特别是杭州已经成为全国创业创新氛围最好、水平最高的地方之一。浙江省和墨西哥之间有着巨大的合作潜力。今后，双方可在经贸、农业、能源、旅游、文化等领域进一步挖掘合作资源，创新合作方式，不断深化双方友好关系。里卡多·拉米雷斯·涅托说，墨西哥和中国建交以来，在高层互访、经济、文化、教育等方面开展积极交流，取得了丰硕成果。墨西哥希望今后与浙江省在经济、文化等方面能开展更广泛的交流，促进和巩固双赢友好关系。省人大法制委员会副主任委员陈荣等参加会见。

在浙期间，代表团一行还访问桐乡乌镇，参观西湖风景名胜。

【巴西淡水河谷公司驻华首席代表访问浙江】 6月7日，巴西淡水河谷公司驻华首席代表艾杰龙一行5人访问浙江，拜会省发改委、省交通厅、省商务厅和杭州海关，介绍公司在浙江业务发展情况，包括当前舟山港和巴西鼠浪湖散货码头合作情况并了解海关相关政策。

【美国辉瑞公司全球执行副总裁访问浙江】 6月7日至8日，美国辉瑞公司全球执行副总裁、全球供应集团总裁克斯滕·路德居根森一行9人访问浙江。7日，副省长朱从玖会见代表团。朱从玖说，健康产业是浙江重点发展的八大“万亿”产业之一，浙江省的医药产业产值在全国位居前列，辉瑞选择在杭州建立生物技术中心将会促进浙江人民的健康福祉，促进浙江健康产业的进一步发展及辉瑞在中国市场的进一步扩张。朱从玖表示，浙江有关部门将与辉瑞一起努力，为中国生物类似药监管标准的出台提供必要的论证和数据，推动辉瑞杭州生物技术中心尽快投产。路德居根森介绍了辉瑞生物技术中心项目在杭州经济技术开发区的建设情况。路德居根森说，辉瑞在杭州工厂研发的生物类似药在监管层面尚属空白，给中国国家食药监总局带来了一些新问题，希望与浙江省政府携手合作，提供监管审批所需资料，共同探索明确监管的途径和标准。省政府副秘书长陆建强，杭州市副市长谢双成，省工商局副局长张雪林，省食药监局副局长陈时飞，省外侨办副巡视员余亦平，杭州经济技术开发区管委会主任邵立春等参加会见。

【美国肯恩大学校长访问浙江】 6月7日至9日，美国肯恩大学校长达伍德·法拉希率代表团一行8人访问浙江。9日，省委书记车俊会见代表团一行。车俊说，温州肯恩大学是浙江省与美国新泽西州保持长期姊妹省州友好关系合作的硕果，又是连接两省州友好的纽带。车俊充分肯定温州肯恩大学历时11年的发展，赞赏目前两届毕业生取得的优异成绩，并对法拉希校长为合作办学付出的巨大努力表示感谢。车俊说，目前浙江的任务不仅是保持经济持续平稳地增长，更要注重追求经济结构的优化、质量和效益，以“一带一路”建设作为主要载体推动浙江对外开放和经济转型升级，把科技强省和人才强省作为重要战略。浙江将更加重视高等教育的发展和国际合作，省委省政府将一如既往地支持温州市与肯恩大学合作及其对国际合作办学所发挥的示范性和鼓舞作用。法拉希说，温州肯恩大学的发展得到各级领导的一贯支持，在中美两国教育和社会体系中寻求平衡，培养出了不亚于美国学生的优秀毕业生。美方有信心使温州肯恩大学跻身世界一流大学之列，使温州、中国乃至全世界受益。法拉希表示，未来20年，浙江经济将从制造型经济向以知识为驱动的经济转变，学校未来的发展要依靠创新、创造和企业家精神。随着学校的发展壮大，需要不断加强科研投入，同时学费的提高将不可避免，以温州市级政府的财力可能无以为继，需要浙江省政府的帮助。省委常委、秘书长陈金彪，省委副秘书长、办公厅主任李火林，省外侨办主任金永辉，省教育厅厅长郭华巍，省委副秘书长吴伟平，省政府副秘书长王纲等陪同会见。

【美国驻沪代总领事访问浙江】 6月8日，美国驻沪代总领事关德琳一行2人访问浙江，出席在宁波举行的“一带一路”建设推进会。

【美国史带战略控股集团总裁访问浙江】 6月19日，美国史带战略控股集团总裁钮小鹏一行3人访问浙江。省外侨办主任金永辉、副主任彭波接待钮小鹏一行，共商浙江与史带战略控股集团深化合作以及浙江省与印第安纳州结好30周年庆祝活动等事宜。

【世界银行行长访问浙江】 7月9日至10日，世界银行行长金墉一行11人访问浙江。省委副书记、省长袁家军会见金墉一行。金墉一行此次访问浙江，系专程前来出席阿里巴巴集团举办的全球女性创业者大会。

【加拿大小型企业及旅游部长访问浙江】 7月10日，加拿大小型企业及旅游部部长楚萱歌一行6人访问浙江，参加阿里巴巴集团主办的2017全球女性创业者大会并致辞。

【澳大利亚西澳州默多克大学学生代表团访问浙江】 7月10日至11日，澳大利亚西澳州默多克大学学生代表团一行11人访问浙江。在浙期间，代表团拜会省外侨办，探讨加强浙江省与默多克大学交流合作事宜。省外侨办副主任彭波接待代表团一行。代表团还拜会浙江农林大学，开展学术交流。

【阿根廷驻沪总领事访问浙江】 7月21日，阿根廷驻沪总领事马丁·里博尔塔一行访问浙江，拜会省外侨办，探讨浙江省与阿根廷交流合作事宜。

【澳大利亚西澳州驻华首席代表访问浙江】 8月3日，澳大利亚西澳州驻华首席代表司徒科一行2人访问浙江。司徒科一行拜会省外侨办，双方就浙江省与西澳州结好30周年庆祝活动及10月下旬西澳州州长访问浙江事宜进行商谈。

【美国科恩集团副董事长访问浙江】 8月9日至10日，美国科恩集团副董事长格鲁斯曼一行11人访问浙江，与省能源集团进行工作会谈。

【澳大利亚西澳州弗里曼特港董事会主席访问浙江】 8月26日至27日，澳大利亚西澳州弗里曼特港董事会主席吉姆·林默瑞克一行3人访问浙江，与省港航集团就港口合作事宜进行交流。

【墨西哥总统访问浙江】 9月5日至6日，墨西哥总统培尼亚一行71人访问浙江。在浙期间，培尼亚一行访问了阿里巴巴集团。

【中国国际茶文化研究会会长访问新西兰】 9月5日至7日，中国国际茶文化研究会会长周国富率浙江省国际茶文化交流团一行访问新西兰。在新西兰期间，交流团一行拜会惠灵顿市政府和下哈特市政府，并与中新文化中心、新西兰姊妹城市协会、亚洲基金会、新中友好协会等共同举办茶文化研讨会。

【美国驻华大使馆使团副团长访问浙江】 9月12日，美国驻华大使馆使团副团长费德玮一行访问浙江，参观省委党校。

【加拿大驻沪总领馆商务参赞访问浙江】 9月12日至13日，加拿大驻沪总领事馆商务参赞石凯群一行3人访问浙江，拜会省海洋与渔业局和国家海洋二所。

【加拿大驻华大使馆商务参赞访问浙江】 9月18日至23日，加拿大驻华大使馆商务参赞、艾伯塔省政府北京办事处主任简孟炜一行5人访问浙江。省外侨办副主任彭波会见简孟炜一行，双方商讨艾伯塔省与浙江深化合作等事宜。

在浙期间，简孟炜一行还赴东阳参访影视产业。

【美国印第安纳州哥伦布市市长访问浙江】 9月18日至21日，美国印第安纳州哥伦布市市长詹姆斯·列恩霍普率代表团一行10人访问浙江。在浙期间，代表团拜会省外侨办，考察浙江省万向集团、吉利汽车等企业。

【美国福特汽车执行副总裁访问浙江】 9月21日，常务副省长冯飞会见美国福特汽车执行副总裁兼全球市场总裁吉姆·法利一行11人。冯飞代表省委省政府对福特公司选择与浙江众泰汽车合作成立合资企业生产纯电动车表示全力支持。冯飞介绍浙江发展新能源汽车的优势并分享对中国汽车产业发展特别是新能源汽车发展方向的思考。法利说，福特汽车公司致力于为消费者带来更好的体验，提升环境及整车产业的现代化升级。因此，在福特的众多项目中，新能源车是非常贴近福特的核心和灵魂的。中国已是世界上最大的电动汽车市场，福特期待与众泰合作，打造领先的本土品牌电动汽车合资企业。福特已在杭州拥有长安福特工厂，非常高兴能与浙江深化合作，为当地作出贡献。省政府副秘书长李岩益，省外侨办副主任彭波，省发改委副主任、省能源局局长蔡刚，省经信委副主任岳阳，省商务厅副厅长张钱江，金华市委副书记、代市长尹学群，金华市委常委、副市长陈晓，铁牛集团董事长应建仁，众泰汽车董事长金浙勇等参加会见。

【第七批太平洋岛国政治家联合考察团访问浙江】 9月21日至24日，第七批太平洋岛国政治家联合考察团一行16人访问浙江。省委副书记、省长袁家军在舟山会见代表团一行。

【浙江—圣詹姆斯大区姊妹关系委员会前主席访问浙江】 9月24日至26日，浙江—圣詹姆斯大区姊妹关系委员会前主席克林顿·陈一行2人访问浙江。省外侨办副巡视员余亦平接待代表团，双方就浙江与圣詹姆斯大区姊妹关系未来发展交换意见。

在浙期间，代表团还拜会杭州市外侨办。

【美中跨太平洋基金会首批美国国会助手团访问浙江】 10月10日至12日，美中跨太平洋基金会首批美国国会助手团一行17人访问浙江。杭州市副市长谢双成会见代表团一行。

在浙期间，代表团参访阿里巴巴集团、浙江大学、杭州国际博览中心G20会址和梅家坞，观赏“最忆是杭州”演出。

【美国印第安纳州波利斯市代表团访问浙江】 10月16日至22日，美国印第安纳州波利斯市政府国际与文化事务主管乔丹·罗德里格斯率代表团一行访问浙江。在浙期间，代表团参加杭州市国际友城论坛，拜会省外侨办，访问浙江省相关企业及学校。

【美亚学会第113批美国国会议员助手团访问浙江】 10月18日至20日，美亚学会第113批美国国会议员助手团一行14人访问浙江。在浙期间，助手团一行拜会省人大常委会外事工作委员会，了解浙江经济社会发展状况。参观阿里巴巴集团，并与浙江外国语学院师生座谈。

【美国驻沪总领馆公民处处长访问浙江】 10月18日至20日，美国驻沪总领事馆公民处处长慕容雪一行2人访问杭州与宁波。在杭州，慕容雪一行拜会省公安厅出入境管理局，商讨美国公民服务相关事务。参观邵逸夫医院国际医疗中心和杭州国际学校。省外侨办副主任彭波接待慕容雪一行。在宁波，慕容雪一行拜会宁波市外办，商讨美国公民服务相关事务，参观宁波市第一医院国际医疗中心。

【加拿大自然资源部助理副部长访问浙江】 10月24日，加拿大自然资源部助理副部长杰伊·考斯拉访问浙江，拜会省能源局。

【美国加州低碳新能源合作代表团访问浙江】 11月1日，美国加利福尼亚州州长特别顾问戴凡率加州低碳新能源合作代表团一行5人访问浙江，与省发改委和省外侨办探讨推动浙江与加州开展低碳和新能源合作等事宜。

【斐济驻华大使访问浙江】 11月3日至4日，斐济驻华大使约阿尼·奈法卢拉一行2人访问浙江。副省长梁黎明会见奈法卢拉一行。省外侨办副主任彭波等参加会见。

【澳大利亚西澳州州长访问浙江】

11月9日至11日，澳大利亚西澳州州长马克·麦高恩一行35人访问浙江。10日，省委书记、省人大常委会主任车俊，省委副书记、省长袁家军会见马克·麦高恩一行。车俊对麦高恩当选西澳州第30任州长表示祝贺。车俊表示，麦高恩州长当选后将首次外出访问选在中国、首站选在浙江，充分体现了麦高恩州长对两省州友好关系的重视。浙江省和西澳州结好30年来，在经贸和人文等诸多领域合作成果丰硕。近年来浙江省经济社会呈现新的发展态势，通过提升改造传统产业，加快培育经济发展新动能实现了经济结构进一步优化，经济呈现稳定快速发展势头。同时环保力度不断加大，民生设施大幅提升，城乡发展更趋均衡。车俊期待通过麦高恩州长此访进一步推动双方交流合作，尤其加大在旅游和教育领域合作，并支持两省州加强人员往来。车俊还简要介绍刚刚结束的党的十九大有关情况。麦高恩表示，这是他第三次来到杭州，感到这些年来杭州变化很大，体现了政府所做的大量工作。30年来西澳和浙江的经济都得到迅猛发展。西澳州气候宜人，环境优美，社会安全，高等教育水平较高。希望双方的合作能扩展到更多领域，欢迎车俊书记和袁家军省长能到西澳访问。随后，袁家军和麦高恩签署两省州友城关系拓展协议。省政府秘书长李卫宁，省外侨办主任金永辉，省委教工委书记何杏仁，省商务厅厅长孟刚，省旅游局局长谢济建，省工商联主席王建沂，省委副秘书长王纲、吴伟平，省政府研究室副主任应雄等陪同出席上述活动。

11日，两省州举行“浙江省·西澳州交流委员会”第七次会议开幕式。副省长梁黎明和麦高恩出席并致辞，开幕式由省政府副秘书长陈宗尧主持。双方见证《浙江省贸促会与澳中商会西澳分会谅解备忘录》《浙江科发资本管理有限公司与澳大利亚默多克大学合作谅解备忘录》《浙江省蜜蜂产业协会、浙江省蜂业协会与西澳养蜂协会缔结友好协会协议书》和《杭州市海外企业家投资联合会与澳中商会西澳分会谅解备忘录》的签署。开幕式后，双方教育、旅游领域政府和行业代表分别举行第七次会议教育和旅游分会会议。省贸促会会长吴桂英、省外侨办副主任彭波等参加开幕式，省教育厅副厅长于永明、省旅游局副局长傅玮等参加开幕式并主持分会会议。

在杭期间，麦高恩一行还访问阿里巴巴集团、举办科研合作晚宴、举行西澳校友会，在杭高校和中小学师生代表应邀出席上述活动。

彭波全程迎送陪同代表团一行。

【古巴驻沪总领事访问浙江】 11月13日，副省长梁黎明会见古巴驻沪总领事托雷斯一行，简要介绍浙江经济社会发展近况。梁黎明说，浙江省近年来一直大力推动经济转型升级和城乡统筹发展，同时注重生态文明建设，坚定不移走“绿水青山就是金山银山”发展路子，建设美丽浙江。古巴马坦萨斯省与浙江省结好多年，浙江省非常重视发展与古巴之间的友好交流合作，希望未来能进一步推进双方在文化、教育、卫生、体育、旅游等领域的全方位交流，扩大合作范围。托雷斯表示，古巴正处在经济社会模式改革阶段，非常希望向中国等国家取经，实现国家的可持续发展。古巴马坦萨斯省与浙江省结好以来双方交流合作不断加强，古巴驻沪总领事馆会一如既往地支持两省之间的友好关系向前发展。省外侨办副主任陈安参加会见。

会见结束后，省外侨办主任金永辉宴请托雷斯一行。

【加拿大魁北克省政府驻中国办事处主任访问浙江】 11月23日，加拿大魁北克省政府驻中国办事处主任雷平江一行4人访问浙江，为2018年1月魁北克省省长访问浙江做先遣准备，探讨浙江与魁北克省进一步开展互利合作的潜力。

【美国苹果公司首席执行官访问浙江】 12月2日至4日，美国苹果公司首席执行官库克一行13人访问浙江。出席在乌镇举行的第四届世界互联网大会。3日，库克出席第四届世界互联网大会开幕式并致辞，参加领先成果发布会苹果公司发布环节和颁奖环节。中共中央政治局常委、中央书记处书记王沪宁，浙江省省长袁家军，中央网信办主任徐麟分别会见苹果公司代表团。库克还出席了中共中央政治局常委、中央书记处书记王沪宁集体会见领军人物活动。

【加拿大魁北克省政府先遣组访问省外侨办】 12月5日，加拿大魁北克省政府先遣组一行10人与省外侨办就2018年1月该省省长访问浙江进行工作会谈。

【美国福特汽车执行董事长访问浙江】 12月6日至7日，美国福特汽车执行董事长比尔·福特一行6人访问浙江。省委书记、省人大常委会主任车俊会见代表团一行，省委副书记、省长袁家军参加会见。

【美国印第安纳州商务卿访问浙江】 12月10日至13日，美国印第安纳州商务卿詹姆斯·舍林格率代表团一行6人访问浙江。在浙期间，代表团拜会省外侨办及省商务厅，访问阿里巴巴集团、泰普森集团、长江汽车等企业。

（董丹丹）

欧　洲

【爱尔兰驻沪总领事访问浙江】 3月1日，副省长梁黎明会见爱尔兰驻沪总领事何莉一行4人，简要介绍浙江省经济社会发展情况。梁黎明表示，近年来爱尔兰与浙江经贸、人文往来频繁，在计算机、通信、食品等领域有相互投资。G20杭州峰会向世界经济贡献了“创新、活力、联动、包容”的中国智慧、中国方案，也充分展现了浙江的魅力，为双方合作提供了巨大机遇。浙江正在大力发展信息、环保、高端装备制造等七大万亿产业。希望双方进一步增进产业、企业及人员交往，加强地方合作，提升双方在经贸、文化、科技、旅游等领域的合作水平。何莉表示，爱尔兰曾面临与浙江类似的经济转型问题。爱尔兰政府及时采取了公司税改革、监管体制改革、劳动力素质提升等措施，帮助爱尔兰经济转向高附加值产业。爱尔兰高度重视产品质量，特别是农产品的质量。何莉邀请浙江官员参加爱尔兰的公务员交流计划。省外侨办副主任顾建新、省商务厅副厅长胡濰康、省旅游局副局长许澎等参加会见。

【英国阿森希尔集团展会活动负责人访问浙江】 3月8日，英国阿森希尔集团展会活动负责人菲利普·托马斯一行3人访问浙江，就杭州引进money20/20金融科技大会等事宜进行商谈。省政府副秘书长陆建强设便宴招待客人，省金融办主任张雁云、浙江大学互联网金融研究院院长贲圣林、连连支付董事长康玲等参加。

【丹麦外交大臣访问浙江】 3月11日至12日，丹麦外交大臣萨穆埃尔森一行15人访问浙江。省委常委、杭州市委书记赵一德会见代表团一行。在杭期间，代表团举办“丹麦日”旅游推介会，并出席天猫丹麦馆落成仪式。

【捷克驻沪总领事访问省外侨办】 3月13日，省外侨办副主任顾建新接待捷克驻沪总领事卡尔帕奇一行，双方就浙江与捷克2017年的合作交流项目进行探讨。

【比利时西弗兰德省韦弗斯大学交流团访问浙江】 3月13日至14日，比利时西弗兰德省韦弗斯大学交流团一行117人访问浙江。13日，省外侨办副主任顾建新接待交流团部分教师，就加强两省间校际交流进行探讨。

在浙期间，交流团还分组考察阿里巴巴集团、贝因美集团、宁波港和吉利集团。

【比利时西弗兰德省外事局官员访问浙江】 3月20日至25日，比利时西弗兰德省外事局官员克里斯蒂安·范德姆一行2人访问浙江。24日，省外侨办副主任顾建新接待代表团一行，双方就加强两省间各领域交流合作进行探讨。访问期间，代表团还拜会省卫生计生委、省环保厅、省质监局、省科协、浙江大学、浙江工业大学和浙江科技学院，分别就开展医疗卫生交流合作、探讨建立两省循环经济研究院可行性、了解浙江制造标准化情况进行座谈。

【德国西门子公司中央研究院院长访问浙江】 3月23日，省外侨办主任金永辉会见德国西门子公司中央研究院院长迪特·魏格纳一行3人。双方就德国工业4.0战略、浙江省学习德国先进制造业经验、加强与西门子公司合作进行探讨。

访问期间，代表团拜会省科技厅，了解浙江省科技创新状况，迪特·魏格纳介绍西门子智能制造工厂的理念和其可以在浙江企业转型升级过程中扮演的角色。访问浙江大学工程师学院，了解浙江大学工程人才培养现状。

【捷克中捷克州州长访问浙江】 3月25日至28日，捷克中捷克州州长雅罗斯拉娃·耶尔曼诺娃率代表团一行7人访问浙江。27日，省长车俊会见耶尔曼诺娃一行。车俊说，近年来在两国领导人大力推动下，中捷关系发展迅速。中捷两国建立了战略伙伴关系，两国交流合作进入全面发展快车道，为两国地方关系的发展奠定了良好基础。近年浙江省与捷克人员往来频繁，交流合作不断增多。捷克总统、总理、议长先后到访浙江。浙江省委书记、省人大常委会主任夏宝龙于2016年10月率团访问捷克，拜会捷克高层领导、举办了一系列活动，取得显著成效。11月，浙江省又派出庞大代表团出席捷克“中国投资论坛”，加强双方在经贸、投资等领域的交流合作。浙江作为民营经济和外向型经济大省，积极开展对捷克的交流，各领域合作蓬勃发展。浙江正在加快制造业转型升级，中捷克州工业设备、汽车等产业发达，双方合作前景广阔。耶尔曼诺娃说，中捷克州是捷克最大和最重要的州。其工业基础良好，啤酒、水晶、汽车产业发达，教育旅游资源丰富。中捷克州非常看好浙江未来的发展，希望在文化、教育、制造业、农业、旅游等领域开展交流合作，实现共赢发展。省政府副秘书长王纲，省外侨办主任金永辉、副主任顾建新，省商务厅厅长周日星，省广电集团总裁吕建楚，文澜中学校长任继长等参加会见。

在浙期间，耶尔曼诺娃一行还参观杭州文澜中学、省广电集团等，并与中捷（宁波）国际产业合作园代表进行座谈。

【法国法兰西岛大区副主席访问浙江】 3月30日，副省长梁黎明会见法国法兰西岛大区副主席奥托曼·纳斯鲁一行6人，简要介绍浙江省经济社会发展情况。梁黎明说，浙江省与法兰西岛大区关系友好，商贸、旅游、高端制造、时尚等潜在合作领域广泛，希望双方发挥各自优势，开拓合作领域，提高合作水平。奥托曼·纳斯鲁对浙江成功举办G20杭州峰会表示祝贺。希望双方共同努力，进一步推进在经贸、旅游、制造等领域的交流合作，互相借鉴学习，实现互利共赢发展。省外侨办副主任顾建新、省商务厅副厅长胡潍康、省旅游局副局长许澎参加会见。

在杭期间，代表团还考察了阿里巴巴集团和梦想小镇。

【挪威王国首相访问浙江】 4月9日，挪威王国首相埃尔娜·索尔贝格率代表团一行49人，在中国驻挪威大使王民陪同下访问浙江。省委副书记、省长车俊会见代表团主要成员，简要介绍浙江省经济社会发展情况。车俊表示，浙江发展与挪威的友好关系有着诸多优势。出生浙江绍兴的著名作家鲁迅最早向中国读者介绍了挪威著名剧作家易卜生的作品。浙江企业家马云是“联合国可持续发展计划”倡导者，而索尔贝格首相正是这一项目的执行主席。浙江省与诺德兰郡于2010年建立友好关系，2017年中挪实现两国关系正常化，这为浙江与挪威之间开展合作带来新的契机。希望双方进一步增进互信和了解，密切人员往来，推进在经贸、能源、海洋渔业、旅游、文化等领域合作，同时继续推动浙江与诺德兰郡友好合作关系，更好地造福两地人民。索尔贝格表示，挪方愿以挪中两国关系正常化为新起点，加强与浙江省的合作，推动有关地方和部门与浙江在农业、渔业、文化、体育、旅游等领域及创新创业方面深化交流合作，进一步扩大民间交往，推动双方合作迈向更多领域、更深层次、更高水平，实现共赢发展。中国驻挪威大使王民，省政府秘书长李卫宁、副秘书长王纲，省商务厅厅长孟刚，省海洋与渔业局局长黄志平，省外侨办副主任彭波和挪威外交大臣布伦德、贸易与工业大臣梅兰，挪威驻中国大使司文会见时在座。

在杭期间，代表团还访问阿里巴巴集团。

【乌克兰波罗申科集团“团结”党干部考察团访问浙江】 4月24日至27日，乌克兰波罗申科集团“团结”党（执政党）秘书长、议会执法立法保障委员会委员萨夫拉索夫率乌克兰波罗申科集团“团结”党干部考察团一行15人访问浙江。25日，省人大常委会副主任刘力伟会见考察团一行。刘力伟介绍浙江省情和经济社会发展近况及特点，着重介绍中国的人民代表大会制度和浙江省人大工作。刘力伟说，浙江省与乌克兰关系友好、合作广，希望以考察团此访为契机，增进了解、深化友谊，促进双方交流合作。萨夫拉索夫说，乌克兰地处欧亚大陆咽喉，拥有丰富自然资源、雄厚的工农业生产基础与高科技发展潜力。乌中友好由来已久，合作基础扎实，愿与浙江方面开展更多友好交流和互利合作。省人大法制委员会主任委员丁祖年、副主任委员戴震华，省外侨办副巡视员余亦平等参加会见。

在浙期间，代表团还参观网易网络有限公司、浙江聚光科技股份有限公司，考察王马社区基层党建、社区治理等。

【英国驻沪总领事访问浙江】 5月3日，副省长梁黎明会见英国驻沪总领事吴侨文一行3人。梁黎明简要介绍浙江省经济社会发展近况和近期访问英国的情况。梁黎明说，浙江省与英国友谊深厚，交往日益密切，在经贸、科技等领域交流合作成果显著。希望能以此次与诺丁汉郡建立友好关系及中欧货运义乌至伦敦班列开通为契机，密切企业、机构及人员往来，加强双方在高端制造、金融、海事服务等方面的合作，推动友好关系不断向前发展，实现互利共赢。吴侨文介绍英国在高端制造、航空、生物医药方面的优势，及牛津大学、剑桥大学在江苏省设立研究中心的情况。在了解到舟山自贸区需要金融、海事服务人才后，表示愿意协助浙江方面物色合作对象。吴侨文说，浙江人口多，经济体量大，今后可以考虑在与诺丁汉郡合作的基础上，扩展到与其他地区和领域的合作，英国驻沪总领事馆将大力支持浙江拓展同英国的交往。省政府副秘书长陈宗尧、省外侨办副主任顾建新、省商务厅副厅长胡潍康参加会见。

【比利时西弗兰德省外事局局长访问浙江】 5月22日至25日，比利时西弗兰德省外事局局长安妮·塔维涅一行3人访问浙江。在浙期间，安妮·塔维涅一行分别拜访浙江工业大学（污水处理研究合作）、浙江大学（建筑废弃物回收利用研究合作）、浙江科技学院（生物质能研究合作），与相关学科教师科研人员举行座谈。赴绍兴市查看浙江工业大学与袍江经济技术开发区合作的污水处理项目。拜访省环保厅，了解浙江省有关污水、建筑废弃物、生物质相关污染废弃物处理情况，并就两省建立循环经济研究院事宜征询省环保厅意见建议。

【瑞典首相访问浙江】 6月27日至28日，瑞典首相斯特凡·勒文率代表团一行22人访问浙江。28日，省委书记车俊会见代表团一行。车俊说，瑞典是西方第一个与新中国建交的国家，两国友谊历久弥新。浙江省与瑞典经贸往来非常频繁，以单一国家或地区计，瑞典是浙江省在北欧地区最大的贸易伙伴。浙江省与瑞典乌普萨拉省2000年就正式建立了友好合作关系。七年前，首相阁下曾以瑞典五金工会主席身份访问杭州，并非常支持浙江民营汽车制造商吉利集团收购瑞典沃尔沃汽车。过去的七年，浙江在社会经济发展方面取得了长足进步，作为民营经济大省，浙江省非常关注并鼓励科技创新，吉利集团是传统产业在改造升级方面取得成功的范例，而阿里巴巴则是浙江省新产业、新经济的代表。希望首相阁下此次来访能推进浙江省与瑞典在科技、创新、教育、旅游等领域的实质性合作。而本人也将于8月底访问瑞典，期待着能与首相阁下一道继续推进友城交流和各领域实质性合作。勒文说，瑞典是西方阵营中首先与中国建立外交关系的国家，在中国改革开放后也是率先与中方开展科技经贸合作的国家之一。目前，诸如ABB、宜家、斯卡尼亚等许多瑞典大公司在华投资并取得巨大成功。瑞典的初创企业也非常多，瑞典具有“北欧硅谷”之称，科技创新非常繁荣，希望以创新为抓手，积极推动各方加强与同样富有创新活力的浙江在汽车制造、医药、环保等领域的务实合作，为双方人民带来更大福祉。省委常委、秘书长陈金彪，省委副秘书长、办公厅主任李火林，省外侨办副主任顾建新，省商务厅副厅长胡潍康参见会见。阿里巴巴集团董事局主席马云和吉利集团总裁兼首席执行官安聪慧也受邀参加会见。瑞典驻华大使林戴安、哥德堡市市长海尔曼松及沃尔沃集团、英孚教育、斯卡尼亚等瑞典企业家代表会见时在座。

在浙期间，代表团还访问阿里巴巴集团、吉利集团。

【捷克驻沪总领事拜会浙江国贸集团】 9月8日，捷克驻沪总领事理查德·卡尔帕奇一行访问浙江，拜会浙江省国贸集团。国贸集团董事长楼晶与理查德·卡尔帕奇一行交流座谈，介绍集团与捷克合作交流情况及“捷克站”项目的有关计划和设想。

【捷克投资机遇研讨会】 9月20日在杭州举行。由捷克驻沪总领事馆、捷克投资局和德勤捷克公司共同举办。捷克驻沪总领事理查德·卡尔帕奇，省外侨办副主任顾建新出席研讨会。

【英国诺丁汉郡代表团访问浙江】 9月20日至22日，英国诺丁汉郡议长凯瑟琳·克兹、首席执行官安东尼·梅率代表团一行9人访问浙江。20日，省委副书记、省长袁家军会见代表团一行，介绍浙江经济社会发展情况。袁家军说，浙江在积极推进与英国多领域交流合作的同时，希望与诺丁汉郡加强务实合作。近年来，浙江在互联网、大数据、人工智能等领域发展迅速，法治建设加快推进。诺丁汉郡享有便利的交通，丰富的人文教育资源和区域总部优势。双方在教育、科技、工业、法治等方面合作潜力巨大。希望双方加快推动友好交流城市建设，加强“一带一路”框架下的贸易和产业合作，在更宽领域、更高层次实现互利共赢。凯瑟琳·克兹说，2016年英国公投退欧以后，诺丁汉郡致力于寻找更多的全球合作伙伴。在宁波市和诺丁汉市交往的基础上，诺丁汉郡非常希望和浙江有更密切的交流合作。凯瑟琳·克兹介绍了自己执政计划，表示该计划与浙江的发展重点在许多地方不谋而合。诺丁汉郡是英国中部引擎的重要地区，是英国高铁2号线的重要枢纽，在高端制造、生命科学、交通等领域有先进的技术。诺丁汉郡非常看好浙江的发展，希望双方深化合作交流，实现共赢发展。副省长梁黎明、省政府秘书长李卫宁和副秘书长陈宗尧、省外侨办主任金永辉、省教育厅厅长郭华巍、省商务厅厅长孟刚、省体育局局长孙光明、省政府研究室副主任应雄等参加会见。

在浙期间，代表团还访问省教育厅、省商务厅、省体育局、省贸促会、杭州师范大学、阿里巴巴集团、吉利集团，游览西湖和乌镇。

【匈牙利宪法法院代表团访问浙江】 9月25日至27日，匈牙利宪法法院院长舒尤克·道玛什率匈牙利宪法法院代表团一行8人，在全国人大法律委员会副主任委员苏泽林等6人陪同下访问浙江。25日，省人大常委会党组副书记、副主任毛光烈会见代表团一行，简要介绍浙江经济社会发展情况和浙江省、市、县、乡四级人大基本情况。毛光烈说，浙江省是中国经济较为发达的省份，不仅文化昌盛、历史悠久，而且经济活跃、居民富裕。浙江省开放程度高、环境保护佳、科技创新强，正引领新一轮产业转型升级。舒尤克·道玛什说，浙江省历史悠久，却又经济发达，非常现代。他特别赞同在发展经济的同时注重保护环境，匈牙利在环境保护方面的立法就非常严格。舒尤克·道玛什还介绍匈牙利宪法法院的基本情况。苏泽林和省人大法制委员会副主任委员杨晓光、全国人大法律委员办公室副主任喻世红参加会见。

在杭期间，代表团参观胡雪岩故居，并游览西湖。

【塞尔维亚伏伊伏丁那自治省副省长访问浙江】 9月25日至30日，塞尔维亚伏伊伏丁那自治省副省长兼经济与旅游部部长伊万·德科维奇在塞尔维亚中国和平统一促进会会长金爱华等3人陪同下访问浙江。29日，副省长梁黎明会见伊万·德科维奇一行，介绍浙江省经济社会发展情况。梁黎明说，浙江省民营经济发达、侨领资源丰富，经过几年的经济转型与升级，培育了如阿里巴巴集团等科技创新型企业为代表的新产业、新业态，同时浙江省城乡发展较为均衡，在发展经济的同时注重生态保护。塞尔维亚是中东欧16国中的重要国家，中塞于2016年建立全面战略伙伴关系，在过去两年中浙江省在“16+1”合作框架下与塞尔维亚开展了交流与合作。下一步，浙江省希望在“一带一路”战略及“一带一路”主要内涵“五通”，即政策沟通、设施连通、贸易畅通、资金融通、民心相通指引下，和伏伊伏丁那自治省开展接洽，并在基础设施、产业、能源、人文、教育、科技等领域中寻求一些可以合作和交流的项目。伊万·德科维奇表示，浙江省不仅经济发达、文化昌盛，也是“中国制造2025”战略的引领者。很多浙江人在塞尔维亚经商，塞尔维亚有5500人左右的华侨，其中4500人左右是浙江人。伏伊伏丁那近年来发展很快，农业和旅游业较为发达。塞尔维亚已实行对所有持有中国护照的公民免签政策，两国之间很快将开通从北京到贝尔格莱德的直航航班。在上述有利条件下，伊万·德科维奇建议两省在适当的时候建立正式友好合作关系，在经济、人文、科技、教育等领域开展深入交流与合作。梁黎明对伊万·德科维奇副省长的提议表示赞同，表示两省之间可进行深入交流，并在适当的时机正式建立友好关系。省政府副秘书长陈宗尧、省外侨办副主任顾建新、省商务厅副厅长胡潍康、省旅游局副局长许澎参加会见。会见结束后，省外侨办主任金永辉宴请代表团一行。

在浙期间，伊万·德科维奇一行还赴丽水参加“世界丽水人大会”，赴宁波参观宁波会展中心和塞尔维亚馆，并访问浙江农林大学。

【比利时西弗兰德省副省长访问浙江】 10月22日至25日，比利时西弗兰德省副省长让·德贝通率代表团一行13人访问浙江。访浙期间，代表团见证浙江的浙江大学、浙江工业大学、浙江科技学院与西弗兰德的天主教鲁汶大学、根特大学、韦弗斯应用科技大学和西弗兰德大学共同签署“成立浙江省—西弗兰德省循环经济研究院筹备阶段备忘录”，以推动两省在水处理、建筑废弃物循环利用、生物质能、可再生能源等领域的应用研究。出席浙江省—西弗兰德省经贸促进委员会第五次会议，浙江省副省长成岳冲和让·德贝通共同主持会议。成岳冲简要回顾浙江省与西弗兰德省过去两年的合作成果。成岳冲说，自两省经贸促进委员会第二次会议召开以来，双方在各领域进行卓有成效的交流与合作。经贸合作提高了两省企业的国际化水平，取得双赢结果。教育合作促进了双方院校师生间的相互学习和借鉴，拓展了两省青少年的视野，培养了他们开放、合作精神。农业合作为两省农业科研项目提供技术支持。卫生合作加强双方在医疗技术、人员培训等领域的交流。浙江省真诚希望与西弗兰德省一起努力，进一步扩大交流领域，创新合作形式，促进互利共赢。为此提出以下建议：第一，保持密切高层互访，加强政治互信，夯实合作基础。第二，突出重点领域，强化重点项目合作。第三，合理运用两省各自优势和资源，积极开拓科技、文化创意、体育、旅游等富有合作潜力领域的合作，丰富现有合作形式，进一步扩大合作受益面。第四，加强行业协会、企业对接，促进人员互动。第五，完善合作机制，发挥委员会的引领作用。让·德贝通说，今后两省可在经贸、教育、卫生、科研领域开展合作。在经贸领域，西弗兰德省将一如既往地支持双方企业、经贸团体开展交流合作。在教育科研领域，加强高等院校间师生、科研等交流与合作。在卫生领域，继续开展双方大学、医院在互访交流、实习项目、举办研讨会等方面的合作。在可持续经济领域，两省七所大学即浙江的浙江大学、浙江工业大学、浙江科技学院和西弗兰德的天主教鲁汶大学、根特大学、韦弗斯应用科技大学和西弗兰德大学，及双方企业、其他研究机构共同努力推进两省循环经济研究院这一项目。会上，成岳冲和让·德贝通共同签署两省经贸促进委员会第五次会议纪要。省政府副秘书长李云林、陈宗尧，省外侨办副主任顾建新，省经信委副主任岳阳，省教育厅副厅长于永明，省环保厅副厅长卢春中，省农业厅总农艺师蔡元杰，省商务厅副厅长胡潍康，省旅游局副局长许澎，省工商联副主席张必来，省贸促会副会长张青山，省科协副主席姜长才，浙江大学常务副校长宋永华，浙江工商大学党委书记金一斌，浙江工业大学副校长虞晓芬，浙江科技学院副校长郑友取等参加会议。

在浙期间，代表团一行还与浙江大学举行会谈，考察绍兴袍江工业园水处理项目、浙江一景生态牧业有限公司及杭州绿农环境工程有限公司，游览灵隐寺、西湖、京杭大运河。

【德国驻沪总领事访问浙江】 11月2日，副省长梁黎明会见德国驻沪总领事欧珍一行，简要介绍浙江经济社会发展情况。梁黎明说，今年是中德建交45周年，双边关系保持健康向上发展态势，两国在各领域的交流与合作日益加深。浙江与德国尤其是石荷州关系友好，在经贸、科技、文化、旅游、教育等诸多领域的交流合作十分密切。去年，两省州在杭州举行双方结好三十周年庆典。本月中，浙江省和石荷州还将在基尔召开双方经贸合作促进委员会第十次会议。浙江省也愿意加强与德国其他州的进一步交往与合作，积极推进“中国制造2025”对标德国工业4.0。希望双方进一步扩大开放领域，加强对接，寻找更多合作机会。进一步增进双方行业协会、企业与人员间的交往，拓展合作领域，提高合作水平。欧珍对此表示赞同。欧珍说，浙江省是中国新经济、新业态的佼佼者，在发展经济的同时兼顾生态环境的和谐，很高兴看到浙江省与德国地方之间的合作取得丰硕成果。省政府副秘书长陈宗尧、省外侨办副主任顾建新参加会见。会见结束后，省外侨办主任金永辉宴请欧珍一行。

在浙期间，欧珍一行还出席杭州“德中同行馆”开馆仪式。

【省领导会见英国中部发展引擎计划执行机构主席】 11月6日，副省长高兴夫在上海中国国际工业博览会期间会见英国中部发展引擎计划执行机构主席庄贝思。庄贝思重点介绍诺丁汉郡基本情况及英国中部引擎振兴计划。诺丁汉郡地处英格兰的中心位置，包括诺丁汉在内的英格兰中部地区是英国传统制造业基地、重要航空业基地、第二大化工基地、主要制药和医疗器材生产基地、重要的创意数字和设计中心，营商环境较好，生活成本较低，交通发达，教育先进，研发创新活跃。主要跨国企业有捷豹陆虎、劳斯莱斯、杰西博、阿尔斯通等。庄贝思表示，浙江经济表现令人鼓舞。浙江是最具市场潜力的地区之一，英国非常看好浙江的发展，双方合作潜力巨大。希望更多的浙江企业参与英国中部引擎振兴计划的实施，加强合作。同时积极推动教育文化方面的进一步合作，实现共赢发展。高兴夫介绍浙江经济社会发展情况，着重介绍浙江省“中国制造2025”实施情况，“10＋1”传统产业改造提升及信息经济、高端装备制造、健康医疗、生物、航空、汽车、人工智能等产业培育情况。高兴夫表示，浙江正在加大投入，促进研发创新，推动产业发展。同时，正在组织实施工业和信息化发展组合拳，实施全球精准合作三年行动计划。英国是浙江寻求合作的国家和地区之一，双方产业互补，拥有很好的合作基础。英国中部发展引擎计划提出的重点发展领域与浙江的优先发展方向高度契合，双方合作空间和潜力巨大。希望双方在现有基础上，进一步促进在经贸、高端制造、智能交通、能源、通信、教育、科技研发等领域交流与合作，拓展双方政府部门、行业协会、企事业人员的交往，在更宽领域实现互利共赢，推动双方友好关系迈上新台阶。省政府副秘书长徐纪平、省外侨办副主任顾建新、省经信委副主任马锦跃、省贸促会副会长张青山参加会见。

【瑞典外交部国务秘书访问浙江】 11月21日，省外侨办主任金永辉接待瑞典外交部国务秘书奥斯卡·斯特罗姆一行6人，双方就中共十九大会议情况及其影响展开讨论。代表团此行主要是就阿里巴巴集团公司在瑞典设立数据中心一事进行前期磋商。

【比利时多党议员团访问浙江】 12月13日至15日，比利时众议院内政与公职事务委员会主席维尔莫伦率比利时多党议员团一行7人访问浙江。14日，省委常委、秘书长陈金彪会见比利时多党议员团一行。陈金彪说，近年来中比关系稳步发展，两国高层互访不断。浙江省与比利时西弗兰德省是友好省，维尔莫伦主席又是西弗兰德省人，这让此次访问更加亲切。陈金彪还向代表团简要介绍浙江经济社会发展情况。陈金彪表示，浙江省正在认真贯彻党的十九大精神，并以习近平新时代中国特色社会主义思想为指导，努力打造富强浙江、法治浙江、文化浙江、平安浙江、美丽浙江和清廉浙江。中共中央总书记习近平在不久前召开的中国共产党与世界政党对话会上指出，中国共产党愿意与世界各国的政党加强往来，分享治党治国经验，促进世界和平发展，共建人类命运共同体。浙江将与比利时各党加强往来，开展友好交流，促进互学互鉴。维尔莫伦说，很高兴能看到浙江省与自己家乡西弗兰德省如此多的务实合作，并表示各党间的交流是十分必要的，可以促进互学互鉴，促进世界和平与稳定。并简要介绍各位来访的众议员。省外侨办副主任顾建新参加会见。

在浙期间，代表团还参观阿里巴巴集团、中国社区建设展示中心(上羊市街社区服务中心)和杭州市公安局消防特勤大队。

【欧洲议会副议长访问浙江】 12月21日至22日，欧洲议会副议长帕帕迪莫里斯(希腊籍)率代表团一行3人访问浙江。21日，省人大常委会副主任袁荣祥会见代表团一行，简要介绍浙江省经济社会发展情况。袁荣祥说，近年来浙江省与欧盟各国友好往来和务实合作不断发展，希望以代表团此访为契机，以《中欧合作2020战略规划》为指引，进一步拓展双方合作领域，提升合作水平。帕帕迪莫里斯表示，浙江企业的创新与活力及浙江企业家的开拓进取精神给他留下了深刻印象。他期待双方议会在共享经济、网络信息安全、电商产业等方面的立法交流能更进一步。帕帕迪莫里斯说，他的祖国希腊与中国都是文明古国，非常欢迎包括浙江企业在内的中国企业到希腊投资。省外侨办副主任顾建新、省人大常委会外事工作委员会副主任何新国、全国人大常委会办公厅外事局处长白丹丹会见时在座。

在浙期间，代表团还参观阿里巴巴集团、大华技术股份有限公司。

（张晓波）

亚洲和非洲

【阿拉伯国家驻华使节团访问浙江】 1月13日，阿拉伯国家驻华使节代表团一行8人，在中国阿拉伯交流协会副会长秦勇等陪同下访问浙江。副省长梁黎明会见代表团一行，省外侨办副主任陈安等参加会见。

在浙期间，代表团还参观了杭州国际博览中心，游览西湖，并赴嘉兴访问。

【越共中央总书记访问浙江】 1月14日，省委书记、省人大常委会主任夏宝龙会见宴请越共中央总书记阮富仲一行。省委副书记、代省长车俊，省政协主席乔传秀，省人大常委会副主任王辉忠，省外侨办主任金永辉、副主任陈安等参加会见宴请。阮富仲此次访华期间，中方宣布同意越方在杭州设立贸易促进办公室，愿继续为越南在华有关地方增设贸易促进机构创造便利条件。

在浙期间，阮富仲一行还参观了杭州清河坊历史街区、游览西湖，与中国企业家代表见面并考察民营企业。

【浙江省代表团访问越南、柬埔寨和马来西亚】 2月12日至21日，省人大常委会副主任茅临生率浙江省代表团访问越南、柬埔寨和马来西亚。省外侨办副主任陈安陪同出访。在越南期间，代表团走访河内、承天顺化、胡志明市三地。在河内和胡志明市分别召开当地浙商座谈会，听取在越浙商在当地生产经营中碰到的难点问题和对浙江省开展企业“走出去”过程中的意见建议。在承天顺化会见承天顺化省常务副省长潘玉寿、人民委员会副主席才泳俊，并邀请承天顺化方面参与2017年在浙江省舟山市举办的国际海岛旅游节，加强双方信息互通共享,合作推进双边友好交流关系向更深层次更广领域更高水平发展,得到承天顺化方面的高度认可和积极回应。在柬埔寨期间,代表团在金边召开由柬埔寨浙江总商会组织的在柬浙商座谈会,听取商会内部分工和发展情况。在暹粒,代表团会见暹粒省议长,出席从金边专程赶回的暹粒省省长钦文松举办的欢迎晚宴,双方就如何加强旅游业间的具体合作交换了意见。在马来西亚期间,代表团与马来西亚相关方面共同回顾自 2015 年浙江省委书记夏宝龙访问马来西亚后,双方在基层党建、华人社区建设、华文教学、经贸旅游等领域达成的合作共识和开展的具体项目,代表团在吉隆坡分别会见马来西亚旅游及文化部对华事务官拿督戴子豪、马来西亚旅游及文化部华人顾问拿督蔡林龙、马来西亚汉文化中心主席拿督吴恒灿等,在马六甲会见马六甲州议长、马六甲对华商务特使拿督威拉颜天禄等,明确了下一阶段浙马交流方向。

【原越共中央政治局委员、河内市委书记访问浙江】 3 月 3 日,省委副书记袁家军会见原越共中央政治局委员、河内市委书记范光毅一行。省外侨办主任金永辉等参加会见。

在浙期间,代表团还游览了西湖名胜,并考察淳安县。

【赴上海拜会哈萨克斯坦驻沪总领事】 3 月 7 日,省外侨办副主任顾建新一行赴上海拜会哈萨克斯坦驻沪总领事克拉巴叶夫·佐齐汉。双方就 2017 年哈萨克斯坦阿斯塔纳世博会“浙江日”活动及浙江省与哈萨克斯坦的友好往来等事宜交换意见。

【蒙古国第一批高中级领导干部考察团访问浙江】 3 月 24 日,以蒙古国内阁成员、政府办公厅主任、议员扎·蒙赫巴特为团长的蒙古国第一批高中级领导干部考察团一行 30 人访问浙江。副省长梁黎明会见考察团一行,省外侨办副主任陈安等参加会见。代表团在杭州参观阿里巴巴集团、杭州国家高新技术产业开发区和中国茶叶博物馆等,并游览了西湖。

【哈萨克斯坦驻沪总领事访问浙江】 3 月 24 日,省外侨办副主任顾建新接待哈萨克斯坦驻沪总领事克拉巴叶夫·佐齐汉一行 3 人,双方就浙江与哈萨克斯坦高等教育合作和文化交流事宜进行探讨。克拉巴叶夫·佐齐汉一行还访问省教育厅和省公安厅出入境管理局。

【浙江省友好代表团访问日本】 4 月 4 日至 9 日,副省长梁黎明率浙江省友好代表团一行 146 人访问日本静冈县。静冈县知事川胜平太、静冈县文化协会会长铃木寿美子、静冈县辅佐官东乡和彦等会见代表团。在静冈期间,代表团出席浙江省·静冈县结好 35 周年庆典大会、“湖山胜概——西湖主题水印版画展”开幕式等,考察位于静冈县滨松市的铃木历史馆和位于长泉町的静冈县癌症中心。

【柬埔寨国王访问浙江】 4 月 5 日,省长车俊会见宴请柬埔寨国王西哈莫尼一行。车俊说,中柬友谊源远流长。当前,中柬全面战略合作伙伴关系深入发展。柬埔寨是浙江在东盟的重要合作伙伴。浙江高度重视与柬埔寨的关系,双方交流合作基础深厚、潜力巨大、前景广阔。浙江将进一步密切与柬埔寨各领域、各层次的交往,积极拓展、深化经贸、旅游、文化等领域的交流合作,为推动中柬两国友好关系不断向前发展作出贡献。西哈莫尼说,柬埔寨十分重视推动柬中两国地方之间友好交流。中国改革开放以来,浙江取得了巨大发展成就,衷心祝愿浙江省和浙江人民在未来取得更大成绩。柬埔寨将积极推动有关各方加强与浙江的友好往来和交流合作,不断深化各领域的互利合作,为双方人民带来更大福祉。副省长高兴夫,省外侨办主任金永辉等参加会见。

【省领导会见乌兹别克斯坦对外经济联系、投资和贸易部部长一行】 4 月 7 日,省委副书记、省长车俊在杭州会见前来参加中乌交通合作分委会第五次会议的乌兹别克斯坦对外经济联系、投资和贸易部部长加尼耶夫一行。车俊表示，浙江是“一带一路”国内版图中的重点省份，非常重视与“一带一路”沿线国家开展务实合作。乌兹别克斯坦是中亚和丝绸之路沿线重要国家。双方合作基础良好、前景广阔。浙江愿同乌方各界一道，遵循共商、共建、共享原则，加强政策和产业对接，推进并深化能源、农业、产能等领域合作，实现共赢发展。加尼耶夫表示，中乌两国是丝绸之路上的重要国家，乌方将进一步加强与浙江的对接，深化投资贸易和交通运输等领域合作，造福两地人民。乌兹别克斯坦驻华大使库尔巴诺夫会见时在座。

【圣多美和普林西比总理访问浙江】 4月17日，省长车俊会见宴请圣多美和普林西比总理帕特里斯·特罗瓦达一行，简要介绍浙江经济社会发展情况。车俊说，中国与圣普关系实现正常化，圣普重回中非友好合作大家庭，顺应当今时代潮流。这为浙江和圣普交流合作奠定了基础。浙江将积极落实两国领导人日前达成的各项共识，密切与圣普各领域各层级交往，增进了解和互信，加强在旅游、渔业、科技、文化等领域务实合作，推动浙江企业到圣普投资经商，给两地人民带来实实在在的好处。帕特里斯·特罗瓦达说，圣普政府坚定奉行一个中国政策，愿为深化非洲同中国的传统友谊作出不懈努力。浙江是一个美丽、富饶、现代化的省份，近年来经济社会发展取得了巨大成绩。希望双方密切人员往来，加强旅游、渔业、资源开发等领域合作，实现共赢发展。副省长梁黎明，省外侨办副巡视员余亦平等参加会见。

【塔吉克斯坦人民民主党(执政党)干部考察团访问浙江】 4月19日至22日，塔吉克斯坦人民民主党(执政党)第一副主席萨伊德穆罗德·法托赫佐达率人民民主党干部考察团一行20人，在中联部六局副局级参赞崔立芝等陪同下访问浙江。20日，省委常委、组织部长任振鹤会见考察团一行，简要介绍浙江改革开放及经济社会发展成就。任振鹤说，2016年浙江成功举办G20杭州峰会，吸引了全世界的关注。近年来，浙江省与塔吉克斯坦友好往来频繁，多领域合作密切。希望双方以考察团此访为契机，增进相互了解、拓展合作领域。萨伊德穆罗德·法托赫佐达说，中塔两国山水相依，有着500多千米共同边界。早在2000年前，古老的丝绸之路就将两国人民紧密联系在一起，不仅推动了两国文化交流互鉴，也为中塔人民友好往来开辟了历史起点。塔吉克斯坦坚定支持“一带一路”倡议，愿与浙江开展更多的友好交流和互利合作。省外侨办主任金永辉参加会见。

在浙期间，考察团一行还考察娃哈哈集团、大华股份有限公司，参观中国茶叶博物馆并游览西湖名胜。

【乌兹别克斯坦地方领导人访华代表团访问浙江】 4月23日至25日，乌兹别克斯坦撒马尔罕市市长沃希德·拉希莫夫率乌兹别克斯坦地方领导人访华代表团一行23人访问浙江。24日，副省长梁黎明会见代表团一行，简要介绍浙江经济社会发展情况。梁黎明表示，乌兹别克斯坦是古丝绸之路沿线国家，也是“一带一路”倡议重要节点国家，共建“一带一路”是中乌合作的亮点和主线。此次代表团访问浙江，可加深对浙江省经济社会环境特别是具有优势的民营企业的了解。下一步双方可就一些具体的合作领域进行深入探讨，浙江方面愿同乌兹别克斯坦加强在旅游、经贸等领域的合作。沃希德·拉希莫夫简要介绍外资企业在该国投资情况，表示非常欢迎浙江企业到乌兹别克斯坦投资。沃希德·拉希莫夫说，作为古丝绸之路必经之地，乌兹别克斯坦也有丰富的文化旅游资源。经贸、食品、纺织、旅游等也是代表团此行的重点推介招商引资领域。代表团成员，乌兹别克斯坦四个经济特区的代表分别介绍各自的区位、产业优势和税收土地方面的优惠政策。省外侨办副主任顾建新、省商务厅副厅长韩杰参加会见。

在浙期间,代表团还参观萧山航民村、传化绿科秀农业科技示范园和正泰太阳能公司。

【韩国全罗南道副知事访问浙江】 4月24日至26日,韩国全罗南道副知事金甲燮率代表团一行11人访问浙江,出席在丽水市举行的第19届浙江省·全罗南道陶(青)瓷学术研讨会。

在浙期间,代表团还参观龙泉宝剑厂、龙泉青瓷博物馆和龙泉青瓷大师园等。

【新加坡文化社区及青年部兼贸工部高级政务部部长访问浙江】 4月25日至27日,新加坡文化社区及青年部兼贸工部高级政务部部长沈颖一行访问浙江。27日,省长车俊会见沈颖一行,省委常委、秘书长陈金彪,省外侨办主任金永辉等参加会见。25日,副省长、浙新经贸理事会浙方主席梁黎明会见沈颖一行,省外侨办副主任陈江风等参加会见。

【不丹国际事务秘书长访问浙江】 4月27日至29日,不丹国际事务秘书长雷多·唐比一行5人访问浙江。在浙期间,雷多·唐比一行游览了西湖、雷峰塔、灵隐寺,参观中国丝绸博物馆、浙江美术馆等。

【赞比亚议长访问浙江】 5月9日,省人大常委会副主任姒健敏会见赞比亚议长马蒂比尼一行。省外侨办副主任陈安等参加会见。

在浙期间,代表团拜访杭州市萧山区人大常委会,考察梦想小镇和绿科秀农业公园,参观中国茶叶博物馆。

【马来西亚总理访问浙江】 5月12日,省委书记车俊会见马来西亚总理纳吉布一行。会见结束后,车俊、纳吉布共同见证杭州市政府、阿里巴巴集团和马来西亚数字经济发展局签署三方合作备忘录。根据备忘录,马来西亚和杭州将在海关通关、检验及跨境电商等方面开展合作。省委常委、杭州市委书记赵一德,省委常委、秘书长陈金彪,副省长梁黎明,杭州市市长徐立毅,浙商总会会长、阿里巴巴集团董事局主席马云,省委副秘书长、办公厅主任李火林,省委副秘书长吴伟平,省政府副秘书长王纲,省外侨办主任金永辉,省发改委主任李学忠,省商务厅厅长孟刚等参加上述活动。

访浙期间,纳吉布一行还参观阿里巴巴集团,并会见阿里巴巴集团董事局主席马云。

【巴基斯坦总理访问浙江】 5月15日至16日,巴基斯坦总理谢里夫一行30人访问浙江。16日,省委书记车俊会见谢里夫一行。省委常委、秘书长陈金彪,副省长梁黎明,省委副秘书长、办公厅主任李火林,省商务厅厅长孟刚,省外侨办副主任陈江风等参加会见。

在浙期间,谢里夫一行还访问阿里巴巴集团,与阿里巴巴集团董事局主席马云共同见证巴基斯坦贸易发展署与阿里巴巴蚂蚁金服集团合作备忘录的签署。总理夫人一行游览了西湖。

【越南承天顺化省代表团访问浙江】 5月15日至16日,越南承天顺化省党委副书记、人委会主席阮文高率代表团一行12人(含驻沪总领事阮青梅等2人)访问浙江。省委副书记、代省长袁家军会见代表团一行。

在浙期间,代表团出席浙江省—承天顺化省交流合作座谈会,参观河坊街、灵隐寺、雷峰塔等并游览西湖。

【斯里兰卡特殊任务部部长访问浙江】 5月18日,斯里兰卡特殊任务部部长阿穆努加马、驻华大使科迪图瓦库、驻沪总领事若特纳亚克等一行5人访问浙江,到萧山出席中国—斯里兰卡商务理事会成立仪式。省政府副秘书长陈宗尧代表浙江省政府出席成立仪式。

【泰国清迈府府尹访问浙江】 5月24日,省委副书记、代省长袁家军会见宴请泰国清迈府府尹巴温·昌尼巴萨一行。省外侨办主任金永辉等参加会见宴请。

【尼泊尔主流媒体和友好团体考察团访问浙江】 6月14日至18日，尼泊尔国家电视台台长马哈什·拉吉·达哈儿(副部级)率尼泊尔主流媒体和友好团体考察团一行19人访问浙江。考察团此行主要是了解中共中央总书记习近平在浙江工作期间的主要思路、做法和成就，考察浙江省经济社会发展情况，拟回国后制作相关电视节目。15日，省委常委、宣传部长葛慧君接待马哈什·拉吉·达哈儿一行。省外侨办副主任陈安、省新闻办副主任季晓斌、省广电集团总编姜军陪同出席。

在杭期间，考察团赴省委党校学习有关习近平在浙江期间的执政思想方略，考察黄公望村基层党建工作，赴桐乡考察乌镇等。

【缅甸全国民主联盟干部考察团访问浙江】 6月26日至28日，缅甸全国民主联盟干部考察团一行16人访问浙江。省外侨办副主任陈安会见代表团一行。

在浙期间，代表团还参观了传化集团。

【南非东开普省议长访问浙江】 6月26日至29日，南非东开普省议长诺克索罗·科维埃特一行5人访问浙江。28日，省人大常委会副主任袁荣祥会见诺克索罗·科维埃特一行。省人大常委会外事工作委员会副主任何新华、省外侨办副主任陈安等参加会见。

在浙期间，诺克索罗·科维埃特一行还参观了杭州国际博览中心等。

【日本静冈县地域外交监访问浙江】 7月2日至5日，日本静冈县地域外交监增井浩二一行访问浙江，与浙方商谈11月静冈县知事川胜平太访问浙江并出席两省县结好35周年庆祝活动、举行美食节等相关事宜。3日，副省长梁黎明会见增井浩二一行，省外侨办副主任陈安等参加会见。

在浙期间，增井浩二一行还拜会东方航空杭州支店，参观浙江音乐学院，游览西湖、灵隐寺、净慈寺等。

【浙江新闻文化交流代表团访问泰国、越南和柬埔寨】 7月10日至19日，省委常委、宣传部长葛慧君率浙江新闻文化交流代表团一行9人访问泰国、越南和柬埔寨。在泰国，代表团参加博鳌亚洲论坛曼谷会议，拜访曼谷中国文化中心。在越南，代表团拜会越共中央宣教部、中国驻越南大使馆、越南承天顺化省政府，举行省文化厅与承天顺化省文化与体育厅“关于两地深化开展文化交流”签约仪式，举办省广电集团与越南VTV国家电视台建立友好台际关系签约仪式暨越南·浙江两地媒体协作机制启动仪式。在柬埔寨，代表团拜会柬埔寨王国政府新闻信息部、暹粒省政府等，商讨加强新闻文化交流合作事宜。召开浙江省和暹粒省“关于深化两地文化交流合作”座谈会，进一步推动友好省州关系持续发展。与柬埔寨TVK国家电视台联合开展“美丽浙江”电视周暨广电双边友好合作协议签约仪式，加快浙江省在“一带一路”沿线国家主流媒体开设外宣窗口的布局。

访问期间，代表团还分别走访泰国温州商会、越南浙江商会和柬埔寨浙江总商会等海外浙籍侨团组织，并察看“万家海外中餐馆·同讲浙江好故事”越南、柬埔寨两国联络站组织落实情况。

【日本贸易振兴机构上海代表处首席代表访问浙江】 7月26日，日本贸易振兴机构上海代表处首席代表小栗道明一行2人访问浙江。省外侨办主任金永辉会见小栗道明一行。

【日本东海日中关系学会会长访问浙江】 8月4日，日本东海日中关系学会会长、名古屋外国语大学教授川村范行一行7人访问浙江。

【浙江省乒乓球代表团访问日本】 8月9日至13日，省体育局副局长吕林率浙江省乒乓球代表团一行47人，赴日本静冈县参加第三届浙江省·静冈县友好交流乒乓球大赛(岛田市)。此次代表团选手由小学、初中、高中三个学龄段男女组和省体育职业技术学院专业选手组成，从与静冈县内城市结为友城的杭州、湖州、嘉兴、绍兴、丽水等五市分别挑选6所学校，每所学校5名学生选手加1位带队老师。

11日，日本静冈县知事川胜平太和县政府干部会见吕林及代表团主要成员，积极评价静浙双方通过乒乓球大赛促进民间友好的事实。吕林对在川胜平太知事倡议下举办的乒乓球交流表示高度赞赏。川胜平太和吕林出席大赛开幕式并开球。比赛结果除小学男子组由浙江省选手获得冠军外，其他小组都被静冈县选手包揽前三名。在专业组比赛中，浙江省的各三名男女选手发挥出色，以全胜战绩赢得了团体赛。

【泰国驻沪总领事到浙江淳安考察】 8月10日，泰国驻沪总领事巴丽彩一行4人到浙江淳安考察。

【以色列驻沪总领事访问浙江】 8月15日，省委副书记、省长袁家军会见以色列驻沪总领事普若璞一行。省外侨办主任金永辉等参加会见。

【泰国六区移民局代表团访问浙江】 8月21日至27日，为进一步加强两国边检和移民事务管理合作，中国驻泰国宋卡总领事馆组织六区移民局局长吉萨达·亚素警少将等该局高、中级官员一行11人访问浙江。22日，省委常委、常务副省长冯飞会见代表团一行。省政府副秘书长夏海伟，省外侨办副主任陈安等参加会见。

【乌干达议长访问浙江】 8月22日至24日，乌干达议长卡达加一行21人访问浙江。22日，省人大常委会党组书记、副主任王辉忠会见卡达加一行。省外侨办副主任彭波等参加会见。

在浙期间，卡达加一行还与杭州高新区管委会进行座谈，并考察杭州滨江果业有限公司、浙江大华技术股份有限公司等。

【日中法律家交流协会理事长访问浙江】 8月25日至28日，日中法律家交流协会理事长高木喜孝一行21人访问浙江。27日，省人大常委会副主任刘力伟会见高木喜孝一行。

在浙期间，代表团在杭州游览灵隐寺，并赴绍兴和宁波考察。

【日本栃木县国际交流课长访问浙江】 8月29日至31日，日本栃木县国际交流课长须贺宪夫一行3人访问浙江。30日，省外侨办亚非处与须贺宪夫一行进行工作会谈，就2018年两省县建立友好关系25周年庆祝活动交换意见。

【布隆迪参议长访问浙江】 9月6日至8日，布隆迪参议长恩迪库里一行7人，在全国政协经济委员会委员、国务院国有资产监督管理委员会原副主任黄淑和陪同下访问浙江并访问温州。6日，省委常委、温州市委书记周江勇会见恩迪库里一行。

【非洲国家青年外事干部考察团访问浙江】 9月7日，以莱索托外交部亚太司司长奈纳为团长的非洲国家青年外事干部考察团一行访问浙江。省外侨办副主任陈安会见考察团一行。考察团在杭州考察阿里巴巴集团、智慧E谷、梦想小镇，游览西湖，并赴义乌国际商贸城考察。

【越南共产党高级干部考察团访问浙江】 9月8日，省委书记、省人大常委会主任车俊会见由越共中央委员、越通社党委书记、社长阮德利率领的越南共产党高级干部考察团一行。省委常委、秘书长陈金彪，省外侨办主任金永辉等参加会见。

在浙期间，代表团还就浙江省党建工作与省委组织部副部长姚志文等进行座谈，考察德清县、嘉兴市，并游览西湖名胜和乌镇景区。

【日本静冈县副知事吉林章仁访问浙江】 9月10日至13日，日本静冈县副知事吉林章仁一行7人访问浙江。11日，副省长梁黎明会见吉林章仁一行。省政府副秘书长陈宗尧、省外侨办副主任陈安等参加会见。12日，副省长熊建平宴请吉林章仁一行。

在杭州期间，代表团参加浙江省静冈县中长期调查员交流会，参观浙江音乐学院、浙江西子航空工业有限公司，并观看“最忆是杭州”演出。

【印度耆那教代表团访问浙江】 9月18日，印度力量汽车集团总裁、费罗迪亚哲学文化历史研究所所长阿布哈·费罗迪亚率印度耆那教代表团一行8人访问浙江。在浙期间，代表团一行参观了杭州灵隐寺。

【蒙古第三批高中级领导干部考察团访问浙江】 9月19日至22日，蒙古政府办公厅条法司高级顾问巴特尔朝格特率蒙古第三批高中级领导干部考察团一行33人访问浙江。20日，省外侨办副巡视员余亦平接待考察团一行。

在浙期间，考察团一行赴杭州滨江高新技术开发区、传化现代农业基地、中国茶叶博物馆、钱江新城城市规划馆、城市阳台等参观考察。

【苏丹全国大会党干部考察团访问浙江】 9月20日，省委常委、组织部长任振鹤会见以党的对外关系部长卡迈勒·伊斯梅尔·赛义德为团长的苏丹全国大会党干部考察团一行。省外侨办主任金永辉等参加会见。

在浙期间，代表团考察了省交通投资集团有限公司、浙江省博物馆、桥西历史文化街区、杭州工艺美术博物馆、杭州城市规划展览馆等，并赴金华、义乌进行考察。

【冈比亚国民议会议长访问浙江】

9月20日至21日，冈比亚国民议会议长登顿率代表团一行7人，在全国人大外事委员会委员景文春等陪同下访问浙江。省人大常委会副主任刘力伟会见代表团一行。省人大常委会外事工作委员会副主任何新国、省外侨办副巡视员余亦平、省警卫局局长助理于文忠等参加会见。

访浙期间，登顿一行参观了浙江银河食品有限公司、聚光科技股份有限公司和海康威视数字技术股份有限公司，并游览西湖。

【第20期非洲高级外交官访华团访问浙江】 10月18日至20日，第20期非洲高级外交官访华团一行31人访问浙江。省外侨办主任金永辉会见代表团一行。

在浙期间，考察团一行还访问了阿里巴巴集团、梦想小镇等。

【中亚五国中高级外交官研修班一行访问浙江】 11月6日至9日，由外交部主办、外交学院承办的中亚五国中高级外交官研修班一行16人访问浙江，旨在了解浙江社会、经济发展状况。在浙期间，代表团访问萧山航民村、梦想小镇和正泰太阳能集团，参观义乌国际商贸城、利玛针织。8日，省外侨办副主任顾建新接待代表团一行，介绍浙江省基本概况和经济、社会发展状况，并回答代表团提出的有关情况。

【日本静冈县代表团访问浙江】

11月12日至16日，日本静冈县知事川胜平太率代表团一行500余人访问浙江，参加两省县结好35周年庆祝活动。12日，省委副书记、省长袁家军会见川胜平太和日本静冈县议长杉山盛雄等代表团主要成员。副省长梁黎明，省政府秘书长李卫宁、副秘书长陈宗尧，省外侨办主任金永辉、副主任陈安，省商务厅厅长孟刚，省政府研究室副主任应雄等参加会见。

【省领导会见日本静冈县代表团】

11月13日，省委书记、省人大常委会主任车俊会见日本静冈县知事川胜平太一行，并出席浙江省·静冈县结好35周年庆祝大会。省委副书记、省长袁家军，全国政协文史和学习委员会副主任周国富，省委常委、秘书长陈金彪，省人大常委会副主任王辉忠，副省长梁黎明，省外侨办主任金永辉、副主任陈安等参加会见并出席庆祝大会。

【埃塞俄比亚外交部国务部长访问浙江】 12月21日，副省长梁黎明会见埃塞俄比亚外交部国务部长阿克里鲁一行9人。省外侨办副主任陈安等参加会见。在浙江期间，阿克里鲁代表埃塞俄比亚政府与杭州市政府共同举办“埃塞俄比亚—杭州经贸文化合作论坛”系列活动。

（徐庆云）

侨 务 工 作

【开展慰侨活动】 元旦春节期间，省外侨办在全省广泛开展慰侨活动。办领导率相关处室人员分赴杭州、丽水、金华、绍兴、台州、衢州等地，走访慰问困难归侨侨眷170户，发送慰问金17万元。

【组织“侨界医疗专家服务队”活动】 6月和11月，省外侨办联合致公党浙江省委会和民革浙江省委会，组织“侨界医疗专家服务队”分别赴舟山市嵊泗县和湖州市吴兴区进行义诊，先后为当地400多名村民提供现场诊治和健康咨询等服务。同时，通过制作展板和赠阅小册子、涉侨图书等方式，开展侨法宣传。

【组织承办国侨办为侨公共服务体系建设培训班】 11月20日至25日，2017年国内为侨公共服务体系建设培训班在温州举行，由省外侨办组织与承办。来自全国侨办系统的180多名侨务干部参加培训，省外侨办在培训班上就国内侨务工作开展情况进行经验交流发言。

【“为侨服务示范单位”创建活动】 2017年，省外侨办在全省组织开展“为侨服务示范单位”创建活动。年初，拟定下发《关于开展“为侨服务示范单位”创建工作的通知》，明确相关工作内容、创建标准、申报要求。经申报评选，全省共创建国侨办“为侨服务示范单位”8个、“为侨法律服务工作站”8个。

【开展“送剧进侨乡”活动】 2017年，为加强对侨界寄养儿童的关爱，丰富他们的精神文化生活，省外侨办联合省儿童剧团到丽水市青田县举办“送剧进侨乡”活动，先后为青田县人民实验小学和城东实验小学2400多名师生送去精神食粮。

【启动应急救助】 2017年，为对因病致贫、因灾致贫的归侨侨眷进行重点帮扶，省外侨办落实专项资金对杭州、宁波、丽水等地因病致贫或其他原因造成生活特别困难的归侨侨眷给予应急救助，共发放救助资金4万元。

【开展华侨权益保护立法调研】 2017年，省外侨办联合省人大常委会开展华侨权益保护立法调研。调研组一行先后赴杭州、宁波、温州、丽水等重点侨乡，听取当地政府开展华侨权益保护工作情况汇报；与侨胞侨眷座谈，听取他们的意见和建议。在认真调研基础上，成立条例草案编写小组，根据浙江省华侨权益工作实际和调研内容，起草《浙江省华侨权益保护条例(草案)》，并在全省侨办系统内充分征求意见。按照省政府办公厅要求，对2006年出台的《浙江省华侨权益保障暂行规定》进行了修订。

【做好“三侨生”身份认定】 2017年，为做好全省“三侨生”认定工作，省外侨办专门下发《关于进一步做好我省“三侨生”身份认定有关工作的通知》，并以赴各地培训、电话答疑、督查等方式，加强对全省各地“三侨生”身份认定工作的指导和监督。全省共有746名归侨学生、归侨子女和华侨在国内的子女参加高考，省外侨办对各市终审后的材料进行抽查，抽检的146份材料全部符合规定。同时，做好认定华侨、归侨、侨眷身份的日常工作。全年全省共办理华侨、归侨和侨眷身份认定1331份，核发《浙江省归国华侨证》42份。

【做好侨政信访工作】 2017年，省外侨办注重处理疑难信访问题，加强对重点信访案件的督办。如长期跟踪青田滩坑水库移民拆迁安置问题的处置，加强与中国相关驻外使领馆及青田县联系，掌握事态进展，及时汇总处理情况向省委、省政府报告。同时，通过对青田县库区移民拆迁安置问题调研，撰写《关于部分原青田县北山籍华侨在意大利滋事的情况报告》，对事件的产生根源、发展趋势作了充分阐述，并提出针对性意见建议，得到省委主要领导批示和当地政府的好评。全年处理来信来访168件次。

【加强对华侨回国定居办理工作的监督和指导】 2017年，省外侨办加强与国侨办、省级相关部门联系和沟通，加强对市县侨办的业务指导，对基层侨办在办理中遇到的政策问题进行解疑答惑，对办理工作中出现的新情况、新问题及时予以解决。截至12月底，全省共审批办理华侨回国定居6889人次，办理人数呈下降趋势。

【海外华侨新年迎春茶叙】 1月18日，省外侨办举行海外华侨新年迎春茶叙。通报浙江省外事侨务工作，征求海外侨领对省外侨办工作的意见建议。省外侨办主任金永辉和副主任彭波、陈安等与60多位海外华侨代表共叙友情、共话发展。

【首期浙江海外示范性侨团侨领高级研习班】 4月，省外侨办首度与省委组织部、省委党校合作，将浙江品牌侨务活动——海外侨领研习班纳入省委组织部年度“专题班”计划，邀请首批被认定的浙江海外示范性侨团侨领参加首期高级研习班。来自32个国家近50名示范性侨团侨领（其中60%以上为会长）参加研习。活动期间，副省长梁黎明会见全体学员并主持招待会。浙江省人民政府，国侨办国外司，浙江省委组织部、省外侨办、省委党校领导分别出席开班式或结业式。此次活动深受海外侨团侨领好评。

【中国海外交流协会第六次会员大会海外理事浙江行】 9月24日至26日举行。来自50多个国家和地区近200名中国海外交流协会的顾问、常务理事和理事集聚杭州，共话友好情谊、共谋合作交流。25日，省委书记、省人大常委会主任车俊会见中国海外交流协会海外理事代表团主要成员。国侨办副主任谭天星、副省长梁黎明参加会见。

在浙期间，中国海外交流协会海外理事浙江行代表还赴G20杭州峰会场馆、乌镇世界互联网大会会址、阿里巴巴集团、梦想小镇等参观考察，亲身感受浙江发生的巨大变化。

【浙江海外中青年侨领研习班】 10月30日至11月4日，以“凝聚侨心侨力、同圆共享中国梦”为主题的2017浙江海外中青年侨领研习班在嘉兴举行。由省外侨办与浙江清华长三角研究院、嘉兴市外侨办合作举办。来自35个国家50名浙籍海外侨团骨干与新生力量参加研习。本次研习班将“红船精神与清华风范”相结合，给浙籍海外游子、境外浙商带来丰富的思想启迪与心灵涤荡。

【大力推进海外联合侨团建设】 2017年，根据省委、省政府关于加强涉侨统筹和海外侨团建设的规划部署及省委、省政府领导的指示要求，省外侨办以“成熟一个，推进一个”的原则，大力推进海外侨团建设，并以国家或地区为单位成立联合侨团。在经过观察及与相关侨团反复沟通的基础上，结合香港浙联会及阿联酋浙江侨团联合会的成功实践，8月份推进俄罗斯浙江侨团联合会的建设；11月份，指导、推动澳大利亚26家浙籍侨团成立澳大利亚浙江侨团联合会，并于11月7日在澳大利亚墨尔本举行联合会成立庆典。

【认定第二批浙江省海外示范性侨团】 2017年，省外侨办在认真总结首批浙江省海外示范性侨团认定工作经验基础上，更加注重统筹协调、完善审核程序、合理把控节奏、适当控制数量。经过省直主要涉侨部门和各地侨务部门认真遴选推荐并征求中国驻外相关使领馆意见，按程序和要求最终认定 30 家海外侨团为第二批浙江省海外示范性侨团。

【2017 中国寻根之旅夏(秋)令营】 7 月 3 日至 11 月 15 日，“2017 年‘中国寻根之旅’夏(秋)令营——浙江营”(除温州外)活动举行。由省外侨办与国务院侨办联合举办。全省共设 12 个营地，来自 30 多个国家和地区的 690 名海外华裔青少年参加夏令营活动。

【2017 中华文化大乐园——澳大利亚悉尼营】 9 月 19 日至 10 月 2 日在澳大利亚悉尼举行。由国务院侨办主办、浙江省外侨办承办、澳大利亚悉尼华人服务社启思中文学校协办。浙江省华文教育基地、艺术院校、专业运动学校等 10 个单位 12 位老师和浙江省外侨办 2 名工作人员共同组成代表团参加悉尼营活动。根据协办方——启思中文学校提出的课程设置要求，活动开设了古诗诵读、中国历史地理(园林)、珠心算、中国书法、中国画、京剧脸谱、民族声乐、民族舞蹈、民族器乐、中华武术等 10 个门类课程，共进行 350 课时的教学。闭营仪式上，参加活动的近 230 名学生全体登台，展示一台富有浓郁中国文化特色的教学成果演出。

【2017 海外华文媒体浙江行】 11 月 6 日至 12 日举行。该活动由省外侨办主办，海外浙江华文媒体联合会和浙江省侨务文化交流中心承办。来自五大洲 18 个国家和地区的 28 家华文媒体 30 位负责人参加活动，其中包括美国、加拿大、澳大利亚、日本、英国、意大利、德国、捷克、菲律宾、缅甸及中国香港等国家和地区。本次活动参访地主要为杭州、宁波和舟山三地。

【浙江(宁波)“侨梦苑”揭牌仪式】 5 月 16 日在宁波举行。国务院侨务办公室主任裘援平，浙江省委副书记、代省长袁家军为浙江(宁波)“侨梦苑”揭牌，这是中国第 16 个挂牌成立的“侨梦苑”。300 多位海内外科技界人士参加揭牌仪式并对浙江“侨梦苑”建设情况进行调研考察。

【国侨办第 40 期海外华裔青年企业家中国经济研修班】 6 月 3 日至 9 日在杭州举行。由省外侨办与浙江大学合作举办。来自美国、英国、阿联酋、意大利、澳大利亚、德国、法国和荷兰等 29 个国家和地区的 46 位海外华裔青年企业家参加研修。本期研修班除集中授课外，还组织开展企业家交流会、参观杭州市国际博览中心、参加中东欧国家华侨华人宁波峰会、第三届中国—中东欧国家投资贸易博览会、中东欧国家侨商特色产品展，赴梅山保税港区考察交流等 10 多项活动。

【2017“相聚长三角”活动】 9 月 11 日至 15 日，省外侨办联合江苏省侨办、上海市侨办共同主办 2017“相聚长三角”活动，60 位来自美国、英国、德国、加拿大、日本等国家和地区的海外华侨华人高层次人才携 70 余个合作项目参加活动。14 日，20 个国家和地区的 28 名海外博士携带 32 个项目赴嘉兴参加专场活动。

【中国侨商会科技创新委员会 2017 年年会系列活动】 12 月 8 日至 13 日在宁波举行。由国务院侨务办公室指导，中国侨商会、浙江省外侨办和宁波市人民政府共同主办。活动以“万侨创新、协同发展”为主题，国务院侨务办公室和浙江省、宁波市政府有关部门领导，中国侨商会科技创新委员会委员等 250 余人参加活动。国务院侨务办公室主任裘援平、副主任郭军，浙江省副省长梁黎明等出席有关活动。活动期间，还举办第五批重点华侨华人创业团队授牌仪式、项目路演、人工智能论坛、借力金融撬动科技创新论坛、侨商科技创新投资基金科创委分享会、走进浙江宁波“侨梦苑”等活动。

【“2017 浙籍海外侨商家乡行”活动】 12 月 25 日至 27 日在松阳县启动。由浙江省外侨办主办，丽水市外侨办和松阳县人民政府承办。来自31个国家和地区的61名海外浙籍侨商参加活动。省外侨办副主任陈安出席并讲话。他说，浙商是浙江的“金字招牌”，浙商的兴旺带来浙江的发展。近年来，广大浙商回乡发展热情高涨，回乡投资与日俱增。侨商们在新时代要有新作为，要不忘初心、牢记使命，努力当好实体经济转型发展的领跑者；努力当好义利并重、富而思报的践行者；努力成为开拓创新的企业接班人。丽水市副市长林康感谢浙籍海外侨商为丽水经济发展所作的贡献。希望本次活动能搭建起交流互动的平台，让更多海外侨商进一步了解丽水经济社会发展状况，发挥优势，推动丽水发展。松阳县委书记王峻诚邀侨商们在松阳多走一走，看一看，亲身感受松阳蓬勃的朝气和发展活力，亲身投入“田园松阳”升级版建设的时代大潮。

侨商们还参加保护华商权益座谈会和《海外领保形势及中国公民的自我保护》等讲座，并在松阳各地进行考察。

【新增华文教育基地】 根据浙江省外侨办和省教育厅联合考察意见，于2月发文确定杭州余杭区金成外国语小学、金华艺术学校、北师大嘉兴南湖高级中学等3所学校为“浙江省华文教育基地”。至此，浙江省有华文教育基地28个。

【2017华文教师浙江培训班】 8月10日至19日，中国华文教育基金会委托浙江省外侨办举办“2017华文教师浙江培训班”。共有来自8个国家的20位华文学校教师参加培训。

【第七期文化中国·海外文化社团负责人高级研修班】 10月22日至29日，第七期文化中国·海外文化社团负责人高级研修班在浙江大学举办。本次研修班活动由国务院侨务办公室宣传司主办，浙江省外侨办、浙江大学传媒与国际文化学院共同承办，有来自加拿大、澳大利亚、美国、马来西亚、英国5个国家的24名海外文化社团负责人参加。

【“华文教育·名师巡讲”团】 11月19日至12月3日，受中国海外交流协会委托，浙江省外侨办组织“华文教育·名师巡讲”团活动。从浙江传媒学院、杭州陈经纶体育学校和杭州江南实验学校精选4位优秀教师，为在马来西亚沙巴州山打根育源独立中学和亚庇哥隆邦启华小学举办的名为“文武双全舞出青春”乐学营和“感受中华体验精彩”乐学营，分别担任国学、武术、书法、水墨画和舞蹈等中华文化课程的授课任务，通过寓教于乐的形式向当地学生传授中华传统文化。来自学校所在地以及附近地区20多所学校的334名华裔及友族青少年参加乐学营活动。

【外派教师】 2017年，受国务院侨办委托，浙江省外侨办先后从杭州、嘉兴、金华、台州等地选派了8位优秀教师，赴意大利、厄瓜多尔和捷克的中文学校担任为期1至2年不等的汉语教学工作。

【中文教材编写发送】 历时三年，国务院侨办委托浙江省外侨办编写的欧洲地区周末制中文学校使用的《中文》全套主教材任务，已经国务院侨办文化司组织的专家组审定。同时，完成国务院侨办文化司委托浙江省外侨办承担的《中文》《汉语》示范课程的视频录制工作。已在海外中文学校发送各类教材计6210册。

（左新元　倪　娜　周　译　韩　琦）

港 澳 事 务

【香港特区政府社会福利署主任访问杭州】 2月15日至17日，香港特别行政区政府社会福利署主任刘国和一行访问杭州。在杭期间，刘国和一行与杭州市相关部门进行交流研讨，学习内地有关土地、房产制度、社会保障制度和公证制度等。

【香港特区政府驻沪办主任访问杭州】 2月27日至28日，香港特别行政区政府驻沪办主任邓仲敏一行访问杭州。邓仲敏一行就举办“香港回归二十周年展览”考察浙江省博物馆及杭州市图书馆，招聘面试浙江联络处雇员。

【第七届澳门青少年外交知识竞赛获奖师生访问浙江】 3月22日至24日，第七届澳门青少年外交知识竞赛获奖师生一行51人，在外交部驻澳门特派员公署及澳门教育局暨青年局处长张敏辉带领下访问杭州。在杭期间，获奖师生一行参观岳庙、孔庙和杭州高新区海创基地服务中心等。

【香港特区政府教育局局长访问浙江】 4月21日至23日，香港特别行政区教育局局长吴克俭一行6人访问浙江。省教育厅厅长郭华巍、中国美术学院党委副书记胡钟华会见吴克俭一行，双方就进一步加强浙江与香港在教育领域的合作进行交流。在浙期间，吴克俭一行还出席“一带一路创业高峰论坛”，拜访省教育厅，在中国美术学院象山校区与师生进行座谈交流。

【香港中华出入口商会秘书长访问浙江】 5月3日至4日，香港中华出入口商会秘书长陈劲一行，在香港中联办教育科技部处长陈恒陪同下访问浙江。在浙期间，主要与有关方面商讨6月份“寻根追梦　同心同行”香港大学生内地名校探访交流活动事宜。

【香港廉政公署专员访问浙江】 6月2日至4日，香港廉政公署专员白韫六一行访问浙江。省纪委常务副书记、监委副主任马光明与白韫六一行座谈，双方交流反腐倡廉工作经验，探讨人员交流培训合作事宜。白韫六一行还了解了浙江省监察体制改革试点情况。

【香港特区政府成立二十周年暨浙江联络处揭牌典礼】 6月5日在杭州举行。浙江省副省长梁黎明、省港澳办主任金永辉和杭州市副市长陈新华，香港特别行政区政府政制及内地事务局局长陈岳鹏、香港特别行政区政府驻上海经济贸易办事处主任邓仲敏等出席联络处揭牌典礼。

【“寻根追梦　同心同行”摄制组在杭采风拍摄】 6月11日，来自香港大学、香港中文大学、香港理工大学及澳大利亚悉尼大学的6位大学生组成的“寻根追梦　同心同行”摄制组，经北京、南京、上海、深圳之旅后到杭州采风拍摄。在杭期间，摄制组一行分别赴浙江大学、中国美术学院、阿里巴巴集团及东山弄农贸市场采风拍摄，通过青年人的视角展现内地变迁、祖国发展，加深香港青年的民族精神和家国情怀。

【澳门公务员团体负责人与骨干访问浙江】 6月18日至24日，澳门公务员团体负责人与骨干一行27人访问浙江。在浙期间，与省商务厅和义乌市发改委、商务局、义乌市委党校进行座谈交流，参观阿里巴巴集团和义乌小商品市场。

【澳门廉政公署专员访问浙江】 6月26日至29日，澳门廉政公署专员张永春一行访问浙江。省委常委、纪委书记刘建超会见张永春一行。在浙期间，张永春一行与省纪委交流反腐倡廉工作经验，商讨推进浙澳两地反腐败交流与合作事项。

【香港特区政府行政长官访问浙江】 8月23日至24日，香港特别行政区行政长官林郑月娥一行22人访问浙江。省委副书记、省长袁家军会见林郑月娥一行。访浙期间，林郑月娥一行拜访阿里巴巴集团总部并与董事局主席马云进行会谈，与香港在阿里巴巴集团实习的大学生进行交流，参加在浙香港企业交流会。香港政制及内地事务局局长聂德权、行政长官办公室主任陈国基、行政长官私人秘书陈选尧、驻上海经贸办事处主任邓仲敏陪同参加上述活动。

【香港特区政府高级公务员一行访问浙江】 8月27日至30日，香港特别行政区政府高级公务员一行34人，在国务院港澳办联络司赵彦杰等陪同下访问浙江。在浙江期间，与相关部门座谈并参观阿里巴巴集团和新塍镇新农村建设，了解浙江城市、经济、社会等方面发展与规划情况。

【"香港服务业代表团走进自贸区活动"】 8月30日至31日在舟山举行。由浙江省人民政府港澳事务办公室、中国(浙江)自由贸易试验区管理委员会、香港贸易发展局、中国香港(地区)商会——浙江联合主办，舟山市人民政府承办。来自香港的30余家服务业企业代表和舟山市150余家相关单位参加活动，"一带一路"舟山香港合作研讨会同步举行。本次活动围绕中国(浙江)自由贸易试验区的战略定位和发展目标，架起浙江企业与香港企业间的桥梁，进一步拓展了浙江与香港航运合作关系、金融服务功能、创新法律和税收服务模式，助力中国(浙江)自由贸易试验区建设向纵深发展。

【香港中国企业协会资讯科技行业委员会云技术创新交流团访问杭州】 9月2日至7日，香港中国企业协会资讯科技行业委员会云技术创新交流团一行18人，在中央政府驻香港联络办公室青年工作部人员陪同下访问杭州。在杭期间，交流团一行先后赴阿里巴巴集团、网易、滨江高新技术园参观交流。

【赴澳门参加"苏浙沪同乡会庆国庆活动"】 9月19日至22日，省港澳办派员随省委统战部常务副部长金长征赴澳门参加"苏浙沪同乡会庆国庆活动"。在澳门期间，还拜访澳门浙籍乡贤和各界朋友，开展乡情联谊活动。

【香港特区政府民政事务局局长访问浙江】 9月19日至23日，香港特别行政区政府民政事务局局长刘江华率香港文化机构代表团一行13人访问浙江。访问期间，刘江华出席在杭州举办的"中国—中东欧国家文化合作部长论坛"。刘江华一行拜访省文化厅，与厅长金兴盛会谈。还考察了中国美术学院及杭州大剧院等表演场地。

【国务院港澳事务办公室协调处处长访问省港澳办】 9月21日至23日，国务院港澳事务办公室协调处处长郜凡一行访问省港澳办，就开展港澳工作实际情况、如何做好港澳地区人心回归工作的经验与成效开展座谈。同时，在省港澳办协调下，郜凡一行还就浙江大学举办香港特别行政区政府在浙江的中级公务员国情培训班课程开展情况进行会谈。

【派员随团访问香港】 9月27日至29日，省港澳办派员随省委统战部常务副部长金长征率领的代表团访问香港。访问期间，代表团参加"香港浙联会第十届理事会就职典礼"，拜访中央政府驻香港联络办公室、王宽诚教育基金，出席何水法画展开幕式。

【中央人民政府驻澳门特别行政区主要中资企业及澳门本地企业

代表团访问浙江】 11月8日至12日，中央人民政府驻澳门特别行政区联络办公室副主任姚坚率驻澳门主要中资企业及澳门本地企业代表团一行44人访问浙江。副省长梁黎明会见代表团一行。在浙期间，代表团还参加由省港澳办举办的“浙江·澳门企业交流会”，并赴杭州、湖州、嘉兴等地考察交流。

【中央人民政府驻香港特区联络办公室副主任访问浙江】 12月2日至4日，中央人民政府驻香港特别行政区联络办公室副主任陈冬率香港资讯科技产业代表团一行21人访问浙江。省委常委、宣传部长葛慧君会见陈冬一行。双方表示，将加强浙港经济交流，通过香港国际化宣传平台，宣传浙江，让世界了解浙江。在浙期间，陈冬一行参加第四届世界互联网大会乌镇峰会，并赴阿里巴巴集团等浙江互联网企业调研。

【浙江省代表团访问香港】 12月2日至4日，副省长梁黎明率浙江省代表团一行16人访问香港。在港期间，梁黎明一行拜访香港政制与内地事务局、香港交易所、香港商务及经济发展局和香港海关、香港财经事务及库务局，了解香港关于自由贸易港的经验做法。代表团还分别与香港贸发局、香港浙江省同乡会联合会、部分在港浙江企业组织代表座谈，详细了解企业对自由贸易港建设的需求和期待。

【香港岛各界社团骨干访问团访问浙江】 12月13日至17日，香港岛各界社团骨干访问团一行25人，在国务院港澳事务办公室交流司人员陪同下访问浙江。在浙期间，访问团一行参观嘉兴南湖纪念馆、中共一大会址、鲁迅故居、G20峰会会址等爱国教育基地。

（杨　雪）

对外民间交往

【概况】 2017年，浙江省人民对外友好协会(简称省友协)充分发挥民间外交优势作用，不断开拓对外民间交流渠道，努力讲好中国故事、传播好中国声音，为服务中央总体外交和全省中心工作做出新成绩。全年接待来自美国、日本、德国、加拿大、澳大利亚、新西兰、墨西哥、古巴、罗马尼亚、斯里兰卡、爱尔兰、斐济、摩洛哥等国家民间友好团组61批686人次；组派出访团组13批162人次，分别前往美国、加拿大、日本、德国、意大利、印度、斯里兰卡、挪威、冰岛、奥地利、印尼、新西兰、斐济等国开展友好交流活动。与斯里兰卡中国社会文化合作协会签署《建立友好交流关系备忘录》，与加拿大中国交流协会及魁北克浙江友好协会签署《友好交流协议书》，与日本北海道日中经济友好协会签署《关于经济・人文友好交流备忘录》。

【浙江省文艺表演团访问印尼】 2月9日至17日，省友协组织由浙江歌舞剧院、浙江曲杂总团演职人员和杭州师范大学体育与健康学院师生组成的浙江省文艺表演团一行18人访问印尼。先后参加中国驻印尼登巴萨总领事馆和印尼西努省政府及东努省政府共同举办的2场2017年春节联欢活动，用歌舞、杂技、武术、魔术和器乐演奏等形式，为数千名华侨华人和当地民众献上精彩纷呈的文艺节目。中国驻登巴萨总领事胡银全，印尼国防研究所所长阿古斯，东努省省长弗朗斯和副省长贝尼、议长安瓦尔、三军司令德古，西努省副省长阿明、警长乌马尔等观看演出。弗朗斯还即兴登台与浙江省的歌唱演员共同演唱了东努省民歌。

表演团一行还与印华百家姓协会西努省分会和东努省分会及巴厘岛印中友好协会、印尼武术国家队开展友好交流。

【日本福井县日中友协会长访问浙江】 2月14日至17日，日本日中友好协会副会长、福井县日中友好协会会长酒井哲夫率福井县林业考察团一行12人访问浙江。16日，省委常委、秘书长，省友协会长陈金彪会见代表团，简要介绍浙江经济社会发展近况。陈金彪说，浙江省与福井县自1993年正式结好以来，两省县一直保持着良好而紧密的合作关系。近年来，福井县日中友好协会努力增进两省县人民友谊，在促进文化、教育、体育等领域交流与合作方面发挥了积极作用。希望两省县友协能开展更多友好交流活动，与两国各界一起，继续推进中日民间友好工作，助力两国关系向前发展。省外侨办主任、省友协常务副会长金永辉，省友协专职副会长陈爱珍参加会见。16日，省友协常务副会长阮忠训为酒井哲夫举行生日晚宴。

在浙期间，考察团还拜会杭州市人大常委会主任、市友协会长王金财，并与省林业厅、省林业产业联合会、浙江省林产有限公司等进行座谈交流。

【加拿大魁北克中学生代表团访问杭州】 2月27日，由魁北克—浙江友好协会组织的加拿大魁北克安图恩—蒙苏中学代表团一行32人访问浙江。省友协专职副会长陈爱珍会见代表团团长、魁北克—浙江友好协会副理事长亚历山大・布胥瓦及部分师生代表，双方进行了友好交流。访浙期间，代表团还参观浙江外国语大学，并与该校签署合作备忘录，赴台州天台中学进行学生住家对口交流。

【摩洛哥苏斯马萨大区议会副主席访问浙江】 3月11日至14日,摩洛哥苏斯马萨大区议会副主席卡斯塔拉尼一行6人访问浙江。14日,省友协专职副会长陈爱珍接待卡斯塔拉尼一行。摩方书面邀请浙江省组团参加2017年6月在苏斯马萨大区首府阿加迪尔举行的第二届摩中友谊论坛。在浙期间,代表团还考察宁波和湖州的有关企业。

【日本政治家夫人代表团访问杭州和乌镇】 3月15日至17日,以日本亚洲妇女友好会会长、自民党副总裁高村正彦夫人高村治子为团长的日本政治家夫人代表团一行14人,在中国驻日本大使程永华夫人汪婉陪同下访问杭州和乌镇。在杭期间,省友协专职副会长陈爱珍陪同代表团参观中国丝绸博物馆、百年老店楼外楼及西湖名胜。省外侨办主任、省友协常务副会长金永辉宴请代表团一行。

【伊朗驻沪总领馆派员参加2017丝路之夜首秀"波斯之夜"】 3月18日,伊朗驻沪总领事馆文化领事贝赫纳姆·阿扎德一行6人到杭州,参加由中国丝绸博物馆组织、省友协支持的2017丝路之夜首秀"波斯之夜"活动。省友协专职副会长陈爱珍会见贝赫纳姆·阿扎德一行,并陪同出席"波斯之夜"活动。

【省友协代表团访问斯里兰卡和印度】 3月19日至26日,省友协代表团一行3人访问斯里兰卡和印度。在斯里兰卡,代表团参加由斯里兰卡中国社会文化合作协会和中国人民对外友好协会共同举办的庆祝中斯建交60周年仪式及庆祝斯中社文协会成立20周年等活动。斯里兰卡议会议长卡鲁·贾亚苏里亚出席活动并致辞,全国友协副会长林怡、斯中社文协会主席阿贝塞克拉等分别讲话。代表团与阿贝塞克拉签署浙江省人民对外友好协会与斯里兰卡中国社会文化合作协会建立友好交流关系备忘录,并探讨两协会共同促进与加强浙江省与斯里兰卡在经贸、教育、文化、体育等各领域交流与合作事项。代表团还参加以"民间组织促进两国外交关系"为主题的分论坛,与斯里兰卡中国友好协会、斯里兰卡太极协会等当地民间组织及友好人士广泛接触交流。在印度,代表团拜会印度世界合作与文化交流协会新任主席塔伦·兰蒂,就浙江省与印度在经贸、教育、文化等领域开展友好交流事宜进行探讨。代表团还与当地旅游业代表进行接触,寻求旅游方面开展合作的可能性。

【组派代表团参加浙静结好35周年庆祝活动】 4月4日至8日,省友协组织以专职副会长陈爱珍为团长的省各界代表团15人和省茶文化交流团15人、省国际旗袍会代表团18人3个团组访问日本,参加在静冈县举行的浙江省静冈县缔结友好省县关系35周年庆祝活动。4日,静冈县知事川胜平太会见省友协专职副会长陈爱珍、省侨商会会长廖春荣、省人民医院副院长周建新、杭二中校长叶翠微等4人。其余人员参加静冈县日中友好协议会举办的欢迎会,副知事吉林章仁出席并致辞。5日,静冈县举行规模盛大的庆祝大会和庆祝交流会,浙江省副省长梁黎明、中国驻日本大使程永华,川胜平太和静冈县议长铃木洋佑等致辞。省茶文化交流团演示了中华茶艺,省国际旗袍会代表团与日本和服队同台表演。

在静冈期间,省各界代表团参加了"西泠书画院画展"开幕式,并分5组与静冈县内对口单位和部门进行友好交流。企业组赴铃木公司及花博会会场进行参观考察,新闻媒体组赴静冈新闻社参观交流,医疗组赴静冈县立综合医院考察交流,文化教育组赴静冈县立图书馆、静冈县美术馆参观交流,妇女组与静冈县地域女性联合会进行交流。省茶文化交流团参加两省县首届茶文化交流座谈会。

省各界代表团还赴东京拜访日本浙江总商会,并与日本书法团体天溪会进行交流。

【日本静冈县浜北日中友协代表团访问浙江】 4月9日至13日，日本静冈县浜北日中友好协会事务局长铃木隆幸一行7人访问浙江。在浙期间，代表团与省友协就10月份派遣浙江省青少年民族艺术团赴日交流演出事项进行商谈，并赴浙江艺术职业学院参观交流。代表团还访问桐乡，与桐乡市友协、体育局、教育局等部门进行座谈。

【印度世界合作和文化关系协会会长访问浙江】 4月27日至29日，印度世界合作和文化关系协会会长塔伦・兰蒂率代表团一行4人访问浙江。27日，省友协专职副会长陈爱珍接待代表团一行，双方就今后在教育、传统医药学、寺庙、瑜伽及冥想等领域开展交流与合作进行磋商。

【日本枥木县武术太极联盟代表团访问浙江】 5月3日至7日，日本枥木县武术太极联盟理事长高山守夫率代表团一行7人访问浙江。高山守夫一行在杭州师范大学武术与民族传统体育专业部主任王晓燕和校武术协会会长董明昊指导下，学习中国武术中的双剑、棍术及吴式太极拳。

【罗马尼亚前总理访问浙江】 6月7日至9日，罗马尼亚前总理、罗中之家名誉主席维克多・蓬塔一行6人访问浙江，出席在宁波举行的中国—中东欧国家投资贸易博览会。7日，省委副书记、代省长袁家军在杭州会见维克多・蓬塔一行，简要介绍浙江经济社会发展情况。袁家军说，近年来，浙江与罗马尼亚经贸合作频繁，特别是与布拉索夫省、伊尔福夫省长期保持着友好交流与合作关系，双方具有良好合作基础和巨大合作潜能。希望以维克多・蓬塔名誉主席此访为契机，在“一带一路”倡议和中国—中东欧国家“16+1”合作框架内，充分利用中国—中东欧国家投资贸易博览会这个大平台，进一步密切双方在经贸、旅游、教育、文化等领域的交流合作，促进互利共赢。维克多・蓬塔表示，愿在“一带一路”框架下，进一步推动双方务实交流合作，实现优势互补、共同发展。省政府秘书长李卫宁，省外侨办主任、省友协常务副会长金永辉等参加会见。

【美国乔治敦大学生代表团访问浙江】 6月8日至11日，美国乔治敦大学中美全球事务对话项目助理安娜・里德率美国乔治敦大学生代表团一行11人访问浙江。10日，省友协专职副会长陈爱珍接待代表团。在浙期间，代表团拜访阿里巴巴集团了解中国电商发展情况及未来发展战略等情况，与浙江大学公共管理学院师生就一系列公共政策进行交流与讨论，参观万向集团。代表团还游览西湖、灵隐寺，观看“最忆是杭州”“宋城千古情”等演出。

【沿海上丝路，讲中国故事——“盛世公主”号海上丝路首航特别活动第3站】 6月12日至16日在斯里兰卡科伦坡至马来西亚槟城航段举行。由全国友协举办。省友协协调派出的绍兴代表团以“丝路・秀”为主题，进行2场大型演出和4场“快闪”演出。大型演出分为“序・丝路之源”“丝路江南・绸”“丝路江南・曲”“丝路江南・瓷”“丝路江南・墨”“尾声・丝路江南・恋歌”6个篇章。“丝路江南・绸”部分，通过光影变幻与舞蹈演员柔美舞蹈展现丝绸制作过程；“丝路江南・曲”环节，演员演唱越剧名段《十八相送》，展现中国唱腔的独特魅力；“丝路江南・瓷”表演中，著名的《茉莉花》主旋律由瓷器制作的乐器奏响；“丝路江南・墨”篇章，舞蹈演员起舞时由书法家现场挥毫书写“水墨江南”。在尾声部分，舞者化身蝴蝶，表现了蝴蝶飞跃沧海的场景，表达了与世界各国一起走过古老的历史，在新时期再度携手合作的愿望。

【德国前总统访问浙江】 6月14日至16日，德国前总统、全球中小企业联盟全球主席克里斯蒂安・武尔夫一行9人访问浙江。15日，省委书记车俊在杭州会见代表团。车俊说，浙江与德国交往十分密切，各领域合作不断深化。浙江是民营经济大省，高度重视中小企业发展，正在大力推进经济转型升级。浙江愿与德国进一步加强合作交流，借鉴德国“工业 4.0”经验，加快信息化与工业化深度融合。车俊感谢全球中小企业联盟对浙江的关注，希望能推动更多浙江中小企业开展国际合作、走向国际市场，并欢迎更多国外企业来浙江投资发展。克里斯蒂安·武尔夫说，浙江具有良好发展环境，越来越多的德国企业来浙投资兴业。希望双方加强在制造业、职业教育、文化等领域的合作，实现共赢发展。全国友协副会长宋敬武，省委常委、秘书长，省友协会长陈金彪和省外侨办主任、省友协常务副会长金永辉，省友协专职副会长陈爱珍等参加会见。

在浙期间，杭州市市长徐立毅也会见了代表团。代表团还出席“一带一路”地方合作委员会揭牌仪式，参加“浙江理工大学大学生创新创业聚元基金”启动仪式暨《与领袖同行》一书首发式。

【走进印度美术作品邀请展】 6月16日在杭州市科技交流馆开展。由省友协和民进浙江省委员会、印度驻沪总领事馆联合主办，浙江开明画院承办。开幕式上，印度驻沪总领事古光明、浙江开明画院院长吴山明分别讲话，省外侨办副主任、省友协副会长顾建新出席开幕式并剪彩。该展览是杭州印度文化周活动的一部分，共展出浙江省及上海部分画家创作的有关印度主题的作品200余幅。展览持续至6月25日结束。

【斯里兰卡代表团访问杭州和绍兴】 6月26日至29日，斯里兰卡中国社会文化合作协会主席英德拉南达·阿贝赛克拉和财务审计员、斯里兰卡太极协会主席洛汉·穆赛玛拉访问杭州和绍兴。在杭州，代表团拜会省武术协会副会长丁培勇并进行太极拳交流，参观考察 G20 主会场、茶叶博物馆等。省友协专职副会长陈爱珍接待代表团一行，双方探讨在斯里兰卡举行浙江文化周等活动的可能性。在绍兴，代表团拜访绍兴市教育局、走访相关纺织企业，并参观周恩来故居、鲁迅故里。

【第五季“海外名校学子走进金华古村落”活动】 6月29日在金华金东区澧浦镇琐园村举行启动仪式。全国友协文化交流部副主任张雅琴、金华市副市长邵国强和金东区区长陈峰齐出席仪式并致辞，澳大利亚驻沪总领事馆领事方浩成、海外参与者代表俄罗斯学子波林娜分别发言。省友协专职副会长陈爱珍向海外参与者代表授“海外名校学子走进金华古村落”旗帜。来自21个国家的36名海外参与者开启金华古村落魅力之旅。活动于7月14日结束，其间海外学子们学习了中国传统武术、剪纸、茶道、插花、刺绣，体验编草鞋、打年糕、木板年画和古婺窑制作等，还参加私房菜大赛、国际美食节等系列活动。

【“和也杯”第12届浙江国际传统武术比赛】 7月8日在黄龙体育中心举行。由省友协和省体育局共同主办。比赛设男、女16个年龄组别，分单练、对练、集体等三大系列918个项目。来自英国、法国、加拿大、澳大利亚等国家和地区及全国各地近4000名选手参加比赛。

【古巴最高领导人之女访问浙江】 7月20日至24日，古巴最高领导人劳尔·卡斯特罗的女儿玛丽埃拉一行5人访问浙江。21日，省友协专职副会长陈爱珍会见玛丽埃拉一行。在浙期间，玛丽埃拉一行考察了阿里巴巴总部、梦想小镇，参观中国丝绸博物馆、南宋御街、河坊街、雷峰塔等，还游览西湖和千岛湖。

【省友协代表团访问挪威、冰岛和奥地利】 8月2日至12日，省友协常务副会长阮忠训率代表团一行4人访问挪威、冰岛和奥地利。在挪威奥斯陆，代表团与挪威中国商会主席、挪威中国文化节总监艾丽斯·陈及商会首席执行官等进行座谈。阮忠训介绍浙江省与挪威交流情况，提议两会在环保、能源、旅游、海产品贸易等方面开展交流和合作。在北挪威首府博德，代表团与北挪威省省政府办公厅主任斯蒂格·奥尔森及省教育、大学、环保、青年协会等多个部门负责人进行会谈。阮忠训详细介绍浙江省高校教育、职业培训、青年人创业等方面情况，表示浙江省友协愿在各个方面为促进浙江省与北挪威省在各个领域的交流牵线搭桥。在冰岛，代表团与冰中文化交流协会负责人就学校交流、友城介绍、青少年互访、旅游协作、中文教育等进行商谈，双方商定在加深相互了解的基础上，签署交流备忘录。在奥地利，代表团会晤萨尔茨堡州前副州长、中国事务代表沃尔夫冈·艾瑟尔，与莫扎特音乐学院常务副院长莎拉·韦德·威尔逊就莫扎特音乐学院2019年在浙江音乐学院举行夏季学院音乐培训活动和在浙江音乐学院举办一次乐队指挥国际比赛进行商讨。

【省青少年书画音乐代表团赴日交流】 8月3日至10日，省友协组织浙江省青少年书画音乐代表团一行19人赴日本，参加在福冈市举行的“2017日中青少年书画音乐交流大会”。浙江省共展出50幅作品，其中18幅作品获得奖项。杭州市大关小学合唱团在音乐交流大会上与日本小朋友共同演出精彩节目。日本前首相村山富市、日中协会理事长白西绅一郎、中国驻福冈总领事何振良等出席大会开幕式并致辞。代表团还赴东京拜访中国驻日本大使馆和鸠山会馆，日本前首相鸠山由纪夫夫妇在鸠山会馆会见代表团。在日期间，代表团还体验了日本茶道、花道、香道和插花艺术。

【美国密歇根州州长访问浙江】 8月7日，省长袁家军会见美国密歇根州州长里克·斯奈德率领的州政府代表团一行25人。袁家军介绍浙江在大力推动科技创新、加快建设开放型经济、促进实体经济发展、打造优良生态环境和商务环境等方面情况。袁家军说，浙江与美国经贸关系十分密切。密歇根州是美国汽车工业中心，信息经济发达，旅游和教育资源丰富，双方的交流合作不仅拥有良好基础，更有着广阔空间和潜力。希望以代表团此访为契机，进一步搭建双方友好往来平台、全面深化两省州在汽车等高端制造、电子商务、农业、旅游、文化等领域的务实合作，更好地实现优势互补、互利共赢。里克·斯奈德表示，愿进一步拓展与浙江的合作领域，提升合作层次，推动双方友好关系不断向前发展。美国新任驻沪总领事谭森，省外侨办主任、省友协常务副会长金永辉，省友协专职副会长陈爱珍等参加会见。

在杭期间，代表团一行还访问了阿里巴巴集团。

【省友好代表团访问新西兰、斐济和香港】 8月23日至9月1日，省友协专职副会长陈爱珍率省友好代表团一行5人访问新西兰、斐济和香港。在新西兰，代表团拜访惠灵顿市政府，与惠灵顿市政府国际事务部主任袁同、下哈特市政府国际事务部主任詹姆斯·兰姆·菲利、新西兰地方政府组织首席政策顾问费利普·沙克尔顿、惠灵顿地区经济发展机构商业促进经理米歇尔·麦卡西、新西兰中国友好协会惠灵顿分会主席秦瞳及新西兰姊妹城市协会主席裕美·莫里斯进行座谈交流。陈爱珍介绍代表团此访主要目的和省友协工作情况。特别介绍了千校结好、青少年交流、文艺演出、书画展览、各界代表团互访等对外交流项目，着重推介“海外名校学子走进金华古村落”活动，希望双方的民间交流从此有所突破。在皇后镇，代表团与具体负责对外交流的皇后镇商会最高行政长官安·洛克哈特及皇后镇旅游局教育处经理亚伦·哈尔斯特德进行座谈交流，双方着重就修学旅游和留学生交流进行探讨。在奥克兰，代表团看望浙籍华侨，参观新西兰绍兴会馆，与绍兴同乡会创会会长曾险、绍兴同乡会现任会长董静莉、中国和平统一促进会会长张培军、新中友好文化艺术交流中心常务副主席陈美燕进行座谈，了解华侨和浙商在新西兰的发展情况。在斐济，代表团拜访斐济首都苏瓦市市长奥马里奥，与斐济中国协会会长司徒新耀进行会谈，并与浙江斐济贸易有限公司总经理赵齐鸣等浙商华侨进行座谈，了解他们在斐济的工作生活状况。在香港,代表团参观侨福集团及侨福艺动公司发起的一个大型国际艺术展——“鲨鱼与人类”,并探讨该艺术展到杭州展览的可能性。

【美国伊利诺伊州州长访问浙江】 9月15日至17日,美国伊利诺伊州州长布鲁斯·罗纳率州政府代表团一行13人访问浙江。省委书记、省人大常委会主任车俊会见布鲁斯·罗纳一行。车俊说,浙江与伊州经济发达,交流合作空间广阔。浙江万向集团在伊州成功投资发展、伊州波音公司首个海外工厂落户舟山,伊利诺伊大学与浙江大学联合办学,充分表明了两地合作互利互惠。浙江愿与伊州一道,在以往取得积极成效的基础上,密切各领域各层级的交流交往,积极支持企业双向投资,不断深化双方在经贸、人文、教育、旅游等领域的交流合作,实现共赢发展。罗纳表示,中美合作互利互惠,伊州高度重视发展与浙江的关系,希望双方一道努力,推动交流合作不断向前发展,共创美好未来。省委常委、秘书长,省友协会长陈金彪和副省长梁黎明,省外侨办主任、省友协常务副会长金永辉,省友协专职副会长陈爱珍等会见时在座。

在浙期间,代表团还访问了浙江大学。

【日本北海道观光经济代表团访问杭州】 9月20日至25日,日本北海道观光振兴机构会长堰八义博率北海道观光经济代表团一行15人访问杭州。20日,省友协专职副会长陈爱珍会见代表团一行。在杭州期间,代表团还参加“第11届杭州文化创意产业博览会”展销活动。

【美国新泽西州议会代表团访问浙江】 9月21日至24日,美国新泽西州议会副议长高顿·约翰逊率代表团一行4人访问浙江。22日,省人大常委会副主任袁荣祥会见代表团一行。袁荣祥介绍浙江省经济社会发展情况及浙江省与美国的交流现状,希望两省州友好关系在历年取得成果的基础上更上一层楼。高顿·约翰逊表示,愿进一步推动两州省在各领域的交流和合作。省人大常委会外事工作委员会副主任何新国,省外侨办副主任、省友协副会长彭波等参加会见。

在杭期间,代表团还参访浙江大学、阿里巴巴集团,游览了西湖名胜。

【美国州议会领袖代表团访问浙江】 9月27日至29日,美国州立法领袖基金会主席史蒂芬·雷吉斯率美国州议会领袖代表团一行36人访问浙江。28日,省委书记、省人大常委会主任车俊会见史蒂芬·雷吉斯一行。车俊说,浙江高度重视发展同美国各州的关系,将按照中美两国领导人达成的共识,与有关各方一道努力,推动浙江与美国的务实交流合作取得新的更大进展。美国各州议会及议会领袖在各州政治生活中起着十分重要的作用,在对外交往中也具有主动积极的影响。浙江省人大及其常委会希望以中美省州立法机关交流机制为平台,进一步加强与美国各州议会之间的交流合作,加深双方友谊与互信,为中美构建新型大国关系多做有益工作。史蒂芬·雷吉斯说,美中关系是当今世界最重要的双边关系之一,中国是美国越来越重要的合作伙伴。美国各州议会愿同浙江省人大一道努力,进一步加强沟通与合作,为促进美中友好关系不断向前发展发挥积极作用。省委常委、秘书长,省友协会长陈金彪和省人大常委会副主任姒健敏,省外侨办主任、省友协常务副会长金永辉,省友协专职副会长陈爱珍等参加会见。

在浙期间,代表团还参观拜访阿里巴巴集团。

【省友好代表团访问美国和加拿大】 10月6日至13日,省友协专职副会长陈爱珍率省友好代表团一行3人访问美国和加拿大。在美国,代表团参加美中友协年会,并与美中友协总会及各分会进行广泛交流,并商讨未来交流计划。在加拿大,代表团拜会加拿大中国交流协会及魁北克浙江友好协会,与两会签署《建立友好交流备忘录》,并探讨未来开展长期交流的可能性。

【第35届全日本中文演讲大赛静冈县赛区比赛】 10月14日在日本静冈文化艺术大学举行。大赛由静冈县日中友好协会承办，省友协作为协办单位为大赛提供部分奖品。该赛旨在进一步促进中文学习在日本民众中的普及与水平提高，增进中日两国人民相互了解和友谊。

【省青少年民族艺术团赴日交流演出】 10月16日至31日，省友协组织浙江省青少年民族艺术团一行16人赴日本交流演出。艺术团成员主要由浙江艺术职业学院师生组成，先后在日本静冈县西部地区的中小学校及市民文化中心进行18场演出，为日本观众献上民族舞蹈、器乐演奏、越剧表演和歌曲演唱等富有中国多民族特色的文艺节目。每次演出结束后都进行互动交流，如中日学生相互提问谈感想、合唱中文歌曲、日本学生体验中国乐器等。艺术团的舞蹈学生还参加佐藤典子舞蹈研究所举行的舞蹈课，与日本舞蹈学生一起练习爵士舞。

在日期间，静冈县知事川胜平太会见艺术团一行。

【省友协代表团访问意大利和圣马力诺】 10月25日至31日，省友协副秘书长朱鑫一行7人访问意大利和圣马力诺。在意大利，代表团出席由全国友协与意中友好关系协会在意大利米兰伦巴第大区政府大楼共同举办的中意地方政府合作对话会。开幕式上，全国友协副会长宋敬武作主旨发言。中国驻米兰总领事宋雪峰，意大利伦巴第大区副主席萨拉、意大利总理府中国事务顾问卡普利亚和来自中国国内15个省市的地方友协代表与企业家及意方各界代表约130人出席会议。会议期间，宋敬武向意中友好关系协会主席玛莉亚·莫莱尼颁发了“中意友好贡献奖”。在圣马力诺，全体代表出席“圣马力诺中国友好日”暨圣马力诺中国文化艺术博物馆开幕仪式，并向博物馆赠送纪念品。圣马力诺前任执政官和现任执政官会见全体代表。

省友协代表团还走访看望在帕多瓦和罗马的部分浙籍侨领。

【省大学生代表团访问日本】 10月25日至11月1日，省友协组织主要由杭州师范大学、浙江树人大学和浙江工商大学3所高校社会管理专业学生组成的浙江省大学生代表团一行29人，参加全国友协中国大学生代表团赴日本东京、佐贺等地访问交流。在日期间，浙江代表团以养老、社会福利为主题，考察横滨老年人住宅、多功能居家护理服务机构和保健、福利服务设施，参观森崎自来水处理中心，听取低碳社会、防灾减灾讲座，参加植树活动，访问日本大学文理学部等。代表团在佐贺县还入住当地居民家庭，深入体验日本生活。

访日期间，日中友好会馆为中国大学生代表团举行欢迎宴会。中日友好协会副秘书长朱丹，前日本参议院议长、日中友好会馆会长江田五月，中国驻日本大使馆官员，日本外务省中国蒙古课官员等出席并致辞。

【日本天溪会第十次友好访华团访问浙江】 10月26日至29日，日本书法团体天溪会会长南鹤溪率天溪会第十次友好访华团一行65人访问浙江。在浙期间，访华团先后赴绍兴、嵊州和杭州，参拜该会建立的“信可乐也碑”“王羲之显彰碑”“吴昌硕·日下部鸣鹤结友百年碑”等相关纪念物，并在绍兴兰亭和嵊州王羲之故居举行“信可乐也碑建碑25周年纪念仪式”和“王羲之显彰碑建碑20周年纪念仪式”。28日，省友协和天溪会共同举办交流晚宴，省友协原会长沈祖伦、省政协原副主席徐鸿道、西泠印社相关负责人等出席。

【2017杭州马拉松赛】 11月5日在黄龙体育中心鸣枪开跑。该马拉松赛由省体育局、杭州市政府、省友协共同主办。赛程设有全程马拉松、半程马拉松、小马拉松、情侣跑和家庭跑五个项目，来自56个国家和地区的35000名选手参赛，最终埃塞俄比亚选手以破赛会纪录的成绩包揽了男女组冠军。

【美国州议会会议代表团访问浙

江】 11月7日至9日，美国州议会会议主席德布・彼德斯率代表团一行12人访问浙江。省人大常委会副主任姒健敏会见代表团一行，介绍中国人民代表大会等中国的根本政治制度及浙江省经济社会发展情况。姒健敏表示，浙江省人大愿与美国州议会会议等有关机构开展交流，为更好地开展立法、调研等议题进行探讨。德布・彼德斯介绍美国州议会会议情况及代表团成员，希望通过此访增进对中国政治、经贸、基础设施、教育等方面的了解，并加强与中国交流合作。双方还就两国议会制度、预算体制等共同关心的问题进行探讨。

访浙期间，代表团还赴正泰太阳能科技有限公司参观考察，了解新能源在中国的发展及相关的法律和中国新能源公司在美国发展情况。

【浙静结好35周年庆祝活动之民间交流】 11月12日至15日，日本静冈县日中友好协会和静冈县日中友好协议会分别组织静冈县日中友好协会代表团、浜北日中友好协会代表团、静冈县茶道联盟访华团、静冈县围棋代表团和静冈县各界友好代表团、静冈县经济交流代表团、静冈县女性团体交流代表团、静冈县传统工艺品展代表团等8个团组139人访问浙江，参加在杭州举行的浙江省静冈县缔结友好关系35周年庆祝典礼。在浙期间，各代表团与省友协、省妇联、省体育局、省老年大学及省经贸界、文化界、教育界、旅游界人士进行对口交流和座谈，举行浙静结好35周年庆祝典礼献茶活动、浙江省与静冈县青少年民族艺术交流30周年纪念植树仪式、青少年民族艺术交流演出、静冈县传统工艺品展销会等活动。省友协常务副会长阮忠训接待部分代表团，省友协专职副会长陈爱珍出席“静冈县传统工艺品展”开幕式并致辞。

【日本福井县日中友协代表团访问浙江】 11月22日至24日，日本日中友好协会副会长、福井县日中友好协会会长酒井哲夫率福井县日中友好协会代表团一行18人访问浙江，与省友协常务副会长阮忠训探讨2018年浙江省与福井县结好25周年纪念活动事宜。杭州市人大常委会主任、市友协会长王金财接待代表团一行。

访浙期间，代表团还参观五四宪法纪念馆，游览西溪湿地公园。

【第6届浙江省日剧PLAY大赛】 11月25日在浙江工商大学举行。由省友协、省人才开发协会共同主办，浙江工商大学东方语言文化学院团委承办，省内20所高校21支队伍参加比赛。经过激烈角逐，浙江工商大学参赛团队获特等奖。

【省友好代表团访问德国、克罗地亚和日本】 12月1日至10日，省友协常务副会长阮忠训率浙江省友好代表团一行5人访问德国、克罗地亚和日本。访问期间，代表团参加德国联邦德中协会成立60周年庆典，并与德中协会就2018年交流事宜进行磋商。与克罗地亚对外友好协会联合会进行交流。拜会日本北海道日中经济友好协会，签署《关于经济・人文友好交流备忘录》。与日本福井县日中友好协会会长酒井哲夫等就如何进一步推动浙江省与福井县民间友好交流、浙福结好25周年活动筹划等事宜进行探讨。

【蒙古国副总理访问浙江】 12月2日至4日，蒙古国副总理恩赫图布新一行8人访问浙江，参加在乌镇举行的第四届世界互联网大会。3日，中共中央政治局常委、中央书记处书记王沪宁会见恩赫图布新一行，并进行双边会谈。浙江省委书记、省人大常委会主任车俊，省委副书记、省长袁家军参加会见。

在乌镇期间，恩赫图布新一行参观“互联网之光”博览会，听取阿里巴巴、百度、卡巴斯基、华为、中电科、中国电信、中国移动等企业介绍，并出席“世界互联网领先科技成果发布”等活动。

【2017第十届华东地区大学生日语演讲比赛】 12月9日在浙江大学紫金港校区举行。由省友

协、浙江大学外国语言文化与国际交流学院共同举办。来自沪、浙、皖、赣29所高校45位选手参赛，通过第一阶段预赛选拔，来自浙江大学、上海外国语大学、复旦大学、上海财经大学等25位选手进入决赛。经过激烈角逐，上海财经大学选手最终获特等奖。

（钱飞瑛）

表1　2017年省友协接待的部分来访团组情况

日期	团组名称	人数	主要活动
1月9～12日	美国哥伦比亚大学生代表团	24	访问杭州市及桐乡乌镇，考察浙江省经济社会发展情况
1月11～14日	日本静冈县日中友好协议会常务理事平野一惠一行	3	拜会省友协，商谈浙静结好35周年庆祝活动等事宜
2月26日～3月1日	日本静冈县日中友好协议会理事长栗原绩一行	3	拜会副省长梁黎明等，商谈浙静结好35周年庆祝活动等事宜，考察湖州市
3月3～5日	日本第34届全日本中文演讲比赛优胜者	3	访问浙江绍兴等地
3月10～11日	日本九州日中文化协会会长张晶一行	2	与省友协就8月份组织杭州大关小学合唱团赴日本交流演出事宜进行会谈
3月14～15日	日本枥木县喜连川町日中友协代表团	13	与省友协探讨交流合作事项
3月17～18日	西班牙“中西合作论坛”工作组	2	与省友协就6月中旬在杭州举办“中西合作论坛”进行商谈
4月10～18日	日本天溪会事务局长川村真山一行	1	访问杭州、绍兴和嵊州市，为10月份天溪会书法代表团访浙交流并举行兰亭“信可乐也碑”落成25周年、“王羲之显彰碑”落成20周年等纪念活动商讨接待方案
4月13～14日	澳大利亚中国友好协会西澳分会理事陈润宜一行	2	与省友协就青少年交流、开展夏令营活动等进行磋商
5月22～23日	日本福冈县专修学校协会顾问进藤千寻	1	访问浙江工商大学、浙江东方学院和杭州市文昌高级中学，商谈开展教学交流和留学生派遣事宜
6月19～22日	加蓬客人徐恭德一行	3	访问杭州、乌镇等地
7月4日	“第5季海外名校学子走进金华古村落”代表团	50	参观杭州西湖名胜古迹及国际博览中心
7月11日	日本北海道日中经济友好协会会长中田博幸一行	2	与相关部门洽谈9月杭州西博会参展事宜
8月7～8日	日本福井青年会议所理事长辻武志一行	4	与杭州市青联签订友好交流协议书
9月8日	日本静冈县日中友好协会事务局长细美和彦	1	拜会省友协，商谈浙静结好35周年庆祝活动相关事项
9月19日	“第6季海外名校学子走进金华古村落”代表团	56	参观杭州西湖名胜古迹及钱江新城城市阳台

续表

日期	团组名称	人数	主要活动
10 月 17～22 日	新西兰皇后镇商会首席执行官安・洛克哈特一行	4	参加杭州市国际友城大会，与省友协商谈教育、留学生、旅游等方面交流事宜
10 月 24 日	德国德中文化交流协会副主席亚历山大・贝尔一行	6	与省友协商谈友好交流事宜
10 月 25～27 日	墨西哥中国友好协会副主席托雷斯一行	13	与省友协探讨交流合作事项
11 月 3～6 日	日本岐阜县日中友好协会理事长土屋康夫	3	参加 2017 杭州马拉松赛活动，与省友协商谈交流合作事项
11 月 5～7 日	加拿大阳光国际学院校长弗雷克一行	2	参观杭州西湖高级中学、长河高级中学
11 月 5～9 日	德国迪堡市政府代表团	12	访问杭州、嘉兴等地
11 月 9～10 日	日本北海道日中经济友好协会代表团	3	拜访省友协，商谈友好交流事宜
11 月 29 日～12 月 1 日	美国美中友协代表团	6	与省友协座谈，探讨开展交流合作的可能性
12 月 10～11 日	日本福冈英数学馆副校长于东振一行	3	访问浙江工商大学及余杭文昌中学，商谈教学交流、留学生派遣等事宜；与浙江工商大学东方语言学院签订友好交流协议书
12 月 29～31 日	日本细菌战研究专家森正孝一行	6	考察浙江，拜访省友协

部门外事侨务

Foreign and Overseas Chinese Affairs in Provincial Departments and Bureaus

省经信委

【概况】 2017年，省经信委认真贯彻落实省委省政府决策部署，紧紧围绕制造强省建设目标，认真践行新发展理念，组织实施“中国制造2025浙江行动”，积极推进工业领域供给侧结构性改革，持续打好转型升级组合拳。积极参与“一带一路”等国家战略，立足浙江产业发展现状和产业布局，广泛开展产业合作交流，加强国际产能和装备制造合作，鼓励优势行业跨国并购。全年对外经济合作着重拓展与更多国家(地区)，特别是欧美发达国家和香港等地区的交流合作，积极搭建平台，组织开展产业对接、项目合作、技术交流、企业培训，带动国内外技术资源和产业资源引进，促进一批产业项目合作。

2017年，承办第三届金砖国家通信部长会议和第二届金砖国家工业部长会议，承办第四届世界互联网大会的“互联网之光”博览会、全球数字经济论坛、领先科技成果发布等专项活动；组织浙江中小企业参加第14届中国国际中小企业博览会、浙静中小企业对接交流会、中韩环境产业洽谈会等活动。

【省经信委组团访问新西兰和澳大利亚】 6月1日至8日，省经信委组织浙江企业代表团访问新西兰和澳大利亚。访问期间，代表团拜访新西兰怀卡托市政府、坎特伯雷信息技术委员会，澳大利亚悉尼科技大学、新南威尔士州信息服务部、大华技术澳大利亚有限公司、昆士兰南岸发展委员会和澳大利亚电脑信息科技学会昆士兰分会，调研信息技术及云计算产业发展情况，学习借鉴其在大数据、人工智能等信息技术产业发展、信息化应用建设及技术创新等方面的经验，推进浙江与新西兰和澳大利亚两国在信息技术、云计算、大数据、人工智能、互联网+及信息设施建设等领域达成合作。推进中澳AI联合实验室项目落地建设，吸引新西兰和澳大利亚企业、机构与浙江省信息经济领域龙头企业开展技术交流合作和产业对接。

【浙江医疗器械国际合作交流会】 6月11日在余杭生物医药高新技术产业园区举行。由省经信委联合省商务厅、省卫生计生委共同主办，旨在贯彻《省政府办公厅关于推进中小微企业“专精特新”发展的实施意见》，依托浙江投资贸易洽谈会，引进以色列先进技术和项目，促进浙江医疗器械企业国际合作，推动浙江医疗健康产业发展，助力浙江智造。来自全省医疗器械行业的优质中小企业、“隐形冠军企业”、国内外医疗机构、上市公司、医院、专家学者等代表150人参加会议，省经信委副主任岳阳出席会议。会上，针对“医疗器械企业的机遇与挑战”“医疗器械企业有效建立高效的产品质量管理体系、产品开发体系”“加强医疗器械企业国际合作与交流”等进行探讨，并发布新一批中以产业园合作项目。

【2017国际VR/AR技术与产业大会】 6月17日至18日在嘉兴举行。由工信部、中国科学技术协会、浙江省政府指导，嘉兴市政府、中国电子学会主办，以“新体验催生新技术”为主题。来自VR/AR领域的国内外知名专家学者，及VR/AR研究机构、行业龙头企业、资本机构、政府有关部门等嘉宾参加会议，共同探讨VR/AR技术与产业发展。工信部电子信息司副司长吴胜武作题为“我国VR/AR产业现状、问题及发展思路”的报告，中国工程院

院士赵沁平和谭建荣及来自社会各界的嘉宾就如何把握VR/AR产业发展趋势、深入探讨主导技术的最新进展、洞察市场热点与投资机会等热点话题作精辟阐述。工信部电子司、中国科协及浙江省经信委、省科协和嘉兴市相关部门负责人出席大会。大会现场还设有展区,展示VR/AR新技术和新应用,为与会嘉宾带来虚拟现实的全新体验。

【获批成立浙江省首个中德中小企业合作区】 6月,国家工信部正式批复浙江省经信委,同意设立中德(嘉兴)中小企业合作区。这是工信部继江苏太仓、广东揭阳、四川蒲江、安徽芜湖之后在浙江省设立的首个中德中小企业合作区,合作区以产业融合、产城融合为重点,着力创新产业发展模式、园区开发模式、开放合作方式,围绕高端装备、汽车关键部件、电子信息、节能环保等领域,打造"一体多翼""一区多元""一核多星"的全市域中德中小企业合作高地。

【省经信委组团访问香港和日本】

7月23日至30日,省经信委组织浙江企业代表团访问香港和日本。访问期间,代表团拜访香港低碳设计协会、香港科技园创新中心,日亚化学工业株式会社和日本有关工业设计机构。参加日本振兴工业设计协会组织的中国设计智造大奖日本推介会等交流活动,宣介浙江工业设计和中国设计智造大奖,达成一系列工业设计合作协议和意向。一是推动浙江省工业设计协会与香港低碳设计协会达成共识,签订战略合作框架协议书,为双方在今后人才交流、业务交往、活动支撑等方面深入合作打下基础。二是与日本千叶大学、工业设计师协会等高校、行业专家就培育工业设计高端人才合作框架协议进行协商洽谈,达成初步意向。三是飞鱼设计、华普永明等企业与日亚化学工业株式会社举行开发合作授牌仪式,为企业全方位合作做前期准备。四是向香港和日本工业制造领域专家、学者、企业人士宣介浙江工业设计的发展历程、政策导向、基地建设、对外交流经验等,提高浙江省工业设计在国际上的知名度,特别是扩大中国设计智造大奖赛的国际影响力。

【金砖国家第三届通信部长会议】

7月26日至28日在杭州举行,会议主题为"数字经济时代的信息通信技术创新与融合发展"。来自金砖国家(中国、巴西、俄罗斯、印度和南非五国)通信主管部门和国际电信联盟等国际组织的领导、金砖国家信息通信企业及研究机构代表160余人参加会议,其中外国代表92人。工信部副部长刘利华、浙江省副省长高兴夫出席开幕式并致辞,浙江省委常委、杭州市委书记赵一德出席开幕式。会议重点讨论金砖国家未来面临的发展机遇及挑战,为金砖国家指明发展方向。会议通过了《第三届金砖国家通信部长会议宣言》,在数字经济、包容性增长、技术创新、产业融合发展等方面达成多项共识。会议期间,举行数字经济时代的信息通信技术创新和融合发展行业对话会、企业圆桌会,参访通信领域代表企业阿里巴巴集团和海康威视等。来自金砖各国的电信运营商、设备供应商、互联网等40余家通信企业、研究机构和行业协会进行了广泛交流。

【金砖国家第二届工业部长会议】

7月28日至30日在杭州举行。会议主题为"新工业革命下制造业发展的机遇和挑战"。金砖五国(中国、巴西、俄罗斯、印度、南非)主管工业的部级领导,联合国工发组织总干事,及金砖国家政府和企业界代表120余人参加会议。工信部部长苗圩、浙江省委副书记、省长袁家军出席开幕式并致辞,工信部副部长刘利华和浙江省委常委、杭州市委书记赵一德出席开幕式。会议围绕金砖国家工业重点领域产业和投资合作、技术开发和创新合作等各国共同关注的议题深入探讨。通过了《金砖国家深化工业领域合作行动计划》,形成广泛共识,金砖国家应共同积极应对新工业革命带来的机遇和挑战,进一步提升工业发展水平。会议期间,举行新工业革命背景下制造业发展的机遇挑战行业对话会、部长闭门会议、企业圆桌会、新闻发布会，组织参观2017中国增材制造大会暨展览会等。

【组织制造业骨干企业经营管理人员赴日本培训】 7月和10月，为贯彻落实《中国制造2025浙江行动纲要》《浙江省全面改造提升传统制造业行动计划(2017—2020年)》，积极推进工业转型升级，更好提升全省工业企业经营管理水平，省经信委组织浙江制造业龙头骨干企业，先后赴日本进行两期培训。全省31家制造业龙头骨干企业33名高级经营管理人员和4名经信干部分别参加培训。培训期间，学员们参观考察日本企业、公共服务平台、政府相关部门及高校和科研机构等，重点学习日本企业的自主创新体系、智能制造模式和精细化管理，及公共服务平台的运作管理模式、产业发展模式和政府管理职能等。

【日本福井未来研究所所长访问省经信委】 8月1日，日本福井未来研究所所长鳄渊信一一行4人访问省经信委，就进一步推进福井县与浙江省经贸交流和企业合作事宜进行交流。双方表示，将在现有良好合作基础上，进一步探索建立定期交流机制，共建技术创新、公共服务、理论研究、项目对接等合作交流平台，进一步加深了解，共同推动浙福企业平稳健康发展、实现双赢。

【第三届浙江国际健康产业博览会】 9月13日至15日在杭州举行。由省经信委和省卫生计生委、省发展改革委共同主办。本届博览会设置展位344个，展示面积近万平方米，来自8个国家和地区的121家参展商参展。博览会期间，举行2017浙江健康产业项目推介会，英特药业等14个项目集中签约，总投资217.4亿元。省健康服务业发展联席会议办公室发布2017年浙江省健康产业“四个一批”(一批特色小镇、一批产业基地、一批重点企业、一批重点项目)重点培育清单。举办西湖论健·浙江国际健康产业高峰论坛暨智慧健康大会、军民融合健康强军利民论坛、2017医疗健康创新大赛决赛、跨境医疗发展论坛等多项系列活动。

【参加2017全球物联网大会】 10月3日至5日，省经信委下属浙江省信息化推进服务中心代表团一行赴西班牙，参加在巴塞罗那举行的2017全球物联网大会，设展位宣传推介乌镇世界互联网大会，并进行境外企业交流合作对接。一是与巴塞罗那全球物联网大会组委会初步建立互帮互助、互换展位、共享宣传等合作机制，并明确双方后续合作指定联络人。二是经筛选，与符合互联网之光博览会参展领域的150余家国外企业进行对接交流，初步建立联络渠道。为更好地开展世界互联网大会互联网之光博览会境外企业招展工作，鼓励浙江企业“走出去”扩展国际市场，培育信息经济发展新亮点奠定基础。

【组织企业参加第14届中国国际中小企业博览会】 10月10日至13日，第14届中国国际中小企业博览会在广州举办。本届博览会以“智能、智慧、智造、节能”为主题，致力于促进海内外中小企业交流合作、共赢发展。全国各省、自治区、直辖市超过2000家中小企业和境外30多个国家(地区)超过500家中小企业参展。省经信委副主任岳阳率浙江省中小企业代表团参会，杭州、金华、衢州、嘉兴、丽水、舟山等地23家企业参展，共设50个展位，集中展示浙江省中小企业的政策环境、投资环境及专精特新企业的风貌和产品理念，展现浙江中小企业在“智能制造、智慧应用和环保节能”方面的产品研发水平和制造水平，凸显浙江省经济特色。其间举办的中国中小企业高峰论坛，第二届亚欧中国中小企业融资研讨会，“创客中国”创新创业大赛，中小企业产品、技术、服务展示、洽谈和交易等系列活动中，浙江省着力介绍了中小企业“专精特新”发展计划、小微企业上规升级行动、推进中小企业合作园区建设，及破解小微企业融资难融资贵等系列工作。

【省经信委组团访问英国和意大利】 10月11日至18日，省经信委组织浙江理工大学代表团访问英国和意大利。访问期间,代表团走访英国布莱顿大学、伯恩茅斯艺术大学和意大利佛罗伦萨大学等,开展系列办学项目对接活动。一是签订浙江理工大学与英国伯恩茅斯艺术大学合作意向书。二是签订浙江理工大学与意大利佛罗伦萨大学第二轮合作协议。三是与英国布莱顿大学商洽在时尚设计、建筑、传媒、医学、护理等领域建立战略合作伙伴关系。四是推进浙江理工大学与余杭区政府联合筹办杭州国际时尚学院,布莱顿大学、伯恩茅斯艺术大学、佛罗伦萨大学均对杭州国际时尚学院项目表现了强烈合作意向,具体合作领域、方式将根据浙江理工大学的提议方案进一步研究细化。五是与布莱顿市政府商洽联合开展经济合作、教育合作与时尚产业平台建设。

【第 21 届宁波国际服装节】 10 月 19 日至 22 日在宁波举行。省经信委副主任凌云出席开幕式。来自中国、英国、意大利、美国、加拿大、韩国、日本、德国、俄罗斯、巴基斯坦等 12 个国家和地区的 239 家企业 210 个品牌参展,其中国际品牌占总参展品牌的 12%。在“中国制造 2025”政策推动下,智能设备展区品牌云集:有杰克股份、上海富山、南通强生、瑞晟智能等国内知名的服装机械公司,也有德国杜克普、德国重机、美国伊士曼、意大利迈卡、日本飞马等全球顶尖企业。既有服装硬件设备,又有智能软件系统,展示了多项行业内领先技术,满足服装企业的智能化需求。除静态展示外,还进行品牌专场发布秀、国内外设计师专场发布、首届中国国际(宁波)青年大学生服装设计大赛总决赛,并举办第三届中国男装高峰论坛、中国服装智能制造高峰论坛暨对接会、2017 中国服装采购商大会暨对接会、2017 中国“服装+互联网”论坛暨对接会等。

【省经信委组团访问新西兰和澳大利亚】 10 月 31 日至 11 月 7 日,省经信委组织浙江中小企业创新创业交流团一行访问新西兰和澳大利亚。访问期间,交流团一行先后走访调研新西兰最大的乳品企业恒天然集团和安发国际集团、国家创新投资管理公司,澳大利亚维多利亚州工商总会、墨尔本皇家理工大学全球创新中心、澳大利亚浙江侨团联合会、西悉尼大学及澳华农牧集团等,重点围绕中小企业创业创新、发展政策、国际投资、人才培育、技术转让合作等领域,推动浙江与新澳两国中小企业合作交流与产业对接。其间,省经信委、浙江工业大学与澳大利亚维多利亚商会和西悉尼大学分别签订三方合作协议。与墨尔本皇家理工大学全球创业创新研究院达成合作意向。推进中澳产业合作园(舟山)肉牛加工项目,与新西兰恒天然集团合作进程和中小企业在乳制品、健康产品等领域开展经贸合作和产业对接。推进新西兰安发国际集团在浙江的产学研合作,并对接其在浙健康产品等项目的企业服务、融资支持等。

【第 19 届中国国际工业博览会】 11 月 6 日在上海举行。副省长高兴夫出席开幕式并参加巡馆,省政府副秘书长徐纪平、省经信委副主任马锦跃陪同。本届工博会以“创新、智能、绿色”为主题,以供给侧结构性改革为导向,以国家战略性新兴产业及产品为展示重点,设置数控机床与金属加工、工业自动化、机器人、新能源及电力电工、信息与通信技术应用、节能与环保技术设备、节能与新能源汽车、科技创新和航空航天技术 9 个专业展区,展会面积超过 28 万平方米,中外参展商逾 2500 家,参展商数量创历史新高。浙江省近 140 家企业参展,其中吉利、正泰、晶科、卧龙、力太、钱江机器人等知名企业携最新产品和技术亮相工博会。

【2017 中国义乌国际装备博览会暨中国人工智能博览会】 11 月 23 日至 25 日在义乌举办。由浙江省人民政府主办,省经信委、商务厅、科技厅等省级有关部门、各市人民政府及义乌市政府承办。省人大常委会副主任毛光烈、副省长成岳冲等出席开幕式,省经信委副主任马锦跃出席。本届博览会以“智能、绿色、环保”为主

题，设展览展示、贸易洽谈、会议论坛三大板块，设标准展位3071个、展览面积6万平方米。展会共设八大展区：人工智能产品，工业自动化及机器人，数控机床与金属加工设备，通用机械及零部件，太阳能应用产品及电力电工，节能环保，包装、印刷及塑料机械，仓储物流设备。其间举办2017中国智能智造人才高峰论坛、中德合作对话交流活动、创意义乌智能生活设计展暨浙江智造精品展、装博会系列采购洽谈会等配套经贸文化活动，举行"央企采购洽谈会""境外专场采购商洽谈会""行业龙头企业采购对接会"等11场活动。组织各类采购团135个，现场达成各类意向协议和订单286份。着力打造国内外有知名影响的装备、智能制造展示、交流、合作平台，推进展、会、贸、产、学、研等联动发展，抢占产业发展制高点，形成浙江省转型发展新动能。来自全国18个省(市、区)及美国、德国、日本、韩国等11个国家和地区的848家企业参展、49393人次观众参会，其中企业等专业采购商28912名，境外专业采购商1377名，分别比上届增长10.5%和28.1%。

【第四届世界互联网大会】 12月3日至5日在浙江乌镇举行。中共中央总书记习近平发来贺信，中共中央政治局常委、中央书记处书记王沪宁出席大会作主旨演讲，并视察"互联网之光"博览会。来自80多个国家和地区的政府代表、国际组织负责人、互联网企业领军人物、互联网名人、专家学者等1500余位嘉宾集聚乌镇，共商互联网发展之道。大会围绕"发展数字经济　促进开放共享——携手共建网络空间命运共同体"主题，举办20场分论坛、发布18项世界互联网领先科技成果，411家中外知名企业参展"互联网之光"博览会、参观观众约5万人，117家企业发布展示新技术新产品。全球229家中外主流媒体、880多名记者注册参会，美国《纽约时报》、CNN、《华尔街日报》，英国广播公司、路透社和法国的法新社等多家知名境外媒体参与现场报道，刊播大量新闻稿件。

3日，第四届"世界互联网领先科技成果发布活动"在乌镇互联网国际会展中心举行。由中国工程院院士、中国互联网协会理事长邬贺铨主持，1000多位嘉宾到场。共发布18项具有代表性的领先科技成果，这18项科技成果从来自中国、美国、英国、德国、法国、瑞典、爱尔兰、芬兰、韩国等国家的近千项互联网领域领先科技成果中遴选，涵盖5G通信、量子计算、大数据、云计算、人工智能、"互联网+"等领域，涉及互联网的基础理论、技术、产品、商业模式最新研究成果。

【"全球数字经济：深化合作　增强互惠"论坛】 12月4日在乌镇召开。由浙江省人民政府、世界知识产权组织主办，省经信委承办。浙江省省长袁家军、国家网信办主任徐麟、世界知识产权组织副总干事王彬颖等出席论坛并作主旨演讲，浙江省副省长高兴夫和IDG资本全球(美国国际数据集团)董事长熊晓鸽分别主持论坛演讲和开放对话环节。袁家军指出，数字经济已成为全球经济新引擎和中国发展新动能，浙江要以数字经济引领带动创新发展、实体经济振兴和社会全面进步，要以党的十九大精神为指引，高水平创建浙江大湾区、高效率构建现代产业体系、高质量增进人民的获得感幸福感安全感、高起点打造社会治理体系、高标准推进政府数字化转型，努力开创数字经济发展新局面。来自中国、美国、德国、印度、泰国、格鲁吉亚、利比里亚等10多个国家的政府部门、科研机构和企业代表1200余人参加论坛，共同分享各国数字经济发展的新实践，分析数字经济发展的新趋势，探讨提升国际合作水平的新思路。大会首次发布蓝皮书《世界互联网发展报告2017》和《中国互联网发展报告2017》，客观全面呈现世界和中国互联网发展现状与未来态势，为全球互联网治理贡献了中国智慧。

【"双创热土"项目对接】 12月4日至5日在乌镇举行。其间共举办13场次活动，1200个项目、

100余家资本机构、50余个产业园区3000余人参与对接。华为、用友、华讯方舟等企业的一批重大互联网项目成功签约，总价值超过130亿元。国内外知名企业家发表主旨演讲，宁波、嘉兴、金华、桐乡等地进行各自互联网产业招商引资展示。“乌镇咖会”让互联网大咖、资本合伙人和地方政府进行充分深入交流，通过思维碰撞产生合作意向。专题对接会涵盖了大数据、人工智能、移动互联网、极客、区块链等互联网发展重点和前沿领域，其中互联网+实体经济、军民融合项目对接会促进了互联网不断向制造业渗透，有一大批与企业上云、军民融合项目在对接会上签约落地。

“双创热土”项目对接活动借助世界互联网大会平台，进一步促进了互联网与实体经济深度融合，加速人才、技术、资本、政策等资源合作对接，助力浙江省软件和信息服务业高速发展。

【省经信委组团访问捷克和波兰】

12月5日至12日，省经信委副主任徐焕明率代表团一行访问捷克和波兰，就机械、纺织、食品加工制造等传统制造业领域改造提升开展交流洽谈。代表团访问捷克诺雅克欧洲公司，交流浙江省电气制造业转型升级及浙企“走出去”进行海外并购、培育国际品牌和拓展国际市场情况。走访万丰(捷克)飞机工业有限公司，洽谈推动捷克与浙江在通用航空领域深化合作。调研捷克斯柯达公司生产车间，交流汽车制造质量控制和市场拓展，探讨捷克与浙江汽车制造业合作事宜。走访皮尔森啤酒厂、捷克百威啤酒厂区及皮尔森啤酒博物馆，了解捷克啤酒酿造业发展情况。走访欧洲最大的纺织品制造商和分销商之一的波兰P.P.H.LEGS公司。拜访皮尔森州政府有关部门负责人，交流区域经济政策、发展规划、产业绿色发展和创新发展等，商讨传统制造业改造提升、绿色制造等领域深化合作事宜。

（李　菁　姜晓慧）

表2　2017年省经信委接待的其他来访团组情况

日期	来访人员	来访内容
4月26日	以色列驻沪总领事馆经济商务处领事雷爱娜一行	探讨在生命科学产业、电信通信软件产业、智能制造、清洁能源等领域合作空间
6月27日	加拿大移动通信运营商贝尔移动物联网业务总监彼得·威尔科克斯一行	协助联系海康威视和宇视两家视频监控企业，促进双方在物联领域的合作
8月7日	美国密歇根州州长里克·斯奈德一行	省委副书记、省长袁家军会见，双方商谈进一步拓展合作领域，提升合作层次。省经信委副主任岳阳参加会见
9月21日	美国福特汽车执行副总裁兼全球市场总裁吉姆·法利一行	省委常委、常务副省长冯飞会见，双方就浙江汽车产业发展、加强在电动车生产、智能移动技术等领域深层次合作进行洽谈，省经信委副主任岳阳参加会见
10月24日	比利时西弗兰德省代表团	浙江省·西弗兰德省合作促进委员会第五次会议在杭召开。讨论通过未来两年浙江与比利时西弗兰德省在经贸、医疗、教育、环保、创新等领域的合作规划。浙江省副省长成岳冲和比利时西弗兰德省副省长让·德贝通签署备忘录。省经信委副主任岳阳参会
10月30日	香港贸易发展局杭州代表处一行	推进浙—港合作，就国际网络、人才、金融等方面进行交流对接，并商谈2018年浙—港合作周有关内容

省教育厅

【概况】 2017年，省教育厅接待国(境)外来访团组25批310人次。完成因公出国(境)团组63批548人次。对出国培训(研修)团继续实行“日报”制度。

全年在浙江省高校就读的外国留学生达34550人，其中学历生17389人，留学生总数和学历生数分别比上年增长13.4%和19.1%，外国留学生占浙江省普通高校全日制在校生总数的3.2%。结合教育部42号令精神，出台《浙江省高校招收和培养国际学生指导意见》。全年新审批专科层次中外合作办学项目6个，完成26个专科层次和普通高中中外合作办学项目的延期审批。组织9个本科及以上层次中外合作办学项目参加教育部中外合作办学质量评估。首次开展专科及以下中外合作办学项目年报工作。宁波大学昂热大学联合学院(非独立法人中外合作办学机构)正式获教育部批准。经教育部批复同意，宁波诺丁汉大学每年扩招150名博士生。由浙江机电职业技术学院编撰的《材料力学》《液压传动》两本本土化双语教材出版发行。

开展浙江省高校“走出去”办学情况调查摸底，组织省高职院校专题研究境外办学工作。4月，浙江经济职业技术学院依托联合国教科文组织在柬埔寨设立的国际职业教育中心揭牌运行。11月，浙江旅游职业学院与俄罗斯国立旅游与服务大学在俄罗斯合作设立中俄旅游学院。在国家留学基金委支持下，首次设立“浙江省中小学名校长赴新加坡研修项目”，组织2批69名中小学校长以国家公派形式出国研修3个月。全年国家公派访问学者录取123人，“建设高水平大学研究生项目”录取48人，省部合作项目——“浙江省高校优秀中青年骨干教师出国研修项目”录取202人，“浙江省优秀本科生出国交流学习项目”录取194人。完成中外合作办学及外籍人员子女学校3项行政许可“最多跑一次”服务指南及相关流程图的制作。实现高等专科及以下中外合作办学机构和项目、中等学历教育等中外合作办学机构和项目的在线申报和“最多跑一次”目标。

【外籍专家送教到武义】 1月6日至7日，省教育厅组织来自浙江外国语学院及杭州外国语学校的4名外籍教师前往武义县开展送教活动。外教们为武义县实验小学、实验中学4个班学生上了口语示范课，还分头对武义县200名中小学英语教师进行英语教学培训。浙江省教育国际交流协会向武义县桃溪中学捐赠多媒体设备。

【美国兰德公司亚太政策中心主任访问省教育厅】 3月23日，副厅长丁天乐会见美国兰德公司亚太政策中心主任拉斐奇·多萨尼一行，并简要介绍有关情况。双方就浙江省教师职业发展、教师培训、弱势群体教育等情况交换意见，并就开展有关教育研究进行商谈。

【哈萨克斯坦驻沪总领事访问省教育厅】 3月24日，厅长郭华巍会见哈萨克斯坦驻沪总领事克拉巴叶夫·佐齐汉一行。郭华巍简要介绍浙江教育情况，并与佐齐汉就开展留学生教育、合作办学、出席双方教育展等事项进行交流探讨。双方表示今后要进一步增进友谊，推动教育合作，加强信息沟通。

【浙江省10个区域和国别研究中心获教育部备案】 6月13日，

教育部国际司公布2017年度国别和区域研究中心备案名单，浙江温州大学意大利研究中心、浙江大学宁波理工学院波兰研究中心、浙江工商大学日本研究中心、浙江工业大学越南研究中心、浙江海洋大学非洲沿海国家研究中心、浙江金融职业学院捷克研究中心、浙江树人学院白俄罗斯研究中心、浙江外国语学院拉丁美洲研究所和德国研究所及浙江越秀外国语学院东北亚研究中心等9所高校的10个研究中心入选。教育部将通过课题支持备案研究中心开展基础研究和咨政工作，全面服务国家对外战略。

【公布《2016年浙江省高等教育国际化年度报告》】 6月20日，省教育厅公布《2016年浙江省高等教育国际化年度报告》。《报告》通过对各学校学生国际化、师资队伍和管理队伍国际化、课程与教学国际化、国际合作等情况分析，全面总结浙江省高校国际化办学进展情况，并指出存在问题和解决的对策。

【英国驻沪总领馆文化教育领事访问省教育厅】 6月26日，厅长郭华巍会见英国驻沪总领事馆文化教育领事马旭宁一行，简要介绍浙江和英国已开展的教育合作情况。郭华巍提出，为更好地服务"一带一路"倡议、服务浙江地方经济社会发展，今后浙江高校和英国高校、科研机构要更多着眼于科技创新方面的合作。马旭宁对此表示赞同，并介绍近两年英国驻沪总领事馆相关教育项目，提出与浙江省合作建立大学联盟、推广英国"繁荣基金"、合作开展英语项目等建议。

【国家公派留学工作座谈会】 7月4日在杭州召开。国家留学基金委秘书长刘京辉出席会议，9所高校负责人汇报了国家公派留学项目实施情况、相关政策做法、亮点工作及存在的困难和建议，4名留学回国教师代表作交流。刘京辉对浙江省国家公派留学工作表示肯定。刘京辉指出，浙江的国家公派留学工作各层级重视、措施到位，留学目的明确、效益明显，希望今后进一步聚焦"十三五"规划和中办国办《若干意见》，完善管理，使国家公派留学工作更好地服务"双一流"建设，服务浙江高等教育强省战略。

【"2017浙江—印州中小学课程平移项目"总结会】 7月20日在杭州召开。10名美国教师代表和中方项目学校负责人及有关教师代表参加项目总结会，介绍项目实施情况、交流收获和感想。

"2017浙江—印州中小学课程平移项目"由浙江省和美国印第安纳州教育厅共同主办，美国美中教育联合协会、浙江省教育厅国际交流协会承办。33名印第安纳州教师分别到浙江省7所学校，为500多名学生开展为期2周的教学。依托该项目，浙江省组织200余名教师参加培训。

【浙江省新增3个"111计划"引智基地】 7月21日，国家外国专家局、教育部公布21个"2017年度地方高校新建学科创新引智基地"名单。浙江工业大学绿色制药学科创新引智基地、浙江师范大学含氟新材料学科创新引智基地、杭州电子科技大学信息物理系统感知与控制学科创新引智基地入围。该项目2016年启动，计划从世界排名前100的著名大学及研究机构引进、汇聚1000名优秀人才，建设100个左右世界一流的学科创新基地(又称"111计划")。每个引智基地建设周期为5年，每年度支持经费不低于180万元。2016年首批入选的15所地方高校中，浙江省占4个，分别是浙江工业大学、浙江师范大学、宁波大学和温州医科大学。

【举办浙江省外国留学生第11届"梦行浙江"系列活动】 9月10日至12月9日，省教育厅会同省新闻办、省外侨办和浙江广播电视集团联合举办浙江省外国留学生第11届"梦行浙江"系列活动。活动由外国留学生"绿水青山——我在浙江的家"快拍照片征集大赛、外国留学生中华才艺展演和百名留学生赴富阳龙门古镇参观三部分组成。其中，"梦行浙江"外国留学生中华才艺展演在浙江旅游职业学院举行，来自全省24所高校

200 余名外国留学生参加。

【英国诺丁汉郡议长访问省教育厅】 9 月 22 日，厅长郭华巍会见英国诺丁汉郡议长凯瑟琳·克兹一行。郭华巍介绍浙江教育整体情况，回顾浙江省和英国及诺丁汉郡的教育交流与合作，特别对宁波诺丁汉大学这一合作成果表示肯定。郭华巍指出，今后两省郡应进一步扩大合作领域，取长补短、互学互鉴。并建议双方要促进师生的双向交流、推荐更多中小学校建立姊妹学校、积极支持双方高校的合作。凯瑟琳·克兹对此表示认同，表示将积极支持两郡省教育机构的合作，推动双方教育共同发展提高，帮助年轻人更好地实现自身价值。

【浙江省举办浙江—香港青年教师交流活动】 10 月 11 日至 14 日，香港教育局副秘书长康陈翠华率香港教育代表团一行 20 人访问浙江。在浙期间，香港教育代表团与浙江省共同举办浙江—香港青年教师交流活动。活动以 STEM 教育为主题，双方科学教师在杭州文澜中学、杭州第十三中学开展教学交流，并分别上示范课，开展评课议课、讲座、互动研讨等。两地有关姊妹学校开展了面对面交流活动。康陈翠华表示，香港方面将持续推进与浙江的教育交流与合作，特别是深层次交流合作，包括两地教师教学和学术交流、姊妹学校交流等。

【“全美模范学校中国行”代表团访问浙江】 10 月 15 日至 20 日，来自美国 10 个州的模范学校校长、学者一行 20 人访问浙江。在浙期间，代表团一行访问杭州新世纪外国语学校、杭州大关中学、杭州高新实验学校、杭州第二中学、杭州英特外国语学校，并深入课堂与师生开展交流。19 日，代表团与浙江省近 70 所初级中学校长齐聚杭州育才中学，举行“中美校长”论坛，双方围绕“如何建设一所优质学校”主题，交流心得、分享经验。省教育厅副厅长于永明出席相关活动。

【举办捷克教育展】 10 月 31 日至 11 月 2 日，由省教育厅、省商务厅共同举办的浙江(捷克)国际教育展在捷克布尔诺举行。浙江省组织 34 所高校参展。省政协副主席王建满、省教育厅厅长郭华巍、省商务厅副厅长徐高春，捷克南摩拉维亚州州长西梅克等出席开幕式。展会期间，浙江师范大学、宁波大学、浙江传媒学院、浙江旅游职业学院、杭州职业技术学院等多所高校与捷克教育机构达成合作意向。各参展高校积极宣传浙江教育，吸引众多捷克学生前来咨询，逾 150 名捷克学生与浙江省高校达成留学意向并现场签订预录取协议。

【中俄旅游学院揭牌】 11 月 2 日，中俄旅游学院揭牌仪式在莫斯科俄罗斯国立旅游与服务大学举行。俄罗斯联邦旅游署副署长科罗廖夫，中国驻俄罗斯大使馆教育处公使衔参赞于继海，浙江省教育厅厅长郭华巍出席揭牌仪式并致辞。揭牌仪式结束后，浙江旅游职业学院院长金炳雄与俄罗斯国立旅游与服务大学校长费杜林签订《深化建设中俄旅游学院协议》。这是浙江省高校在俄罗斯设立的第一个境外办学机构，由俄罗斯国立旅游与服务大学提供场地、设施等办学条件，中俄两校共同建设运作。机构面向俄罗斯高校招生，同时为俄罗斯旅游从业人员及中国文化爱好者提供汉语教学与旅游专业领域的教育、培训服务。中俄旅游学院首任院长已到任，首批招收的 20 位俄罗斯学生已开班上课。

【2018 年国家公派出国留学工作培训会】 11 月 20 日在宁波召开。省教育厅厅长郭华巍出席会议并致辞，国家留学基金委秘书长生建学作工作报告。会议对 2018 年国家公派出国留学工作进行部署，并就相关项目操作开展业务培训。浙江省教育厅作大会交流发言，全国各省教育厅、有关高校近 600 人参加会议。

【引进外教办实事】 2017 年，省教育厅把资助浙江省欠发达地区引进外籍教师列入为民办实事项目，先后有 53 名外教在 24 个县、区的 42 所学校任教。

（陈　璐）

省科技厅

【概况】 2017年，省科技厅(省知识产权局)组织23批319人次赴国(境)外进行业务考察、培训、展览。组织实施国际科技合作项目65项(省级48项、国家级17项)，引进一批技术，经过消化、吸收、再创新，形成一批自主知识产权。全年接待国(境)外专家学者、友好人士、驻华使领馆和政府官员41批333人次。举行科技论坛、研讨会、项目对接会、展览会近20场。组织全省100余名科技外事管理干部进行培训。

【第30届浙江国际科研医疗仪器设备技术交流展览会】 3月15日至18日在杭州举行。来自美国、英国、德国、法国、瑞士、瑞典、意大利、奥地利、以色列、日本、韩国和中国香港等十多个国家与地区及中国内地的460余家参展商参展，展出面积近3万平方米，设置展位720余个，分别较上届增长25%、25%和30%。展出产品超2万件，接纳专业观众超3万人。全省各市、县(区)科技部门、卫生计生部门专业代表组团参观展会，成交意向总金额11.27亿元人民币。展览会期间，同时举办2017国产医疗器械创新发展大会和医疗展30周年回顾展。

【在华泰国科学家交流合作大会】 3月21日在浙江大学举行。泰国诗琳通公主科技顾问派拉·塔查雅蓬、泰国科技部常务秘书长素莱尼特·斯儿萨姆、泰国正大管理学院国际学院院长汤之敏等近百名泰国科学家参加大会，省科技厅副厅长王坚出席大会并致辞。王坚表示，浙江与泰国具有很大的合作空间，希望以本次大会为契机，推动浙江与泰国开展更为密切、深入的科技创新与产业发展交流合作。

【2017日本栃木专家浙江行活动】 3月27日至31日先后在浙江平湖、海宁、永康等地举行。由省科技厅和日本栃木县技术士会主办，浙江省对外科学技术交流中心和当地科技局联合承办。活动举行3场主题讲座巡讲，省内200余名科技型企业代表参加。举行日本专家与15家企业代表开展交流答疑和技术探讨，并在杭州、平湖、海宁、德清、缙云和永康等地10余家企业进行现场诊断和咨询指导，对企业生产流程改造、现场管控等提出意见。本次活动采用多地巡讲+现场诊断的形式，参与面和针对性进一步提升，惠及更多浙江企业，为浙江省企业家和日本专家面对面交流行业经验、探讨技术知识提供了契机，也为推动日本先进技术项目和优秀管理经验与浙江企业对接、提升浙江企业创新与管理能力搭建平台。

【第六届中国知识产权研讨会】 3月31日在杭州举行。会议以“中国知识产权制度的最新发展和全球趋势”为重点展开讨论与研究。国家知识产权局副局长贺化、浙江省副省长成岳冲、浙江省知识产权局局长周国辉、中华全国专利代理人协会会长杨梧、国际知识产权律师联合会会长道格拉斯·迪斯等出席开幕式。成岳冲在开幕式上致辞；在随后举行的“实施创新驱动发展战略建设知识产权强国”论坛上，贺化作主题发言；周国辉在论坛上作主旨演讲。

【浙江—意大利水土污染防治技术专场对接会】 5月3日在杭州举行。由省科技厅主办、省对外科技交流中心承办。来自意大利环保领域的5家企业携水土防治、水质监测、水底清淤、土壤修复等先进技术，与浙江省内23家企业45名代表展开对接。省科技厅国际合作处负责人出席会议。对接会旨在进一步加强浙江与意大利就水土污染防治开展技术交流和创新，提升浙江省环境保护产业科技水平。

【二十国集团智库会议创新研讨会(T20)】 5月6日在杭州举行。开幕式上，全国政协副主席、科技部部长万钢发来贺信。浙江省科技厅厅长、省知识产权局局长周国辉，墨西哥总统科技创新首席顾问埃利亚斯·米查，埃及高教科研部副部长埃萨姆·哈米斯，2017年T20峰会主席代表、基尔世界经济研究所原副所长罗尔福·朗海曼尔，联合国助理秘书长、联合国大学常务副校长冲大干等出席开幕式并致辞。本次研讨会旨在落实《2016年二十国集团创新行动计划》和G20科技创新部长级会议声明精神，为5月德国柏林T20峰会及G20创新议题提供创新建议，讨论形成《2017年T20科技创新研讨会成果文件》。来自德国、土耳其、日本、印度、阿根廷、墨西哥、埃及、泰国及联合国、欧盟等国家和国际组织100余名专家学者，就G20各方共同关注的议题集思广益，深入展开讨论，以实现为G20提供更多创新政策储备目标。

【2017中日大学展暨浙江专场技术对接会】 5月15日在杭州举行。由省科技厅和日本科学技术振兴机构共同主办，旨在进一步促进浙江省与日本各大学、科研机构、科技型企业的交流与合作，推动日本优质创新成果在浙江转移、转化，加快浙江企业转型升级和产业结构调整。开幕式上，省委常委、常务副省长冯飞发来贺信，日本科学技术振兴机构中国综合研究交流中心主任有马朗人致辞。省科技厅厅长周国辉、省经信委副主任凌云，日本中小企业基盘装备机构渡部寿彦、北九州产业学术推进机构理事长松勇守央等出席会议。日本技术说明会和技术展示对接会同步开场。日本方面有14家高校和科研机构发布节能环保、生命科学、新材料、能源通信领域的15项科研技术成果，浙江省内外100余名代表按需参加技术说明会，并到技术展示对接区与33家日方机构出展代表进行一对一洽谈，达成对接合作意向近50个。

【第五届金砖国家科技创新部长级会议】 7月18日在杭州举行。会议以“创新引领，深化合作”为主题。中国科技部部长万钢、副部长黄卫，南非科技部部长纳莱蒂·潘多尔，巴西科技创新与通信部副部长阿尔瓦罗·普拉塔，俄罗斯教科部副部长特鲁布尼科夫·格里戈里，印度国家先进研究院院长拜德威·拉杰出席会议。万钢讲话表示，在新一轮产业革命浪潮中，杭州的创新创业不仅走在中国前列，更为世界所认可，发挥了巨大的示范作用。特别是以阿里系、浙大系、浙商系、海归系为代表的创业“新四军”，涌现出阿里巴巴、海康威视等一批极具活力的高新技术企业，希望杭州以此次会议为契机，为全球的创新创业作出更大贡献。会议就科技创新政策交流、专题领域合作、联合资助多边研发项目、青年创新创业、青年科学家交流、科技园区合作等达成多项重要成果，发布《杭州宣言》《金砖国家创新合作行动计划》和《金砖国家2017—2018年科技创新工作计划》。

【以色列驻沪总领事访问省科技厅】 8月16日，厅长周国辉会见以色列驻沪总领事普若璞一行。周国辉简要介绍浙江省经济社会科技发展情况，回顾近年来浙江与以色列在科技领域合作的成果。他表示，浙江与以色列的经济合作、文化交流、科技合作有着良好的基础，浙以之间的合作还有很大的拓展提升空间。近年来，浙以双方交流频繁，不论是团组交流互访、企业间对接洽谈，还是政府搭台建立的交流平台，都彰显了浙以双方交流合作的广阔前景。双方一致同意将继续认真落实《浙江省人民政府与以色列国政府关于科技与产业合作备忘录》，进一步加大合作范围和力度以更加适应双方产业和企业的需求，搭建更大的交流平台以促进双方深入对接合作，并在深化项目联合资助机制基础上，进一步扩大浙以产业联合研发计划的影响力。

【2017浙江—韩国京畿道专场技术对接活动】 9月19日在杭州举行。由浙江省科技厅和韩国京畿道厅主办、浙江省对外科技交流中心和韩国ZetaplanF & Invest承办。根据韩方6家机构在光电新材料、大气监测和医疗美容等领域的技术项目，省科技厅及对外科技交流中心在活动前期与省内对口企业进行了沟通和预对接，最终组织了20家企业和科技管理部门25名代表参加活动。对接会上，韩方企业从技术性能、适用对象和经济效益等方面进行项目推介，双方代表围绕技术合作、市场推广、投资投产等事项进行深入洽谈，现场达成初步合作意向8项。

【2017浙江—加拿大艾伯塔专场技术对接活动】 9月20日在杭州举行。由浙江省科技厅和加拿大艾伯塔省经济发展和贸易部主办、浙江省对外科技交流中心承办。来自加拿大艾伯塔省的信息通信、智慧物联、医疗健康等领域9家企业参会与省内38家企业、科研机构和科技管理部门的56名代表开展对接。通过项目展示和推介、现场一对一洽谈，双方达成初步合作意向10余项。

【浙江科技代表团访问香港】 9月24日至28日，省科技厅厅长周国辉率浙江科技代表团访问香港。在港期间，代表团参加"香江创科论坛2017"活动，周国辉作题为"创新引领　互利共赢，携手续写浙港科技合作新篇章"的主题演讲。拜访中央政府驻香港联络办教育科技部、香港特区政府创新及科技局，访问香港大学、香港城市大学、香港科技大学、香港理工大学、香港公开大学和香港中文大学。代表团与港方就加快推进香港大学浙江研究院建设发展、深化两地高校院所科研合作、人才引进交流与技术成果转移转化等开展对接与交流。

【2017欧洲科研创新中国行浙江站活动宣讲会】 11月1日在杭州电子科技大学举行。省科技厅副厅长王坚、杭州电子科技大学校长朱泽飞及欧盟驻华代表团科技参赞薄思睿，法国、德国、奥地利、荷兰等国驻华大使馆科技官员出席活动。薄思睿介绍此次欧洲创新中国行的概况，奥地利驻华大使馆科技官员马克斯·普菲勒、意大利驻沪总领事馆科技随员罗伯托·帕加尼、荷兰驻华大使馆科技参赞巴特·范·希泽维克、西班牙工业技术发展中心驻中国代表卡洛斯·昆塔纳等分别宣讲各自国家在鼓励科研创新方面的最新政策和资助计划。

【第23次中韩、第24次中日知识产权局长会议】 11月15日至18日在杭州分别举行。国家知识产权局局长申长雨与韩国特许厅厅长成允模、日本特许厅长官宗像直子分别参加会议。此次中韩、中日知识产权局长会议由国家知识产权局和浙江省人民政府主办，浙江省知识产权局承办。在中韩知识产权局长会议上，双方就政策制定、互派联络员、专利审查、自动化、外观设计、专利复审、人员培训等合作开展交流，并签署《第23次中韩两局局长会议会谈纪要》和《中韩联合检索试点(CSP)项目谅解备忘录》。在中日知识产权局长会议上，双方代表就知识产权制度建设、审查员互派、专利审查、专利分类、外观设计、自动化、专利复审、人才培养等合作进行交流，并签署《第24次中日两局局长会议会谈纪要》。

【"科技外交官浙江行"活动】 11月22日至23日在浙江湖州举行。中国驻以色列、日本、意大利、纽约、波兰、休斯顿、爱尔兰、挪威等国家和地区的8位科技外交官参加活动。科技外交官们分别介绍驻在国(地)的科技和产业政策、合作渠道及前景，解读国家科技合作战略、可支持地方开展对接合作的资源。"科技外交官服务行动"作为科技部创办的深具影响力的品牌活动，对推动企业创新和地方经济、科技发展发挥了重要作用。

【第九届“海外学子浙江行”活动】 12月18日在杭州启动。由省委组织部、省科技厅和浙江清华长三角研究院共同发起。副省长高兴夫，清华大学校务委员会副主任韩景阳，省科技厅厅长周国辉，省人社厅副厅长陈中，浙江清华长三角研究院院长王涛等出席启动仪式。100余名海外学子及200多名政府相关服务机构、孵化平台、重点企业、风投机构等代表参会。在项目对接会现场，来自美国、英国、德国、澳大利亚、加拿大、日本等海外学子，带来百余项高科技项目和创业计划。项目领域涵盖新一代电子信息、医疗健康、节能环保、先进制造、新材料等战略性新兴产业，受到浙江企业、投资机构、孵化平台等代表关注。

（张宇环）

省高级人民法院

【概况】 2017年,省高级人民法院组织全省法院系统出访团组5批28人次,参加双跨团组出访7批10人次,分别赴英国、葡萄牙、巴西、阿根廷、德国、美国、加拿大等国家与地区进行专题交流、培训。全年接待来自德国、韩国、新加坡等国家和地区来访团组3批18人次。

【迪拜金融中心法院代表团访问省高级人民法院】 3月22日,迪拜金融中心法院院长马克·比尔一行访问省高级人民法院。院长陈国猛会见马克·比尔一行,双方就涉外案件审理、法院信息化建设及应用进行交流。副院长朱深远参加会见与交流。

【德国黑森州法官代表团访问省高级人民法院】 4月17日至21日,德国黑森州法兰克福法院院长威廉·沃尔夫率德国黑森州法官代表团一行9人访问省高级人民法院。院长陈国猛会见代表团一行。访浙期间,代表团与杭州中院、嘉兴中院、西湖区法院法官进行座谈交流,参观省高级人民法院集控中心、法庭和杭州中级人民法院诉讼服务中心,并在嘉兴中级人民法院观摩刑事案件庭审、在杭州西湖区法院诉调对接中心观摩人民调解员远程调解,参访桐乡乌镇法庭信息化建设。

【浙江法官代表团赴英国和葡萄牙交流】 6月4日至11日,省高级人民法院副院长高杰率浙江法官代表团一行6人赴英国和葡萄牙,进行“行政协议的司法审查”专题交流。在英国和葡萄牙期间,代表团访问英国高威肯地方法院、英格兰及威尔斯上诉法院和英格兰及威尔斯高等法院与葡萄牙最高行政法院等,并旁听了两个案件的庭审。

【浙江法官代表团赴阿根廷和巴西交流】 6月18日至26日,省高级人民法院副院长何监伟率浙江法官代表团赴阿根廷和巴西,进行“多元化纠纷解决机制改革、刑事和解制度研究”专题交流。在阿根廷和巴西期间,代表团访问阿根廷布宜诺斯艾利斯司法委员会,巴西伊瓜苏联邦法院刑事法庭、圣保罗市的达博澳赛哈法院、里约热内卢高等法院,分别就多元化纠纷解决机制、刑事和解制度及司法改革相关问题与法律界同行进行深入交流。

【浙江法官代表团赴阿联酋交流】 9月24日至28日,省高级人民法院组成以嘉兴市中级人民法院院长许惠春为团长的法官代表团一行5人赴阿联酋,进行以“中东地区商贸投资法律制度和司法保护相关问题”为主题的司法专题交流。在阿联酋期间,代表团访问阿布扎比法院、阿布扎比司法局、迪拜国际金融中心法院、迪拜地方法院等,重点围绕阿联酋司法体系及法制现代化、信息化建设、商贸投资法律制度、涉外法律适用的冲突和查明、多元化纠纷解决机制、迪拜国际金融中心法院建设情况等进行深入交流。

【浙江法官代表团赴新西兰和澳大利亚交流】 10月10日至17日,省高级人民法院党组副书记、副院长朱深远率浙江法官代表团一行6人赴新西兰和澳大利亚,进行“法官职业操守和司法责任制”主题交流。在新西兰和澳大利亚期间,代表团访问新西兰奥克兰高等法院、怀塔克雷地方法院和澳大利亚新南威尔士州地方法院、布里斯班治安法院及澳大利亚邦德大学等，通过参观、座谈和旁听庭审等，就新西兰和澳大利亚的司法制度、法官管理和惩戒制度、律师执业制度、法律教育制度等进行深入交流。

【浙江法官代表团赴俄罗斯和芬兰交流】 11月23日至30日，以宁波海事法院党组书记、院长陈惠明为团长的浙江法官代表团一行6人赴俄罗斯和芬兰，进行"国际多式联运法律问题研究"主题司法专题交流。

【浙江法官代表团赴美国交流】 12月11日至15日，省高级人民法院司法警察总队总队长率浙江法官代表团一行5人赴美国，进行"法院安保体系的架构与运行"主题交流。在美国期间，代表团访问加利福尼亚州洛杉矶高等法院、洛杉矶县警察局和马里兰州蒙哥马利郡第六巡回法院、蒙哥马利郡警察局等，通过参观、座谈和旁听庭审等，双方就美国的司法制度、法院安保体系、法官履职保障等进行交流。

【第六届"中韩司法研讨会"】 12月12日在杭州互联网法院举行。韩国大法院司法信息技术局局长郑载宪率代表团参加研讨会。会议分两个专题，分别由省高级人民法院副院长朱新力和郑载宪主持。韩国大法院司法信息技术的代表与中国最高人民法院、浙江省高级人民法院、安徽省高级人民法院、杭州互联网法院等代表，就"司法公开"进行交流与探讨。

【新加坡驻沪总领馆领事访问省高级人民法院】 12月14日，新加坡驻沪总领事馆行政与领事处领事陈基础一行3人访问省高级人民法院，双方就浙江司法概况及新加坡籍人员在浙权益保护进行了交流。

（徐亦男）

省公安厅

【概况】 2017年，省公安厅接待国(境)外来访团组10批30余人次。全年派遣26批42人次出国(境)访问、考察、培训，实现出访计划内人次“零增长”。

【国际刑警组织第193次执委会议】 4月26日至28日在杭州召开，这是国际刑警组织100多年历史上第一次在法国以外地区召开执委会。国际刑警组织秘书长于尔根·斯托克等出席会议。

26日，省委书记车俊会见与会执委。车俊说，浙江在全国最早提出平安建设，被认为是最具安全感的省份之一，这其中公安系统作出了很大贡献。长期来，浙江公安机关在公安部的积极推动下，与国际刑警组织在共同应对各类突出犯罪问题，在反恐、禁毒、打击跨国有组织犯罪等领域取得了丰硕成果。浙江将以国际刑警组织第193次执委会议在杭州召开为契机，积极扩大与世界各国的往来，全面加强安全领域的合作，通过共同努力，让浙江更安全、中国更安全、世界更安全。省委常委、秘书长陈金彪，省委常委、公安厅长徐加爱和副厅长毛善恩参加会见。

在浙期间，代表团一行前往杭州市公安局参观考察。

【中国警察刑事执法论坛暨警察院校实战化教学国际研讨会】 6月3日至5日在浙江警察学院举行。由中国警察法学研究会主办，中国警察法学研究会警察刑事执法专业委员会(筹)和浙江警察学院联合承办。国内有关省市公安机关、各公安院校和美国、加拿大、英国等国家的百余名专家、学者参加会议。与会专家、学者围绕“加强公安机关刑事执法规范化建设及推进实战化教学和深化公安院校招录机制改革”主题进行深入研讨。

【省公安厅代表团访问俄罗斯和英国】 6月22日至28日，厅党委委员、副厅长石小忠率代表团一行访问英国和俄罗斯。在俄罗斯，代表团拜会中国驻俄罗斯大使馆，与圣彼得堡市警察局会谈，就网络安全防范机制建设模式和打击网络犯罪方式开展调研，与在俄侨团代表就公民海外保护工作进行座谈。在英国，代表团拜会中国驻英国大使馆，与浙江籍伦敦侨团代表就公民海外保护工作进行座谈，并访问英国国际警察协会。厅技术侦察总队、网安总队、温州市公安局、绍兴市公安局负责人随同访问。

【2017年“警察与科学”国际讲坛】 6月27日至28日在浙江警察学院举行。由公安部国际合作局、浙江省公安厅主办，浙江警察学院承办。省公安厅党委专职副书记华乃强出席开幕式并致辞，国内外15名专家、学者作主旨发言，来自全国各地公安机关、公安院校、科研机构、企业的100余名代表参加讲坛。与会代表围绕“大数据时代下的智慧警务和犯罪预防”主题，就犯罪数据分析、智慧城市、互联网＋警务、大数据时代下的公共安全等进行交流研讨。

【省公安厅代表团访问香港和澳门】 8月14日至19日，省委常委、政法委书记、公安厅长徐加爱率代表团一行访问香港和澳门。在香港，徐加爱一行会见中联办副主任杨建平，参观访问香港警务处行动部、入境处总部及廉署执行处并与相关负责人进行座谈交流，与香港浙联会就香港社团参与香港重大活动情况进行交流。在澳门，徐加爱一行参观访问澳门警察总局民防行动中心、治安警察局特警队，并与保安司、警察总局、司法警察局、治安警察局等负责人进行座谈。厅经侦总队、治安总队、出入境管理局、人训处负责人随同访问。

【省公安厅代表团出席维和警队授勋仪式】 11月28日至12月2日，厅党委委员、副厅长王建率代表团一行访问南苏丹，出席中国第六支赴南苏丹维和警队联合国“和平勋章”授勋仪式并视察首都朱巴3号难民营。中国驻南苏丹大使何向东，联南苏团维和警察代理警察总监查尔斯·卡通奇、警察参谋长伊丽莎白·西琳济等出席授勋仪式。厅政治部宣传处、办公室(国际合作处)、嘉兴市公安局政治部相关负责人随同出席授勋仪式和视察活动。

中国第六支赴南苏丹维和警队共7人，由公安部选派，浙江省单独组建。自2017年2月起，分别在南苏丹首都朱巴和瓦乌地区执行维和任务。

【越南公安部政治总局党建代表团访问省公安厅】 12月19日至20日，阮春十中将率越南公安部政治总局党建代表团一行6人，在公安部直属机关党委副书记兼机关纪委书记董振宇等陪同下访问省公安厅。厅副巡视员何建军会见代表团一行，厅直属机关党委、国际合作处负责人参加会见。访问期间，代表团一行与省公安厅交流公安党建工作，参观考察厅高速总队杭州支队五大队党支部。

【对外援助培训项目】 2017年，省公安厅举办来自48个国家(地区)的援外(外警)培训17批362人次，举办香港中联办香港纪律部队国情培训4批135人次。举办首期警务联络官后备人员综合业务培训班，31名警务联络官预备人选及17名现任驻外警务联络官副官参加培训。

【对外友好合作交流】 2017年，浙江警察学院与保加利亚索菲亚大学、加拿大皇家山大学和西班牙国家警察学院建立友好合作交流关系。与澳大利亚昆士兰科技大学续约，继续开展两校友好合作交流，在学术科研、教师互派、学生交流和联合培养人才等方面开展交流合作。

【引智工作】 2017年，经国家外国专家局审核，浙江警察学院2个项目获批公安部引进国外人才项目、3个项目获批校级引进国外人才项目。全年引进国(境)外专家到浙江警察学院讲学交流17批50人次。主题涉及法律语言、刑事法律、刑事司法、法医学、犯罪学、反恐、警察执法武力使用和警务执法合作等。

(赵　菁)

省人力社保厅

【概况】 2017年,全省共引进国(境)外各类专家5.1万人次,其中高层次专家约1.2万人次。14名外国专家入选国家"千人计划"外专项目,首次有2名专家入选短期项目。2017年入选国家"千人计划"外专项目人数为历年最多,并连续4年居全国第一;39名外国专家入选省"千人计划"。国际交往与合作空间进一步拓展,全年接待来访的美国国家工程院院长、白俄罗斯国家科委第一副主席、白俄罗斯国立大学校长、欧洲设计学院米兰学院院长和乌克兰、白俄罗斯、南非国家科学院院士等一批重要来宾及机构人员。

【2017浙江—香港现代服务业高端人才招聘会】 3月18日在香港举办。全省教育、金融、信息技术、贸易、生产制造等16个行业的80家知名企事业单位推出岗位1100余个。招聘会吸引4300余名高端人才前来应聘,达成初步意向900余人。

【组团参加中国国际人才交流大会】 4月15日至16日,省人力社保厅组团赴深圳参加第15届中国国际人才交流大会,全省各相关市、县(市、区)人力社保部门、省直有关单位及企业等200余人参会。浙江省以"融全球人才智力,促浙江创新发展"为主题,围绕20年来浙江引智工作呈现的三大变化,图文并茂展示浙江省引进国外智力工作成果。会议期间,浙江团组参加外籍人才招聘会、全球才智论坛、亚太人力资源开发与服务博览会、"千人计划"外专项目专家座谈会、智慧城市国际论坛等专项会议,开展人才项目对接交流洽谈,与一批外国专家组织和人才机构建立合作关系,并达成一批合作意向。

【颁发首批新版外国人工作许可证】 4月21日,浙江省外国专家局为2位外国人才颁发首批新版《中华人民共和国外国人工作许可证》。新版外国人工作许可证集成外国人的姓名、性别、国籍、发证日期和发证机关等基本信息,标记分类管理类别及该外国人在华工作终身不变的"工作许可编号"。同时,可通过手机扫描证件正面右下角的二维码,获取外国人的工作单位、护照号等更为详细的信息。

【举办海外高层次人才项目对接活动】 5月中旬至6月初,2017浙江海外高层次人才项目对接活动分别在英国、德国、俄罗斯、丹麦、加拿大、美国、日本举行,由省委组织部、省人力社保厅、省外侨办联合主办。活动期间,共接洽海外高层次人才近3000人,达成初步合作意向1100余人及130项人才合作项目。

【高端外国专家组成"治水顾问团"赴绍兴、湖州等开展技术咨询指导】 5月22日至26日,浙江省外国专家局特邀加拿大水科技交流中心董事会主席、渥太华大学土木工程终身教授罗纳德·德罗斯提,加拿大工程院院士加尼·瑞泽普教授,英国皇家化学学会院士拉凯西瓦·班迪车教授等来自5个国家的8位国际高端治水专家组成顾问团,分赴绍兴、湖州等地开展水治理技术咨询指导。

【第19届"浙洽会"海外高层次人才智力合作洽谈会】 6月9日在宁波举行。来自美国、德国、日本、俄罗斯及东欧19个国家和地区的45家机构92位代表参加，其中外国专家组织和国际人才中介机构24家，美国、日本、英国、澳大利亚等国留学人员团体8家，中国杭州国际人力资源产业园入驻企业13家。活动期间共推出人才技术供给项目633个，其中各类国际高端人才智力项目527个、技术项目106个，主要涉及节能环保、新能源化工、高端装备制造、新材料、生物制药等。宁波主场活动当场达成合作意向371项。会后，参会外国专家组织、国际人才中介机构分赴湖州、德清和新昌开展系列对接洽谈活动。

【承办2017年度高端外国专家休假活动】 10月29日至11月4日，由国家外国专家局举办的2017年度高端外国专家休假活动在浙江举行。国家外国专家局副局长尹成基率来自12个国家的28名中国政府友谊奖获奖专家、“外专千人计划”入选专家及家属参加此次活动。10月30日，副省长熊建平在杭州宴请尹成基率领的外国专家一行并致辞。

【国家“千人计划”外国专家浙江行活动】 11月3日至8日举行，来自10个国家的14名国家“千人计划”外国专家及夫人参加。在浙期间，省外国专家局和绍兴市柯桥区、德清县、杭州市及滨江区政府与有关部门安排专家们先后考察了解浙江(绍兴)“千人计划”产业园创新创业环境和人才政策，见证浙江(绍兴)外国高端人才创新集聚区开园暨揭牌仪式并参观园区，参观德清地理信息小镇，参加杭州创新与未来产业杭州论坛及杭州国际人才交流和项目合作大会开幕式，考察滨江区海外高层次人才创新创业基地，并出席海创基地创业就业环境推介会。

(王　锟)

省国土资源厅

【概况】 2017年，省国土资源厅组织因公出国(境)团组6批42人次。接待澳大利亚联邦政府奖学金项目回访人员1批1人次。

【省国土资源代表团访问斯里兰卡和印度】 4月18日至25日，省国土资源厅厅长陈铁雄率代表团一行6人访问斯里兰卡和印度。在斯里兰卡，斯里兰卡旅游发展宗教事务与国土部部长约翰·阿玛拉托加会见代表团一行，介绍斯里兰卡投资环境及招商引资等有关土地管理政策。双方就山地资源综合利用、生态旅游发展模式等进行交流探讨。代表团还参观科伦坡港口城市建设项目，了解斯里兰卡工程投资领域的土地开发与环境保护政策，及当地"坡地村镇"建设过程中生态环境重建与历史文化遗产保护的实践经验。在印度，马哈拉施特拉邦规划发展部首席规划师卡姆拉卡会见代表团一行，介绍马哈拉施特拉邦城镇和土地利用开发控制规划，及投资所能享有的若干优势。双方就共同关注的软件技术园建设、土地开发许可、土地管理体制等进行探讨交流。代表团还考察了孟买城市规划建设情况。

【随省委组织部团组赴法国专题培训】 8月28日至9月30日，省国土资源厅执法监察局局长潘俊国随省委组织部团组赴法国，参加"特色小镇与产业平台建设"专题研究班。在法国期间，潘俊国还随团参观吉维尼、阿维尼翁、格拉斯、尼姆等特色小镇。

【随省公务员局团组赴英国专题培训】 9月10日至30日，省国土资源厅耕地保护处工作人员随省公务员局团组赴英国，参加"特色小镇规划建设"培训班。

【省国土资源代表团访问巴西和智利】 10月29日至11月6日，省国土资源厅副厅长夏晓鸿率代表团一行6人访问巴西和智利。访问期间，代表团学习两国在土地、矿产资源开发利用方面的法律法规和有关规定，了解两国矿产资源开发建设方面吸引和利用外资有关政策。通过介绍宣传中国经济社会发展和国土资源管理基本制度，增进与两国国土资源管理部门相互了解和友谊。拜会巴西圣贡萨洛市政府，智利康塞普西翁市政府、圣地亚哥国土资源厅、智利华商联合总会等，与上述部门、商会进行广泛接触与交流。

【省国土资源代表团访问以色列和南非】 12月3日至10日，省国土资源厅副厅长张金根率代表团一行6人访问以色列和南非。在以色列，代表团拜访卡梅尔市政府，向该市政府赠送《习近平谈治国理政》(第一卷和第二卷)一书。与该市水资源系统管理部门高级工程师戴维进行会谈，戴维介绍以色列海水淡化、污水处理、现代农业滴灌技术、土壤质量检测、土壤质量修复情况。代表团还参观海法市港口、科创园建设、"基布茨"传统农业综合示范园等，了解学习当地"坡地村镇"建设过程中生态环境与历史文化遗产保护的经验。在南非，国大党西开普敦省第一书记古佐会见代表团一行，介绍南非和国大党基本情况。代表团向古佐赠送《习近平谈治国理政》(第一卷和第二卷)一书。南非国会前议员、国大党新闻发言人、南非著名政治家阿里介绍南非矿产资源勘查、开发、管理等法律法规、工作制度、生态环境保护情况。代表团还参观开普敦城市规划建设、桌山自然保护区、银山矿山地质公园等。

(李　湘)

省交通运输厅

【概况】 2017年，省交通运输厅围绕综合交通、智慧交通、绿色交通、平安交通“四个交通”建设，全面推进“5411”综合交通发展战略和1210交通强省行动，构建安全、便捷、高效、绿色的现代综合交通运输体系，开展多种形式的对外合作和交流。

【随浙江省代表团出访泰国洽谈国际合作办学】 4月5日至9日，浙江交通职业技术学院党委书记王怡民一行3人随省人民政府代表团访问泰国，与泰国罗勇府达信中学举行友好学校签约仪式，并进行专项合作交流。

【省交通运输代表团访问捷克和匈牙利】 6月15日至22日，省公路管理局党委副书记洪建浦率代表团一行6人访问捷克和匈牙利，探讨公路路网建设规划、ETC应用、高速公路通行状况监测、公路智能化养护技术应用等方面的政策、规范、管理及技术，并就公路建设的生态与环境保护等进行合作洽谈。

【浙江交通职业技术学院代表团访问柬埔寨和泰国】 6月25日至7月2日，浙江交通职业技术学院院长季永青率代表团访问柬埔寨和泰国，开展境外办学及留学生招生工作洽谈。代表团与柬埔寨工业技术学院就招收留学生的具体操作达成协议，与泰国罗勇府达信中学就选派留学生、教师培训、学生赴华短期交流等达成合作协议。

【省交通运输代表团访问美国和加拿大】 8月14日至22日，省交通运输厅党组成员、人事处处长于万春率代表团一行6人访问美国和加拿大。在两国期间，代表团学习通用航空、轨道交通的发展规划，通用航空、轨道交通管理机构的设置和运作模式，轨道交通建设和运营管理。代表团还就轨道交通和航空方面急需人才培养与相关部门进行合作洽谈。

【国家物流信息平台代表团访问马来西亚】 8月23日至25日，国家物流信息平台工作人员一行2人访问马来西亚巴生港，与巴生港务局签订合作意向书(LOI)，进一步推进东北亚、东南亚及巴生港数据与平台的互联对接。

【省交通运输代表团访问美国和加拿大】 9月19日至26日，省交通运输厅总工程师李志胜率代表团一行6人访问美国和加拿大。访问期间，代表团与两国相关部门探讨在城市交通发展理念、规划、养护管理、营运安全、信息化等方面的技术问题，并就桥梁检测和监控、大数据采集等技术应用进行合作洽谈。

【省交通运输代表团访问澳大利亚和新西兰】 9月23日至30日，省道路运输管理局负责人率代表团一行6人访问澳大利亚和新西兰。访问期间，代表团与两国有关部门就道路智能运输领域发展重点和难点问题、城市交通智能感知与智能监控、智能运输在治理城市拥堵、创新客运服务模式和推进供应链、多式联运、节能减排，实现物流信息互联互享等开展交流。察看悉尼城市铁路公交与水路公交之间换乘体系、新西兰奥克兰王子码头公路水路联运运输模式和罗托鲁瓦旅游客运中心站等运作模式。

【省交通运输代表团赴德国学习培训】 10月8日至21日，省交通建设工程监督管理局教授级高级工程师陈国骏率省交通质监行业专业技术人员一行18人赴德国柏林应用科技大学开展“水运工程质量安全智能化控制技术”学习培训。

【国家物流信息平台与葡萄牙签署合作协议】 11月2日，省交通运输厅副厅长赵雁一行4人在上海参加由中国海通银行、国家开发银行、中国银行及葡萄牙AICEP(葡萄牙投资贸易促进局)承建的B2B会议，并在会上与锡尼什港APS公司签署港口物流信息互联和共享的合作备忘录。

【国际港口物流信息共享研讨会】 11月8日，国家物流信息平台在杭州举办国际港口物流信息共享研讨会，提出了国家物流信息互联共享倡议。平台与国际港口社区系统协会(IPCSA)、比利时安特卫普港、阿联酋阿布扎比港、马来西亚巴生港等国际港口及组织签订关于“一带一路”港口物流信息互联共享合作备忘录。至此，正式开启了平台与欧盟、东盟等国际港口的物流信息共享工作，建立欧亚双方研究探讨跨区域物流信息网络互联渠道，奠定平台拓展欧亚港口物流信息共享的基础。

【第22次中日韩三国技术研讨会】 11月8日至9日，国家物流信息平台在杭州召开第22次中日韩三国技术研讨会。同期召开了NEAL-NET中方理事会，完成NEAL-NET中方理事单位的调整。

【省交通运输代表团访问巴西和阿根廷】 11月29日至12月7日，省交通运输厅副厅长任忠率代表团一行5人访问巴西和阿根廷。访问期间，代表团与两国相关部门探讨国际集装箱多式联运枢纽港建设，多式联运信息与数据服务体系建设，港口物流、贸易、航运服务一体化建设等，并就宁波舟山港与巴西圣保罗桑托斯港在铁矿石等大宗商品储运交易和国际多式联运进行合作洽谈。

【浙江交通职业技术学院教授访问喀麦隆】 11月29日至12月8日，浙江交通职业技术学院教授王建林访问喀麦隆，参加由浙江交通职业技术学院与浙江交工集团股份有限公司共同开展在非洲地区的工程建设“属地化”人才培养学校“鲁班学校”挂牌成立仪式，并开展教学与培训。

【省交通运输代表团访问德国和丹麦】 12月17日至24日，省港航管理局负责人率代表团一行6人访问德国和丹麦。访问期间，代表团与两国相关部门就港口海河联运、航空、铁路运输的货物多式联运，物流运输体系和港口智能化管理系统等进行探讨，洽谈在集装箱运输与集疏运体系方面的合作。

(杨肖君)

省农业厅

【概况】 2017年，省农业厅组派各类出访团组17批58人次，参加农业部和省有关部门团组3批3人次。全年接待来自荷兰、韩国、白俄罗斯、马来西亚、美国、日本、英国和联合国粮农组织（以下简称FAO）等国家和国际组织来宾11批66人次。

【首届中国国际茶叶博览会】 5月18日至21日在杭州国际博览中心举办。由农业部和浙江省政府联合主办。本届茶叶博览会以“品茗千年　中国好茶”为主题，来自47个国家和国际机构等260多位来宾参加，其中包括6位正部长、11位副部长、7位大使、1位公使、12位参赞、6位国际机构代表及46家大型国外经商协会、知名企业和参展企业，33家国际重点采购商。博览会期间，举办茶叶展示推介、茶业国际高峰论坛、国际茶咖对话、中国十大名茶发布等系列活动。

【白俄罗斯农业部副部长访问省农业厅】 6月7日，厅长林健东会见白俄罗斯农业部副部长亚历山大·苏波金一行3人。林健东表示，浙江是中国经济最发达的地区之一，对高品质的农产品有强烈需求，消费市场广阔，农业外向型依存度高，欢迎白俄罗斯来浙江开拓市场，推广其优质农产品。并邀请白方政府官员和企业参加浙江省举办的茶博会、农商对接会、农博会等重大活动。亚历山大·苏波金介绍白俄罗斯畜牧业发展情况，并且希望浙江省能派遣政府和企业代表团访问白俄罗斯，推进双方农业经贸合作交流。

【浙江省农业代表团访问斯洛文尼亚、捷克和波兰】 8月24日至9月2日，省农业厅厅长林健东率代表团一行访问斯洛文尼亚、捷克和波兰。在斯洛文尼亚，代表团参加在斯洛文尼亚举办的中国—中东欧国家（“16＋1”）农业经贸合作论坛——以“食品供应链在区域和全球的重要性”为主题的第二届中国—中东欧国家农业部长会议，并率企业参加第55届斯洛文尼亚国际农业博览会。在捷克，代表团一行参加南捷克州百威小镇农业博览会，先后拜访捷克蔬菜协会会长、水果协会会长和捷克科林市政府农业局，座谈交流促进浙江与捷克优质农产品贸易往来事宜，并考察科林市农业公司及其产品收储基地。在波兰，代表团一行参访波兰第二大苹果生产商ACTIV公司的生产基地和加工设施、农产品质量安全监测中心，交流种植和质量安全控制技术。代表团一行还考察波兰马佐夫省农业技术咨询中心及其分支机构，观摩其所属的普翁斯克试验田、米突拉农场和古兹卡夫农场。

【浙江省农业代表团访问丹麦和俄罗斯】 9月3日至10日，省农业厅副厅长叶新才率代表团一行访问丹麦和俄罗斯。在丹麦，代表团先后访问丹麦环境和食品部农业渔业署、奥胡斯大学农业与食品中心的福伦研究中心、农业与食品委员会农业推广中心。分别听取主题为“实现高生产率低排放，养分充分利用的耕作体系”“依据土壤中氮肥释放氮离子的状况，制定马铃薯氮肥使用模型”等讲座。代表团也向对方介绍了浙江省农业发展情况，生态农业发展的经验和做法。在俄罗斯，代表团走访俄罗斯农业科学院土壤研究所，听取院长介绍俄罗斯在土壤科学农业化学和土壤改良等方面取得的成果;走访俄罗斯联邦农业部及圣彼得堡一体化合作国际协会时,了解俄罗斯吸引外国投资农业的有关政策、农业技术人员的职业教育和培训,并实地考察中国企业在俄罗斯投资的生产农场。

【浙江省农业代表团访问澳大利亚和新西兰】 11月12日至19日,省农业厅副厅长、省畜牧兽医局局长刘嫔珺率代表团一行6人访问澳大利亚和新西兰。在澳大利亚,代表团与昆士兰州农业与渔业部会谈,重点听取和交流澳大利亚及昆士兰州农业及畜牧业,特别是肉牛产业的相关监督制度、品种改良、草地保护、排泄物处理及质量安全追溯体系等情况。在悉尼大学农业研究院,听取挤奶机器人及控制奶牛采食量的感应控制技术、提高单位草地奶牛产量、牧草种植品种组合的最新研究成果介绍。在新西兰,代表团拜访新西兰国家基础产业部,并走访汉密尔顿研究中心养殖场,听取新西兰农业及畜牧业经营方式、动物保健、牧场管护、出口贸易、技术推广及品牌建设等相关情况讲座,并就畜牧业与果园(猕猴桃)种植等农牧对接、动物排泄物资源化高效化利用问题进行交流与探讨。在新西兰农业研究院,重点学习改进牛羊体内微生物群落结构降低甲烷排放、应用生物技术进行高酪蛋白奶山羊、无乳球球蛋白奶牛育种的最新研究成果。代表团还实地考察牧场、猕猴桃果园及其种养设施,重点听取利用牧场优势、调整经营结构发展旅游产业等情况介绍。

【浙江省农业代表团访问德国和意大利】 11月14日至21日,省农业厅副厅长张火法率代表团一行访问德国和意大利。在德国,代表团走进世界规模最大的农机展——汉诺威国际农业机械展览会,与德国农业协会相关负责人进行友好会谈,听取展会情况介绍,了解中国特别是浙江省企业参展情况,并与德国农业协会、世界最大的马铃薯甜菜生产机械制造商格力莫公司进行业务对接,并走访科隆南郊农场,实地听取农场主介绍,详细了解有机农产品的生产、流通、销售、监管等情况。在意大利,代表团先后走访米兰南部农业园区3家农场,拜访塔格利亚佐市政府,与政府官员和技术人员就农业绿色发展进行座谈交流,并考察当地的橄榄加工企业质量安全管控情况。

【组织农产品出口企业赴国外参展】 2017年,省农业厅组织全省农产品出口企业分别参加日本东京、美国和德国等16个国际食品博览会,共组织参展企业260家(次)、参展人员490人次,设摊位365个。

(单红玲)

省林业厅

【概况】 2017年，省林业厅组织出访团组4批21人次。

【日本福井县林业产业交流考察团访问省林业厅】 2月14日至17日，福井县日中友好协会会长、日中友协全国本部副会长酒井哲夫率日本福井县林业产业交流考察团一行12人访问省林业厅。15日，省林业厅总工程师、省林业产业联合会会长蓝晓光会见考察团一行。考察团还与省木业协会、地板协会、竹产业协会和省林科院等单位负责人座谈交流。访问期间，考察团一行还参观了省林业厅林业建设展示厅。

【中美森林健康经营合作研讨培训会】 6月15日至16日在建德市举行。由国家林业局和美国林务局联合举办。国家林业局造林绿化管理司司长王祝雄、美国林务局森林健康保护专家盖瑞、省林业厅副厅长杨幼平等参加会议。来自中美双方的相关领导与专家就推进新形势下中美森林健康经营合作进行探讨和交流。中国林科院陆元昌研究员和雷相东研究员、西北农林科技大学张文辉教授、浙江林科院袁位高研究员分别作专题报告，介绍中国森林经营理论技术与实践、森林健康评价，以及西北地区、华东地区森林经营工作。美国盖瑞博士、路易斯安那州吉赛奇国有林公共事务官员与生态游憩管理专家吉姆博士、休伦一马尼斯蒂国有林森林培育专家卡罗尔博士也分别介绍美国森林病虫害防治、美国南北方地区森林经营管理情况。北京市西山试验林场、吉林省汪清林业局、浙江省建德市、陕西省桥山林业局、中国林科院热带林业实验中心与美方休伦一马尼斯蒂国有林、吉赛奇国有林等7家中美森林健康经营合作试点示范单位作试点工作情况汇报。王祝雄和卡洛斯共同主持召开圆桌会议，研究新一轮中美森林健康经营合作计划。与会领导与专家还考察了建德市的中美森林健康经营合作示范林，并就今后10年中美森林健康经营合作框架等内容进行研讨。

【第十届中国义乌国际森林产品博览会】 11月1日至4日在义乌举行。本届森博会以“绿色富民，生态兴业”为主题，来自31个国家和地区的317家企业参展。韩国、印度、巴基斯坦、俄罗斯等48个国家和地区的采购商到会采购，累计实现成交额48.66亿元，比上届增长1.82%。设立“一带一路”主题馆，设展位287个，来自伊朗、阿富汗、俄罗斯、拉脱维亚、白俄罗斯等“一带一路”沿线30个国家的118家林产品企业和代理商参展。展会期间，还组织中国—中东欧16+1林业合作交流、泰国清迈府政府农林业交流等国际交流活动。

【省林业代表团访问德国和法国】 11月5日至12日，省林业厅副巡视员卢苗海率代表团一行5人访问德国和法国。访问期间，代表团走访德国黑森州大型林场自然保护区和陶努斯山区自然保护区、慕尼黑巴伐利亚森林国家公园，法国巴黎郊区森林公园和湿地公园、枫丹白露森林保护区等。代表团就森林发展和保护等相关事项与上述各方进行广泛交流，并洽谈进一步进行林业合作的意向。

【2017国际竹资源高效利用创新论坛】 11月10日在杭州举行。由商务部主办。来自国际竹藤

组织24个成员国的近70名政府高级官员和国内16个省(区、市)的250多名代表参加。本次论坛是商务部组织的"国际高级别竹藤资源可持续经营与南南合作研修班"的重要活动之一。论坛围绕竹资源高效利用、竹缠绕复合材料新技术、竹制品加工与产业扶贫、竹资源创新发展模式及竹产业与应对气候变化等展开研讨。

【省林业代表团访问斯里兰卡和尼泊尔】 11月22日至29日,省政协农业与农村工作委员会主任楼国华率省林业代表团一行4人访问斯里兰卡和尼泊尔。访问期间,代表团走访斯里兰卡林业局、可持续发展与植物部,尼泊尔森林与土壤保护部。与当地政府、林业部门、林业院校、社团负责人和专家座谈交流保护森林资源措施,参观相关植物园、森林公园建设,了解斯里兰卡、尼泊尔森林资源经营管理和保护措施,特别是林业管理体制和经营机制并洽谈进一步进行林业合作的意向。

【省林业代表团访问新西兰和澳大利亚】 12月13日至20日,省林业厅副厅长王章明率代表团一行6人访问新西兰和澳大利亚。访问期间,代表团走访新西兰森林保护中心,澳大利亚昆士兰州林业局、澳大利亚皇家园林管理委员会,与当地政府及林业官员、专家进行探讨,并洽谈进一步进行林业合作的意向。

【省林业代表团访问南非和坦桑尼亚】 12月21日至29日,省林业厅巡视员吴鸿率代表团一行6人访问南非和坦桑尼亚。访问期间,代表团走访南非约翰内斯堡国家公园、开普敦自然保护区,坦桑尼亚达累斯萨拉姆植物园,与南非、坦桑尼亚相关管理部门进行座谈,并洽谈进一步进行林业合作的意向。

(瞿灵灵)

省商务厅

【概况】 2017年，省商务厅牵头和参加接待国(境)外来访团组116批1000余人次，涉及35个国家与地区。完成越共中央总书记阮富仲与中国企业家见面会、首届世界油商大会和省主要领导访问美国、挪威、瑞典、捷克、塞尔维亚、罗马尼亚配套经贸交流活动，中国和欧亚经济联盟经贸合作协议第五轮谈判，浙新经贸理事会第12次会议等组织、保障或参会工作。与美国、瑞典、挪威、瑞士、塞尔维亚、古巴等国家相关商务机构签署合作备忘录。

【越共中央总书记与中国企业家见面会】 1月15日在杭州举行。越共中央总书记阮富仲与越南副总理兼外交部长范平明、计划与投资部部长阮志勇、工贸部部长陈俊英、农业与农村发展部部长阮春强及高平、莱州、承天顺化和前江省负责人等一行30余人，浙江省副省长梁黎明、中共中央对外联络部部长助理王亚军和华立、前江投资、正泰、阿里巴巴、中国能源、浙江国贸、浙江工业大学越南研究中心等企业与机构代表70余人参加见面会，阮富仲、梁黎明分别致辞。省商务厅厅长周日星主持见面会和中国企业家与越方高层领导对话活动。随后，浙江企业家与越方官员就越南投资贸易环境、工业化规划等进行交流。

【香港贸发局代表团访问省商务厅】 2月8日，副厅长韩杰会见香港贸发局华东华中地区首席代表钟永喜、浙江代表王斌等一行3人。双方就进一步推动浙江与香港在服务贸易、航运物流、会展、自贸区等领域合作进行探讨。

【省商务厅工作组访问美国和墨西哥】 3月6日至13日，省商务厅厅长周日星率工作组访问美国和墨西哥。在美国，工作组与加州州长商务及经济发展办公室、圣克拉拉市、帕洛阿托市、旧金山湾区委员会、圣克拉拉商会等负责人会谈，走访脸书、斯坦福大学科技创新实验室、GSV实验室创业加速器、杭州硅谷创新中心等硅谷高科技企业及孵化器，举办“选择浙江”推介会(加州站)及项目签约活动，省商务厅与旧金山湾区委员会签署友好合作交流备忘录。在墨西哥，工作组参加首届浙江出口商品(墨西哥)交易会，与展会主办方巴塞罗那展览中心签署框架合作协议。

【瑞士大苏黎世地区联邦经济促进署董事会主席访问省商务厅】

3月9日，副厅长胡潍康会见瑞士大苏黎世地区联邦经济促进署董事会主席郝思礼一行4人。双方就扩大双边贸易投资，在金融、环保、健康养老等领域加强合作进行交流。随后，浙江省国际投资促进中心与大苏黎世地区联邦经济促进署签署合作备忘录。

访问期间，郝思礼一行还考察了省环保集团、萧山经济技术开发区等。

【加拿大多伦多投资促进局全球业务发展和客户关系总监访问省商务厅】 3月13日，副厅长韩杰会见加拿大多伦多投资促进局全球业务发展和客户关系总监切尔萨·格蕾维兹一行3人。双方就促进浙江与加拿大双向投资及双边贸易合作，加强信息互换和团组交流等进行洽谈。

【中国浙江—德国门兴市投资贸易对接会】 3月31日在省商务厅举办。副厅长胡潍康和德国北威州门兴格拉德巴赫市市长汉斯·威廉·莱内斯出席对接会并致辞，德国门兴市政府有关部门与企业负责人，省商务厅、杭州市、湖州市、嘉兴市、台州市及有关区县商务部门、开发区及省内企业代表70余人参加对接会。会后，德国门兴市代表团还先后赴绍兴和阿里巴巴集团、未来科技城梦想小镇等参观。

【新加坡国际企业发展局代表团访问省商务厅】 4月10日，厅长孟刚会见浙江—新加坡经济贸易理事会秘书长、新加坡国际企业发展局中国司司长何致轩率领的代表团一行3人。双方就浙新第十二次理事会工作会议有关筹备工作进行对接。

【美国跨国公司代表团访问省商务厅】 4月13日，厅长孟刚会见美国驻沪总领事史墨客、上海美国商会会长季瑞达和费列罗、默沙东、强生、英孚教育等企业组成的美国跨国公司代表团一行18人。孟刚介绍浙江与美国经贸合作情况、浙江当前吸引外资的主要特点，并回应来访企业围绕浙江省外商投资和管理政策、对外经贸交流、电子商务发展等方面提出的问题。史墨客和季瑞达表示将关注浙江省吸引外资政策和中国(浙江)自由贸易区的建设。杭州市商务委、科尔集团负责人参加会见，并就杭州市投资环境、科尔在美投资情况发言。

【白俄罗斯总统办公厅副主任访问浙江】 4月12日，白俄罗斯总统办公厅副主任斯诺普科夫·尼古拉、白俄罗斯经济部部长季诺夫斯基·弗拉基米尔率代表团一行15人访问浙江义乌，推进中国—白俄罗斯工业园招商工作。在义乌期间，代表团拜访义乌市委主要领导，考察义乌小商品城，参加2017中国国际电商博览会。商务部合作司司长周柳军、商务参赞韩勇，省商务厅副厅长韩杰等陪同代表团在义乌的活动。

【省商务厅组团访问印度和斯里兰卡】 4月17日，省商务厅组织浙江省服务贸易相关领域企业代表团一行，由副厅长胡潍康带队访问印度和斯里兰卡。在印度，组织举办首届浙江—印度全球服务贸易展，展出面积225平方米，参展企业22家。在斯里兰卡，组织举办浙江(斯里兰卡)国际海事服务贸易推介会。斯里兰卡投资局及海事货运代理、物流运输企业协会代表参加推介会。

【香港特区政府驻上海经贸办事处主任访问省商务厅】 4月24日，副厅长张钱江会见香港特别行政区政府驻上海经贸办事处主任邓仲敏一行5人。双方就加强信息交流和优势互补、开展合作进行探讨交流。

【新加坡文化、社区及青年部兼贸工部高级政务部长访问浙江】 4月25日，副省长梁黎明会见新加坡文化、社区及青年部兼贸工部高级政务部长沈颖一行。双方就在浙江—新加坡经贸理事会框架下，探索推进自贸区、海洋经济、跨境电商等方面合作交换了意见。省商务厅副厅长胡潍康等参加会见。

【日本静冈县经济产业部部长访问省商务厅】 5月5日，副厅长韩杰会见日本静冈县经济产业部部长、浙江省·静冈县经济交流促进机构静冈县委员会副主席代表渡边吉章一行。双方商议了11月在杭州召开浙江省·静冈县经济交流促进机构年会的有关工作。

【省商务厅组团访问美国和加拿大】 5月8日至15日，副厅长韩杰率商务代表团访问美国和加拿大。在美国，参加中国商务部主办的“中国省—美国加州经贸峰会”“中国—密歇根州经贸合作论坛暨企业对接会”并在会上介绍浙江情况，与加州州长、密歇根州州长会谈，组织召开“浙江企业赴美投资经验座谈会”。在加拿大，参加“中国—加拿大产业合作论坛暨对接会”，与安大略省国际贸易厅厅长会谈，举办浙江—阿尔伯塔投资企业交流座谈会。

【省商务厅组团访问捷克和塞尔维亚】 5月14日至21日，省商务厅组织浙江省相关企业代表团一行，由副厅长张钱江带队访问捷克和塞尔维亚。在捷克，代表团拜访捷克工贸部和捷克投资局，在皮尔森州举办经贸合作交流会暨项目签约仪式。在塞尔维亚，组织举办首届浙江出口商品（塞尔维亚）交易会。塞尔维亚副总理拉西姆·拉贾季奇出席开幕式并致辞。交易会吸引专业买家近3000人，现场达成意向成交额2000万美元。代表团还拜访塞尔维亚旅游贸易通讯部、塞尔维亚工商会，省商务厅与塞尔维亚工商会签订合作备忘录。

【美国彭博媒体集团亚太区销售主管访问省商务厅】 5月17日，副厅长胡潍康会见美国彭博媒体集团亚太区销售主管马克·弗劳德一行3人。双方就涉外商务宣传有关工作进行交流。

【捷克国家投资局局长顾问访问省商务厅】 5月17日，副厅长胡潍康会见捷克国家投资局局长顾问衡启东一行。双方就在制造业、电商、物流、教育等领域开展合作，进一步推进中捷产业合作园建设进行交流。省内有关市县商务部门和对捷合作企业负责人参加会见。

【斯里兰卡中国商业委员会（斯中商会）成立】 5月18日在杭州成立。斯里兰卡特殊任务部长萨拉特·阿穆努加马、斯里兰卡驻华大使卡鲁纳塞纳·科迪图瓦库、斯里兰卡驻沪总领事拉克士塔·若特纳亚克，浙江省政府副秘书长陈宗尧、省商务厅副厅长胡潍康等出席。省商务厅还协助组织了20多家浙江企业参加活动。

【浙江—香港经贸交流暨中国（浙江）自由贸易试验区推介会、2017浙港企业跨境合作研讨会】 5月23日至24日在杭州举行。由省商务厅与香港贸发局共同主办、省国际投资促进中心和省境外投资企业协会承办。省商务厅厅长、中国（浙江）自由贸易试验区领导小组办公室主任孟刚，副厅长韩杰、张钱江分别出席相关活动。香港贸发局华东、华中地区首席代表钟永喜，香港特别行政区政府浙江联络处主任廖凤娴及来自怡安、汇丰银行、恒生银行、德勤、毕马威、安永、瑞丰德永、韦业显律师行等香港银行、保险、会计、法律、咨询公司在内的香港服务业代表团一行30余人，中国（浙江）自由贸易试验区管委会和舟山市招商局及80家浙江企业100余位代表参会。与会人员就深化浙港合作，合作共建"一带一路"和自贸区进行交流探讨。

【首届MIPChina（法国戛纳电视节）杭州·国际影视内容高峰论坛】 5月23日至25日在杭州举行。论坛由浙江省商务厅、法国瑞得集团、浙江华麦网络技术公司主办，国家新闻出版广电总局、浙江省新闻出版广电局、杭州市政府参与，旨在推动浙江与国际一线影视内容制作公司建立合作伙伴关系。来自美国、英国、法国、德国、日本、印度、新加坡等18个国家和浙江省内有关部门及企业代表300余人参加论坛。省商务厅厅长孟刚在论坛上致辞，副厅长胡潍康出席。

【越南南部省市投资贸易交流会】 6月5日在杭州举行，越南南部21个省市工贸部门负责人，浙江省有关部门和浙江火电、卧龙电气等40余家浙江企业代表参加交流会。省商务厅副厅长胡潍康出席会议并致辞。会上，越南工贸部南方工作局副局长潘世英介绍越南南方各省产业特点和招商项目，希望浙江企业到越南高新技术、新能源、农产品加工等领域投资。海亮集团、龙江工业园等浙江在越南投资的企业分享了投资经验。

【省商务厅组团访问波兰和德国】 6月5日至12日，省商务厅组织浙江参展企业，由厅党组成员、人事处处长朱军带队访问波兰和德国，开展双向贸易投资促进工作。在波兰，组织参加第六届中国波兰贸易博览会（浙江参展企业307家），与马佐夫舍省省长斯特鲁齐克·亚当会谈。在德国，会见慕尼黑工业大学国际有限公司、巴伐利亚园区开发技术中心、德国北威州投资促进署、杜塞尔多夫市经济促进局中国事务中心负责人，参加德国浙江总商会成立庆典。

【澳门公务人员联合总会理事长访问省商务厅】 6月19日，副厅长徐高春会见澳门公务人员联合总会理事长彭冠豪率领的澳门公务员团体负责人一行27人。徐高春介绍了浙江经济社会、电子商务、“最多跑一次改革”等有关情况。双方就加强浙澳经贸合作进行交流。

【ABB集团首席执行官访问浙江】 6月27日至28日，ABB集团首席执行官史毕福一行访问浙江。27日，省委书记车俊在杭州会见史毕福一行。车俊表示，当前浙江正在积极推进工业化与信息化深度融合，迫切需要ABB集团这样的世界领先企业来浙江发展。希望ABB集团在已有良好合作基础上，加大在浙江的研发投入力度，共同打造机器人高地，促进浙江经济转型升级。省商务厅厅长孟刚参加会见。

28日，“ABB电力与自动化世界”展览在杭开幕，省委常委、常务副省长冯飞出席开幕式致辞并参观展览。省商务厅副厅长胡潍康参加上述活动。

【新加坡自贸专题考察团访问省商务厅】 7月10日，副厅长胡潍康会见由新加坡国际企业发展局中国发展司司长、浙新经贸理事会新方秘书长何致轩率领的新加坡自贸专题考察团一行，双方商议了在大宗商品贸易、海事服务等领域开展合作事宜。新加坡壳牌亚太区、中国区负责人等四家石油企业代表随团来访。

【赴上海拜访伊朗驻沪总领事】 7月12日，副厅长张钱江率省商务厅相关部门负责人赴上海，拜访伊朗驻沪总领事伊瓦什。双方就加强首届世界油商大会邀请参会等工作进行交流。

【老挝工业与贸易部部长访问浙江】 8月9日至13日，老挝工业与贸易部部长、老中合作委员会主席开玛妮・奔舍那一行9人访问浙江。在浙期间，开玛妮・奔舍那一行拜访副省长梁黎明、义乌市市长林毅，考察万事利集团、义乌国际商贸城、双童吸管、王斌相框、浪莎袜业等企业。商务部亚洲司、外事司负责人陪同访问，省商务厅副厅长韩杰陪同代表团部分活动。

【捷克和平统一促进会会长访问省商务厅】 8月15日，厅长孟刚、副厅长徐高春会见捷克和平统一促进会会长倪健一行。双方就加快落实浙江省省长袁家军访问捷克达成的成果，推进“一带一路”捷克站建设、开展教育展合作等进行交流对接。

【罗马尼亚文化研究院副主席访问省商务厅】 8月21日，副厅长徐高春会见罗马尼亚文化研究院副主席丹・贝拉・科雷斯白一行4人。双方就在经济、文化、教育等领域开展合作事项进行交流。

【金砖国家贸易救济政策交流活动】 8月31日在杭州举行。由商务部贸易救济调查局与浙江省商务厅共同主办。浙江省副省长梁黎明、商务部贸易救济调查局局长王贺军、浙江省商务厅副厅长韩杰，世贸组织规则司司长约翰・休曼、巴西工业外贸和服务部贸易保护局局长马科尔・丰塞卡、欧亚经济委员会内部市场保护司司长弗拉基米尔・伊利乔夫、南非国际贸易管理委员会高级经理卡丽娜・扬塞・范・维伦等贸易救济调查机构的官员与专家出席，浙江省相关企业和各级商务主管部门相关负责人、律师、专家等100余人参会。韩杰主持会议。

【吉尔吉斯斯坦投资贸易推介会】 8月31日在杭州举行。推介会由浙江省商务厅和吉尔吉斯斯坦经济部共同主办。吉尔吉斯斯坦经济部副部长阿巴基罗夫、投资及出口促进署副主任舒姆卡尔贝克和省商务厅副厅长胡潍康出席并致辞。省内40多家知名企业和机构的60多位代表参会。会上，浙江金华天迈投资控股有限公司代表分享了在吉尔吉斯斯坦投资的经验。

【西班牙巴塞罗那展览中心国际部主任访问省商务厅】 9月8日，厅长孟刚、副厅长胡潍康会见巴塞罗那市政府智慧城市战略顾问、西班牙巴塞罗那展览中心国际部主任路易斯·戈麦斯一行。双方就会展合作、推进企业与产业国际化进行交流。

【浙江省赴日本静冈中长期调查员座谈会】 9月11日在杭州召开，这是浙静友好省县35周年纪念活动的一项内容。日本静冈县副知事吉林章仁、浙江省商务厅副厅长胡潍康等出席会议并讲话，双方就加强文化、体育、健康、医疗等领域合作进行交流。

【科威特商工大臣访问阿里巴巴集团】 9月11日，科威特商工大臣兼代理青年事务国务大臣哈立德·拉乌丹访问阿里巴巴集团公司，与集团公司副总裁黄明威探讨合作事项。哈立德·拉乌丹希望与阿里巴巴在云服务、商业生态链、物流、体育等方面开展合作。省商务厅派员陪同访问。

【吉尔吉斯斯坦德隆电视台代表团访问省商务厅】 9月12日，副厅长胡潍康会见吉尔吉斯斯坦德隆电视台代表团一行。双方就加强文化服务贸易合作，发展创新互联网线上交易模式等相关事项进行交流。

【首届世界油商大会】 9月17日至19日在浙江举行。大会以“共商油品、共享机遇——油品全产业链投资便利和贸易自由”为主题，吸引来自42个国家和地区的500余位嘉宾参会，《人民日报》、新华社、《浙江日报》等50余家新闻媒体近百名记者作集中报道。浙江省委书记、省人大常委会主任车俊和省委副书记、省长袁家军，国家能源局局长努尔·白克力和商务部副部长钱克明等出席大会。会议期间，浙江省委省政府领导会见与会重要嘉宾，召开浙江自贸试验区国际咨询委员会第一次会议，举行大会全体会议、平行论坛、重大项目签约仪式，组织商务酒会和自贸试验区考察等系列活动。会上共签约20个项目，协议涉及总金额573.7亿元。其中外资项目14个，涉及协议利用外资48亿美元。

【捷克驻沪总领事访问省商务厅】 9月20日，厅长孟刚会见捷克驻沪总领事理查德·科尔帕奇一行4人。双方就加快落实浙江省省长袁家军访问捷克达成的成果，推进“一带一路”捷克站建设等进行交流。富通、大华、娃哈哈等企业有关负责人参加会见。

【美国印第安纳州哥伦布市市长访问省商务厅】 9月20日，副厅长韩杰会见美国印第安纳州哥伦布市市长吉姆·利恩惠普一行。双方就加强发展战略对接，在医药、现代装备制造、新能源汽车、科研、人才等领域开展合作，为两地企业投资贸易合作提供便利和服务进行交流探讨。访问期间，吉姆·利恩惠普一行还走访吉利、万向、阿里巴巴、长江汽车等企业，宣传推介哥伦布市的投资环境。

【英国诺丁汉郡代表团访问省商务厅】 9月21日，厅长孟刚会见英国诺丁汉郡议长凯瑟琳·克兹、首席执行官安东尼·梅一行。双方商议了浙江省与诺丁汉郡重点经贸合作领域、探索建立经贸合作机制等相关工作。

【参加第二届中美省州立法机关合作论坛】 9月24日至27日，省商务厅副厅长徐高春率浙江企业代表团随省人大常委会副主任刘力伟赴湖北武汉，参加第二届中美省州立法机关合作论坛。论坛围绕中美省州政府如何通过立法推动中美基础设施建设、数据创新、长江和密西西比河流域合作等三大议题展开讨论。全国人大常委会副委员长艾力更·依明巴海，浙江、湖北、重庆等八省市人大常委会领导、企业家代表，美国州立法领袖基金会主席史蒂芬·雷吉斯和伊利诺伊、新泽西、亚拉巴马等十二个州议会领袖、议员及专家学者约300人出席会议。刘力伟在论坛上作有关大数据与产业发展专题报告。

【塞尔维亚发展对俄对华关系委员会高级顾问和伏伊伏丁那省副省长访问省商务厅】 9月25日，副厅长胡潍康会见塞尔维亚发展对俄对华关系委员会高级顾问，经贸、工业、农业主管帕夫莱·巴希奇和伏伊伏丁那省副省长伊万·德约科维奇一行2人。巴希奇向胡潍康转交了塞尔维亚前总统、塞尔维亚发展对俄对华关系委员会主席尼科利奇致袁家军省长的信件，伏伊伏丁那省表达了与浙江省建立友好省际关系的意愿。双方还就伏伊伏丁那省出口农产品物流中心，玉环康意洁具、贝尔麦克商贸物流园赴塞投资等项目情况进行交流。省农业厅外经办、浙江（玉环）康意洁具、贝尔麦克商贸物流园等相关负责人参加会见。

【爱尔兰政府交流代表团访问省商务厅】 9月26日，副厅长胡潍康会见爱尔兰政府交流代表团一行。双方就加强发展战略对接，促进货物贸易与服务贸易协调发展等进行交流。

【中国和欧亚经济联盟经贸合作协议第五轮谈判】 9月26日至10月1日在杭州举行。商务部副部长王受文率中方代表团与欧亚经济委员会贸易委员尼基申娜率领的联盟方代表团开展谈判。10月1日，商务部部长钟山与尼基申娜在杭州举行会谈，会后共同签署了《关于实质性结束中国与欧亚经济联盟经贸合作协议谈判的联合声明》。谈判期间，尼基申娜一行赴阿里巴巴西溪园区考察调研。省商务厅副厅长胡潍康、张钱江分别陪同参加相关活动。

【澳门贸易投资促进局执行委员访问省商务厅】 9月28日，厅长孟刚会见澳门贸易投资促进局执行委员吴爱华一行3人。双方就开展会展合作和产能合作进行交流。

【美国明尼苏达州经济发展厅厅长访问省商务厅】 10月10日，副厅长张钱江会见美国明尼苏达州经济发展厅厅长哈蒂一行。双方就建立日常联系机制、搭建平台，为双方企业合作创造机遇等进行交流。

【美国特斯拉中国区副总裁访问省商务厅】 10月20日，副厅长张钱江会见美国特斯拉中国区副总裁陶琳一行。双方就特斯拉公司在浙江发展情况及未来计划进行交流。

【印尼经济协调统筹部代表团访问省商务厅】 10月25日，副厅长胡潍康会见印尼驻沪总领事宁乔恩率领的印尼经济协调统筹部代表团一行。双方就加强联系，推动贸易展览、电商等领域互动合作进行交流。

【浙江—捷克友好关系庆祝晚宴暨捷克国庆招待会】 10月26日，捷克驻沪总领事馆在杭州举办浙江—捷克友好关系庆祝晚宴暨捷克国庆招待会。捷克驻沪总领事科尔帕奇，浙江省副省长梁黎明、省商务厅厅长孟刚和有关省、市政府负责人，浙江国贸集团总经理孙建华、正泰集团董事长南存辉及海康威视、大华、吉利、富通、万丰、华信等企业负责人60余人参加。这是捷克首次在杭州举办国庆招待会。

【省商务厅代表团访问捷克和波兰】 10月29日至11月5日，省商务厅副厅长徐高春率代表团一行访问捷克和波兰。在捷克，代表团参加浙江（捷克）国际教育展、对接“一带一路”捷克站建设有关工作。在波兰，代表团拜访相关机构并开展经贸交流洽谈活动。

【香港贸发局华东华中地区首席代表访问省商务厅】 10月30日，厅长孟刚会见香港贸发局华东华中地区首席代表钟永喜一行。双方就展会及有关活动合作进行交流。

【中国浙江—柬埔寨王国商务促进会】 10月31日在杭州举办。由柬埔寨王国贸易促进局和浙江省商务厅联合主办。会议主题为“一带一路，合作共赢”，邀请对东南亚市场有发展意愿的浙江企业代表130余人参加。省商务厅副厅长胡潍康，商务部亚洲司副司长彭刚及柬埔寨商务部国务秘书春达拉等出席会议并讲话。柬埔寨民航总局、发展计划部、税务总局代表分别介绍相关政策。

【捷克部分州国际事务官员代表团访问省商务厅】 11月6日，副厅长胡潍康会见捷克部分州国际事务官员代表团一行。代表团由南波西米亚州、帕尔杜比采州、摩拉维亚—西里西亚州、南摩拉维亚州、乌斯季州、奥洛穆茨州、中捷克州国际事务官员组成。捷克驻沪总领事，捷克州长联合会和中国—中东欧国家省州长联合会相关负责人同团来访。双方就加强省州联系、统筹发展等事项进行交流。

【澳门中联办副主任访问浙江】 11月8日至12日，澳门中联办副主任姚坚率代表团一行访问浙江。副省长梁黎明会见代表团一行，双方就进一步推动两地全方位交流合作，发展对澳门及葡语国家经贸合作等交换了意见。10日，浙江—澳门企业交流会在杭州举行。由省港澳办、省商务厅、省旅游局和澳门中国企业协会共同主办。省商务厅副厅长张钱江出席交流会并致辞。澳门中国企业协会会长、南光集团董事长傅建国，澳门中联办经济部副部长朱宏，澳门贸促局、澳门旅游局有关负责人及澳门中企协会会员企业代表等40余人和阿里巴巴、海正药业、中南建设、海亮股份、大华技术、塔牌、网易考拉等40多家浙方机构与企业代表60余人参加交流会。与会各方就在金融、旅游、商贸、电子商务、海洋开发等领域开展合作进行交流。

【浙江—静冈缔结友好关系35周年系列活动】 11月12日至14日在杭州举行。省委书记、省人大常委会主任车俊，省委副书记、省长袁家军和副省长梁黎明出席庆祝大会并分别会见日本静冈县政府代表团和经济代表团，省商务厅厅长孟刚出席上述活动。孟刚主持浙江静冈经济交流促进机构第26次全体会议，并在会上作2017年度交流工作总结和2018年度工作计划报告。双方代表委员作提案发言并围绕养老、环保、医疗、农业等领域的合作进行探讨。14日，省商务厅与静冈县经济产业部共同举办浙静美食交流活动。省人大常委会副主任冯明、省商务厅副厅长徐高春出席，省餐饮协会组织20余名浙江名厨参加交流。

【马来西亚中华总商会署理总会长访问省商务厅】 11月17日，副厅长韩杰会见马来西亚中华总商会署理总会长丹斯里拿督斯里林锦胜一行16人。双方就在基础设施建设、商贸物流、跨境电商、展会活动、汽车制造、城镇建设等方面开展合作进行交流。巨化集团、贸点点等省内相关企业代表参加会见，并与马方进行对接。

【浙江省代表团访问新加坡和香港】 11月29日至12月4日，副省长梁黎明率浙江省代表团访问新加坡和香港。访问期间，召开浙江—新加坡经贸理事会第十二次会议、浙江—香港“自贸区和自贸港建设合作”座谈会，走访新加坡和香港特别行政区政府部门、行业商协会、金融机构、跨国公司及浙江在新加坡和香港的投资企业，与各方就在“一带一路”建设框架下开展自贸港区合作，共享新一轮对外开放重大机遇进行探讨，推进了一批在谈项目取得实质性进展。

【拜访美国和德国驻沪机构】 12月7日，省商务厅副厅长胡潍康赴上海，拜访美中贸易全国委员会上海代表处、德国工商大会上海代表处，分别就2018年工作计划进行对接。并与美国驻华大使布兰斯塔德、上海美国商会会长季瑞达等进行交流。

【美国印第安纳州商务卿访问省商务厅】 12月11日，副厅长胡潍康会见美国印第安纳州商务卿赛林格一行。胡潍康就进一步扩大浙江与印第安纳州经贸合作提出建议：一是建立长效化合作机制。二是跟进落实好具体项目。三是扩展现有合作领域。四是推动两地经贸合作再上新台阶。

（李　琳）

省文化厅

【概况】 2017年，省文化厅实施对外、对港澳文化交流项目1889起13816人次。其中引进项目1706起11323人次，派出项目183起2493人次。获得省部领导批示及驻外使领馆表扬9项。

【2017内地与港澳青年文化创意产业交流营】 4月15日至20日在杭州举办。由文化部与香港青年联会、澳门文化局主办，省文化厅承办。活动以“浙港澳·携手同行”为主题，30多位来自港澳传媒、设计、舞台艺术等领域文创行业青年代表及有意向投资文创行业的企业代表，开展企业参访、文创论坛、座谈联谊会等交流活动，深入了解内地文创产业相关政策、行业发展动态及创新创业等活动，浙港澳携手同行开展专业对接和务实合作，为开拓内地与港澳文创产业发展开辟新路径。

【庆回归20周年，“根与魂——忆江南·浙江省非物质文化遗产展览”大型展演活动】 6月6日至19日在香港举办。由文化部与香港特别行政区政府民政局共同主办。省文化厅组织“根与魂——忆江南·浙江省非物质文化遗产展览”和浙东民俗风情舞剧《十里红妆》赴港展演。两地传承人同台交流，以融合增强认同。米塑、扇艺走进校园和社区，有效传播传统文化。文化部副部长项兆伦评价：浙江非遗展览越办越好，不仅形式新颖、内容丰富、生动活泼，而且真正做到了见人见物见生活，很契合非遗走进生活的要求。

【参加哈萨克斯坦上海合作组织成员国元首峰会文艺演出】 6月8日，上海合作组织成员国元首峰会文艺演出在哈萨克斯坦首都阿斯塔纳举行。中国国家主席习近平及其他成员国元首出席观看演出。浙江杂技总团《梦系西湖·伞技》作为中国唯一单独节目参加演出，并受到高度赞赏。文化部副部长丁伟特发来贺信表示祝贺。

【第三届中国—中东欧国家文化合作部长论坛】 9月21日至25日在杭州举行。由文化部、浙江省人民政府联合主办，省文化厅、杭州市人民政府承办。中国与阿尔巴尼亚、波黑、保加利亚、克罗地亚、捷克、爱沙尼亚、匈牙利、拉脱维亚、立陶宛、马其顿、黑山、波兰、罗马尼亚、塞尔维亚、斯洛伐克、斯洛文尼亚等17国政府文化代表团出席论坛。论坛主题为文化·交流·合作·共享。国务院总理李克强为本届论坛发来贺信，希望本届论坛持续为“16+1合作”和中欧关系发展注入生机与活力。省委书记、省人大常委会主任车俊出席论坛开幕式并致辞。省委副书记、省长袁家军出席论坛欢迎晚宴。论坛与会各国代表团一致通过《中国—中东欧国家文化合作杭州宣言》《中国—中东欧国家2018—2019年文化合作计划》。论坛期间，各国代表团出席了第11届杭州文化创意产业博览会，参观了杭州市图书馆、浙江音乐学院、中国丝绸博物馆等，共同见证了“中国—中东欧国家音乐院校联盟”成立签字仪式和“中国—中东欧国家艺术创作与研究中心”揭牌仪式。

【第15届亚洲艺术节】 9月23日至10月23日在宁波举行。由文化部、浙江省人民政府主办，省文化厅、宁波市人民政府承办。省委常委、宁波市委书记唐一军，副省长成岳冲，泰国副总理塔纳萨·巴迪玛巴功及澜湄六国文化部长出席。艺术节以"海丝古港，亚洲新梦"为主题，主体活动包括开幕式、文化论坛、表演艺术、视觉艺术等4个版块数十项活动。9月24日举办的澜沧江—湄公河文化论坛凝聚了澜湄六国共识，通过了《澜沧江—湄公河文化合作宁波倡议》。艺术节期间，还举办了澜湄文化行、亚洲艺术邀请展、非遗展、亚洲优秀剧目展演等多项活动，进一步丰富了亚洲文化合作内涵，促进海上丝绸之路沿线国家文化交流与合作和宁波城市国际化水平的提升。

【部省共建——保加利亚索非亚中国文化中心揭牌仪式】 11月23日在保加利亚举行。中国文化部副部长张旭、保加利亚文化部部长巴诺夫出席仪式。宁波市演艺集团演出交流团一行赴保加利亚举办民俗舞剧《十里红妆·女儿梦》演出、讲座及宁波地方文化宣传推广活动。索非亚中国文化中心是中国在海外开设的第34个文化中心，是在中东欧国家揭牌运营的第一个中国文化中心，是浙江省参与部省(宁波市)合作共建海外中国文化中心的第一个项目，为中保文化关系发展翻开新的一页，将成为浙江省在中东欧开展文化交流、旅游推介、信息流通、经贸合作的重要窗口。

【2017年海外"欢乐春节"活动】 2017年春节前后，浙江大力推动"欢乐春节"活动品牌化、本土化、市场化建设，先后组派12批优秀文艺团组、309名文艺工作者，分赴亚欧美大4大洲21个国家35座城市开展110余场海外"欢乐春节"演展活动，组派团队规模、到访国家数量及活动影响均居历年之最，向各国传递了"浙江声音"，让世界感知到"美丽浙江"。活动紧扣国家"一带一路"倡议，分赴泰国、新加坡、印尼、希腊、捷克、克罗地亚、俄罗斯、爱沙尼亚、拉脱维亚、立陶宛、波兰等11个国家，巧用戏曲、民乐和舞蹈为文化语言，传承丝路精神，促进民心相通。

【开展"一带一路"沿线深度文化交流】 2017年，浙江省继续深化与"一带一路"沿线国家的文化交流，通过国家级合作机制开展深层次人文交流与合作，通过举办研修培训、采风创作等项目，推动文化交流与文明对话。2017年，省文化厅与越南承天顺化省文化与体育局签订合作备忘录。5月25日至6月3日，文化部外联局和省文化厅合作举办，浙江音乐学院承办的首届"意会中国"——"一带一路"艺术大师工作坊在浙江音乐学院举行。来自埃及、约旦、立陶宛、塞尔维亚、黎巴嫩、斯洛伐克、苏丹、捷克等8个"一带一路"沿线国家的11位艺术家观摩教学、体验学习、开展大师课、举办音乐会，并参加文化采风活动，深入了解中国民俗风情和文化内涵。6月23日，参加2017年哈萨克斯坦阿斯塔纳世博会中国馆"浙江日"开幕式演出。10月22日至26日，来自阿尔及利亚、阿曼、埃及、科威特、黎巴嫩、摩洛哥、突尼斯、约旦等8个阿拉伯国家的16位知名艺术节负责人组成的代表团访问浙江，参加文化部第二届"意会中国—阿拉伯国家知名艺术节负责人访华交流活动"。在浙期间，代表团观摩乌镇戏剧节，参加由文化部主办、省文化厅协办的"中国—阿拉伯国家艺术节负责人峰会"和省文化厅组织举办的"浙江省优秀艺术团体精品节目展示推介活动"，省文化厅积极搭建平台，促使浙江省艺术院团与阿拉伯各知名艺术节建立起直接联系，推动浙江省演出类文化产品更好地"走出去"。10月24日至11月10日，来自阿尔及利亚、科威特、黎巴嫩、摩洛哥、阿曼、苏丹、索马里、叙利亚、突尼斯、毛里塔尼亚10个阿拉伯国家的15名文博专家参加第三期阿拉伯国家文博(陶瓷)专家研修班，围绕"陶瓷"主题开展研修活动。

【2017"日本·浙江文化年"】 2017年，浙江省与日本东京中国文化中心开展对口合作，结合"浙江文化节"品牌建设，举办"日本·浙江文化年"活动，全年共实施中国美术学院师生当代艺术展、浙江农渔民画展、中国茶故事展、大阪"中秋明月节"演出等9

项交流活动。4月,赴日举办“浙江省现代讽刺与幽默漫画”,拉开“日本·浙江文化年”序幕。日本漫画家协会、日本动漫协会代表及日本著名漫画家与20位来自浙江的漫画家进行交流和现场合作创作。“浙江龙泉青瓷生活主题展”展出浙江省老中青三代青瓷艺人近年来的优秀作品近100件。10月7日,第九届“中秋明月节”在大阪市难波宫史迹公园隆重开幕,浙江歌舞剧院以一台综合歌、舞、乐的精彩演出向当地观众传达了中秋的问候。10月底,“中国茶故事”展作为“日本·浙江文化年”的收官项目,吸引众多茶文化爱好者前来体验中国茶的魅力。

【“中国文化周”】 2017年,文化部在海外文化中心部署开展“中国文化周”,以“传承与创新——中国非遗”为主题的品牌活动。6月,浙江省工艺美术大师在日本东京中国文化中心举办“龙泉青瓷的历史与传承”讲座。省文化馆在德国柏林中国文化中心举办“中国文化周——浙江省非遗展示周”活动,内容包括昆曲茶艺表演、非遗展览、手工艺展示互动等。6月14日,浙江昆剧团赴比利时参加布鲁塞尔中国文化中心“中国文化周”活动,演出昆曲《牡丹亭》和经典折子戏。通过丰富多彩、立体多元的展览展演和互动体验活动,让浙江非遗文化贴近当地民众。为庆祝中国和约旦建交40周年,余杭艺术团于10月6日至14日赴约旦开展“中国文化周”巡演、讲座等活动。

【多层次、全方位、宽领域文化交流互鉴】 2017年,浙江省组派省文化馆、杭州市创意设计中心赴埃及、巴基斯坦、马耳他、德国、法国、西班牙等国家的中国文化中心举办展示活动。中国丝绸博物馆举办7次以国际交流为主题的“丝路之夜”系列活动。浙江曲艺杂技总团有限公司的杂技《梦系西湖·伞技》获第16届莫斯科国际青少年马戏节比赛“金象奖”金奖和第38届法国明日世界杂技节银奖。4月6日至12日,浙江美术馆赴日举办“湖山胜概:西湖主题水印版画展”,庆祝浙江省与日本静冈县结好35周年。4月27日,由杭州市文创办承办的“中国故事——中国杭州传统工艺创新展”及杭州歌剧舞剧院的音乐表演参加中国与希腊文化交流与文化产业合作年启动仪式。5月4日至18日,浙江婺剧团赴摩洛哥参加第23届非斯心灵音乐节开幕演出和中国主宾国专场演出。6月9日,浙江艺术职业学院实验艺术团赴格鲁吉亚参加庆祝中格建交25周年“友谊日”纪念活动。6月10日组派绍兴越剧艺术发展有限公司携越剧《梁祝》参加第24届罗马尼亚锡比乌国际戏剧节。7月11日至19日,浙江文化代表团赴罗马尼亚和捷克,参加“2017中国—中东欧政党对话会”闭幕演出和浙江省—皮尔森州结好十周年庆典演出。7月23日至8月10日,浙江小百花越剧团与中国侨联合作,赴澳大利亚、新西兰、汤加巡演。7月26日至8月7日,浙江青少年交响乐团赴加拿大交流演出。8月24日,浙江歌舞剧院、浙江交响乐团赴美国参加浙江和印第安纳州友好省州30周年庆典活动。8月至9月,温州市举办为期两个月的中捷(温州)文化交流系列活动,中捷电影展播、捷克历史文化图片展、布拉格爱乐乐团音乐会、中捷音乐家交流会等活动。首个“海外瓯越文化传承基地”落户意大利两所华文学校。嘉兴市举办的漫画双年展,有40多个国家的作品参展。衢州市邀请8个国家12所孔子学院负责人到衢州参加祭孔典礼和文化体验活动,传承南孔文化。舟山市举办以“一带一路·中国梦”为主题的第19届国际沙雕节。台州市赴德国友城举办书画展,打造和合文化品牌。丽水市举办国际摄影研讨会,15个国家和地区的专家学者参加。开化县政府举办“一带一路”首届国际根艺文化交流周。义乌市举办“丝路新都 文化义乌——乌克兰知名艺术家浙江义乌主题创作作品展”。10月7日至12日,浙江歌舞剧院“彩蝶女乐”赴以色列参加阿卡艺术节。11月5日至10日,浙江艺术职业学院承办第24届中韩日戏剧节,并推出国际学术论坛、戏剧和舞蹈工作坊。11月25日至12月2日，杭州歌剧舞剧院携舞剧《遇见大运河》赴埃及巡演。11月27日，中国丝绸博物馆参加在钓鱼台国宾馆举办的中法高级别人文交流机制项目“中法地方合作成果展”。11月29日至12月4日，中国丝绸博物馆在法国举办第二届国际丝路之绸研究联盟年会。杭州爱乐乐团派出18名优秀音乐家与来自老挝国家交响乐团的来华培训学员进行为期3个月的交流培训。由越南文化体育与旅游部选派的8位越南摄影家来杭采风创作。11月29日至12月7日，浙江话剧团赴德国演出《花木兰》庆祝中德建交45周年。

第12届中国(义乌)文化产品交易会、第11届杭州文化创意产业博览会、第13届中国国际动漫节等活动有声有色，在不断提升国际影响力的同时注重文化惠民，有效服务国内文化建设，成为各地民众的文化盛会。第五届乌镇戏剧节，来自俄罗斯、德国、英国、美国、澳大利亚、瑞士、巴西、立陶宛、黎巴嫩、爱尔兰、罗马尼亚及东道主中国等13个国家和地区的24部特邀剧目共演出100场。

【对外文化贸易】 2017年，省文化厅开展2016年度浙江省商业演出展览文化产品出口指导目录申报评审工作，对入选项目执行单位予以经费补助，为走出去增加动力。浙江曲杂总团有限公司、杭州杂技总团、浙江昆剧团、浙江婺剧团、台州乱弹剧团、建德婺剧团、浙江自然博物馆等文化机构赴境外商演和商展，实现社会效益与经济效益的统一。推进与“一带一路”沿线国家文化贸易发展，在全省范围内征集对外文化贸易重点项目，评选出中美友好交流博览园、宋城演艺发展股份有限公司建设澳大利亚传奇王国、浙江大丰实业股份有限公司在菲律宾建设综艺馆等项目申报文化部重点项目。浙江歌舞剧院有限公司入选2017—2018年省文化出口重点企业。

2017年第12届中国(义乌)文交会境外参展企业数达到350多家，参展国家60多个，为历届之最。吸引来自31个国家和地区的境外采购商共3275名，贸易团队44个。展会专设国际木雕艺术展区、“一带一路”国际艺术展区、非洲展区、韩国展区等。温州国际时尚文化创意产业博览会有30多个国家和地区的490多家企业参展，成交额3.58亿元。

（张松丽）

省卫生计生委

【概况】 2017年，省卫生计生委继续从严执行各项因公出国(境)管理规定和外事纪律。全年组织各类因公出国团组143批340人次，赴香港地区团组5批5人。接待国(境)外来访团组17批79人次。

【加拿大皇家内科外科医师学会国际部副总裁访问省卫生计生委】 2月24日，加拿大皇家内科外科医师学会国际部副总裁柏苏珊、亚洲中国区执行长贾肖燕访问省卫生计生委。委国际合作处处长陈正方、科教处副处长陈晓萍等与柏苏珊一行进行会谈。加方简要介绍加拿大皇家内科外科医师学会概况及在中国北京、上海等地的合作活动。双方重点就住院医师规范化培训进行交流。随后，柏苏珊一行访问浙江大学医学院附属第一医院。双方就住院医师培训方面的具体做法和经验进行深入交流。

【第30届浙江国际科研、医疗仪器设备技术交流展览会】 3月15日至18日在杭州举办。由省卫生计生委和省科技厅主办。美国、英国、德国、以色列、瑞士、意大利、奥地利、日本、韩国和中国香港等国家与地区及中国内地的460余家参展商参展。展览设标准展位数720余个，数量比上届增长近50%。展示产品2万余件，展示面积近3万平方米，省内及浙江周边地区的上海、江苏、安徽、江西等地3万余人次专业观众前来参观洽谈。浙江省内绝大多数市、县(区)卫生计生部门组团参观展览并采购医疗设备。

【“中美患者日”活动】 3月31日在杭州举行。由省卫生计生委和美国驻沪总领事馆主办，浙江省医疗卫生国际合作发展中心、中国医院协会、浙江省医院协会及美中医疗卫生合作项目承办。美国驻沪总领事史墨客、省卫生计生委副主任马伟杭出席活动并讲话。本次活动主题是“合作创新、应对慢病”，中美双方就应对慢病管理方面如何实现政策创新和技术创新及帮助更多患者获得更完善的疾病管理进行探讨。260多名业界人士参与活动。浙江省医疗卫生国际合作发展中心与美中医疗卫生合作项目共同签署《关于促进中美医疗卫生交流与能力建设合作谅解备忘录》。

【与日本静冈县交流】 4月3日至7日，省卫生计生委巡视员叶真率代表团访问日本静冈县，参加静冈县浙江省结好35周年庆典，并向静冈县卫生领域对华友好人士颁发“荣誉顾问”感谢信。7月4日至12月29日，日本静冈县健康福祉部职员河合由久到省卫生计生委进行为期6个月的进修交流。9月10日至13日，日本静冈县健康福祉部部长山口、县立病院机构理事长田中率代表团访问省卫生计生委，并参加第三届浙江国际健康产业博览会。

【加拿大约克大学代表团访问省卫生计生委】 5月23日，加拿大约克大学亚洲商务管理中心总监傅尧乐率代表团一行3人访问省卫生计生委。委国际合作处处长陈正方等与傅尧乐一行会面并作交流。陈正方介绍浙江国际临床医疗交流项目情况和成果，并强调中加之间的医疗卫生合作具有深远历史背景和良好基础，表示愿意同加方进一步加强交流、增进了解，共同应对人口老龄化带来的问题和挑战。傅尧乐介绍约克大学亚洲商务管理中心的职责和开展的主要工作，表示希望能够与浙江开展养老护理和卫生管理人员培训等方面的合作。

【法国格勒诺布尔教学医院代表团访问浙江】 6月12日至16日，法国格勒诺布尔教学医院医务委员会副主席菲利浦·德克雷提率代表团一行8人访问浙江，主要了解浙江省医院的综合专业实力，以期建立深入持久的双向临床专业技术交流与合作。省卫生计生委国际合作处、省医疗卫生国际合作发展中心负责人接待代表团一行。

访浙期间，代表团分两路进行参观交流。其中一路7人先后前往浙大医学院和附属第一医院、附属第二医院及药学院参观，主要就麻醉、重症监护、血液、感染、肝外科、呼吸、药剂等专业进行交流。另一位成员赴浙江中医药大学附属第三医院，就中医药在疼痛管理中的应用进行交流。

【第25批中国援马里医疗队】 7月4日，省卫生计生委举行仪式，为第25批中国援马里医疗队送行。省卫生计生委主任杨敬、副主任姜建鸿及委党组成员、人事处处长徐龙仁出席仪式并与医疗队全体队员合影。第25批中国援马里医疗队由25人组成，为期一年半，由省卫生计生委基层卫生处副处长余仁桥担任队长。

【第24批中国援马里医疗队接受马里政府授勋】 7月18日，马里共和国卫生和公共医疗部部长桑巴·乌斯马内·索代表马里总统，在马里国家疾控中心为第24批中国援马里医疗队授勋并讲话。桑巴·乌斯马内·索高度评价医疗队为马里卫生事业作出的贡献，对医疗队在马里医院的工作、卡地医院的义诊及在恐怖袭击中的救助行动给予高度赞赏。马里医院院长嘎内在致辞中表达了对医疗队两年工作的肯定和赞扬。第24批中国援马里医疗队总队长宋柏杉代表医疗队致答谢词。中国驻马里大使陆慧英、经商处参赞张胜斌等出席授勋仪式。此次授勋，宋柏杉获马里国家骑士勋章，医疗业务队员获马里卫生骑士勋章、非医疗业务队员获马里雄狮勋章。

中国援马里医疗队始派于1968年，在浙江承派的三支援非医疗队中历史最长、规模最大。

【第14届浙江基层医疗装备展览会】 9月13日至15日在杭州国际博览中心举办。由省卫生计生委主办，浙江省医疗卫生国际合作发展中心承办。来自国内外450余家医疗器械生产企业参展，共设展位740余个、展示产品2万余件，2.3万余人次专业观众参加参观交流。其间，举办浙江省医院大会、浙江省社区医师学术年会、中美医疗管理研讨会和中澳临床技术发展研讨会等多场学术交流会，浙江省内各级医院院长、医疗卫生机构负责人和专业领域专家、学者等1550余人应邀参会。来自美国、澳大利亚、日本等多个国家与地区的嘉宾出席会议并观摩展览。

【第三届健康产业国际博览会】 9月13日至15日在杭州举行。由省卫生计生委、省发改委、省经信委主办，浙江省健康服务业促进会承办。来自8个国家和地区的100余家健康产业机构参展参会。在博览会期间举行的项目推介会上，省发改委发布浙江省健康产业“四个一批”重点培育清单，主要包括：一批健康特色小镇、一批健康产业基地、一批健康重点企业和一批健康重点项目。

【美国马里兰州卫生厅代表团访问省卫生计生委】 9月19日，副主任张平会见美国马里兰州卫生厅副厅长哈夫特·霍华德·马克、约翰霍普金斯医院病理系主任何如班·拉尔夫·哈维和马里兰州医学检察官、约翰霍普金斯医学院兼职教授李玲一行。张平介绍浙江省近年来医疗卫生体制改革取得的进展，表示浙江省一贯支持医疗机构、医学院校、科研机构与世界一流医学机构开展合作，以提高医疗技术水平、提升医疗服务效率。张平说，美国约翰霍普金斯医院是代表当今世界一流水平的医疗机构，未来与浙江省在临床技术、科研、医学教育等方面合作空间巨大。马克表示，希望双方以与杭州医学院和迪安诊断合作为起点,以临床病理诊断技术和产业合作为切入点,不断扩大双方医疗机构之间的合作。鉴于浙江病理诊断人才缺乏,约翰霍普金斯医院愿意接收浙江优秀年轻临床医生到该院进修。随后,代表团赴浙江省人民医院访问,听取医院情况介绍并参观相关科室。

【公立医院院长职业技能培训团赴英培训】 10月16日至27日,省卫生计生委组织公立医院院长职业技能培训团一行18人赴英国伦敦帝国理工学院参加“公立医院院长职业技能”培训。帝国理工学院全球健康创新研究所卫生政策与管理部主席摩西阿勒斯负责本次培训课程设计,该所卫生经济师卡特担任培训执行主任。课程围绕“大数据系统和高级医院质量管理分析”主题展开,采用课堂讲解、实地考察、交流研讨等方式,帮助学员了解英国国民健康体系下的医院质量管理,特别是基于大数据理念下的医院质量管理创新实践。

【白俄罗斯明斯克地区卫生代表团访问浙江】 11月11日至17日,白俄罗斯明斯克州卫生厅厅长巴娅斯卡娅·娜塔莉娅率代表团一行5人访问浙江。13日,省卫生计生委副主任马伟杭会见代表团一行,委国合处处长陈正方和省中医药管理局局长徐伟伟、副局长蔡利辉、调研员帅玮等参加会见。徐伟伟介绍浙江省医疗卫生、中医药情况,巴娅斯卡娅·娜塔莉娅介绍明斯克地区医疗卫生情况。双方就在明斯克地区医院建设中医中心事宜交换意见并达成初步合作计划。

在浙期间,代表团先后赴浙江省中医院、方回春堂、浙江英特集团股份有限公司及其饮片厂、浙江省中山医院、浙江惠松制药有限公司、浙江景岳堂药业有限公司、浙江中医药大学等访问,交流传统医药、商讨中医药领域合作项目。

【浙江大学医学院附属儿童医院与日本静冈县立儿童医院合作协议】 11月13日在杭州签署。双方将开展优秀儿科人才互访、合作开办临床培训项目、举办国际学术会议、科研合作、医院管理等方面的合作。

日本静冈县立儿童医院建于1977年,是日本规模较大、级别最高的儿童医院之一,尤其在小儿心脏外科领域享誉盛名,其心脏外科全部开展复杂高难度的先心病例。浙江大学医学院附属儿童医院与日本静冈县立儿童医院自1982年起建立良好合作关系,双方定期开展互访、共同举办学术讲座等,交流不断深入。

【第16批援中非医疗队出征】 12月28日,省卫生计生委为即将赴中非的第16批援中非医疗队举行欢送仪式。省卫生计生委主任张平出席仪式为援非医疗队授旗并作动员讲话。张平勉励援外队员牢记使命与担当,增强政治意识、使命意识、集体意识、纪律意识,不忘初心,牢记使命,以饱满的政治热情、昂扬的精神状态和精湛的医疗技术,圆满完成援中非医疗任务。

自1978年浙江省派出第一支援中非医疗队以来,已先后向中非派出15批医疗队243人次。第16批援中非医疗队由11名队员组成,分别来自宁波市第一医院、第二医院,宁波市医疗中心李惠利医院、宁波市医疗中心李惠利东部医院、宁波市中医院、宁波市妇儿医院、鄞州区第二医院、宁波大学医学院附属医院、温州医科大学附属眼视光医院等,由内科、外科、妇科、麻醉、针推、眼科等9个专业医技人员组成,将执行为期一年半的援外医疗任务。

【医疗机构临床专业技术国际进修项目】 2017年,省卫生计生委通过临床专业技术国际进修项目,先后组织派遣123名医生护士出国进修,其中赴法国8人、英国67人、美国19人、德国18人、日本11人。该项目主要是帮助省内医疗机构开拓与国(境)外高级医疗机构之间的合作关系,鼓励省内医疗卫生机构开展临床技术国际合作,培养具有国际视野的医学领军人才和青年梯队,示范和引领医疗事业的发展。

(麻欢萍)

省环保厅

【概况】 2017年，省环保厅组织因公出国(境)团组14批44人次。其中8批30人次赴国(境)外执行技术交流与合作洽谈任务，3批10人次赴国(境)外接受技术培训，2批2人次参加国际会议，1批2人次赴国外执行现场技术服务任务。

【省环保厅代表团访问日本静冈】
4月4日至8日，省环保厅总工程师朱留沙率省厅系统和有关企业组成的代表团一行6人访问日本静冈县。代表团参加浙江省与静冈县结好35周年系列纪念活动。与静冈县生活环境部共同举办“环境论坛”，作“美丽浙江 智慧环保”和“浙江省生物质能综合利用的现状及发展”主题演讲。考察静冈县工业技术研究所、理光环境事业开发中心和山梨罐诘株式会社，就中日友好、生态环境保护、污染治理和生物质能源再生利用、智慧环保发展等进行交流。

【参加“第四届中美环保产业论坛”】 5月7日至13日，省环保厅科技与合作处工作人员赴美国，参加在新奥尔良市举行的“第四届中美环保产业论坛”。中美环保产业论坛是中美商贸联委会环境工作组框架下举办的政策对话和技术论坛，旨在促进政策和技术交流，推动环保产业合作。本期论坛主题为废物管理和土壤污染(包括地下水污染预防与修复)。中美双方就各自环境保护工作形势、固废土壤领域管理及其案例、两国合作等进行交流。论坛期间，中方人员还参观美国固废展，走访美国路易斯安那州斯莱德尔“超级基金”木材加工厂修复项目现场，新奥尔良市废弃啤酒厂棕地(“棕地”是已开发利用并废弃的土地)修复再利用项目现场。

【省环保厅代表团访问捷克和俄罗斯】 6月13日至20日，省环保厅副厅长卢春中率省环保系统代表团一行6人访问捷克和俄罗斯。在捷克，代表团拜访皮尔森州政府，听取皮尔森州有关生态环境保护、境内流域水资源管理、流域污染综合治理等相关法规制度体系介绍，代表团介绍浙江省“五水共治”情况，双方就水污染治理经验和技术进行交流。拜访环境技术投资公司，听取该公司在水环境保护领域国际合作项目工程介绍，双方签订友好合作关系备忘录。代表团还踏勘贝龙卡河生态环境管理状况等。在俄罗斯，代表团拜访俄罗斯联邦水文气象和环境监测署，了解俄罗斯在生态环保及水环境管理方面的法律法规和环境监测状况。拜访圣彼得堡市自然环境生态保护安全委员会，了解该机构环境管理机制和圣彼得堡城市污水处理状况。访问期间，代表团还与当地侨务组织进行座谈交流，了解当地环境状况和环境管理公众参与等情况。

【省环科院技术人员赴德国执行审核】 9月18日至22日，省环科环境认证中心工程师严寒、金红茂根据国家认证规范要求，赴博世华环保科技(德国)有限公司进行质量、环境管理体系年度监督审核。博世华环保科技(德国)有限公司的环境管理体系(ISO14001)和质量管理体系(ISO9001)证书由浙江省环科环境认证中心颁发。两位审核员对该公司经营业务情况、登记文件的合法性、运营及环境管理体系运行情况进行审核，以判定其体系是否符合相关法律法规及ISO9001：2008、ISO14001：2004标准要求。通过现场审核，确定其体系运行有效，推荐其保持质量、环境管理体系认证注册证书。

【省环保系统技术人员赴美国培训】 10月15日至28日，由省环境监测中心副主任张晓海带队的省环保系统技术人员一行14人赴美国洛杉矶，开展VOCs监测与治理技术培训。培训期间，代表团在美国加州长滩州立大学全面系统学习交流美国环境保护机构和环保法律体系、VOCs连续监测不同技术的特点、排污许可证相关法律法规及执行机制、空气质量监控站连续监测技术和实验室分析应用等。调研彼杜克斯空气质量监控站、参观加州南海岸空气质量管理局实验室、参加加州大学洛杉矶分校清洁空气中心空气污染暴露评估讲座等。

【省环保厅代表团访问美国和加拿大】 10月18日至25日，省环保厅代表团一行5人访问美国和加拿大。在美国，代表团拜访马里兰州政府，听取该州政府在土壤修复等环保方面的政策及技术介绍，就土壤污染修复与土壤污染前的管理控制过程进行交流，对进一步加强浙江省与马里兰州环保技术尤其是土壤修复技术的交流合作进行探讨。在加拿大，代表团与奥科环境技术有限公司进行交流，探讨矿山、尾矿修复、污泥减量等相关技术的应用，达成合作意向并签订框架协议。考察滑铁卢大学技术转移中心，了解滑铁卢大学技术转移中心的先进理念和操作运作方式，并就国际技术转移的服务流程与通道进行探讨。

【省环保厅代表团访问日本】 10月30日至11月3日，省环保厅代表团一行6人访问日本。代表团拜访大阪市水道局、大阪水道综合服务中心，了解日本现行水处理标准政策，下水道工程经验和水处理工艺技术，当地供水水源改善的历史和现行水处理运行及成本等情况。参观北九州市小仓新门司垃圾焚烧厂、小仓市环保纪念馆，就当地环保排放标准、固体废弃物处置方法等进行交流座谈。拜访国立环境研究所，参观环保科研设施，水环境保全再生研究基地。参观湖滨带生态修复的代表性技术，考察净化槽技术的应用，了解日本农村生活污水治理设施的长效运行维护管理机制等。

【省辐射站代表团访问韩国】 11月6日至10日，环保部辐射环境监测技术中心（省辐射站）副总工程师率省辐射站代表团一行5人访问韩国，参加第三次中韩辐射环境监测研究合作会议。在位于大田的韩国核安全研究院，双方分别介绍中韩两国辐射环境监测情况，韩方还介绍他们研发的海水实时监测系统。会议就双方的实验比对工作进行讨论和总结，并签订合作备忘录。在韩期间，代表团还参观地处庆州的中低放核废料处置场、月城核电站等核设施和相关实验室。

环保部辐射环境监测技术中心挂靠在浙江省环保厅，与省辐射环境监测站一个机构、两块牌子。

（邱中云）

省新广局

【概况】 2017年,省新广局围绕"一带一路"建设与新闻出版广播影视行业对外交流合作需要,紧扣新媒体管理、新技术运用、影视节目制作、版权交易等主题,按照"因事定人、务求实效"总体要求,全年完成9个团组出国(境)访问、组织2个团组赴英国培训。

【派员参加中国电影周活动】 3月21日至31日,省新广局派员随国家电影局组织的"中国电影周中国主宾国"活动赴坦桑尼亚、毛里求斯和摩洛哥访问。配合国家"一带一路"倡议,在非洲三国举办中国电影展映活动,让当地媒体和观众进一步了解中华传统文化和当代中国的现实风貌,同时调研当地电影产业和市场,加强与"一带一路"沿线国家的人文交流和合作。

【省新广局代表团参加戛纳春季影视节】 4月2日至9日,应法国戛纳国际影视节组委会邀请,省新广局代表团一行4人携浙产影视作品赴法国参加戛纳春季影视节,扩大浙产影视产品在海外的影响力和传播力,推动浙江影视文化产品和服务出口。

【派员访问俄罗斯和芬兰】 8月16日至23日,省新广局派员随国家新闻出版广电总局团组赴俄罗斯和芬兰执行媒体融合与影视节目合作任务。在俄罗斯和芬兰期间,代表团访问考察两国主要广播影视媒体,深入了解广播影视新媒体台网融合技术与管理及运作方式和设备、节目交流合作与管理经验等。

【浙江影视代表团访问捷克和匈牙利】 8月29日至9月4日,省新广局局长寿剑刚率浙江影视代表团一行5人访问捷克和匈牙利。访问期间,代表团一行先后与捷克格文集团、J&J亚库比斯克电影公司、普拉马电视台、捷克泽林国际电影节组委会,匈牙利柯达影视拍摄基地、电影艺术院线、ATV电视台等影视机构进行会谈,就加强影视业合作等进行深入交流和磋商。代表团还就在捷克举办"浙江电影周"、合拍电视剧、深化电视台合作等与捷克方达成共识。

【省新广局代表团访问德国和英国】 9月1日至8日,省新广局代表团一行4人访问德国和英国。在两国期间,代表团一行参加德国柏林国际消费类电子产品展览会、考察英国康科网络科技公司,了解世界最新视听和消费类电子产品的研发生产和市场需求,进一步掌握广电科技发展的最新动向。

【省新广局代表团访问美国和加拿大】 9月25日至10月2日,省新广局代表团一行4人访问美国和加拿大。访问期间,代表团一行先后走访美国奈特艾莱斯蒂克研发中心、《华盛顿邮报》、哥伦比亚广播公司、NBC广播公司和加拿大中国文化电视台等媒体机构,学习交流建立智能化、云计算、大数据的广播电视内容监管监测网络系统相关技术,了解美国和加拿大两国新媒体的发展和技术运用情况。

【组织赴英国影视人才培训】 10月7日至11月5日,由省新广局、省人力资源和社会保障厅共同组织主办的浙江省影视内容创意与制作培训团一行21人,赴英国伦敦威斯敏斯特大学进行培训。培训期间,学员们系统学习了影视项目开发、剧本研发、IP

改编、国际化制片管理和影视制作等方面专业内容，提升了国际化专业水平。

【省新广局代表团参加德国法兰克福书展】 10月10日至16日，省新广局代表团一行3人赴德国，参加第69届法兰克福书展。代表团携带内容涵盖社科、艺术、科普、少儿、教育等方面的浙版图书参展。其间，与法国、美国、德国、英国、马来西亚、越南、印尼、比利时等国家出版机构达成版权合作协议。

【省新广局代表团参加法国戛纳秋季电视节】 10月14日至21日，省新广局代表团一行6人赴法国，参加戛纳秋季电视节。在电视节期间，设立"浙江联合展台"，集中展示浙产影视作品和影视企业风采，内容涵盖电影、电视、纪录片、动画、节目等。代表团一行还与100多家国际企业(机构)进行洽谈，其中杭州天雷动漫、博采传媒和东阳欢娱影视文化等与相关国际(机构)企业成功签约，搭建了浙江影视"走出去"的重要平台。

【组织赴英国出版人才培训】 10月15日至11月4日，由省新广局、省人力资源和社会保障厅共同组织主办的浙江省出版融合转型发展培训团一行21人，赴英国进行培训。培训期间，学员们学习了数字出版运营、品牌建设、版权保护、资源整合管理等课程，拓宽了出版行业融合转型发展的眼界。

【省版权贸易代表团访问墨西哥和秘鲁】 12月6日至14日，省新广局副局长单烈率浙江省版权贸易代表团一行6人访问墨西哥和秘鲁。访问期间，代表团在墨西哥、秘鲁两国设立了3个浙版图书海外"百柜工程——悦读浙江"专柜，并捐赠浙江省最新出版的1000余种优秀图书。代表团还与两国出版机构达成广泛的版权合作意向，并签订一批图书版权贸易合同。

(马　盈)

省体育局

【概况】 2017年，省体育局接待31个国家和地区的访问交流与参加比赛活动团组8批483人次。全年派出因公出国(境)团组145批531人次，分别赴58个国家和地区参加体育比赛、训练或访问交流。

【2017年场地自行车亚洲锦标赛暨亚洲青年锦标赛男子团体竞速赛】 2月6日至10日，在印度新德里举行的2017年场地自行车亚洲锦标赛暨亚洲青年锦标赛上，浙江省场地自行车队李建鑫、罗泳佳、高建伟代表中国队出战，获得男子团体竞速赛冠军，实现浙江省场地自行车队亚洲冠军零的突破。

【第19届世界航海模型锦标赛】 5月6日在匈牙利举行。浙江省运动员龚群星获帆船F5—10项目冠军。8月27日，浙江省运动员姚祺获动力艇ECO-EXP项目冠军。

【瑞安籍女运动员在2017举重世青赛获得三金】 6月16日至23日，2017年世界青年举重锦标赛在日本东京举行。在女子90公斤级比赛中，浙江瑞安籍举重运动员彭黎娜获抓举、挺举和总成绩第一的佳绩，为中国队获得3枚金牌。

【宁波市体工队女运动员在2017举重世青赛获得三金】 6月23日，在日本东京举行的2017年世界青年举重锦标赛上，代表中国队参赛的宁波市体工队运动员孙永杰获得女子90公斤以上级冠军，包揽该项目抓举、挺举、总成绩3枚金牌。

【2017年世界青年射击锦标赛】 6月26日在德国苏尔举行。浙江射击运动员陈依枚与队友(朱莹洁、高铭蔚)在获得10米女子气步枪团体项目金牌之后，又在个人项目上获得铜牌。

【2017年国际田联钻石联赛摩纳哥站男子4×100米接力赛】 7月22日在摩纳哥举行。由吴智强、谢震业、苏炳添和张培萌组成的中国男子4×100米接力队，在比赛中战胜美国和加拿大等强队，以38秒19的成绩获得冠军。

【第17届国际泳联游泳世锦赛】 7月23日在匈牙利布达佩斯举行。在男子400米自由泳决赛中，浙江选手孙杨以3分41秒38获得冠军，实现世锦赛该项目三连冠。在男子200米自由泳决赛中，孙杨以1分44秒39破亚洲纪录的成绩获得冠军。浙江选手徐嘉余以52秒44的成绩获男子100米仰泳冠军，成为中国男子仰泳的首位世界冠军。

【2017皮划艇世界青年锦标赛】 7月30日在罗马尼亚举行。在(U18)女子皮艇200米决赛中，代表中国参赛的杭州运动员俞诗梦，凭借出色发挥获该项目冠军，再次实现历史性突破。

【2017国际象棋男子世界杯】 9月27日在格鲁吉亚首都第比利斯举行。中国棋手丁立人在个人赛决赛快棋加赛中以0∶2负于世界排名第四的亚美尼亚名将阿罗尼扬，获得亚军。这是中国男子棋手在世界个人大赛中取得的历史最佳战绩，凭借这个亚军，丁立人拿到了2018年世界冠军候选人赛入场券。丁立人，中国国际象棋棋手，国际特级大师，浙江温州籍。

【蹦床世界杯赛】 10月1日，2017年国际体联蹦床世界杯系列赛葡萄牙站举行，中国单跳界的领军人物、浙江省选手贾芳芳发挥稳定，再度蝉联冠军。

【2017年世界综合格斗锦标赛】 10月6日至7日在哈萨克斯坦首都阿斯塔纳举行。7日进行决赛，中国女子选手、24岁的浙江乐清籍林荷琴获52.2公斤级金牌，为中国在世界综合格斗锦标赛上实现金牌零的突破。

【2017杭州马拉松比赛】 11月5日在杭州举行。来自56个国家和地区的35000名选手参赛。本届马拉松有5名男运动员破赛会男子纪录、7名女运动员破赛会女子纪录。男子马拉松赛，来自埃塞俄比亚的阿兹梅拉·贝克勒·莫拉利恩以2小时10分33秒获男子马拉松冠军；来自肯尼亚的萨莫埃尔·特乌里·姆瓦尼基获得亚军，成绩是2小时10分36秒；季军是来自埃塞俄比亚的阿布迪·弗法·尼加萨，成绩是2小时10分41秒。女子马拉松前三名由来自埃塞俄比亚的运动员包揽，分别是穆露哈布特·泽加·切克尔(2小时28分08秒)、廷贝特·吉戴伊·沃德加布瑞伊和兹·德萨雷根·阿德纳。

内蒙古的李春晖以2小时20分37秒获中国籍男子马拉松赛冠军，福建的游培泉和河南的刘路峰分别夺得亚军和季军。新宁波人(籍贯山东)李文杰以2小时40分09秒获中国籍女子马拉松冠军，甘肃的张景霞和辽宁的李付梅分别获亚军和季军。

本届杭州马拉松加入“奔跑中国·改革开放”马拉松系列赛，全面展现“繁荣杭州、美丽杭州、活力杭州”，诠释、传递杭州独特的历史、文化价值和精神追求，将中国改革开放以来杭州所取得的成果，通过马拉松赛事展现给全世界。

【第十届亚洲气枪射击锦标赛】 12月8日在日本东京举行。浙江射击队运动员王璐瑶与队友团结协作、奋勇争先，以1249.2环的成绩获女子10米气步枪比赛团体冠军。

【2018年和2019年两届世界女子排球世俱赛落户浙江】 12月21日，国际排联在瑞士洛桑宣布，2018年和2019年两届世界女子排球俱乐部锦标赛(简称“世俱赛”或“世俱杯”)将在中国的浙江省举行。

(周春慧)

省海洋与渔业局

【概况】 2017年，省海洋与渔业局组织出访团组15批27人次，分别赴美国、加拿大、比利时、韩国、日本、印度、缅甸和泰国进行海洋技术管理合作交流、渔业科技合作交流、水产养殖科研交流、参加国际会议等。全年接待来自美国、英国、加拿大、澳大利亚、泰国、以色列、韩国、吉布提等国家来访团组12批92人次(不包括省海洋水产研究所)，其中包括来自苏丹、乌干达、埃及和柬埔寨等14个发展中国家鱼类苗种技术培训班学员。实施引进外国专家项目5个。

【加拿大劳伦斯大学教授访问省淡水所】 3月27日至31日，加拿大劳伦斯大学约翰·葛恩教授访问省淡水水产研究所(简称省淡水所)。访问期间，约翰·葛恩在省淡水所作“加拿大萨德伯里环境治理”学术报告，与资源与生态研究室、渔业环境与安全研究室相关科技人员进行交流，还赴湖州和孚与八里店参观省淡水所养殖尾水处理及循环利用试验示范点并给予专业化指导。

【英国斯特林大学专家访问省水产技术推广总站】 4月15日，英国斯特林大学道格拉斯教授和奥斯卡博士访问省水产技术推广总站，双方就水产遗传育种、疫病监控与预防、水产饲料营养等学术问题进行交流，并对开展互派科技人员访问、项目合作等交换意见。其间，道格拉斯和奥斯卡就斯特林大学水产学科发展概况与研究成果、鱼类病害研究与防控等作专题报告，参观省站西坝基地、中心实验室和“物联网+N”智慧渔业远程监控室等。

斯特林大学是英国苏格兰最顶尖的大学之一，该校的水产养殖被评定为“5”的高级别，符合国际卓越标准。

【“发展中国家鱼类苗种生产与饲料开发技术培训班”学员到省淡水所学习考察】 5月22日，由14个国家60名学员组成的“2017年发展中国家鱼类苗种生产与饲料开发技术培训班”到省淡水水产研究所(简称省淡水所)学习考察。学员们听取省淡水所科研成果和重点研究领域等情况介绍，双方就围绕鱼类苗种规模化繁育、池塘多品种混养技术和养殖尾水生态化处理等技术进行交流。学员们还参观淡水鱼博物馆，并赴八里店综合试验基地参观虾类育苗温室、鱼类孵化环道、养殖水体原位生态修复及异位处理设施等。

【澳大利亚塔斯马尼亚大学渔业和水产养殖中心主任访问省海洋水产研究所等】 5月22日至26日，澳大利亚塔斯马尼亚大学渔业和水产养殖中心主任克里斯托弗·卡特访问省海洋水产研究所、省淡水水产研究所、省水产技术推广总站等，分别与浙江省渔业科技人员就生态高效养殖模式与技术构建、水产遗传育种、水产动物营养与饲料研发应用等进行交流，并就人才联合培养、学术合作等进行探讨。其间，克里斯托弗·卡特还为浙江省渔业科技人员作“塔斯马尼亚大学渔业和水产养殖研究”学术报告。

【“限额捕捞　生产监测”主题国际研讨会】 6月19日至21日在舟山举行。由浙江省水产学会和省海洋水产研究所共同主办，省自然资源保护协会协办。与会专家学者围绕渔业资源调查、资源评估、限额捕捞管理等作了七个主题报告，并就限额捕捞工作设计思路与框架、渔业资源评估及合理利用研究等进行专题讨论。来自美国海洋自然资源评估有限公司、群岛海洋研究、自然资源保护协会等国际机构，农业部渔业渔政管理局、浙江省海洋与渔业局、山东省海洋与渔业厅等渔业行政管理部门和中国水科院、上海海洋大学、浙江海洋大学等科研机构专家学者和渔业管理者70人参加会议。

【泰国东方大学本科生到省海养所实习培训】 6月20日至11月21日，省海洋水产养殖研究所(简称省海养所)接收来自泰国东方大学海洋技术学院本科生朱它蓬·苏帕布洛特与孔尼卡·雅德索法进行5个月的本科毕业实习，在双方导师指导下，两名实习生在省海养所下属科研基地完成实验操作、数据整理、毕业论文撰写等，并通过双方组织的毕业论文答辩。

【省海养所科技人员赴越南参加研讨会】 6月21日至24日，省海洋水产养殖研究所(简称省海养所)首席专家陈少波研究员赴越南胡志明市，参加“第二届加强亚太经合组织粮食安全与气候变化合作研讨会”。亚太经合组织(APEC)是中国参与亚太区域合作的重要平台。2016年，APEC成员批准APEC资助的“加强APEC粮食安全与气候变化合作”项目，主要讨论在APEC粮食安全与气候变化多年计划中反映的区域合作具体行动与机遇相关问题。省海养所与APEC海洋可持续发展中心有着良好合作关系，曾多次参加APEC的海洋与渔业相关项目与活动。

【韩国国家水产科学研究所专家访问省淡水所】 6月28日，韩国国家水产科学研究所金·邦雷教授一行3人访问省淡水水产研究所，交流罗氏沼虾产业情况。金·邦雷一行介绍韩国罗氏沼虾产业情况及其团队的主要研究成果。双方就科技人员派遣等事宜进行探讨。

【派员参加中日渔业执法会谈】 7月17日至21日，省海洋与渔业执法总队副总队长张友松根据中国海警局要求，随团赴日本东京参加2017年中日渔业执法会谈。中日渔业执法会谈系中日渔业联合委员会会谈中的一项内容，本次会谈为第12届中日渔业执法会谈，主要围绕中日渔业协定相关执法工作进行。

【以色列恩佐泰克公司副总裁访问省淡水所】 7月21日，以色列恩佐泰克公司副总裁拉瓦吉尔·莫尔一行5人访问省淡水水产研究所(简称省淡水所)。拉瓦吉尔·莫尔介绍其公司主要研究成果及业务领域，并与省淡水所技术人员就罗氏沼虾育种技术及产业化情况进行交流，初步探讨了罗氏沼虾全雌苗种产业化的可行性。

【派员赴美国访问调研】 7月30日至8月5日，省海洋与渔业局渔政渔监处处长潘建忠随农业部渔业渔政管理局代表团赴美国阿拉斯加访问调研。在阿拉斯加，代表团参观北太平洋区域渔业管理委员会、科迪亚克渔业研究中心、阿拉斯加海洋生物中心、美国海神叉水产公司等，就休闲渔业管理、限额捕捞管理及执法管理进行调研，并就海洋渔业资源保护方面的管理经验进行交流。

【派员参加2017年中韩渔委会第一次筹备会议】 8月20日至24日，省海洋与渔业局渔政渔监处副处长施杭城随农业部渔业渔政管理局代表团赴韩国，参加在韩国釜山举行的2017年中韩渔委会第一次筹备会议。

【2017海岸带蓝色碳汇国际研讨会】 8月26日至27日在温州举行。由省海洋水产养殖研究所、华东师范大学生态与环境科学学院、浙江省近岸水域生物资源开发与保护重点实验室、上海城市化生态过程与生态恢复重点实验室联合主办。会议主题为“海岸带蓝色碳汇:概念与方法”。美国海洋生物研究所、美国伍兹霍尔海洋研究所、美国佛罗里达海湾大学、美国地质勘探局，泰国东方

大学科技创新园和中国国家海洋局第一海洋研究所、厦门大学、浙江大学等国内外高校、科研院所的海洋界专家学者百余人参加研讨。会议探讨了蓝色碳汇在社会、生态和科研领域的发展前景，交流讨论了海洋碳汇标准、评估技术、基于碳汇的水产养殖模式、岸线修复技术、基于碳交易的蓝碳经济、管理策略等，形成了新的、具有特色的蓝色碳汇理念，为促进该领域在科研、应用和管理上的平衡发展发挥积极作用，为全球低碳转型提供有益的参考。研讨会上，交流专家作报告20个，并发布倡议书。

【派员赴比利时参加研讨会】 9月3日至9日，省海洋水产养殖研究所派助理研究员张翔博士赴比利时根特大学，参加2017国际鱼贝苗种培育研讨会。近50个国家的400余名代表围绕亲本管理、催熟和产卵，发育生物学和苗种畸形，幼体营养，商业规模苗种培育，育苗过程的微生物管理等五个方面作研究进展和行业动态报告与交流。

【加拿大驻沪总领馆领事访问省海洋与渔业局】 9月13日，局总工程师孙晓明会见加拿大驻沪总领事馆商务领事石凯群一行3人。石凯群介绍加拿大在水下机器人、海底观测、海洋气象与声学、可再生能源利用等领域的研究计划和进展，并就11月组团访问浙江事宜进行对接。双方表示，要在海洋科技领域、科技热点等方面加强沟通，探索建立合作框架。

【吉布提渔业代表团访问浙江】 9月20日至25日，受浙江省人民政府邀请，吉布提渔业代表团一行5人访问浙江，就未来双方开展渔业合作等相关事宜进行交流访问。21日，省海洋与渔业局局长黄志平会见代表团一行，双方就渔业合作协议及相关条款进行讨论。局总工程师孙晓明代表省海洋与渔业局与吉布提奥博克地区管理委员会签署渔业合作协议。在浙期间，代表团还赴舟山访问，舟山市副市长姜建明与代表团进行座谈。随后，代表团赴舟山市国家远洋渔业基地、省海洋水产研究所西轩渔业科技岛进行参观。

【泰国东方大学代表团访问省海养所】 10月19日至21日，泰国东方大学海洋技术学院院长班隆南盛、海洋技术研究中心主任拉昌尼穆克希兰苏差勒访问省海洋水产养殖研究所（简称省海养所）。在省海养所期间，代表团考察海养所本部及清江基地，听取在省海养所的泰国本科生实习进展报告，与省海养所科研人员就南美白对虾引种及繁育、海水养殖合作研究、人员交流与培训进行交流，双方明确了合作意向。

【省淡水所渔业科技交流团访问加拿大和美国】 10月22日至28日，省淡水水产研究所（简称省淡水所）所长顾志敏率渔业科技交流团一行2人访问加拿大和美国。访问期间，交流团一行参观加拿大格林威水产养殖公司循环水养殖车间和鱼菜共生系统，美国奥本大学农学院渔业系繁殖生物学实验室和试验场、普渡大学森林与自然资源系水生态实验室及养殖场，分别就循环水养殖技术、养殖尾水处理技术、鱼类遗传育种、水产动物健康养殖技术、鱼虾养殖水环境处理技术等与各方进行交流探讨，并就联合申报项目和互派访问学者等进行洽谈。交流团还与格林威水产养殖公司和奥本大学签署合作谅解备忘录，与美国普渡大学达成一致合作意向。

【派员参加第18届中日渔委会第二次筹备会及年会】 10月24日至28日，省海洋与渔业执法总队副总队长张友松随农业部渔业渔政局代表团赴日本东京，参加第18届中日渔业联合委员会第二次筹备会及年会。中日渔业联合委员会每年举行两次筹备会和一次年会，主要就中日渔业协定相关执行情况进行会谈。

【省海养所科技人员赴泰国研修】 11月2日至12月7日，省海洋水产养殖研究所（简称省海养所）

派遣遗传育种研究室张敏博士和冀德伟工程师赴泰国东方大学海洋技术学院进行水产养殖研修。在泰国期间，两位科技人员调研南美白对虾育苗场和养殖场、拜访庄他武里渔业部皇家发展研究中心和东方大学邦盛海洋科学研究院，学习泰国南美白对虾的选育、育苗和养殖技术。

【省海洋技术管理代表团访问美国和加拿大】 11月5日至12日，省海洋与渔业局副局长陈畅率海洋技术管理代表团一行5人访问美国和加拿大。访问期间，代表团与美国国家海洋和大气局下属国家海洋局、美国芝加哥大学海洋生物实验室生态中心、北太平洋海洋科学组织秘书处和加拿大海洋渔业部下属海洋研究所等，就海岸带修复与保护、海岸带生态管理应对气候变化、海洋保护区管理、河口管理与监测、海洋“蓝碳”监测等进行研讨与交流，开展最新成果合作洽谈，就海洋管理建立对话交流机制，并代表浙江省海洋科学院与美国芝加哥大学海洋生物实验室生态中心签订合作交流备忘录。

【派员赴缅甸仰光执行验收任务】 11月12日至16日，省海洋与渔业局海情处副调研员徐云参加由农业部渔业渔政管理局组织的验收工作组赴缅甸仰光，对浙江省涉事渔船整改落实情况进行现场验收。

【省渔业代表团访问日本和韩国】 11月13日至20日，省海洋与渔业局副局长陈远景率省渔业代表团一行5人访问日本和韩国。在日本，代表团就水产养殖、水产品质量安全管理、渔业资源保护等与长崎县人工鱼礁建设现场、综合水产试验场、水产中心等进行研讨，并与日本长崎县水产部续签两省县渔业合作备忘录。在韩国，代表团访问全罗南道海洋水产局、海洋水产科学院、鲍鱼养殖场、鳗鱼养殖场等，与各方就水产养殖、渔业全产业链培育、减船转产等进行交流，并与韩国全罗南道水产局首次签订两省道渔业合作备忘录。

【省海养所科技人员赴美国研修】 11月14日至12月2日，省海洋水产养殖研究所首席专家陈少波研究员赴美国，在芝加哥大学海洋生物研究所、伍兹霍尔海洋研究所、史密森尼环境研究中心和加利福尼亚大学圣地亚哥分校斯克里普斯海洋学研究所等就长期生态研究、修复渔业及海洋牧场相关环境技术研究、保护生态学等进行研修。

【省淡水所渔业科技交流团访问泰国和印度】 12月3日至10日，省淡水水产研究所党委书记张海琪率渔业科技交流团一行4人访问泰国和印度。访问期间，交流团参观泰国亚洲理工学院、素攀罗氏沼虾养殖场、育苗场及合作社、内陆水产养殖研究所和印度阿南达集团相关鱼虾养殖场、饲料厂等，就罗氏沼虾等品种遗传育种、种质资源保存及引进，罗氏沼虾、罗非鱼、甲鱼等品种养殖技术及模式与病害防治等进行交流。并与泰国亚洲理工学院就联合申报项目和互派技术人员进修等达成意向，与印度阿南达集团就互派访问学者及开展渔业科技合作签署谅解备忘录。

【省海洋减灾合作交流团访问泰国】 12月11日至15日，省海洋监测预报中心副主任宋琍琍率省海洋减灾合作交流团一行4人访问泰国东方大学。访问期间，交流团与泰国东方大学商定合作备忘录和协议备忘录基本框架，拜访东方大学春武里校区、东方大学海洋科学研究院、尖竹汶府吉格岛、东方大学尖竹汶校区等，与各方就海洋防灾减灾合作、伙伴综合示范区建设、专业人员培训等进行交流。

（张子寅）

亚太小水电中心

【概况】 2017年，亚太小水电中心承办6期商务部援外培训(研修)、1期国家发展与改革委员会援外培训和2期由佩罗基金资助的国际研讨班，来自40个国家的281位学员参加培训(研修)。接待外宾5批20人次，分别来自菲律宾、格鲁吉亚、埃塞俄比亚、尼泊尔、越南等国家，进行技术交流并探讨项目合作。派遣出国团组7批25人次，参加水利部国际合作与科技司团组2批2人次，分赴尼泊尔、埃塞俄比亚、卢旺达、肯尼亚、马其顿、塞尔维亚、老挝、印度尼西亚等国家开展国际交流、海外技术培训、国际科技合作洽谈等。

【菲律宾马图诺流域开发公司董事长访问亚太小水电中心】 1月15日至18日，菲律宾马图诺流域开发公司董事长阿曼多一行3人访问亚太小水电中心，双方签署商务合同及技术协议。

【南亚国家小水电开发规划研讨会】 3月28日至30日在尼泊尔首都加德满都举行。该项目由南南合作佩罗基金资助，亚太小水电中心主办，得到中国驻尼泊尔大使馆和尼泊尔政府相关部门的大力支持。来自阿富汗、孟加拉国、印度、尼泊尔、巴基斯坦和斯里兰卡等南亚国家的24位代表参加研讨。

【"一带一路"国家基于清洁能源的电气化模式研修班】 5月5日至6月1日在杭州举行。由商务部委托亚太小水电中心承办。来自阿富汗、埃及、印度尼西亚、蒙古、尼泊尔和萨摩亚等国家的33名官员参加研修。

【参加第六届世界水电大会】 5月9日至11日，亚太小水电中心主任徐锦才一行2人赴埃塞俄比亚，参加第六届世界水电大会。在埃塞俄比亚期间，徐锦才一行还拜会埃塞俄比亚水利、灌溉与电力部部长塞莱西，中国驻非盟使团参赞陈宁和驻埃塞俄比亚大使馆参赞刘峪。

【东非国家可再生能源及离网互补发电系统研讨会】 5月12日至14日在埃塞俄比亚首都亚的斯亚贝巴举行。该项目由南南合作佩罗基金资助，亚太小水电中心主办，得到中国驻非盟使团的大力支持。来自埃塞俄比亚、肯尼亚、卢旺达、坦桑尼亚和乌干达等东非国家的24位代表参加研讨。

【亚太小水电中心代表团访问肯尼亚】 5月15日至20日，亚太小水电中心代表团一行访问肯尼亚。与肯尼亚电力技术有限公司就水电合作项目的可行性研究、投资开发方案等进行交流。拜访肯尼亚德丹·基马蒂科技大学、肯尼亚东非长老教会大学鲁巴特分校，就能力建设、技术培训、联合研发、示范电站开发等合作达成一致意见。

【"一带一路"水资源管理及小水电开发研修班】 6月16日至7月13日在杭州举行。商务部委托亚太小水电中心承办。来自阿富汗、亚美尼亚、阿塞拜疆、孟加拉国、多米尼克、朝鲜、埃及、伊朗、老挝、蒙古、缅甸和尼泊尔等国家的44名官员参加研修。

【卢旺达小水电及农村电气化培训班】 9月13日至10月7日在卢旺达首都基加利举行。商务部委托亚太小水电中心承办。中国驻卢旺达大使馆经济商务参赞张力勇出席开班仪式并致辞。卢旺达基础设施部、能源开发有限公司、综合理工区域中心、恩加利能源有限公司和诺维尔能源等31名技术人员参加培训。

【东盟国家小水电与农村社区可持续发展官员研修班】 9月14日至27日在杭州举行。商务部委托亚太小水电中心承办。来自印度尼西亚、老挝和越南等国家的19名官员参加研修。

【发展中国家小水电与农村社区可持续发展官员研修班】 9月14日至27日在杭州举行。商务部委托亚太小水电中心承办。来自埃塞俄比亚、巴拿马、朝鲜、多米尼加、格林纳达、格鲁吉亚、加纳、肯尼亚、马达加斯加、尼泊尔、斯里兰卡、坦桑尼亚、委内瑞拉、乌干达、乌拉圭、赞比亚、尼日利亚、巴基斯坦、蒙古国等58名官员参加研修。

【格鲁吉亚英古瑞公司董事会成员访问亚太小水电中心】 9月27日，格鲁吉亚英古瑞公司董事会成员乔治一行3人访问亚太小水电中心，与亚太小水电中心相关负责人就水库清淤项目进行商谈。

【温室气体减排与能源转型培训班】 10月30日至11月12日在杭州举行。国家发展和改革委员会委托亚太小水电中心承办。来自柬埔寨、埃塞俄比亚、老挝、马达加斯加、马来西亚、尼泊尔、巴基斯坦、菲律宾、卢旺达、坦桑尼亚、乌干达和越南等国家的30名学员参加培训。

【埃塞俄比亚亚的斯亚贝巴科技大学校长访问亚太小水电中心】 10月31日，埃塞俄比亚亚的斯亚贝巴科技大学校长特菲拉一行2人访问亚太小水电中心，就进一步推进“中非清洁能源及农村电气化技术转移与研究培训中心”建设及后续工作与亚太小水电中心相关部门负责人进行交流洽谈。

【尼泊尔国家科学技术院技术分院院长访问亚太小水电中心】 11月1日，尼泊尔国家科学技术院技术分院院长库马尔一行2人访问亚太小水电中心，就技术培训、联合研发等能力建设合作与亚太小水电中心相关部门进行商议。双方一致同意在可再生能源领域开展联合研究和培训，共同推进技术进步，促进南亚国家可再生能源资源开发。

【派员参加水利部代表团访问塞维尔亚和马其顿】 11月8日至15日，亚太小水电中心派员参加水利部国际合作与科技司“一带一路”沿线国家水利工程建设资本运作政策交流研讨团访问塞尔维亚和马其顿。就水利工程建设合作需求及相关政策开展双边研讨，并就在“一带一路”框架下水利能源领域能力培养、联合研发、技术推广等开展合作进行交流。

【越南工贸部能源研究所副所长访问亚太小水电中心】 11月17日，越南工贸部能源研究所副所长阮巴琼一行10人访问亚太小水电中心。与中心相关负责人商议在中越政府间合作框架下开展人力资源培训、联合研究和先进技术示范推广等合作事宜。

【亚太小水电中心代表团访问老挝】 11月29日至12月2日，亚太小水电中心主任徐锦才率代表团一行4人访问老挝。代表团拜访老挝自然资源与环境部部长宋玛・奔舍那和老挝能源与矿产部副部长西纳万・苏发努冯，与老中合作委员会办公厅主任赛萨纳・西提蓬和老挝可再生能源促进研究院院长赞托・米拉塔那冯等就近期拟开展合作项目进行交流。访问期间，亚太小水电中心与老挝可再生能源促进研究院就澜—湄合作基金、南南合作基金和政府间科技创新合作项目的申请与合作签订备忘录。代表团还拜访了中国驻老挝大使馆经济商务参赞王其辉。

【中东欧国家小水电开发与管理官员研修班】 11月29日至12月19日在杭州举行。商务部委托亚太小水电中心承办。来自阿尔巴尼亚、肯尼亚、马其顿、蒙古、黑山、巴基斯坦、波兰、南苏丹和乌克兰等国家的27名官员参加研修。

【亚太小水电中心代表团访问印尼】 12月3日至5日，亚太小水电中心主任徐锦才率代表团一行4人访问印度尼西亚，推进与东盟之间的合作。代表团拜会东盟能源中心主任维拉山，就合作建立"中国—东盟清洁能源和农村电气化技术转移与培训中心"达成一致意见。拜会印尼电力公司，讨论海岛清洁能源多能互补发电技术联合研究和人才培养合作计划并签订备忘录。访问期间，代表团还拜访中国驻东盟使团经济商务参赞谭书富，与印尼宝拉维加亚大学讨论多能互补海水淡化技术合作，与印尼国家电力公司企业大学商讨人才培养和教育合作等。

【派员参加水利部代表团访问印尼】 12月13日至16日，亚太小水电中心派员作为技术专家参加水利部代表团访问印度尼西亚。代表团参加"中印尼海上合作技术委员会第十次会议"，就联合申请的中国—印尼海上合作基金项目"风光互补海岛节能型海水淡化示范工程建设"作技术交流。

【国家重点研发计划战略性国际科技创新合作】 2017年，亚太小水电中心实施国家重点研发计划战略性国际科技创新合作重点专项——"中巴小水电及农村电气化关键技术联合研发中心"，并进一步深入开展小水电及农村电气化关键技术研发与项目示范，拓展科技合作与技术转移范围，发挥中心的辐射作用，积极与尼泊尔、孟加拉国、斯里兰卡等南亚国家开展区域性合作。

【新建"中非清洁能源及农村电气化技术转移与研究培训中心"】 2017年，亚太小水电中心与中兴通讯埃塞分公司、亚的斯亚贝巴科技大学合作在埃塞俄比亚建立"中非清洁能源及农村电气化技术转移与研究培训中心"。该中心面向非洲国家，通过开展清洁能源与农村电气化领域能力建设、联合研究、技术转移和项目示范，积极落实农业现代化、基础设施、绿色发展和减贫惠民等中非合作计划，促进中国和非洲在农村能源和基础设施建设领域合作，推动共同发展、实现互助共赢。

【加强国际科技合作】 2017年，亚太小水电中心在"南南合作""一带一路"倡议引领下，执行战略性国际科技创新合作项目、浙江省参与"一带一路"科技创新合作项目，积极申报中国—东盟海上合作基金、中国—印尼海上合作基金、国家重点研发计划、援外储备等项目，并派员赴非盟、东盟和东欧"一带一路"沿线国家进行交流研讨。

【开展国际水电项目规划设计和咨询】 2017年，亚太小水电中心与"中国电建""中铁国际""中机国能""中国地矿"合作开展"一带一路"沿线国家水电站选点、评估、投标工作，签订战略合作协议，承担项目设计咨询工作。开展缅甸上巴路桥水电站项目设计，承接由电建集团贵州工程公司总包的菲律宾马图诺水电站项目设计，参与越南太安水电站增容改造项目设计合同前期咨询，配合中国成套设备进出口云南股份有限公司赴老挝开展4个小水电站考察咨询，跟踪智利洛匹诺斯水电站、几内亚大瀑布水电站和巴尼水电站等项目。

【促进小水电技术和设备出口】 2017年，亚太小水电中心积极争取老挝、菲律宾等国小水电项目总包业务，开展老挝南明水电站和菲律宾布涛水电站可行性研究设计，为项目总承包提供前期咨询服务。为中航国际肯尼亚韦布耶梯级水电站提供可行性研究及现场踏勘咨询，确立合作模式，后期将开展施工设计和机电设备成套供货服务。为巴新迪乌恩水电站机电设备成套项目提供技术咨询并开展自动化系统设备供货。为古巴玛雅里左、右岸水电站项目提供现场安装指导。开展土耳其阿克洽、奥斯曼、莫拉特水电站及秘鲁桑迪亚、吉拉二级水电站项目的售后服务。

（沈学群）

国际小水电中心

【概况】 2017年，国际小水电中心深入贯彻“创新、协调、绿色、开放、共享”发展理念，紧紧围绕“八个一流”奋斗目标，充分发挥“小水电、大舞台”平台优势，助力推进小水电绿色发展，全面深化小水电领域国际合作，不断巩固中国小水电大国地位，积极推进中国小水电全面走向世界。

国际小水电中心是国际小水电联合会的总部。

【中国可再生能源技术培训班】 3月20日至28日，受联合国工发组织委托，国际小水电中心组织“中国可再生能源技术培训班”，来自联合国工发组织东非可再生能源和能源效率中心各成员国相关政府部门的15名官员参加培训。本次培训重点考察中国可再生能源领域，包括小水电、沼气和太阳能工业生产应用的最佳做法与经验。培训期间，培训班官员们还考察了相关小水电、沼气和太阳能示范项目。

【小水电标准国际化项目启动会暨编委会第一次会议】 3月29日在杭州召开。水利部、国家标准化管理委员会，联合国工发组织，及科研、设计、建设与设备制造单位和高等院校的50多名代表参加会议，水利部总规划师张志彤出席会议并作总结讲话。

小水电标准国际化项目有助于提高发展中国家小水电建设能力，推动中国小水电行业在“一带一路”倡议下开展国际产能合作，进一步提升中国小水电行业在国际舞台的话语权与影响力。

【东南非共同市场——国际小水电中心联合办公室】 5月17日在赞比亚首都卢萨卡东南非共同市场总部成立。水利部总规划师张志彤，国际小水电中心主任程夏蕾和东南非共同市场秘书长恩格温亚参加仪式并为办公室成立揭牌。联合办公室的设置，将推动东南非共同市场各成员国小水电项目的规划、政策研究及其他可再生能源领域政策信息共享，促进该地区小水电项目的投融资合作。

【组织加纳小水电技术研讨班】 7月12日至16日，为促进加纳可再生能源发展，在联合国开发计划署中国—加纳可再生能源技术转移项目框架下，国际小水电中心在杭州组织加纳小水电技术研讨班。来自加纳能源电力行业的4位官员和技术人员与中方小水电专家交流研讨小水电政策及经验。研讨期间，研讨班成员还考察了浙江相关小水电站。

【马达加斯加小水电规划与设计培训班】 7月24日至28日在马达加斯加首都塔那那利佛举办。来自马达加斯加、津巴布韦及东南部非洲共同市场秘书处的20多位学员代表参加培训。

马达加斯加是世界第四大岛，水电资源十分丰富，开发潜力巨大。马达加斯加能源部部长高度赞赏中国小水电开发取得的成就，希望与中方加强小水电开发领域合作，并计划将小水电开发作为解决马达加斯加电力短缺问题的优先发展方向。本次培训通过传播中国小水电规划与设计方面的经验和理念，推动马达加斯加等东南部非洲地区国家小水电开发能力建设，加强和巩固国际小水电中心与东南非共同市场在小水电及可再生能源领域的深入合作。

【墨西哥国家电力和清洁能源研究所代表访问国际小水电中心】 9月20日，墨西哥国家电力和清洁能源研究所代表，规划、战略管理及商业化处处长费尔南多·科尔访问国际小水电中心。访问期间，费尔南多·科尔与国际小水电中心负责人签署“中国—墨西哥小水电清洁能源联合研究开发中心”项目合作备忘录。根据备忘录，双方将共同开展相关项目的合作研究，推动墨西哥清洁能源发展。

【发展中国家小水电国际合作交流会】 9月27日在杭州国际小水电中心举办。来自朝鲜、蒙古、格鲁吉亚、尼泊尔、斯里兰卡、巴基斯坦、尼日利亚、赞比亚、坦桑尼亚、马达加斯加、加纳、乌干达、肯尼亚、埃塞俄比亚、巴拿马、格林纳达、多米尼加、乌拉圭、委内瑞拉等19个国家的官员，以及15个国际小水电联合基地、会员和相关企业代表参加会议。国际小水电中心主任程夏蕾、副主任黄燕出席交流会。会议议程分小水电国家报告、企业代表发言和交流研讨。

【全球环境基金(GEF)中国小水电增效扩容改造增值项目】 11月3日，全球环境基金(GEF)“中国小水电增效扩容改造增值”项目启动会及项目指导委员会第一次会议在杭州召开。中国水利部、财政部和联合国工发组织及来自浙江、福建、湖北、广东、广西、重庆、云南、陕西等试点省(市)水利部门代表、项目业主和相关方代表出席。会议宣布成立项目指导委员会，审议通过各项管理办法和工作计划，并对下一步工作作了总体部署。

2016年6月13日，全球环境基金理事会正式批准“中国小水电增效扩容改造增值”项目建议书，2017年7月完成和联合国工业发展组织的协议签署，全球环境基金将通过联合国工业发展组织出资援助892.5万美元，在中国水利部、财政部牵头下，由国际小水电中心负责实施。该项目旨在利用全球环境基金先进的理念和资金，依托“十三五”农村水电增效扩容改造项目的实施，进一步提高中国小水电增效扩容改造项目附加值，重点解决小水电在河道生态修复、安全生产管理和提升自动化控制水平等方面的问题。

【2017年中东欧国家小水电开发与管理官员研修班】 11月29日至12月19日在杭州举办。来自阿尔巴尼亚、肯尼亚、马其顿、黑山、波兰、乌克兰、蒙古、巴基斯坦、南苏丹等9个国家25位官员参加。培训期间，学员们参加了小水电开发案例研究、“一带一路”建设与国际合作等课程的学习和讨论，还前往国际小水电中心金华水电设备制造基地、长江三峡水利枢纽工程等地学习参观。

（褚　瑾）

省 总 工 会

【概况】 2017年,省总工会接待来自13个国家和地区的工会代表团16批79人次。组织5个代表团27人次,出访9个国家和地区。

【阿拉伯工会国际联合会代表团访问浙江】 2月15日至17日,以总书记高桑·高森为团长的阿拉伯工会国际联合会代表团应中华全国总工会邀请访问浙江。代表团参观了杭州市总工会职工服务中心、阳光工艺大舞台等。省总工会党组书记、常务副主席杜世源,省总工会党组副书记、巡视员、副主席曹国旗代表省总工会接待代表团,向代表团介绍浙江省工会情况,双方就工会组织间的联系交流以及共同发展等问题交换看法。

【埃及全国铁路工会代表团访问浙江】 3月21日至23日,以阿卜杜·法塔赫·法克里主席为团长的埃及全国铁路工会代表团访问浙江。省人大常委会副主任、省总工会主席厉志海,省总工会党组副书记、巡视员、副主席曹国旗等接待代表团一行。访问期间,代表团参观杭州地铁、杭州东站等,并进行互动交流活动。

【俄罗斯伏尔加格勒州工会代表团访问浙江】 4月16日至19日,以艮塞·达契亚娜·尼格拉耶夫娜主席为团长的俄罗斯伏尔加格勒州工会访华团一行5人访问浙江。省总工会党组书记、常务副主席杜世源,副书记、巡视员、副主席曹国旗,副主席董建伟等会见代表团一行并进行座谈交流。访问期间,代表团一行参观访问浙江省总工会(省级产业工会)职工医疗互助服务中心、三台山庄、湖州久立集团、湖州市总工会等。

【韩国劳动组合总联盟庆尚南道本部友好代表团访问浙江】 6月12日至16日,以金相赞为团长的韩国劳动组合总联盟庆尚南道本部友好代表团一行访问浙江。访问期间,代表团参观访问国际箱包城、新秀集团、新文越有限公司,并与企业工会进行座谈。与嘉兴市、平湖市和桐乡市等地市工会进行交流。省总工会副主席董建伟、周小兵等会见代表团并参加座谈交流活动。

【省总工会代表团访问加拿大和古巴】 8月31日至9月8日,省总工会党组副书记、巡视员、副主席曹国旗率浙江省总工会代表团一行6人访问加拿大和古巴。在加拿大,代表团拜访并参观加拿大私营部门职员工会,与该会管理层进行交流并商谈两会今后合作互访等事项。在古巴,代表团拜会马坦萨斯省总工会、古巴工人中央工会,参观当地的外资企业——棕榈阳光大酒店和工会设施等,并开展多场交流活动。在古巴期间,古巴共产党中央委员会委员、古巴工人中央工会总书记尤里赛斯·吉拉特会见代表团,双方进行了会谈。

【省总工会代表团访问葡萄牙和挪威】 9月21日至28日,省总工会副主席周小兵率浙江省总工会代表团一行5人访问葡萄牙和挪威。在葡萄牙,代表团与赛杜瓦尔地区总工会执委进行交流,参观工会服务所、地区垃圾处理厂等,并与职工和工会负责人进行座谈。在挪威,代表团拜访挪威能源工会、挪威全国总工会、GE制药厂和石油中心等,并举行多场研讨会。

【国际网络工会代表团访问浙江】 9月22日至23日，应中华全国总工会的邀请，以副总书记克里斯蒂·霍夫曼为团长的国际网络工会代表团一行12人到浙江交流访问。在浙期间，代表团参观中欧班列、国际商贸城，并与外籍协调员交流座谈。省总工会副主席董建伟向代表团介绍了浙江社会经济发展情况和浙江工会情况。

【加拿大联合工会代表团访问浙江】 10月22日至25日，以主席杰瑞·迪亚斯为团长的加拿大联合工会代表团一行5人访问浙江。省总工会副主席董建伟会见代表团一行，介绍浙江省经济社会发展和工会工作情况。在浙期间，代表团与省总工会进行座谈交流，参观众泰汽车、杭州市总工会职工服务中心并与企业工会进行交流。

【省总工会代表团访问新加坡和越南】 11月25日至12月2日，省总工会副主席张兆都率浙江省总工会代表团一行4人访问新加坡和越南。在新加坡，代表团拜访新加坡食品饮料暨同业工友联合会总部，参访新职总下属的e21就业培训中心、新职总新建并投资的新加坡全民平价超市及该会的会员单位等，并开展交流活动。在越南，代表团拜访越南劳动总联、北宁省总工会，参观职工活动场所、宣传基地及工会的事业单位并进行交流。代表团还参观了北宁省的另两家企业。

【日本劳动组合总联合会福井县联合会代表团访问浙江】 12月10日至13日，以横山龙宽会长为团长的日本劳动组合总联合会福井县联合会第13次访华代表团一行6人访问浙江。省总工会副主席董建伟接待代表团一行，介绍浙江省经济社会发展和工会工作情况。在浙期间，代表团与省总工会进行座谈交流，参观杭州松下家用电器有限公司、杭州市总工会职工服务中心，并与企业工会进行座谈交流。

【省总工会代表团访问日本】 12月11日至15日，以嘉兴市总工会副主席王春勤为团长的浙江省总工会友好代表团一行6人访问日本。在日本期间，代表团与日本劳动组合静冈联合会、静冈县劳动者福祉协议会、静冈县劳动金库、全劳济静冈本部进行工作交流，参观静冈国立印刷厂和日本国会。

【马来西亚全国教育工会代表团访问浙江】 12月13日至14日，以副主席曾泰春为团长的马来西亚全国教育工会代表团应中华全国总工会邀请访问浙江。代表团在杭期间参观杭州市安吉路实验学校和杭州师范大学，并与学校工会进行交流座谈。

（李诗越　陈玮玮）

表3　2017年省总工会接待的其他来访团组

来访时间	团组名称	人数	团长姓名	接待领导
10月17～18日	挪威全国总工会代表团	6	盖尔德·克里斯蒂安森	董建伟
11月15～17日	巴西工人总联盟代表团	6	亚拉·阿尔瓦伦加·弗莱雷	
11月22～24日	阿根廷工人中央工会代表团	2	胡利奥·阿尔韦托·阿科斯塔	
12月6～7日	日本联合大阪访问团	4	田中宏和	

团 省 委

【概况】 2017 年,团省委应邀组织 10 批 44 人次,赴美国、日本、印度、捷克、波兰及中国香港、澳门等国家和地区进行交流访问。接待来自日本、越南、阿根廷、巴西、哥斯达黎加、墨西哥、秘鲁及中国香港、澳门等国家和地区的青年代表团 8 批 268 人次。

【日本静冈县教育委员会访浙先遣团访问浙江】 2 月 9 日,日本静冈县教育委员会社会教育课课长山本知成率静冈县访浙先遣团一行 3 人访问浙江。代表团与团省委、省青联就 2017 年互访进行交流座谈,团省委副书记、省青联主席王征出席交流座谈。

【派员赴澳门出席"千人汇"活动成立仪式】 4 月 1 日至 3 日,团省委统战部副部长、省青联秘书长陈波赴澳门,出席澳门基金会"千人汇"成立仪式并参加"千人计划"工作会议。澳门特别行政区行政长官崔世安、中联办主任王志民、外交部驻澳门公署特派员叶大波、教育部港澳台办公室主任刘锦、国务院港澳办交流司司长钱益兵、澳门基金会行政委员会主席吴志良、中华全国青年联合会副秘书长黄志刚等及"千人计划"相关的省、市、自治区教育部门和青联组织的代表出席"千人汇"活动成立仪式,崔世安还现场与青年进行互动。

【浙江青年友好代表团访问日本】

4 月 4 日至 11 日,团省委副书记周苏红率浙江青年友好代表团一行 27 人访问日本。在日本期间,代表团参加浙江省—静冈县缔结友好关系 35 周年庆典活动,浙江省副省长梁黎明、中国驻日本大使程永华,日本静冈县知事川胜平太、议会议长玲木洋佑和副知事难波乔司、土屋优行、吉林章仁出席。代表团拜会中国驻日本大使馆,大使馆政治部公使参事薛剑及使馆相关人员与代表团进行座谈。代表团还参加"中日青年沟通桥梁计划"报告交流会和中日青年论坛,与日本职业排球联赛浜松市普锐斯球队进行交流,参观考察静冈县浜松市三日青年之家、铃与公司和清水港、东京国立博物馆、日本科学未来馆、日本京都大学、大阪科学技术馆和舞洲垃圾焚烧发电厂。

【拉美青年干部代表团访问浙江】

4 月 21 日至 25 日,由阿根廷、巴西、哥斯达黎加、墨西哥和秘鲁五国的政党青年干部、政府青年事务机构负责人和创新创业领域青年领导人组成的拉美青年干部代表团一行 20 人访问浙江。团省委副书记、省青联主席王征接待代表团一行。在浙期间,代表团先后访问杭州、宁波、嘉兴等地。在杭州,代表团参观 G20 主会场国博中心和杭州城市规划馆,考察浙江音乐学院、云栖小镇。在宁波,代表团考察和丰创意广场党群服务中心、鄞州区大学生(青年)创业园、宁波韵升股份有限公司。在嘉兴,代表团参观南湖红船,南湖区永红村、乌镇互联网相关产业、巨石集团。

【派员参加省委统战部代表团访问香港】 4 月 24 日至 27 日,团省委副书记、省青联主席王征参加省委统战部代表团访问香港。在港期间,代表团拜会香港特区政府、香港中联办,拜访香港浙联会新一届理事会、香港中华总商会,出席香港浙联中资企业协会成立仪式,参加浙联会青年座谈会,走访看望香港浙籍知名人士、人大代表、政协委员及浙江海外联谊会理事等。

【越南青年代表团访问浙江】 5月23日至25日，越南胡志明共青团中央书记处书记裴光辉率越南青年代表团一行89人访问浙江。省委常委、秘书长陈金彪会见代表团主要成员。在浙期间，代表团访问杭州师范大学，与学校师生进行互动交流。参观G20杭州峰会主会场和未来科技城规划展示馆，考察万事利集团和梦想小镇。团省委副书记、省青联主席王征全程陪同。

【澳门“千人计划”金融探索与创新之旅考察团访问浙江】 6月24日至28日，中国银行澳门分行青年协会会长林绮玲率2017年澳门“千人计划”金融探索与创新之旅考察团一行37人访问浙江。团省委副书记、省青联主席王征会见考察团。在浙期间，考察团参观考察梦想小镇、万事利集团、浙江东方集团，对浙江金融、创业创新、丝绸制造等产业发展现状进行了解和交流。

【浙江省青年代表团访问香港】 6月29日至7月2日，团省委统战部长、省青联秘书长陈波率浙江省青年代表团一行2人访问香港。在港期间，代表团参加香港各界青少年活动委员会组织的破冰活动、“共育紫荆”全球华人青年植树活动、香港各界青少年庆祝香港回归二十周年音乐会、香港特别行政区成立二十周年升旗仪式等，并参观考察香港立法会。

【2017香港未来之星大学生暑期到浙实习】 7月3日至31日，团省委、省青联承接由团中央、全国青联，香港中联办、香港未来之星同学会联合实施的2017香港未来之星大学生暑期内地实习活动。来自香港中文大学、香港科技大学、香港城市大学、香港浸会大学、香港树仁大学、香港岭南大学、恒生管理学院等7所高校的19名大学生到浙江实习。中国人寿财产保险股份有限公司浙江省分公司、浙江蚂蚁小微金融服务集团有限公司、浙江中南卡通股份有限公司、浙江青年传媒集团有限公司、浙江万航信息科技有限公司、浙江华瓯股权投资管理有限公司、浙产投资产管理有限公司、杭州林东新能源科技股份有限公司、杭州杏园科技有限公司、网大影业(杭州)有限公司等10家单位为香港大学生提供专业对口的实习岗位。3日，团省委、省青联举办香港大学生暑期实习活动欢迎会，省青联副主席吕林，香港大公文汇传媒集团青少年交流中心主任、未来之星同学会专职副主席李华敏出席。28日，举办总结分享会，团省委副书记、省青联主席王征，香港大公文汇传媒集团董事、未来之星同学会执行主席姜亚兵出席。

【派员参加省委统战部代表团访问香港】 7月8日至11日，团省委副书记、省青联主席王征参加省委统战部代表团访问香港。在港期间，出席香港苏浙沪各界人士庆祝香港回归二十周年庆典活动，参加浙江旅港青年会活动、香港温州同乡会新一届理事会就职典礼、香港浙联会青委会活动、绍兴旅港同乡会新一届理事会就职典礼等。

【“未来领袖 青春使者”——国际青年夏令营到浙江交流】 7月13日至16日，由北京市青联主办的“未来领袖 青春使者”——探寻文化传承与创新发展国际青年夏令营一行49人到浙江开展交流活动。在浙期间，营员们参观杭州市城市规划展览馆，观看杭州城市宣传片，听取杭州市城市规划设计研究院副总规划师黄文柳所作的题为“东南形胜，钱塘自古繁华——杭州，一座自然与文化交叠的美丽之城”，关于杭州过去、现在与未来的专题报告。营员们还考察德意电器新工厂、杭州未来科技城、梦想小镇，参观中国丝绸博物馆、G20杭州峰会会场国博中心，在乌镇开展课题调研，与当地青年开展交流研讨活动。16日，在杭州市城市规划展览馆举行浙江站交接仪式，团省委副书记、省青联主席王征，团北京市委副书记、市青联副主席李健出席交接仪式并分别致辞。

【日本静冈县青年代表团访问浙江】 8月9日至14日，日本静冈县日中友好协会理事长栗原绩率静冈县青年代表团一行30人访问浙江。在浙期间，代表团赴杭州参观考察阿里巴巴集团、学军中学(紫金港校区)、国家电网萧山钱江供电所，并与青年员工进行交流座谈。赴义乌参观考察义乌铁路口岸、国际邮件互换局、国际商贸城。并与杭州、绍兴、嘉兴、湖州四地青年结对交流民宿、体验市民生活。13日，举行“浙江—静冈青年联欢晚宴”，团省委副书记、省青联主席王征，省外侨办副主任陈安出席。

【浙江省青联代表团访问香港】 8月29日至31日，团省委副书记、省青联副主席王慧琳率浙江省青联代表团一行2人访问香港。在港期间，代表团看望在港的省青联副主席范俊华，省青联委员杨灵、单晓斌、廖永通、沈慧林、贺凯琪等。拜会香港新家园协会，了解香港社会服务组织的组织架构和工作开展情况，并就浙江省和该协会共同组织的“浙港青年2000人交流”活动经验和成效进行探讨。30日，代表团出席香港各界青年庆祝中华人民共和国成立六十八周年暨香港青年联会第二十五届会董会就职典礼，香港特别行政区行政长官林郑月娥、中央政府驻港联络办副主任陈冬、全国青联副秘书长黄志刚等出席。

【日本静冈县青年代表团访问浙江】 11月11日至13日，日本静冈县教育委员会教育长木苗直秀率日本静冈县青年代表团一行21人访问浙江。团省委副书记、省青联主席王征接待代表团一行。在浙期间，代表团与4月曾访问日本的浙江青年友好代表团团员一起参加浙江省与静冈县缔结友好省县35周年庆典纪念活动，参观考察浙江省杭州第二中学和中国茶叶博物馆。

【派员参加中国青年代表团访问印度】 11月15日至22日，团省委派员随团中央组织的中国青年代表团访问印度。在印度期间，代表团访问新德里、阿格拉、巴特那和加尔各答四个城市和国家戏剧学校、摩羯陀大学、加尔各答科学城，参加中印青年联欢晚会，参观泰姬陵、印度国家博物馆、印度国家现代艺术馆、菩提伽耶寺、泰戈尔故居、维多利亚纪念馆等。

【派员随中国青年代表团访问美国】 11月27日至12月7日，团省委派员随团中央组织的中国青年代表团访问美国，参加2017“中国—耶鲁青年领导者对话”项目。

【浙江省青年代表团访问捷克和波兰】 11月28日至12月5日，团省委副巡视员李迪率浙江省青年代表团一行6人访问捷克和波兰。在捷克，代表团拜会捷克中国友好合作协会，捷克中国友好合作协会执行副主席彼得会见代表团，双方就捷克和浙江省在经贸、文化、青年间的友好合作开展交流。访问捷克查理大学和中欧政治经济研究所，中欧政治经济研究所所长郑宇钦、副所长波黑、专家学者郑钦模教授与代表团进行交流。代表团还参观皮尔森啤酒厂，召开在捷青年浙商座谈会。在波兰，代表团拜会波中合作协会，访问华沙大学，参观肖邦音乐学院，考察沃斯公司、瓢虫超市、波兰留学机构等。

【派员随中国青年代表团访问日本】 12月6日至13日，团省委派员随团中央组织的中国青年代表团访问日本。

(景丽敏)

省 科 协

【概况】 2017年,省科协继续以"开展民间国际科学技术交流活动,促进国际科学技术合作,发展同国外科学技术团体和科学技术工作者友好交往"为主要任务,开展国际人才、学术、科普交流等重点工作,着重开展海外智力为国服务行动计划、国际人才培养项目、国际科普示范项目等重点国际科技学术交流合作项目,全年邀请2名诺贝尔奖获得者到浙江开展高层学术交流,新申请设立杭州、宁波两个国家海外人才离岸创新创业基地和中国科协海智计划浙江(湖州莫干山高新区)工作基地,举办国际及双边学术活动十余场,同时开展青年科技人才国际交流项目。

【2017年"欧洲华人微电子中国论坛"】 3月17日至18日在杭州举行。由省科协联合"欧洲华人微电子专业论坛"举办。2016年度国家最高科学技术奖获得者赵忠贤院士、省科协副主席田梅出席论坛并致辞,11位国家"千人计划"特聘专家、3位青年"千人计划"专家、3位中科院"百人计划"专家等近百名专家、学者、企业家参会。

"欧洲华人微电子专业论坛"成立于2004年,是最具影响力的旅欧华人微电子专业社团,共有150余位专家成员。该社团已有50多人回国创新创业,其中有20多人入选国家"千人计划"、中科院"百人计划"或教育部"长江学者"。在此背景下,省科协组织开展此次海智活动,并以"网上科协""网上学会"为平台,积极发挥海内外科技工作者之家的独特作用,结合院士工作站、省级学会创新驱动助力工程,持续组织开展线上线下各类学术、科技、项目交流对接活动,吸引更多优秀海外微电子专业人才到浙江创新创业,为浙江省装备制造业、高新技术产业、战略性新兴产业发展提供核心技术和智力支持。

【中国科协海外人才创新创业项目大赛浙江行活动】 6月25日至7月1日分别在宁波、嘉兴举行。活动吸引美国麻省理工学院孙友顺教授、哈佛大学周金荣教授,日本埼玉工业大学副校长巨东英,中国海归创业联盟秘书长田千里等10位海外评委专家和国家"千人计划"专家联谊会副会长吴晨、陈宇翱等全国各地近百名"青年千人"专家参加。丘成桐院士团队、国家千人特聘专家候选者、外籍非华裔代表等33位代表参赛。同时,包括中国(长春)海外人才创新创业项目大赛的2个一等奖项目、5个二等奖项目、3个三等奖项目在内的27个项目也参加此次活动。

活动期间,省科协还联合中国科协海智办、宁波市科协,中国海归创业联盟等邀请与会海外评委专家召开"中国科协(宁波)海外人才离岸创新创业基地筹建研讨会",针对离岸基地建设、海智工作推进等主题与海外专家展开深入交流,就下阶段离岸基地建设模式、离岸创新创业运营方式、下届大赛筹备、海创联东部中心筹建等提出建设性建议。

【海外人才离岸基地建设】 7月1日,省委常委、常务副省长冯飞在《浙江政协信息》第20期上,对《建议大力支持海外人才离岸创新创业基地建设》作出批示:很有价值。请省科协、省科技厅阅研并推动落地。离岸基地以"科协搭台、政府支持、市场主导、试点先行"为方针,面向海外人才,通过模式创新和政策突破,"区内注册、海内外经营”，以低成本、便利化、全要素、开放式、配套完善的空间载体为基础构建的具有引才引智、创业孵化、专业服务保障等功能的国际化综合性创业平台。省科协实施海智计划十多年来，已分批设立杭州、宁波、绍兴、台州椒江、嘉兴·长三角、温州等6个中国科协海智计划浙江工作基地(全国共60个)，逐步形成“海外英才杭州项目对接会”“海智宁波行”等品牌活动，“中俄工程论坛”“中欧生命科学论坛”“中日水环境技术交流会”等重点双边交流项目落地，重点牵线“国际应用能源创新技术研究院”“浙江中科领航汽车电子有限公司”“浙江阿凡柯达环保科技有限公司”“宁波市海智材料产业创新研究院”等4个具有技术原创性、产业引领性的中国科协海智计划示范项目(全国已有12个)，分别在应用能源、汽车电子芯片、水环境治理、先进制造等领域处于行业领先水平。目前，省科协计划重点推进杭州(省市联动)、宁波(计划单列市)、嘉兴(院地结合)等3个差异性离岸基地筹建，进一步紧抓海外高层次科技人才这一创新驱动的重要力量，助力打造人才生态最优省份，助推全国首个全省域国家科技成果转移转化示范区建设。逐渐以离岸基地为核心枢纽，积极调动中国科协代表国家加入的各类重要国际科技组织资源和紧密联系的近百家海外高层次科技团体力量，重点支持吸引外国高端人才到浙江创新创业，聚集一批具有世界一流水平的科学家和研究团队，吸引一批事关国家竞争力的核心技术落户离岸基地。同时，依托重点科研基地开展科技人员交流工作，合力提升科技支撑引领经济社会发展能力，为塑造更加开放、更加灵活、更加包容的浙江形象，进一步助力创新驱动战略，助推区域创新体系建设，为浙江率先建成创新型省份和科技强省新目标作出新贡献。

【中国旅美科技协会代表团访问省科协】 7月5日，中国旅美科技协会原会长林民跃、美中创新创业联盟会会长叶玉彬等一行7人访问省科协。省科协与代表团重点就共同开展好2018年中国(杭州)海外人才创新创业项目大赛进行交流座谈，双方希望通过积极发动旅美科协会员并联系美国各著名大学，吸引更多海外创新创业优秀人才参加大赛，并进一步提升参赛项目的原创性与引领性，更好助力浙江创新驱动转型升级。

【韩中科学技术合作中心首席代表访问省科协】 8月13日至15日，韩国科学技术信息通信部所属韩中科学技术合作中心首席代表尹大相、对外合作负责人赵京梅和韩国数据科学学会会长全垛南一行3人访问省科协。省科协党组成员、副主席姜长才会见尹大相一行，介绍“第二十届中国科协年会”筹备情况及省科协国际科技交流开展情况，并着重就吸引韩国优秀创新创业人才参加“2018中国(杭州)海外人才创新创业项目大赛”提出了合作意向。尹大相表示，非常高兴能和浙江省科协建立紧密的合作关系，希望能在双创大赛、青年互访交流等领域开展实质性合作。经过商议，双方初步确定共同在韩国设立“2018中国(杭州)海外人才创新创业项目大赛”分赛点，并将共同开展前期宣传和推介工作。同时，协调韩国产业技术振兴协会会长率代表团访问省科协事宜。开展进一步调研与对接工作，以互利共赢为目标，以创新创业、青年交流为主题开展双方长期交流与合作。

在浙期间，尹大相一行还访问阿里巴巴集团、梦想小镇互联网村、中国人工智能小镇等，重点围绕“互联网+”、云服务与大数据等专业领域进行参观与交流。

【第四届中俄工程技术论坛暨中俄航天工程技术大会】 11月25日至26日在浙江省德清县召开。由中国科协、俄罗斯科学工程学会联合会主办，中国宇航学会、浙江省科协承办。省科协党组成员、副主席姜长才主持论坛开幕式，中国科协国际合作部副部长张森、俄罗斯科工联第一副主席德鲁卡连科、中国航天科技集团公司总工程师孙为钢、中国航天科工集团有限公司董事会秘书侯秀峰出席开幕式并分别致辞。开幕式上，中国科协浙江莫干山高新区海智工作基地正式揭牌。论坛邀请包括2名宇航员、7名院士在内的26位俄罗斯院士专家、知名学者、企业家参会。中国科协、中国航天科技集团、中国航天科工集团，在浙相关科研院所、高校，浙江省有关企业及地方政府部门代表近200人参会。论坛以“促进航天技术发展，服务经济社会进步”为主题，聚焦航天技术发展中的创新性、前瞻性问题及地方企业关注的关键性技术、难点、热点问题，积极为中俄两国搭建学术、技术交流高端平台，不断拓展和深化航天领域的学术、技术交流与合作。

论坛上，中国航天科技集团公司高级技术顾问、中国工程院院士杜善义，中国航天科技集团公司科技委副主任、中国探月工程副总设计师于登云，北斗导航卫星工程副总设计师、卫星系统总设计师谢军，中国航天科技集团公司科技委副主任郭建宁，北京卫星制造厂总工艺师赵长喜分别以《中国航天的成就与展望》《中国探月工程成就与展望》《中国北斗导航工程建设发展与应用》《遥感应用服务国民经济建设——精确感知，应用和合作》《宇航智造模式探索与实践》为题作主题报告。国际宇航联副主席、俄罗斯国家航天集团载人航天部主任克里卡廖夫，齐奥尔科夫斯基宇航科学院院长、俄罗斯科学院通讯院士巴尔明，俄罗斯国家航天集团宇航设备部专家马卡罗夫，俄罗斯国家航天集团“格洛纳斯”导航系统部专家基皮亚特科夫，ASTRA航空制造集团公司副总经理布拉斯拉维茨分别作题为《载人航天的现状与未来》《月球科研站展望》《俄罗斯无人探月任务》《“格洛纳斯”导航系统的发展和前景》《民用航空先进制造技术及应用》主题报告。论坛还围绕“航天产业化发展”“先进制造技术应用与展望”两个议题，举办了两场圆桌会议。

论坛期间，还举办了中俄航天合作分委会月球与深空探测分工作组联合专家组会议。来自俄罗斯国家航天集团、俄罗斯科学院等单位专家与中国国家航天局探月与航天工程中心、中科院月球与深空探测总体部、中国航天科技集团专家就中俄联合月球极区探测、月球科学与数据合作等进行深入探讨，双方确定了后续合作任务和成果目标，并签署会议纪要，进一步推进两国间月球与深空探测合作进程。中国宇航学会与俄罗斯科工联和齐奥尔科夫斯基宇航科学院也分别进行工作会晤，并签署备忘录。德清通航小镇管委会与俄罗斯“ACK ASTRA”航空制造集团公司等就合作开展航空飞行器制造进行专场合作洽谈。

【海外智力为国服务行动计划】

2017年，省科协联合省科技厅等建立浙江省支持海外创新孵化中心建设工作联席会议制度，加快推进浙江省海外创新孵化中心建设发展及申报评审工作。结合“2018年中国(杭州)海外人才创新创业项目大赛”的筹备，开展各类海智计划相关工作，拓展与欧美日韩等原有交流单位的合作领域，新建与美国硅谷创新中心、韩中科技合作中心等合作关系，夯实与香港工程师学会等交流关系。不断探索“互联网＋海外引才”等海智新手段，合作建立“日本海智创新创业基地”，新申报设立杭州、宁波等两家“中国科协海外人才离岸创新创业基地”和“中国科协海智计划浙江(湖州莫干山高新区)工作基地”，推荐两名专家入选浙江省“千人计划”创新人才长期项目、推荐一名专家入选浙江省“外专千人”长期项目，完成中外院士“两山”理论重点调研、决策建议及解读专著等软课题。2017年，省科协继续支持指导2家离岸基地、7家海智基地开展各具特色的重点引智活动，服务协调4家示范项目发挥人吸引人的集聚效应、协调推进海智计划服务创新驱动助力工程试点工作、开展离岸创业基地建设研究工作。全年开展浙江·硅谷资本技术连线交流会、欧洲华人微电子专业论坛、百名青千专家嘉兴行、海智宁波行、海外英才杭州项目对接会、中日水环境技术交流会、中俄航天工程技术论坛等二十余场综合性或专题性海智活动，邀请300多人次海外高层次科技人才到浙江调研对接。同时进一步完善机制，系统化地为海外人才回国创新创业、学术交流、项目对接提供优质服务。

【国际人才培养项目】 2017年，省科协继续为省内科技工作者出国深造或攻读学位提供机会、为省内科技型企业拓展国际交流合作提供资源、为国外大学生认识中国了解中国发展提供渠道。通过省科协国际医学人才交流项目、比利时西弗兰德省人才进修项目、英国大学生实习项目、美国自由科学中心科普人才培养项目等重点人才交流项目，建立省科协国际青年科技交流队伍，开展线上线下各类活动产生智力聚合效应，提升专业水平。全年，省科协选派19名科技骨干赴美国、德国等开展短期进修或攻读博士，接收12名来自美国、德国、比利时等国家相关大学的博士、硕士及大学生到省内合作单位进修或实习，接待英国、比利时、日本等国5批200余人次政府或大学代表团到省内合作单位参观交流。

【国际科普示范项目】 2017年，省科协进一步引进优秀国际科普载体和科普手段，围绕智慧浙江、核能、工业设计、医学健康等省委、省政府重点科普领域，邀请国际知名科学家继续开展国际科普示范项目，全年举办3场中外科普连线及科普现场直播活动、5场涉外新科学脱口秀活动。以基因生物、物联网、神经科学、智能制造等面向未来的前沿交叉学科为主题，通过“健脑房”和“公众开放实验室”等国际新型创客空间形式，开展前沿科普国际合作和研究，吸引国内外优秀青年创客项目落地，锻炼自主设计科普展项、自主开发科学实验课程的能力，全年开展创客活动或面向公众的前沿科学传播活动20余场，邀请200多人次中外创客参与。

【开展高层次学术交流活动】 2017年，省科协围绕重点基础学科建设，持续开展不同类型的高层次国际学术交流活动，全年邀请20多名国际知名专家学者到浙江开展专业学术交流。围绕浙江省科协国际医学交流这一重点项目，继续举办好灾难与创伤急救西湖国际会议、中美急救急诊学术交流会暨浙江省院前急救师资培训等系列高层次国际会议。

（陈炯炯）

省 妇 联

【概况】 2017年，省妇联应邀组织省妇女工作交流团出访香港1批14人次，接待欧洲东部六国女干部研修班学员、日本妇女代表团、斐济妇女代表团3批39人次。承办3期外事研修班浙江现场教学活动，来自46个国家的143名学员参加研修。

【承办多期外事研修班】 4月16日至20日，省妇女干部学校承办"2017年发展中国家女官员参与社会管理能力建设研修班"现场教学活动，来自16个国家的57名女官员参加研修。5月12日至16日，省妇女干部学校承办"2017年发展中国家女官员领导能力建设研修班"现场教学活动，来自23个国家的71名女官员参加研修。9月15日至22日，省妇女干部学校承办"2017年非盟妇女能力建设研修班"现场教学活动，来自7个国家的15名非盟女官员参加研修。

【欧洲东部六国女干部研修班学员访问浙江】 9月2日至6日，来自阿尔巴尼亚、白俄罗斯、黑山、罗马尼亚、塞尔维亚、乌克兰等欧洲东部六国女干部研修班一行19人访问浙江。省妇联主席王文娟会见研修班学员一行。研修班学员与省妇联开展妇女工作交流座谈，副主席童丽君介绍浙江经济社会发展与全省妇联工作情况。在浙期间，研修班学员一行还参观阿里巴巴集团、万事利集团、杭州市妇联女性创业创新孵化基地"伊创荟"、杭州市上城区社区等，了解浙江互联网产业发展、女性创业和妇女工作情况。

【浙江省妇女工作交流团访问香港】 11月2日至6日，应香港浙江省同乡会联合会邀请，省妇联副主席张丽萍率浙江省妇女工作交流团一行14人访问香港。在香港期间，交流团一行参加香港浙联会妇委会庆祝香港回归祖国20周年暨第三届执委会就职典礼，张丽萍致辞。交流团一行还拜访中央政府驻港联络办协调部，并与香港浙联会妇委会、香港各界妇女联合会协进会、香港妇联、新家园协会等机构及多个妇女组织进行座谈交流。

【日本静冈县女性团体交流代表团访问浙江】 11月13日，日本静冈县地域女性团体联络协议会会长岩琦康江率日本静冈县女性团体交流代表团一行14人访问浙江。省妇联副主席童丽君会见代表团一行。代表团一行还与省妇联相关部门开展妇女工作及茶文化交流活动。

【斐济妇女代表团访问浙江】 12月2日至5日，斐济妇女、儿童和减贫部部长梅雷塞伊妮·武尼万加率斐济妇女代表团一行6人访问浙江。4日，省人大常委会副主任厉志海会见代表团一行，省妇联主席王文娟、副主席童丽君等参加会见。访浙期间，代表团一行参观杭州市妇女活动中心、杭州市的梦想小镇、中国淘宝村和来料加工专业村及拓道金服，了解浙江妇女创业就业情况，并开展妇女工作交流。

（高华璐）

省文联

【概况】 2017年,省文联组团出访1批4人次,前往美国、哥斯达黎加两国,举办2017年旧金山—浙江水彩画展和开展水彩画艺术交流座谈会。参团出访1批1人次,前往英国执行中国文联团组赴英艺术创意人才高级研修班培训任务。接待外宾来访1批1人次。

【波兰电影家协会主席访问浙江】 5月24日至26日,波兰电影家协会主席亚采克·布兰姆斯基一行访问浙江,开展电影文化交流。在浙期间,亚采克·布兰姆斯基一行对杭州、绍兴等地电影市场进行考察,参观新远国际影城、百老汇影城、绍兴鲁迅影城及名扬文化公司。与浙江省文联党组成员、书记处书记徐晓,电影家协会秘书长熊颖俐及影视公司创作人员等就中波合拍影片《米查琳与云迪》剧本进行商讨,并前往筹拍片备选外景地富阳黄公望隐居地进行实地考察。在交流洽谈中,波方欢迎浙江电影界人士前往波兰进行文化交流,共促电影文化繁荣。双方还就2018年互办电影展事宜达成意向。

【浙江省美术代表团访问美国和哥斯达黎加】 10月18日至26日,省文联书记处书记赵雁君率领由浙江省美术家协会、浙江省对外文化交流协会等成员单位组成的浙江省美术代表团一行4人访问美国和哥斯达黎加。在美国旧金山,举办为期15天的2017年旧金山—浙江水彩画展,浙江省6位水彩画家的30件水彩画作品展示具有东方意韵的中国水彩画艺术。在哥斯达黎加,代表团一行访问哥斯达黎加艺术大学,浙江省美术家协会秘书长骆献跃为该校师生作关于"浙江水彩画"艺术讲座,并回答师生关于"中国水彩画与中国传统国画的关系""浙江省是如何开展美术活动的"等问题。

(俞臻娜)

省工商联

【概况】 2017年，省工商联（又称浙江省商会）组织经贸代表团4批8人次，前往美国、墨西哥、英国、意大利、澳大利亚、斐济和新加坡等国家与地区考察，接待来自20个国家和地区的工商界人士31批360人次。

【参加越共中央总书记与中国企业家见面会】 1月15日，越共中央总书记阮富仲与中国企业家见面会在杭州举行。省工商联主席南存辉参加见面会，并就进一步拓展合作空间与越方展开深入探讨交流。

【加拿大浙江总商会代表团访问省工商联】 2月7日，副主席尹健会见由加拿大浙江总商会执行会长李华率领的代表团一行。双方就相关事项进行交流洽谈。

【香港贸易发展局华东、华中首席代表访问省工商联】 2月8日，副主席尹健会见香港贸易发展局华东、华中首席代表钟永喜一行。双方就相关事宜进行探讨交流。

【赴深圳参加新春团拜会】 2月10日至11日，省工商联副主席尹健率相关部门负责人一行赴深圳，参加浙江海外联谊会在深圳举办的新春团拜会。

【荷兰鹿特丹驻华商务代表处代表访问省工商联】 2月13日，副主席尹健会见荷兰鹿特丹驻华商务代表处首席代表黄伟一行。双方就相关事项进行交流。

【“选择美国”商务午餐交流会】 2月24日在杭州举行。由省工商联与美国驻沪总领事馆共同举办。省工商联组织华立集团、富通集团、万丰奥特集团、美都能源有限公司及西子联合控股有限公司等浙江民营企业家代表参加交流会。会上，美国驻沪总领事史墨客、商务领事周磊就进一步加强美国与浙江的合作，鼓励浙江企业赴美投资等进行交流。省工商联秘书长林建良出席活动。

【加拿大驻沪总领事访问省工商联】 3月2日，副主席尹健会见加拿大驻沪总领事艾伟敦、副领事兼专员高瑞莲，加拿大驻杭州商务代表处商务专员楼新颖一行。尹健介绍浙江省经济发展情况、省工商联主要职能及服务浙江民营企业“走出去”有关工作。艾伟敦表示，希望与省工商联更加紧密合作，共同为企业在节能环保、生物科技、汽车零部件等领域合作交流提供服务。双方就建立共商、共建、共享交流机制，形成社会经济信息、工商会和企业交流合作平台等达成共识。

【拜访俄罗斯、捷克、意大利、英国和卢森堡驻沪总领馆】 3月14日至16日，省工商联副主席尹健率联络处干部一行赴上海，拜访俄罗斯、捷克、意大利、英国和卢森堡驻沪总领事馆。尹健一行与俄罗斯驻沪总领事叶夫西科夫·阿列克谢、英国驻沪总领事吴侨文、卢森堡驻沪副总领事费埃迪、意大利驻沪经济事务领事穆岚朵、捷克驻沪商务领事瓦蒂芬分别会晤，交换对中国和浙江经济社会发展的认识。五国驻沪总领事馆均表示，将继续支持浙江省工商联举办的“携手浙商丝绸之路行”品牌活动，为浙江民营企业走出去参与“一带一路”战略提供信息支持、签证便利等服务。

【组织企业参加民营企业参与“一带一路”建设工作视频会】 3月

21日，全国工商联在北京召开民营企业参与“一带一路”建设工作视频会议。省工商联组织省工商联五金机电商会、杭州市紧固件商会、省汽摩配商会、华立集团及富通集团等商会与民营企业代表参会。省工商联党组书记李剑飞、副主席尹健出席会议。

【出席“中国—马达加斯加工商领袖峰会”】 3月26日，“中国—马达加斯加工商领袖峰会”在北京召开，省工商联主席、正泰集团董事长南存辉出席会议。马达加斯加总统埃里会见南存辉等工商界代表，介绍马达加斯加的自然资源、投资环境，并希望中国企业家到马达加斯加投资、合作，共同开发马中两国市场。双方围绕推动中马经贸、投资等领域合作进行深入交流。省工商联组织部分会员企业参加会议。

【上海市浙江商会副秘书长访问省工商联】 3月27日，副主席尹健会见上海市浙江商会副秘书长赵思宇一行。双方就提高海外资源整合能力、开展国际型商会建设等合作事宜进行探讨。

【加拿大艾伯塔省、安大略省（浙江）经贸投资推介会】 3月28日在杭州举行。由加拿大艾伯塔省、安大略省与浙江省商务厅共同举办。省工商联组织杭州奇璟科技有限公司、汤氏物流、杭州舒逸电器有限公司、皮塔斯贸易有限公司、杭州之江市政建设有限公司等8家浙江民营企业参加推介会，与加拿大两省外交官员、商务专员、律所及银行代表探讨合作良机。

【俄罗斯驻华商务代表处上海分处顾问访问省工商联】 4月10日，省工商联联络处处长陈蔚会见俄罗斯驻华商务代表处上海分处顾问曼采叶夫一行。双方就4月20日在杭州共同举办“携手浙商——西湖有约”俄罗斯经贸合作洽谈推介会等进行探讨。

【比利时驻沪总领馆、比利时瓦隆州经济商务处商务领事访问省工商联】 4月13日，省工商联联络处处长陈蔚会见比利时驻沪总领事馆、比利时瓦隆州经济商务处商务领事司马凡儒一行。双方相互通报近年来的主要工作和下一阶段工作重点，并就如何开展电子商务、高科技等领域合作交换意见。

【马来西亚驻沪总领馆商务领事访问省工商联】 4月18日，副主席尹健会见马来西亚驻沪总领事馆商务领事赛义德一行。双方就相关事项进行交流。

【“携手浙商——西湖有约”中国浙江—俄罗斯投资贸易交流会】 4月20日在杭州举行。由省工商联与俄罗斯驻沪总领事馆、俄罗斯驻华商务代表处共同举办。会上，省工商联介绍浙江省最新经济社会发展情况，俄方代表介绍俄罗斯吸引外资区域和地方优惠政策及赴俄罗斯投资的法律和金融服务情况。省工商联邀请正泰集团、富通集团、浙江民营企业联合投资股份有限公司等近50家浙江民营企业参加交流会，为有意向与俄罗斯进行投资贸易及开展合作的企业搭建信息和经验交流平台。俄罗斯驻沪总领事叶夫西科夫、省工商联副主席尹健出席交流会。

【韩国忠清北道国际通商课副组长访问省工商联】 5月9日，省工商联联络处副处长杨敏会见韩国忠清北道国际通商课副组长吴基泽一行。双方就如何加强浙江省工商联与韩国忠清北道之间交流合作及企业间的交流合作深入交换意见。

【民营企业“一带一路”建设台账信息网上填报工作会议】 5月10日，省工商联组织召开民营企业“一带一路”建设台账信息网上填报工作会议，向全省各市工商联相关部门负责人部署“一带一路”建设台账信息网上填报工作，并介绍台账信息网上填报工作的具体业务。省工商联副主席尹健出席会议。

【“一带一路”沿线国家税收专题视频讲座】 5月10日在北京召开。由全国工商联举办。省工商联组织全省各市工商联代表,及正泰集团、杭州之江市政建设有限公司、杭州水秀文化创意发展有限公司等浙江民营企业代表收看视频讲座。

【参加阿根廷国庆招待会】 5月24日,应阿根廷驻沪总领事馆邀请,省工商联副主席尹健赴上海参加阿根廷驻沪总领事馆举办的阿根廷国庆招待会。

【"携手浙商——西湖有约"中美企业家交流会】 6月5日在杭州举行。由省工商联与美中企业家商会共同举办。美中企业家商会会长孙文铁率美中企业家商会CEO高级访华代表团一行和省工商联党组书记李剑飞、副主席尹健出席会议。

【韩国(财)京畿中小企业支援中心上海代表处代表访问省工商联】 6月22日,副主席尹健会见韩国(财)京畿中小企业支援中心上海代表处首席代表金起吕一行。双方就加强韩国和浙江省工商联的交流合作及双方企业间的交流方案等进行洽谈。

【省工商联经贸交流团访问美国和墨西哥】 7月20日至27日,省工商联"携手浙商——北美行"经贸交流团一行访问美国和墨西哥。在美国,交流团与美中企业家商会共同举办企业对接活动,会晤美国浙江商会。在墨西哥,金田阳光投资集团、盾安集团、亚太机电集团等六家企业及省汽摩配商会等与墨西哥华富山工业园区进行项目对接洽谈并考察建设情况,交流团一行还与墨西哥浙江商会进行会晤。

【美国杭州商会会长访问省工商联】 7月27日,省工商联党组书记、常务副主席徐旭会见美国杭州商会会长宗泽后一行。双方就相关事项进行交流。

【香港特区政府驻上海经贸办事处、驻浙江联络处代表访问省工商联】 7月28日,副主席尹健会见香港特别行政区政府驻上海经贸办事处副主任杨翠萍、香港特别行政区政府驻浙江联络处主任廖凤娴一行。双方商定11月在杭州共同举办投资推广研讨会。

【日本福井未来研究所所长访问省工商联】 7月31日,副主席尹健会见日本福井未来研究所所长鳄渊信一一行,并陪同考察富通集团。

【随浙江省代表团访问新加坡、澳大利亚和斐济】 8月7日至16日,省工商联副书记、副主席黄正强随由省政协主席乔传秀率领的浙江省代表团赴新加坡、澳大利亚和斐济进行友好访问。

【省工商联经贸代表团访问澳大利亚和斐济】 8月9日至17日,应西澳州政府就业旅游和科学创新部、斐济华人互助中心邀请,省工商联党组成员、秘书长林建良率省工商联经贸代表团赴澳大利亚、斐济两国开展经贸交流活动。省旅游集团、省海港投资运营集团、浙江物产国际贸易有限公司、浙江中南控股集团、三替集团、宁波先锋新材料股份有限公司、浙江新湖海创地产发展有限公司、浙江正泰电器股份有限公司、向上控股有限公司、杭州顶峰茶业有限公司等10家企业代表随团出访。

10日,省工商联与西澳州政府就业旅游和科学创新部共同举办浙江省—西澳州经贸交流会。会前,省政协主席乔传秀率浙江省政府代表团会见出席浙江省—西澳州经贸交流会的中澳企业家代表。会上,西澳州政府就业旅游和科学创新部副部长杰夫·韦奇伍德、中国驻珀斯总领事馆商务领事魏亮和林建良分别致辞。双方企业在旅游和健康养老、港口和物流、地产开发、矿产开发、新能源、农业等领域展开对接洽谈。来自浙江和澳大利亚的近百名嘉宾和企业家参会。省工商联经贸代表团还应邀出席浙江省—西澳州建立友好关系30周年庆祝大会。澳大利亚西澳州州长马克·麦高文和乔传秀及中国驻珀斯总领事馆代总领事孙安林分别致辞。在两省州领导共同见证下,浙江省海港投资运营集团与弗里曼特尔港港务局、浙江省旅游集团有限公司与澳大利亚天然生物科技有限公司、宁波先锋弘业投资控股有限公司和月亮湖投资有限公司、浙江省工商联和西澳中华总商会分别签署合作备忘录或协议。

访问期间，经贸代表团一行还拜访斐济地方政府、住房和环境部等，参加由西澳中华总商会、西澳和平统一促进会、澳大利亚浙江同乡会、斐济华人互助中心等工商社团组织的多场经贸交流和项目对接活动，走访天洁集团、浙江万国建筑设计院有限公司、东成投资有限公司等多个浙江企业在外投资项目，调研"万国·友谊广场"等工程建设情况。

【卢森堡驻沪总领事访问省工商联】 8月18日，副主席张必来会见卢森堡驻沪总领事吕可为一行。双方就相关事项进行探讨交流。

【瑞士苏黎世大区投资促进署总裁访问省工商联】 8月23日，省工商联党组成员、秘书长林建良会见瑞士苏黎世大区投资促进署总裁索尼娅·沃克芙·瓦尔特一行。双方就建立长期交流与合作渠道等进行探讨。

【新西兰伊可集团董事长访问省工商联】 9月22日，副主席张必来会见新西兰伊可集团董事长甘开万一行。双方就有关事项进行交流洽谈。

【"面向工业4.0，促进中小微企业现代化发展的政策和制度"APEC论坛】 9月23日至25日在杭州举行。由亚太经合组织基金主办，省经信委、省科技厅、浙江工业大学、省工商联、杭州市经信委和世界工业技术研究组织协会联合承办。省工商联副巡视员吴永平出席开幕会及主论坛。其间，省工商联和浙江工业大学联合举办"APEC中小微企业投资经验和挑战"分论坛，20余位浙江民营企业家代表出席分论坛活动并与泰国、越南等国来宾交流。

【英中贸易协会华东区总监访问省工商联】 9月26日，副主席张必来会见英中贸易协会华东区总监仰婷婷、杭州代表处首席代表潘华琳一行。双方就相关事项进行交流。

【香港贸易发展局华东、华中首席代表访问省工商联】 10月31日，副主席张必来会见香港贸易发展局华东、华中首席代表钟永喜一行。双方商讨了推进浙港企业交流合作事宜。

【省工商联经贸代表团访问英国和意大利】 11月2日至9日，省工商联副巡视员吴永平率经贸代表团一行访问英国和意大利。访问期间，代表团举办"携手浙商——欧洲行"中国浙江—英国伦敦投资贸易双向介绍会暨企业对接会、"携手浙商——欧洲行"中国浙江—意大利米兰企业对接交流会等活动，广泛接触当地政府及工商界人士，积极拓展工商联对外交流渠道，深化双方企业间交流合作。与意中商会签署友好合作备忘录，通过建立定期交流会晤机制、为双方会员企业提供服务和帮助、支持和参与对方组织的各类商务活动、拓展双方合作领域等助力企业健康发展。在伦敦、米兰和罗马，代表团分别与当地侨领举办多场座谈会，进一步密切与海外浙商的联系及经贸合作。走访慰问部分在英国和意大利的浙江企业与海外浙商代表，调研浙商在外发展情况。鼓励浙商回归发展，邀请海外浙商代表出席即将举办的第四届世界浙商大会。

【日本福井IT行业访浙交流团访问省工商联】 11月3日，省工商联联络处副处长杨敏接待日本福井商工会议所地域事业课课长冈田智绘率领的日本福井IT行业访浙交流团一行，并联系安排交流团赴网易(杭州)网络有限公司、盘石信息技术有限公司等企业考察。

【"善用香港优势·浙港合作共赢"研讨会】 11月8日在杭州举行。由省工商联与香港特别行政区驻上海经济贸易办事处、省商务厅、省金融办联合主办。研讨会以利用香港投融资平台和金融服务业优势，参与"一带一路"

建设为主题，香港投资推广署、香港交易与结算所、摩根大通等政府官员和金融机构负责人介绍香港的营商环境、最新税务政策，通过案例分析协助浙江企业了解如何善用香港优势，积极参与“一带一路”建设。省工商联组织杭州、湖州等地一百多位民营企业代表参加研讨会并与主讲嘉宾交流。

【澳大利亚西澳州矿产石油、商业工业关系、选举事务及亚洲事务部部长访问浙江】 11月10日，省工商联主席、富通集团有限公司董事长王建沂会见澳大利亚西澳州矿产石油、商业工业关系、选举事务及亚洲事务部部长庄比尔，西澳中华总商会会长陈超群一行。随后，举行省工商联—西澳中华总商会交流会，王建沂、庄比尔、陈超群出席并致辞。省工商联副主席张必来，浙江外国语学院党委副书记赵伐，省工商联副主席、新湖集团董事长林俊波，省商会副会长、三替集团有限公司董事长陶晓莺，杭州顶峰茶业有限公司总经理胡飞等出席活动。

【马来西亚中华总商会代表团访问省工商联】 11月17日，马来西亚中华总商会署理总会长林锦胜率商会代表团一行访问省工商联。“两会”共同举办座谈交流会，省工商联副主席张必来出席并致辞，亚太机电集团有限公司、吉利控股集团、杭州海派标准技术有限公司、浙江省汽摩配行业商会、杭州市紧固件行业商会等浙江企业、商协会代表参加并与马来西亚企业家进行交流。交流会上，省工商联与马来西亚中华总商会签署友好合作备忘录。

【第四届世界浙商大会】 11月29日至30日在杭州举行。来自全球60余个国家2800余名嘉宾和浙商代表出席大会主体活动，3.3万余名浙商出席大会各类活动。大会首次邀请海内外高层次人才、知名华商、外商代表、重要国际组织和“一带一路”沿线国家社会组织负责人代表参会，搭建了开放合作、互利共赢的桥梁。

（蒋　怡）

省 残 联

【概况】 2017年,省残联接待来自日本、俄罗斯、加拿大、美国、法国的医学访问团组5批16人次,韩国友好访问团组2批14人次。应邀组派浙江省残疾人工作交流团组3批18人次赴国(境)外交流。浙江省残疾人体育比赛团组1批9人次参加国际残疾人体育赛事,浙江省残疾青少年IT比赛团组1批6人次参加全球残疾青少年IT挑战赛。派遣优秀残疾人运动员、教练员等8批64人次随中国残联代表团参加国际残疾人体育赛事。

【莫斯科联邦生物医学署专家访问浙江】 3月30日,俄罗斯莫斯科联邦生物医学署耳鼻喉科学临床中心专家一行6人访问浙江。专家一行参观考察浙江康复医疗中心青苹果学园,指导人工耳蜗项目。青苹果学园是浙江省规模最大的公办儿童教育康复基地,在智障、听障、孤独症、脑瘫儿童康复、学习困难儿童干预、人工耳蜗项目筛查与调试、唇腭裂术后康复、助听器选配、儿童言语矫治等方面处于全省示范、全国领先位置。

【中加国际康复论坛】 4月16日,中国中医药研究促进会骨伤科分会在杭州举办"中加国际康复论坛"。论坛由浙江康复医疗中心承办,中国中医药研究促进会骨伤科分会50余名委员参加。论坛上,加拿大康复专家戴维·科斯马教授作"筋膜手法的临床应用"专题讲座,并进行现场演示。

【浙江省残疾人运动员获国际赛事佳绩】 5月13日至15日,在2017年世界残奥田径大奖赛北京站上,浙江残疾人运动员陈震宇获男子F40铁饼和F40铅球2枚金牌、F40标枪1枚银牌,夏志伟获男子F41铁饼和F41铅球2枚金牌,林科立获男子F40铅球1枚银牌,周武获男子F47跳高1枚铜牌。

7月9日至25日,在英国举行的2017年残奥田径锦标赛上,夏志伟获男子F41铅球铜牌、陈震宇获男子F40铅球铜牌。

8月19日至27日,在泰国举行的2017年盲人门球亚太区锦标赛上,浙江残疾人运动员获男子组金牌和女子组银牌。

9月8日至17日,在北京举行的2017年世界残疾人射箭锦标赛上,运动员周佳敏获女子复合弓个人金牌和女子复合弓团体银牌。

11月28日至12月10日,在墨西哥举行的2017年世界残奥游泳锦标赛上,运动员陈懿获2枚金牌、1枚银牌,徐海蛟获6枚金牌(其中男子S8级100米蝶泳项目破赛会纪录)、1枚银牌,徐佳玲获4枚银牌,姚攒获1枚铜牌。

11月30日至12月7日,在葡萄牙举行的2017年世界轮椅运动会上,运动员向华兴获男子S10级50米自由泳和男子S10级100米自由泳2枚银牌。

11月30日至12月11日,在墨西哥举行的2017年世界残奥举重锦标赛上,运动员谭玉娇获女子67公斤级金牌。

12月8日至14日,在迪拜举行的2017年亚洲青年残疾人运动会上,运动员蒋裕燕获女子S6级100米自由泳金牌,盲人门球获男子组和女子组金牌。

【世界残疾人女子坐式排球超级赛】 5月15日至21日,2017世界女子坐式排球超级赛在杭州市余杭区塘栖镇国家盲人门球训练基地举行。本次赛事由国际坐式排球联合会批准，中国残联和中国残奥委员会主办，参赛对象为残奥会前六名和世界锦标赛前三名的女子坐式排球队。中国、美国、俄罗斯、日本、荷兰、乌克兰等世界顶级坐式女子排球队运动员、教练员和国际坐式排球官员、工作人员等180余人参赛。本次超级赛是2016年里约残奥会后，世界女子坐式排球规格与水平最高的一次比赛。经过6天18场激烈角逐，中国队三胜两负获超级赛第三名，俄罗斯队、美国队分别获冠、亚军。

【美国医学教授访问浙江省康复医疗中心】 6月1日，美国鲍林格林医学中心所属脑卒中医疗中心主任、哈佛大学医学院博士后朱建华访问浙江省康复医疗中心。朱建华为衢州市第一中学初二学生章浩杰会诊，参加“脑卒中的诊疗与康复”主题学术沙龙并详细介绍由他创建的鲍林格林医学中心的运行情况，与大家分享脑卒中诊疗与康复方面的国际最新研究进展。

【法国医学博士访问浙江省康复医疗中心】 6月15日，中法医院大型合作项目公派专家、法国格勒诺布尔大学教学医院疼痛科卡洛琳·梅德博士访问浙江省康复医疗中心。卡洛琳·梅德举行题为“法国格勒诺布尔大学教学医院的疼痛管理”学术讲座，系统介绍疼痛的规范化治疗。参观康复病区、康复评定与治疗中心和康复工程科，并体验虚拟现实情景互动智能跑台和轮椅功能训练系统，对浙江省康复医疗中心的先进设施配备和雄厚治疗实力给予高度肯定。

【残奥运动员在第23届土耳其夏季听障奥运会上获佳绩】 7月18日至30日，第23届夏季听障奥运会在土耳其萨姆松举行，97个国家和地区的3100余名听障运动员参加21个运动大项比赛。浙江省共有18名运动员、2名教练员、2名工作人员入选中国代表团参加田径、游泳、羽毛球、乒乓球、网球、女篮、自行车7个大项的比赛，取得4枚金牌、5枚银牌和1枚铜牌。运动员史册在乒乓球女子团体、女子双打、混合双打中获得3枚金牌，在女子单打中获得1枚银牌；姚妲妮获得羽毛球混合团体比赛金牌；胡雨晨在女子200米、400米、800米自由泳和4×200米自由泳接力中获得4枚银牌；毛安安在女子自行车公路一公里争先赛中获得1枚铜牌。

【2017年全球残疾青少年IT挑战赛】 9月18日至22日在越南河内举行，有16个国家的104名听力残疾、视力残疾、肢体残疾和智力残疾青少年选手参赛。本次挑战赛设有电子工具、电子设计、电子生活地图及电子编程创新等4个竞赛项目，48个等级奖项和2个特殊奖项。

浙江省选派6名残疾人青少年代表中国残联参赛，并获得电子生活地图个人项目两枚铜牌。挑战赛期间还举行了IT论坛及符合青少年特点的文化活动。

【2017年美国世界残疾人赛艇世锦赛】 9月22日至10月3日在美国萨拉索塔举行，共有20个国家派代表队参加比赛。浙江省残联受中国残联委托，选派1名领队、1名教练员和6名运动员及1名工作人员组队参加女子PR1级单人艇、男子PR1级单人艇、PR2级男女混合双人艇、PR3级男女混合双人艇的比赛，获得一个第四名和一个第七名。2017年美国世界残疾人赛艇锦标赛是里约残奥会后的首次世界顶级残疾人赛艇比赛。

【浙江省残疾人工作考察团访问日本】 10月23日至27日，浙江省残疾人工作考察团一行6人访问日本。在日期间，考察团一行考察埼玉县残疾人福利中心和大阪府立障害者自立中心，听取两家机构负责人的情况介绍，现场考察两家机构中残疾人康复训练、生活、工作等情况。并分别与埼玉县残疾人福利协会和大阪府立障害者自立中心签订友好意向书。在大阪府立障害者自立中心，考察团获赠一枚带有白十字和爱心的红色“help mark”牌，有意帮助残疾人的志愿者可以在外衣或包上悬挂，残疾人如有需求可主动向挂有此“爱心”牌的志愿者求助。

【浙江省残疾人康复工作交流团访问德国和西班牙】 10月24日至11月1日，浙江省残疾人康复工作学习交流团一行6人访问德国和西班牙。在德国，布朗菲斯市市政府负责人会见交流团一行，双方就残疾人状况、政策保障等进行交流，相互了解残疾人康复、护理经验和专业康复人才的培养方式等，并参观当地盲道、无障碍电梯、残疾人专用停车位等设施。在柏林奥托博克科技中心，交流团一行体验高科技辅具技术成果，观摩奥托博克健康康复集团研发的矫形器等系列产品演示，并就残疾人辅助器具最新技术研发、应用和推广等事项进行交流和合作洽谈。奥托博克健康康复集团成立于1919年，是世界上最大、最先进的假肢矫形器技术及康复医疗产品生产企业之一。在西班牙，交流团一行参观巴塞罗那古特曼康复医院，与加泰罗尼亚自治区卫生厅国际关系与合作部主任普汉特、康复医院院长拉米雷斯等举行工作会谈，并观摩该院康复设备和重点实验室技术演示。

【浙江省残疾人康复工作交流团访问捷克和匈牙利】 11月7日至13日，以省残联理事长郑瑶为团长的浙江省残疾人工作交流团一行6人访问捷克和匈牙利。访问期间，交流团一行拜访捷克残疾人委员会和匈牙利布达佩斯残疾人委员会，分别与捷克残疾人委员会和匈牙利布达佩斯残疾人委员会就残疾人管理体制、机制及社会保障等方面建立友好交流互联互信关系和可持续的合作模式达成一致。

（朱秀芳）

省贸促会

【概况】 2017年，省贸促会自觉落实创新发展理念，秉持勇立潮头的浙江精神，充分发挥群众团体和专职贸易促进两大功能，精心谋划、统筹推进贸易促进事业改革发展，各项工作取得新进展新成效。

全年接待国(境)外对口机构和代表团来访26批108人次。新增10家签约合作机构，累计与164家国(境)外对口机构签订友好合作协议。拜会10多个国家驻沪使领馆，应邀参加20多个国家的国庆招待会和经贸交流会，对接信息与合作资源。全年组织企业参加国(境)外经贸展会8921家次，展位总数16211个，比上年增长15.6%。开展"法律服务下基层、进企业、入展会"，全年受理调解案件81件、涉案金额1.2亿元，办理咨询服务案件343件。

【埃塞俄比亚驻沪总领事访问省贸促会】 3月9日，会长吴桂英会见埃塞俄比亚民主共和国驻沪总领事(大使衔)穆勒·塔瑞肯·埃德雷一行。吴桂英说，近几年来，浙江企业对拓展非洲市场兴趣浓厚，双方在经贸合作上有很大发展空间。省贸促会将大力推动浙江与埃塞俄比亚的经贸往来，帮助埃塞俄比亚驻沪总领事馆做好相关工作。穆勒·塔瑞肯·埃德雷介绍埃塞俄比亚总理海尔马里亚姆·德萨莱尼将应邀出席2017年5月在北京举行的"一带一路"国际合作高峰论坛相关情况，并邀请浙江省贸促会届时组织企业与埃塞俄比亚总理及工业、投资、矿业等部长进行会见，进一步推动浙江企业赴埃塞俄比亚投资。

【阿根廷投资贸易促进局常务副局长访问省贸促会】 3月24日，会长吴桂英接待阿根廷投资贸易促进局常务副局长鲁道夫·比利亚尔瓦。吴桂英指出，2017年是中阿建交45周年，浙江省贸促会将积极推动浙江省与阿根廷的经贸合作。巡视员黄小杭在交流中表示将发挥省贸促会的特点和优势，通过合作举办展会、洽谈会等方式，为浙江与阿根廷企业搭建交流合作平台。比利亚尔瓦说，阿根廷投资贸易促进局十分重视与浙江省贸促会的合作。5月份阿根廷投资贸易促进局将在上海举办展览会，旨在扩大阿根廷食品、时装、皮革、软件等产品对中国的出口，欢迎并大力支持浙江省贸促会带领企业参加贸易投资促进活动，期待中国企业在阿根廷的农业、基础设施建设、新能源等领域开展投资。

【2017中国浙江时尚创意精品(泰国)展览会】 4月19日至23日，省贸促会在泰国曼谷国际贸易展览中心举办2017中国浙江时尚创意精品(泰国)展览会。泰国商业部副部长维尼蔡、商业部国际贸易促进厅厅长玛丽出席开幕式并为展览剪彩。省贸促会组织省内67家企业参展、设立64个标准展位，涉及文化创意、工艺品、时尚生活、家纺等多个行业，接待采购商和专业观众5735人次，洽谈项目568个，现场成交及意向金额达1725万美元。

【中国浙江—越南贸易投资洽谈会】 4月25日，省贸促会在越南首都河内举办2017年中国浙江—越南贸易投资洽谈会。浙江省贸促会巡视员黄小杭、中国驻越南大使馆商务参赞胡锁锦，越南工商会秘书长范氏秋恒、越南工贸部贸易促进局副局长杜金浪、越南计划投资部外国投资局副局长阮内出席洽谈会并致辞。浙江省级部门、各地政府和企业代表，越南贸易机构、工商界和企业代表200余人参加洽谈会。30多家浙江企业与近100家越南企业举行洽谈183场次，在水晶、石雕、家纺、电子商务等领域达成50个合作意向，意向金额1132万美元。

【组织浙江企业代表团访问津巴布韦和南非】 5月上旬，省贸促会组织由30多家浙江企业组成的代表团访问津巴布韦和南非。津巴布韦副总统姆南加古瓦会见代表团一行。访问期间，代表团在两国举办3场次双边贸易洽谈会，开展143场次对口洽谈，达成合作意向26个、金额达4510万美元。省贸促会与津巴布韦宏观经济计划与投资促进部，南非非国大经济发展论坛、约翰内斯堡工商会签署合作备忘录。

【新西兰国家党主席访问省贸促会】 5月16日，会长吴桂英会见新西兰国家党主席彼得·古德费洛一行，简要介绍浙江省基本情况。吴桂英指出，双方可建立线上线下联动机制，促进进一步交流与合作。彼得·古德费洛介绍参加"一带一路"国际合作高峰论坛情况，指出此次会议对中新两国经贸友好关系有着极大的推动作用。彼得·古德费洛希望大洋洲"一带一路"促进机制能够为双边合作和交流提供高效平台。新西兰是贸易型国家，杭州又是"一带一路"的重要节点城市，这为双方合作提供了良好机遇。

【组织浙江企业访问哈萨克斯坦和英国】 6月21日至28日，省贸促会组织由87家浙江企业组成的代表团访问哈萨克斯坦和英国，举办产业对接系列活动，并参加2017年阿斯塔纳世博会中国馆"浙江日"活动。两场产业对接活动共对接国外企业167家，开展499场次对口洽谈，达成合作项目16个、金额5.3亿美元，达成合作意向152个、金额5.2亿美元。省贸促会还分别与哈萨克斯坦国际商会、英国东米德兰兹商会签署合作备忘录。

【第五届浙江名品(厄瓜多尔)展览会】 8月3日至7日在厄瓜多尔举行。省贸促会组织67家浙江企业参展，展位120个。展览期间，接待采购商和专业观众8000多人次，达成出口意向7100万美元。同期还举办中国浙江—拉美经贸洽谈会。在前期对接基础上，参展企业与150多家来自厄瓜多尔及周边国家的企业、专业客商进行对接洽谈。

【2017中国浙江—秘鲁贸易投资洽谈会】 8月8日在秘鲁首都利马举行。秘鲁国会议员雷蒙多·拉帕·因加，浙江省贸促会副会长许勇，中国驻秘鲁大使馆商务参赞郝沁梅，秘鲁中国商会主任米盖尔·加尔维兹，秘鲁中资企业协会副会长辛守胜出席洽谈会并致辞。来自浙江与秘鲁的贸易机构、工商界人士和企业代表200余人参加洽谈会，达成39个合作意向。

【罗马尼亚工商会副主席访问省贸促会】 8月30日，会长吴桂英接待罗马尼亚工商会副主席格雷格·瑟库里奇率领的代表团一行，中国驻罗马尼亚大使馆经济商务处参赞关钢陪同来访。吴桂英表示，在中共中央总书记习近平提出的"一带一路"倡议之下，浙江和罗马尼亚经贸交流合作前景广阔，省贸促会计划于12月初赴罗马尼亚举办大型经贸活动，希望能得到罗马尼亚工商会的大力支持。格雷格表示，罗马尼亚工商会非常愿意与浙江省贸促会加强合作，欢迎浙江省各行业尤其是能源领域企业赴罗马尼亚对接、考察。

【南非—浙江(三门)投资贸易对接会】 9月10日至11日在台州市三门县举行。由省贸促会、三门县政府和南非贸工部、南非农林渔业部共同举办。南非驻沪总领事陶博闻，浙江省贸促会会长吴桂英、三门县委书记杨胜杰出席会议并致辞。浙江省贸促会副会长许勇，南非驻沪总领事馆商务领事图兰尼和南非农林渔业部、南非贸工部，浙江省贸促会、省国际商会与三门县的有关领导及企业代表等70余人参加对接会。

【英国诺丁汉郡议长访问省贸促会】 9月21日，会长吴桂英会见英国诺丁汉郡议长凯瑟琳·卡兹、郡政府首席执行官安东尼·梅一行。吴桂英说，诺丁汉郡政府对浙江省贸促会在诺丁汉举办的贸易投资洽谈会给予了大力支持，切实推动了两地经贸合作。浙江与诺丁汉经济互补性很强，在健康产业、电子商务、加工制造、旅游业等方面具有很大合作空间。凯瑟琳·卡兹表示，诺丁汉郡与浙江省正处在非常好的合作阶段，希望诺丁汉与浙江的企业加强合作，共同推动两地经济发展。安东尼·梅表示，诺丁汉郡政府非常重视与中国的合作，将切实为两地双向投资和贸易往来搭建平台，促进友好关系迈上新台阶。

【2017浙江(金华)—东南亚贸易投资洽谈会】 10月31日在金华开幕。由省贸促会、金华市人民政府，印度尼西亚驻沪总领事馆，柬埔寨驻沪总领事馆，亚洲国际贸易投资商会共同主办，省贸促会副会长张青山出席会议并致辞。金华市副市长邵国强、印度尼西亚驻沪总领事宁乔恩、柬埔寨驻沪总领事田温楠、亚洲国际贸易投资商会主席吴志毅、中国—东盟理事会执行理事长许宁宁，来自印度尼西亚、柬埔寨和泰国的政府、商协会、企业，全省各市贸促会负责人及金华市企业代表300余人参加会议。

【组织浙江企业代表团访问俄罗斯、奥地利和罗马尼亚】 11月30日至12月7日，省贸促会组织浙江省内62家企业120余人组成的代表团访问俄罗斯、奥地利和罗马尼亚。代表团在三国期间，举办产业对接系列活动，先后开展671场次对口洽谈，达成合作项目38个、金额3095万美元，达成合作意向140个、金额2.2亿美元。省贸促会还分别与奥中商业协会、罗马尼亚工商会签署合作备忘录。

【浙江—哈萨克斯坦企业家交流会】 12月13日在杭州举行。来自浙江省内11家企业代表与哈萨克斯坦“光明道路”党带领的企业家代表团开展交流。省贸促会会长吴桂英说，“光明道路”党是哈萨克斯坦重要的政党之一，在政治、经济和社会生活中发挥着重要作用，尤其是在哈工商界拥有广泛的影响力。本次活动给双边企业提供了直接面对面沟通交流的机会，必将推动浙江和哈萨克斯坦之间贸易和投资往来。哈萨克斯坦企业家代表团团长、哈“光明道路”党副主席、哈议会下议院议员巴尔雷巴耶夫表示，哈萨克斯坦自然资源丰富，石油和天然气蕴藏量大，农业可用地面积广阔，投资环境良好，非常欢迎浙江企业家到哈萨克斯坦投资兴业。

（王　恬）

省农科院

【概况】 2017年，省农科院派遣科技人员105人次出国参加项目合作、国际学术会议及技术进修。接待国外专家学者来访49批82人次。与美国威斯康辛大学麦迪逊校区农业和生命科学学院签订科技合作备忘录；与德国欧福应用技术大学签署第二轮合作共建实验室协议书，建立战略合作伙伴关系。

【与美国威斯康辛大学麦迪逊校区农业和生命科学学院签订合作备忘录】 1月19日，省农科院与美国威斯康辛大学麦迪逊校区农业和生命科学学院签订合作备忘录，确定奶业科学、食品安全与检测技术、蔬菜育种，及园艺与花卉等首批重点合作领域，并聘任威斯康辛大学生物系统工程系和食品科学系教授桑达拉姆·古纳为客座研究员。

【农药减施与食品安全策略国际研讨会】 3月26日至28日在杭州召开。由省农科院主办，国际自然保护联盟内吸性农药特别行动组协办。参会学者就内吸性农药使用情况及其安全性评价、农药减施与提高食品安全策略两大主题进行交流。会上展示的实用农药减施技术，对今后减药工作的开展及推进"两减"项目的实施起到推动作用。

【2017年农产品质量安全检测与溯源技术国际研讨会】 7月2日至4日在杭州召开。由浙江省自然科学基金委员会资助，省农科院主办。会议旨在加快农产品质量安全检测与溯源学科建设，提高农产品质量安全保障科技支撑水平，加强与"一带一路"沿线国家的合作。会议特邀新西兰GNS国家同位中心、新西兰奥塔哥大学和斯里兰卡国家原子能委员会的专家出席。大会期间，新西兰、斯里兰卡专家到省农科院进行合作洽谈，他们还参观了浙江省农科院杨渡基地。

【"农药职业暴露及健康风险评估"国际研讨会】 7月3日至6日在杭州召开。由省农科院与中国农业科学院植物保护研究所主办，浙江省植物有害生物防控重点实验室——省部共建国家重点实验室培育基地承办。参会人员100余名。邀请国内和美国、韩国、日本等国，以及FAO和欧盟等组织主要从事农药职业健康风险评估研究和管理的10位专家、学者，重点介绍农药职业暴露健康风险评估技术的最新动态，分享不同国家和暴露场景的测试数据、模型构建和防护测试的成果。会议还讨论了未来进一步加强国际合作和资料共享的机制等。

这是国内首次召开与农药职业暴露健康风险相关的会议，受到国际同行、国内学者及企业的高度关注。

【美国加州大学戴维斯分校专家在省农科院开展合作研究】 7月3日至9月18日，美国加州大学戴维斯分校克里斯蒂安·南森博士作为省农科院客座研究员，在省农科院开展学术交流与合作，指导省农科院青年科研人员进行数据处理及SCI论文撰写，并作专题科技讲座。

【澳大利亚纽卡斯尔大学教授访问省农科院】 7月15日至21日，澳大利亚纽卡斯尔大学教授、省农科院与纽卡斯尔大学共建的"中澳作物改良研究中心"澳方主任阮勇凌访问省农科院，开展蔗糖转化酶的进化模式方面学术交流和合作研究。其间，省农科院聘任阮勇凌为客座研究员。

【印度国家科学院院士访问省农科院】 8月2日，印度国家科学院院士、德国科学院院士、发展中国家科学院院士、国际半干旱热带研究中心拉杰夫·瓦实尼博士访问省农科院，开展豆类基因组及抗逆、抗病虫遗传领域学术交流，并与省农科院就双方机构间合作事宜达成初步意见。

【美国威斯康星大学麦迪逊分校教授访问省农科院】 9月10日至23日，美国威斯康星大学麦迪逊分校农业与生命科学学院古纳教授访问省农科院，开展生物传感技术及新材料研制方面技术交流和科研合作，这是古纳被聘为省农科院客座研究员后首次来院开展合作研究和技术指导工作。按照双方合作计划，古纳每年到省农科院工作两个月，开展技术合作。

【省农科院代表团访问德国和捷克】 9月20日至27日，院长劳红武率省农科院代表团访问德国和捷克。访问期间，代表团赴德国欧福应用技术大学和捷克作物研究所，开展农业生态、食品安全、有机农产品生产种植和成分检测、种质资源保存利用、作物育种、农业生态等领域技术考察和交流，并与欧福应用技术大学签订第二轮合作共建实验室协议书。

【国际橄榄油品质与安全学术研讨会】 10月25日至26日在杭州召开。这是在省农科院与澳大利亚新南威尔士州初级产业部和澳大利亚橄榄油协会共建的“国际橄榄油品质研究中心”平台下，由省农科院和中国油橄榄产业创新战略联盟联合主办的首届“国际橄榄油品质与安全学术研讨会”。中国、澳大利亚、西班牙等国家的专家展开充分的交流。浙江省农科专家已在丽水市松阳县山下阳村油橄榄基地引种油橄榄、榨橄榄油获得成功。

（陈晓雯）

高校外事侨务

Foreign and Overseas Chinese Affairs in Higher Education Institutions

浙 江 大 学

【概况】 2017年，浙江大学教职工因公出国(境)4392人次，比上年增长7.5%，其中访问考察217人次、合作研究及学术交流1251人次、参加国际会议2442人次、参加培训及进修学习318人次、讲学18人次、参展参赛64人次、校际交流42人次、其他40人次。全年本科生海外交流项目400余个3250人次，比上年增长22.6%，达到当年招生人数的53.5%。研究生海外交流2440人次，比上年增长10.5%。其中博士生1590人次，达到当年博士生招生人数的72.8%。

全年共派出校级代表团10余批次，接待校级国外访问团组111批537人次。2017年新签和续签47项校际合作协议及学生交换协议，其中新签协议22项，包括美国耶鲁大学、美国西北大学、澳大利亚西澳大学、澳大利亚悉尼大学、印度尼西亚大学、印度尼西亚万隆理工学院、新加坡南洋理工大学、英国利兹大学、意大利米兰理工大学、葡萄牙里斯本大学、法国巴黎综合理工大学、西班牙加泰罗尼亚大学。续签协议25项，包括加拿大多伦多大学、澳大利亚墨尔本大学、加拿大渥太华大学、新加坡国立大学、日本大阪大学等知名高校。全年聘请名誉、客座教授29名，其中名誉教授9名。聘请长期外国专家202人，短期外国专家460人，主要来自美国、德国、英国、加拿大、澳大利亚、日本、俄罗斯、法国等国家。全年外籍院士来校合作交流112人次。开展“海外名师大讲堂”“诺奖大师中国校园行”“学术大师专项”“竺可桢杰出学者讲座”等，邀请海外知名专家57名，举办公众讲座57场，其中包括2008年诺贝尔文学奖得主法国让-马里·古斯塔夫·勒·克莱齐奥博士等15位诺贝尔奖获得者。实施外专项目282项，包括111创新引智基地、外国青年人才引进计划、海外名师项目、学校特色项目、“诺奖大师中国校园行”等国家级重点项目28项，浙江省引智项目2项，新增外专千人计划1项。

2017年，学校举办国际会议89项，会议总规模11615人次，其中外方代表2207人次。收到会议论文2913篇，其中外方论文788篇，出版会议论文(含摘要)集44册。举办会议中重大会议2项、重要学术年会23项、浙江大学学术年会8项、双边会议5项。自然科学类会议36项，其中理科7项、工科11项、信息3项、医药7项、农生环8项，海洋1项。人文社科类会议53项，其中人文23项、社科30项。

【全球高等教育峰会】 5月20日在浙江大学举行。来自美国芝加哥大学、美国西北大学、新加坡国立大学、中国香港大学、中国北京大学等海内外近40所世界一流大学校长及代表百余人参加峰会，共话大学与社会、创新与未来。会议围绕“培养创新型人才：大学的责任”“研究型大学科技创新推动社会发展”“建设全球创新共同体：新的协同创新体系”展开讨论。浙江大学校长吴朝晖、常务副校长宋永华、副校长严建华出席活动。每所学校还在浙大紫金港校区求是大讲堂外的草坪上种了一棵象征友谊长存的银杏树。峰会期间，浙江大学与美国西北大学、新加坡国立大学、澳大利亚西澳大学、英国利兹大学、法国巴黎高科技工程师学校集团、巴黎综合理工大学等高校签署校际协议，持续推进与世界一流大学的合作。

【"一流大学建设系列研讨会—2017"暨中国大学校长联谊会】 5月21日在浙江大学举行。中国内地和香港地区的12所顶尖大学校长参会,共同探讨一流大学发展之路,并发表《面向2030的"一流大学创新网络"合作倡议》。

【浙江大学代表团访问美国和加拿大高校】 10月10日至13日,校长吴朝晖率浙江大学代表团一行访问美国哈佛大学、耶鲁大学和加拿大多伦多大学,推动与世界顶尖大学的战略合作。访问期间,浙江大学与哈佛大学地理分析中心签署合作谅解备忘录、与耶鲁大学公共卫生学院签署合作意向书,与多伦多大学续签校际合作备忘录。代表团还见证浙大附属口腔医院与多伦多大学牙医学院、浙大教育学院与多伦多大学安大略教育研究院签署院际合作备忘录。

【出席中—印尼副总理级人文交流机制第三次会议】 11月28日,浙江大学代表团赴印度尼西亚,出席中—印尼副总理级人文交流机制第三次会议。浙江大学与印度尼西亚技术评估与应用署共建"中—印尼生物技术联合实验室",与万隆理工学院共建"中—印尼海洋科学与技术中心",均被纳入中—印尼副总理级人文交流机制。

【港澳工作】 2017年,浙江大学与香港科技大学新签人文社会科学领域学生联合培养项目合作意向书,与香港中文大学续签肝病及消化病联合研究中心、天然药物与毒理学研究联合实验室、先进光子学联合研究实验室协议,与香港岭南大学和香港中文大学续签学生交换协议。全年接待来自港澳地区的参访团组30批440人次(其中香港24批332人次、澳门6批108人次)。校党委书记邹晓东等率代表团访问香港,推进与香港地区高校及其他各界的联系与互动。邀请港澳地区高校学者到浙江大学作专题讲座或短期授课,邀请港澳地区代表参加港澳地区会议和国际会议。

执行"中国创业"国际夏令营、"促进青少年及儿童发展"服务学习等14个"2017年港澳与内地高等学校师生交流计划"项目。先后邀请212名香港师生到浙江大学,通过专题讲座、调研研讨、实验分析、实地参访、分享总结等形式,促进双方青年师生在专业领域、当地文化、校园生活等方面交流。接收93名港澳学生到浙江大学交换学习,学校派出74名学生到港澳高校交换学习,接收5名港澳学生到浙江大学短期研习、学校派出50名学生赴港澳高校短期研习。

(潘孟秋)

中国美术学院

【概况】 2017年，中国美术学院公派教职工赴国(境)外访问50批136人次。外派交换生、交流生142人，比上年增加54.3%。30位优秀学生获境外学习资助，2人被国家留学基金委优秀本科生项目录取，3人被国家留学基金委艺术类人才项目录取。

2017年，全院各级接待国(境)外来访人员189批600余人次，办理接收国(境)外校际交换生22人。全院国(境)外学历学生达261人。长短期留学生1580人，占全院在校生比率约16%，生源国达80个。启动"丝路奖学金项目""东盟十国美术类教师培训项目"，新建越南、柬埔寨招生点，同时在文莱、马来西亚分别建立了生源学校。2017年，学院取得2019年欧洲艺术院校联盟领导人峰会举办权。新增美国加州艺术学院等4个国际合作伙伴和9项涉外合作协议。全年举办各级各类国际展览和研讨会33个。举办涉外讲座89个，参与各类讲学项目文教专家67人，共开设40门国际化课程和62个国际工作坊，国际化课程占开课总门数2.3%。

响应国家"一带一路"倡议，与中国公共外交协会、中国—东盟中心、浙江省外侨办联合举办"2017东盟十国使节走进浙江活动"暨"山水相依——中国美术学院艺术家东盟十国行美术作品展"；契合香港回归二十周年举办首个研究生层面的展览；契合中日建交45周年，在日本东京中国文化中心承办浙江省文化年省部共建项目——"中国美术学院木版画展"。潘天寿纪念馆申报的"潘天寿与中国画笔墨传承"入选省文化厅对外文化交流资源库。

【"实验·绘画——Inter-Youth国际高等艺术学院青年绘画展"】 1月5日在中国美术学院开幕。院长许江，党委副书记胡钟华，副院长王赞、高世名和学院老教授及绘画艺术学院负责人出席开幕式，绘画艺术学院院长杨参军主持开幕式。国内艺术界人士和英国、美国、希腊、法国、日本、瑞士、德国等艺术院校的师生参加开幕式。

"Inter-Youth国际高等艺术学院青年绘画展"由中国美术学院绘画艺术学院发起，是针对国际范围内尤其是高等艺术学院培养的青年艺术家群体而搭建的作品展示和交流平台。本次展览展出作品399件，展出时间至1月12日止。

【美国旧金山艺术学院前院长访问中国美术学院】 1月9日，美国旧金山艺术学院前院长弗雷德里克·马丁、杰米·摩根教授一行访问中国美术学院，出席旧金山艺术学院与中国美术学院建立友好关系30周年纪念活动。院长许江接待来访嘉宾。

【教师作品入围柏林国际电影节竞赛单元】 1月20日，第67届柏林国际电影节公布主竞赛单元入围片单。中国美术学院影视与动画艺术学院动画系副教授、导演刘健作品——中国动画长片《好极了》(英文名《Have a nice day》)入围主竞赛单元。这是中国动画长片第一次入围三大国际电影节(意大利的威尼斯国际电影节、法国的戛纳国际电影节和德国的柏林国际电影节)主竞赛单元，也是继日本著名动画导演宫崎骏《千与千寻》之后，新世纪第二次有亚洲动画电影入围柏林国际电影节主竞赛单元，创造了中国动画电影的历史新纪录。

【“高居翰数字图书馆”上线】 2月18日，由中国美术学院图书馆承办的“高居翰与中国”暨“高居翰数字图书馆”上线系列学术活动在中国美术学院举办。上线仪式在贡布里希—高居翰图书馆举行。中国美术学院图书馆馆长张坚以“让中国的视觉艺术成为世界学问：高居翰数字图书馆背后的故事”为题致开幕词，介绍高居翰数字图书馆建立始末。高居翰的这一宏大愿景于2013年正式启动，他将自己2000多册藏书、3600余张教学幻灯片、12000余幅中国美术史数字图像和其他具有史料价值的图像资料，以及《溪山清远》和《凝视过往》两个系列视频讲座资料，悉数赠与中国美术学院。

美国学者高居翰被称为“最懂中国画的美国人”，2014年2月14日去世。

【香港中西区校长联会代表团访问中国美术学院】 3月24日，香港潮商学校校长詹汉铭率香港中西区校长联会代表团一行31人访问中国美术学院。校党委副书记胡钟华，组织人事（统战）部和外事处负责人等接待代表团一行。胡钟华向来宾介绍学校的历史沿革、发展概况和学科建设等情况。双方还就两地青少年美术教育事项进行座谈交流。

【法国里昂高等美术学院教授在中国美术学院作讲座】 3月29日，中国美术学院雕塑与公共艺术学院公共空间艺术系主办“CORRECTION/修正”讲座。法国里昂高等美术学院奈尔克教授作讲座，主要讲述其自身近20年的艺术创作历程，让听众从中理解“艺术介入”与人类、社会、历史和时空之间的复杂关系。

【首届西湖国际纪录片大会】 4月20日在中国美术学院启幕，大会主题：事·情。副省长成岳冲，中央电视台纪录频道总监梁红，省政府副秘书长李云林，省新闻出版广电局局长寿剑刚，中国美术学院党委书记钱晓芳与院长许江及省委宣传部和全国各省市广电集团、高校、业界、媒体嘉宾、D20提名入围作品的导演与主创等参加开幕式。来自全球纪录片领域的200余位导演、学者参加开幕式。

22日，举行首届西湖国际纪录片大会闭幕式暨优秀纪录片分享会。寿剑刚，省纪录片协会会长顾顺坤，许江，中国著名导演宁浩，大会评审团主席伊夫·让诺（法国）、傅红星（中国），评审团委员尼洛特帕尔（印度）、莎莉·伯杰（美国）、高世名（中国）、许继锋（中国）和D20提名入围作品的导演与主创及来自全国各省市广电集团、高校、业界、媒体嘉宾，中国美术学院影视与动画艺术学院全体师生参加闭幕式。闭幕式由浙江卫视著名主持人、纪录片导演亚妮主持。闭幕式上播放“单元宣传片＋D20入围优秀纪录片集锦”。杜海滨（中国）、徐晓东（中国）、金行征（中国）、陈怀恩（中国）、阿尔卡·拉格拉姆（印度）、蒂芙尼·熊（加拿大）等20位入围纪录片作者登台领奖。

【香港特别行政区政府教育局局长访问中国美术学院】 4月21日，香港特别行政区政府教育局局长吴克俭一行访问中国美术学院。院党委副书记胡钟华、副院长高世名和相关部门负责人及在中国美术学院学习的香港学生代表与吴克俭一行进行座谈。胡钟华介绍中国美术学院发展历程、院系建制规模和未来建设，高世名介绍中国美术学院与香港高校间的合作项目及交流情况。吴克俭宣布香港特别行政区政府已在浙江正式设立联络处，助推香港地区与浙江省教育、经济等领域的交流与合作。

【第三届中国（杭州）国际青年插画漫画双年展暨第七届信谊图画书奖颁奖典礼】 4月27日在中国美术学院举行。由中国美术学院、中国国际动漫节执委会、信谊基金会主办，中国美术学院影视与动画艺术学院和浙江省美术家协会连环画、插图、装帧艺术委员会及中国美术学院美术馆承办。开幕式上，中国美术学院党委副书记刘正与中国国际动漫节执委会秘书长、杭州文化广播电视集团党委副书记、总编辑郑桂岚分别致辞，信谊基金会执行长张杏如致辞并为本次双年展揭幕。随后进行颁奖典礼，中国美术学院研究生叶露盈绘本作品《忠信的鼓》获得第七届信谊图画书奖全场大奖，研究生庄申菲绘本作品《三个老爷爷》获得佳作奖。

第三届中国（杭州）国际青年插画漫画双年展共征集到来自全国各地及法国、美国、约旦等多个国家的青年插画漫画家作品200件，于4月27日至5月3日在中国美术学院校史馆展出。同时由中国美术学院出版社出版本次展览“东方印像——第三届中国（杭州）国际青年插画漫画双年展”画集。

【中国美术学院作品在雅典开展】 4月27日，“中国故事——中国杭州传统工艺创新展”在希腊雅典拜占庭博物馆正式开展。中共中央政治局委员、中央书记处书记、中宣部部长刘奇葆，中国驻希腊大使邹肖力和希腊副总理兹拉加萨基斯及希腊文化部部长等在杭州市委宣传部副部长陆政品和中国美术学院设计艺术学院院长、展览策展人吴海燕陪同下参观展览。

“中国故事——中国杭州传统工艺创新展”作为2017中希文化交流和文化产业合作年系列活动之一，由中国文化部、中国驻希腊大使馆和杭州市人民政府主办，中国美术学院、杭州市文化创意产业办公室承办。展览以“讲好中国故事，推动文化交流”为主旨，以丝、木、纸、铜、瓷五种传统材质的演绎作为基础，以东方文化、工艺研究、作品设计、产品输出为表现脉络，全方位立体化展示传统工艺的活化创新成果，共展出作品145件。

【2017中国设计智造大奖佳作展】 5月7日在中国美术学院开幕。中国美术学院副院长王赞，杭州市西湖区副区长缪凌蓉，本届智造大奖提名专家、日本工业设计师协会理事御园秀一，韩国首尔设计中心主席李淳寅，日本工业设计师协会理事平川真纪，美国普渡大学工业设计系教授金东镇，本届智造大奖参赛者德国斯托克自行车公司首席执行官马库斯·斯托克，法国驻沪总领事馆文化领事费保罗，中国设计智造大奖秘书长王昀及浙江制造业与设计基地代表、中国美术学院设计艺术学院师生代表等出席开幕式。同时，2017中国设计智造大奖总决赛在中国美术学院象山校区举行，由7名评委和30名大众评审，依据核心标准（民生、产业、未来）对22位获奖选手（团队）进行现场答辩评审，从中角逐出中国设计智造大奖三大奖——金智奖、优智奖、创智奖。入围总决赛的22位设计师，分别来自中国、日本、英国、芬兰、挪威等国。

中国设计智造大奖在浙江省人民政府大力推动下，由中国美术学院主办、中国工业设计协会等协办，是中国首个国际级工业设计的学院大奖。2017中国设计智造大奖自2016年9月正式启动以来，共收到来自39个国家和地区的作品2720件，其中入围复评阶段作品388件。来自7个国家和地区的13位专家评委复评选出129件“智造奖”作品，并在此基础上评选出年度十强参与角逐“金智奖”。

【2017中国设计智造大奖最高奖——“金智奖”颁奖】 5月8日，2017中国设计智造大奖在中国美术学院举行颁奖典礼。芬兰设计师设计的“Hello Ruby儿童学习编程的创意画本”和浙江省设计师设计的“小黑侠自拍无人机”两件作品获得最高奖——金智奖，并各获奖金100万元。省委副书记、代省长袁家军出席颁奖典礼，为“金智奖”获得者颁奖并参观本届中国设计智造大奖的部分入围佳作。省委常委、杭州市委书记赵一德出席颁奖典礼并颁奖，副省长高兴夫、杭州市市长徐立毅出席颁奖典礼并分别致辞。省政府秘书长李卫宁、副秘书长徐纪平，省政府办公厅副主任施清宏，省委组织部副部长姚志文，省教育厅厅长郭华巍，省经信委主任张金如，省财政厅副厅长金慧群，省人力社保厅副厅长宓小峰，浙江广播电视集团副总编辑顾顺坤，杭州市政府办公厅副主任鲍一飞，西湖区委书记章

根明、区长刘颖和杭州市、西湖区有关部门及之江管委会负责人，浙江省工业设计协会会长叶文，广东省工业设计协会秘书长周红石，中国高等教育学会事业发展部主任吴英策，中国创意红星奖执行总监楼晓红，浙江省物联网产业协会秘书长纪卫平，浙江工业设计协会秘书长单华红，杭州市工业设计协会秘书长张灵仙和日本工业设计师协会理事御园秀一、平川真纪，韩国首尔设计中心主席、国际工业设计协会联合会前主席李淳寅，美国普渡大学工业设计副教授金东仁，全国各地企业家代表，全省工业强县、各工业设计基地、获奖者和团队代表，媒体代表，院校代表，中国美术学院领导钱晓芳、许江、胡钟华、王赞、刘正、姜玉峰、杭间、高世名、应达伟、徐国强及学院相关部门和二级学院负责人、师生代表等出席颁奖典礼。

【西班牙提森艺术博物馆副馆长访问中国美术学院】 5月11日，副院长高世名会见西班牙提森艺术博物馆副馆长埃琳娜·拉奎尔·维拉、CYO工作室建筑师何塞·奥特兹一行5人。高世名介绍中国美术学院办学情况。埃琳娜·拉奎尔·维拉介绍提森艺术博物馆馆藏情况，并表达与中国美术学院美术馆举办联合展览及邀请中国美术学院学生到提森艺术博物馆展览或实习的意愿。

【瑞士苏黎世艺术大学副校长访问中国美术学院】 5月12日，副院长高世名接待瑞士苏黎世艺术大学副校长哈特穆特·维克特和跨文化合作项目负责人丹尼尔·斯帕蒂一行。哈特穆特·维克特介绍苏黎世艺术大学的学科设置、学院分布及学校历史和国际交流合作现状。丹尼尔·斯帕蒂介绍与中国美术学院跨媒体艺术学院正在实施的跨文化合作项目。随后，高世名陪同哈特穆特·维克特一行参观美术馆的“治水最前线”下乡创作实践展。学院外事处和跨媒体艺术学院负责人参加接待。

【美国洛杉矶加州大学银幕中国项目负责人访问中国美术学院】 5月17日，副院长高世名接待由美国洛杉矶加州大学银幕中国项目负责人、孔子学院院长苏珊·简率领平面设计、雕塑、表演艺术、建筑、城市规划、策展等领域著名艺术家组成的代表团一行18人，并陪同客人参观访问王冬龄工作室。代表团一行还参观访问跨媒体艺术学院姚大钧工作室并现场观看工作室学生作品。学院外事处及相关二级学院负责人参加接待和陪同参观访问。

【美国哥伦布斯艺术设计学院院长访问中国美术学院】 5月18日，副院长高世名接待美国哥伦布斯艺术设计学院院长梅勒妮·科恩一行，双方就相关合作事宜进行会谈。随后，梅勒妮·科恩一行在学院外事处工作人员陪同下参观象山校区，并走访影视动画学院和设计学院。

【教师论文入选克罗地亚萨格勒布国际动画学术研讨会】 6月7日，中国美术学院动画系青年教师李佳佳的论文《日本战后庶民生活题材四格连载漫画的俗趣味源流》入选克罗地亚萨格勒布国际动画学术研讨会并作英语发言。

2017第四届萨格勒布国际动画学术研讨会由萨格勒布动画电影节、世界动画协会主办。论坛确立四个主题方向，即动画节的转型、漫画与动画、动画与观念、动画与新媒体——VR与互联网，并面向世界征集学术论文。入选论文的作者受邀出席学术研讨会，并担任发言嘉宾。

【第一届国际家居创意设计大赛颁奖典礼】 6月9日在中国美术学院举行。中国美术学院设计艺术学院院长吴海燕，丹麦西蒙李家居首席执行官西蒙·利希滕贝格，中国美术学院教授、博士生研究生导师宋建明，丹麦驻沪总领事馆商业领事卡斯珀·佛莱迪等出席颁奖典礼并分别致辞、为获奖同学颁奖。本次大赛参选作品中评选出7套优秀的大赛设计方案并予以表彰和奖励。

【“无所容形”——美国艺术家当

代绘画作品展】 6月17日在中国美术学院开幕。中国美术学院党委书记钱晓芳，中国文联副主席、中国油画学会主席、中国美术学院院长许江，中国美术学院副院长姜玉峰、高世名，中国美术学院原院长肖峰、原副院长高法根，山东师范大学美术学院院长岳海涛，中国美术学院老教授全山石、吴山明、卓鹤君、闵学林、王冬龄、金一德、汪诚一、白仁海、李欣朗，中央美术学院教授马刚，美国硅谷科学家张寒松博士和中美美术馆管理与公共教育工作坊嘉宾、美国博物馆管理团队成员、美国有关美术馆负责人、中国美术学院相关教学单位与职能部门负责人及新闻媒体记者出席开幕式。开幕式上还进行捐赠仪式，钱晓芳代表中国美术学院分别接受参展艺术家弗莱德·马丁捐赠的36件作品和艺术家大卫·弗雷泽、杰瑞米·莫根、任敏各捐赠的一件代表作品。

【土耳其"中土友好希望之星"中学生代表团访问中国美术学院】 7月8日，副院长姜玉峰和院外事处、附属中学相关负责人接待由土耳其教育部副部长丘拉克奥鲁率领的"中土友好希望之星"中学生代表团一行27人。姜玉峰介绍中国美术学院及附属中学的发展历史和现状。丘拉克奥鲁介绍土耳其国内艺术教育的现状，希望土中两国青少年以文化艺术为纽带加强友好交流。随后双方成员一起观看附属中学校史的影像展示。

"土耳其中国友好希望之星"是中国驻土耳其大使馆和土耳其有关部门合作推出的文化交流项目。该项目通过与土耳其教育部、文化与学术研究基金会合作，在土耳其全国高中学校举办"我想象的中国"绘画比赛，以此激发土耳其青少年对中国文化的兴趣，夯实中土各领域合作的民意基础。

【中国美术学院木版画展】 7月11日在日本东京中国文化中心开幕。由日本东京中国文化中心、浙江省文化厅联合主办，中国美术学院承办。日本东京中国文化中心主任石永菁，中国美术学院党委副书记刘正，日本东京艺术大学副校长保科丰巳和美术学院院长日比野克彦与日本东洋美术学校教授关乃平，日本众议院议员江崎铁磨、望月义夫，日本手家制作有限公司社长松谷孝征，日本版画协会理事长矶见辉夫，日本版画院前理事长见目阳一及日中友好协会、东京华侨总会、《日中商报》、中日双方参展艺术家代表等出席开幕式。

"中国美术学院木版画展"展出中国美术学院版画作品70幅、版画原版30件，日本东京艺术大学版画研究室展出12幅现代木刻版画，日本多摩美术学院谷古博子教授作品也参与展出。展览时间7月11日至21日。

【英国剑桥大学国王学院副院长访问中国美术学院】 9月12日，院长许江会见英国剑桥大学国王学院副院长史蒂芬·切立、考古与人类学博物馆研究员王子岚博士一行3人。许江介绍中国美术学院历史、发展规模、学科设置、校区分布等基本情况。双方表达了进一步深化合作的意愿。院党委副书记刘正和绘画艺术学院、外事处负责人参加会见。

【中国—中东欧国家文化合作部长论坛组委会与会嘉宾参观"最设计·中国美院馆"】 9月23日，作为第三届中国—中东欧国家文化合作部长论坛配套的文化合作交流活动，中国—中东欧国家文化合作部长论坛组委会与会嘉宾——中国和中东欧16国代表团，外交部16+1合作秘书处、欧盟驻华代表团及中东欧16国代表团驻华使节和中国文化部部长雒树刚在浙江省委常委、宣传部长葛慧君，省文化厅厅长金兴盛，杭州市委副书记、市长徐立毅，杭州市委常委、宣传部长戚哮虎陪同下参观第11届(2017)杭州文化创意产业博览会"最设计·中国美院馆"。中国美术学院党委书记钱晓芳、副院长杭间等陪同参观、介绍展区。

【山水相依——中国美术学院艺术家东盟十国行美术作品展】 9月26日在中国美术学院开幕。展览由中国公共外交协会、中国—东盟中心、浙江省外侨办、中国美术学院主办。中国美术学院党委书记钱晓芳宣布展览开幕。中国—东盟中心秘书长杨秀萍，中国公共外交协会代表余洪耀，文莱驻华大使张慈祥，浙江省外侨办副主任顾建新，中国美术学院副院长王赞等出席开幕式并分别致辞。泰国、文莱等十余位东盟十国外交使节及主办单位相关负责人出席。开幕式由中国美术学院副院长高世名主持。展览展出中国美术学院艺术家创作的200余件反映东盟十国人文风情的主题性创作作品。

开幕式后，与会嘉宾应邀参观中国美术学院象山校区，并进行书法体验活动。展览至10月6日结束。

【中国美术学院教授获2017佛罗伦萨国际当代艺术双年展·洛伦佐奖】 10月6日至16日，在意大利佛罗伦萨达巴索古堡举行的“2017意大利佛罗伦萨国际当代艺术双年展”上，中国美术学院手工艺术学院陶艺系戴雨享教授获2017佛罗伦萨国际当代艺术双年展“洛伦佐金质奖”（陶艺类）。本届双年展主题为“地球——创意和可持续发展”，并设立“洛伦佐终身成就奖”，颁发给在国际当代艺术和文化领域作出杰出成就和贡献的人。

“佛罗伦萨双年展”与著名的“威尼斯双年展”和“米兰三年展”并称为意大利三大艺术展。在欧洲各类艺术展中占有重要地位，2015年名列全球最值得期待的八大双年展之一。

【中国美术学院首个研究生层面对港交流计划启动】 10月20日，纪念香港回归祖国二十周年暨杭州香港青年艺术家交流计划在中国美术学院启动，“重返地球——生态性艺术实践香港杭州联合工作坊”同期开幕。中国美术学院党委副书记胡钟华，香港特别行政区政府驻浙江联络处主任廖凤娴、副主任罗馨儿，中国美术学院研究生处处长毛建波、跨媒体艺术学院党总支书记文涛与院长管怀宾、绘画艺术学院油画系主任何红舟、中国画与书法艺术学院中国画系副主任刘海勇、院宣传部副部长王益和联合工作坊港方教师代表等与加盟交流计划的师生30余人参加启动仪式。

联合工作坊由香港大学、香港城市大学、香港中文大学、香港浸会大学推荐的12名同学和中国美术学院面向全校选拔的12名研究生组成，围绕“生态性艺术实践”这一主题展开研讨。

【美国加州艺术学院代表团访问中国美术学院】 10月30日，院长许江会见美国加州艺术学院院长拉威·拉詹、分管教务副院长简妮·皮里布利斯基、分管外事副院长玛莎·麦钱特、招生办主任罗伯特·波顿等一行7人。许江和拉詹分别介绍各自学校的历史、规模、学科方向及潜在合作方向，并举行两校战略合作签字仪式。随后举行客座教授聘任仪式，副院长高世名向加州艺术学院皮布利斯教授颁发中国美术学院客座教授聘任书，并邀请其为中国美术学院中美国际班授课。代表团一行还参观跨媒体艺术学院开放媒体实验室和影视与动画艺术学院。中国美术学院设计艺术学院、建筑艺术学院和外事处、教务处负责人参加上述活动。

【“致敬2018”系列活动】 11月22日至12月8日，由法国斯特拉斯堡莱茵宫、中国美术学院与法国莱茵高等艺术学院共同主办的“致敬2018”系列活动在法国斯特拉斯堡莱茵宫举行。展览展出作品34幅，及40张林风眠往昔照片和资料图片。总策展人、中国美术学院副院长高世名表示，“想通过展览，向复杂、矛盾而多变的二十世纪中欧之间的生活史、社会史和思想史补写一份宣言，同时向即将到来、尚未定义的2018致敬”。

【中国美术学院教师作品获金马奖最佳动画长片奖】 11月25日，作为“华语电影三大奖项”之一的第54届金马奖获奖名单揭晓。中国美术学院影视与动画艺术学院副教授刘健的作品《大世界》获得第54届金马奖最佳动画长片奖。

《大世界》是由刘健自编自

导、耗时三年时间独立完成的动画长篇电影。影片有近80分钟的手绘二维动画，800多个镜头的原画全部由刘健本人完成，他一人包揽影片编剧、导演、绘制、音乐制作等全部工作。

【光之容器——2017杭州国际当代玻璃艺术展】 11月25日至12月15日在中国美术学院举办。本次展览为2017年度国家艺术基金传播交流推广资助项目。省文化厅副厅长蔡晓春，中国美术学院党委书记钱晓芳，中国文联副主席、浙江省文联主席、中国美术学院院长许江，原澳大利亚玻璃协会主席格拉德·金等参加开幕式。中国美术学院手工艺术学院党总支副书记李玉普主持开幕式。

开幕式后，举办题为"光之容器"学术研讨会，中国美术学院人文艺术学院副院长杨振宇、中国美术学院手工艺术学院工艺美术系主任李文分别担任学术主持，多位国内外玻璃艺术相关领域艺术家和学者出席论坛，进行有关玻璃艺术教育与玻璃艺术发展的交流对话。

【中国美术学院获2019年欧洲艺术院校联盟领导人峰会举办权】 11月28日至30日，中国美术学院副院长高世名一行应邀出席在波兰波兹南举行的第八届欧洲艺术院校联盟2017领导人峰会。峰会主题为"遗产/转型/价值"，20多个国家的80多位代表参加。会议结束时，欧洲艺术院校联盟正式宣布下届领导人峰会将在中国杭州中国美术学院举办，并举行交接仪式。

欧洲艺术院校联盟成立于2000年，总部设在荷兰阿姆斯特丹，有300多个成员，其宗旨在于促进欧洲及非欧洲文化艺术的交流与合作，加强高等艺术教育在地区、国家和国际间的地位和影响，提高艺术对经济和文化发展的积极作用。领导人峰会每两年举办一次。

【艺术·家书——2017Inter-Youth国际青年绘画展】 12月11日在中国美术学院美术馆开幕。展览汇聚全球200多位优秀青年的300余件手稿作品，主要通过本子与册页、小稿、草图、对比图、组图五个部分进行梳理与呈现。中国美术学院党委书记钱晓芳、副院长高世名，英国温布尔登艺术学院格莱特·埃文斯教授，澳大利亚国立大学艺术学院艾立森·阿勒得教授、露丝·沃勒教授，德国汉堡美术学院比吉特·布雷纳教授，美国纽约视觉艺术学院朱迪·琳恩·基教授，中国美术学院研究生处、科研创作处、外事处、实验教学管理部负责人和国际艺术院校的参展艺术家及学生代表等出席开幕式。中国美术学院绘画艺术学院院长杨参军主持开幕式。展览持续至2018年1月5日。

【移情公园当代艺术展】 12月15日在香港城市大学开幕。中国美术学院党委副书记胡钟华，香港城市大学创意媒体学院副院长叶旭耀和香港浸会大学、香港中文大学、香港大学等高校教授与香港艺术界嘉宾、港杭两地参展艺术家、中国美术学院研究生处负责人及策展团队等40余人出席开幕式。艺术展展示18位香港和杭州青年艺术家精心创作的30余件当代艺术作品。

该艺术展由中国美术学院副院长高世名担任学术主持，审定展览方案和学术主题；著名书法家王冬龄教授为展览名称题词。展览持续至2018年1月5日。

【2017 Inter-Youth特别展"东方如在"】 12月16日在中国美术学院美术馆开幕，展出中国、法国、德国、英国、美国、韩国、比利时等国13位国际知名艺术家的56件作品。比利时双年展策展人乔·本泽康担任本次展览策展人。此次展览突出不同年代艺术家对世界当代艺术的多层级表达，借此参与到中国美术学院同期举办的青年艺术家群展中。

（张　蕾）

浙江工业大学

【概况】 2017年，浙江工业大学派出短期因公出国(境)团组178批304人次。其中出席国际学术会议、研讨会、年会90批132人次，学术访问29批62人次，短期合作研究18批20人次，其他41批90人次。接待国(境)外高校和组织机构代表来访26批85人次。全年新增西班牙ESIC商学院、挪威北极大学、厄瓜多尔钦博拉索理工大学、美国内布拉斯加大学林肯分校、美国罗德岛大学、日本中央大学和加拿大维多利亚大学等校际国际合作伙伴。全年主办或承办各类国际(双边)学术会议及研讨会10场，参会1500余人。其中"2017地基处理及地基控制国际学术会议""第五届国际声学与振动系列学术讲座与专题研讨会""第九届全球华人化工学者研讨会""2017浙江工业大学APEC峰会专题论坛"和"2017年金刚石薄膜及其功能器件国际研讨会"均取得较大国际影响力。

全年邀请各级引智项目相关外国专家90余人次到校进行合作研究。30余名长期聘用的外籍专业教师和语言教师承担学校相关专业课程和语言课程教学工作，并参与承担相关科研工作。2017年，"绿色制药创新引智基地"被国家外国专家局批准为地方高校"高等学校学科创新引智计划"(简称"111"计划)新建基地，这是浙江工业大学第二次成功入选该项目。全年获批国家"高端外国专家项目"3项，其中团队项目2项、个人项目1项，入选外籍专家5人。有3项引进国外技术、管理人才项目获浙江省资助。校级引智项目立项43项。2017年，学校共有中外合作办学项目4项，其中与瑞典布莱京厄大学合作举办的软件工程专业本科学位教育项目运行至今已满五年，根据规定经申请获教育部批准再延长五年运行期。全年组织学生赴国(境)外短期交流38批539人次，37名硕士与博士研究生赴国(境)外参加学术会议、学科竞赛等活动。获批5项"浙江省优秀本科生出国交流项目"，7名学生获国家留学基金委和省教育厅资助赴海外高校开展交流学习。全年实施各类交换学生项目和联合培养项目53项，154名学生通过合作项目赴海外合作院校学习。2017年，学校有来华留学生2406人，其中学历留学生1430人，学历留学生人数和留学生总人数分别排名浙江省高校第3位和第4位。学校有合作共建孔子学院2所，孔子课堂4个。美国瓦尔普莱索大学孔子学院院长孟剑云获2017年度全球"孔子学院先进个人"荣誉。加纳大学孔子学院获批的"全球示范孔子学院大楼"于11月底落成。全年共组织3批19人次校际访问交流团赴海外孔子学院开展交流访问活动，完成4批61人次孔子学院来华交流团组的接待及活动组织工作。接受12名加纳大学中文系学生来校学习汉语，其中7名学生获孔子学院奖学金。

2017年，浙江工业大学教职工因公短期赴港澳地区交流访问21批48人次。接待港澳地区来访团组6批139人次。

【加纳大学孔子学院举办春节庆祝活动】 2月5日，加纳大学孔子学院在加纳大学附属小学举行"庆新春，迎新年"活动，广邀中加各界人士共飨盛典，过个热热闹闹中国年。中国驻加纳大使孙保红、经济商务参赞柴之京，加纳大学校长埃比尼泽·奥乌苏、教务长梅尔西·阿西亚出席活动。活动期间，加纳各中资企业商会向加纳大学孔子学院捐资以建造示范孔子学院大楼。

【浙江工业大学师生艺术团赴美国瓦尔普莱索大学孔子学院巡演】 2月10日至16日，浙江工业大学2名艺术学院教师和7名学生组成师生艺术团，赴美国印第安纳州开展为期一周的巡回演出。艺术团在美国瓦尔普莱索大学及孔子学院、孔子课堂和各汉语教学点等多所中小学校开展6场文艺演出和一场表演互动交流，观众达3300余人。

【瓦尔普莱索大学孔子学院举办春节元宵同乐会】 2月12日，美国瓦尔普莱索大学孔子学院与瓦尔普莱索大学中国学生联合会共同主办的春节元宵同乐会在瓦尔普莱索大学学生活动中心举行。瓦尔普莱索大学副校长尚卡·拉曼、孔子学院中外方院长及教师和志愿者出席活动。瓦尔普莱索大学各院系师生，周边孔子学院汉语教学点的中小学生及当地社区民众等逾300人参加活动。

【加拿大皇家学院院士作客浙江工业大学研究生溯采讲坛】 2月20日，加拿大皇家学院院士、加拿大国家工程院首位华人化工院士祝京旭教授作客浙江工业大学溯采讲坛第120讲暨化工学院寿恒讲堂第150讲，为师生作题为"时间与空间的远距离观——我体会的化学工程"学术报告。

【"英国利兹与中国浙江"企业家合作与投资对洽会】 3月1日在杭州召开。由浙江工业大学全球浙商发展研究院与浙江省民营企业国际合作促进会共同承办。会议由浙江工业大学全球浙商发展研究院、浙江省民营企业国际合作促进会程惠芳教授主持。并举行利兹、浙江工业大学、企业家的官产学研深度合作见面会。

【美国瓦尔普莱索大学孔子学院代表团访问浙江工业大学】 3月30日，美国瓦尔普莱索大学孔子学院学生及家长代表团一行29人访问浙江工业大学。校人文学院负责人、汉语国际教育专业相关老师和学生志愿者参与交流活动。访问期间，代表团参观浙江工业大学屏峰校园，品尝中国风味甜点，并和师生代表就两国文化和语言学习等进行交流。

【日本东京大学教授访问浙江工业大学】 4月13日，日本东京大学应用生物化学学科主任、农学部国际交流委员会主任佐藤隆一郎和加藤久典教授访问浙江工业大学。校国际交流与合作处、生物工程学院负责人与佐藤隆一郎和加藤久典座谈，双方围绕学生交流访学、人才联合培养、加强科研合作、推动学术交流等进行探讨并达成合作共识，商定在共识基础上推进签署正式合作协议。随后，佐藤隆一郎和加藤久典参观浙江工业大学长三角绿色制药协同中心生物技术制药平台、生物工程学院有关科研平台等。

【国家"外专千人计划"专家被授予"国家特聘专家"】 4月15日，第15届中国国际人才交流大会在深圳市开幕。浙江工业大学国家"外专千人计划"专家弗拉基米尔·科瓦连科院士受邀参加大会，并受到中共中央政治局委员、国务院副总理马凯接见。会议期间，举行"千人计划"外专项目国家特聘专家证书颁发仪式，弗拉基米尔·科瓦连科被授予"国家特聘专家"。

【印度尼西亚代表团访问浙江工业大学】 4月24日，副校长虞晓芬会见印度尼西亚鹰航董事局主席、印度尼西亚交通部前部长尤斯曼·查马尔，印度尼西亚IPMI国际商学院案例中心主任艾哈迈德·哈比尔一行5人。代表团参观了浙江工业大学屏峰校区，并分别与政管学院、MBA中心负责人和教师就开展中印新兴经济体发展模式比较研究、公共政策合作、跨文化案例写作、商务案例开发、学生互访等进行探讨。

【挪威北极大学代表团访问浙江工业大学】 5月8日，校党委书记梅新林、副校长华尔天会见挪威北极大学校长安妮·休斯贝克、副校长温切·雅克布森一行9人。双方介绍各自学校在人才培养、科学研究、国际交流合作等方面基本情况。双方表示，可在相关领域内开展多方面交流与合作，并签署两校合作协议。

【美国瓦尔普莱索大学孔子学院举办第十届美国中西部地区“汉语桥”中学生中文演讲比赛】 5月13日，受孔子学院总部/国家汉办和中国驻芝加哥总领事馆委托，浙江工业大学美国瓦尔普莱索大学孔子学院举办第十届美国中西部地区“汉语桥”中学生中文演讲比赛。美国中西部6个州选送的55名高中生参加比赛。中国驻芝加哥总领事洪磊，美国瓦尔普莱索大学校长马克·赫克勒到会致辞并给获胜选手颁奖。教师、学生家长和当地群众200余人观摩此次比赛。

【中乌“高端装备激光制造国际合作联合实验室”揭牌】 5月26日，中乌“高端装备激光制造国际合作联合实验室”项目揭牌仪式在乌克兰国立科技大学举行。该项目由浙江工业大学机械工程学院教授主持，被列入2017年度浙江省国际科技合作“一带一路”科技创新合作项目。省科技厅副厅长王坚，乌克兰国家工程院院士、中组部“外专千人计划”专家弗拉基米尔·科瓦连科教授为联合实验室揭牌。

【德国肯普滕应用技术大学副校长访问浙江工业大学】 6月5日，副校长华尔天与德国肯普滕应用技术大学副校长德克·雅各布、德国汉斯赛德尔基金会驻上海中心项目主任贝恩德·邵林和项目专家雷诺一行举行会谈，双方探讨在学生交换、联合培养、教师互访、科研合作等方面交流合作的设想，并就人才培养合作制定可行后续工作方案。

【加纳大学孔子学院举办运行三周年庆典】 6月10日，由孔子学院总部/国家汉办主办、浙江工业大学加纳大学孔子学院承办的加纳大学孔子学院运行3周年庆典活动在加纳大学举行。中国驻加纳大使馆政务参赞蒋周腾、加纳大学副校长塞缪尔·夸梅·奥菲出席活动。庆典活动以加纳传统舞蹈开场，孔子学院各教学点进行武术、民族舞蹈、中文歌曲、葫芦丝等中华才艺表演。

【2017年中德科技创新政策国际研讨会】 6月15日至16日在浙江工业大学举行。由科技部战略研究院主办，浙江工业大学政治与公共管理学院、中国中小企业研究院和“省2011平台——浙江省中小微企业转型升级协同中心”联合承办。会议期间，浙江工业大学党委书记梅新林会见部分与会官员和专家代表。副校长华尔天，社会科学研究院和校国际交流与合作处、学术委员会秘书处等负责人出席研讨会。

【美国国家工程院院长受聘为浙江工业大学名誉教授】 6月19日，浙江工业大学举行聘任仪式，美国国家工程院院长丹·牟德博士受聘为浙江工业大学名誉教授。校党委书记梅新林出席聘任仪式并为丹·牟德颁发聘书，学校相关职能部门、媒体记者及200多名师生参加仪式。随后举行学术报告会，丹·牟德为浙江工业大学师生作学术报告。聘任仪式和报告会由副校长虞晓芬主持。

【中芬两国深海科技领域首次民间资本合作签约】 6月29日，中芬两国在深海科技领域的首次民间资本合作，在中国全国政协副主席韩启德与芬兰总理西比莱见证下在北京签约。上海深海高科技海洋产业代表企业、浙江工业大学建工学院土木工程专业85届校友、上海彩虹鱼海洋科技股份有限公司董事长吴辛代表中国深海高科技企业与芬兰特维·罗克玛公司签约，双方将就万米级载人深潜器“彩虹鱼”号的核心部件载人舱进行联合研制。

【加纳大学代表团访问浙江工业大学】 7月29日，校党委书记蔡袁强会见由校长埃比尼泽·奥乌苏率领的加纳大学代表团一行7人。双方充分肯定加纳大学孔子学院的发展成果，并表示两校将一如既往对合作建设孔子学院提供各方面支持，使加纳大学孔子学院越办越好。希望通过共建孔子学院这一契机，进一步加强两校间教师交流、学生互访及科技合作。

【澳大利亚拉筹伯大学教授访问浙江工业大学】 9月8日，澳大利亚拉筹伯大学化学系约翰·摩西教授访问浙江工业大学药学院、绿色制药协同中心，为师生作题为"点击化学及其在药物化学领域中应用"学术报告。约翰·摩西还现场回答了师生们的提问。

【承办2017年中国国际孤独症辅助技术论坛】 9月14日，中国国际孤独症辅助技术论坛暨孤独症辅助技术专业学组成立会在北京举行。由中国残疾人康复工程与辅助技术专业委员会主办，浙江工业大学承办。会上，国际和国内孤独症辅具技术研究专家学者、知名辅具研发企业、康复机构和特殊学校开展学术交流，共同探讨孤独症辅助技术新趋势、新方法和新机遇，旨在推动孤独症辅助技术理论研究、技术创新和应用推广。

【"文化中国：友谊地久天长"音乐会暨第十届大湖区音乐节】 9月17日在美国芝加哥举行。由浙江工业大学美国瓦尔普莱索大学孔子学院联合美国芝加哥东方艺术团、温第安纳音乐会管乐团、芝加哥孔子学院和亚洲文化中心主办，大芝加哥地区华侨华人联合会协办。浙江工业大学副校长陈杰率代表团访问瓦尔普莱索大学并出席音乐会。中国驻芝加哥总领事洪磊、瓦尔普莱索大学校长赫克勒和大芝加哥地区华人联合会主席汪兴无、瓦尔普莱索大学副校长拉曼、孔子学院美方院长孟剑云等出席音乐会。瓦尔普莱索大学孔子学院组织约600名铜管乐队学生及来自周边10所孔子课堂和中文教学点中学的500多名汉语课程学生参加4首中文歌曲的合唱，以美风民乐团为核心的80人二胡表演乐队进行演奏。美国印第安纳州和伊利诺伊州多个学区在校学习汉语的美国大学生、中学生1000多人也参与此次音乐会。

【美国康奈尔大学教授受聘浙江工业大学客座教授】 9月22日，浙江工业大学举行仪式，聘任美国康奈尔大学罗丹教授为客座教授。仪式结束后，罗丹作学术报告，详细介绍他们团队在设计、开发大体积尺度的DNA基材料方面的工作，分享分支DNA和DNA基水凝胶制备方法及其在诊断和无细胞药物蛋白合成上的应用。

【合作办学土木工程项目2017级新生开学典礼】 9月25日，浙江工业大学与澳大利亚联邦大学合作办学项目——土木工程本科专业2017级新生开学典礼在浙江工业大学屏峰校区举行。澳大利亚联邦大学科技学院院长马克·森德曼率代表团出席典礼并致辞，希望同学们在校期间刻苦学习，勇于探索，同时也期待同学们成为传递中澳友谊的使者。2017级新生代表在典礼上发言。澳大利亚联邦大学代表团一行，浙江工业大学有关职能部门负责人和建工学院、国际学院负责人及该项目2017级新生参加典礼。浙江工业大学副校长华尔天会见代表团一行。

【美国罗格斯大学供应链分析实验室主任访问浙江工业大学】 9月26日，美国罗格斯大学供应链分析实验室主任赵耀访问浙江工业大学，并作题为"供应链数据分析及运用"学术报告。赵耀介绍罗格斯大学供应链分析实验室近年来的一些研究和工业项目，包括残疾人奥运会班车系统的设计与运营、在线零售商与第三方物流供应链整合。通过数据分析和优化模型，解决大型企业有关物流疑难问题，提出量化的洞察力，产生显著社会和经济效益。赵耀还介绍罗格斯大学相关教育项目并回答师生提问。

【新加坡南洋理工大学教授受聘为先进材料研究中心名誉主任】 9月27日，浙江工业大学举行先进材料研究中心成立仪式，副校长陈建孟出席并为中心揭牌，新加坡南洋理工大学张华教授被聘任为中心名誉主任。随后，张华为浙江工业大学师生作学术报告，主要介绍关于新型贵金属纳米材料晶体相控合成的最新研究。

张华研究团队专注于催化表面增强拉曼散射、波导、光热处理，化学和生物传感晶体相位性能方面的研究。

【瑞典布莱京厄理工大学代表团访问浙江工业大学】 10月12日，校长李小年会见瑞典布莱京厄理工大学校长安德斯·赫德泰纳一行5人。李小年介绍学校整体办学情况及近年来快速发展所取得的成就。安德斯·赫德泰纳介绍布莱京厄理工大学主要情况及未来发展重点，特别是对开展国际交流与合作的探索。双方回顾并肯定两校自建立校际友好合作关系来，“软件工程本科专业”合作培养项目所取得的发展成果，并希望通过合作办学这一契机，进一步加强两校学生交换及联合培养、教师交流互访、科研合作等交流与合作。双方还就高校国际化管理运行策略、教师合作培训等交换了意见。访问期间，代表团出席浙江工业大学与瑞典布莱京厄理工大学合作办学项目“软件工程本科专业”2017级新生开学典礼。浙江工业大学校务委员会副主任潘海天，校学生处、教务处、国际交流与合作处和健行学院、国际学院等相关负责人出席开学典礼。

【美国斯坦福大学教授访问浙江工业大学】 10月12日，美国斯坦福大学崔屹教授访问浙江工业大学，并为师生作学术报告。报告中，崔屹介绍其课题组近年来围绕如何解决能源环境问题，以纳米材料技术为手段，在高能锂电池正负极材料、空气及水的净化处理、太阳能电池及个人热管理领域取得的一系列成果。围绕高能锂电池，崔屹重点分析了当下最具应用前景的金属锂负极材料。最后，崔屹和大家分享他们一些“有意思”的研究成果：个人热管理。在提问环节，崔屹回答在场师生的问题，并寄语“我从来不相信天才，努力最重要”，鼓励师生在从事科研工作时要保持谦逊态度，努力是成功的关键。

【“国际工程科技发展战略高端论坛——人工智能与仿真”】 10月14日在杭州国际博览中心召开。由中国工程院主办，中国工程院信息与电子工程学部、中国仿真学会、浙江工业大学信息工程学院承办。论坛围绕“智能仿真技术”主题，探讨现有人工智能如何走向2.0时代、智能建模仿真技术发展方向和面临的挑战。中国工程院潘云鹤院士、赵沁平院士、李伯虎院士，浙江工业大学副校长华尔天，阿里巴巴集团技术委员会主席王坚，德国信息技术学会阿克塞尔·莱曼会士等350余位研究人员参加论坛。本次论坛是在国家发布新一代人工智能研究计划后的一次重要学术交流会议。新一代人工智能技术揭示了新的研究方向，如基于大数据的深度学习和自博弈进化技术、基于网络的集体智能、混合智能人机集成、跨媒体推理和无人系统等。

【英国利兹贝克特大学代表团访问浙江工业大学】 10月17日，副校长虞晓芬会见英国利兹贝克特大学副校长珍妮·凯伊一行4人，介绍浙江工业大学情况并回顾双方合作历史。虞晓芬表示，浙江工业大学有良好的科研平台和项目支持，有足够实力开展更多国际科研合作。珍妮·凯伊介绍英国利兹贝克特大学学院、学位点和优势学科等情况。珍妮·凯伊指出，中国是其全球化战略的重要市场，杭州将成为其未来推广和合作的中心城市，浙江工业大学作为其重要战略合作伙伴，双方将共同开展一系列交流合作。双方均表示，希望两校在继续做好现有经管类项目基础上，扩大合作办学规模，建立更为全面、深入的合作关系。

【浙江工业大学参与浙江省—比利时西弗兰德省的全面合作项目】 10月22日至25日，比利时西弗兰德省副省长让·德贝通访问浙江，出席浙江省—西弗兰德省经贸促进委员会第五次会议并参观考察浙江相关大学与企业。浙江工业大学副校长陈建孟在绍兴袍江经济技术开发区会见让·德贝通一行13人。双方出席浙江工业大学与西弗兰德省共同成立的浙江工业大学中比国际技术合作中心、水循环经济研究中心成立仪式。仪式上，让·德贝通表示，双方将重点开展水循环经济和应用技术合作研究，推动节能环保、生物质能、污水处理等创新技术的推广和应用。陈建孟希望两个中心成立后能搭建新的模式和载体，进一步深化浙江工业大学与比利时西弗兰德省的有关合作，进一步推进浙江工业大学与绍兴等区域经济的良性互动，为区域相关产业经济社会发展提供智力和人才支持。在浙期间，让·德贝通一行还参观洋泾湖科创园，考察环保上市企业浙江德创环保科技股份有限公司。

【美国瓦尔普莱索大学副校长访问浙江工业大学】 10月25日，副校长陈杰会见美国瓦尔普莱索大学副校长、经济学教授尚卡·拉曼。尚卡·拉曼经浙江工业大学柔性引智项目到学校工作一周，并在经贸管理学院开展学术讲座，与相关学科教师及博士生进行学术交流。在校工作期间，尚卡·拉曼为学校师生作“中国作为全球贸易领导者在21世纪面临的机遇和挑战”“美国大学的博士生培养体系与高端论文的发表”等讲座。经贸管理学院相关学科骨干教师、国际贸易学博士研究生、应用经济学硕士和部分本科生150余人聆听。尚卡·拉曼还与相关学科师生进行学术交流与座谈。

【第三届地基处理及地基控制国际学术会议】 10月27日至29日在杭州举行。由浙江工业大学、中国土木工程学会土力学及岩土工程分会、中国力学学会岩土力学专业委员会联合主办，澳大利亚卧龙岗大学和浙江大学、温州大学及国际土力学和岩土工程学会海涂围垦、地基处理分会协办，会议得到国家自然科学基金委及浙江省自然科学基金委的资助。浙江省自然科学基金委员会办公室工程与材料科学项目主管宣晓冬，会议组委会主席、浙江工业大学党委书记蔡袁强出席开幕式并致辞。美国、英国、澳大利亚、法国、日本、新加坡、埃及、比利时和中国香港等10余个国家与地区的180余名代表参加会议。本次会议共设“交通基础设施地基处理和控制”“海涂围垦”“真空预压和超载预压”和“软土固结”等11项议题。来自澳大利亚卧龙岗大学、美国堪萨斯大学、新加坡南洋理工大学、法国路桥大学、日本北海道大学、葡萄牙米尼奥大学和浙江工业大学、香港大学、同济大学、天津大学、东南大学等22位国内外知名教授作大会报告。

【辅助科技与孤独症儿童康复教育国际论坛】 10月28日至29日在浙江工业大学举行。由浙江工业大学社会和谐与心理健康促进研究中心、杭州市科协等联合举办。来自中国妇女发展基金会、美国奥古斯塔大学、香港协康会及全国25个省市的相关负责人与专家近100人与会。国家卫生计生委医院管理中心处长刘俊峰，中国妇女发展基金会帮扶基金主任郭海良，浙江工业大学纪委书记顾玮和社科院、教科学院负责人等出席会议并致辞。浙江工业大学社会和谐与心理健康促进研究中心徐云教授主持论坛。论坛期间，还举行全国妇联、中国妇女发展基金会设立的“浙江工业大学孤独症儿童康复教育研究中心”和天津奥漫优悦科技有限公司设立的“浙江工业大学辅具和心理产品发展研究中心”揭牌仪式。

【荷兰皇家科学院及荷兰工程院院士受聘浙江工业大学荣誉教授】 10月30日，浙江工业大学举行仪式，聘任荷兰皇家科学院及荷兰工程院院士马克·洛斯德莱特教授为浙江工业大学荣誉教授。校纪委书记顾玮出席聘任仪式，为马克·洛斯德莱特颁发聘书，并介绍学校基本情况、办学特色和办学水平。顾玮希望马克·洛斯德莱特的加入能进一步推动浙江工业大学环境科学与工程学科的发展，推动双方在科研、人才培养、成果应用等方面更广泛、更深入的务实合作。随后，马克·

洛斯德莱特为学校师生作题为“在循环经济中好氧污泥颗粒化技术与其应用”学术报告。来自浙江大学、浙江工商大学、苏州科技大学和浙江工业大学的师生和浙江省环科院、杭州水务集团、江苏中宜等相关行业人士160余人聆听报告。

【瑞典隆德大学代表团访问浙江工业大学】 10月31日，校党委副书记何智蕴会见瑞典隆德大学玛丽·罗威格兰博士、莱纳斯·韦博博士率领的代表团一行。何智蕴介绍浙江工业大学整体办学情况和发展成就。玛丽·罗威格兰介绍隆德大学主要情况及最近的办学改革和未来发展重点，特别是对开展国际交流与合作的探索。双方就两校教师交流、学生互访及科技合作等达成初步合作意向，希望在合作办学、教师培训、科研合作等方面进行全方位深入交流与合作。

【2017“绿药杯”国际学生学术论文竞赛】 11月3日，浙江工业大学绿色制药协同创新中心举办2017“绿药杯”国际学生学术论文竞赛。来自俄罗斯科学院西伯利亚分院、日本星药科大学及浙江工业大学等国内外高校的18位本科生和研究生参加竞赛。竞赛评委由美国州立大学迈克尔·摩菲教授、俄罗斯科学院亚历山大·杜希金教授、波兰居里夫人大学马立克·托夫斯基教授、日本星药科大学龟井君佐教授、美国德维科健有限责任公司总裁邓华及浙江工业大学钟为慧教授等6位制药专家担任。参赛论文涵盖药物合成化学、药物分析学、药理学、天然产物提取研究及中药学等多个制药领域。竞赛中，参赛者通过全英文墙报展和现场答辩形式展示各自研究成果。专家评委根据主办方制定的具体评分标准，在墙报展现场与参赛学生就墙报展示内容进行交流和讨论。

【2017绿色制药莫干山国际峰会暨国家“绿色制药学科创新引智基地”揭牌仪式】 11月3日至4日在浙江省德清县举行。由浙江工业大学长三角绿色制药协同创新中心、国家化学原料药合成工程技术研究中心等共同主办。浙江工业大学副校长陈建孟、浙江省外国专家局局长厉勇、波兰居里夫人大学副校长拉多斯·多布罗沃尔斯基等出席峰会开幕式并致辞。俄罗斯科学院院士、世界著名机械化学专家尼古拉·利亚霍夫，俄罗斯自然科学院院士、世界著名机械化学专家亚历山大·杜希金，加拿大皇家科学院院士、绿色化学首席科学家李朝军等国内外知名院士、专家出席并作专题学术报告。来自美国、加拿大、俄罗斯、波兰、日本和中国等国家200余名制药领域专家学者、科研人员及浙江工业大学相关专业师生参加会议。中国科学院院士涂永强担任大会学术委员会主席并主持开幕式报告会，美国加州大学圣地亚哥分校国际合作部中国区代表、美国德维教育学院校长邓华主持开幕式，长三角绿色制药协同创新中心苏为科教授作会议总结。开幕式上，举行依托浙江工业大学绿色制药协同创新中心建设的国家“绿色制药学科创新引智基地”（简称“111基地”）揭牌仪式，陈建孟、厉勇、亚历山大·杜希金等共同为基地揭牌。陈建孟和苏为科为尼古拉·利亚霍夫、亚历山大·杜希金、李朝军、拉多斯·多布罗沃尔斯基等13位“111基地”海外引智专家颁发聘书。

【2017年中乌机械工程国际研讨会】 11月5日至8日在杭州召开。由浙江工业大学主办，浙江工业大学激光绿色制造技术创新引智基地（“111基地”）、浙江省高端激光制造装备协同创新中心、浙江工业大学机械工程学院和激光先进制造研究院承办，浙江省外国专家局、乌克兰国立科技大学、乌克兰国家科学院物理机械研究所协办。本次研讨会主题为“高端装备制造，协同促进创新”，旨在集聚机械工程领域的中乌优势创新力量，进一步寻求合作伙伴，通过协同创新实现技术突破。浙江工业大学副校长虞晓芬、乌克兰国家工程院院士弗拉基米尔·科瓦连科、乌克兰国家科学院物理机械研究所副所长德

米特罗出席开幕式并致辞。来自乌克兰、德国和中国的代表150余人参加会议。会议邀请3位专家作大会报告、24位专家学者在3个分会场作专题报告，分享海内外机械工程领域的新技术、新方法、新发现和新进展。

【2017年金刚石薄膜及其功能器件国际研讨会】 11月10日在杭州召开。由浙江工业大学主办、浙江工业大学材料科学与工程学院承办。来自俄罗斯科学院、莫斯科国立大学，英国阿斯顿大学、伯明翰大学，爱尔兰科克理工学院，英国梯尔镀层科技有限公司和北京科技大学等知名高校与科研机构的专家学者及浙江工业大学材料学院50余名师生参加会议。与会专家就金刚石光子晶体的制备和性能、金刚石——溶剂耦合效应在纳米金刚石悬浮液的拉曼和光致发光光谱中的体现、光致发光缺陷金刚石的制备、氢终止多晶金刚石的电化学直流特性和表面修复、金刚石基材料和纳米结构的光谱阻抗研究等展开交流研讨。浙江工业大学师生结合自身研究领域与专家们进行互动。

【加拿大纽芬兰纪念大学工学院代表团访问浙江工业大学】 11月13日，副校长华尔天会见加拿大纽芬兰纪念大学工学院国际办主任聂金华、土木工程系主任阿姆贾德·侯赛因，加拿大皇家科学院中青年院士、北方持久性有机污染重点实验室主任陈兵一行3人，介绍浙江工业大学在工程教育和国际化培养领域取得的成绩。华尔天表示，浙江工业大学和加拿大纽芬兰纪念大学的合作将进一步推进中加双方在文化、科技交流领域的合作。双方围绕本科生课程设置、学分认定等进行讨论，并就人才培养、研究生合作培养模式达成初步共识。

【浙江工业大学代表团访问日本高校】 11月16日至19日，校长李小年率浙江工业大学代表团访问日本星药科大学和东京大学，并出席日本足利工业大学创立50周年庆典活动。在日本星药科大学，李小年与星药科大学校长田中隆治、副校长杉山清等进行会谈。在日本东京大学，李小年参加浙江工业大学生物工程学院与东京大学农学部全面合作协议签订仪式，并会见东京大学农学部主任丹下健、国际交流部主任藤原彻等。在日本足利工业大学创立50周年庆典大会上，李小年作为国际合作高校代表发言，并与足利工业大学理事长牛山泉，校长庄司和男和副校长末武义崇等进行会谈。校国际交流与合作处、生物工程学院、药学院等负责人随同出访并出席上述活动。

【参加中日韩三国大学生法律英语演讲赛】 11月20日，浙江工业大学法学院组织学生代表浙江工业大学赴宁波，参加2017年中日韩三国大学生法律英语演讲赛。中日韩三国大学生法律英语演讲赛是由韩国朝鲜大学法学院发起的以法科大学生学术交流为主的国际性交流活动，迄今已举办八届。韩国朝鲜大学，日本神户学院大学，浙江工商大学、宁波大学和浙江工业大学等组织学生参加比赛。参赛同学围绕当前中日韩三国所面临的法律与社会问题，各抒己见、探讨交流。其间，浙江工业大学法学院教师代表还参加五校老师座谈交流，各方就科学研究、学术交流、人才培养、社会服务等达成广泛共识。

【第八届开放经济与金融工程国际会议】 11月26日至28日在杭州举行。由浙江工业大学经贸管理学院、应用经济学浙江省一流学科（A类）、全球浙商发展研究院主办，浙江省金融工程学会、浙江省民营企业国际合作促进会、浙江省高校新型智库——民营企业开放创新研究中心承办。浙江工业大学副校长虞晓芬，美国瓦尔普莱索大学副校长尚可·拉曼，香港中文大学李宏毅教授，美国瓦尔普莱索大学商学院院长吉姆·布罗津斯基，浙江省哲学社会科学联合会党组书记盛世豪、浙江省金融办副主任包纯田等出席开幕式，来自中国和美国等国家和地区的学者、企业家、教师学生代表200余人参加会议。

会议分为大会主会场和浙江省金融工程学会理事会与年会、浙江省民营企业国际合作促进会理事会与年会、企业开放创新发展案例国际合作研讨会、习近平新时代中国对外开放思想的经济学分析4个专题分论坛。其间还成立了民营企业开放创新案例国际合作中心、全球浙商发展研究院省高校新型智库——民营企业开放创新研究中心,并向5位国际经济、金融学者颁发智库团队聘书。

【英国利兹大学代表团访问浙江工业大学】 11月29日,校党委书记蔡袁强会见英国利兹大学副校长余海岁率领的代表团一行6人。在校期间,代表团分别走访浙江工业大学环境学院和设计艺术学院。利兹大学环境学院副院长比尔·墨菲、系主任达米安·豪沃尔斯、国际处东亚事务主管茱莉亚与环境学院负责人、学科骨干教授等进行座谈交流,并围绕学生联合培养、科研合作等展开探讨并达成初步合作意向。利兹大学人文艺术学院院长弗兰克·芬利和利兹大学中国区代表迈克尔参观设计艺术学院学生作品展及工业设计平台和工业设计实验室,并与设计艺术学院、政治与公共管理学院负责人和学科骨干教授进行会谈。

【浙江工业大学加纳大学孔子学院示范孔子学院大楼竣工典礼】 11月29日在加纳大学孔子学院举行。中国驻加纳大使孙保红、加纳大学校长埃比尼泽·奥乌苏和浙江工业大学副校长华尔天出席竣工典礼并致辞。加纳文化部代表、加纳大学教务长摩西·海泽尔·阿西亚,浙江工业大学相关部门负责人、中资企业代表及加纳大学孔子学院师生代表等数百人参加典礼,共同见证中加文化教育合作史上的重要时刻。典礼上,宣读了孔子学院总部/国家汉办给浙江工业大学加纳大学示范孔子学院大楼竣工发来的贺信,并举行纪念品赠送仪式及加纳大学孔子学院大楼落成剪彩、揭牌、植树和向捐资的中资企业颁发锦旗仪式等活动。

【中国—比利时—加拿大环保科技国际学术交流会】 12月7日至8日在浙江工业大学举行。副校长陈建孟、比利时西弗兰德省政府官员菲利浦·乔治斯·塔威尼尔出席会议。来自浙江工业大学、比利时根特大学及鲁汶大学、加拿大维多利亚大学的60余位师生代表参加会议。大会设置12个主题报告,与会人员围绕环保科技相关内容展开学术研讨和交流。

【浙江工业大学中外师生开讲“世界正在说·中国故事会”】 12月12日,浙江工业大学国际学院主办的“世界正在说·中国故事会”中外师生180秒脱口秀在浙江工业大学屏峰校区举行。11位不同肤色不同国家的中外青年开讲“中国故事”。

【美国耶鲁大学教授访问浙江工业大学】 12月19日,美国耶鲁大学托马斯·博格教授访问浙江工业大学,并为浙江工业大学师生作“健康影响力基金:医疗健康公平性的再定义”讲座。本次讲座为浙江工业大学公共管理领导力论坛系列讲座之一,学校240余名师生参加讲座。讲座结束后,托马斯·博格还与现场师生进行互动交流。

【英国曼彻斯特城市大学代表团访问浙江工业大学】 12月20日,副校长陈建孟会见英国曼彻斯特城市大学副校长茱莉亚·克拉克、商学院国际副院长黛安·莱特等一行3人。陈建孟介绍浙江工业大学基本办学情况和国际化战略。茱莉亚·克拉克介绍曼彻斯特城市大学基本情况,并重点介绍国际商法学科的办学情况。随后,黛安·莱特与浙江工业大学经贸管理学院负责人就具体合作事宜进行讨论,并以“女性创业”为主题为经贸管理学院本科生作专题讲座。

(祝　安)

浙江师范大学

【概况】 2017年,浙江师范大学继续优化因公出访管理与服务,为人才国际化和国际交流与合作做好保障。全年学校派出短期因公出国(境)171批417人次(校领导带队团组10批43人次),其中交流访问51批221人次、参加培训2批2人次、参加会议60批120人次、合作研究58批74人次。学校先后与50余个国家和地区的198所高等院校或教育机构建立合作交流关系。2017年,学校与国(境)外28所高校签署校际合作协议、交换生协议、合作研究协议等31份。

进一步规范国(境)外人员短期来访管理,做好国(境)外人员短期来访管理与接待,全年共接待来校交流访问、参加国际会议、合作研究、短期讲学等人员1336人次。积极推动优质教育资源"引进来",优势特色学科"走出去"。2017年,学校合作办学项目在校生总数555人,招生人数190人,其中与新加坡智源教育学院合作举办的学前教育专业教育硕士学位教育项目实现了浙江省优势特色学科的首次境外输出。2017年,学校与英国班戈大学签订联合培养博士协议,实现浙江师范大学与海外高校高层次人才培养的突破。积极开拓学生赴国(境)外交流学习项目。目前,学校已与50余所海外高校建立校际交换生项目。加强寒暑期短期项目开发,全年发布近30个短期项目。推动学校艺术设计、戏剧影视文学、音乐学等专业与美国高校合作建立国际班。8月,首批实验班——音乐学院实验班14名学生开始赴美交流。全年,学校派出交流交换生500余人。2017年,学校专门设立350万元奖学金,用于资助学生国际交流。一批学生相继赴美国哥伦比亚大学、卡内基梅隆大学,爱尔兰都柏林大学等世界名校攻读硕、博士学位。全校所有深造学生当中,出国(境)深造达18%,计119人(其中50人拿到了世界前100高校的OFFER)。加大外专外教引进力度,着力面向海外引进高层次拔尖人才和具有良好发展潜力的优秀中青年人才。2017年,学校含氟新材料学科创新引智基地再次入选"111计划",成为两次入选"111计划"的全国四所地方高校之一。一批"国家千人计划"专家、国家"外专千人计划"专家等高层次人才相继到学校工作,2017年,学校共聘请来自18个国家的78位外国文教专家(7位高端外国专家),其中拥有博士或高级职称35人,比上年增加9人。学校留学生招生规模继续扩大。本学期注册报到留学生新生682人,其中学历生399人、普进生283人。本年度共有3166名留学生在校学习,其中学历生1221人(本科595人、硕士592人、博士34人),普进生854人。学历生新生总数与去年同期相比增加241人。留学生在"感知中国""感知中国·首都行""梦行浙江"等活动中都取得可喜荣誉和奖项。2017年,学校顺利通过教育部来华留学质量认证,成为全国第二批获得来华留学认证的高校。9月,顺利完成教育部督察组对学校来华留学工作的督查。

学校作为教育部"教育援外基地",商务部"中国基础教育援外研修基地"及外交部、教育部"中国—东盟教育培训中心",2017年援外培训项目数量和培训人数再创新高。全年承担商务部短期援外培训项目24期,培训各级各类政府官员、大中小学校长及教师793人次,项目数量比上年增长50%,培训人数比上年增长62%。同时,学校还承担商务部2017年比较教育硕士学历学位项目一期,招收学员23名。援外培训主题及地域也进一步拓展,培训类型更为丰富。除了传统的教育、经贸、智库等,2017年学校首次承担了以体育教育及妇女建设为主题的研修班。在受训国别上,新增萨摩亚、多米尼加、哥伦比亚等十余个亚欧、大洋洲及拉美国家。在培训形式上,也首次承办针对几内亚比绍的技术班及针对乍得、巴基斯坦等国家的双边项目。

【莱索托留学生IMBA班】 1月11日开班。这是浙江师范大学举办的首个企业奖学金留学生硕士研究生班。开班仪式前,校长蒋国俊会见莱索托驻华大使玛格丽特、达之路集团董事长何烈辉一行。蒋国俊表示,由达之路集团资助的莱索托留学生IMBA班,是浙江师范大学历史上首个由企业资助的留学生项目,合作意义重大。希望未来在校际合作、非洲研究、人力资源培养方面加强合作,有更多莱索托优秀学生来浙江师范大学留学,让更多合作项目惠及师生。

【中外留校学生共享温暖“团圆饭”】 1月24日,浙江师范大学为留校中外学生特别准备了自助餐形式的“年夜饭”。校长蒋国俊,校办公室、研究生院、研工部、学生处、国际处及教育学院、经管学院、中非国际商学院、数理信息学院、国际学院负责人等与450余名中外留校学生共进“团圆饭”,共享祥和年。

【泰国—浙江师范大学周活动】 2月13日至18日在泰国曼谷、大城府、南邦等地举办。浙江师范大学党委委员、宣传部长朱坚率代表团出席活动。在泰期间,代表团走进曼谷、大城府、南邦等地大学、专科学院和高级中学,先后举办了3场大型留学浙江师范大学教育展。泰国相关省、府分管教育的领导会见代表团成员,出席教育展并讲话。各展区周边学校的领导、师生及家长等参加留学浙江师范大学宣介活动。

【埃塞俄比亚阿瓦萨市代表团访问浙江师范大学】 2月27日,埃塞俄比亚阿瓦萨市市政行政官依曼优萨·塔妲斯、市副行政官切瑞奈·菲拉特、南方省卡达斯特项目经理比茹涵·替卡索、南方省城市规划专家阿迪索·沙贝沙一行4人访问浙江师范大学,学校非洲研究院副院长陈明昆与代表团进行座谈交流。陈明昆介绍了非洲研究院建院以来开展的学术研究工作和取得的重要成果,重点介绍非洲研究院在促进中埃(埃塞俄比亚)学术、文化交流、非洲国家留学生培养方面的举措和成效。代表团介绍阿瓦萨市建设总体情况,希望通过此行进一步加强与中国地方政府、企业、高校及研究机构的交流合作。

访问期间,代表团一行还与非洲研究院相关科研人员及博士研究生就浙江省城市规划、中非水文明研究等进行讨论与交流。

【挪威卑尔根大学教授访问非洲研究院】 3月1日,挪威卑尔根大学社会人类学及苏丹问题研究学者列夫·曼格教授访问浙江师范大学非洲研究院。访问期间,列夫·曼格与非洲研究院师生座谈,分享他的研究经历,并与非洲研究院师生就田野调查的方法、挪威政府在苏丹和平进程中所发挥的作用及挪威高校对非洲问题研究情况等进行讨论与交流。列夫·曼格希望通过此行,与非洲研究院科研人员建立起学术联系,并表示将为非洲研究院寄送相关研究书籍,供大家相互间学习与交流。

【浙江师范大学代表团访问德国、意大利和英国】 3月1日至10日,校长蒋国俊率浙江师范大学代表团访问德国迪伦市和亚琛应用技术大学,意大利锡耶纳大学和佛罗伦萨华文学校,英国伍斯特大学和中国驻英国大使馆教育处。访问期间,与锡耶纳大学、佛罗伦萨华文学校签署合作协议并分别举行浙江师范大学—锡耶纳大学中意文化交流中心、意大利汉语教育中心揭牌仪式。校国际交流与合作处、汉语推广办公室和有关学院负责人随团访问。

【俄罗斯两所高校领导访问浙江师范大学】 3月3日，副校长张根福会见俄罗斯乌拉尔联邦大学副校长马克西姆·霍米尔科夫、高等经济学院(圣彼得堡分校)校长谢尔盖·卡多奇尼科夫一行。三方就加强师生互访、优势学科领域合作、学术交流等交换意见。

【首期“在金外国专家传统汉文化主题沙龙”】 3月4日在浙江师范大学举行活动启动仪式。由校国际交流与合作处和金华市外国专家局合作举办。来自美国、马来西亚、韩国、日本等16名在金华的外国专家参加活动，通过“浸入式”体验接触浙江师范大学风情，感受金华文化。

该主题沙龙主要围绕金华传统文化和社会生活，安排中国传统音乐赏析、武术文化体验等特色课程，旨在通过课程让外国专家们了解中国的风俗人情和金华传统文化，学习简单中文对话，扩大交友圈，尽快融入本地工作和生活。解决外国专家水土不服、语言障碍、生活单调等困难和问题。同时借此宣传金华，让更多外国人了解金华，吸引更多高层次外国专家来金华工作和生活。

【留学榜样人物交流会】 3月12日，第二届学生出国(境)留学宣传月开幕式暨留学榜样人物交流会在大学生活动中心举行。曾参与留学项目或有出国访学经历的10名师生与参加交流会的200多名师生，分享了他们在留学生活中的精彩体验。

【中美人才培养计划实验班招生与出国工作研讨会】 3月28日在浙江师范大学举行。中国教育国际交流协会秘书长生建学、校长蒋国俊出席会议，华侨大学、重庆师范大学等11所高校相关领导参加会议。

中美人才培养计划121双学位项目是一个培养国际化人才、促进师生国际交流、加快高校国际化建设步伐的优质平台，是中美人文交流实质性合作的体现。浙江师范大学已选派33名本科生与硕士研究生前往塞勒姆州立大学、北亚利桑那大学、加州大学弗雷斯诺分校等知名高校学习深造，多名学生获得美方大学奖学金并继续在美国攻读博士学位。

【美国卡特中心和平项目副总裁访问非洲研究院】 3月29日，美国卡特中心和平项目副总裁瑞俊丹、卡特中心中国项目高级项目助理朱颖博士访问浙江师范大学非洲研究院。教育部长江学者、非洲研究院院长刘鸿武会见瑞俊丹一行，双方就互派学者、联合开展合作研究等事宜进行沟通和商议。访问期间，瑞俊丹还与非洲研究院师生进行座谈交流，座谈会由非洲研究院高级研究员舒展主持。非洲研究院副院长陈明昆介绍非洲研究院成立来开展的学术研究工作和取得的重要成果，特别介绍了在非洲和平与安全、中非医疗合作方面开展的研究。瑞俊丹就卡特中心目前在全球，尤其在非洲国家实施医疗卫生、和平安全方面的援助项目予以说明。

【新时期中国南非和中非人文交流战略研讨会】 4月1日，在中国南非人文交流机制即将在南非正式启动之际，教育部浙江师范大学中国南非人文交流研究中心成立仪式暨新时期中国南非和中非人文交流战略研讨会在浙江师范大学举行。教育部国际司、国务院研究室教科文卫司、中共中央对外联络部研究室、浙江省教育厅外事处等政府部门负责人，金山大学(南非)、中国社会科学院、中国人民大学、复旦大学、国际关系学院、云南大学、上海师范大学、浙江财经大学、浙江农林大学、浙江师范大学等中外学者及非洲商会负责人70余人参加会议。教育部国际司副司长于继海、国务院研究室教科文卫司处长王天龙、中共中央对外联络部研究室处长王立勇、浙江师范大学校长蒋国俊出席揭牌仪式并分别致辞。

【南非豪登省议会副议长访问非洲研究院】 4月6日，南非豪登省议会副议长、省非国大执政党执行委员乌胡鲁，豪登省兰德西市市长科胡马罗、市政总经理塔咪、市环保局局长莫西斯，南非金华总商会筹备委员会主任方跃良和中国郴州驻南非商务联络处主任贺荣一行访问浙江师范大学非洲研究院，金华市外侨办主任章宏、外事处处长吴自成陪同访问。访问期间，代表团与非洲研究院、校国际交流与合作处、经济与管理学院、中非国际商学院等部门负责人和学院师生座谈交流。非洲研究院非洲教育研究所所长牛长松主持座谈会。非洲研究院总支书记、副院长王珩，经济与管理学院、中非国际商学院党委书记王利民及校国际交流与合作处副处长毛锡龙分别介绍非洲研究院、中非国际商学院和学校近年来在非洲研究、留学生培养、对非合作与交流方面所开展的工作及未来发展目标与方向。

【与北京语言大学共建汉语国际传播联合研究中心】 4月12日，由浙江师范大学与北京语言大学合作共建的汉语国际传播联合研究中心在浙江师范大学揭牌。北京语言大学校长崔希亮、浙江师范大学校长郑孟状出席仪式并致辞。

浙江师范大学已先后在喀麦隆、莫桑比克、坦桑尼亚、美国、乌克兰建立5所孔子学院和3个孔子课堂。国家汉办、浙江省教育厅也先后在学校设立孔子学院非洲研修中心、浙江省孔子学院师资选拔培训中心，分别开展对非和浙江省汉语国际推广师资选拔、培训、储备及相关工作。学校近期还与意大利锡耶纳大学、佛罗伦萨华文学校建立了浙江师范大学—锡耶纳大学中意文化交流中心、意大利汉语教育中心。汉语国际传播联合研究中心的建立，标志着浙江师范大学汉语国际推广工作进一步深化。

【参加中外合作办学专业委员会会员系列培训】 4月12日至14日，中国教育国际交流协会中外合作办学专业委员会在西交利物浦大学举办“中外合作办学专业委员会会员系列培训”。中国教育国际交流协会副秘书长宗瓦，中外合作办学专业委员会副理事长、西交利物浦大学执行校长席酉民出席培训会并讲话。业内资深专家就办学单位普遍关注的热点难点问题，如法律事务、管理机制、师资队伍建设、课程和教学、质量保障等，通过讲座、讨论互动、经验分享沙龙和参观访问等形式开展培训。来自全国57所会员单位百余名中外合作办学管理人员参加培训。本次培训旨在加大会员服务力度、助力会员单位能力建设、促进行业自律和办学质量的提升。

【马里驻华大使馆前第一参赞受聘非洲研究院】 4月1日，经国家外国专家局批准，浙江师范大学非洲研究院聘请马里驻华大使馆前第一参赞约罗·迪亚洛到非洲研究院工作。作为聘请的高级研究员，约罗·迪亚洛将在非洲研究院承担教学、科研任务及非洲博物馆的文物考证工作。11日，非洲研究院院长刘鸿武会见约罗·迪亚洛，对他加盟非洲研究院表示欢迎。希望迪亚洛受聘工作期间，能加强对中国与马里两国之间的关系研究，尤其是从非洲的视角提出自己的观点和看法，并出版相关学术著作。

【香港幼稚园骨干教师交流团访问浙江师范大学】 4月17日，在香港特别行政区政府教育局组织下，香港幼稚园骨干教师交流团一行40人访问浙江师范大学。副校长楼世洲会见代表团一行。楼世洲希望通过深入交流、探讨，帮助各位园长、老师进一步了解内地幼儿教育发展现状，浙江省经济社会发展的新风貌。同时希望今后与香港教育部门有更多深入合作交流，增进了解、取长补短，提升教育教学水平。

【赴南非参加中南高级别人文交流机制首次会议】 4月24日，中南高级别人文交流机制首次会议在南非比勒陀利亚召开。国务院副总理刘延东和南非艺文部长姆特特瓦共同主持会议。浙江师范大学副校长楼世洲受邀参加，一同受邀参会的还有教育部长江学者、非洲研究院院长刘鸿武和经济与管理学院、中非国际商学院张巧文博士。

中南高级别人文交流机制是中国与非洲国家建立的首个高级别人文交流机制。教育部作为机制中方秘书处委托浙江师范大学成立中南人文交流研究中心。该中心于2017年4月1日揭牌成立。浙江师范大学此次作为国内仅有的两所高校之一受邀参会。

【出席“南非华人在中南人文交流合作活动中地位与作用”座谈会】 4月24日，中国南非副总理级人文交流机制启动仪式在南非举行。国务院副总理刘延东出席仪式。浙江师范大学非洲研究院院长、教育部长江学者特聘教授刘鸿武应邀出席启动仪式并作主旨报告，刘鸿武介绍国内非洲研究发展情况，并结合国家重大外交战略指出现阶段加强对非研究的紧迫性和重要性。在介绍浙江师范大学非洲研究院的基本情况和学术研究开展情况时，重点提到在继承中国学术传统、借鉴西方学术成果基础上，通过扎根在非洲的中国实践，建构具有中国气派“非洲学”的重要意义。刘鸿武还简要介绍中国南非人文交流机制基本情况，并表示非洲研究院将积极发挥好作为中国南非高级别人文交流机制智库作用，在未来中国南非人文交流机制会议方案设计中，欢迎南非华人专家学者建言献策。与会代表就南非华人专家学者如何在中国南非人文交流合作中有效发挥作用进行深入探讨。

【巴基斯坦信德大学校长访问浙江师范大学】 4月24日，校长郑孟状会见巴基斯坦信德大学校长法塔赫·穆罕默德一行。郑孟状简要介绍学校基本情况，特别是环东海与边疆研究院相关研究成果，学校在师资交流、人才培养方面的国际交流与合作情况。郑孟状希望两校能加强信息沟通，推动教师交流、科研合作、留学生培养等领域深度合作，为中巴两国教育、文化交流作出贡献。法塔赫·穆罕默德简要介绍信德大学发展历史与基本情况，强调信德大学远东及东南亚区域研究中心与浙江师范大学环东海边疆研究院为两校合作搭建了平台，希望双方能有更多交流机会，使两校合作登上新台阶。双方签署校际合作协议并为浙江师范大学中巴经济走廊研究中心揭牌。

【商务部国际商务官员研修学院副院长访问浙江师范大学】 5月2日至3日，商务部国际商务官员研修学院副院长刘明哲一行访问浙江师范大学。校长郑孟状会见刘明哲一行。访问期间，刘明哲一行参加“2017年非洲法语国家小商品市场建设研修班”开班仪式，调研商务部委托浙江师范大学实施的“2016年毛里求斯公共管理远程教育项目”开展情况，并参观非洲研究院和非洲博物馆。

【国务院新闻发布会高度评价浙江师范大学对非工作】 5月11日，国务院新闻办举行推进与“一带一路”沿线国家民心相通情况新闻发布会，中宣部副部长庹震、教育部副部长田学军、文化部副部长丁伟、国家新闻出版广电总局副局长童刚和中国国际经济交流中心常务副理事长兼执行局主任张晓强等出席发布会，介绍推进与“一带一路”沿线国家民心相通情况，并答记者问。中宣部对外新闻局副局长袭艳春主持发布会。田学军对浙江师范大学非洲研究与对非工作作了深度总结并给予高度评价，为学校持续进行非洲研究学术品牌建设提供了新思路。发布会上，中宣部、文化部、新闻出版广电总局负责人关于智库交流、人文交流、影视合作等领域的情况通报和未来行动计划，为浙江师范大学深入开展中非智库交流、中南人文交流研究、中非影视交流合作、非洲博物馆建设、联合举办中非传统艺术节等专项工作提供了巨大发展空间和政策指导。

【澳门特殊教育教师浙江交流团访问浙江师范大学】 5月16日，澳门教育暨青年局教育心理暨特殊教育中心主任周佩玲率澳门特殊教育教师浙江交流团一行14人访问浙江师范大学，代表团成员来自澳门6所从事特殊教育的学校。浙江师范大学幼师学院负责人、特殊教育系部分教师、幼师学院教师及研究生与交流团一行进行交流。双方就特殊教育发展模式、融合教育发展实施状况、资优儿童的发展教育、SEN儿童的支持与服务、特殊教育专业师资培养课程设置、问题行为儿童的干预支持及特殊学生职业技能培养等多个方面进行交流，还就特殊人群职业生涯规划与培养模式进行探讨。

【日本名古屋工业大学教授受聘为学校尖峰学者讲座教授】 5月18日，浙江师范大学举行聘任日本名古屋工业大学教授柴田哲男为尖峰学者讲座教授仪式，校长郑孟状出席仪式并为柴田哲男颁发聘书。校人事处、国际处负责人，科学研究院、生化学院领导班子成员，含氟新材料研究所全体工作人员及化学学科师生代表参加仪式。

柴田哲男为日本名古屋工业大学教授，他所领导的研究小组长期致力于研发自身稳定的氟化试剂用以合成各类有机氟化物，研发了高效实用的有机氟化物合成方法，包括不对称催化合成和惰性碳—氟键的活化，是国际有机氟化学和有机不对称合成领域领军人物，曾获多项国际性大奖，包括2005年英国皇家化学会氟化学奖。柴田哲男还于2016年入选第九批浙江省“千人计划”。

【2017年非洲孔子学院联席会议】 5月18日至19日在赞比亚首都卢萨卡召开。来自非洲35个国家48所孔子学院和6个孔子课堂的中外校长、院长及20家中非企业与机构代表240余人参加会议。浙江师范大学非洲研究院院长刘鸿武出席会议并作专题讲座。浙江师范大学作为在非孔子学院数量最多、三次获得优秀合作院校的中方合作单位，受到与会代表广泛关注。孔子学院总部副总干事、国家汉办副主任夏建辉充分肯定浙江师范大学对非研究与孔子学院办学成绩，对学校各部门协同推进中非合作交流的办学机制给予高度评价。

【省外侨办调研组到浙江师范大学调研】 5月19日，省外侨办副主任顾建新率调研组一行4人到浙江师范大学，就学校近年推进国际化办学情况和参与“一带一路”建设及境外机构与人员安全保障工作情况进行调研。校党委书记蒋国俊出席调研座谈会。顾建新从浙江师范大学国际化办学站位高、合作之路宽、合作层次高、合作平台多、受益面广、亮点突出、效益明显等七个方面高度评价学校近年来国际化工作所取得的新进展。并结合国家和浙江省“一带一路”建设情况指出，学校要抓住“一带一路”建设的有利契机，抢抓机遇，不断推进国际化事业新发展。

【省教育厅督查学校推进教育对外开放情况】 5月25日，省教育厅外事处一行到浙江师范大学，督查学校推进教育对外开放工作情况。校长郑孟状出席督查汇报会。郑孟状说，浙江师范大学一直重视国际化工作，整体国际化程度较高，在省属高校中处于前列，这既是学校自身努力的结果，也离不开省教育厅等上级部门的大力支持。下一步学校将用更大力度推进国际化工作，在继续做好、做实优势领域的同时，不断拓展与“一带一路”沿线相关国家及欧美国家的交流与合作。

【出席第一届“金砖国家务实合作智库论坛”】 5月25日至26日，第一届“金砖国家务实合作智库论坛”在上海举行。来自中国、南非、印度、俄罗斯、意大利、巴西等国政府、高校、研究机构代表出席论坛。会议由金砖研究上海学术共同体主办，复旦大学金砖国家研究中心承办。浙江师范大学非洲研究院高级研究员舒展应邀出席，并围绕“金砖国家次区域合作与机制化建设”作主题发言。与会代表围绕“金砖国家次区域合作与机制化建设”“金砖国家经济与发展合作”“金砖国家教育与智库合作”进行交流探讨。

【《中国社会科学报》专版报道学校非洲研究院建设成果】 6月1日，《中国社会科学报》用专版形式，以《把握机遇　聚焦需求　重点发力》为题介绍浙江师范大学非洲研究院的建设成果。其中《以协同创新机制构建非洲研究大格局》一文，回顾浙江省哲学社会科学重点研究基地非洲研究中心成立7年来，紧扣国家对非战略需求，以协同创新为抓手，全校动员、统筹安排、多单位联动，按照高校智库建设标准努力打造“非洲研究智库”学术品牌，全力构建有中国特色的“非洲学”学科体系，积极助力中非关系转型升级，形成智库建设、学科建设、人文交流、人才培养多位一体非洲研究大格局的建设路径。《“非洲学”人才培养模式探索》一文，以非洲研究院十年的探索和实践，总结“以‘非洲学’智库功能育人”“以‘非洲学’特色课程育人”“以‘非洲学’科研成果育人”“以‘非洲学’协同平台育人”等“四位一体、协同创新”人才培养模式，在建设特色高校智库的同时，培养了大批涉非事务多元应用型人才。为此，非洲研究院入选美国宾夕法尼亚大学《全球智库报告2016》“最佳区域研究中心”。“服务国家战略的非洲学人才培养理论创新与实践探索”学科成果获2016年浙江省教学成果一等奖。

【香港甬港联谊会副会长访问浙江师范大学】 6月5日，校长郑孟状会见香港甬港联谊会副会长江兴浩一行，并陪同参观校园。郑孟状简要介绍浙江师范大学情况，特别是教师教育和幼儿教育领域的优势与特色，学校与香港高校师生交流情况。郑孟状说，浙江师范大学在对港交流方面还有很大拓展空间，学校愿意发挥人文、数学、教育等传统优势，并积极拓展交通、机械等工科领域，不断推进开放办学，推动与香港高校在教职员交流、科研合作、学生交换及卓越教师培养等领域的深度合作，促进教育文化交流，同时拓展与经济、社会等各界的联系。

【出席“金砖国家政党、智库和民间社会组织论坛”】 6月10日至12日，“金砖国家政党、智库和民间社会组织论坛”在福州市召开。中共中央政治局常委、中央书记处书记刘云山出席论坛开幕式并发表主旨演讲。中共中央对外联络部部长宋涛主持论坛开幕式。教育部“长江学者”特聘教授、浙江师范大学非洲研究院院长、金砖国家智库联盟中方理事刘鸿武出席论坛。来自27个国家的37个政党、105家智库、79家民间组织约400名代表与会，讨论金砖国家合作新领域和创新举措、金砖国家智库合作事宜。论坛上通过《福州倡议》，并就《金砖国家第九次学术论坛对金砖国家领导人厦门会晤的建议》达成一致。

【2017年《中美人才培养计划》年会】 6月12日至14日在大连市举行。由（教育部）中国教育国际交流协会、中教国际教育交流中心、美国州立大学与学院协会主办。来自教育部国际司、中美院校领导、项目协调员等300余名代表出席会议。浙江师范大学副校长楼世洲率团参加会议。本届年会以“可持续发展的中美人文交流”为主题，包括五场专题会议和活动：《中美人才培养计划》121项目洽谈会、留学中国——趋势与模式研讨会、21世纪的创新专业学科建设研讨会、中美大学校长论坛和第十四届学生毕业典礼。在留学中国——趋势与模式研讨会上，校国际处负责人介绍浙江师范大学在推动中美师生交流与合作中的具体做法，及开展国际化师资队伍建设、推动国际化人才培养和拓展国际办学空间等方面的经验。在中美大学校长论坛上，楼世洲就中美大学相互学习借鉴培养创新人才、推动师生交流及开展中美科研合作等，与与会大学校长交流了看法。

【中国教育国际交流协会专家组到浙江师范大学考察】 6月14日至15日，中国教育国际交流协会副秘书长周燕率专家组一行，到浙江师范大学进行来华留学质量认证考察。校长郑孟状出席汇报会，副校长李伟健主持汇报会。学校各相关职能部门负责人，各相关留学生培养学院和研究机构负责人参加汇报会。周燕在总结本次考察情况时说，浙江师范大学把国际化作为学校重要发展战略，特别是在对非教育与人文交流方面取得了突出成绩，实现了错位发展，成为来华留学教育发展的重要经验，值得推广。郑孟状表示，本次认证对浙江师范大学来说是一次找问题、补短板、促转型、助发展的重要契机。专家组对学校来华留学工作进行了客观中肯的评价，提出了极具针对性、建设性的反馈意见。学校要专题研究、认真总结并消化吸收专家组的意见建议，抓紧制定提升方案，进一步完善来华留学工作的制度和措施。

【波兰谢德尔采自然人文大学校长访问浙江师范大学】 6月14日至15日，波兰谢德尔采自然人文大学校长塔玛拉·扎卡卢科、副校长米洛斯罗·明吉娜一行访问浙江师范大学。校长郑孟状、副校长张根福会见塔玛拉·扎卡卢科一行，双方签署学生交换、教师教育学科建设、孔子学院建设等方面框架协议。校国际处、汉办和教师教育学院等部门、学院负责人参加上述活动。

【出席"中非减贫发展高端对话会暨智库论坛"】 6月19日至26日，校长郑孟状率浙江师范大学代表团出席在埃塞俄比亚首都亚的斯亚贝巴举办的"中非减贫发展高端对话会暨智库论坛"，并访问埃塞俄比亚和埃及相关高校和研究机构。"中非减贫发展高端对话会暨智库论坛"由浙江师范大学与非盟领导力学院共同主办。中国外交部部长王毅、非盟委员会主席法基出席论坛开幕式并发表演讲，非盟领导力学院总监穆娜、浙江师范大学校长郑孟状分别代表主办方致辞。浙江师范大学非洲研究院院长刘鸿武和穆娜共同担任大会主席并主持开幕式。来自中国、埃塞俄比亚、南非、尼日利亚、布隆迪、喀麦隆、乍得、科特迪瓦、肯尼亚、加纳、刚果(金)、埃及、利比里亚、毛里求斯、苏丹、坦桑尼亚等30多个国家及非洲联盟、联合国非洲经济委员会、非洲能力建设基金会等国际组织的智库领袖、媒体代表、著名学者、政府官员、金融界代表等300余人出席会议。郑孟状在致辞时指出，本次会议以"摆脱贫困、共同发展"为主题，强化落实中非合作论坛约堡峰会提出的战略举措，进一步加强中非治国理政的经验交流和减贫发展的互动合作，浙江师范大学将努力发挥自身优势，深入对接中非发展战略。会议围绕"摆脱贫困，共同发展"主题，就"中国与非洲的减贫发展政策和实践经验""对接中非合作计划，加快非洲工业化和农业现代化进程"等议题进行深入研讨。

【《人民日报》、央视等媒体聚焦中非减贫发展高端对话会暨第六届智库论坛】 6月22日，《人民日报》在3版要闻版刊发《中非减贫发展高端对话会暨智库论坛开幕：非洲减贫，分享中国的观念》一文，聚焦由浙江师范大学与非盟领导力学院共同举办的中非减贫发展高端对话会暨智库论坛。央视《朝闻天下》也作了报道。央视记者还采访了非洲联盟委员会主席法基。法基表示，中国的发展经验值得整个世界借鉴，特别是对于非洲这样渴望推进经济和社会发展的地方。

【国际学院留学生参加"'健艺体育杯'2017中国·金华国际武术节"】 7月7日至9日，由上海中华武术会，浙江省金华市体育局、金华市旅游局、金华市政府外事与侨务办公室、金华山旅游经济区管委会和金华市体育总会联合主办的"健艺体育杯"2017中国·金华国际武术节在金华市体育中心举行。浙江师范大学国际学院组织来自土耳其、印度、喀麦隆、尼日利亚、也门、塔吉克斯坦和摩尔多瓦等国的10名留学生参加比赛，并获佳绩。

【纪录片《我从非洲来》将登陆坦桑尼亚国家电视台】 7月24日，在中国驻坦桑尼亚大使馆公使衔参赞苟皓东引见下，浙江师范大学非洲研究院坦桑尼亚调研组陈明昆教授、张勇老师和研究生刘亚西等前往坦桑尼亚国家电视台总部，与台长阿约卜、制作总监杰夫等就纪录片《我从非洲来》登陆坦桑尼亚国家电视台进行会谈。随后，调研组一行前往坦桑尼亚电影家协会，与协会负责人座谈，双方就合作举办第三届中非影视合作论坛、共同推动中坦影视文化交流与技术合作等进行探讨交流。

【非洲三国孔子学院 2017 年“汉语夏令营”】 8月1日至2日，莫桑比克蒙德拉内大学孔子学院、坦桑尼亚达累斯萨拉姆大学孔子学院、喀麦隆雅温得第二大学孔子学院 2017 年“汉语夏令营”分别在浙江师范大学国际文化与教育学院举行开营仪式。来自莫桑比克、坦桑尼亚、喀麦隆的孔子学院中方院长、带队教师和 60 余名学生参加仪式，国际文化与教育学院院长李贵苍出席仪式并致辞，副院长毛力群主持仪式。“汉语夏令营”是在孔子学院总部/国家汉办支持下面向学生的语言学习和文化体验项目，其宗旨在于增进中国与世界各国青少年间相互了解与友谊。

【埃及苏伊士运河大学副校长访问浙江师范大学】 8月2日，校长郑孟状，非洲研究院院长、教育部长江学者特聘教授刘鸿武等会见埃及苏伊士运河大学副校长阿提夫·阿布努尔率领的代表团一行 6 人。郑孟状简要介绍学校基本办学情况、优势学科发展及非洲研究等特色学科建设情况，并就两校下一步在学者互派、学生联合培养、联合举办学术会议等开展实质性合作提出构想。阿布努尔介绍苏伊士运河大学办学情况，大学所在城市经济社会发展及与中国的经济合作交流情况，并表示将全力支持埃及研究中心建设，全面推进两校合作。随后，郑孟状与阿布努尔签署两校合作备忘录，并共同为两校合作共建的埃及研究中心揭牌。

【浙江师范大学尼日利亚研究中心成立暨中尼关系战略研讨会】 8 月 12 日在浙江师范大学非洲研究院举行。来自中国、尼日利亚的专家学者、前外交官、媒体界、智库界和企业界代表 50 余人出席活动。尼日利亚前国防部长、古绍研究所所长古绍，尼日利亚前驻圣多美和普林西比大使艾哈迈德·马卡吉等为尼日利亚研究中心成立揭牌。随后，古绍就非洲当前安全局势、和平与发展、博科圣地与尼日利亚政局、中非安全合作等作主旨报告，并期待今后双方开展深入合作。

【出席中非发展合作国际研讨会】 8 月 12 日至 13 日，教育部长江学者特聘教授、浙江师范大学非洲研究院院长刘鸿武出席在福建省福州市召开的“中非发展合作——从中非合作论坛及‘一带一路’倡议看发展路径”国际研讨会。会议由南非国际关系与合作部、南非人类科学理事会、德班理工大学孔子学院、福建农林大学共同举办。来自中国、南非和其他非洲国家及欧美国家的专家学者、政府官员、企业代表 100 余人出席会议。刘鸿武作“非洲发展趋势与中非发展合作关系”演讲，并担任“非洲基础设施与发展”分论坛主席。

【坦桑尼亚驻华大使访问浙江师范大学】 9 月 2 日，校长郑孟状、校国际处处长徐丽华、非洲研究院副院长陈明昆等会见坦桑尼亚驻华大使姆贝尔瓦·凯鲁基、驻华公使赛伊迪·马萨罗、坦桑尼亚中华总商会会长黄再胜和坦桑尼亚联合建设集团中国区代表孙雨红一行。郑孟状简要介绍浙江师范大学情况，特别是非洲研究领域的优势和特色，及学校与坦桑尼亚交流与合作情况。希望今后与坦桑尼亚在信息沟通、学术交流、科研合作、学生交换等方面进一步加强合作。

【2017 年非洲本土汉语教师研修班结业】 9 月 29 日，来自喀麦隆的 2017 年本土汉语教师研修班结业典礼在浙江师范大学国际学院举行。国际学院院长李贵苍，校汉办副主任张笑贞，国际学院副书记金坚真、副院长毛力群等出席典礼并为结业学员颁发证书。李贵苍在结业典礼上讲话，充分肯定学员们在汉语教学水平和教学技能上得到提高，并希望学员们继续与授课教师保持密切联系，在教学实践中活学活用，为非洲汉语教育事业、为中喀文化和教育交流作出贡献。“非洲本土汉语研修班”在孔子学院总部和学校汉办支持下，项目日臻成熟，已成为国际学院国际化战略

的品牌之一。

【非洲27国新闻记者代表团访问非洲研究院】 10月13日，来自埃及、南非、肯尼亚、坦桑尼亚、尼日利亚、加纳、喀麦隆、塞内加尔等非洲27国的27名主流媒体记者访问浙江师范大学非洲研究院。外交部中非新闻交流中心主任陈喆、浙江省外侨办文化新闻处处长王云奇、金华市外侨办外事处处长吴自成、校国际处处长徐丽华陪同访问。代表团一行在非洲研究院与浙江师范大学师生座谈交流。非洲研究院副院长陈明昆主持座谈会，介绍非洲研究院基本情况、主要工作及取得的成绩，特别是浙江师范大学对非人才培养和文化传播情况。随后，徐丽华、陈明昆就记者们提出的有关非洲孔子学院建设情况、浙江师范大学留学生招生政策、奖学金设置及非洲文化的传播与推广等问题给予详细解答。

【坦桑尼亚新闻记者团访问非洲研究院】 10月22日，教育部长江学者特聘教授、浙江师范大学非洲研究院院长刘鸿武、副院长陈明昆会见坦桑尼亚驻华公使赛伊迪·马萨罗，坦桑尼亚外交部新闻发言人、政府交流局局长明迪·卡斯加及来自坦桑尼亚7家主流媒体的新闻记者一行11人。访问期间，记者团一行参观非洲研究院，与非洲研究院师生座谈交流。刘鸿武介绍非洲研究院建院十年来开展的学术活动和取得的重要成果。

【浙江师范大学国际学生“泽世奖学金”现场评审】 11月30日在大学生活动中心进行。泽世集团总裁助理刘炜、浙江师范大学国际交流与合作处副处长毛锡龙出席并担任评委。评委们就学生学习情况、社会经历、职业规划等方面予以提问、考量，并进行现场评审。

“泽世奖学金”由泽世供应链管理集团设立。该集团是一家集国际供应链服务、国际物流贸易、非洲工业发展和信息技术为一体的综合性企业，其总部位于中国上海，下辖十余家全资或控股子公司。

【第二届留学生汉字书写大赛暨“廉政文化节”之“哓廉”汉字书写活动】 12月16日在浙江师范大学举行。本次活动面向全体在校留学生，不仅仅是一次汉字书写活动，更向留学生们传递了中国的“廉文化”。通过书写活动，留学生们理解了中国的“廉文化”，学到了新的中国文化，加深了对中国文化的喜爱。

【国际学生专场招聘会】 12月21日在浙江师范大学数信学院举行。来自加纳、坦桑尼亚、肯尼亚、卢旺达、赞比亚等国家的30余名国际学生参加招聘会。会上，国际学生们踊跃提问，就自己关心的问题如:工作地点、职业发展、实习岗位、企业发展、专业需求等进行询问，泽世供应链管理集团副总经理张科一一作答。本次招聘会，泽世集团为国际学生们提供了60余个管理、技术等岗位。校国际交流与合作处副处长毛锡龙表示，举办国际学生专场招聘会是浙江师范大学提升国际学生管理服务的又一项重要举措，今后还将邀请更多优秀企业来浙江师范大学招聘，逐步建立国际学生职业生涯规划培训体系，邀请跨国企业人事主管、校内专家等给学生开设就业指导讲座，提升浙江师范大学国际学生就业竞争力。

【《中国教育报》报道浙江师范大学学生美国留学故事】 2017年，《中国教育报》以“付出越真诚，收获越感动”为题，报道了浙江师范大学外国语学院翻译系142班学生黄锴杰留学美国的故事。黄锴杰曾于2016年至2017年前往美国华盛本大学，学习英美文学专业。他热衷语言文学，于他而言，探索不同文化之间的差异与奥秘，是一件充满乐趣的事。“付出时越真诚，收获时越感动”，无论是在浙江师范大学，还是在美国华盛本大学，他都将这句话作为自己的人生信条，用洋溢的热情来对待生活，收获了一次又一次的感动与幸福。

【非洲研究院再获4项“中非联合

研究交流计划”项目立项】 2017年，浙江师范大学非洲研究院申报的“中非联合研究交流计划”项目共有4项获批立项，包括课题研究项目2项、研讨会项目和学者赴非调研项目各1项。至此，非洲研究院自2011年来已承担外交部“中非联合研究交流计划”项目27项。“中非联合研究交流计划”是根据中非合作论坛相关精神，在外交部、财政部支持下于2011年正式启动的中非学术界联合研究国家计划。该计划的实施是为鼓励和支持更多学者投身中非关系和非洲发展的研究，加强中非学术交流互鉴，增进相互了解，共同为发展中非关系建言献策，提供智力支持，为巩固中非传统友谊、提升中非合作水平、促进非洲和平与发展作出积极贡献。自启动以来，已先后在中非学术界之间实施了一百多个联合项目，包括课题研究、国际会议、学者交流等。

【国际学院留学生获省第十届“梦行浙江”留学生才艺展演一等奖】

2017年，浙江师范大学国际学院留学生在第十届“梦行浙江”留学生才艺展演活动中，其参演节目《婆狮者》获得浙江省外国留学生第十届“梦行浙江”中华才艺展演活动一等奖。

【援外培训】 2017年，浙江师范大学承办商务部委托的短期援外培训项目24期。培训内容涵盖中小学教师培养、高等教育管理、智库建设、小商品市场建设、学前教育等，共培训亚非拉50余个国家的政府官员、大中小学校长及教师793人，项目数量比上年增长50%。此外，还承担商务部援外学历学位项目即2017级比较教育硕士项目1期，招收学员23名。培训规模方面，2017年承办的培训项目数量和培训人数均为历史最高，参训总人数比上年增长62%。

【出国留学及海外夏令营】 2017年，浙江师范大学留学服务中心办理教师因公签证34人次，交换生签证305人，自费出国留学37人次。组织美国和英国游学夏令营8批154人次，国内英语夏令营346人次。

【与港澳地区交流】 2017年，浙江师范大学教师赴香港地区交流访问、参加学术会议、培训、访学等19批63人次，赴澳门地区4批4人次。学生赴香港交流48人次。全年接待来自香港和澳门地区的交流访问学生131人次，管理人员、教师99人次(包括澳门家长团32人)。学校录取第三届来自港澳地区本科生5名。

（刘　岩）

浙江理工大学

【概况】 2017 年,浙江理工大学与国(境)外 14 个国家与地区 26 所院校和机构新签或续签交流合作协议或备忘录 32 份,其中美国 3 所、英国 7 所、意大利 1 所、法国 3 所、德国 1 所、荷兰 1 所、挪威 1 所、日本 2 所、韩国 1 所、印度 1 所、柬埔寨 1 所、尼泊尔 2 所、孟加拉国 1 所和毛里求斯 1 所。学校与美国哥伦比亚大学、波士顿大学,澳大利亚西澳大学等海外名校建立学生交流项目。全年出国(境)交流学习的学生 588 人,比上年增长 25%。学校获批因公出国(境)师生团组 117 批 183 人次,其中考察访问 10 批 25 人次、参加国际学术会议 24 批 39 人次、学术交流 36 批 54 人次、访问学者 33 批 34 人次、参加展览 2 批 4 人次。全年接待国(境)外来校讲学、合作研究、交流访问等团组 170 批 725 人次。举办国际会议 5 次,参加国际会议的国(境)外专家学者 5 批 125 人次。聘用长、短期外国文教专家 90 人。

2017 年,学校共接收来自亚、非、欧、美、大洋洲 79 个国家和地区的长、短期留学生 907 人次,比上年增长 27.2%。其中学历研究生层次留学生 132 人,比上年增长 94.1%。学校留学生数量创新高。学校两所孔子学院积极开设汉语班,2017 年培训学员近 600 人,组织开展孔子学院开放日、中国传统医学讲座、中国经济发展研讨会、“孔子学院日”等活动,累计参与人数达 3000 余人次。

【孔子学院】 2 月 16 日,浙江理工大学第二所孔子学院——苏里南大学孔子学院在苏里南大学揭牌。副校长陈建勇率师生代表团一行 9 人参加揭牌仪式,并与苏里南大学校长蒙克共同为孔子学院揭牌。苏里南共和国副总统阿丁,教科文部代理部长、卫生部部长彭格尔,内政部部长努尔萨利姆,外交部副常秘拉芬贝格和中国驻苏里南大使张晋雄出席仪式。国家汉办、孔子学院总部发来贺信。各国驻苏里南使节和苏里南各界人士、大学师生及华侨华人代表近 200 人到场祝贺。

12 月 1 日,毛里求斯大学孔子学院师生、毛里求斯华商总会代表和浙江理工大学国际教育学院师生代表一行 7 人汇聚毛里求斯大学演讲厅,共庆毛大孔院成立一周年。毛里求斯大学和浙江理工大学合作共建的孔子学院,作为毛里求斯第一所孔子学院,是浙江理工大学在境外成立的第一所孔子学院,由浙江理工大学国际教育学院负责管理工作。它为两国青年学生和学者构建了增进了解、互相交流的重要平台。

【意大利贝尔加莫大学及意大利西北部工商联合会代表团访问浙江理工大学】 3 月 4 日,意大利贝尔加莫大学校长佩莱格里尼、国际事务副校长卡奇施密特和意大利西北部工商联合会主席杰利等一行 8 人,在余杭经济技术开发区管委会创业创新局局长李瑛及有关人员陪同下访问浙江理工大学。校长陈文兴会见代表团一行,陈文兴与佩莱格里尼、杰利、李瑛共同签署四方合作交流协议。根据协议,浙江理工大学与贝尔加莫大学将在科技、教育、文化等领域开展合作,余杭经济技术开发区和意大利西北部工商联合会在成果的转化和推广方面提供支持。各方相信,有浙江理工大学和贝尔加莫大学的人才和技术支持,意大利西北部工商联合会作为桥梁和纽带,加上余杭经济技术开发区提供产业支撑,此项合作一定会迸发出火花和亮点。材料与纺织学院、服装学院和校国际交流与合作处相关人员陪同会见。

【挪威北极大学代表团访问浙江理工大学】 5月8日，副校长郜正荣会见挪威北极大学校长安妮·胡赛贝克、副校长文克·杰克布森和工程学院院长比约恩·索尔旺等一行9人。胡赛贝克和杰克布森对两校师生间交流进行了积极展望，并介绍由北极大学主办的2017年北极峰会，诚邀浙江理工大学教师、学者参加峰会。郜正荣表示，浙江理工大学与北极大学有过多次交流，相互之间比较了解，这些都为两校合作提供了良好基础，希望两校能在师生交流、科研合作等方面尽快展开务实合作。随后，郜正荣和胡赛贝克签署两校交流合作备忘录。机械学院、建工学院、研究生院及校国际交流与合作处相关人员陪同会见。

【2017年非洲孔子学院联席会议】 5月17日至19日，浙江理工大学校长陈文兴、校国际交流与合作处处长傅翔、毛里求斯大学孔子学院中外方院长谭旭东和吉斯塔马一行，参加在赞比亚首都卢萨卡举行的2017年非洲孔子学院联席会议。孔子学院总部副总干事、国家汉办副主任夏建辉，中国驻赞比亚大使杨优明，赞比亚教育部部长万清卡、高等教育部副常务秘书齐璐瓦，赞比亚大学校长穆巴出席开幕式并致辞。来自非洲35个国家48所孔子学院和6个孔子课堂的中外校长、院长及20家中非企业和机构代表240余人参加会议。

【浙江理工大学代表团访问毛里求斯大学】 5月22日至23日，校长陈文兴率浙江理工大学代表团一行访问毛里求斯大学。代表团与毛里求斯大学校长丹杰·居里等进行会谈，达成两校深化合作与交流共识。访问期间，陈文兴一行还拜会中国驻毛里求斯大使馆，就毛里求斯大学孔子学院更好地服务国家外交战略、促进学校办学等与中国驻毛里求斯大使李立等进行探讨。

【柬埔寨制衣协会、服装培训学院和柬埔寨中国商会纺织企业协会代表团访问浙江理工大学】 6月13日，校长陈文兴、副校长郜正荣会见柬埔寨制衣协会副会长罗伯特·黄、柬埔寨服装培训学院执行主管陈艳珍和柬埔寨中国商会纺织企业协会会长何恩佳一行。双方就合作内容进行商讨，希望通过派遣浙江理工大学师资赴柬授课，接受柬埔寨师生来校培训、学习等途径，帮助柬埔寨培养高水平纺织服装从业人员，促进柬埔寨纺织服装行业的发展。双方商定，在柬埔寨服装培训学院合作设立浙江理工大学柬埔寨纺织服装教育基地。随后，陈文兴与与会各方共同签署交流合作谅解备忘录。服装学院及校国际交流与合作处相关人员陪同会见。

【德国前总统访问浙江理工大学】 6月16日，德国前总统、全球中小企业联盟全球主席克里斯蒂安·武尔夫访问浙江理工大学，并作“加强应用型人才培养，加强中德教育合作，推进‘一带一路’建设”主旨演讲。当天，“浙江理工大学大学生创新创业聚元基金”正式启动，同时举行的还有《与领袖同行》一书首发式。浙江省委教育工委副书记、省教育厅副厅长陈根芳，中国人民对外友好协会欧亚工作部主任沈昕，全球中小企业联盟秘书长、德国前总统武尔夫中国事务顾问曹方，全球中小企业联盟中国区副主席、聚元集团总裁方亚立，全球中小企业联盟中国区副主席、国创集团董事长陈军，全球中小企业联盟德国、瑞士、奥地利区域执行主席迈克尔·皮茨等与浙江理工大学校长陈文兴，校党委副书记周文龙，校党委委员、宣传部长杜兰晓和武尔夫一行陪同人员、全球中小企业联盟、中国人民对外友好协会的成员及来自上海、重庆、山东、浙江等地的各界嘉宾、校友导师、学校师生代表近千人出席活动。

【百名香港学子走进浙江理工大学】 7月6日，参加“薪火相传——杭州、绍兴文化及创新科技探索之旅”活动的香港12所中学146名师生，在香港特别行政区政府教育局高级督学李莉萍率领下访问浙江理工大学。校招生与就业指导处、校团委及相关学院师生代表接待交流团一行。“薪火相传——杭州、绍兴文化及创新科技探索之旅”是香港特别行政区政府教育局“中学生内地交流计划”的组成部分，旨在让学生认识祖国大陆的自然和人文景观，体会其深厚文化底蕴，并了解大陆教育和科技发展概况及所取得的成就。

【2017现代丝绸产品加工与创新设计技术国际培训班】 10月13日在浙江理工大学举行。由科技部主办，浙江理工大学承办，丝绸杂志社协办。来自柬埔寨、蒙古、毛里求斯、加纳、印度、埃及、泰国、缅甸、苏丹和孟加拉国等国家的19名学员参加。培训以丝绸产品加工与创新设计为主题，采取课堂教学、实践教学和生产现场调研相结合的方式授课，就栽桑养蚕、缫丝制丝、面料织造、产品设计与后整理等内容展开，开设“丝纤维制备与加工技术”“丝绸织造技术”“丝绸产品设计”“丝绸染整技术”等全英文课程。培训期间，还组织学员参观考察湖州浙丝二厂、达利丝绸(浙江)有限公司、杭州宏华数码科技有限公司等知名丝绸企业，参加“一带一路”国际丝绸高峰论坛、第18届中国国际丝绸博览会等重要国际活动。

【中外大学校长“时尚创意”国际论坛】 10月27日在浙江理工大学举行。英国、法国、日本、韩国和毛里求斯等国家的11所海外大学校长，12所省内高校的设计学、美术学等学院院长及时尚界代表200余人出席论坛。校长陈文兴出席论坛并致辞，副校长陈文华主持论坛。论坛主题突出强调浙江理工大学“时尚创意”类人才培养、“时尚学院”新校区建设、“时尚创意”产业合作等办学特色与举措。论坛上，中国美术学院副院长杭间、东华大学副校长刘春红，日本文化学园大学校长滨田胜宏、法国巴黎多媒体高等学院校长雷米·盖伦、英国伯恩茅斯大学校长斯图亚特·巴肖罗缪等分别围绕“时尚创意”作主题学术报告。

【校庆期间学校与多所国(境)外合作院校达成合作意向】 10月27日至29日，浙江理工大学举行120周年校庆，来自英国、法国、捷克、毛里求斯、新加坡、日本、韩国、印度及中国香港等国家和地区的16所国(境)外合作院校近40名来宾参加校庆活动。校庆期间，校领导吴锋民、陈文兴、周文龙、陈建勇、陈文华、郜正荣等分别会见来宾。学校与毛里求斯大学、法国巴黎高等多媒体学院、英国伯恩茅斯艺术大学、日本文化学园大学、韩国水原女子大学达成继续深化合作意向，并分别签订合作交流协议书。校长陈文兴与法国巴黎高等多媒体学院校长雷米·盖伦、浙欧科技创新研究院投资管理有限公司总经理李而立为三方合作共建的“中法时尚研究所”揭牌。

【留学生获奖】 2017年，学校各级留学生奖学金名额和资助力度有较大提高，特别是中国政府奖学金新录取人数获得突破达到31人。学校在与孟加拉服装技术大学签订合作备忘录基础上，向教育部国际司成功申请了“丝绸之路”中国政府奖学金项目，录取14名孟加拉国籍研究生留学生。学校2015级印度尼西亚籍硕士研究生JauharotusShobahah获教育部2017年度中国政府优秀来华留学生奖学金。另外，学校有三支留学生队伍在浙江省“互联网+”创新创业竞赛中获得两项银奖和一项铜奖。在浙江省第十届“梦行浙江”中华才艺展演中，由浙江理工大学留学生与杭州师范大学留学生合作演出的开场舞《梦行十年》获得一等奖。

(周莉莉)

杭州电子科技大学

【概况】 2017 年，杭州电子科技大学以国际合作交流为抓手，服务学校、学院、学科、师生发展，积极开拓与全球排名前 100 位的知名高校及国际知名企业的合作，不断提高合作质量和层次、深化合作内涵和效益。同时实施学校、学院、学科国际化联动战略，引导、推动下属学院成为国际化办学主体。抓好顶层设计与计划落实，有效整合国内外教育资源，学校国际化总体水平在省内硕博高校中的排名由上年的第 17 位上升至第 10 位。在全省高校分类评价中，师资国际化、人才培养国际化、国际合作项目 3 项指标全部得满分，为学校位列多科性“研究型高校”第 1 名提供重要支撑。2017 年，学校获批教育部中外合作办学项目 1 项，建立由教育部和英国驻沪总领事馆批准的雅思考点。全年派出学生赴国(境)外学习交流团组 74 个 705 人次，在校生中具有出国交流经历的学生 926 人。开拓美国哈佛大学与宾夕法尼亚大学、新加坡国立大学、澳大利亚西澳大学等世界百强名校交流项目，全年有 368 名学生赴世界百强名校交流，占全年交流生总量的 52.3%。2017 年，学校接待来访国(境)外专家 325 人次，签署校际合作协议 32 项。主办和承办高层次国际学术会议及双边论坛 12 次。派出因公出国(境)团组 258 批 383 人次，新增外国文教专家 27 人，新增聘任国(境)外高层次兼职教师 72 人。与阿里巴巴集团的教育、科研合作全面展开，并签订杭电—阿里云战略合作协议，宣布共建杭电—阿里云国际校区、杭电—圣光机联合学院。

【学校又一中外合作办学项目获教育部批准】 1 月，杭州电子科技大学与日本山梨大学合作举办的计算机科学与技术专业硕士研究生教育项目获教育部批准。该项目学制为 2.5 年，采用 1+1+0.5 培养模式，计划每年招生 20 人，纳入国家硕士研究生招生计划。学生可在第二学年赴日本山梨大学学习一年，修完规定课程、满足学位授予条件的，可获该校硕士学位证书。该项目是浙江省当年获批的 3 个中外合作办学项目中唯一一个硕士项目。

【与捷克 F AIR 飞行学校签订战略合作框架协议】 2 月 20 日，杭州电子科技大学与捷克 F AIR 飞行学校签订战略合作框架协议，双方将在学生联合培养、师生员工互访交流、航空领域科研合作等开展合作。协议的签订，标志着学校在通用航空领域国际化人才培养方面迈出新的一步。捷克 F AIR 飞行学校校长麦克·马尔科维奇、中国项目负责人威廉·维索凯，捷克中国和平统一促进会会长倪健、秘书长李克非，杭州电子科技大学校长薛安克、副校长郑宁，浙江省外侨办、商务厅和浙江省万丰集团公司代表参加签约仪式。

【学校杰出教授为研究生作专题讲座】 3 月 24 日，杭州电子科技大学杰出教授布莱恩·安德森院士在学校科技馆作题为“研究生如何选择研究课题、撰写学术论文和做研究报告”讲座。学校自动化、计算机、电子信息、通信工程等学院的 300 余位研究生聆听讲座。

安德森 2016 年 10 月受聘为杭州电子科技大学“杰出教授”，是国际信号、系统与控制领域公认的领军人物之一。

【美国哥伦比亚大学代表团访问杭州电子科技大学】 4月19日,副校长郑宁、校国际交流合作处负责人和各学院分管学生工作负责人接待美国哥伦比亚大学学生交流项目负责人卡尔·路特率领的代表团一行5人。双方就两校合作及学生国际交流等进行会谈交流。卡尔·路特充分肯定杭州电子科技大学历届交流生的表现,并详细介绍哥伦比亚大学在国际化办学和学生交流方面的机制、理念和设施,希望今后有更多杭州电子科技大学学子赴该校交流。并对杭州电子科技大学在全国首创的"新生赴世界名校交流项目"给予高度评价。

【"认知神经科学与应用前沿"论坛】 4月23日至26日在杭州金溪山庄举行。由杭州电子科技大学主办,校计算机学院和"人机物联技术"浙江省国际合作基地承办。来自美国、德国、瑞典、古巴、日本等国家和中国内地与香港的60余位学者参加论坛。副校长胡华致开幕词,大会主席、华东理工大学教授、杭州电子科技大学特聘讲座教授王如彬致欢迎词。

论坛围绕"认知神经科学的最新研究成果和未来发展"展开,30余位神经科学、认知科学及类脑计算领域的国内外知名专家作专题报告。其中杭州电子科技大学计算机学院孔万增教授、电子信息学院马德副教授分别作基于脑区相位同步特性的驾驶疲劳检测的报告和关于杭州电子科技大学与浙江大学联合研发的达尔文神经芯片及其应用的报告。

【澳大利亚工程院院士访问杭州电子科技大学】 5月15日至18日,澳大利亚工程院院士郭英杰访问杭州电子科技大学进行学术交流。校长朱泽飞、副校长郑宁会见郭英杰,双方就两校合作、师生互访和国际化办学达成合作意向。朱泽飞表示,今后杭州电子科技大学将持续提高国际化办学力度,通过和国外知名专家、高校开展科研与教育合作,不断提升办学质量和人才培养水平。随后,郭英杰为电子信息学院师生作学术报告,介绍大数据技术的发展现状、由其领衔的悉尼科技大学全球大数据技术中心研究方向和在5G领域所开展的工作及取得的成绩。在场师生踊跃提问,与郭英杰院士进行学术探讨与交流。

【杭州电子科技大学国际学生在温州永嘉开展跨文化交流】 5月18日至20日,杭州电子科技大学国际教育学院组织6个"一带一路"沿线国家和4个非洲国家40名国际学生组成小分队,赴温州市永嘉县开展跨文化交流活动,并在当地"百年名校"枫林镇中心小学进行双语支教。国际学生们走进枫林镇中心小学教室,用流利的汉语讲解英语课文、讲述不同国家的文化差异、教孩子们唱英文歌曲,分享他们在中国、在浙江、在杭州、在杭州电子科技大学的所见、所闻、所感。与小学生们开展一场跨越不同地域、不同种族、不同文化的真诚对话。

【杭州电子科技大学成为全国首批西门子SCE教师培训中心】 5月22日,西门子教育合作论坛(2017)在长沙举行。来自全国相关高校、科研院所、出版社和媒体行业等代表300余人参加论坛。论坛上,西门子公司举行"西门子SCE教师培训中心"授牌仪式,杭州电子科技大学成为全国首批10所西门子SCE教师培训中心之一。

2016年西门子(中国)有限公司与教育部签署新一轮"教育合作备忘录",面向"中国制造2025"国家战略与智能制造发展方向,培养创新型与工程型人才,加强双方在科研、技术领域和人才方面的交流与合作。

杭州电子科技大学智能制造技术国家级实验教学示范中心已与西门子的工业软件、运动控制、工业自动化等三大领域开展深度合作,形成了"三位一体"的全面合作格局。学校以成为西门子SCE教师培训中心为契机,在教育合作、技术开发、人员培训等方面整合优势资源,提升合作层次,全面开展智能制造技术浙江地区培训业务,助力浙江省智能制造人才培养和装备升级,进一步拓展学校毕业生就业渠道,实现优质就业、高端就业。

【加拿大不列颠哥伦比亚大学教授到杭州电子科技大学讲学】 5月24日，杭州电子科技大学校友、加拿大不列颠哥伦比亚大学统计系终身教授吴浪回到母校，在下沙校区为学校师生作学术讲座。吴浪介绍统计学在商学、医药学、经济学、工商业及政府部门等领域的广泛应用，着重介绍统计学三大革命之一的“引导程序”方法的起源和构造原理，还介绍了统计学的最新进展。

【杭州电子科技大学代表队在ACM全球总决赛中获佳绩】 5月25日，由美国计算机协会（简称ACM）主办的第41届ACM国际大学生程序设计竞赛全球总决赛，在美国南达科达州拉皮德市闭幕。杭州电子科技大学由计算机学院刘春英老师指导，卓越学院2013级学生南立浩、理学院2013级学生陈鹏和计算机学院2015级学生陈松扬组成的代表队经过5个小时顽强拼搏，最终成功解出6题，获全球排名并列第20名。

本届ACM国际大学生程序设计竞赛，全球范围内共有103个国家和地区的2948所高校代表队参赛，在先参加各大洲预选赛基础上，遴选出132支代表队入围全球总决赛。中国有包括清华大学、北京大学、浙江大学等13所“985”院校在内的16所高校代表队入围，杭州电子科技大学是其中唯一一所非“985/211”高校，这已是学校代表队第四次入围ACM全球总决赛。

【经济学院成为“丝绸之路商学院联盟”创始成员单位及理事单位】 6月9日至11日，第四届中国宁波—中东欧国家教育合作交流活动开幕式暨“一带一路”国家教育合作高峰论坛（第二届中国—中东欧商学院峰会暨“一带一路”商学院国际化人才培养论坛）在宁波举行。波兰、爱沙尼亚、保加利亚等16个中东欧国家和马来西亚、泰国、俄罗斯、乌克兰、韩国等“一带一路”沿线国家的政府领导和院校代表300余人参会。

会上，“丝绸之路商学院联盟”正式成立，并选举产生常务理事会成员，杭州电子科技大学经济学院成为“丝绸之路商学院联盟”创始成员单位及理事单位。该联盟由来自19个国家的75所院校会员单位组成，旨在促进跨国、跨区域人才交流、教师交流及“一带一路”沿线国家政府部门、高校、机构和企业的商业信息交流与合作。联盟将秉承“开放、自愿、平等、共商、共建、共享”的原则，助力世界经济健康、可持续发展。

随后举行联盟专题论坛，杭州电子科技大学经济学院院长李晓钟作题为“浙江经贸投资环境与商业模式”主题报告。

【“永艺国际创新设计营”开营】 6月27日，由安吉县经信委、科技局主办，杭州电子科技大学数字媒体与艺术设计学院承办的“永艺国际创新设计营”在安吉永艺家具股份有限公司开营，并举行“永艺杯”办公家具设计大赛启动仪式暨国际创新设计营协同创新主题演讲会。杭州电子科技大学副校长徐江荣出席仪式并致辞，安吉县副县长任贵明、县经信委副主任王凌峰、科技局局长刘承娟，永艺公司董事长兼总经理张加勇、董事兼副总经理阮正富、董事会秘书兼副总经理陈熙、研发部总监程军和杭州电子科技大学安吉智能制造技术研究院、数字媒体与设计艺术学院负责人等出席仪式。杭州电子科技大学兼职教授、带队教师、意大利米兰理工大学设计学院依德冯索·哥伦布教授和杭州电子科技大学国际设计营师生及来自江南大学、浙江理工大学、中国计量大学、浙江工商大学的代表参加活动。

7月7日，2017“永艺杯”办公家具设计大赛暨永艺国际创新设计营举办成果汇报会在杭州电子科技大学举行。12个设计团队经过两周时间完成调查研究、概念设计和版面展示等多项任务后，进入现场陈述和答辩。永艺公司董事兼研究院院长阮正富、意大利米兰理工大学教授阿尔贝托·萨拉、浙江省工业设计学会秘书长方强、中国美术学院教授雷达、浙江大学教授彭韧、杭州斯帕克工业设计公司总经理姚惠良，及来自中国计量大学、浙江理工大学、浙江工商大学、浙江职业技术学院、杭州电子科技大学的专业教师等11人组成答辩专家组，对12个团队在设计概念、创新思维、市场、人机关系等方面进行评估，最后评选出2017“永艺杯”办公家具设计竞赛各项奖项。杭州电子科技大学设计团队吴胜宇、应渝杭、陈美琪、刘芙源、郑伟的作品《日出》与刘芊妤、王佳浩、叶瑞鹏、丁焱、管瑛瑛的作品《为你而止》分获二等奖。

【视觉计算国际论坛及第15届NICOGRAPH国际会议】 7月6日至8日在杭州电子科技大学举行。由杭州电子科技大学主办，校计算机学院与中国计算机学会CAD&CG专委会、中国图形图像学会虚拟线索专委会、日本艺术科学学会承办。副校长胡华、郑宁出席会议并分别致欢迎词与开幕词。中国、美国、瑞典、土耳其、日本、新加坡等国家和地区的专家学者参加会议。多位IEEE院士及21位世界顶级可视化和计算机视觉领域专家作特邀报告。日本山梨大学教授茅晓阳主持大会。大会共收到投稿文章和会议报告近百篇，100多位专家和文章作者在五个分会场分别就视觉计算基础理论、计算机视觉应用、文化遗产可视化技术、计算建模及可视化技术等当前可视化技术领域的理论和应用研究进行交流和探讨，杭州电子科技大学计算机学院和数字媒体与艺术设计学院的多项研究成果得到与会专家的一致好评。

【共建联合实验室】 7月10日，杭州电子科技大学与德国慧鱼集团、北京中教仪人工智能科技有限公司共同建立的联合实验室成立并举行授牌仪式。仪式上，举行以“实验室发展与创新”主题座谈会，与会人员就加强人才队伍建设、健全实验室开放机制、建设优质实验教学资源等进行深入交流。希望杭州电子科技大学通过与德国慧鱼集团合作，加大实验课程资源建设和社会服务力度，与企业共同培养适应社会发展需要的创新型人才。

【阿联酋扎伊德大学孔子学院高中生代表团访问杭州电子科技大学】 7月13日，副校长徐江荣会见由10名学生和3名教师组成的阿联酋扎伊德大学孔子学院高中生访华夏令营代表团一行。徐江荣介绍学校办学历史、专业特色和国际化发展成果。徐江荣说，杭州电子科技大学非常重视与国外高校建立友好关系并开展实质性合作，2016年秋季实施了“‘一带一路’沿线国家留学生招生专项”，来华留学生教育规模逐步扩大，教育层次覆盖了本科生、硕士生和博士生，欢迎阿联酋扎伊德大学孔子学院的同学们感知中国、留学杭州电子科技大学。代表团团长默罕默德说，中国是阿联酋最重要的合作伙伴之一，与中国高校开展交流、加深阿联酋高中生对中国博大精深的文化认识与理解是夏令营开营的主要目的。默罕默德表示，非常欢迎杭州电子科技大学学生到扎伊德大学交流学习。

夏令营为期两周，营员们除学习汉语、文化参访外，还访问了浙江大学和阿里巴巴总部。

【杭州电子科技大学交流团访问中国驻日本大阪总领事馆】 7月19日，中国驻日本大阪总领事馆教育处长吴劲松和领事张映川接待杭州电子科技大学暑期赴日本名校交流团11名师生代表。吴劲松表示，青年一代作为国家发展的重要推动力，要更全面地看待国际问题。要广泛涉猎知识，知识不分国界，知识没有上限。带队教师尹菊琴介绍杭州电子科技大学基本情况、学科特色和国际交流情况。学生代表分享了此次到日本名校交流学习的心得和收获，表示要将此次访学所学到的知识运用到今后的学习、工作和生活中，精进学业、学有所成，将来成为建设祖国的栋梁和推动中日友好的桥梁。

此次赴日本名校交流团由37名学生和1名带队教师组成，于6月27日至7月26日在日本多所名校和著名企业进行交流学习和考察。活动得到了日本东京大学、早稻田大学、同志社大学和立命馆大学等的大力支持。

【杭州电子科技大学学生赴新加坡和澳大利亚交流学习】 7月23日，杭州电子科技大学赴新加坡国立大学学习交流的41名学生和赴澳大利亚西澳大学访学交流的11名学生顺利完成既定任务回国。赴新加坡学习交流团在新加坡国立大学听取ISS学院教师授课，课程包括产品设计、市场营销和世界公民。学生们通过聆听课堂讲授、参加案例研讨、小组讨论和汇报等形式，在沉浸式英文语言环境中打磨自己的独立思考能力、团队合作能力、演讲能力和领导能力，深切感受新加坡独具一格的教育理念和模式。

【杭州电子科技大学代表团访问俄罗斯和白俄罗斯高校】 7月23日至30日，校长朱泽飞率杭州电子科技大学代表团访问俄罗斯和白俄罗斯高校。在俄罗斯，莫斯科国立大学外事与学术副校长马泽毅，俄罗斯科学院通讯院士依利因，莫斯科国立大学计算数学与控制系主任弗米切夫和契夫索瓦教授等接待代表团一行。朱泽飞对莫斯科国立大学悠久的办学历史、雄厚的办学实力及相互间紧密的教育、科研合作表示赞赏，希望两校间进一步增强教学、科研合作，加强人才互动交流，使合作取得更大成果。马泽毅介绍莫斯科国立大学与中国有关大学的合作情况，对与杭州电子科技大学的友好合作及取得的成果表示祝贺和感谢。在俄罗斯机械与光学研究大学（简称“圣光机大学”），代表团与该校校长瓦西里耶夫、副校长嘎兹洛娃、计算机技术和控制学院院长波波索夫及学院各教研室主任等进行座谈。双方一致表示，两校优势学科相近，前期合作基础良好、成效显著，愿共同努力进一步拓展合作办学领域，使两校合作取得新辉煌。双方签署了合作备忘录。在圣光机大学期间，代表团还参观主校区、瓦西里岛科技园、格鲁夫措伐、罗曼诺所夫等4个校区实验室。参加杭州电子科技大学在该校合作培养学生的结业典礼，双方校领导为同学们颁发结业证书，并为10名全优成绩学生颁发优秀学生证书。在白俄罗斯，白俄罗斯国立信息与无线电大学校长贝契拉、教学和信息化副校长尼古勋、科研副校长班德伦卡及白俄罗斯国家科学院院士弗拉迪米尔、国际处负责人贝克诺娃等接待代表团一行。双方就加强教学、科研和社会服务等领域合作进行深入交流，并介绍各自国际化办学和主要科研成果。朱泽飞说，过去双方主要在科学研究领域开展合作，希望今后两校在此基础上进一步拓展和深化合作关系。贝契拉对此表示赞同。随后，双方签署合作备忘录。

【选派优秀教师赴美国培训】 8月22日至9月6日，杭州电子科技大学选派22名优秀骨干教师赴美国参加西俄勒冈大学暑期教师培训项目。西俄勒冈大学校长、副校长，教育学院院长、研究生院院长及相关学院教授分别就美国高等教育制度、本科教育发展、美国大学学分制与学籍管理、大学专业评估和学位评估、大学课堂教学理念与方法、在线课程设计等为参训教师授课，双方还就两校教学特点、合作交流等进行深入研讨。培训期间，参训教师参观了西俄勒冈大学的部分实验室、智能教室、图书馆及学生服务中心。经过两周培训，全体参训教师均顺利完成学业，并获由西俄勒冈大学颁发的结业证书。

【杭州电子科技大学代表团访问美国和日本高校】 8月23日至30日，副校长胡华率杭州电子科技大学代表团访问美国和日本高校。在美国，代表团分别与伍斯特理工学院第一副校长布鲁斯·博斯滕、科研副校长领衔的科研代表团，伍斯特理工学院商学院代表团和教育项目中心代表团进行会谈，分别就科研合作、联合培养MBA、教师互访、学生交流及联合教育项目等展开深入讨论并达成合作共识。在美国西东大学，第一副校长凯伦·布鲁夫接待代表团一行，介绍西东大学发展历史、基本情况和办学特色，希望双方在教学、科研和师生互访等方面进行合作。胡华介绍杭州电子科技大学发展概况和办学特色,希望两校的互动与合作能够取得实质性成果。随后,代表团一行与西东大学商学院代表团围绕“3+1+1”联合培养本科生和硕士生进行讨论洽谈。

【加拿大两院院士、IEEE院士受聘为杭州电子科技大学兼职教授】 9月25日,学校举行聘任仪式,聘请加拿大皇家科学院院士、工程院院士、IEEE院士、信息论领域著名学者杨恩辉教授为杭州电子科技大学兼职教授。

杨恩辉现任加拿大信息论及其应用研究主席、加拿大滑铁卢大学终身教授、美国电气电子工程协会院士、加拿大皇家科学院院士和工程院院士,是滑铁卢大学多媒体通信实验室创始人,同时担任中国海外交流协会常务理事、中国国务院侨办海外专家咨询委员会委员等职。

【与奥地利国家虚拟现实可视计算研究中心签订战略合作协议】 9月29日,杭州电子科技大学与奥地利国家虚拟现实可视计算研究中心战略合作协议签署暨共建“可视计算技术和应用研究院”国际合作平台揭牌仪式,在杭州电子科技大学智慧城市研究中心举行。校长朱泽飞、智慧城市研究中心主任薛安克,省经信委总工程师厉敏,VRVis总裁格尔达·赫逊、首席科学家沃纳·普卡多夫,VRVis大中华区首席代表、维尔科宝科技有限公司董事长司良信与总经理刘中一和省科技厅相关处室人员及学校相关部门负责人、学院教师代表等出席仪式。仪式上,朱泽飞简要介绍学校发展历史、办学特色和国际化成果。并希望双方以此次战略合作协议签署为契机,通过共同组建“可视计算技术和应用研究院”国际合作平台,搭建高水平科研团队、申报高层次科研项目、培育高水平科研成果,为杭州电子科技大学省重点高校建设作出贡献。格尔达·赫逊期待双方共同努力,在虚拟现实可视计算技术的研发和产业化方面取得更加丰硕合作成果。厉敏希望双方能充分利用好这一合作平台,发挥各自在技术、产品和人才上的优势,为浙江信息经济发展贡献力量。朱泽飞和格尔达·赫逊代表各方在战略合作协议上签字,薛安克和沃纳·普卡多夫为研究院揭牌。

随后,举行第二届虚拟现实可视计算国际论坛暨智慧城市协同创新学术沙龙,来自VRVis、浙江大学和本校学者围绕虚拟现实可视计算的应用、智慧交通建模仿真及特色小镇可视化规划等主题作学术分享。

【雅思考试杭州电子科技大学考点成立】 10月10日,雅思考试杭州电子科技大学考点成立仪式暨国际化背景下英语教学与测评研讨会在学校科技馆举行。副校长郑宁和英国驻沪总领事馆文化教育领事马旭宁为雅思考点揭牌,学校同时获得“认可雅思机构”授牌。成立仪式后,学校外国语学院主持举行“国际化背景下的英语教学与测评研讨会”,近百名嘉宾参加研讨交流。

杭州电子科技大学是继浙江教育考试服务中心之后杭州第二个雅思考点。

【共建杭电—阿里云国际校区】 10月11日,校长朱泽飞应邀出席“2017杭州·云栖大会”并作主题演讲。会上,学校与阿里巴巴集团阿里云计算有限公司正式对外发布共建“杭州电子科技大学—阿里云国际校区”和“杭州电子科技大学—圣光机大学联合学院”。这是杭州电子科技大学携手阿里巴巴集团共同探索“新工科”背景下“中外名校+名企”国际化创新人才培养模式的一次有益尝试。双方将以此为平台,共同引入国外知名高校,开展人才培养、科学研究、成果培育、社会服务等多领域全面合作,进一步探索“新工科+国际化”创新人才培养模式,以满足社会不断增长的对创新型国际化人才的需求。

【首个国家“111计划”学科创新引智基地启动】 10月18日,启动仪式在杭州电子科技大学科技馆举行。校长朱泽飞介绍基地基本情况。该基地依托学校控制科学与工程学科,由国际著名学者安德森教授和彼得森教授共同领衔，聚集了俄罗斯圣光机大学，澳大利亚国立大学、墨尔本大学、悉尼科技大学，美国加州大学河滨分校，加拿大麦克马斯特大学，德国慕尼黑工业大学，法国巴黎第五大学及法国国家科学院等20余位国际信息、系统与控制领域的顶尖专家及青年学者，中国国内著名高校及研究机构和杭州电子科技大学自动化领域的领军人才与中青年教师共同参与建设。朱泽飞表示，学校将不断加强对“111基地”建设的领导、管理和服务，加大对基地建设的投入，实行“开放、流动、协同、共享”运行机制，吸引更多国际顶尖专家和优秀学者参与，力争将基地建成高层次人才汇聚、产学研协同发展的高水平国际创新引智基地。浙江省外国专家局局长厉勇指出，“111基地”是国家教育部和外国专家局联合实施的旨在推进中国高校建设世界一流大学的重大引智工程，杭州电子科技大学要以此为重要平台，集聚更多海外高端人才智力，办出特色、早出成果，不断提高综合实力和核心竞争力，为全国高等院校引智基地建设提供浙江经验、浙江样板。“111基地”负责人、浙江省特级专家、杭州电子科技大学原校长薛安克介绍了“111基地”建设情况和建设目标。

8月，杭州电子科技大学申报的“信息物理系统感知与控制学科创新引智基地”获国家外国专家局和教育部正式批准，列入2017年度地方高校“高等学校学科创新引智计划”（即“111计划”）新建基地立项名单。

【第四届中美合作IQP创新实践项目】 10月23日，杭州电子科技大学与美国伍斯特理工学院联合开展的第四届IQP创新实践项目正式启动。

2014年，杭州电子科技大学与美国伍斯特理工学院签订IQP项目战略合作协议，联合成立IQP项目中心。议定每年10月至12月，伍斯特理工学院选派12～24名大三学生到杭州电子科技大学开展IQP创新实践项目。2017年，伍斯特理工学院选拔23名学生来杭州电子科技大学交流。学校也在管理、人文和外国语学院选拔28名学生参与项目。项目选题包括“如何通过创业教育促进创新”“中国白领工人的英语需求测评”“发达国家互联网金融及其中国的启示”“中美智慧城市发展状况评价比较”“波士顿和杭州交通状况比较”“中小企业在‘中国制造2025’面临的挑战与机遇”。

IQP项目开展三年来，在校内外得到一致好评。项目的实施，将有助于增强学生的创新实践能力和国际交流能力。

【学校本科生应邀赴美参加国际多媒体领域顶级学术会议并作报告】 10月23日至27日，第25届ACM国际多媒体会议在美国硅谷举行。杭州电子科技大学自动化学院大四学生涂云斌撰写的论文《空间与时间注意力模型的视频描述》被会议录用，且应邀参会作报告。并和与会人员进行交流，分享其团队研究成果。

涂云斌的论文主要研究当前计算机视觉领域新兴方向——视频内容自动语言描述，让计算机像人类一样，能够看懂一个视频并能对视频内容用符合人类语言习惯的句子进行描述。

【德国自动化与信息研究院主席受聘为杭州电子科技大学讲座教授】 10月30日，学校举行聘任仪式，聘请德国自动化与信息研究院主席乌尔里希·加马尔为杭州电子科技大学讲座教授。校长朱泽飞出席仪式，为乌尔里希·加马尔颁发聘书、佩戴校徽并讲话。朱泽飞希望加马尔教授与学校深入开展国际合作，加强科研交流，为提升杭州电子科技大学在国际上的知名度和影响力作出贡献。

聘任仪式后，加马尔为学校师生作学术报告，介绍德国自动化与信息研究院针对德国工业4.0发展需要，围绕安全、高可靠无线通信、系统建模与仿真等，将理论研究、技术创新与工程应用紧密结合，应对在此过程中出现的挑战。

【杭州电子科技大学教授科研论文获IEEE Transactions on Cy-

bernetics 国际期刊最佳论文奖】 10月，杭州电子科技大学计算机学院俞俊教授为第一作者的科研论文《基于用户点击和视觉特征的图像检索排序研究》获得IEEE系统、人与控制论学会(Systems, Man, and Cybernetics Society简称SMC) Transactions on Cybernetics期刊2015—2016年度最佳论文奖。

俞俊，杭州电子科技大学计算机学院教授、博士生导师，长期致力于计算机视觉、图像处理、机器学习、多媒分析等研究，近年来先后获国家自然科学基金“优秀青年基金”、教育部“新世纪优秀人才”计划、浙江省“钱江学者”特聘教授、浙江省151人才工程“第一层次”人才等项目资助及培养。

【与法国巴黎五大共建成立“机器学习与智慧健康”国际合作联合实验室】 11月10日，杭州电子科技大学与法国巴黎第五大学共建“机器学习与智慧健康”国际合作联合实验室揭牌仪式在杭州电子科技大学举行。法国驻中国大使馆科技参赞咖坦·梅森、法国巴黎第五大学外事办主任菲利普·咖里旺、巴黎第五大学法国国家科学研究中心主任维达尔及其研究团队和杭州电子科技大学党委书记王兴杰、原校长薛安克与学校相关部门、学院负责人及部分学院教师代表出席仪式。王兴杰简要介绍学校发展历史、办学特色和国际化成果，希望能够通过“机器学习与智慧健康”国际合作联合实验室平台，加强杭州电子科技大学国际学术交流、科学研究、人才培养和师资队伍建设，为申报高层次科研项目、培育高水平科研成果和学校浙江省重点高校建设作出贡献。咖坦·梅森期待双方共同努力，加强合作办学与学术交流，同时吸引更多企业参与研发。菲利普·咖里旺转达了巴黎第五大学校长达代尔对该联合项目的支持和良好祝愿，并对杭州电子科技大学各部门及自动化学院对联合实验室成立所付出的辛勤努力表示感谢。

咖坦·梅森、菲利普·咖里旺、维达尔和王兴杰、薛安克共同为联合实验室揭牌。联合实验室中方主任、自动化学院赖晓平教授和法方主任、巴黎第五大学法国国家科学研究中心主任分别就联合实验室的建设现状、实验室专家成员、双方已开展的合作项目和未来主要研究方向及规划目标作详细阐述。

【中法中外合作办学项目评估会】 11月10日，杭州电子科技大学与法国巴黎第五大学合作举办的生物医学工程硕士研究生教育项目评估会在杭州电子科技大学举行。双方分别介绍项目运行情况，对项目运行过程中遇到的问题进行分析，并探讨制定具体解决办法。双方一致表示，将通过共同努力不断提升合作办学项目质量和效果。双方项目负责人及相关人员参加会议。

杭州电子科技大学与巴黎第五大学合作举办生物医学工程硕士研究生教育项目于2016年1月获国家教育部批准，并于当年开始招生，已有3名学生在巴黎第五大学进行硕士学位第二阶段的学习。

【杭州电子科技大学教授入选全球“高被引科学家”名单】 11月15日，全球专业信息与分析服务的领导者科睿唯安发布2017年“高被引科学家”名单及白皮书，遴选出过去10年间在相应学科领域发表高被引论文数量最多的科研人员。杭州电子科技大学理学院徐洪坤教授名列其中。

全球“高被引科学家”名单，是由科睿唯安文献计量学专家利用科研绩效分析数据库的基本科学指标，并基于学术研究平台中超过33000本期刊所发表的论文数量和引文数据，制定的独特的科研绩效度量指标和科学发展趋势数据得出。高被引科学家数量或ESI高被引论文数量在国内外大学评估或学科评估中发挥着重要作用，是衡量学校学术影响力的重要指标。

徐洪坤于2005年当选为南非科学院院士、2012年当选为发展中国家科学院院士，多年来一直致力于非线性泛函分析与优化、非线性反问题之迭代方法和金融数学中的定价问题研究，已发表论文200余篇。

【美国协和大学欧文分校代表团访问杭州电子科技大学】 12月1日，美国协和大学欧文分校副校长格拉夫及其驻上海代表怀曼访问杭州电子科技大学。双方就本科生联合培养、学生交换、短期文化交流、课程学习及研究生层次三个月访问交流等项目合作形式进行探讨，并就入学标准、语言培训、学期安排、学分互认、学位授予、学费等具体问题进行讨论。

【英国爱默瑞德出版集团全球出版部门总裁访问杭州电子科技大学】 12月5日，校长朱泽飞会见英国爱默瑞德出版集团全球出版部门总裁托尼·罗切和中国区总经理迈克·方一行。校创新与发展研究院院长刘人怀、科研院院长马国进、创新与发展研究院执行院长王核成参加会见。朱泽飞表示，希望双方合作更加深入、顺利。刘人怀介绍学校在电子、材料、机械、信息等学科上的优势，希望通过与爱默瑞德的长期合作，提升杭州电子科技大学管理学科国际化水平。罗切表示，中国目前发展很快，出版物的总量已经超过美国，与中国学术机构合作前景广阔。杭州电子科技大学久负盛名，此次访问旨在为双方接下来的战略合作铺平道路、夯实基础。爱默瑞德会仔细、认真地评估双方合作的领域，特别是管理学领域的期刊合作。希望双方合作更加多样化。他还邀请刘人怀院长及创新与发展研究院成员访问爱默瑞德，通过定期会谈，建立起友好的战略伙伴关系。此外，双方还可通过合作出版SSCI期刊专题、共同举办高水平的国际化会议等方式不断加深合作。

【参加第11届"梦行浙江"外国留学生中华才艺展演】 12月8日，由浙江省教育厅、省人民政府新闻办公室、省人民政府外事侨务办公室、浙江广播电视集团联合主办，浙江电视台教育科技频道和浙江旅游职业学院联合承办的第11届"梦行浙江"外国留学生中华才艺展演，在浙江旅游职业学院体育馆举行。全省25所高校组织来自50多个国家近350名外国留学生参加中华才艺展演，经节目组、导演组评选，最终选出13个节目参演。杭州电子科技大学选送的摄影作品《支教的回忆》获"绿水青山——我在浙江的家"摄影展优胜奖。

【英国南安普顿大学孔子学院英方院长来校作学术报告】 12月18日，英国南安普顿大学孔子学院英方院长、博士生导师、英国语言测试协会执行委员会委员郑英访问杭州电子科技大学，作题为"语言测试中的主要因素"的英文学术报告，介绍语言测试的基本概念、主要类型、发展史、基本原则及提高测试适用性的6种方法。郑英还对经典测试理论视角下的测试统计分析进行讲解和评价，介绍项目反应理论。讲座结束后，郑英还就在场师生提出的问题进行解答。

（吴　薇）

浙江工商大学

【概况】 2017年，浙江工商大学接待国(境)外来访团组98批397人次。与美国、新西兰等国家27所知名高校建立正式合作关系，或续签交流合作协议。派遣教师116批164人次出国(境)交流、进修、访学、参加学术会议，其中通过各类公派留学项目和浙江工商大学"蓝天计划"项目资助赴国(境)外进修学习62人次，学校组团5批30人次、参团5批6人次。

全年聘请长短期外国文教专家、外籍教师154名。新引进"海外院长"4人、"外专千人计划"累计4项。成功获批省级引智项目1个，新增国家级国别研究平台1个(日本研究中心)。学校全外语学术讲坛——"五洲讲坛"聘请30位专家学者到浙江工商大学讲学。全年派遣660名学生赴国(境)外参加长短期交流学习。首次实施新生"飞跃计划"，选派20名优秀新生赴美国名校交流学习。成功报批8个优秀本科生项目，获资助学生14名。招收来自109个国家的长短期国际生1786人，其中学历教育1007人，接待国外高校"外语口语促进项目"交流团166人次，接收24名国外交换生到浙江工商大学学习交流。2017年，44名国际生获"中国政府奖学金"，6名国际生获"优秀来华留学生奖学金"，73名国际生获"浙江省政府来华留学生奖学金"，190名国际生获"浙江工商大学外国留学生奖学金"。

【浙江工商大学学生艺术团赴比利时、荷兰开展文艺巡演】 1月16日至25日，受国家汉办委派和孔子学院邀请，浙江工商大学学生艺术团师生一行20人赴比利时、荷兰，开展为期十天的文艺巡演。巡演团在比利时期间，先后访问布鲁塞尔孔子学院、浙江工商大学—西弗兰德大学孔子学院、鲁汶大学孔子学院，并进行三场巡回演出。巡演以"梦想天堂"为主题，用"民乐演奏""民歌""舞蹈"等多种形式，统一、多样地展示中国传统文化和浙江地方文化特色，其中有江南丝竹《霓裳曲》、维吾尔族舞蹈《掀起你的盖头来》、戏曲舞蹈《俏花旦》、武术《中国功夫》和具有浙江地方特色的《采茶舞曲》等。此次巡演同时被国务院文化部列入"欢乐"春节海外演出活动系列。

【浙江工商大学MPM项目入围浙江省首批示范性中外合作办学候选项目】 2月28日，浙江工商大学与加拿大魁北克大学席库提米分校合作举办项目管理硕士学位教育项目成功入围浙江省首批示范性中外合作办学候选项目。浙江省118个合作办学项目中仅16个入围候选名单。

【阿联酋沙迦酋长国"中国文化遗产周"系列活动】 3月15日至21日在阿联酋举行。由浙江工商大学与沙迦遗产研究院联合举办，并得到阿联酋当地社团、阿联酋华商联合会大力支持。活动分设不同展区展示中国传统文化，包括茶艺、传统手工艺品制作(发簪、口金包)、书法、绘画、中医药等。活动期间，浙江工商大学派出学生艺术团一行15人赴阿联酋演出。艺术团为阿拉伯友人奉上精心排练的武术、民族乐器、越剧、魔术、傣族舞蹈和汉服秀等节目，展示了浙江工商大学学子的魅力与风采。

【日本静冈理工大学校长访问浙江工商大学】 3月31日，校长陈寿灿、副校长戴文战会见日本静冈理工大学校长野口博一行。陈寿灿回顾两校合作发展历程，感谢静冈理工大学多年来对浙江工商大学师生在日本期间的关照，并介绍学校近期发展情况及东方语言文化学院在国际化方面取得的成绩。陈寿灿希望两校能在现有基础上继续推进交流与合作，在教师互访、学生交流和科研合作等领域取得更多成绩。野口博介绍静冈理工大学情况及近期发展情况，并表示欢迎浙江工商大学师生到静冈理工大学访问学习。校国际交流与合作处和东方语言文化学院负责人等参加会见。

【浙江工商大学代表团访问摩洛哥和突尼斯】 5月19日至27日，校党委书记金一斌率浙江工商大学代表团一行6人访问摩洛哥和突尼斯。在摩洛哥，代表团访问阿达利亚商学院和本·阿卜杜拉大学，与两校就学生交流、教师互访、科研合作等进行洽谈并达成初步共识。在突尼斯，代表团拜访突尼斯中国友好交流协会，就与突尼斯高校开展"一带一路"教育合作等进行座谈交流。代表团访问斯法克斯大学，斯法克斯市高等教育厅厅长、斯法克斯大学校长、ESPIN国际理工大学校长、突中友好协会斯法克斯分会主席等会见代表团，双方就学生互换、教师互访、共建计算机合作研究中心、合作办学等达成共识，并签署校际合作协议。

【浙江工商大学"日本研究中心"获批教育部国别和区域研究中心】 6月13日，浙江工商大学申报的国别和区域研究中心"日本研究中心"经教育部国际合作与交流司批准成功备案，这是浙江工商大学在国别和区域研究领域获批的首个国家级科研培育平台。未来三年，教育部将通过课题项目等方式对浙江工商大学"日本研究中心"进行培育资助，浙江省有关教育部门也将通过专项资金、委托课题等方式加强对中心的支持和领导，以便在培育期满后顺利转入研究基地。

【浙江工商大学代表团访问俄罗斯和波兰】 6月17日至24日，副校长戴文战率浙江工商大学代表团访问俄罗斯和波兰。在俄罗斯，代表团访问顿河国立技术大学，圣彼得堡对外经济关系、经济学和法律研究院及俄罗斯联邦政府财政金融大学，分别就教师互访、学生长短期交流、联合开展学术攻关、在俄合作建立汉语教学点等进行深入磋商。在波兰，代表团访问克拉科夫经济大学，双方就校际合作进行深度交流，并就学生交流、教师互访、科研合作等进行洽谈并达成初步共识。

【尼泊尔驻华大使访问浙江工商大学】 9月27日，尼泊尔驻华大使利拉·玛尼·鲍德尔、尼泊尔驻沪总领事馆领事吴建明一行访问浙江工商大学。校长陈寿灿会见利拉·玛尼·鲍德尔一行，介绍学校办学特色和学科设置，并希望与尼泊尔高校合作设立尼泊尔中心，在文化研究、高端智库等方面开展合作。利拉·玛尼·鲍德尔表示，尼泊尔驻华大使馆将尽快促成尼泊尔高校与浙江工商大学在师生互派、科学研究等方面的合作，并全力支持双方共建尼泊尔中心，希望通过深入合作交流，构建起共赢的双边合作关系，并尽快实现校际互动、人员往来。校国际交流与合作处、法学院相关人员参加会见。

【浙江工商大学阿联酋中国文化交流中心成立】 10月23日，浙江工商大学与沙迦遗产研究院合作设立的浙江工商大学阿联酋中国文化交流中心在阿联酋沙迦挂牌成立。校长陈寿灿率浙江工商大学代表团出席挂牌仪式。仪式结束后，"首期中文研修班"在沙迦开班授课。

该交流中心作为浙江工商大学第一个在境外设立的国际合作机构，将积极服务国家"一带一路"倡议，在汉语言教育与人才培养、信息融合与商务服务、遗产研究与艺术策展、文化交流与人文合作等方面予以持续推进、重点建设。积极探索建立中国文化和汉语教学推广基地，并与当地企业和商会等社会组织广泛合作，支持中阿文化合作项目，提升学校办学实力和国际化水平。

【韩国汉城大学师生代表团访问浙江工商大学】 11月3日，副校长戴文战会见韩国汉城大学副校长李龙万率领的师生代表团一行22人。戴文战和李龙万就两校师生交流、科研合作及两校未来发展等双方感兴趣的议题进行会谈，并达成共识。为促进两校间交流，李龙万代表汉城大学向浙江工商大学递交校际合作协议书，双方拟进一步深化合作关系。

【第五届孔子学院理事会会议】 12月6日，浙江工商大学与比利时西弗兰德大学共建的孔子学院第五届理事会会议在浙江工商大学下沙校区召开。比利时西弗兰德省省长德卡卢维、西弗兰德大学校长德盖特，浙江工商大学校长陈寿灿、副校长戴文战等理事会成员，及孔子学院中比双方院长参加会议。会上，陈寿灿代表与会双方致辞，充分肯定孔子学院成立五年来取得的成绩。会议听取孔子学院2017年工作报告和2018年工作计划，内容包括汉语教学、文化活动、汉办项目、大学融入和预算收支等五个方面。理事会对孔子学院的工作成绩和计划表示肯定，并就加强中国文化传播、推动浙江省与西弗兰德省和浙江工商大学与西弗兰德大学全方位合作、健全孔子学院制度建设等展开讨论。

【孔子学院中方院长获“全球孔子学院先进个人”称号】 12月12日，第12届全球孔子学院大会在西安举行。会上，浙江工商大学与比利时西弗兰德大学共建的孔子学院中方院长肖余春被评为2017年度“全球孔子学院先进个人”，国务院副总理刘延东为肖余春颁奖。2017年，孔子学院总部从全球500余所孔子学院、近千位中外方院长中选出6位中方院长为先进个人，肖余春是欧洲地区200余所孔子学院中唯一一位入选的中方院长。

（吴璐燕）

中国计量大学

【概况】 2017年，中国计量大学接待国(境)外来访团组13批。出访156人次，其中参加国际会议49人次，校际交流12人次，学术交流、合作研究及进修培训等95人次。聘请长期普通外籍专业人员11人，短期来校讲学、合作课题研究及学术交流的外国专家31人次。全年招收留学生123人，其中语言生63人、学历生58人、进修生2人。学生赴国(境)外留学、实习213人次。新增合作院校5所。

【本科生获创业大赛桂冠】 1月8日，美国代顿大学2016—2017年度创业大赛中国—越南赛区复赛在代顿大学中国研究院(苏州)举行。中国计量大学外国语学院学生李沂科、占晓武凭借“车位探测器”项目独特的创意和现场出色发挥获得桂冠。除获丰厚奖金外，两名学生同时获得本科毕业后赴美国代顿大学读研的全额奖学金及在代顿大学中国研究院(苏州)工作的机会。美国代顿大学创业大赛已连续举办十多年，该赛事在世界上同类比赛中有较强影响力。

【英国肯特大学高级讲师受聘为中国计量大学客座教授】 1月9日，学校举行受聘仪式，聘任英国肯特大学高级讲师卢钢为中国计量大学质量与安全工程学院客座教授。随后，卢钢为学校师生作学术报告。卢钢是电气和电子工程师协会高级会员、能源学会会员，曾荣获英国工程技术协会2006年度工程技术创新奖。

【与德国公司签署合作协议】 1月11日，中国计量大学与德国温泽精密有限公司合作协议签署仪式在中国计量大学举行。德国温泽集团首席执行官弗兰克温泽、中国计量大学副校长宋明顺出席签约仪式并致辞。德国温泽集团是计量领域创新的先驱，在全球范围拥有16家子公司，销售及服务伙伴遍及50多个国家和地区。根据合作协议，双方将建立“中国计量大学—德国温泽集团大学生海外实践教育基地”及“中国计量大学—温泽联合实验室”。

【合作办学项目入选省示范性候选项目】 1月12日，中国计量大学与新西兰奥克兰理工大学合作举办的计算机科学与技术专业本科教育项目入选浙江省首批示范性中外合作办学候选项目。该项目自2011年开始招生，招收和培养学生650名，已有两届毕业生。

【中德大学生创业训练营】 2月12日至22日，中国计量大学方结红老师带领14名学生赴德国德累斯顿，开展“中德大学生创业训练营”活动。该活动是中德大学生创业教育项目合作协议中的重要组成部分，旨在更好地推进中国计量大学学生创新创业教育工作，拓宽学生的国际化视野。

【三个优秀本科生国际交流项目申请成功】 3月2日，中国计量大学向国家留学基金委提交的3个优秀本科生国际交流项目申请成功。该3个项目分别是中国计量大学优秀本科生赴美国代顿大学、德国德累斯顿经济技术大学、比利时列日大学访问学习项目。

【港澳与内地高校师生交流项目获国家教育部资助】 3月2日，中国计量大学的“香港理工大学‘校企协作教育’(WIE)项目”及“澳门城市大学‘校企协作教育’

(WIE)项目”成功获批,列入2017年港澳与内地高校师生交流计划第一批项目,得到国家教育部资助。香港项目是中国计量大学自2009年起实施的一项重要项目,至今已举办8期。澳门项目系中国计量大学首次与澳门地区高校开展合作交流的项目。

【首批联合培养博士赴法学习】 3月8日,中国计量大学与法国雷恩第一大学联合培养的首批两名博士生叶仁广和蔡沐之抵达法国,法国雷恩第一大学章向华教授及劳伦特·卡尔维兹副教授将和中方博士生导师徐时清教授、张军杰教授共同指导学生完成博士学位。

【英国基尔大学代表访问中国计量大学】 3月15日,英国基尔大学管理学院帕诺斯·索努尼斯、詹姆士·贝利两位老师访问中国计量大学,与学校相关负责人就师生互派、研究生教学与合作培养、本科生交流联合培养等进行深入交流。基尔大学老师还详细介绍该校“3+1+1”项目。

【英国安格利亚鲁斯金大学校长访问中国计量大学】 3月22日,校长林建忠会见英国安格利亚鲁斯金大学校长伊安·马丁一行3人,双方共同回顾两校合作以来取得的成绩,尤其是金融工程中外合作办学项目的顺利开展,并表示将进一步拓展合作。会见结束后,伊安·马丁一行还访问了经济与管理学院。

【美国北阿拉巴马大学副校长访问中国计量大学】 3月23日,校长林建忠会见美国北阿拉巴马大学副校长张春生一行。双方一致表示,将进一步加强联系,积极开展校际项目、学生交流、人才培养等方面的合作。随后,双方签署两校合作备忘录。在校期间,张春生一行还与信息工程学院、经济与管理学院部分师生进行面对面交流。

【日本静冈理工科大学校长访问中国计量大学】 3月31日,校长林建忠会见日本静冈理工科大学校长野口博一行3人。双方回顾两校合作以来取得的成绩,并表示将继续推进在教师互访、学生交流和科研合作等领域的合作。随后,野口博一行参加了中国计量大学2016年度日本樱花科技交流计划学生分享会。

【荷兰科学院院士访问中国计量大学】 4月18日,副校长俞晓平会见荷兰科学院院士、荷兰瓦格宁根大学昆虫系主任马塞尔·迪克一行,双方就下一步合作事项进行详细交流。随后,马塞尔·迪克与生命科学学院师生进行交流并作学术报告。

【外国高端文教专家访问中国计量大学】 4月20日,法国著名纳米材料专家、加尚高师一级教授、巴黎高师教授皮埃尔·奥德博尔特访问中国计量大学,并作学术报告。皮埃尔·奥德博尔特是学校2016年度引进的3名国家外专局高端文教专家之一,并被聘为中国计量大学材料科学与工程学院客座教授。

【“中国计量大学—德国温泽联合实验室”揭牌仪式】 4月25日在中国计量大学举行。德国温泽集团亚洲销售与市场总监阿金·温泽、中国区总经理陈文山、市场经理邹德煜,中国计量大学计量测试工程学院领导等出席揭牌仪式。阿金·温泽代表德国温泽集团捐赠给中国计量大学一台国际最先进的工业CT工作站,用于学校本科生、研究生课程实验教学及学生的学科竞赛。同时,德国温泽集团遴选5名中国计量大学学生赴德国开展实践,正式启动“中国计量大学—德国温泽集团大学生海外实践教育基地”并接纳中国计量大学学生开展实践教育工作,为学生工程素质、综合能力的培养提供了新的平台和方式。

【德国德累斯顿经济技术大学代表团访问中国计量大学】 5月6日,校长宋明顺会见德国德累斯顿经济技术大学中国事务办公室负责人姚豫杰、经济与管理学院英戈·盖斯特林教授、杰勒德·路易斯教授一行。双方回顾了两校合作以来取得的成绩。会见结束后，代表团参观中国计量大学浙江省标准化与知识产权管理协同创新中心。

【美国阿拉巴马大学代表团访问中国计量大学】 6月1日，美国阿拉巴马大学亨茨维尔分校副校长兼教务长克里斯汀·柯蒂斯、研究生院院长大卫·伯克维茨、研究生院副院长兼国际事务负责人包叶青、理学院副院长伊曼纽尔·沃德尔等一行4人访问中国计量大学。校长宋明顺、校发展委员会副主任吕进与代表团进行会谈，双方签署合作谅解备忘录。随后，代表团一行参观学校校史馆和计量博物馆。

【美国肯尼索州立大学代表团访问中国计量大学】 6月12日，校长宋明顺会见美国肯尼索州立大学国际事务部副主任孙琳达、计算机和软件工程学院副院长斯维特拉纳·贝茨弗杰一行2人。双方就计算机专业和工业工程专业"2＋2"联合培养项目进行洽谈，并就课程对接与课程学分认定进行沟通。

【国际标准化组织"秘书周"活动】 6月19日至23日在中国计量大学举行。由国际标准化组织与中国国家标准化管理委员会主办、中国计量大学承办。国际标准化组织中央秘书处技术项目经理吉纳维芙·珍妮·佩罗克斯、中国政策及标准化专家莱因哈德·温辛格、网络技术分析师佛朗索瓦·米艾维尔等高级培训官员为参加"秘书周"培训活动的学员授课。学员们通过培训不仅提升了开展国际标准化活动所需的技能，同时也加强了与各个国际技术委员会之间的交流与互动。结业仪式上，校长宋明顺、国家标准化管理委员会国际合作部外事处处长陈莹出席仪式并致辞，来自国际标准化组织航空航天技术委员会无人机系统分委员会的车嘉兴作为学员代表发言，宋明顺、陈莹及三名国际标准化组织专家为学员们颁发结业证书。

【第16届国际光通信与网络会议】 8月8日至10日在浙江乌镇召开。由中国计量大学承办。开幕式上，副校长俞晓平代表中国计量大学致辞，中国计量大学光学与电子科技学院研究员董新永主持开幕式。来自全球10多个国家与地区的近500名专家学者和研究人员出席会议。该会议是光通信领域最具影响力的国际学术会议之一，会议的成功举办，对提升中国计量大学的国际知名度，加深学校与国内外同行在相关领域的合作交流，推动学校教学科研水平和高层次人才培养等方面具有积极意义。

【国际测量技术联合会第60届总理事会会议】 9月1日至3日在中国计量大学举行。中国、美国、英国、德国、意大利、加拿大、日本、韩国等近20位计量测试水平位于世界前沿的国家代表参加国际测量技术联合会第60届总理事会及相关的顾问委员会、技术委员会及编辑委员会会议。会议主席肯尼斯·格拉森在总理事会开幕式上致辞。会议期间，与会代表在副校长葛洪良陪同下参观了中国计量大学重点实验室和计量博物馆。

【参加第40届国际标准化组织大会】 9月18日至22日，中国计量大学校长宋明顺一行5人赴德国，以中国代表团团组观察员身份参加在柏林举行的第40届国际标准化组织大会，这是该大会首次邀请高校组团参加。来自120多个国际标准化组织的400多名代表参加大会。会议期间，中国计量大学一行作为中国代表团成员参加与ISO中央秘书处和英国、美国、德国、法国、加拿大等重点组织及国家多场双边会谈，介绍中国计量大学倡议成立的"'一带一路'标准化教育与研究大学联盟"提案，得到各代表团的积极响应和认可，为下一步启动大学联盟建设打下扎实基础。

【中新合作办学项目管理委员会年会】 9月29日在中国计量大学举行。中新合作办学计算机项目新方负责人、新西兰奥克兰理工大学教师利奥·希区柯克及正在中国计量大学执教的教师彼得里·卡斯肯帕罗与中方代表一起出席会议。会议肯定该项目一年来的合作成果，讨论了项目存在的一些问题及探索了解决方案，并就未来合作提出设想。

【第三届中德创新创业论坛】 10月11日在中国计量大学举行。校长宋明顺，德国中国服务中心协会主席姚豫杰、德国手工业协会主席托马斯·卡道夫、德国国际教育协会主席汉斯·乔治·凯恩和杭州大学生创业俱乐部及创业联盟主席团主席郭羽出席开幕式。论坛吸引300余名师生创业者参加，中德两国专家与在场听众共同分享德国工业4.0和中德两国创新创业教育的最新理论成果和实践经验。中国计量大学作为国内首个开展中德大学生创业训练国际交流项目高校，为学生提供了良好的国际创业学习交流平台，为创新创业人才培养开辟了新的路径。2017年，中国计量大学作为浙江省唯一本科院校入选年度“全国创新创业典型经验高校50强”。

【新西兰奥克兰理工大学代表团访问中国计量大学】 10月17日，校长宋明顺会见新西兰奥克兰理工大学主管国际事务副校长奈杰尔·海明顿、国际事务发展部负责人莱斯特·邱、文化与社会学院副院长琳达·奥尼尔、商学院副院长阿里礼萨·唐瑞尼·拉德等一行6人。双方共同回顾两校几年来合作所取得的成绩，并对今后开展多方位合作进行了展望。

【新西兰坎特伯雷大学代表团访问中国计量大学】 10月17日，校发展委员会副主任吕进会见新西兰坎特伯雷大学国际事务部负责人伊恩·麦克唐纳、国际事务协调员威尔·莎伦、国际生招生官伊丽莎白·邹等一行4人。双方就两校合作事宜进行洽谈，拟在学生交流、教师互访及学生联合培养和合作办学等方面开展实质性合作。

【中国计量大学代表团访问瑞典和丹麦高校】 10月22日至29日，校党委副书记徐涌金率中国计量大学代表团访问瑞典布莱京理工大学、瑞典皇家理工大学，丹麦科技大学、奥尔堡大学，介绍宣传中国计量大学相关情况，积极争取合作项目，开拓合作领域。访问期间，代表团与瑞典布莱京理工大学签署两校合作协议。

【第二期“国际标准化组织秘书周”活动】 10月30日至11月3日在中国计量大学举行。由国家标准化管理委员会、国际标准化组织和中国计量大学共同主办。国际标准化组织中央秘书处技术项目经理查尔斯·皮埃尔、中国政策及标准化专家莱因哈德·温辛格、网络技术分析师佛朗索瓦·米艾维尔为参加“秘书周”培训活动的学员授课。结业典礼上，中国计量大学副校长俞晓平、国家标准化管理委员会国际合作部外事处处长陈莹及两名国际标准化组织专家为学员颁发结业证书。

【德国德累斯顿市市长访问中国计量大学】 11月18日，校长宋明顺会见德国德累斯顿市市长德克·赫伯特率领的代表团一行10人。校党委副书记陶伟华和杭州下沙经济开发区管委会副主任王永芳、科技局局长汤丽玉等参加会见。宋明顺介绍中国计量大学概况与办学特色，特别介绍了学校与德国高校、科研机构交流与合作情况。王永芳介绍下沙经济开发区的特色与产业结构及与德国各方面合作情况，并希望与德累斯顿市合作创建中德智能制造创新中心。德克·赫伯特介绍德累斯顿市的科技成果与支柱产业，及创新创业方面的经验。德克·赫伯特表示，希望能与杭州在科学技术方面有更多合作，促进两市特色产业的发展。随后，代表团一行参观中国计量大学国家大学科技园，欣赏了中国计量大学学生的航模表演、舞蹈演出、乐器演奏与书法表演。

【中国计量大学代表团访问澳大利亚和新西兰】 11月26日至12月3日，副校长俞晓平率中国计量大学代表团访问澳大利亚和新西兰。访问期间，代表团与澳大利亚西悉尼大学和新西兰林肯大学洽谈合作意向，与新西兰奥克兰理工大学进行深化合作关系交流，与新西兰坎特伯雷大学签署合作备忘录。并宣传推介学校办学特色和人才培养、教学科研情况，积极争取与上述高校开展项目合作。

【出席联合国欧洲经济委员会会议】 11月28日至30日，联合国欧洲经济委员会“规制合作与标准化政策”工作组会议在日内瓦召开。国家标准化管理委员会、中国计量大学、中国标准化协会相关人员参加会议，这是组委会首次邀请中国代表参加相关会议。会上，中国计量大学校长宋明顺作“‘一带一路’标准化教育与研究大学联盟”主题报告，来自俄罗斯标准化、计量和认证学院，斯洛伐克马捷贝尔大学的代表表达希望加入联盟的意愿。会议期间，“规制合作与标准化政策”工作组主席马里恩斯多尔特和秘书与中国与会人员进行会谈。马里恩斯多尔特欢迎中国积极参与规制合作和标准化相关活动，并提供中国在标准与可持续发展等方面的经验，同时希望能与中国计量大学在标准化教育相关领域进行合作和交流。

【第一届留学生汉语大赛】 12月3日，中国计量大学举办第一届留学生汉语大赛。大赛以“计量梦，汉语情”为主题，通过比赛，促进汉语言文化的传播及中外学生间的沟通与交流。

【出席中德标准化战略工作会议】 12月5日，中德标准化战略工作会议在杭州召开。国家质检总局党组成员、国家标准委主任田世宏与德国国家标准化机构主席克里斯托夫・温特哈特共同主持会议。中国计量大学校长宋明顺出席会议，以“‘一带一路’标准化教育与研究大学联盟”为题，专题介绍学校标准化教育研究情况、中国开展标准化教育研究情况，及学校标准化大学联盟倡议和相关安排。

【国际标准化组织新任秘书长访问中国计量大学】 12月8日，校长宋明顺会见国际标准化组织新任秘书长塞尔吉奥・穆希卡和国家标准委国际合作部主任李玉冰、国家标准委国际合作部处长黄立一行，并正式邀请塞尔吉奥・穆希卡参加标准化大学联盟启动仪式。双方就下一步如何进一步提升国际标准化组织培训支撑工作、推进标准化教育国际合作进行深入沟通。

（潘　倩）

浙江中医药大学

【概况】 2017年，浙江中医药大学派出教师出国（境）80批114人次，赴德国、日本、韩国、俄罗斯、葡萄牙、英国、美国等30个国家和地区访问、访学研修、参加国际会议、参加教育展等。全年接待美国、英国、澳大利亚、德国、意大利等31个国家和地区的来访团组67批298人次。与葡萄牙传统医学学院、日本早稻田大学、英国卡迪夫大学城市大学、澳大利亚西澳大学、泰国东亚大学、菲律宾德拉萨健康科学学院、泰国梅州大学等院校建立合作关系并签订合作协议。聘请10名国（境）外专家为长期外籍教师。

全年派出学生赴国（境）外学习交流196人次。在校学习的各类留学生626人，其中学历留学生438人、进修生188人，分别来自41个国家和地区。

【葡萄牙传统医学学院院长访问浙江中医药大学】 2月10日，副校长郭清会见葡萄牙传统医学学院院长弗雷德里科·卡瓦略率领的代表团一行。双方就葡萄牙中医本科学生联合培养计划、教师互访与学术培训等达成一致，并签署合作备忘录。双方还就计划于6月份在葡萄牙举办中医药国际学术会议相关事项交换了意见。

【美国华盛顿大学牙学院系主任访问浙江中医药大学】 3月20日，应浙江中医药大学口腔医学院邀请，美国华盛顿大学牙学院系主任丹尼尔·陈访问浙江中医药大学，并在校图书馆报告厅作专题报告。丹尼尔·陈围绕“我对牙科的看法”“医德即是美德”和“学术无国界”三个主题作详细阐述，交流对现代牙医学的看法及在牙医学道路上的心历路程。口腔医学院党总支副书记、副院长冯剑颖出席并主持报告会。

【孔子学院第一次理事会议】 3月31日，葡萄牙科英布拉大学孔子学院第一次理事会议在北京第二外国语学院召开。科英布拉大学校长若昂·席尔瓦、副校长若阿金·卡瓦略、文学院院长何塞佩德罗派瓦和北京第二外国语学院副校长邱鸣，浙江中医药大学校长方剑乔、副校长郭清，首任孔子学院中方院长魏鸣及孔子学院理事会成员参加会议。会议审议了孔子学院自成立来的阶段性工作总结及2017年度工作计划，就孔子学院下一步工作提出意见和建议。会议还宣布理事会成员更新情况，并商定下一次理事会将于2018年4月在葡萄牙科英布拉大学召开。

【美国密歇根大学教授到浙江中医药大学讲学】 4月1日，美国密歇根大学教授严慈庆到浙江中医药大学举行讲座，副校长郭清出席讲座。严慈庆介绍健康管理相关内容，与与会人员分享从事健康管理研究的切身感受，主要介绍密歇根大学对于健康管理研究的贡献、健康风险评估数据收集和应用、中国老年人口健康管理现状分析、健康信息管理的现代化等四方面内容。

【比利时西弗兰德大学师生代表团访问浙江中医药大学】 4月2日，比利时西弗兰德大学师生代表团一行9人，在范德马里·西斯卡教授带领下访问浙江中医药大学，开展为期三周的交流学习。学校护理学院专门选拔志愿者服务小队与比利时学生一对一结对，帮助他们开展中医课程学习。

根据两校合作协议，浙江中

医药大学在中医、康复、护理、心理学等多个领域与西弗兰德大学开展学生交换学习，西弗兰德大学也为浙江中医药大学学生开放了应用健康与保健科学、针灸、国际护理、职业理疗等多个专业交流名额，双方将相互免除交流学生的学费。

【日本东洋学术出版社社长访问浙江中医药大学】 4月21日，日本东洋学术出版社社长井上匠一行2人访问浙江中医药大学，专程就浙江省唯一的国医大师何任教授的学术思想和学术传承等问题与浙江中医药大学范永升、何若苹两位教授进行访谈和交流。

【澳大利亚西澳大学代表访问浙江中医药大学】 4月24日，澳大利亚西澳大学语言教学中心项目官员马修·克特尔访问浙江中医药大学。校相关负责人会见马修·克特尔，双方就改善西澳大学现有学生交流项目、针对学生专业与兴趣开发特色交流项目、加强两校间项目对接等进行探讨交流。

【意大利医生和校长联合会代表团访问浙江中医药大学】 4月27日，副校长郭清会见由团长马里奥·鲁斯科尼率领的意大利医生和校长联合会代表团一行12人，双方就妇产科、医疗健康体系和针灸推拿等专题进行学术交流。访问期间，代表团还参观浙江中医博物馆、浙江中医药大学附属第二和第三医院，并对多个中医门诊进行考察。

【美国罗玛琳达大学校长访问浙江中医药大学】 5月4日，校党委书记孙秋华、副校长郭清会见美国罗玛琳达大学校长、全球健康学院院长理查德·哈特和全球健康学院副院长杰瑞·戴利一行。双方就合作办学、师资交流培训等事宜交换意见。

【澳大利亚西悉尼大学代表团访问浙江中医药大学】 5月20日，澳大利亚西悉尼大学医学院院长安玛丽·轩尼诗与健康研究中心安德鲁页教授率代表团一行访问浙江中医药大学。校相关负责人会见代表团一行，双方就医学、护理学学生相互交流，教师访学进修、科研学术合作等进行探讨交流。

【意大利整合肿瘤研究与治疗协会主席访问浙江中医药大学】 6月5日，副校长郭清会见意大利整合肿瘤研究与治疗协会主席马西莫·博努奇和意大利针灸与耳针疗法协会主席朱塞佩卢皮一行。双方就学生联合培养、教师互派、学术合作等进行交流探讨。

访问期间，双方举行聘任仪式。浙江中医药大学聘请马西莫·博努奇为中医药大学客座教授，意大利整合肿瘤研究与治疗协会聘请浙江中医药大学校长方剑乔和肖鲁伟教授为荣誉会员。随后，马西莫·博努奇和朱塞佩卢皮为学校的国际留学生作学术讲座。

【葡萄牙科英布拉大学代表团访问浙江中医药大学】 6月13日，副校长郭清会见葡萄牙科英布拉大学副校长若阿金·卡瓦略及夫人、科英布拉大学医学院院长杜阿尔特·维埃拉一行。双方就在新药开发、中医科研、风湿老年病等领域合作前景进行探讨。随后，代表团参观了学校针灸实验室及附属第一和第三医院。

【附属二院举行援非医疗队员欢送座谈会】 7月18日，浙江中医药大学附属第二医院召开援非医疗队员夏冬医师欢送座谈会。医院党政领导班子负责人参加欢送座谈。

浙江省"第25批援马里医疗队"于7月21日正式出发，附属第二医院麻醉科副主任医师夏冬将在马里医院开展为期18个月的医疗援助工作。

【口腔医学院院长参加世界牙科联盟2017年度大会】 8月29日至9月1日，浙江中医药大学口腔医学院院长卢海平作为世界牙科联盟临床委员会委员，出席在西班牙马德里召开的世界牙科联盟2017年度大会。会上，由他负责起草的《有关牙科广告政策声明》得到高票通过，这是首个由国内学者提出并在世界牙科联盟会议上审议通过的政策声明。同时，经由中华口腔医学会会长俞光岩和参加本次世界牙科联盟大会的近百名中国口腔学者共同努力，会议决定2020年世界牙科联盟年会在中国上海举办。

【澳门大学健康科学学院教授访问浙江中医药大学】 9月4日，副校长郭清会见澳门大学健康科学学院王山鸣教授。访问期间，王山鸣为基础医学院师生作题为"BRCA1，BRCA2基因突变与乳腺癌"学术讲座，并在相关人员陪同下参观学校博物馆和动物实验中心。

【日本早稻田大学人间科学学院代表团访问浙江中医药大学】 9月14日，副校长郭清会见日本早稻田大学人间科学学院扇原淳教授、齐藤笃助理研究员及健康福祉专业学生一行15人。双方就落实两校交流计划、健康管理科研合作、中医远程讲座的开展等相关事项进行交流。15日，学校人文与管理学院副院长许才明接待扇原淳一行。早稻田大学研究生汇报组作了题为"中日医疗健康福祉比较"学术汇报。双方教师代表还就学生交流学分互认、学生语言短期培训、交换生计划、教师互访交流、教师访问学者、专业建设合作等事项进行探讨并达成共识。

【泰国清迈大学奥明基因创始人兼首席科学家访问浙江中医药大学】 9月20日，泰国清迈大学奥明基因创始人兼首席科学家童云广博士和泰国清迈大学斯里查莱塔那库博士课题组一行4人访问浙江中医药大学，并在富春校区作专题学术讲座。童云广与浙江中医药大学师生分享二代测序在新药研发中最前沿技术及奥明基因的创新技术产品，并介绍如何用表观遗传组学的新技术。

【葡萄牙科英布拉大学医学院首开本科中医课程】 10月12日，浙江中医药大学在葡萄牙科英布拉大学低年级本科生中开设的"中医药概览"学分选修课首次开课，注册学生42人。该课程是在与该大学医学院院长杜阿尔特努诺·维埃、副院长何塞·保罗多轮探讨协商，并经该医学院学术委员会通过设置的。两校还就今后增开各类中医药课程、进行科研和诊疗合作、建立较为完善的本硕士学位课程体系等方面达成共识。

【美国协和大学代表团访问浙江中医药大学】 10月13日，美国协和大学副校长道格罗夫及其中方协调员达米阿·怀曼访问浙江中医药大学。校相关负责人会见道格罗夫一行，双方就项目合作中课程对接、师资结构、教学安排、招生宣传等进行交流探讨，并达成共识。

【泰国梅州大学代表团访问浙江中医药大学】 10月20日，校长方剑乔、副校长郭清会见泰国梅州大学校长查姆尼尔·约斯莱一行14人，双方签署合作备忘录。根据备忘录，两校在未来五年内在课程互建、学生联合培养、师生互访、科研合作等方面开展合作。

【浙江中医药大学代表团访问捷克和罗马尼亚】 10月29日至11月5日，校长方剑乔率浙江中医药大学代表团一行6人访问捷克和罗马尼亚。在捷克，代表团与西波西米亚大学健康科学学院就两校师生交流、中医课程建设等进行合作洽谈，参观医学院护理、理疗、解剖教学实验室等，并观摩该校理疗实践教学课堂。代表团与帕拉茨基大学就开展寒假/暑期学生短期交流项目、由中医药大学派遣中医专家到帕拉茨基大学开设短期课程、开展医学实践领域的学生相互交流、硕士/博士领域学生交流、开展学历生联合培养项目等多个方面达成共识。在罗马尼亚，代表团先后访问阿拉德郡政府和阿拉德市政府，并与阿拉德郡政府首脑拉斯顿·塞尔肯、阿拉德市副市长卡琳·比巴特就进一步加强双边合作进行会谈交流。

【"浙江中医药大学罗马尼亚中医中心"揭牌】 11月2日，"浙江中医药大学罗马尼亚中医中心"揭牌仪式在罗马尼亚阿拉德瓦西里·戈迪什西部大学举行。浙江中医药大学校长方剑乔和罗马尼亚阿拉德郡政府首脑拉斯顿·塞尔肯，罗马尼亚阿拉德瓦西里·戈迪什西部大学董事长斯坦·特兰西瓦尼亚、校长科拉莉亚·科多拉奇出席揭牌仪式。该中心成立以后，双方将在中医药教育、医疗、科研、文化、保健、产业等领域开展全方位合作，为罗马尼亚当地民众提供多种类的中医药健康服务。

【世界中医药学会联合会舌象研究专业委员会2017年国际学术会议暨第二届年会】 11月2日至5日在浙江中医药大学举行。由世界中医药学会联合会主办，世界中医药学会联合会舌象研究专业委员会、浙江中医药大学承办。会上，来自世界各地的近百名舌象研究专家、学者交流学术经验、展示研究成果，共同促进中医舌象研究。大会进行两场学术报告和一场学术交流，收到高水平学术论文近50篇。

【香港中文大学妇产科学部主任访问浙江中医药大学】 11月15日，香港中文大学妇产科学部主任黄志超一行访问浙江中医药大学，校有关部门负责人接待黄志超一行。访问期间，黄志超和学校基础医学院李璐副研究员就共同开展“中草药在免疫病应用的安全评估”“中医药的国际刊物发表”“中医研究生博士生教育”等进行商讨，并计划与浙江中医药大学共同申报教育部推出的“香港与内地高校师生交流计划”合作项目。

【白俄罗斯明斯克地区卫生代表团访问浙江中医药大学】 11月16日，校长方剑乔、副校长郭清会见白俄罗斯明斯克地区执行委员会卫生厅厅长纳塔莉亚·波尔斯卡娅率领的卫生代表团一行5人，双方就交流与传播中医药文化的合作达成一致。在校期间，代表团一行还参观了中医药博物馆，并欣赏学校武术队的太极拳和武术表演。

【捷克皮尔森州副州长访问浙江中医药大学】 11月17日，校长方剑乔会见捷克皮尔森州副州长伊沃·格鲁纳一行12人，双方就进一步促进中医领域的教育、医疗合作交换意见，并就今后在皮尔森州开展中医医疗服务合作等进行会谈。访问期间，伊沃·格鲁纳一行考察了学校在中医药教学、医疗服务等领域的发展状况。

【俄罗斯麦德林中医诊所董事长访问浙江中医药大学】 11月25日，副校长郭清会见俄罗斯麦德林中医诊所董事长柳德米拉·贝尔戈万与诊所经理人埃尔达尔·卡萨诺夫一行。双方就派遣中医医生在俄罗斯莫斯科、索契开设中医门诊分部等合作事宜进行洽谈，并达成一致。

【葡萄牙传统医学学院代表团访问浙江中医药大学】 11月28日，葡萄牙传统医学学院院长弗雷德里科·卡瓦略和副院长、中医系主任颜春明访问浙江中医药大学。浙江中医药大学相关负责人会见弗雷德里科·卡瓦略一行，双方商讨了未来几年两校中医教育的合作细节，尤其是学校中医教师的培训与派遣事宜。

【美国协和大学副校长访问浙江中医药大学】 11月29日，副校长郭清会见美国协和大学副校长道格罗夫及其中方协调员达米安·怀曼一行。双方就护理、康复两个中外合作办学项目进行深入讨论，并就学分转换、课程安排、实习实践、短期交流等进行具体规划。

【捷克名人代表团访问浙江中医药大学】 11月30日，副校长李俊伟会见以捷克前总理伊日·帕鲁贝克为团长的捷克名人代表团一行7人(包括捷克前众议员、中捷航空工业协会市场总监、诺德曼环保集团副董事长、捷克《文学报》总编等)。双方就继续推动中医药医疗服务领域相关合作进行洽谈并达成一致。访问期间，代表团一行参观校史馆、中医药博物馆、滨江中医门诊部，并体验中医的针灸、推拿、拔罐等技术。

【“公共口腔健康服务和研究”专题讲座】 12月1日，新加坡国立大学牙学院院长帕特里克·芬巴尔·艾伦在浙江中医药大学举行“公共口腔健康服务和研究”专题讲座，口腔医学院院长卢海平和副院长冯剑颖、郑园娜出席讲座。帕特里克·芬巴尔·艾伦主要讲解口腔健康服务的时代特性、口腔疾病的心理影响评估和现代口腔医疗的需求。

【比利时西弗兰德大学外事处处长走访浙江中医药大学】 12月4日，比利时西弗兰德大学外事处处长伊莎贝尔·皮尔翠走访浙江中医药大学护理学院。护理学院党支部书记方年根、副书记林觐民接待伊莎贝尔·皮尔翠并进行座谈，双方就国际合作办公等达成继续合作意向。

【浙江中医药大学代表团访问以色列和阿联酋】 12月5日至12日，副校长郭清率浙江中医药大学代表团一行6人访问以色列和阿联酋。在以色列，代表团参访特拉维夫大学。特拉维夫大学布罗希姆校区校长奥弗·阿佩尔会见代表团一行，双方就学生互换交流、学历教育、中医专家医疗服务、科学研究及健康服务产业等合作进行探讨交流。在阿联酋，代表团一行参访“中国—阿联酋中医药中心”，并与该中心就中医合作项目进行深度会谈，双方就设立浙江中医药大学海外实习基地事宜达成初步合作意向。郭清还作了“中医‘治未病’思想的传承与现代应用”主题讲座。代表团一行还访问位于阿联酋首都阿布扎比的克利夫兰医学中心阿布扎比分院，并与该分院就医院的诊疗服务、管理模式、培训合作等进行探讨。

【比利时西弗兰德省代表团访问浙江中医药大学】 12月6日，副校长赵峰会见比利时西弗兰德省省长卡尔·德卡卢维率领的代表团一行，双方就相关交流合作事项达成共识。

（汪静娜）

表4　2017年浙江中医药大学与外国高校签订合作协议情况

签订时间	国别	合作院校名称	合作内容
2月	葡萄牙	葡萄牙传统医学学院	科研、教育、医疗合作
3月	日　本	日本早稻田大学	科研、教育合作
4月	英　国	英国卡迪夫大学城市大学	听力学教育、科研合作
4月	澳大利亚	澳大利亚西澳大学	学生交流
5月	泰　国	泰国东亚大学	学生交流
9月	菲律宾	菲律宾德拉萨健康科学学院	护理学科研、教育合作
10月	泰　国	泰国梅州大学	科研、教育合作
11月	罗马尼亚	罗马尼亚“Vasile Goldis”西方大学	科研、教育、医疗合作

浙江海洋大学

【概况】 2017年，浙江海洋大学派出教师赴美国、新加坡、韩国、俄罗斯、日本、汤加王国和中国香港等国家与地区进行访学、参加学术会议、学术交流、考察访问等35批55人次，其中出国(境)进行3个月以上访学教师6人、参加学术会议14人。接待来自俄罗斯、意大利、希腊、日本、英国、泰国、汤加王国、塞舌尔、美国、柬埔寨和中国香港、澳门等国家与地区的主要来访团组40批112人次，其中参加学术会议28人次、承担中外合作办学项目授课任务专家教授25人。聘请俄罗斯、美国、埃及、巴基斯坦、印度、日本、韩国的长期文教专家13人到校任教或进行科学研究。招收来自坦桑尼亚、柬埔寨、巴基斯坦、俄罗斯、哈萨克斯坦、吉尔吉斯斯坦、韩国、印度尼西亚、加拿大、瓦努阿图、马维拉、津巴布韦、卢旺达等国家的留学生157人，其中攻读学士、硕士学位58人，享受中国政府奖学金学生14人。招收1名香港学生在学校攻读学士学位。全年派出赴俄罗斯、韩国、日本、加拿大等国高校进行一学期及以上交流学习学生87人。学校与希腊、英国、荷兰、柬埔寨、韩国等国家大学院校及科研单位签署或更新协议5份。2017年，浙江海洋大学主办“第11届中国海洋文化论坛”“第二届海洋遥感与数字海洋国际论坛”“中日韩海洋环境能源国际教育论坛”和“第六届中国东海(国际)论坛”等国际学术会议四次。

【柬埔寨外交部总督察访问浙江海洋大学】 4月25日，柬埔寨外交部总督察维拉克率代表团一行4人访问浙江海洋大学。副校长张元龙与维拉克一行举行会谈。张元龙表示，中柬两国有着传统的友谊，维拉克总督察此次来访有助于推动浙江海洋大学与柬埔寨高等教育机构的合作和交流，为双方人才培养带来重要契机。维拉克表示，希望通过浙江海洋大学的专业力量和师资队伍，促进柬埔寨高级专业复合型人才培养，并邀请浙江海洋大学组团赴柬埔寨金边皇家大学等高校访问，开展教育合作。随后，维拉克一行参观了学校图书馆、海洋生物标本馆、教学楼，并体验校园文化生活。

【“国际化特色高校”建设工作推进会】 6月22日，浙江海洋大学召开“国际化特色高校”建设工作推进会。校党委书记刘宏明出席会议并讲话。刘宏明指出，教育国际化工作牵涉学校工作的许多方面，全校要统一部署，各单位主要领导要亲自抓，学院需成立以院长为负责人的组织机构，具体谋划、协力推进教育国际化工作，形成“目标引领、学校推动、学院主导、部门协同”合作协调机制。要加大学校政策保障，建立新的管理体制、设立奖惩机制。副校长张元龙主持会议并指出，学校教育国际化工作任重而道远，各部门、各学院要有教育国际化任务的紧迫感，要在教育国际化工作中协同合作、一鼓作气、直面难点、共同解决，开创学校教育国际化工作新局面。校教育国际化工作领导小组成员、各学院主要负责人、校国际交流合作处全体人员参加会议。

【首批中—俄合作办学项目学生赴俄罗斯学习】 8月26日，浙江海洋大学首批中—俄合作举办船舶与海洋工程专业本科教育项目20名学生抵达俄罗斯圣彼得堡，开启第四学年在圣彼得堡国立海洋技术大学的学习生涯。

浙江海洋大学中—俄合作办学项目于2014年秋季开始招生，已有四届共120名学生。中俄合作船舶与海洋工程专业已发展成为浙江海洋大学特色专业。学校成为华东地区第一个俄语等级考试考点。

【国际海岛旅游大会来宾考察浙江海洋大学】 9月23日，参加国际海岛旅游大会（舟山）的来宾——斯里兰卡驻沪总领事拉克士塔·诺特纳亚克、塞舌尔共和国海陆空交通旅游部首席秘书安妮·拉弗蒂娜和驻华大使馆二等秘书亚历克斯·亨德森、美国加州里士满市议员爱德华多·马丁内斯等到浙江海洋大学考察。校党委副书记吴中平陪同考察。来宾一行参观学校图书馆、校史馆，听取学校发展历史、校园文化等方面情况介绍，详细了解学校学科建设、科研成果转化、师资队伍和人才培养等方面情况。

【香港舟山同乡会会长率团考察浙江海洋大学】 10月29日，香港舟山同乡会会长杨咏曼率家乡行考察团一行29人，在舟山市委常委、统战部长王伟等陪同下考察浙江海洋大学新城校区。校党委副书记虞聪达和相关部门负责人陪同考察。考察团一行参观学校杨咏曼图书馆、校史馆和海洋渔具展示中心。

【首个教育部中欧学分生专项奖学金项目获批】 10月，教育部下发通知，浙江海洋大学申报的“浙江海洋大学与俄罗斯南乌拉尔国立大学本科生交流项目”获批教育部中欧学分生专项奖学金项目。该项目是浙江海洋大学继教育部中国政府奖学金生培养单位之后又一国家级来华留学生奖学金项目，将吸引更多俄罗斯优秀学生到浙江海洋大学学习深造。

浙江海洋大学与俄罗斯南乌拉尔国立大学于2012年10月签署合作协议。至2017年10月，俄方共派出360名学生到浙江海洋大学进行为期一学期或一学年的进修学习。学校为俄罗斯进修学生开设全英文授课，相关专业有：机电一体化、电气工程、中国区域研究、化学工程、建筑工程、语言学、经济学、商业计算机、海洋生物学等。教育部留学基金委于2017年秋季开始为该项目学生提供奖学金支持。

【中国西促会理事长到浙江海洋大学考察】 11月1日，全国政协委员、全国工商联原副主席、中国西促会（“中国西部研究与发展促进会”的简称）理事长程路一行12人到浙江海洋大学考察。程路一行首先走访慰问在校学习的柬埔寨留学生。程路说，中国和柬埔寨是最友好的国家之一，两国在国际事务、经济社会发展上互相帮助、共同进步。在“一带一路”、互联互通的大背景下，两国的联系将更加紧密。程路希望柬埔寨留学生们在最美好的青春学业里，在美丽的浙江海洋大学，在中国学好知识，为柬埔寨国家的繁荣作贡献。校党委书记刘宏明、副校长张元龙等陪同考察。随后双方进行会谈。刘宏明表示，浙江海洋大学与中国西促会的合作将推进学校与社会企业的对接，体现国际化办学新思路。中国西促会副理事长、诺信集团董事长杨玉斌表示，期待与浙江海洋大学在科技成果转化方面有更多合作，这也是响应国家战略的要求。

浙江海洋大学首届招收柬埔寨留学生20名，学制为“1＋4”，即第一年进行汉语强化，后四年进入本科学习。该届柬埔寨学生来华培养，源于浙江海洋大学、中国西促会及柬埔寨政府三方通力合作的结果。

【2017浙江海洋大学国际学生主持人大赛】 11月16日举行。来自俄罗斯、乌克兰、巴基斯坦、坦桑尼亚等国家的14名留学生参赛。俄罗斯留学生尤里的诗歌朗诵、乌克兰留学生妮可拉爱娃讲述的一个心灵救赎的故事、坦桑尼亚留学生多迪演绎的歌曲、柬埔寨留学生钟华平的才艺展现等，展示了浙江海洋大学国际学生的风采。经现场问答、评委综合评测，最终评出一、二、三等奖奖项。

【柬埔寨洪森亲王及夫人奖学金协会会长访问浙江海洋大学】

12月3日，柬埔寨洪森亲王及夫人奖学金协会会长洪马纳率代表团一行10人和全国政协委员、全国工商联原副主席、中国西促会理事长程路，中国西促会副理事长、诺信集团董事长杨玉斌等一行3人访问浙江海洋大学。校党委书记刘宏明、校长严小军和副校长张元龙分别会见代表团。介绍浙江海洋大学办学情况，就教学科研及国际合作交流、外事等方面向代表团提出进一步扩大合作的设想。并就与柬埔寨教育部门在人才培养、教师学术互访和科技平台构建、中柬人文交流等方面的合作进行交流。洪马纳表示，希望浙江海洋大学为柬埔寨留学生提供全方位学习保障及中国诺信集团提供奖学金资助能长期惠及今后来校学习的柬埔寨留学生。洪马纳指出，2018年是三方合作新的开始，也是新的机遇。愿三方能进一步开展多方位、多领域的可持续性合作。程路指出，中柬友谊弥足珍贵，在“一带一路”政策推动下，中国的发展将惠及周边国家。三方合作的柬埔寨留学生培养项目是“一带一路”教育领域合作中的重要组成部分。西促会将密切关注柬埔寨留学生的培养情况，全力支持三方合作项目的开展。经友好协商，浙江海洋大学与柬埔寨洪森亲王及夫人奖学金协会、中国诺信集团达成共识并签署合作协议。

随后，洪马纳一行慰问了首届在浙江海洋大学就读经济学本科专业的20名柬埔寨留学生，并合影留念。

【俄罗斯两个大学代表团访问浙江海洋大学】 12月7日至8日，俄罗斯圣彼得堡国立海洋技术大学校长格列布·图里钦一行5人、俄罗斯南乌拉尔国立大学副校长拉基奥诺夫·安德烈一行2人分别访问浙江海洋大学。校党委书记刘宏明分别会见彼得堡国立海洋技术大学代表团、南乌拉尔国立大学代表团。与彼得堡国立海洋技术大学代表团深入商讨联合创办实验室事宜，与南乌拉尔国立大学商讨双方继续深化本科交流生项目、巩固现有“4＋2”本硕一贯制项目，同时开展“2＋2”双学士项目和成立联合小组开展教学计划对接等工作。

【“美好年华，美丽海大”国际学生迎新晚会】 12月15日在浙江海洋大学举行。学校外籍教师专家，校国际交流合作处职工，中俄合作项目班学生及在校的全体国际学生参加迎新晚会。留学生们表演了歌曲、话剧、舞蹈、歌舞及由异国学生共同演绎的舟山非遗文化项目——跳蚤舞等多姿多彩的节目。

（钟伟良）

表5　2017年浙江海洋大学接待的部分来访团组情况

日　期	来访人员	来访内容
3月9日	希腊雅典技术教育学院院长迈克尔·布拉塔克斯一行	合作洽谈
3月27日	俄罗斯圣彼得堡海洋技术大学亚历山大博士	授课
6月19日	意大利比萨大学圣马丁·基娅拉博士	ERASMUS项目(授课)
9月12日	加拿大驻沪总领事馆副领事石凯群一行	访问
9月18日	汤加王国旅游部副执行总裁西奥内·马菲一行	访问
10月19日	英国曼切斯特大学城市大学钱岭博士	讲座
11月30日	英国思克莱德大学周培林教授	讲座

浙江农林大学

【概况】 2017年，浙江农林大学派出因公出访团组3批，师生因公出国(境)215人次。全年接待国(境)外来访客人150余人次。全年举办国(境)外院校合作项目洽谈会20余场，新签项目协议11个。派出214名学生参加本科生和研究生学分互认、交换生及短期海外游学等一个月以上项目，与美国加州大学戴维斯分校本科生出国交流项目第四次获国家留学基金委立项资助，与加拿大不列颠哥伦比亚大学合作开展的中外合作办学项目实施进入第四年，与芬兰赫尔辛基大学开展全面合作。聘请30余名长期驻校任教的外国教师和专家服务学校教学和科研工作。招收来自美国、加拿大、德国、芬兰、瑞士、塞尔维亚和乌克兰等国的留学生1240人次到浙江农林大学攻读学位、进修汉语和短期游学。国家级汉语推广平台“汉语国际推广茶文化传播基地”全力推进实施基地建设战略，并赴海外多地开展茶文化传播活动，积极拓展基地业务，提升国际影响力。孔子学院工作再创佳绩，通过主办“一带一路”中国与塞尔维亚合作展望国际论坛、协办“16＋1”第五届中国—中东欧国家教育政策对话和第四届高等教育联盟会议等拓展孔子学院知名度。加入“一带一路”农林教育科技创新联盟，推动联盟成员间在人才培养、科学研究、技术推广、人文交流、政策研究等方面的密切合作，通过搭建合作平台、创新合作机制、加强资源共享，共同促进沿线国家与地区农业教育科技的进步与发展，更好服务于国家农业“走出去”战略。

【芬兰赫尔辛基大学代表团访问浙江农林大学】 3月19日至22日，芬兰赫尔辛基大学农林学院院长玛科塔一行访问浙江农林大学。双方就两校合作培养硕士研究生和博士研究生、师资培养、共建联合实验室、本科生交流、科研合作等进行讨论交流并达成一致意见，同意开展实施相关项目并正式签署两校合作备忘录，积极推进两校间全方位合作。

【加拿大阿尔伯塔大学代表团访问浙江农林大学】 3月26日至28日，加拿大阿尔伯塔大学农业、生命与环境科学学院副院长阿丹莫维茨一行访问浙江农林大学。双方就合作申报国家留学基金委项目、加拿大学生来华学习项目、本硕学分互认项目、暑期项目、本科生交流、科研合作等达成一致意见。

【浙江农林大学代表团访问克罗地亚和塞尔维亚】 5月22日至28日，副校长金佩华率浙江农林大学代表团一行访问克罗地亚和塞尔维亚。访问期间，代表团与克罗地亚萨格勒布大学、扎达尔大学，塞尔维亚诺维萨德大学、约翰·奈斯比特大学及驻塞尔维亚华人商会进行会谈，分别就农业科技、动物基因、茶文化传播、师生交流互换等方面洽商合作意向。学校汉语国际推广茶文化传播基地与克罗地亚萨格勒布大学孔子学院商定合作共建华茶驿站，由浙江农林大学提供智力支持，向克罗地亚民众开展茶文化传播。

【茶文化纪录片获艾美电视大奖】 6月11日，由汉语国际推广茶文化传播基地与浙江农林大学参与录制并提供学术支持、美国肯尼索州立大学孔子学院与美国佐治亚州公共电视台联合制作的电视纪录片《中国茶：东方神药》获第69届美国艾美电视大奖，这是中美两国茶人联手冲泡的一杯东方香茗，该片获得的六项大奖是：最佳灯光奖、最佳剧本奖、最佳剪辑奖、最佳摄影摄像奖、最佳导演奖、最佳纪录片题材奖。

【浙江农林大学代表团访问匈牙利和意大利】 8月20日至27日，校党委书记周国模率浙江农林大学代表团一行访问匈牙利和意大利。在匈牙利，代表团访问塞格德大学孔子学院和圣伊斯特万大学风景园林学院，双方进一步商谈了校际合作事宜。在意大利，代表团访问国际粮农组织和国际农业磋商组织，探讨在农林碳汇、农业食品等方面的科研合作事宜。访问佩鲁贾大学、博洛尼亚大学和尤尔姆大学，分别就交换学生、研究生培养和教师学术交流等方面合作进行交流。

【浙江农林大学非洲农林研究院为喀麦隆共和国规划设计国家竹产业发展项目】 8月份，应联合国粮农组织、国际竹藤组织、喀麦隆林业和野生动物部邀请，浙江农林大学非洲农林研究院为喀麦隆规划设计了国家竹产业发展项目。喀麦隆环境保护部部长对专家组的工作给予高度关注和支持，对工作结果给予充分肯定。联合国粮农组织驻喀麦隆首席代表对专家组的专业水平和研究成果给予高度评价，并建议浙江农林大学非洲农林研究院继续为中非和非洲其他国家开展类似相关的研究，以提高中非地区竹产业发展整体水平，推进整个西部和中部非洲竹产业整体发展。

【国际农业研究磋商组织代表访问浙江农林大学】 9月6日，国际农业研究磋商组织代表西蒙研究员访问浙江农林大学。双方就联合申请项目、项目实施合作、出版物合作、大数据合作、特定领域研究合作（如红薯、食品安全等）及科研人员相互合作六大方面达成初步共识。西蒙表示，将充分发挥浙江农林大学在相关领域的科研优势，竭尽所能促成浙江农林大学与国际农业研究磋商组织的合作，以促进全球特别是发展中国家的农业可持续性发展。

【2017年“粮食安全与现代农业国际培训班”】 9月17日在浙江临安举行开班仪式。由商务部资助，农业部对外经济合作中心主办，浙江农林大学非洲农林研究院承办。浙江农林大学副校长金佩华，农业部外经中心培训项目负责人宋援丰，校国际处、国际教育学院负责人等出席开班仪式。来自南非、博茨瓦纳、肯尼亚、摩洛哥、阿曼、乌干达、蒙古、巴拿马等8个国家的农业相关部委政府官员和技术人员22人参加为期10天的培训。本次培训以农林大学为培训基地，在浙江进行关于粮食安全与水稻产业发展、农业推广和农业现代化合作化课程学习及考察。

【塞尔维亚伏伊伏丁那省副省长访问浙江农林大学】 9月29日，校长应义斌、副校长金佩华会见塞尔维亚伏伊伏丁那省副省长伊万·约克维奇率领的省政府及华人社团代表团一行。双方希望在已有基础上，积极增进教师及学生间的交流，不断深化中塞双方密切合作，促进共同发展。

【浙江农林大学代表团访问芬兰和波兰】 10月6日至15日，浙江农林大学代表团一行访问芬兰和波兰。代表团与芬兰赫尔辛基大学，波兰科学院、卢布林工业大学就硕士项目合作、暑期班、联合实验中心、教师科研合作、博士生联合培养、科学研究等合作进行交流洽谈。

【乌克兰苏梅国立农业大学、中乌生命科学院代表团访问浙江农林大学】 10月24日，乌克兰苏梅国立农业大学校长拉久卡·弗拉基米尔、中乌生命科学研究院院长谢尔盖·迈尔尼切克率代表团一行访问浙江农林大学。双方就合作培养、互派交换生、合作开展科学研究等进行探讨交流。暨阳学院与乌克兰苏梅国立农业大学、中乌生命科学研究院共同签订浙江农林大学暨阳学院、乌克兰苏梅国立农业大学、中乌生命科学研究院三方合作备忘录，在教育、科技、文化等领域开展交流与合作。

【联合国开发计划署“东帝汶民主共和国中央政府高级官员竹产业发展研修班”】 10月29日至11月3日在浙江农林大学举行。由联合国开发计划署组织和资助，浙江农林大学非洲农林研究院举办。副校长金佩华，校国际处、国际教育学院负责人出席开班仪式。来自东帝汶民主共和国国务院、国家统一部、国家农业部、国家林业局等10位司局长参加研修班。本次研修班以浙江农林大学为基地，进行理论和现场培训，学员们还考察临安与安吉的竹子加工厂和企业。浙江农林大学竹子专家为东帝汶国家竹业发展项目提出建议，并开展业务合作与交流。

【出席波恩联合国气候变化大会】

11月8日，浙江农林大学党委书记周国模应联合国气候变化大会秘书处邀请，出席联合国气候变化大会并作《毛竹在缓解气候变化、绿色发展和可持续社区上的系统性思考》报告。

【沃尔玛食品安全专家代表团访问浙江农林大学】 11月15日，校长应义斌会见沃尔玛食品安全协作中心主任严志农、沃尔玛公司国际事务部主任威尔·瓦特、美国阿肯色大学爱德华·波尔教授等食品安全专家代表团一行。应义斌介绍学校发展历程、师资队伍、人才培养、科学研究与国际合作等基本情况及近几年取得的发展成绩。校动物科技学院负责人介绍动物科技学院、动物健康检测中心发展历史、学科建设、科学研究和国际合作等概况。双方就今后开展相关领域合作进行交流。

【参加第12届孔子学院大会】

12月12日至13日，副校长沈希参加在西安召开的第12届全球孔子学院大会。校国际合作与交流处负责人、汉语国际推广茶文化传播基地代表列席大会。与会期间，沈希与南斯拉夫诺维萨德大学校长杜赞进行会谈，就如何加强两校共建的诺维萨德大学孔子学院建设、深化两校科研合作、加强两校师生交流等进行讨论，并达成一系列合作意向。

（杨红荣）

温州医科大学

【概况】 2017年，温州医科大学根据国家《关于做好新时期教育对外开放工作的若干意见》与推进“双一流”建设和“一带一路”教育行动计划要求，在浙江省高等教育强省战略规划、省重点建设高校和一流学科建设政策指导下，结合自身国际化“十三五”专项规划，扎实推进学校国际化工作。国际化指标位居浙江省硕博授权高校总体排名第三，2个中外合作办学项目被列为浙江省中外合作办学示范项目。

2017年，接待国(境)外友人和团组来访561人次，其中国家级领导人2人、高校校长16人、外国驻华大使与总(副)领事11人。全年新增12个国(境)外合作院校和机构，与俄罗斯、印度和中国澳门等国家和地区高校首次建立战略合作关系。学校与28个国家和地区的124所高校、教育科研机构建立了良好的交流合作关系，其中近20所高校为世界百强名校。与澳大利亚西澳大学推进全科医学合作，与加拿大麦吉尔大学、中国香港地区的香港大学开展科研合作与师生交流。与泰国、印度、俄罗斯高校在临床医学、护理学等专业领域开展深度合作。2017年学校加入中国—东盟教育培训联盟和“一带一路”高校联盟及联合国“学术影响力”项目。全年派出教师出国(境)访学、交流、参加国际会议和科研合作团组260批501人次，学生出国(境)交流学习902人次。新增校级交流学习项目14项。学校有国家公派留学、学位留学、交换学习、临床实习、文化交流、暑期课程和科研合作等项目75项，涵盖专科、本科、硕士和博士层面。全年举办14次国际及双边学术会议。在校留学生人数1315人，其中学历生1131人，分别来自73个国家和地区，涵盖临床医学、口腔医学、药学、影像学和护理学等学科。学校为中国教育国际交流协会国际医学教育分会理事单位。

【温州医科大学代表团访问澳大利亚】 2月2日至8日，校长吕帆率温州医科大学代表团访问澳大利亚西澳大学、莫纳什大学、昆士兰大学、昆士兰科技大学及附属科研医疗机构，分别就全科医学合作、联合培养博士、学者互访、学生交换和科研合作等与相关学校签署合作协议。

【奥地利联邦商会外贸委员会副主席和奥地利驻沪总领事访问温州医科大学】 2月26日，奥地利联邦商会外贸委员会副主席、格拉茨老年病健康中心驻华首席代表陈万杰、奥地利驻沪总领事施丽伟在温州市外侨办对外交流处负责人陪同下访问温州医科大学。副校长金胜威与陈万杰一行座谈，商讨在老年护理和健康事业领域双方开展合作事宜。

【第九届泰国东方大学孔子学院理事会】 2月27日至3月2日在温州医科大学召开。泰方理事会代表团、温州医科大学理事会代表团和温州大学理事会代表团共同出席会议。会议听取并审议2016年度工作报告和财务报告，确定新一届中方理事会成员。

【波兰卢布林医科大学代表团访问温州医科大学】 3月3日至5日，波兰卢布林医科大学代表团访问温州医科大学，与温州医科大学签订“华佗项目”合作协议。波兰参议院副参议长兼议会波中议员小组主席格热戈什·柴莱伊，温州市人大常委会主任葛益平、副主任王小同，温州市副市长郑朝阳等出席签约仪式。“华佗项目”是中波第一个医学教育合作项目，中国第一个临床医学专业境外办学项目。已有来自德国、波兰等国家的6名留学生在校就读。

【温州医科大学东南亚校友会成立】 4月24日，温州医科大学东南亚校友会在泰国东方大学孔子学院成立。这是继温州医科大学北美校友会之后成立的又一个海外校友会。中国驻泰国大使馆教育组一等秘书处长周高宇，温州医科大学党委委员、统战部长张华杰，泰国东方大学副校长多姆斯特瓦特和查维特·莎娜帕莎出席大会并致辞，180多位校友代表参加成立大会。

【2017年全科医学教育与基层医疗服务发展国际论坛】 5月3日在温州举行。来自国内外全科医学领域的知名专家和国内社区卫生服务机构管理者及全科医生等近300人参加论坛。论坛围绕“国际全科医学体系建设及医学教育”“社区精神医疗与康复”“全科诊疗与互联网+”“全科的急危重症处理”“全科医学人才定向培养研讨”等主题，举办了21场专题报告和3场“全科师资培训工作坊”。论坛上，还举行社区实践基地授牌仪式，浙江省内57家社区卫生中心成为社区实践基地，与定向培养用人单位协同完成五年不断线专业实践活动。

【温州医科大学校长登上联合国讲台】 5月5日，温州医科大学校长吕帆在联合国总部作专题报告，介绍中国医疗和医学教育。这是温州医科大学加入联合国“学术影响力”项目后在国际舞台“首秀”。联合国“学术影响力”项目是联合国发起的一项全球倡议，旨在通过联合国与各国高等教育机构的合作，宣传国际公认的“十项基本原则”，涉及文化、教育、平等、环境、可持续发展、全球合作发展和解决争端等领域，以倡导和平、合作、发展的理念。2017年3月，温州医科大学正式加入联合国“学术影响力”项目。

【温州医科大学代表团访问英国】 5月21日至25日，校党委书记仇毅率温州医科大学代表团访问英国利物浦大学、布莱顿大学、伯明翰大学与白金汉大学，并与利物浦大学和布莱顿大学签署校级合作备忘录，双方将在科研合作、师资及学生交流、学术交流等领域进行全面深入的合作。

【韩国国立全南大学校长访问温州医科大学】 5月24日，韩国国立全南大学校长丁炳硕一行访问温州医科大学，双方围绕两校合作展开深入交流，就继续努力推进人才、学术、科研和临床等领域合作达成共识。2014年11月，温州医科大学与全南大学签订合作备忘录，两校已开展联合博士培养，并将在师资交流和培训等领域开展进一步合作。

【温州医科大学研究生获批2017年国家留学基金委全额资助项目】 6月16日，国家留学基金委公布2017年国家建设高水平大学公派研究生项目录取结果，温州医科大学第二临床医学院麻醉学硕士研究生胡骢获得公派攻读英国帝国理工学院博士学位资格，并获得全额奖学金资助(全国仅15人)。

【印度辨喜瑜伽大学代表团访问温州医科大学】 6月18日至19日，印度辨喜瑜伽大学中国区总监、负责人米大伟率代表团访问温州医科大学。双方就开展针灸、阿育吠陀理疗等课程和师生交流、学术合作等签署合作协议。

【美国托马斯大学代表团访问温州医科大学】 6月21日，美国托马斯大学校长詹姆斯·谢普德、美国托马斯大学中国总校区校长黄天中一行访问温州医科大学。两校签署合作举办护理本科留学生项目补充协议，决定在2017—2027年项目合作期间招收“一带一路”沿线国家和地区学生，积极利用中美两国优质教育资源，培养从事临床护理、护理教育、护理管理和护理科研工作具有医学科学技术和管理能力的国际护理专门人才。

【香港保良局中学生浙江高校升

学交流团访问温州医科大学】 7月1日，副校长曹建明会见香港保良局中学生浙江高校升学交流团一行，介绍温州医科大学人才培养、招生就业和本科生创新创业等情况。双方就香港师生关心的港生录取条件、招生专业、香港学生就读情况及香港学生未来就业等进行交流。

【"当代白求恩行动2017青海光明行"】 7月9日在青海大学附属医院眼视光中心启动。由加拿大著名眼科专家陈展强教授领衔，温州医科大学附属眼视光医院联手青海大学附属医院眼科专家，通过下乡义诊、手术示范、技术指导、学术讲座等方式开展为期5天的医疗帮扶活动。

【温州医科大学学子获新加坡国际合唱节银奖】 7月15日，第四届新加坡国际合唱节在新加坡举行，温州医科大学大学生合唱团获大赛银奖。

【"中国阿尔伯特·史怀哲老年医学和老年护理(浙江)技能中心"落户温州医科大学】 8月16日，由温州市外侨办、温州市民政局和温州医科大学联合举办的"'一带一路'经济文化精英走进温州奥地利专场——2017中奥(温州)健康养老合作对话会"在温州举行。温州医科大学与奥地利格拉茨老年病健康中心、奥地利格拉茨大学孔子学院和温州市民政局签订四方合作备忘录，联合建立"中国阿尔伯特·史怀哲老年医学和老年护理(浙江)技能中心"并落户温州医科大学。

【布隆迪参议长访问温州医科大学】 9月7日，布隆迪参议长恩迪库里约率代表团一行7人，在温州市政协主席余梅生等陪同下访问温州医科大学。校长吕帆、副校长曹建明与恩迪库里约一行进行合作会谈。双方商定，温州医科大学首批招收9名中国政府奖学金、温州医科大学特别奖学金布隆迪学生到温州医科大学学习临床医学和眼科学，帮助促进布隆迪医疗卫生事业发展。

【温州医科大学代表团访问波兰和奥地利】 9月25日至10月2日，校党委委员、纪委书记吕海鹏率温州医科大学代表团访问波兰华沙医科大学、卢布林医科大学，奥地利格拉茨医科大学、格拉茨老年病健康中心、奥地利格拉茨大学孔子学院及相关附属科研医疗机构，并分别与相关各方达成联合培养硕博士、学者互访、师资培训、学生交换和科研合作等项目合作意向。

【英国布莱顿大学代表团访问温州医科大学】 9月26日，校长吕帆、副校长金胜威会见英国布莱顿大学校长黛布拉·珍·亨弗里斯一行。双方就开展联合博士学院、药学中外合作办学项目、师资培训、学生交流和科研合作等进行交流并达成意向。

【美国奥罗尔罗伯茨大学代表团访问温州医科大学】 10月17日，副校长曹建明会见美国奥罗尔罗伯茨大学副校长凯瑟琳·马丁内兹一行。双方就学术研究、师资互访、学生交流、临床教学等进行交流并签订合作备忘录。

【2017东亚国际口腔修复会议】 10月19日至21日在温州举行。由中华口腔医学会口腔修复专业委员会主办，温州医科大学口腔医学院·附属口腔医院承办。会议举行17场专题报告，来自中国、日本、韩国等国家的300多位口腔医学界专家带来各自研究领域的新技术、新思路、新方法，围绕粘接材料新进展、口腔美学修复前沿、数字化在口腔修复领域的应用、修复导向下的种植创新等主题，探讨交流口腔修复的未来之路。

【2017世界温州人微笑联盟唇腭裂医疗公益活动(温州站)】 11月6日在温州医科大学附属口腔医院瓯海分院正式启动。温州市委常委、统战部长施艾珠，世界温州人微笑联盟会长何纪豪，美国微笑联盟基金会副会长黄球纶，温州医科大学校长吕帆和校党委委员、统战部长张华杰出席仪式。仪式由世界温州人微笑联盟执行会长陈肖鸣主持。本次公益救助

活动为期13天，温州医科大学附属口腔医院与附属第二医院、瓯海区第三人民医院、四川大学华西口腔医院的医护人员和美国微笑联盟的13位外籍医疗专家，为来自四川、湖南、福建、云南等地110名唇腭裂患儿进行术前筛查、手术修复及术后康复等系列医疗服务。

【温州医科大学入围US News2018世界大学排行榜】 11月8日，《美国新闻和世界报道》(US News)发布2018世界大学排名，全球共有74个国家与地区的1250所知名大学入围，温州医科大学首次进入榜单，综合排名位列全球第1196名，位列亚洲地区第335名，位列国内高校第116名。

【澳大利亚莫纳什大学代表团访问温州医科大学】 11月9日，澳大利亚莫纳什大学生物医学研究所所长约翰·卡罗尔，生物化学和分子生物学系主任、生物医学研究所癌症项目负责人罗杰·戴利和生物医学研究中心微生物学与感染病学研究员瞿跃博士一行访问温州医科大学，与温州医科大学探讨共建中澳生物医学研究中心事宜。

【韩国朝鲜大学校长访问温州医科大学】 11月14日，韩国朝鲜大学校长姜东完一行访问温州医科大学。两校就开展学生培养、学术交流和科学研究等方面合作进行交流探讨，并签订校际合作备忘录。

【领导力发展会议】 11月16日至17日，中国眼视光教育发展战略计划在美国纽约召开“领导力发展会议”。会议由温州医科大学和美国纽约州立大学视光学院牵头发起，温州医科大学附属眼视光学院院长、中国眼视光高等教育协作组组长、中华医学会眼视光学组组长瞿佳和美国纽约州立大学视光学院院长大卫·黑斯作为该计划联合主席主持会议并发言。北京大学、南京医科大学、中国医科大学、天津医科大学等中国国内知名大学的20位眼视光领域专家与美国纽约州立大学视光学院、新英格兰视光学院、太平洋大学视光学院、加拿大滑铁卢大学视光学院的专家参加会议。

本次“领导力发展会议”是各成员高校眼视光学科、专业负责人学习借鉴美国视光学发展经验，深度讨论、分析中国视觉健康专业和事业的特色发展之路。

【香港大学副校长访问温州医科大学】 11月25日，香港大学副校长高为元，香港中联办教育科技部处长陈恒来访问温州医科大学。校长吕帆、副校长曹建明出席合作会谈，校港澳台办、研究生院、科学技术处、药学院和口腔医学院等相关负责人参加。两校在临床医学、眼视光医学、口腔医学和药学等学科合作基础上，深化科学研究、科研转化和医疗管理等领域合作。

【与澳门科技大学签署合作协议】 11月25日，首届温港澳高等教育论坛在温州举行，副校长曹建明代表温州医科大学与澳门科技大学签署合作协议。这是温州医科大学与澳门地区高等教育首次牵手合作。温州市人民政府副市长郑朝阳等见证签署仪式。

(夏　露)

浙江传媒学院

【概况】 2017年，浙江传媒学院与国(境)外合作院校开展交流与合作项目58项。派出长短期交流生299人，占全校学生总数的2.2%。新增留学生学历生较上年增长25%。2017年，派遣教职工出国(境)考察、交流、培训、访学或参加国际会议49批83人次。学校聘请外籍专家、教师45人次。进一步推进欧盟“伊拉斯莫计划”项目和国家留学基金委优秀本科生项目，在泰国、希腊、美国新建3家海外实习基地，与英国博尔顿大学合作举办视觉传播专业硕士学位项目并正式招收第一批19名学生。

【优秀本科生国际交流项目获国家留学基金委资助】 3月1日，学校申报的3个优秀本科生国际交流项目均获国家留学基金委批准。获批的3个项目分别是美国海波特大学、韩国中央大学及英国利物浦约翰莫尔斯大学优秀本科生交流项目。

【普瑞福克斯电影制作公司高级副总裁受聘为浙江传媒学院客座教授】 4月27日，浙江传媒学院举行仪式，校长项仲平为国际影视制作业界资深专家、普瑞福克斯影视制作公司高级副总裁肖恩·费尼颁发浙江传媒学院客座教授聘书。聘任仪式结束后，肖恩·费尼与浙江传媒学院师生开展“我与大师面对面”交流讲座活动。

【澳大利亚科廷大学副校长访问浙江传媒学院】 5月9日，校长项仲平会见澳大利亚科廷大学副校长赛斯·库宁。双方回顾了近年来两校间交流与合作的成就，并期望能够利用现代化手段，进一步加深、扩展两校间合作。两校已开展博士生、网络课程、交换生等项目合作。

【索尼中国专业系统集团总裁访问浙江传媒学院】 6月27日，校长项仲平、副校长姚争会见索尼中国专业系统集团总裁井手司治和索尼影像技术学院院长国以钧一行。会见后，浙江传媒学院与索尼(中国)有限公司签署战略合作协议。

【浙江传媒学院代表团访问泰国和印度】 7月4日至11日，副校长张梁率浙江传媒学院代表团一行访问泰国和印度。在泰国，代表团访问曼谷北部大学、正大管理学院和“丝绸之路”中文电视台，与泰国曼谷北部大学就未来合作达成共识，并签署合作备忘录。在印度，代表团访问国际电影学院并参观宝莱坞片场。

【阿联酋沙迦美国大学首席执行官访问浙江传媒学院】 7月5日，校党委书记杨立平、副校长杨荣耀会见阿联酋沙迦美国大学CEO侯赛因一行。双方就中阿创新中心及中阿国际动画学院合作框架展开讨论，希望在中国“一带一路”倡议和中阿两国紧密联系背景下，加强交流、推动合作，提升两校办学层次和学校国际化水平。

【浙江传媒学院—英国博尔顿大学视觉传媒硕士项目】 9月22日在浙江传媒学院举行开学典礼。校党委书记杨立平和副校长詹成大、杨荣耀，英国博尔顿大学海外事务主管朱利安·科尔曼参加典礼。该项目第一批已正式招收学生19名。

【浙江传媒学院代表团访问英国

和意大利高校】 10月11日至18日，副校长姚争率浙江传媒学院代表团一行访问英国考文垂大学、英国爱丁堡大学，意大利佛罗伦萨大学和米兰圣心天主教大学。在英国，代表团与考文垂大学重点就推进两校合作举办服装与服饰设计专业本科教育项目及在此基础上拓展合作进行深入交流。在意大利，代表团与米兰天主教圣心大学进行协商，双方同意将已到期的合作协议自动延期，并希望进一步拓展与深化双方间的合作。

【浙江传媒学院代表团访问坦桑尼亚和南非高校】 11月23日至12月1日，校党委副书记汤兆率浙江传媒学院代表团一行访问坦桑尼亚桑给巴尔国立大学、坦桑尼亚桑给巴尔教育部，南非金山大学、南非AFDA电影学院和南非斯坦陵布什大学。访问期间，浙江传媒学院与桑给巴尔国立大学签订两校战略协作备忘录。

【意大利全国艺术家协会主席访问浙江传媒学院】 12月1日，校党委书记杨立平和副校长张梁会见意大利全国艺术家协会主席加布里尼·阿托贝利一行。双方围绕艺术创作、文化创意、电影制作等进行经验分享和意见交流，促进双方的合作联盟，共同培养出更多符合时代需求和社会需要的传媒人。

（张文婧）

浙江外国语学院

【概况】 2017年,浙江外国语学院接待国(境)外来访团组13批110人次,派出教职工出国(境)访问或进修培训团组26批59人次,派出学生出国(境)交流学习团组55批395人次。学校聘有长期外国文教专家32人,分别来自美国、巴西、德国、西班牙、葡萄牙、意大利、俄罗斯、法国、韩国、日本、埃及、塔吉克斯坦等国家,并成立外国文教专家联谊会。全年招收25个国家的113名国际学生,新增乌兹别克斯坦、土库曼斯坦、也门、赞比亚、尼日利亚等生源国。其中学历生21人,就读于中文学院、国际商学院及英文学院。非学历生81人,含交换生学生43人,就读于国际学院汉语语言项目、酒店实习项目及英文学院在华经商项目。2017年,2名学生获浙江省政府来华留学生奖学金(B类)、5名学生获浙江省政府来华留学生奖学金(C类)。继续组织留学生参与学校附属小学金成外国语小学国际文化节、举办国家文化月系列活动,并首次举行了"多国文化节"。接待加拿大魁北克中学生代表团、美国红丝情愫学生团及汉语桥法国中学生代表团等3批近百人。全年共启动69项出国项目,其中包括受国家留学基金委资助的墨西哥政府互换奖学金、哥伦比亚政府互换奖学金、俄罗斯政府互换奖学金项目及2项优秀本科生项目,新增新西兰暑期带薪实习、日本带薪实习等4项实习实践项目。全年有383名学生参与55个学生出国项目,留学范围分布全球20多个国家,出国学生人数较去年同期增长60%。其中语言类学生294人、非语言类专业学生101人,参与实习实践类项目学生增至62人,占比15.7%。

2017年,学校与法国布雷斯特商学院,德国奥斯纳布吕克大学,美国加州州立大学圣贝纳迪诺分校,韩国启明大学、国立忠北大学、祥明大学,摩洛哥哈桑二世大学,日本二松学舍,斯洛伐克圣西尔大学,中国澳门大学,加拿大魁北克浙江友好交流协会等近20所高校和机构签署合作备忘录或交流合作协议,着重与合作院校开展互免学费的交换型学生项目。积极拓展海外实习实践项目,与加拿大魁北克安图恩·蒙苏中学开展教育实践活动和美国ACTM游学项目。深化与合作伙伴关系,共同推动双学位项目发展,与墨西哥科利马大学正式签署"旅游管理"与"国际工商管理"双学位项目协议,与韩国釜山外国语大学、启明大学签署双学位项目协议。学校与西班牙萨拉戈萨大学合作举办西班牙语专业本科教育项目正式获批,是浙江省唯一获批的第一个西班牙语专业中外合作办学项目,也是国内第一个西班牙语专业(旅游管理方向)中外合作办学特色项目。

【加拿大魁北克代表团访问浙江外国语学院】 2月28日,加拿大魁北克代表团一行32人访问浙江外国语学院。校领导与代表团一行进行合作洽谈,并达成共识。随后,浙江外国语学院与魁北克—浙江友好协会签署合作备忘录。

【摩洛哥哈桑二世大学代表团访问浙江外国语学院】 3月10日,校长洪岗会见摩洛哥哈桑二世大学副校长哈利迪率领的代表团一行10人,双方签署了校际合作备忘录。

【韩国国学资料院出版社社长访问浙江外国语学院】 3月29

日，副校长曹仁清接待韩国国学资料院出版社社长郑赞溶一行，双方就相关事项进行交流洽谈。

【秘鲁应用科技大学副校长访问浙江外国语学院】 4月24日，校长洪岗会见秘鲁应用科技大学副校长米拉格一行。双方就如何通过校际合作加深中拉教育交流、培养国际化应用人才进行交流与合作洽谈。

【校领导赴沪拜访德国驻沪总领事馆】 5月13日，校长洪岗在德国驻沪总领事馆与德国汉斯·赛德尔基金会主席乌苏拉·曼勒、德国驻沪总领事彼得·罗腾会谈。洪岗介绍浙江外国语学院与德国汉斯·赛德尔基金会近30年的合作成果和目前在高校、可持续发展教育、西部辐射等重点工作合作情况，并向德国客人发出参加2018年中德合作30周年庆典的邀约。

【日本二松学舍大学副校长访问浙江外国语学院】 5月23日，校长洪岗会见日本二松学舍大学副校长高野一行。双方就如何推进日语专业建设和扩大校际交流合作进行洽谈。随后，浙江外国语学院与日本二松学舍大学签署校际交流合作协议。

【浙江外国语学院代表团访问西班牙和意大利】 6月11日至18日，副校长张环宙率代表团一行访问西班牙和意大利。访问期间，代表团与西班牙卡斯蒂亚拉曼查大学副校长法蒂玛就交换生项目、本科升硕士项目和2+2双学位项目进行深入商谈，并签署校际交流合作协议。与萨拉戈萨大学探讨其他合作形式的可能性，包括相互开放实习实践类项目、本科升硕士项目等。校国际处、艺术学院和西语学院相关负责人陪同访问。

【西班牙ESIC商学院代表团访问浙江外国语学院】 7月3日，副校长张环宙会见西班牙ESIC商学院（经济管理与营销高等学院）代表团一行。双方立足自身国际化发展需求，依托现有国际化项目，就两校开展国际化发展模式进行交流。就开展学生出国（境）交流项目深入交换意见，并达成初步共识。

【浙江外国语学院代表团访问日本和韩国高校】 9月24日至10月1日，副校长曹仁清率代表团一行访问日本平安女学院大学、日本二松学舍大学，韩国釜山外国语大学、韩国启明大学、韩国诚信女子大学和韩国国立忠北大学。推进与上述学校在教师互派、学生代表团互访、城市国际化研究等方面的新一轮校际交流，并就拓展校际之间学术交流与科研合作等进行探讨。与多所高校签署了合作协议。访问期间，代表团还看望正在各校留学的浙江外国语学院学生，鼓励学生们积极拓展视野，抓住机会进一步提高外语专业水平和综合素质，为未来打下扎实基础。校东语学院相关人员陪同访问。

【浙江外国语学院代表团访问墨西哥和秘鲁】 10月8日至16日，校党委书记宣勇率代表团一行访问墨西哥和秘鲁。在墨西哥，宣勇与科利马大学校长费尔南多斯·纳法共同签署旅游管理、国际商务专业双学位合作协议，代表团看望正在该校交流的8名浙江外国语学院师生。宣勇还会见中国驻墨西哥大使馆临时代办林棘和墨西哥学院亚非研究中心主任加西亚等。在秘鲁，代表团访问秘鲁应用科技大学、中国驻秘鲁大使馆和秘鲁外交部驻库斯科办事处，与圣安东尼奥阿巴德国立大学、安迪那大学代表进行交流。校人事处、科研处、国际处与国际商学院负责人陪同访问。

【美国美亚学会第113批美国国会议员助手团访问浙江外国语学院】 10月19日，校长洪岗会见美国美亚学会第113批美国国会议员助手团一行。省外侨办、外交学会和浙江外国语学院国际处等相关人员陪同会见。

【汉字教学国际研讨会】 10月21日在杭州举行。由浙江外国语学院举办。副校长张环宙出席会议并致辞。由诺玛·玛格丽特·奈尔教授领衔的南非大学教育学院专家团队，世界汉语教学学会副会长、法国荣誉国民教育汉语总督学乔尔·白乐桑等汉语教学领域专家出席会议。

【哥伦比亚塞斯大学校长访问浙江外国语学院】 11月13日，校长洪岗会见哥伦比亚塞斯大学校长赫尔海·朱利安·奥索里奥·戈麦斯一行。双方进行交流洽谈并签署《合作谅解备忘录》。

【国际文化节波兰文化周】 11月14日在浙江外国语学院拉开帷幕。校长洪岗出席并致辞。波兰驻沪总领事诺沃特尼亚克、副总领事安娜·罗姆希茨卡和副校长曹仁清出席开幕式。随后，曹仁清会见安娜·罗姆希茨卡一行，就浙江外国语学院波兰语专业申办及建设事宜进行会谈。开幕式后，波兰驻沪总领事馆文化教育事务官员倪雅晨率与会嘉宾参观波兰语言展和建筑展。本次波兰文化周历时10天，通过举办语言展、建筑展、旅游宣传片、语言文化讲座、电影展播等活动，多维度、多层面展示波兰的国情与文化。

【中阿经贸合作研究国际学术会议】 11月17日在浙江外国语学院召开。由浙江外国语学院主办、校阿拉伯研究中心承办。开幕式上，省教育厅副厅长陈根芳、省社科联副主席邵清和校党委书记宣勇分别致辞。副校长张环宙主持开幕式。来自中国、埃及、巴勒斯坦和叙利亚的30余名专家、学者、外交官参加会议，围绕“一带一路”倡议下中国同阿拉伯国家经贸合作现状与未来进行交流、共商学术。

【中德“环境教育”国际科研合作项目三周年庆典仪式】 11月17日在杭州长江实验小学举行。浙江外国语学院校长洪岗和德国汉斯·赛德尔基金会驻沪长期专家邵贝德博士、项目主管雷诺等德国专家出席仪式。

【浙江外国语学院德国研究中心揭牌仪式】 11月18日在浙江外国语学院举行。上海外国语大学党委书记姜锋、北京外国语大学副校长贾文键、北京歌德学院副院长德史凯、德国汉斯.赛德尔基金会长期专家邵贝德博士、省社科联副主席邵清等出席仪式。

【浙江外国语学院赤道几内亚国立大学孔子学院第三次理事会】 12月15日在浙江外国语学院举行。校长洪岗出席会议并致辞，副校长曹仁清、赤道几内亚国立大学副校长翁多、孔子学院外方院长费尔南多出席会议。

【孔子学院】 2017年，孔子学院招生数达624人，较上年增加200余人。

1月21日，赤道几内亚国立大学孔子学院在赤道几内亚国家文化中心举办春节联欢晚会暨孔子学院一周年庆典。中国驻赤道几内亚大使陈国友，赤道几内亚文化部代表何赫·阿贝索、国立大学校长恩图图姆和孔子学院师生、华侨华人及当地民众230余人参加。

5月18日至19日，2017年非洲孔子学院联席会议在赞比亚首都卢萨卡召开。浙江外国语学院科技学院党总支书记与赤道几内亚国立大学孔子学院中外方院长共同参会。联席会议后，浙江外国语学院代表团一行前往赤道几内亚，中国驻赤道几内亚大使陈国友会见代表团。

6月，第十六届“汉语桥”世界大学生中文比赛赤道几内亚赛区预选赛在赤道几内亚国立大学举行。中国驻赤道几内亚大使馆参赞荆峰，赤道几内亚国立大学秘书长迪奥斯·达多·恩格玛和学校孔子学院负责人及师生160余人参加活动。

7月，赤道几内亚教育部副部长玛利亚·耶稣·恩卡拉·奥博诺会见赤道几内亚国立大学孔子学院中方院长。双方就孔子学院在当地中小学建立教学点事项交换意见。

10月，建立赤道几内亚孔子学院第一个中学教学点：伽尼黑多语种学校。赤道几内亚孔子学院共设有3个教学点，全年有

1320人参加孔子学院组织或者参与的文化活动。

10月，赤道几内亚国立大学孔子学院中方院长章巧眉、外方院长费尔南多与伽尼黑多语种学校初中部主任伊丽莎白．梦得萝在伽尼黑多语种学校举行会谈。双方就建立汉语教学点，教授中文与中国文化推广等事项达成共识，并签订合作协议。

10月30日，孔子学院首任院长携新任院长等一行拜访中国驻赤道几内亚巴塔总领事顾稼。顾稼了解新任教师的住宿和饮食情况，期望老师们能尽快适应非洲生活，提高安全意识，了解和融入当地文化，增进与当地人民的感情。

11月6日，中国驻赤道几内亚大使陈国友会见赤道几内亚国立大学孔子学院中方新任院长、离任院长和汉语志愿者教师等，就孔子学院当前发展情况、如何传播中华文化和增强两国人民友谊等进行交流。

11月16日，赤道几内亚国立大学和正威公司举行正威奖学金签约暨首次颁发仪式。赤道几内亚国立大学校长费利贝尔多、正威公司代表及孔子学院、渔业工程学院和其他有关部门负责人与获奖学生等参加仪式。这是中国驻赤道几内亚民营企业在赤道几内亚国立大学设立的首个学生奖学金，计划每年资助20名学生。

11月17日，中国驻赤道几内亚大使馆举行中资机构学习宣传贯彻十九大精神座谈会，孔子学院中方院长及近40名中资机构、援外专家组人员参加。中国驻赤道几内亚大使陈国友出席并重点就十九大精神进行宣讲。

11月18日，中国驻赤道几内亚大使馆同赤道几内亚外交与合作部、乒乓球协会联合举办“中赤几友谊杯”乒乓球赛。中国驻赤道几内亚大使陈国友，赤道几内亚外交部国务秘书米图依、乒协主席马科斯等出席开幕式。

11月24日至26日，赤道几内亚国立大学孔子学院举办首次教学研讨会暨2017年新教师岗前培训。活动以主题讲座、教学分享会和考察交流等形式开展，旨在提升汉语教师及志愿者汉语教学能力和综合素养，建立一支高素质师资队伍，切实履行好工作职责和神圣使命。

（肖　远）

温州大学

【概况】 2017年，温州大学教职工因公赴国（境）外开展友好院校访问、学术交流、国际学术会议、留学生招生、海外招聘、带学生参加暑期夏令营等27批60人次。出访国家和地区涉及美国、加拿大、波兰、捷克、德国、日本、意大利等。与6个国家和地区的24家合作单位签署合作协议，新增协议33份。全年接待来访团组与个人57批234人次。

2017年，温州大学有236名学生赴国（境）外参加各类校际交流项目。中丹合作办学项目从国际教育学院转移到商学院。全年学校招收留学生本科生专业11个、硕士生专业7个，在校生人数650人，学生生源国73个。聘请国（境）外文教专家47名，新增外国文教专家4名。外国文教专家中有浙江省“千人计划”人才23名，国家“千人计划”人才3名。全年邀请海外知名专家到学校开展学术讲座10场。

【校际交流】 2017年，温州大学开展与世界知名高校之间师生交流，全年接收来自意大利、荷兰、韩国等国家12名学生到学校交换交流。11月，举办“聚温大·观天下”温州大学第二届国际文化周暨“一带一路·非同凡响”2017温州市非洲文化周活动和温州大学意大利文化周活动。

【留学生教育】 2017年，是温州大学实施“留学温大　千人计划”的第二年，学校国际学生已遍布11个本科生专业、7个硕士生专业，在校生人数达650人，学生生源国达73个国家，包括美国、法国、意大利、泰国、荷兰、韩国、加纳等。按学位生总人数排名，温州大学在浙江省排名第十。

2017年，温州大学有122名国际学生获温州大学2017/2018学年国际学生校长奖学金（一类），其中一等奖52名、二等奖49名、三等奖21名，47名国际学生获校长奖学金（二类和三类），2名国际学生获汉语生入学奖学金，48名获得优秀国际学生奖学金，17名国际学生获单项奖学金。有15名国际学生获得浙江省政府来华留学生B类奖学金，4名国际学生获中国政府单方奖学金，另外有1名来自美国的硕士生获支持地方奖学金、1名来自阿富汗的硕士生获中阿交流专项奖学金及1名来自文莱的硕士生获中国东盟交流专项奖学金。有6名国际学生获得“丝绸之路奖学金”。2016级国际经济与贸易专业学生诺索比亚·罗伯特的摄影作品《欢呼的毕业生》荣获浙江省外国留学生第十一届“梦行浙江”——《绿水青山——我在浙江的家》摄影大赛优胜奖，2016级汉语言专业意大利籍国际学生王灵洁的《青年最富有朝气、最富有梦想，中国的未来属于年轻一代，欧洲的未来属于年轻一代，世界的未来属于年轻一代》获温州市“我最喜爱的习总书记的一句话”优秀音频三等奖。

【温州大学意大利分校】 2017年，温州大学与意大利锡耶纳大学、佛罗伦萨大学签约成立温州大学意大利分校阿雷佐校区及普拉托校区，开展许多落地化创新尝试。温州大学与锡耶纳大学的合作项目获得意大利教育部支持，意大利教育部与锡耶纳大学共同申请了3年汉语提升计划。锡耶纳大学向意大利教育部申请在本科学历课程中新开设3门同中国语言与文化相关的课程，并招收学生42名，双方学校以1＋1＋1模式开展跨文化培养教育，采用中外合作办学形式，并授予毕业合格者双文凭。成立温州大学意大利研究中心，意大利分校与意大利研究中心从教育、科研两个核心领域双轨并行。温州大学意大利研究中心成功入选国家教育部公布的2017年度国别和区域研究中心备案名单，备案有效期为3年。经温州市政协第十一届委员会第六次主席会议审议通过，温州大学意大利研究中心成为温州政协团体智库成员。

11月，由温州大学国际处、意大利分校、温州大学意大利研究中心主办的意大利文化周在温州大学举行。校长李校堃、温州市教育局副局长伍挺、温州市外侨办调研员许捷、意大利驻沪总领事馆文化处处长阿尔贝托马纳伊、意大利教育中心中国区负责人邢建军、温州市教育局人事处(国际交流合作处)副处长陈炜、温州市外侨办文宣处副处长刘时敏等与近200位中意学生共同交流品味意大利文化。意大利文化周为期一天。其间还展出图片“温州大学中意交流展”和摄影作品《1955，意大利眼中的中国》，向师生展示学校近十年的中意交流历程和成果。

【国际会议】 2017年，温州大学举办了多场国际会议。

4月，举行“印度国别研究国际学术会议”。副校长薛伟，温州市公共外交协会副会长潘一新，温州市外侨办副主任周怀中，青岛大学教授侯传文，印度农业与社会中心专家班纳特·本杰明，日本大东文化大学博导高岛·信达，韩国延世大学教授康孝·华及印度、日本、韩国的专家学者和学校相关部门负责人、学生代表等参加会议。

4月，举行“微纳流体力学及生物芯片技术国际论坛2017”。由温州大学机电工程学院和中国力学学会微纳尺度流动专业组联合主办。来自中国科学院力学研究所、清华大学等17所高校与科研机构从事数学、力学、化工、机械、生物医药、市场咨询等不同领域专家与会开展学术交流，为生物芯片产业发展提供基础理论及应用技术方面的支持。

11月，举行“第七届国际南戏学术研讨会暨中国古代戏曲学会2017年年会”，由中国古代戏曲学会和温州大学联合主办，温州大学人文学院和南戏研究中心联合承办。来自全国各地的戏曲专家、学者探讨南戏及古代戏曲的历史与发展。研讨会共收到论文70篇。

12月，“2017先进激光加工技术与智能制造产业应用论坛”在温州大学举行。会议重点研讨激光加工及智能制造技术和成果转化方向，解析相关行业的内在联系，探讨温州大学激光与光电智能制造研究院等地方研究院的未来发展模式。

12月，由温州大学主办、数理与电子信息工程学院承办的“2017统计与数据科学国际学术会议”在温州大学举行。会议以“统计研究及在大数据应用的未来趋势”为主题，深入探讨大数据科学与技术、信息技术、统计科学领域的前沿性重大科学研究及应用问题。来自美国斯坦福大学，澳大利亚昆士兰科技大学，中国香港中文大学、浙江大学等国内外顶尖高校的知名专家学者和温州大学专家等90多人参加会议。

【国际科研合作】 2017年，温州大学加大国际科技合作力度，开展“一带一路”研究，设立温州首个通过教育部备案的温州大学意大利研究中心，开展国别和区域研究。与韩国全南大学、群山大学签订联合培养博士项目协议，与韩国全南大学筹建联合研究生院，从生物制药、化学、生物、新材料工程、机械工程、教育学等领域着手联合培养硕士和博士研究生，为学校构建国际化科技合作平台提供人才保障，为温州市高新技术产业输送高层次国际化人才。

4月，学校与韩国国立群山大学共同签署中韩联合培养创业博士协议，并在6月招收3名创业博士。温州大学李校堃教授、方益权教授、杨小平教授、王佑镁教授、钟卫东副教授正式受聘为韩国国立群山大学联合培养国际创业博士研究生指导教师。

7月，温州大学纽约创业孵化器在纽约曼哈顿东方创客总部正式落户，温州大学和全球硅谷企业创新学院 GSV 及纽约东方创客三方代表参加挂牌启动仪式，并签署海外创新创业孵化器项目合作备忘协议。副校长方益权，校党委委员、宣传部长潘玉驹，纽约孵化器联盟创始人约翰·林恩、纽约东方创客 CEO 兼联合创始人朱勇和联合创始人兼基金管理合伙人陈希孟及 GSV 管理合伙人左墟等出席挂牌及签约仪式。2017 年，温州大学机电学院成功申报“一带一路”国际合作联合实验室“浙江—俄罗斯(温州大学)超快激光先进制造国际合作联合实验室”，联合实验室在俄罗斯莫斯科大学和新加坡国立大学设立实验中心，同时在温州大学激光与光电智能制造研究院设立合作基地，各方均挂牌“浙江省激光先进制造联合实验室”。联合实验室以合作单位莫斯科大学和新加坡普霍斯技术公司为支点，将“一带一路”沿线国家的最新需求反馈至实验室联合单位，促进相关技术的优化。

【港澳侨工作】 2017 年，温州大学继续努力开创与港澳的教育合作，在港澳侨工作上取得新突破。以意大利分校为载体，联系世界各地温州人，加强与海外华侨的沟通与联系，为温州大学国际化发展建言献策。全年接待海外华侨来访 35 人次。11 月，承办“温州市首届温港澳高等教育论坛”，通过温港澳高校的互动交流，增进彼此间了解与合作。论坛以“高等教育国际化与城市发展”为主题，来自香港大学、香港中文大学、香港理工大学、澳门城市大学、澳门科技大学等高校的近 50 位专家学者、海归博士和温州高校的专家学者出席论坛，共同探讨高等教育国际化发展模式，共享教育智慧理念，共商高等教育未来发展。

(陈　敏)

浙江树人大学

【概况】 2017年，浙江树人大学围绕建设教学服务型大学办学目标，遵循“以生为本，以师为尊”理念，加强与白俄罗斯、日本、韩国、英国、法国、德国、美国、澳大利亚、斯里兰卡等国高校的交流与合作，开展师生互派、学分互认、课程合作、双学位联合教育、师资培训、学术交流、科研合作等。全年派出短期出国(境)人员38人次，其中考察访问14人次、进修访学及培训12人次、参加国际学术会议5人次、文化交流7人次。学生出国(境)132人次，分别赴日本、韩国、白俄罗斯、英国、法国、德国、美国等国家和地区交流学习。

全年接待来自19个国家和地区的来宾55批213人次，其中来校讲学讲座的专家学者36人次、来校交流的学生90人次。聘请长短期外籍专家14人，其中国家外专局高端外国专家项目1人。招收来自乌克兰、尼日利亚、意大利、德国、也门、尼日尔、乌兹别克斯坦等16个国家和地区的长短期留学生46名。与5所国(境)外院校新签交流合作协议。

【华为ICT人才培养校企合作国际交流会】 1月7日在浙江树人大学举行。华为、泰克和来自荷兰、意大利、俄罗斯、墨西哥、埃塞俄比亚等国的华为海外培训合作伙伴代表参加会议，共同探讨通信技术人才的协同培养。会上，浙江树人大学向荷兰培训机构“核心教育”总经理里昂纳多斯・梅杰斯、意大利培训机构“K实验室”总经理洛伦佐・帕萨里尼、华为培训认证部全球校企合作中心朱冬光、华为全球网院管理办公室主任吴林托颁发“浙江树人大学华为网院教学指导委员会”聘书。

【合作举办师资培训】 1月17日至20日，浙江树人大学与美国杰克逊维尔大学合作，围绕“改革与创新思维”“提升教学创新与实践能力”“建立系统性创新计划”等主题举办“应用型高校的教学创新与改革”师资培训。杰克森维尔大学戴维斯商学院院长唐・卡彭纳、教授约翰・金克纳担任培训主讲，浙江树人大学各学院、部门学科带头人、专业负责人、骨干教师、教学管理干部等70余人参加培训。

【斯里兰卡斯里贾亚瓦德纳普拉大学师生访问浙江树人大学】 4月10日至21日，斯里兰卡斯里贾亚瓦德纳普拉大学MBA游学班师生一行22人访问浙江树人大学。访问期间，游学班师生一行参加由浙江树人大学现代服务业学院主办的《全球商务管理》课程研习和培训活动。

【捷克艺术学者访问浙江树人大学】 4月19日，捷克布拉格查理大学艺术史学院博士、布拉格国家美术馆亚洲和非洲艺术收藏馆策划人蓓德拉・波拉柯娃访问浙江树人大学，为艺术学院师生作题为“1948年后的捷克艺术及中国灵感”学术讲座。蓓德拉・波拉柯娃通过讲述捷克艺术史、哲理思想与设计的关系，分析了中国和捷克在艺术创作、主题元素之间的关联和不同风格。艺术学院师生聆听讲座并与蓓德拉・波拉柯娃互动。

【韩国忠北大学国际交流本部长访问浙江树人大学】 4月21日，副校长叶时平会见韩国忠北大学国际交流本部长姜承万一行，双方表示将积极推进两校在师生交流、合作教学、共同研究等领域合作，并就师资海外博士项目达成合作意向。

【浙江树人大学代表团访问斯里兰卡】 4月24日至28日，副校长叶时平率浙江树人大学代表团一行5人访问斯里兰卡斯里贾亚瓦德纳普拉大学。斯里贾亚瓦德纳普拉大学执行副校长桑帕斯·阿玛拉桑格会见代表团一行，该校商业管理学院、人文社会学院、技术学院、工程学院等学院院长参加会见。双方就教学与学术合作、师资培训、师资互派、学生交流、共建孔子学院等事项进行深入探讨，并达成多个合作意向。

【捷克艺术家在浙江树人大学作主题演讲】 4月27日，捷克艺术家彼特·皮萨日克和卡尔·史杰德立在浙江树人大学作关于几何艺术主题演讲。彼特·皮萨日克讲述捷克的抒情绘画艺术，他以花卉和几何形状构图，展示他美轮美奂的多层次、复杂的抽象装饰图案绘画。卡尔·史杰德立是捷克嘻哈文化的一员，他从早期涂鸦和霹雳舞绘画作品讲起，介绍自己原创风格的绘画作品。两位艺术家还与到场聆听演讲的浙江树人大学艺术学院师生展开讨论与互动。

【香港科技大学土木及环境工程学系师生访问浙江树人大学】 5月4日至8日，香港科技大学土木及环境工程学系教授陈锐斌率该系3名本科生访问浙江树人大学。访问期间，3名学生参加了浙江省第16届“洪翔杯”大学生结构设计竞赛，与省内48所本、专科院校的100支参赛队伍同台竞技。

【德国专家在浙江树人大学作讲座】 5月16日，德国专家科斯塔·昂格曼博士在浙江树人大学作题为“文化遗产保护浙江高校巡回演讲——德国文化遗产项目实践及高校教育”讲座。讲座围绕文化遗产保护这一主题展开，讲解了遗产保护的重要性、遗产保护专业未来要从事的职业、当下德国高校的遗产保护教学情况及德国遗产保护在全世界的推广与发展等。讲座激发了师生对文化遗产保护的浓厚兴趣，也为他们今后从事相关工作和研究提供了方向和动力。

【第二届中国—白俄罗斯青年国际论坛】 5月19日在浙江树人大学杨汛桥校区举行。论坛由浙江树人大学、白俄罗斯国立大学和绍兴市人民政府主办，浙江省科技厅、省教育厅、省外专局作为指导单位。论坛以“绿色、生态、未来——中白青年共话‘两山’理论”为主题，聚焦绿色发展，共话“两山”理论。白俄罗斯国家科学技术委员会第一副主席安德烈·科索维斯基、白俄罗斯国立大学校长谢尔盖·阿布拉梅科，浙江省教育厅副厅长朱鑫杰，绍兴市副市长、柯桥区委书记徐国龙，浙江省外专局局长厉勇及浙江树人大学党委书记章清在会上致辞。来自白俄罗斯国立大学、美国杰克逊维尔大学、日本静冈产业大学和浙江工业大学之江学院、浙江树人大学等国内外高校和企业界的青年学者近300人参加论坛。

【获批国家高端外国专家项目和省级引智项目】 5月，经国家外国专家局和浙江省外国专家局批准，浙江树人大学申报的“图像处理寄出及在遥感地物信息提取中的应用”“面向对象的高分辨率遥感影像地物信息提取研究”分别被列入“2017年度国家高端外国专家项目(文教类)计划”“2017年度浙江省引进国外技术、管理人才项目计划”。这两个项目均聘请白俄罗斯科学院院士、白俄罗斯国立大学校长谢尔盖·阿布拉梅科担任项目专家，分别于5月和8月来华执行项目研究。

【获批教育部国别和区域研究中心备案】 6月13日，经教育部国际合作与交流司批准，浙江树人大学申报的“浙江树人学院白俄罗斯研究中心”获教育部国别和区域研究中心备案。这是浙江树人大学在国别和区域研究领域首次获批的教育部学科平台。

【浙江树人大学教师代表团访问

白俄罗斯高校】 6月25日至7月9日，校党委副书记陈浚率浙江树人大学教师代表团一行11人访问白俄罗斯国立大学，参加以“产教融合背景下的应用型课程设计”为主题的第三期师资培训。在白俄罗斯国立大学期间，代表团一行参加由白俄罗斯国家科学院院士，白俄罗斯国立大学校长、学术副校长、教学与社会问题副校长及教学法总局、国际交流处、人事处等部门的专家和教授讲授的课程，考察白俄罗斯国立大学商务与技术管理学院、无线电物理与电子学系、历史系、化学系、生物系、地理系、国际关系系等教学单位和实验室、系建博物馆，了解白俄罗斯高等教育的体系和特色。

【德国安哈尔特应用技术大学副校长访问浙江树人大学】 7月1日，德国安哈尔特应用技术大学副校长吕克曼·鲁道夫一行访问浙江树人大学，带来已经德国安哈尔特应用技术大学校长签署的两校合作协议书，校长徐绪卿代表浙江树人大学签署协议，标志着两校将共同致力于高等教育合作和国际化人才培养。副校长叶时平会见吕克曼·鲁道夫一行，双方就两校开设的相近学科门类、课程，尤其是针对艺术设计、土木工程、计算机等专业的合作进行交流。

【浙江树人大学学生团赴德国研习】 7月14日至8月1日，浙江树人大学艺术学院学生团一行14人赴德国安哈尔特应用技术大学，开展建筑遗产保护与公共艺术项目研习活动。研习期间，学生团考察德国及欧洲的文化艺术历史，学习德国的现代设计发展之路，了解当下国际艺术的发展趋势，感受欧洲经典传统与现代最前沿的设计碰撞。

【浙江树人大学学生团赴英国林肯大学研习】 7月16日至29日，浙江树人大学学生团一行14人赴英国林肯大学，开展语言与文化研习活动。本次研习采用流动课堂的形式，除了林肯大学，学生团还参观剑桥大学、利兹大学、谢菲尔德大学和牛津大学，与当地大学生面对面交流，体验英国百年红砖名校的学术氛围。通过研习，学生团体验了英国的文化环境、生活状态，感受到英国高校的教育方式与教学理念，开阔了国际视野，提升了英语沟通能力。

【浙江树人大学学生团赴白俄罗斯研习】 7月16日至8月14日，浙江树人大学学生团一行17人赴白俄罗斯国立大学，开展语言与文化研习活动，认识白俄罗斯的历史文化、生活方式和语言文字，体验白俄罗斯国立大学的教学设施和课堂。

【浙江树人大学代表团访问澳大利亚高校】 7月17日至21日，副校长童国尧率浙江树人大学代表团一行4人访问澳大利亚高校。访问期间，代表团分别与堪培拉大学、麦考瑞大学，就大学教育、学生交流、课程和专业合作、师资培训访学及科研合作等事宜交换意见，并与两校达成多项合作意向。

【澳大利亚堪培拉大学国际教育和领导发展系主任访问浙江树人大学】 9月26日至28日，澳大利亚堪培拉大学国际教育和领导发展系主任、教育学教授、博士生导师王婷访问浙江树人大学。副校长叶时平会见王婷，双方回顾两校友好交流历程与取得的成果，表示将进一步推进合作、拓宽合作领域，双方还就中澳高等教育管理与教学模式进行探讨。访问期间，王婷还为浙江树人大学师生作了两场学术报告，报告结合实际分析国际博士生反馈体验研究和对中国大学生的启示，展望了高等教育的未来及21世纪的关键能力。

【马来西亚华文作家在浙江树人大学举办讲座】 10月12日，华文作家、马来西亚华人文化协会永久荣誉总会长戴小华围绕其新书《忽如归》，为浙江树人大学师生作题为“从《忽如归》谈爱的力量”讲座。在互动环节中，聆听讲座的师生纷纷就文学写作、家庭亲情、历史叙事等方面与戴小华进行交流。

【日本静冈产业大学副校长访问浙江树人大学】 10月13日，副校长叶时平会见日本静冈产业大学副校长崛川知广一行。双方回顾两校交流合作历程，并表示将在教师互访、学生互派、科研教学等层面开展更加深入、广泛的合作。访问期间，崛川知广一行参加了“浙江树人大学·静冈产业大学编入学留学合作项目”洽谈会，双方重点就双学位项目的入学考试、学分互认、学位授予等进行深入探讨，并拟定两校编入学留学项目合作备忘录草案。

【美国杰克逊维尔大学戴维斯商学院院长访问浙江树人大学】 10月19日，校长徐绪卿会见美国杰克逊维尔大学戴维斯商学院院长唐·卡彭纳一行。双方回顾两校友好交流历程，就进一步推进合作尤其是开展“2+2”合作办学项目进行洽商，还就中美两国高等教育管理与教学模式进行探讨。访问期间，唐·卡彭纳一行还与管理学院、人文与外国语学院、家扬书院等负责人进行合作洽谈，就双方双学位合作、互派交换生、互派导师、短期研习、建立海外汉语教学实习基地、商学院合作等方案开展讨论，并达成合作意向。

【浙江树人大学学生参团赴日本交流学习】 10月25日至11月1日，浙江树人大学社工、养老等专业9名学生参加由中国人民对外友好协会组派的“中国大学生代表团”赴日本交流学习。代表团由北京、四川、湖南、湖北、浙江五省(市)19所高校150名大学生组成，共分为节能环保、经济、观光、防灾、少子老龄化5个主题分团，浙江树人大学9名学生参加“少子老龄化分团”交流活动。

【浙江树人大学代表团访问美国高校】 11月27日至12月1日，校党委书记章清率浙江树人大学代表团一行5人访问美国高校。代表团一行访问佛罗里达州杰克逊维尔市的杰克逊维尔大学、佛罗里达州立学院杰克逊维尔分院等，与上述高校开展校际间合作项目座谈、院系对口交流、学术交流、合作协议签约等，并对美国高校的教育与管理经验进行调研、学习与交流。

【英国林肯大学副校长访问浙江树人大学】 11月30日，副校长叶时平会见英国林肯大学副校长大卫·科巴姆、化学院院长伊恩·斯科恩、化学院副院长塔丝妮姆·蒙西一行。双方重点探讨了校际交流、师资培训、教师访学、学生互派、学术合作等多种合作模式，并达成多项合作意向。访问期间，大卫·科巴姆为信息科技学院师生作题为“多驱动机器人伴侣”学术讲座，伊恩·斯科恩为生物与环境工程学院师生作题为“固态化学”学术讲座。

【加拿大萨斯喀彻温省应用科技学院院长访问浙江树人大学】 12月11日，副校长叶时平会见加拿大萨斯喀彻温省应用科技学院院长拉里·罗西萨、副院长丹尼斯·约翰逊一行。双方就两校开展学生交流、师资互访、学术交流等事宜进行深入讨论，并初步达成互派交换生合作意向。

(俞萍萍)

浙江万里学院

【概况】 2017年，浙江万里学院派遣短期出国(境)人员26人次，进行进修、访学或参加国际学术会议。接待15个国家和地区的66批213人次专家学者、院校代表来校学习、访问、作学术报告或进行项目洽谈。学校与美国、新西兰、德国、捷克、立陶宛、墨西哥、波黑、芬兰、印尼的23所高校签署34份校际交流协议。

全年聘请长(短)期外教20名。招收长(短)期来华留学生254名，生源来自50个国家。12名留学生获浙江省政府来华留学生奖学金，30名留学生获宁波市政府来华留学生奖学金。参加赴国(境)外交换生、海外学习项目的在校本科生307人，毕业生到国外继续深造78人，另有28名学生攻读宁波诺丁汉大学硕士。

【浙江万里学院代表团访问德国和西班牙合作院校】 5月20日至28日，校长应敏率代表团访问德国安哈尔特应用科技大学、德国商业与信息技术大学商学院和西班牙胡安卡洛斯国王大学、哈恩大学。在德国，应敏与安哈尔特应用科技大学校长乔治·巴格旦就应用型人才培养模式进行交流。该校副校长鲁多夫·卢克曼等陪同代表团参观学校实验室、教室及教师工作室。在商业与信息技术大学商学院，校长斯蒂芬·斯坦和教务长拉斯·郝德接待代表团一行。双方就如何与企业紧密合作，培养高端应用型人才进行探讨，并签署师生交流协议。在西班牙，胡安卡洛斯国王大学校长贾维尔·赖慕斯·洛佩兹、国际事务处处长帕布鲁·托马斯·萨尔瓦多雷斯·阿朗索等接待代表团一行，双方就双向2+2合作项目进行探讨。在哈恩大学，副校长萨巴斯蒂安·布洛克、国际事务处处长及科研处处长与代表团就两校师生交流、科研合作及双向2+2项目合作意向进行交流。

【拉脱维亚高级访问团访问浙江万里学院】 6月10日，拉脱维亚经济部副司长黛丝·柯林松、农业部林业司副司长挪孟德·斯图路、农业部市场和直接支持司司长泽格玛·克坎斯、外交部外国经济关系促进处处长赞恩·文特尔、外交部亚太处处长艾格里斯·达泽密及农业部杜克·马达拉等一行6人访问浙江万里学院并赴宁波海上丝绸之路研究院参观交流。校长应敏和副校长闫国庆接待访问团一行，介绍浙江万里学院和宁波海上丝绸之路研究院发展基本情况，并希望能与拉脱维亚进一步开展多种形式教育合作及学术交流。来宾们期待能与浙江万里学院展开文化和教育领域的合作。

【美国杜克大学教授受聘为浙江万里学院客座教授】 6月15日，美国杜克大学医学中心细胞生物学系布兰奇·卡佩尔教授访问浙江万里学院。学校举行客座教授聘任仪式，校长应敏为布兰奇·卡佩尔颁发客座教授聘书，副校长钱国英及校国际交流部、人事部、生物与环境学院相关人员出席仪式。布兰奇·卡佩尔还受聘为生物与环境学院动物性别决定与调控实验室学术委员会主任，与钱国英教授团队合作开展科研及实验室建设工作。随后，布兰奇·卡佩尔参观浙江省重中之重“生物工程”一流学科实验室。

【英国诺丁汉大学举行“徐亚芬楼”命名仪式】 9月4日，英国诺丁汉大学举行命名仪式，将学校一幢综合楼命名为“徐亚芬楼”，这是英国诺丁汉大学建校130余年来首栋以华人女性命名的建筑。命名仪式上，英国诺丁汉大学执行校长大卫·格林纳威介绍浙江万里教育集团教育改革历程，回顾宁波诺丁汉大学创办十三年来在徐亚芬及团队努力支持下所取得的发展成果与社会认可。并表示，他非常珍视与徐亚芬女士的合作，中英办学双方基于信任、尊重，很高兴英国诺丁汉大学今天以这种方式向徐亚芬女士及浙江万里教育集团表达感谢。

徐亚芬是浙江万里学院董事长、宁波诺丁汉大学理事长，宁波诺丁汉大学的创办和发展与徐亚芬的努力和远见卓识密不可分。

【捷克媒体报道浙江万里学院捷克语特色班】 10月10日，捷克《克拉洛韦日报》大幅报道浙江万里学院捷克语特色班。对中国学生在短短三个月时间内学习捷克语言所取得的“很大的进步”给予高度赞扬。文章还描述了该课程的设置与教学安排，并展望对中捷两国未来的交流与发展。

浙江万里学院捷克语特色班于5月开办，在应用型人才培养方面进行全新的尝试。捷克媒体已第二次专题报道该特色班。8月初，捷克当地电台对赴捷克学习的中国师生进行了直播采访。

【第三期阿拉伯国家文博(陶瓷)专家研修班】 10月24日在浙江万里学院举行开班仪式。浙江万里学院校长应敏、文化部外联局亚非处处长余建、浙江省文化厅外事处处长张雁、宁波市外办副主任陈国苗、宁波博物馆馆长王力军、中国丝绸博物馆馆长助理周旸等出席开班仪式。来自阿尔及利亚、阿曼、叙利亚、科威特等10个阿拉伯国家参加研修的15名专家学员参加开班仪式。开班仪式由浙江万里学院副校长兼宁波海上丝绸之路研究院院长闫国庆主持。

本次研修班由文化部外联局、浙江省文化厅主办，宁波海上丝绸之路研究院、中国丝绸博物馆承办，北京外国语大学海上丝绸之路研究院、西北大学丝绸之路研究院等单位协办。该系列研修班是推动中阿民心相通的重要项目，从2015年开始，分别围绕“纸质”“丝绸”主题举办了两届。2017年围绕“陶瓷”主题展开研修安排，开设“‘小白礁Ⅰ号’水下考古发掘研究”“‘一带一路’与宁波‘海上丝绸之路’历史地位”等18门陶瓷、修复技术、鉴赏与保护的课程。邀请专家学员考察河姆渡遗址博物馆、千年古县城——宁波慈城、世界大港——宁波—舟山港、中国港口博物馆、宁波博物馆、龙泉青瓷博物馆、浙江省博物馆、南宋官窑博物馆、上海博物馆、陕西历史博物馆、秦始皇兵马俑博物馆、故宫博物院等24个在宁波、丽水、杭州、上海、西安和北京的实践教学点。浙江万里学院、宁波海上丝绸之路研究院选派60余名大学生志愿者提供志愿服务。

【墨西哥阿瓜斯卡连特斯州州长访问浙江万里学院】 10月24日，校长应敏、副校长钱国英接待墨西哥阿瓜斯卡连特斯州州长马丁·奥罗斯科·桑多瓦尔、州经济发展厅厅长阿尔伯托·奥达普·巴里奥斯和国际事务顾问罗兰·加西亚·阿隆索等一行5人。应敏向客人介绍学校办学历史、办学定位、国际化办学等情况，并提到学校曾在2007年、2008年接待过2批来自阿瓜斯卡连特斯州的学生，双方结下了友谊的种子。应敏期望进一步加强浙江万里学院与阿瓜斯卡连特斯州在教育领域的合作。马丁·奥罗斯科·桑多瓦尔表示，这正是他此行的目的，为阿瓜斯卡连特斯州青年学生打造更大的海外学习平台，推动州内高校国际化发展。钱国英向客人介绍各学院特色、强势专业、国际交流合作项目等。双方就合作领域、专业进行讨论并达成共识，有望于2018年启动学生交流项目。

（任烨南）

宁波大学

【概况】 2017年,宁波大学共派出因公出国(境)团组64批151人次,其中校领导出访6批26人次、参加国际学术会议或进行合作科学研究39批72人次、参加教育交流与短期进修18批51人次、随双跨团组出访1批2人次。

【宁波大学代表团访问西班牙和塞尔维亚】 5月5日至12日,副校长严小军率代表团一行访问西班牙加泰罗尼亚理工大学和塞尔维亚诺维萨德大学。访问期间,与两校就水产养殖和食品加工硕士合作项目、海运学院硕士合作培养和博士课程项目等进行交流,并签订船舶与海洋工程硕士项目合作培养协议。

【宁波大学代表团访问法国和波兰】 5月15日至22日,副校长邵千钧率代表团一行访问法国昂热大学和波兰什切青大学。在昂热大学,两校就宁波大学—昂热大学联合学院建设进行交流,尤其对人文地理与城乡规划的专业课程设置、昂热大学教师派出等事宜进行沟通和商榷,并向昂热大学递交关于现有合作举办旅游管理研究生专业法方学生注册的附加协议。在波兰什切青大学,两校回顾双方2017年初签署合作协议后的合作进展情况。并确定2017年秋季宁波大学派出5名交换生前往什切青大学交换学习。

【出席2017年非洲孔子学院联席会议】 5月16日至20日,应赞比亚大学孔子学院邀请,副校长严小军赴赞比亚出席该校举行的2017年非洲孔子学院联席会议。

【宁波大学代表团访问英国和冰岛】 6月2日至9日,校长沈满洪率代表团一行访问英国曼彻斯特城市大学和冰岛大学。在英国曼彻斯特城市大学,两校签署谅解备忘录,就法学、医学等专业和学科的合作展开交流,同时希望进一步深化两校师生互访活动。在冰岛大学,两校回顾共建孔子学院近10年来的成功经验,探讨了多学科和专业合作的前景。

【随浙江高等教育代表团访问捷克和俄罗斯】 10月29日至11月5日,应捷克中欧高等教育和终身教育展组委会、俄罗斯国立旅游与服务大学邀请,省教育厅厅长郭华巍率浙江高等教育代表团一行5人访问捷克和俄罗斯。副校长冯志敏参团出访。在捷克,冯志敏随团访问捷克查理大学、捷克理工大学,就学生交流、合作研究等进行洽谈。在俄罗斯,冯志敏访问列宾美术学院,并代表宁波大学与列宾美术学院签订合作意向书。

【宁波大学代表团访问荷兰和瑞典】 11月23日至30日,校组织部部长胡敏率代表团一行6人访问荷兰皇家音乐学院和瑞典克里斯蒂安斯塔德大学。在荷兰皇家音乐学院,双方就师资团队互派、学生交流交换等进行探讨。在瑞典克里斯蒂安斯塔德大学,胡敏表示,克里斯蒂安斯塔德大学是宁波大学最早的合作伙伴之一,两校已经结下了深厚友谊,希望双方在学生交流交换等方面继续开展合作。

(杨美美)

表6　2017年宁波大学接待的来访团组情况

时间	来访人员	来访内容
1月16日	日本芦屋大学副校长今冈重男、经营教育学部部长西光晴彦学，大阪市副议长山下典嘉和日本工作站刘智远、任驰等5人	商讨合作项目
3月12日	西班牙加泰罗尼亚理工大学中国事务负责人王珏	商讨合作项目
3月12～14日	比利时韦弗斯大学塔韦尼耶·耶夫、布鲁伟·丽塔、迈森·迪尔克、德门连纳利·卡丽、考特·约翰等5人	商讨合作项目
3月15日	日本东京经济大学副校长福士正博、经济系教授罗欢镇、和大研究课长泷泽等3人	商讨合作项目
3月16日	加拿大汉伯学院副校长阿利斯特	交流互访
3月16日	法国鲁昂市代表团，鲁昂市副市长马纽埃乐·拉，法国鲁昂宁波委员会主席樊尚·勒马尚，鲁昂市议员马修·夏尔里尔奈，前副市长、鲁昂市律师公会负责人纪尧姆·贝斯托，前副市长、鲁昂市议员克洛艾·阿让旦等5人	商讨合作项目
3月22日	菲律宾国父大学副校长奥古斯塔.K·法布兰、学生发展处处长安娜贝伦·桑托斯、学生就业指导处处长门德尔松·博兰特·奎拜、菲律宾驻沪总领事馆副领事安德烈·彼得·艾思塔尼斯劳、领事随员比琳达·贾奇、当地雇员唐明霞等7人	商讨合作项目
3月23日	印度驻沪总领事古光明、商务官员袁卫星2人	商讨合作项目
3月28日	美国贡扎加大学助理副校长约瑟夫·金塞拉、商学院院长肯恩·安德森、艺术学院副院长马修·巴尔、商学院教授丹妮尔·许、商学院副教授蒂莫西·奥尔森、海外学习中心主任助理阿莉莎·隆巴尔迪等6人	商讨合作项目
5月16日	法国昂热大学校长代表、旅游与文化学院院长、前第一副校长、校理事会主席菲利普·维奥利耶，昂热大学旅游与文化学院新兴旅游市场硕士点中国方向负责人、前副校长（分管国际事务）伊夫·多莱斯等2人	交流互访
5月23日	美国普渡大学教师代表团	交流互访
5月23日	美国驻沪总领事史墨客，领事、政治经济处副处长李必达，外联处助理麦茱丽，翻译费玉英，外联处行政助理李浩津川	交流互访
6月29日	澳大利亚纽卡斯尔大学工程学院副院长杰米麦奇、国际交流处负责人布雷特萨克利夫等2人	交流互访
6月29日	巴西坎皮纳斯学院副校长罗德里戈·萨马蒂尼、坎皮纳斯学院中国文化教授宋天乐等2人	交流互访
9月1日	法国驻华大使馆文化教育合作参赞、法国文化中心主任罗文哲，驻沪总领事馆教育领事夏睿思，大学合作项目专员刘乐，语言与教学专员夏一诺等4人	交流互访

续表

时间	来访人员	来访内容
9月18日	马达加斯加塔马塔夫大学校长韦洛·杰罗姆、塔马塔夫华侨学校校长杰曼依莲·爱莲娜、塔马塔夫幸福学校校长亨爵姆帕亨尼·拉拉纳塔、塔马塔夫肯提萨萨学校那索夫·弗朗索瓦丝、中山学校校长费内维尔、高等技术学院副校长爱德哈里迭戈、塔马塔夫大学孔子学院马方院长哈马诺欧里拉·大卫、塔马塔夫华侨大学校长伊莲安等8人	交流互访
10月12日	法国昂热大学副校长埃米尔·斯特凡纳、昂热大学驻宁波大学—昂热大学联合学院代表杜鹏飞等2人	交流互访
10月25日	英国伦敦大学皇家霍洛威学院副校长保罗乔纳森·霍格、曼彻斯特大学副研究员朱千文等2人	交流互访
10月28日	澳大利亚西悉尼大学朱小书、陈重华等2人	交流互访
11月2日	英国诺丁汉特伦特大学校长爱德华·佩克、副校长希·瑞安、国际合作部主任斯蒂芬·威廉姆斯、艺术设计学院院长迈克尔·马斯登、艺术人文学部国际主任安德鲁·普兰特、大中华地区合作主任裴刘等6人	交流互访
11月3日	澳大利亚悉尼科技大学国际通道项目国际贸易公司马耀平、北京办公室项目经理林佩思等2人	交流互访
11月29日	英国林肯大学副校长大卫·科巴姆	交流互访
12月7日	西班牙巴利阿里大学校长略伦斯·休格特·罗杰、地理教授米格尔塞·吉里纳斯、旅游学院副院长韦森特拉·莫斯米尔等3人	续签协议
12月9日	意大利那不勒斯费德里克二世大学理事会副主席佩斯卡佩，意大利国家科技研究院材料所所长内蒂，理工和基础科学学院院长萨拉缇诺，机器人和自动化教授及PRISMA实验室主任维拉尼，JL IDEAS联合实验室主任、机械工程委员会主席兰左缇，孵化项目委员会主席沃纳，意大利国家科技研究院材料所研究员维克奥内等7人	续签协议
12月12日	美国匹兹堡大学国际事务副教务长安迪业、亚洲研究中心主任柯慕贤等2人	交流互访

宁波诺丁汉大学

【概况】 2017年，宁波诺丁汉大学招收来自40多个国家与地区的国际生和港澳学生200余名。组织举办国际研讨会及学术讲座50余次，发表国际合作论文180篇。全年选派150余名交流生到国(境)外高校参加假期班、学科竞赛、短期实习、文化交流等，选派550余名交换生到国(境)外高校进行一学期或一学年学习。为来自世界各地的学生举办富有诺丁汉特色的夏令营活动。2017年，宁波诺丁汉大学的化学工程与工艺、材料成型及控制工程专业入选"十三五"省一流学科建设名单。学校与慈溪市人民政府合作共建宁波诺丁汉大学航空学院、航空研究院、航空产业园，宁波诺丁汉大学航空学院正式揭牌成立。学校还分别与浙江"千人计划"余姚产业园、宁海县政府签约共建诺丁汉余姚国际研究院、诺丁汉大学宁海国际研究院。学校2017届本科毕业生中，有83%的学生选择继续深造。选择继续深造的学生中有27.5%的学生进入世界排名前十高校、55.5%进入世界排名前50高校。选择就业的毕业生中，有65%在世界500强企业或行业知名企事业单位就职。

【助力宁波影视文化产业发展】 1月9日，首届宁波国际微电影节开幕。开幕式上，宁波诺丁汉大学执行校长、英国诺丁汉大学副校长陆明彦与宁波广电集团教育科技频道总监林洪与签署《关于影视文化培训产业合作备忘录》，双方共同携手将宁波的影视文化产业推向更高水平。

【学校教授入选中国高被引学者榜单】 2月，中国高被引学者榜单发布，宁波诺丁汉大学商学院信息系统学副教授张毓隆被列入2016年爱思唯尔中国高被引学者。据SciVal数据库统计，2011年至2015年期间，宁波诺丁汉大学在世界顶级学术期刊的论文发表比例为985高校均值的两倍、国际合作文章比例为985高校均值的三倍，学科内引用影响力遥遥领先，高被引用文章比例与国内名校不分伯仲。

【"李达三首席教授专项基金"成立】 3月18日，宁波诺丁汉大学校长杨福家一行赴香港参加香港宁波同乡会50周年庆活动。杨福家向李达三长孙、香港宁波同乡会会长李本俊颁发"李达三首席教授专项基金"捐赠证书。

李达三是著名实业家、慈善家和香港宁波同乡会创始人，他向宁波诺丁汉大学捐赠人民币2000万元，成立"李达三首席教授专项基金"。该专项基金用于引进重点领域的国际专业人才，打造世界一流学科。

【宁波诺丁汉国际海洋经济技术研究院大楼落成】 4月6日，宁波诺丁汉国际海洋经济技术研究院大楼落成并以英国诺丁汉大学执行校长大卫·格林纳威爵士及夫人名字命名。浙江省副省长成岳冲为大楼揭牌并发表讲话。宁波诺丁汉国际海洋经济技术研究院由宁波市人民政府、宁波诺丁汉大学、英国诺丁汉大学和浙江省万里教育集团合作共建，围绕海洋新材料、港航物流服务、海洋可持续性制造与海洋环境管理等领域开展科研创新和技术转移，旨在提高海洋经济发展科技支撑能力，推动宁波市海洋经济核心示范区建设。

【诺丁汉大学航空技术高峰论坛】

4月6日在宁波诺丁汉大学举行。英国诺丁汉大学航空技术研究院专家、宁波市及慈溪市政府代表、国内外航空标杆企业代表出席论坛。参会者针对宁波市航空相关产业规划、中国航空产业所面临的挑战等相关问题展开讨论和交流。论坛还举行中航复材科技—宁波诺丁汉大学可持续复合材料联合实验室揭牌仪式。

【举办暑期课程】 6月17日至7月8日,宁波诺丁汉大学举办"了解中国崛起""在中国经商"和"汉语工作语言"三个学分制暑期课程,24名来自世界各地的国际学生参加。通过一系列丰富多彩的课程教学及实践活动,学生们得以更加直观和全面地了解中国的语言、文化及社会经济发展状况。同时,学校也为本校学生提供赴海外暑期交流机会。2017年暑期,130余名学生前往世界各地的合作院校参与22个暑期课程项目。

【举办国际高中生夏季课程】 7月9日至15日,宁波诺丁汉大学举办国际高中生夏季课程,来自英国、泰国、印度尼西亚等国家和地区的16名学生参与。该课程旨在让来自世界各地的高中生有机会体验原汁原味的英式课堂,了解和感受宁波诺丁汉大学各学院的学科设置,并与参加课程学习的国际高中生开展多元交流和互动。

【首届宁波诺丁汉金融论坛暨国际金融与银行学会2017亚洲年会】 8月31日至9月2日在宁波诺丁汉大学召开。来自20多个国家的200多名金融专家、国际高校知名学者、金融行业高管、协会和政府高层参会。会议围绕"金融创新、稳定与可持续增长"主题进行深入研讨,以期在新的历史阶段更好地推动金融改革创新、让金融更好地服务于实体经济,实现可持续发展。

【英国诺丁汉大学命名"徐亚芬楼"】 9月4日,英国诺丁汉大学将学校的一幢综合楼以宁波诺丁汉大学理事长徐亚芬名字命名,这是该校建校130余年来首栋以华人女性命名的建筑。

【宁波诺丁汉大学执行校长获"茶花奖"】 9月14日,宁波诺丁汉大学执行校长陆明彦获宁波市政府颁发的"茶花奖"。陆明彦作为中国第一所中外合作大学的执行校长,以学校为纽带,搭建科技、金融、经贸、合作和文化交流的桥梁,积极支持宁波市经济发展和对外友好交流。

【英国诺丁汉大学代表团访问宁波诺丁汉大学】 9月18日至19日,英国诺丁汉大学执行校长、宁波诺丁汉大学执行理事长大卫·格林纳威率英国诺丁汉大学校务委员会代表团一行访问宁波诺丁汉大学。访问期间,代表团一行听取宁波诺丁汉大学领导关于学校办学情况的介绍,与学校师生进行交流互动、为学校图书馆学生活动创新中心揭幕、出席国际创新创业孵化产业园开园仪式等活动。

【宁波诺丁汉大学学子获德国"绿色精英"奖】 10月27日,德国联邦教研部在柏林授予全球25名青年科研人员"绿色精英"奖,表彰他们为可持续发展提出的创造性方案。宁波诺丁汉大学谢林君同学获得"绿色精英"奖,是本届"绿色精英"奖唯一获奖的中国人,也是本届最年轻的获奖者。谢林君是宁波诺丁汉大学博士研究生,研究领域为城市可持续发展,主要关注智慧城市及生态城市建设的理念和实践。

【英国皇家两院院士在宁波诺丁汉大学开设讲座】 11月1日,英国皇家学会及皇家工程院两院院士马丁教授在宁波诺丁汉大学开设讲座并正式开讲。马丁与师生分享了自己成为科学家的历程。

马丁教授是英国皇家学会及皇家工程院两院院士、英国皇家学会前副会长、大英帝国爵士、欧洲科学院院士,还是俄罗斯科学院外籍院士。他曾因化学短视频爆红网络。

【英国诺丁汉大学新任执行校长访问宁波】 11月7日,宁波市副市长许亚南会见英国诺丁汉大学新任执行校长西勒·韦斯特一行。宁波市政府副秘书长王建云、市委教育工委书记朱达、市教育局副巡视员汪维民等参加会见。

【英国皇家空军特技飞行表演队“红箭”访问宁波诺丁汉大学】 11月9日，在世界上享有盛名的特技飞行表演队——英国皇家空军特技飞行队“红箭”访问宁波诺丁汉大学。“红箭”由120名飞行员、工程师和专业支持人员组成，自1965年首次公开亮相以来，其标志性的近距离编队飞行和充满活力的转圈与翻滚扣人心弦。在宁波诺丁汉大学，“红箭”将他们对飞行的热情和勇于冒险精神分享给学校师生。

【“宁波帮”杰出爱国人士访问宁波诺丁汉大学】 11月11日，香港著名实业家、慈善家、“宁波帮”杰出爱国人士李达三博士携夫人李叶耀珍、长子李立峰夫妇、长孙李本俊夫妇一行访问宁波诺丁汉大学，出席李达三雕像揭幕典礼、李叶耀珍奖学金颁发仪式、“李达三叶耀珍伉俪李本俊”图书馆命名仪式及研究生毕业典礼等活动，并与学校中外师生进行互动交流。

【“宁波帮”杰出爱国人士为宁波诺丁汉大学捐资助学】 12月17日，香港著名实业家、慈善家、“宁波帮”杰出爱国人士李达三博士向宁波诺丁汉大学捐赠1亿元人民币，捐赠仪式在香港举行。宁波诺丁汉大学校长、著名核物理学家杨福家院士向李达三颁发捐赠证书。李达三再次慷慨解囊捐资助学，主要是推动宁波诺丁汉大学师生创业创新，支持学校建设一流学科、培养顶尖人才、拓展国际合作并深化本土对接。

（陶琼莹）

义乌工商职业技术学院

【概况】 2017年，义乌工商职业技术学院派出短期出国(境)访问考察团组2批6人次，教师赴国(境)外培训、进修、访学4批31人次。国(境)外专家学者、学生、院校代表来校学习、访问或进行项目洽谈12批84人次。

全年招收来自64个国家的留学生1125人，派出交流生29名。

【韩国设计振兴院中国事务所代表团访问义乌工商职业技术学院】 2月21日，院长王珉会见韩国设计振兴院中国事务所所长洪民硕、韩国桂园艺术大学金铉旭教授等一行4人。双方就设计理念、专业建设、设计产品转化等方面进行交流。同时，学校举行聘任仪式，聘任洪民硕为创意设计学院客座教授，王珉向洪民硕颁发聘书。

【美国莫瑞州立大学代表团访问义乌工商职业技术学院】 3月15日，副院长何少庆接待美国莫瑞州立大学副校长唐恩·罗伯逊一行。双方就开展校际交流合作达成意向，并签署校际合作交流框架协议和一年制研修课程合作项目协议。

【加拿大卡纳多文理应用学院副校长访问义乌工商职业技术学院】 3月30日，副院长何少庆会见加拿大卡纳多文理应用学院副校长理查德·彼得斯和中国区主任王芳一行，双方就教育合作事项进行商谈。在义乌工商职业技术学院期间，理查德·彼得斯和王芳为学校学生举行交流项目宣讲会。

【瑞典斯文爱立信学校代表团访问义乌工商职业技术学院】 4月6日，瑞典斯文爱立信学校校长助理简·松德鲍姆率13名师生访问义乌工商职业技术学院。副院长何少庆接待简·松德鲍姆一行，双方就计划开展各类师生交流与合作、瑞典朋友到义乌工商职业技术学院学习了解中国文化、参加创意设计和创业实践等活动进行交流洽谈。

【新西兰北方理工学院代表访问义乌工商职业技术学院】 5月24日，国际交流合作处负责人接待来访的新西兰北方理工学院教师培训负责人布鲁斯·霍德，双方就暑期培训事宜及中外合作办学项目国际商务专业的教学、管理等事项进行商讨。

【英国亚伯大学代表访问义乌工商职业技术学院】 5月26日，副院长何少庆会见英国亚伯大学工商与法律研究院国际战略部部长加文·赵。双方就商务类课程资源库建设、国际注册会计师等职业资格证书引进、教师访学、师资培训、科研合作、双语课程建设等合作事项进行沟通，并就“3+1+1”专升硕合作项目进行了重点讨论。

【西班牙马德里高校代表团访问义乌工商职业技术学院】 6月12日，院长王珉会见西班牙马德里远程教育大学首席执行官阿尔图若·德·拉斯·埃拉斯及西班牙胡安卡洛斯国王大学费利佩·德巴萨·纳瓦尔波特罗教授率领的西班牙马德里高校代表团一行。双方就在学术合作、师生交流、课程共享等领域建立合作关系达成共识并签署校际间协议。

【加拿大卡纳多文理应用学院中国区主任访问义乌工商职业技术学院】 9月21日，加拿大卡纳多文理应用学院中国区主任王芳访问义乌工商职业技术学院。双方重点商议了校际交流项目在师资培养、课程引进等方面的深度合作事宜。

【英国伯恩茅斯大学代表团访问义乌工商职业技术学院】 10月18日，副院长何少庆接待英国伯恩茅斯大学传媒学院副院长盖·史德凯一行4人。双方就专升本合作、职业资格证书引进、课程资源引进、学生短期交流项目、教师培训、科研合作等议题进行深入沟通，并就相关项目开展合作达成意向。

【阿里巴巴外籍学员代表团访问义乌工商职业技术学院】 11月21日，义乌工商职业技术学院贾少华教授接待来学校交流电商创业的阿里巴巴外籍学员一行28人。双方围绕商业模式、电商发展趋势等话题展开深入交流。

【美国中央俄克拉荷马大学中国区代表访问义乌工商职业技术学院】 11月29日，美国中央俄克拉荷马大学中国区代表赵晓芳访问义乌工商职业技术学院。院有关部门负责人接待赵晓芳，双方就交流生项目、专升本项目、科研合作等进行交流探讨，并就开展各类师生交流与合作达成初步合作意向。

【泰国创新创业发展和职业教育研修班学员访问义乌工商职业技术学院】 12月19日，泰国南部农业技术学院教区长空卡瓦·维特萨瓦率泰国创新创业发展和职业教育研修班学员一行30人访问义乌工商职业技术学院。院国际合作处负责人会见代表团一行，双方就创新创业教育和职业教育等进行交流，并希望积极对接探讨具体合作事项，期待开展学生交流、教师访学、培训进修等校际合作。

（吴　姗）

地市外事侨务

Foreign and Overseas Chinese Affairs in Prefecture-level Cities

杭 州 市

综 述

【概况】 2017年,杭州市接待国(境)外来访团组26批683人次,其中国家元首与政府首脑团组9批95人次、副部级以上团组17批588人次。全年接待国际友城交流团组49批190人次,接待42个国家的驻华使领馆(驻华机构)官员60批296人次。安排市委市政府主要领导参加各类外事活动50余次,牵头接待"一带一路"沿线国家各类来宾团组107批次、国际知名企业高层团组15批88人次。全年安排市领导出访24批142人次,审批因公出国(境)团组1247批4578人次,其中党政机关、参公事业单位人员1213人次。全年办理因公出国护照签证手续606批2889人次,新颁护照3135本。办理外国人来华邀请函电确认手续2198批3310人次,申办APEC商旅卡432张。

重要活动

【"一带一路"地方合作委员会】 5月14日,由杭州市牵头成立的"一带一路"地方合作委员会城地组织在杭州正式揭牌。这是当前最大的世界城市和地方政府国际组织,旨在通过构建联系网络,增进理解与合作,应对各种挑战。

年初,为配合中央总体外交,推进城市国际化。杭州市与全国友协在城地组织亚太区框架内,联合发起成立"一带一路"地方合作委员会,委员会主席由全国友协会长和杭州市市长共同担任。作为牵头城市,杭州将举办各种级别的国际会议和论坛,与委员会各成员城市共同研究、探讨城市发展课题。

6月14日,杭州市政府新闻办召开例行新闻发布会,宣布"一带一路"地方合作委员会秘书处作为常设机构永久落户杭州,并于15日揭牌。这是杭州积极参与"一带一路"建设,推进城市国际化的又一重要举措。

【"2017宝马未来出行青年实践营"活动】 9月15日,作为"一带一路"地方合作委员会启动项目的"2017宝马未来出行青年实践营"之"对话宝马"活动在杭州举行。宝马集团可持续发展发言人凯·佐贝来恩与中国区高管姚晓蓉主持活动开场仪式。宝马集团专家亚历山大·尼克博士介绍了宝马集团的可持续发展战略。对话活动分别就"新能源汽车理念""城市出行服务"两个主题,邀请来自浙江省各高校相关专业的大学生及全球各高校的外国大学生共同参与互动讨论。

"宝马未来出行青年实践营"是宝马中国与中国人民对外友好协会合作,面向大学生与青年设计师、规划师推出的全新项目,旨在利用宝马在可持续个人出行方面的核心优势与资源,为未来的社会中流砥柱搭建一个学习、交流、实践平台,并引导青年精英关注交通出行问题,启发他们的灵感,运用前沿技术与理念展现对未来城市可持续出行的大胆构想和愿景。

主要出访

【杭州市代表团访问德国、匈牙利和以色列】 11月15日至22日，省委常委、市委书记赵一德率杭州市代表团一行赴德国德累斯顿、匈牙利布达佩斯和以色列贝特谢梅什市考察访问。代表团此访，旨在推动杭州市积极参与“一带一路”建设，深化与德国、匈牙利和以色列三国相关城市在经贸、科技、工业、旅游、文化等领域的交流合作，增进友好互信，促进互利共赢。访问期间，代表团出席中德智能制造合作交流与产业推介会、文澜中学与布达佩斯马达奇中学友好合作备忘录签约仪式、杭州旅游布达佩斯推介会。赵一德还与当地政府、有关部门及企业负责人会谈，积极推动杭州与有关城市的友好关系，并看望当地浙(杭)籍华人华侨。代表团还考察了三国当地城市规划建设管理、工业4.0、科技创新等情况，深化相互交流与合作。

表7 2017年杭州市部分市领导出访团组情况

出访时间	代表团团长职务、姓名	出访地点
2月	副市长王宏	日本、泰国
3月	副市长张建庭	俄罗斯、土耳其
5月	市人大常委会副主任许勤华	阿根廷、智利
5月	副市长陈国妹	丹麦、德国、英国
7月	副市长陈新华	捷克
7月	副市长谢双成	德国
8月	市委副书记马晓晖	希腊、爱尔兰
8月	市委常委、余杭区委书记毛溪浩	美国、墨西哥
9月	市委常委、组织部长张仲灿	德国、乌克兰、以色列
9月	市人大常委会副主任郑荣胜	爱尔兰、摩洛哥
10月	市委常委、秘书长许明	俄罗斯、捷克
10月	市委常委、副市长姚峰	美国、新加坡
11月	市委常委、秘书长许明	捷克、俄罗斯
11月	市人大常委会副主任徐祖尊	古巴、牙买加
11月	市政协副主席翁卫军	古巴、墨西哥

主要来访

【丹麦外交大臣访问杭州】 3月12日，省委常委、市委书记赵一德会见丹麦外交大臣安诺斯·萨缪尔一行。在杭州期间，安诺斯·萨缪尔参加2017“中丹旅游年”之杭州首场“家门口看世界——丹麦日”旅游推介活动。在“中丹旅游年”框架下，中丹两国将组织旅游领域的各主题交流活动，开展中丹旅游业间考察互访，同时在两国多地举办“中国日”和“丹麦日”等系列活动。

【新加坡驻沪总领事访问杭州】 3月15日，市委副书记、代市长徐立毅会见新加坡驻沪总领事罗德伟一行。徐立毅表示，杭州在建设世界名城过程中，需要加强与世界各地的联系，学人之长、补己之短，不断增添自身发展动力。新加坡在城市建设、经济转型等方面有许多先进理念和经验值得杭州学习借鉴。希望双方加强对话交流，积极拓展合作领域，取得更多实质性成果。罗德伟表示，新加坡与杭州在产业、科技等领域已有良好的合作基础，愿以此为契机，进一步加强与杭州的多方面交流，促进共赢发展。

【土耳其航空全球总裁访问杭州】 3月22日，省委常委、市委书记赵一德会见土耳其航空全球总裁毕拉尔·艾科希一行。双方就开通杭州和土耳其之间航线事宜进行交流。赵一德指出，G20杭州峰会的成功举办，大大提高了杭州的全球知名度和美誉度，为杭州加快城市国际化、旅游国际化带来了重大机遇。萧山国际机场是中国十大机场之一，与土耳其航空进行合作具有良好前景和广阔市场，杭州市委市政府将给予全力支持、积极推动。希望航线的开通能为杭州与土耳其在旅游、商贸等领域合作带来发展新机遇，实现互利共赢。毕拉尔·艾科希表示，期待双方在航线开发、业务开拓等方面加强合作，土耳其航空将进一步优化航线结构，提供优质的航空服务。

【国际奥委会名誉主席访问杭州】 3月24日，省委常委、市委书记赵一德会见国际奥委会名誉主席雅克·罗格一行。赵一德介绍杭州市情和体育事业发展情况，赞赏罗格为世界奥林匹克运动发展作出的巨大贡献。赵一德表示，杭州在加快城市国际化进程中，正在加快体育设施建设、大力发展体育事业，着力打造国际会展之都赛事之城。希望雅克·罗格名誉主席对杭州体育事业特别是筹办2022年杭州亚运会给予关心和支持。雅克·罗格表示，此次到访杭州，感受到杭州经济社会发展取得的成就，特别是体育事业取得的成就。他说，杭州发展体育事业有很好的基础设施及群众基础，相信杭州一定能够筹备好2022年亚运会，推动体育事业继续向前发展。

【亚奥理事会主席访问杭州】 4月17日，省委常委、市委书记、杭州亚组委副主席赵一德会见亚奥理事会主席艾哈迈德·法赫德·萨巴赫亲王率领的亚奥理事会代表团一行。赵一德介绍G20杭州峰会服务保障和杭州经济社会发展情况，希望亚奥理事会和亲王阁下多关心、多指导，帮助杭州把亚运会筹备工作做得更加扎实、更加到位。艾哈迈德·法赫德·萨巴赫表示，对杭州筹办亚运会充满信心，相信在各方共同努力下，杭州一定能把2022年第19届亚运会办成一届精彩成功、具有高科技含量的亚运会。

【泰国TCC集团创始人访问杭州】 4月17日，省委常委、市委书记赵一德会见泰国TCC集团创始人、董事局主席苏旭明一行。赵一德说，杭州在尊重自然、保护生态、传承文化的基础上，大力推进创新发展，加快城市国际化步伐，希望TCC集团积极参与杭州建设发展。苏旭明表示，杭州是一座美丽、文明、安全的城市，前景广阔令人期待，TCC集团对在杭投资充满信心，希望双方加强合作、互利共赢。

【捷克国家投资局局长访问杭州】 5月16日，市委副书记、市长徐立毅会见捷克国家投资局局长卡莱尔·库切拉一行。双方就运用跨境电子商务促进贸易增长、推进线上线下互动、服务"一带一路"倡议等方面进行深入探讨，表示将继续加强政府和企业层面沟通交流，增进务实合作，实现共同发展。

【英国驻华大使访问杭州】 5月17日，省委常委、市委书记赵一德会见英国驻华大使吴百纳一行。赵一德指出，杭州与英国友谊源远流长，早在1988年，英国利兹市就与杭州建立友好城市关系，双方互动往来日益频繁，友好关系日益密切，合作交流成果显著。杭州将进一步加强与英国在经贸、体育、教育、文化等领域的交流合作，推动双方友好关系不断向前发展。吴百纳表示，英中正处于发展关系“黄金时代”，两国合作领域广泛、潜力巨大。英国十分看好杭州未来的发展，愿通过努力推动双方合作向更宽领域、更深层次、更高水平发展。

【微软全球执行副总裁访问杭州】 5月21日，市委副书记、市长徐立毅会见微软全球执行副总裁沈向洋一行。徐立毅表示，当前杭州正围绕建设具有全球影响力的“互联网+”创新创业中心，大力发展信息经济，培育云计算、大数据、物联网等优势产业，推动人工智能等未来产业加快发展。欢迎微软来杭投资布局，杭州将全力打造优良环境，提供优质服务，推动共赢发展。沈向洋表示，希望未来双方加强交流合作，共同推动云计算、人工智能产业的加快发展。

【芬兰新地省省长访问杭州】 7月4日，省委常委、市委书记赵一德会见芬兰新地省省长奥西·萨沃莱宁一行。赵一德说，杭州一直高度重视与芬兰的交流合作。芬兰新地省是欧洲经济增长最快的地区之一，也是充满活力的知识中心，很多经验做法值得杭州学习借鉴。当前，杭州正抢抓“一带一路”等战略机遇，进一步打开对外贸易的新通道和新局面。杭州将加强与芬兰在电子商务、科技、农业等领域的交流合作，携手促进经济的繁荣与发展。奥西·萨沃莱宁表示，芬兰与中国正在积极构建和推进面向未来的新型合作伙伴关系。希望新地省和杭州市深化在经贸、人文等领域的合作，把双方战略合作推向新高度。

【法国国立民航大学校长访问杭州】 8月10日，省委常委、市委书记赵一德会见法国国立民航大学校长马克·乌尔拉一行，双方进行了友好交流与洽谈。

【以色列驻沪总领事访问杭州】 8月16日，省委常委、市委书记赵一德会见以色列驻沪总领事普若璞一行。赵一德表示，杭州历来重视与以色列的交流与合作，不断深化与友好城市贝特谢梅什市间的友好交往，全面推动政府部门间、企业间互动交流。以色列科技创新水平处于世界领先地位，很多经验值得杭州学习借鉴。杭州将以总领事此访为契机，继续深化与以色列在科技、环保、教育等领域深层次、多方面合作，共同打造一批引领未来的示范性合作项目，争取早日收获实质成果，更好实现互利共赢。

【美国驻沪总领事访问杭州】 9月13日，市委副书记、市长徐立毅会见美国驻沪总领事谭森一行。双方表示，杭州与美国多个城市在经贸、教育、文化和旅游等领域保持着良好合作关系，双方要进一步拓展科技创新、医疗卫生、人才交流等领域合作的广度和深度，实现互利共赢。

【联合国教科文组织文化助理总干事访问杭州】 9月15日，市委副书记、市长徐立毅会见联合国教科文组织文化助理总干事班德林一行，双方就相关事项进行探讨交流与洽谈。

【国际泳联执行主任访问杭州】 9月28日，市委副书记、市长徐立毅会见国际泳联执行主任科奈尔·马库勒斯库一行。徐立毅说，2018年杭州将举办世界短池游泳锦标赛，杭州市将全力以赴做好各项筹办工作。科奈尔·马库勒斯库表示，国际泳联将一如既往关心支持杭州，拓展合作领域，完善合作机制，共同推动游泳项目的普及和发展。

【捷克总统中国事务特命代表访问杭州】 10月26日，市委副书记、市长徐立毅会见捷克总统中国事务特命代表雅罗斯拉夫·德沃吉克一行，双方就相关事项进行了交流。

【巴西里约市市长访问杭州】 11月8日，市委副书记、市长徐立毅会见巴西里约热内卢市市长马塞洛·克里维拉率领的友好代表团一行，双方就促进两市间友好交流等事项进行交流与洽谈。

【新加坡丰益国际集团执行董事长访问杭州】 12月1日,省委常委、市委书记赵一德会见新加坡丰益国际集团执行董事长、益海嘉里集团董事长郭孔丰一行,双方就相关事宜进行探讨与交流。

【城地组织2017年世界理事会会议】 12月6日至9日,世界城市和地方政府联合组织2017年世界理事会会议暨"大数据背景下的智慧城市建设"论坛在杭州举行。9日,省委常委、市委书记赵一德会见城地组织主席帕克斯·陶等主席团成员及参会代表。赵一德表示,21世纪是城市的世纪,是世界城市化高度发展的世纪。城市问题是大家共同面对的问题,需要全球城市共同努力加以破解。城地组织在共同应对全球化与城市化带来的挑战中发挥了重要作用。杭州加入城地组织以来,积极参与各类活动,成为城地组织世界理事会会员和"一带一路"地方合作委员会牵头城市。在城市治理中,杭州十分注重文化力量、技术运用和制度创新,充分发挥信息技术在城市治理和经济发展中的支撑和引领作用,加快推进城市"数据大脑"建设,不断提升城市治理能力和水平。城地组织2017年世界理事会会议暨"大数据背景下的智慧城市建设"论坛在杭州举行,既为全球城市交流互鉴提供了好平台,也为杭州学习先进城市治理经验提供了好机会,希望与会嘉宾为杭州城市治理多提意见建议。城市发展面临的挑战既有共性也有个性,杭州愿与不同国家城市间加强交流合作,在互学互鉴中找到更多应对城市治理挑战的思路和方法,为城市的明天更加美好、为构建人类命运共同体发挥更大作用。帕克斯·陶表示,城地组织致力于构建全球地方政府间的联系网络,希望进一步加强与杭州的交流合作。城地组织将与世界各国城市一起努力,共同为全球城市治理贡献力量。

【国际货币基金组织秘书长访问杭州】 12月19日,省委常委、市委书记赵一德会见国际货币基金组织秘书长林建海一行,双方就有关事项进行交流与探讨。

【埃塞俄比亚外交国务部副部长访问杭州】 12月20日,省委常委、市委书记赵一德会见埃塞俄比亚外交国务部副部长阿库利鲁一行。赵一德说,杭州与埃塞俄比亚友谊源远流长,双方往来日益频繁,合作交流成果显著。双方表示,将在共同推进"一带一路"建设中,深化贸易、文化等各领域务实合作,增进互相了解和友谊。

友好城市交流

【日本岐阜市市长访问杭州】 2月16日至18日,日本岐阜市市长细江茂光率代表团一行访问杭州。在杭期间,代表团拜会市长张鸿铭,商谈2017年两市间合作交流事宜。并考察梦想小镇,学习杭州推动企业创新、扶持初创企业等经验做法。

【埃塞俄比亚阿瓦萨市市政服务组织总经理访问杭州】 2月24日,埃塞俄比亚阿瓦萨市市政服务组织总经理伊门尤夏尔率代表团一行访问杭州。在杭期间,代表团一行学习杭州市城市规划、滨水区域开发、城市绿化美化、固体废弃物处理等经验。

【第12届中国国际少年儿童漫画大赛】 2月,杭州市友协与杭州市青少年宫合作举办第12届中国国际少年儿童漫画大赛。市友协通过联系日本福井市、岐阜市和德国纽伦堡市等友城,招募20多名国外青少年学生参与比赛并获得奖项。市友协配合市青少年宫还在杭州和境外举办获奖作品巡回展演。

中国国际少年儿童漫画大赛自2006年开始举办,它是中国国际动漫节中参与面最大、国际化程度最高的青少年品牌活动项目之一，也是中国具有影响力的国际性青少年文化活动之一，更是国内外喜爱绘画艺术少年儿童切磋交流的大平台。几年来参赛选手遍及五大洲40多个国家和地区，参赛选手累计25万余人次。

【中国—斯里兰卡文化交流】 5月至12月，为纪念中斯建交70周年，由全国友协、杭州市友协和斯中协会共同主办的“摄影师眼中的中国和斯里兰卡”文化交流项目先后在中国和斯里兰卡开展。5月，杭州市派出一名摄影家随全国友协团组赴斯里兰卡进行当地风土人情拍摄。6月，斯里兰卡派出两名摄影家以“一带一路”文化交流和佛教文化为主题赴杭州西湖、灵隐寺进行摄影、摄像创作，市友协负责接待和陪同斯里兰卡摄影家和全国友协文化交流部官员在杭州考察和拍摄。11月，摄影作品在斯里兰卡展出。12月，全国友协和杭州市友协、斯中协会在杭州图书馆共同举办“摄影家眼中的中国和斯里兰卡”摄影展，共展出中、斯两国4位摄影家作品56幅，斯里兰卡驻沪总领事参加开幕式。

【第六届杭州国际友城论坛】 10月18日至22日在杭州举行，19个国际友城、3个国际组织和7个国家驻沪总领事馆等组成的代表团参加论坛。论坛以“城市与创新”为主题，并与阿里巴巴集团和浙江大学合作举办“电子商务”和“智慧城市”等分议题。市委副书记、市长徐立毅出席论坛并作主旨讲话。

【杭州和马里博尔缔结友好城市】 11月20日，市长徐立毅会见斯洛文尼亚马里博尔市市长安德烈·菲茨特拉维奇一行。双方签署友城协议书，杭州和马里博尔正式缔结为友好城市。

侨 务 工 作

【概况】 2017年，杭州市侨务工作围绕市委、市政府决策部署，扎实开展各项工作，在服务城市国际化、服务经济社会发展等方面取得新成效。全年设立“中国杭州支持浙商创业创新海外工作联络处”3个，举办重要侨务活动5场，走访慰问侨资企业52家，帮助侨商维护投资权益4起。慰问困难归侨侨眷、侨界人士382户，发放慰问金和慰问品31.26万元，对18名困难归侨发放补助金6.48万元，为11名应急帮扶对象发放救助款5.1万元。全年办理“三侨生”身份确认80人，其中高考生33名、中考生47名，办理华侨回国定居审批36人。全年接待涉侨来信来访144人(件)次，其中到访130人次，办结率100%。及时做好信息更新，2017年杭州侨网发布文章868篇，在海外知名媒体发布图文260余篇(幅)。

【杭州市侨商协会换届】 1月12日，杭州市侨商协会举行第五届会员代表大会，换届选举产生新一届常务理事会、监事会成员。浙江华日实业投资有限公司董事长陈励君当选为会长，奥普国际控股集团董事长方杰当选为监事长。国侨办、省外侨办领导及杭州市领导参加换届大会。新一届侨商会将秉承商会宗旨，充分发挥侨商会的平台优势，以服务大局为中心，服务侨资企业、服务侨商会员为主要任务，扎实开展富有实效的商会活动，倡导广大侨商履行社会责任、参与社会管理、回馈社会、奉献爱心，为杭州经济社会发展发挥侨商协会的应有作用。

【“海外华文媒体杭州行”采访活动】 5月22日至26日在杭州举行。活动以“韵味杭州·创新活力之城”为主题，邀请五大洲35家重点海外华文媒体到杭州采访，内容涉及经济、文化、科技等多个领域。活动期间，先后在海外重要媒体、杂志等刊登宣传杭州的图文260余篇(幅)，在更高标准、更大范围讲好“杭州故事”，并展示美丽杭州形象。

【“海外高层次人才杭州创业行”活动】 7月4日至6日在杭州举行。来自美国等5个国家的海外高层次人才31人携带30个项目参加活动，其中博士 21 人、硕士 10 人，涵盖生物医药、计算机信息、量子化学等 10 个专业。活动期间，组织海外高层次人才参观考察了 2 个园区，组织两场 12 个项目的路演及 4 场讲座，促成其中 2 个项目落户杭州。

【参加中德商务与投资暨全球侨商论坛】 7 月 10 日，为借助 G20 汉堡峰会机遇，扩大杭州国际知名度和影响力，副市长谢双成率杭州市相关部门及企业负责人一行 100 余人赴德国汉堡，参加“中德商务与投资暨全球侨商论坛”。该论坛秉承“创新与联动”的宗旨，延展并对接杭州与汉堡 G20 峰会所获得的资源与影响力，推动杭州与汉堡之间的深入交流与合作。

【中国海外交流协会海外理事杭州行】 9 月 26 日，国侨办中国海外交流协会第六次会员大会海外理事代表团一行访问杭州，代表团由来自 50 多个国家和地区的近 200 名中国海外交流协会顾问、常务理事和理事组成。市委副书记、市长徐立毅会见代表团一行并致辞。在杭期间，代表团参观考察了国际博览中心、城市规划馆、阿里巴巴集团、梦想小镇，感受了杭州经济社会的飞速发展和城市日新月异的变化。

港澳事务

【概况】 2017 年，杭州市领导率代表团赴港澳开展工作交流 5 批 23 人次。6 月，为纪念香港回归 20 周年，在《杭州日报》运用图文宣传杭港合作 20 年成就，系统宣传展示两地在经济、文化、教育等方面的合作成就。同月，香港特别行政区政府驻浙江联络处在杭州挂牌成立。全年接待香港贸发局等重要港澳机构与企业代表团来访 10 批次、接待香港社会福利署等 11 个港澳团组来访。市外侨办协助组织港澳中小学生参与第六届“西湖之春”国际少儿书法大赛。

【澳门工商界考察团访问杭州】 5 月 16 日，市委常委、统战部长佟桂莉会见中央人民政府驻澳门特别行政区联络办公室经济部副部长寇明、澳门工商联会会长何敬麟率领的澳门工商界杭州考察团一行。双方分别介绍了杭州、澳门的历史文化、生态环境及近年来经济社会发展现状、发展模式、发展前景等，表示希望双方进一步加深交流、加强合作，推动两地取得更好发展。在杭期间，考察团还参观丁香园、网易、“智慧 E 谷”展厅和浙江卫视等。

【香港商汤集团创始人访问杭州】 5 月 19 日，省委常委、市委书记赵一德会见香港商汤集团创始人汤晓鸥一行。赵一德表示，当前杭州正大力发展人工智能等未来产业，推动经济转型升级，欢迎商汤集团来杭投资布局。汤晓鸥说，杭州有良好的产业生态和人才环境，希望双方加强合作，实现互利共赢。

【香港特区政府驻浙江联络处挂牌成立】 6 月 5 日，香港特别行政区政府驻浙江联络处开幕典礼在杭州举行。香港特别行政区政府驻浙江联络处隶属香港特别行政区政府驻上海经济贸易办事处，已在 4 月 18 日开始运作，目的是进一步加强浙江省和香港的交流合作，协助港人港企更有效地把握东部地区的发展机遇。6 月 20 日，香港芭蕾舞团在杭州大剧院演出《东西方的对话——芭蕾精品荟萃》。

【香港经济日报集团董事访问杭州】 8 月 29 日，市委副书记、市长徐立毅会见香港经济日报集团董事总经理兼执行董事麦华章一行。徐立毅表示，杭州是历史文化名城、创新活力之城和生态文明之都，近年来着力发挥特色禀赋优势，加快建设具有独特韵味与别样精彩的世界名城。香港经济日报集团作为影响力较大的多元化媒体公司，一直高度关注杭州企业“走出去”进程、产业升级新动态。希望双方进一步加强沟通、密切合作，将杭州转型创新的更多好声音、好故事、好样本传递给港人，实现共赢发展。麦华章表示，杭州山明水秀、人杰地灵，近年来经济社会发展亮点频现、成就斐然。香港经济日报集团将进一步加大对杭州创新创业、产业转型、对外开放等领域宣传报道力度，为深化港杭合作搭建对接桥梁。

【杭州市政协代表团访问香港和澳门】 9月18日至23日，市政协主席潘家玮率杭州市政协代表团一行访问香港和澳门，开展团结联谊活动。在香港和澳门开展的团结联谊活动上，潘家玮指出，G20峰会的成功举办，推动杭州站在新的历史起点上。杭州将深度融入“一带一路”、长江经济带、长三角城市群等国家战略，紧紧抓住“后峰会、前亚运”重大机遇，大力实施“拥江发展”战略，朝着建设一流城市、世界名城的目标大步迈进。希望市政协港澳委员及港澳杭州政协之友联谊会理事，牢记责任担当，准确领会和积极践行“一国两制”方针，继续为保持港澳繁荣稳定作出贡献。要发挥市政协港澳委员的独特优势，积极履职建言城市国际化，继续为杭州建设一流城市和世界名城作贡献。要发挥桥梁纽带作用，进一步拓展交流渠道，建强交流平台，继续为深化杭港澳交流合作作贡献。

【港铁有限公司董事局主席访问杭州】 10月10日，省委常委、市委书记赵一德会见香港铁路有限公司董事局主席马时亨一行。赵一德指出，当前杭州正抢抓“后峰会、前亚运”历史机遇，大力实施“拥江发展”战略，着力打好以地铁建设为重点的“交通治堵”等硬仗，加快城市国际化步伐。希望港铁公司抓住机遇，积极参与杭州地铁建设和管理。杭州将一如既往支持港铁公司在杭州的发展。马时亨表示，港铁公司十分看好杭州城市发展前景，将加快在杭合作项目建设，进一步拓展合作领域，为杭州交通发展作出新贡献。

（胡　坚）

宁波市

综　　述

【概况】 2017年，宁波市外事(港澳)工作紧密围绕市委市政府中心工作，统筹利用外事资源，发挥外事工作优势，抓重点、补短板、强弱项，努力服务国家总体外交大局和宁波经济社会发展，积极推动外事工作从"办外事、管外事"向"谋外事、统外事"转变，实现外事工作创新、转型发展，既服务现代化，又引领国际化，各项工作取得了积极成效。

坚持服务大局，进一步提高服务国家总体外交水平。扎实做好宁波市政府和市政协主要领导出访，既宣讲党的政策、贯彻落实中央外交政策，又积极拓展全方位交流合作。扎实服务第三届中国—中东欧国家投资贸易博览会系列活动、"亚洲艺术节"开幕式和"澜湄论坛"、保加利亚索非亚文化中心落成仪式。成功接待柬埔寨西哈莫尼国王等重要团组来访，全年接待来自20个国家的副部级以上重要团组25批233人次。通过积极开展对捷克的"点对点"工作及对挪威的友好交流工作，服务市领导接受采访、宣介及出访等活动，有力配合国家总体外交。

坚持服务发展，进一步参与"一带一路"建设。努力利用国家外交资源，加强与中东欧工作的对接，顺利推进中国—中东欧博览会和"16＋1"经贸合作示范区等项目，深度参与顶层设计。主动搭建合作平台。成功主办首届中国—中东欧市长论坛。在德国杜塞尔多夫市和罗马尼亚康斯坦察市成功举办"欧洲·宁波周"主场活动。积极构建港口合作机制。加快在"一带一路"沿线布建友好城市。全市全年新结友好城市6个，全市累计友城94对，其中市本级61对。深入挖掘外交外事资源，服务宁波市经济社会发展。多层次、多领域、多渠道开展务实友好交流合作，港澳工作得以进一步加强。

坚持高效规范，进一步加强外事管理服务工作。加强因公出国(境)管理服务工作。严格执行省委十二字审核审批原则，突出任务导向，实行分类管理，支持涉外经济部门、重点开发区域及推进城市国际化工作重点部门开展对外交流，支持招商引资、招才引智、招展办展、教学科研及企业人员"走出去"，服务经济社会发展和改革发展。进一步加强涉外维稳和安全管理工作、来华邀请和涉外活动的报批管理及"外事为民"创新服务体系建设。积极推进"最多跑一次"和"一窗受理、集成服务"改革，截至2017年年底，全市持有有效APEC旅行卡3074张，占全国总量的十六分之一，位居全国第四位。办理领事认证14978批31148份，位列全国第八位。

坚持科学规划，进一步推进城市国际化工作。优化顶层设计，出台年度重点工作任务分解分工方案，高质量完成市级重点课题。加强督查考核，促进重点工作落实。积极营造推进工作氛围。

重要活动

【2017中国—中东欧市长论坛】 6月8日在宁波举行。论坛以"'一带一路'与互联互通下的智慧交通与绿色出行合作"为主题，

由中国人民对外友好协会与宁波市人民政府共同主办。浙江省委副书记、宁波市委书记唐一军会见前来参加论坛的外国政要。宁波市委副书记、市长裘东耀，中国人民对外友好协会副会长宋敬武，宁波市政府秘书长张良才及来自吉林长春、河南郑州、福建三明、浙江温州等十余个中方城市领导，中国各地对外友好协会领导和罗马尼亚前总理、克卢日纳波卡市市长博克等十余个中东欧国家城市领导，罗马尼亚前总理蓬塔、纳斯塔塞，克罗地亚前副总理西莫尼奇等中东欧国家前政要，中东欧国家对华友协领导、驻华使节和领事馆官员，中国和中东欧国家的交通运输领域专家、学者及企业代表等260余人出席论坛。开幕式上，宋敬武致欢迎词，博克致辞，裘东耀作主旨发言。

【宁波舟山港与四个中东欧国家城市港口合作会议】 7月9日至12日在宁波召开。波兰格但斯克、罗马尼亚康斯坦察、克罗地亚里耶卡、斯洛文尼亚科佩尔等4个中东欧国家城市港口的代表出席会议。会上，宁波舟山港与上述4个中东欧国家城市港口达成重要合作意向。

【2017“欧洲·宁波周”活动】 10月25日至11月1日，“欧洲·宁波周”主场活动在德国杜塞尔多夫市和罗马尼亚康斯坦察市举办。活动突出经贸合作、项目导向和政企互动，积极促进宁波智能制造产业发展、港口物流与产业合作。活动期间，宁波市与杜塞尔多夫市和康斯坦察市等共签署14个合作项目，总投资额12.5亿美元，协议利用外资5.08亿美元。并签署9个友好学校合作协议。

主要出访

【宁波市代表团访问蒙古国】 5月3日至5日，市委副书记、市长裘东耀率宁波市代表团对蒙古国进行工作访问。代表团与乌兰巴托市政府、议会高层进行广泛深入交流，通过政策宣讲、主旨演讲及开展“丝绸之路”和“草原之路”战略对接，达成一系列共识，进一步促进了双方在经贸、人文等领域的交流与合作。

【宁波市代表团访问贝宁和马达加斯加】 7月26日至8月3日，市政协主席杨戍标率宁波市代表团访问贝宁和马达加斯加。访问期间，代表团与两国相关部门在推动“一带一路”框架下，就加强经贸、港口、教育、文化、医疗等领域合作进行交流。在马达加斯加，代表团与马达加斯加相关部门就宁波大学在塔马塔夫开办孔子学院项目等达成共识。

主要来访

【柬埔寨国王访问宁波】 4月7日至8日，柬埔寨国王西哈莫尼一行17人访问宁波。7日，省委常委、市委书记唐一军会见来宾。柬埔寨副首相兼王宫事务大臣贡桑奥，市领导杨戍标、宋越舜、施惠芳等参加会见。唐一军简要介绍宁波经济社会发展近况。西哈莫尼对宁波在各领域取得的发展成就以及宁波与柬埔寨交流合作所取得的一系列成果表示祝贺，并衷心祝愿宁波在未来发展中取得更大成绩。在宁波期间，西哈莫尼一行还出席了“中华文化四海行——走进奉化”书画艺术大展剪彩仪式，并参观奉化溪口雪窦寺。唐一军、施惠芳等陪同或参加相关活动。

【新加坡经贸代表团访问宁波】 4月26日至27日，新加坡文化、社区及青年部、贸工部高级政务部部长兼浙新经贸理事会新方主席沈颖率领的新加坡经贸代表团一行访问宁波。市委副书记、市长裘东耀会见代表团一行。裘东耀说，宁波与新加坡合作基础良好、内容丰富、空间广阔，一批重点合作和招商引资项目正在顺利推进。沈颖表示，新加坡与宁波的友好合作在前期成功实践的基础上，正不断向更宽领域拓展。

在新形势下，希望双方进一步巩固友好合作关系，扩大合作交流领域，特别是深化规划、城建、电子商务、教育等领域合作，在更广阔的平台上寻求更多商机，努力打造“一带一路”合作样板。市人大常委会副主任、杭州湾新区党工委书记俞雷，新加坡驻沪总领事罗德伟等会见时在座。代表团在宁波期间，还考察了杭州湾新区、海天塑机集团和北仑集装箱码头等。

【罗马尼亚前总理等访问宁波】 6月7日至10日，罗马尼亚前总理、克卢日纳波卡市市长埃米尔·博克，罗马尼亚前总理亚德里安·讷斯塔塞，克罗地亚前副总理安特·西莫尼奇等一行访问宁波，参加中国—中东欧国家市长论坛。省委副书记、宁波市委书记唐一军会见与会嘉宾。宁波市委副书记、市长裘东耀，中国人民对外友好协会副会长宋敬武，宁波市领导施惠芳、褚银良和市政府秘书长张良才等参加会见。唐一军代表浙江省委、省政府和宁波市委、市政府欢迎来宁波出席中国—中东欧国家市长论坛的各位嘉宾，并简要介绍了宁波经济社会发展情况。

【捷克工贸部副部长穆日茨基访问宁波】 6月7日至11日，捷克工贸部副部长穆日茨基一行访问宁波。省委副书记、市委书记唐一军会见来宾。唐一军简要介绍宁波经济社会发展近况。穆日茨基说，捷克与浙江、宁波在多个领域开展了富有成效的合作，希望双方进一步加强工业、农业、旅游、文化、科教等领域的交流合作，共同分享“一带一路”建设的巨大红利。市委常委、秘书长施惠芳等参加会见。

【泰国副总理访问宁波】 9月22日至25日，泰国副总理塔纳萨·巴迪玛巴功上将一行22人访问宁波，省委副书记、市委书记唐一军会见塔纳萨·巴迪玛巴功一行。唐一军对塔纳萨·巴迪玛巴功一行来宁波参加第15届亚洲艺术节表示欢迎，并介绍宁波市经济社会发展近况。塔纳萨·巴迪玛巴功对浙江和宁波的发展成就表示钦佩，泰方将积极响应“一带一路”倡议，在港口管理、旅游文化、贸易物流、产业投资等方面与宁波开展深度合作，更好地造福中泰两国人民，推动中泰友好关系不断向前发展。

【拉脱维亚经济部国务秘书访问宁波】 10月12日至14日，拉脱维亚经济部国务秘书尤里斯·斯汀卡一行7人访问宁波。市委副书记、市长裘东耀会见尤里斯·斯汀卡一行。裘东耀简要介绍宁波经济社会发展近况。尤里斯·斯汀卡表示，今后将把宁波作为中拉两国沟通合作的首要窗口，把中国—中东欧国家投资贸易博览会作为双方深化合作的重要平台，进一步强化两地沟通交流和对话合作，增进两地人民的交往与友谊，促进两地达成更多的合作成果。副市长李关定、市政府秘书长张良才参加会见。

表8　2017年宁波市接待的部分来访团组

时间	团组名称	来访人员情况	主要活动
1月18～19日	匈牙利国家发展部访问团	匈牙利国家发展部副国务秘书爱迪特·尤哈兹博士一行5人	与宁波市相关部门商谈匈牙利—宁波航空邮路事宜。考察慈溪滨海经济开发区中东欧邮政跨境电子商务园、宁波机场与物流园区管委会。副市长王仁洲会见代表团一行
3月4日	加纳财政部访问团	加纳财政部部长一行2人	出席鄞州企业相关活动

续表

时间	团组名称	来访人员情况	主要活动
3月23日	密克罗尼西亚高层访问团	密克罗尼西亚总统克里斯琴一行15人	代表团经停宁波
3月31日～4月1日	欧委会气候行动与能源委员会考察团	欧委会气候行动与能源委员卡涅特(西班牙)、中国气候变化事务特别代表解振华一行8人	市长裘东耀会见代表团
5月11日	国际民航组织前高官访问团	国际民航组织原秘书长、国际航空安全咨询公司战略顾问、航空专家本杰明(法国)一行3人	副市长李关定会见代表团
6月6～12日	马其顿高层访问团	马其顿外交部副部长伊利亚・伊萨伊洛夫斯基一行4人	来甬出席第二次中国一中东欧国家合作发展论坛。省委副书记、市委书记唐一军会见代表团
6月7～10日	保加利亚高层访问团	保加利亚经济部秘书长费拉迪米尔・图扎罗夫一行8人	来甬出席第二次中国一中东欧国家合作发展论坛
6月7～10日	罗马尼亚高层访问团	罗马尼亚营商环境、贸易及创业部国务秘书斯特利卡・弗杜雷亚一行4人	来甬出席第二次中国一中东欧国家合作发展论坛。副市长李关定会见代表团
6月7～10日	拉脱维亚高层访问团	拉脱维亚经济部国务秘书尤里斯・斯汀卡一行7人	来甬出席第二次中国一中东欧国家合作发展论坛。市长裘东耀会见代表团
6月7～11日	克罗地亚高层访问团	克罗地亚旅游部国务秘书弗拉诺・马图希奇一行10人	来甬出席第二次中国一中东欧国家合作发展论坛。副市长李关定会见代表团
6月7～11日	波兰高层访问团	波兰经济发展部副国务秘书保罗・豪朗热一行9人	来甬出席第二次中国一中东欧国家合作发展论坛
6月8～11日	匈牙利高层访问团	匈牙利外交与对外经济部副国务秘书帕那・帕特拉一行10人	来甬出席第二次中国一中东欧国家合作发展论坛。市长裘东耀会见代表团
6月9～10日	斯洛文尼亚高层访问团	斯洛文尼亚基础设施部部长彼得・加什佩尔西奇一行5人	来甬出席第二次中国一中东欧国家合作发展论坛。副市长李关定会见代表团
8月6～8日	瑞士议员访问团	瑞士工商企业联合会主席、联邦议员让・弗朗索瓦莱姆一行12人	考察中车新能源科技有限公司
9月23～25日	老挝高层访问团	老挝新闻文化旅游部部长波显坎・冯达拉一行5人	出席亚洲艺术节开幕式及澜湄论坛。市委常委、副市长刘长春会见代表团
9月23～26日	印尼高层访问团	苏加诺基金会主席、舞蹈家、作家、印尼首任总统苏加诺小女儿苏卡玛瓦蒂・苏加诺一行3人	出席亚洲艺术节开幕式及澜湄论坛。市委常委、副市长刘长春会见代表团

续表

时间	团组名称	来访人员情况	主要活动
10月14～17日	罗马尼亚康斯坦察省访问团	罗马尼亚中央政府特派专员贾卡·杜米特鲁一行7人	考察宁波保税区、宁波舟山港集团、宁波均胜集团。与市贸促会、宁波保税区管委会、宁兴集团、宁波舟山港集团举行会谈。副市长李关定与代表团进行双边会谈
10月17～20日	罗马尼亚布拉索夫省经贸代表团	罗马尼亚布拉索夫省议会议长埃德里安·韦斯特安一行25人	与市贸促会联合举办中国宁波—罗马尼亚布拉索夫商务论坛及企业交流会，并参观鄞州工业园、宁波进口商品中心。副市长李关定会见代表团
12月4～5日	柬埔寨洪森亲王及夫人奖学金访问团	柬埔寨洪森亲王及夫人奖学金协会会长洪马纳一行9人	考察宁波申洲针织集团有限公司，与宁波职业技术学院签署合作办学协议

表9　2017年驻华使(领)馆官员访问宁波情况

日期	主宾职务姓名	人数	主要活动
2月16日	英国驻沪总领事吴侨文	4	拜会市领导，考察银亿、广博、荣安等企业
2月17日～3月1日	加拿大驻沪总领事馆商务专员江宾	1	陪同加拿大 Magnal 公司总经理和技术总监访问浙江纺织服装职业技术学院信息媒体学院
3月3日	瑞典驻沪副总领事吴斐	10	率医疗企业代表团拜访市卫生计生委并参观宁波市第二医院
3月4日	加纳驻华大使馆临时代办	1	出席鄞州企业相关活动
3月6日	厄瓜多尔驻沪总领事卡林纳	2	出席由厄瓜多尔驻沪总领事馆和宁波市外办共同主办的“一国四境、美好国度——厄瓜多尔自然摄影作品展”开幕式
3月10日	瑞典驻沪总领事馆商务处陈思宇	1	与宁海科技园区管理中心商洽举办瑞典商会经贸推介会活动等事宜
3月13～15日	澳大利亚驻沪总领事梅耕瑞	2	拜会市领导，考察宁波先锋材料股份有限公司、宁波舟山港集团北仑集装箱码头、宁波博物馆和天一阁博物馆
3月22～23日	印度驻沪总领事古光明	2	访问宁波大学，参观阿育王寺及宁波美诺华药业、荣安地产、圣龙浦洛西凸轮轴等

续表

日期	主宾职务姓名	人数	主要活动
3月22～24日	捷克驻华大使馆副馆长尤乐娜	9	拜会市商务委，考察会展中心、文化广场、老外滩、南苑环球酒店、逸东豪生酒店等
3月28日	新加坡国际企发局中国司司长何致轩	4	拜访市外办、市商务委和杭州湾新区管委会，对接相关事宜
4月5日	英国驻沪总领事吴侨文	1	参加诺丁汉大学航空高峰论坛
4月7～8日	柬埔寨驻华大使凯·西索达、驻沪总领事田桑南	2	陪同柬埔寨国王西哈莫尼出席“中华文化四海行——走进奉化”书画艺术大展剪彩仪式，并参观奉化溪口雪窦寺
4月14～17日	厄瓜多尔驻沪总领事卡林纳，古巴驻沪总领事李兹培，乌拉圭驻沪总领事莱昂纳多·奥利维拉，阿根廷驻沪总领事安东尼奥·马丁·里博尔塔，哥伦比亚驻沪总领事露丝·海伦娜·艾彻维，墨西哥驻沪代总领事罗欢，委内瑞拉驻沪副总领事弗朗西斯科·萨拉格萨，马来西亚驻沪旅游领事赛丽娜	8	出席文博会相关活动
4月24～25日	日本驻沪总领事片山和之	3	考察宁波中心阪急商业项目、杉井奥特莱斯购物广场等
4月27～28日	挪威驻华大使司文	2	考察北欧工业园区
5月18～19日	捷克驻华大使贝德日赫·科佩茨基	11	
5月22～23日	美国驻沪总领事史墨客	5	拜会市领导、市外办、市民宗局，赴宁波大学发表以美中双边合作为题的演讲，考察雅戈尔集团和海曙区社会组织服务中心，并参观江北天主教堂和天一阁博物馆
6月6～11日	马其顿驻华临时代办佐理查·塔什科夫斯卡	1	出席浙江省参与“一带一路”建设工作推进会
6月7～10日	拉脱维亚驻华大使马里斯·赛尔加	1	
6月7～10日	保加利亚驻华大使馆经济商务参赞斯托杨·尼柯洛夫	3	
6月7～10日	罗马尼亚驻沪总领事奥雷利安·内亚古	3	
6月7～10日	塞尔维亚驻华大使米兰·巴切维奇	2	
6月7～10日	黑山驻华大使布兰科·佩罗维奇	2	
6月7～11日	克罗地亚驻华大使奈博伊沙·科哈罗维奇	1	
6月7～11日	捷克驻华大使贝德日赫·科佩茨基	6	

续表

日期	主宾职务姓名	人数	主要活动
6月8日	坦桑尼亚、贝宁和文莱三国驻华大使，柬埔寨、巴基斯坦、斯里兰卡、新西兰、埃塞俄比亚、南非和葡萄牙七国驻沪总领事	31	
6月8～9日	波兰驻沪总领事彼得·诺沃特尼亚克	3	
6月8～9日	匈牙利驻沪总领事博拉·希拉德	6	
6月10～11日	乌克兰驻沪总领事罗鹏	2	参加宁波“乌克兰文化艺术周”
6月15日	英国驻沪总领事馆政治领事裴杰	2	志奋领说明会
6月22日	英国驻沪总领事馆经济领事林洁希	2	拜访市金融办，了解宁波保险创新综合试验区相关情况
6月24～25日	法国驻沪总领事馆文化领事费保罗	2	出席文化广场夏至音乐节开幕式
6月27～28日	韩国驻沪总领事卞永台	6	拜访市外办，参观高丽使馆遗址和宁波博物馆
6月27～29日	英国驻沪总领事馆教育合作发展主任王海军	1	参加浙江纺织服装技术学院中英时尚设计学院揭牌仪式
7月2日	伊朗驻沪总领事馆领事随员阿里·戴嘎尼	1	出席SPS智慧中国品牌战略发布会
7月9～10日	英国驻沪副总领事柯牧申	2	出席中国航海日相关活动并拜访市外办、市商务委
7月11～12日	葡萄牙驻沪总领事若奥·芬斯多拉戈、新加坡驻沪总领事罗德伟、阿联酋驻沪总领事拉希德·齐姆兹、土耳其驻沪总领事安铜	21	出席海丝港口国际合作论坛
7月11～13日	波兰驻沪总领事彼得·诺沃特尼亚克	2	出席海丝港口国际合作论坛、五港合作专题会议
7月12～13日	罗马尼亚驻沪总领事奥雷利安·内亚古、斯洛文尼亚驻沪总领事史伯杨	2	出席五港合作专题会议
7月31日	匈牙利驻沪总领事博岚	4	拜访宁波机场与物流发展集团有限公司，就进一步加强宁波机场与布达佩斯机场合作事宜进行探讨
9月1日	法国驻华大使馆文化教育合作参赞罗文哲	4	拜访宁波大学和市教育局
9月10～12日	葡萄牙驻沪总领事馆商务领事马里奥·齐纳	1	出席由市金融办和复星集团共同举办的2017“星未来 Protechting”全球创业创新大赛
9月15～16日	荷兰驻华大使馆卫生参赞博沛	2	参加宁波国际养老服务产业博览会
9月22～25日	泰国驻华大使毕力亚·针蓬、驻沪总领事巴丽彩	2	陪同泰国副总理访甬，出席亚洲艺术节
9月26～28日	美国驻沪总领事馆商务领事董亮	4	拜访市经信委、市投促局、杭州湾新区、象山大目湾新城，参观宁波博物馆

续表

日期	主宾职务姓名	人数	主要活动
10 月 17 日	荷兰驻沪总领事艾晓安	9	拜会市政府领导，了解宁波经济社会发展情况，就荷兰与宁波在医疗和养老等领域交流与合作进行探讨。拜访市卫生计生委，推动荷兰与宁波在医疗领域的合作
10 月 20 日	美国驻沪总领事馆公民处处长慕容雪	2	拜访市外办，商讨美国公民服务相关事务，参观宁波市第一医院国际医疗中心
10 月 25 日	丹麦驻沪总领事普励志	1	出席范岁久特别展开幕式并致辞
10 月 27 日	日本驻沪总领事馆新闻文化部部长大西知子	1	拜访市外办，就在宁波市的大学开展日本文化推广活动进行探讨
11 月 7～8 日	美国驻沪总领事馆领事处副领事薛佳丽	2	参观浙大宁波理工学院并演讲，与旅行社及企业就赴美签证事宜举行座谈
11 月 15 日	美国驻沪总领事馆政治经济处环境科技卫生领事芮力	3	拜访市经信委，了解“中国制造2025”相关规划和政策
11 月 15 日	墨西哥驻沪总领事馆商务副参赞简娜	3	陪同墨西哥联邦经济特区发展署国际国内促进司司长与宁波保税区进行座谈
11 月 16 日	芬兰驻沪总领事万伯阳	1	到宁波外事学校参加芬兰西贝柳斯学会宁波音乐艺术教育基地授牌仪式
11 月 19～20 日	波兰驻沪总领事彼得·诺沃特尼亚克	4	参加文化广场波兰钢琴家户外交响音乐会
11 月 22～24 日	捷克驻沪副总领事博佑礼、墨西哥驻沪副总领事古斯曼夫妇、匈牙利驻沪总领事馆商务领事班懿、秘鲁驻沪总领事馆商务参赞弗拉迪米尔·戈切尔	5	参加东钱湖国际休闲湖泊论坛
11 月 23～24 日	英国驻沪副总领事柯牧申	2	出席 2017 中英职业技能发展高峰论坛
11 月 30 日～12 月 2 日	教育领事看宁波：老挝驻沪总领事西莎美·銮珍达翁、柬埔寨驻沪总领事田温楠等	13	拜会市政府领导，了解宁波市教育发展情况，与市教育局和部分院校举行交流合作座谈会，并参观宁波诺丁汉大学、宁波职业技术学院、宁波外事学校、宁波外国语学校、宁波教育博物馆和宁波博物馆
12 月 13 日	新西兰驻沪总领事馆商务领事潘迪文、商务官员刘莉	2	参加江北区引进新西兰注塑机企业项目落地签约活动

续表

日期	主宾职务姓名	人数	主要活动
12月14日	印度驻沪总领事馆文化领事平晓万	2	拜访宁波大学和市旅游局，并与部分旅行社座谈
12月14日	匈牙利驻沪总领事博岚	3	拜访市政府领导、市商务委和宁波华茂国际贸易有限公司
12月14日	巴基斯坦驻华大使馆商务参赞阿尔法·伊克巴尔	2	拜访市商务委
12月22日	日本驻沪总领事馆副领事刘谷桃子	1	赴宁波大学参加日本文化推介活动

友好城市交流

【波兰比得哥什市代表团访问宁波】 1月12日至14日，波兰比得哥什市副市长米洛斯瓦·科兹沃维奇率比得哥什市经贸代表团一行11人访问宁波。副市长王剑侯会见代表团一行。在宁波期间，代表团参观考察宁波轨道交通运行控制中心、国际会展中心中东欧馆、东部新城建设指挥部、宁波文化广场等，并与市中东欧办就第三届中东欧博览会招商招展、双方经贸合作等进行座谈交流。同期，波兰比得哥什市ROAN摇滚乐团一行6人访问宁波，并在文化广场进行交流演出。

【法国鲁昂市代表团访问宁波】 3月15日至19日，法国鲁昂市副市长马纽埃勒·拉贝率鲁昂市代表团一行5人访问宁波。副市长宋越舜会见马纽埃勒·拉贝一行。在宁波期间，代表团参加第14届中国国际文具礼品博览会、宁波—鲁昂中法青年学生联谊会，并访问宁波大学、宁波老年大学、宁波市第二医院等。

【日本长冈京市代表团访问宁波】 3月25日至27日，日本长冈京市副市长佐佐谷明光率代表团一行10人访问宁波。副市长宋越舜会见代表团一行。在宁波期间，代表团参加京都府长冈京传统工艺馆揭牌仪式，并参观樱花公园、天一阁、天童寺等。

【墨西哥杜兰戈市代表团访问宁波】 5月6日至9日，墨西哥杜兰戈市市长、墨西哥城市联合会会长何塞·雷蒙·恩里克斯·埃雷拉率代表团一行20人访问宁波。市长裘东耀会见何塞·雷蒙·恩里克斯·埃雷拉一行。在宁波期间，代表团举办墨西哥杜兰戈市贸易投资推介会，副市长李关定出席推介会。代表团还拜会象山县领导，参观慈兴集团有限公司、宁波戴维医疗器械有限公司、杭州湾新区欧洲工业园等。

【英国诺丁汉市政府代表团访问宁波】 9月16日至19日，英国诺丁汉市政府行政长官柯睿恩率代表团一行6人访问宁波。副市长李关定会见代表团一行。代表团还参观考察宁波中车产业基地和鄞州区江东中心小学等。

【中国国际电视台(CGTN)在宁波制作中英地方合作特别节目】 10月12日至16日，中国国际电视台(CGTN)在宁波制作中英地方合作特别节目，副市长李关定接受专访。CGTN还赴宁波诺丁汉大学采访，执行校长陆明彦、商学院院长马丁·洛克特及部分学生代表接受专访。

【韩国顺天市代表团访问宁波】 11月10日，韩国顺天市市长赵忠勋、议长任钟基率代表团一行访问宁波，参加两市结好20周年系列活动。市长裘东耀会见代表团一行，双方共同签署《深化友好城市合作协议书》。随团来访的顺天市书法美术家、摄影家、儿童绘本表演家等分别与宁波市书画、摄影界人士进行交流，并赴宁波幼教机构进行交流演出。

（代建民　干沐沙）

表 10　2017 年宁波市友好交流情况一览

日期	团组名称	人数	主宾姓名	主要活动
2 月 20 日～2018 年 2 月	韩国大邱市公务员	1	郑海顺	到宁波市进行为期一年的学习交流
2 月 27 日～3 月 1 日	英国诺丁汉特伦特大学代表团	2	校国际合作办公室主任斯蒂芬·威廉姆斯	访问宁波高校，寻求教育合作机会
3 月 1～3 日	意大利维罗纳市代表团	3	市长代表、政府顾问弗朗西斯科·马尔奇	与海曙区文广局座谈，赴中意（宁波）生态园、国际会展中心进口商品市场考察
3 月 13～14 日	比利时西弗兰德省大学团	27		访问宁波舟山港、吉利集团
3 月 14～16 日	韩国顺天市工作组	4	顺天市总务课课长池石镐	商谈两市结好 20 周年相关事宜
3 月 14～22 日	法国鲁昂市布里安中学和布洛克高中师生团	30		与宁波三中和四明中学结对交流，举行宁波—鲁昂中法青年学生联谊会，访问宁波大学
3 月 21～24 日	法国鲁昂市即兴融合先锋爵士音乐团	6		举办“宁波—鲁昂音乐之夜”，参观宁波音乐港、海曙外国语学校
4 月 13～17 日	英国诺丁汉市代表团	9	诺丁汉市政府经济发展部官员菲斯·布莱克莫	参加文博会
5 月 1～2 日	英国诺丁汉市工作组	3	诺丁汉市经济战略发展局局长罗伯特·迪克森	商谈两市经贸及教育交流合作
6 月 5～8 日	波兰比得哥什市代表团	3	副市长米洛斯瓦·科兹沃维奇	参加中国—中东欧城市市长峰会
6 月 6～9 日	克罗地亚前副总理夫妇	2	克中友好里耶卡协会主席、克罗地亚前副总理西莫尼奇	
6 月 6～9 日	罗马尼亚克卢日纳波卡市代表团	5	前总理、市长博克	
6 月 6～9 日	斯洛文尼亚科佩尔市代表团	2	副市长皮特·鲍尔契奇	
6 月 6～10 日	爱沙尼亚塔林市代表团	3	议长卡列夫·卡洛	
6 月 6～10 日	匈牙利贝凯什乔包市代表团	6	议员、市议会经济与城市发展委员会主任阿提拉·费伦齐	

续表

日期	团组名称	人数	主宾姓名	主要活动
6月6～10日	捷克前州长代表团	4	前摩拉维亚—西里西亚州州长米罗斯拉夫·诺瓦克	
6月6～10日	捷克南捷克州代表团	2	瑟那波苏马维市市长伊雷娜·佩卡科娃、洛乔维采市市长扬·库比克	
6月6～11日	黑山布德瓦市代表团	2	市长德拉甘·克拉波维奇、副市长米哈伊洛·久罗维奇	
6月6～12日	斯洛伐克马丁市代表团	6	副市长因姆利赫·日戈	
6月7～9日	罗马尼亚前总理夫妇	2	罗马尼亚前总理纳斯塔塞	
6月7～9日	斯洛文尼亚马里博尔市代表团	2	市长投资事务顾问马可·科瓦契奇	
6月24～27日	日本长冈京市友城工作组	2		与市外办、市旅游局工作会谈，走访市内旅行社和丸美空间京都府（长冈京）展示区
6月27～29日	韩国大邱市启明大学代表团	7		参加宁波市国际大学生节
7月9～11日	法国勒阿弗尔—鲁昂—巴黎联合港代表	2	法国勒阿弗尔—鲁昂—巴黎联合港主席赫福·马代尔	参加中国航海日活动和2017国际港口机构圆桌会议
7月9～11日	比利时安特卫普港代表	3	刘国金、朱博彦、万卫娟等3人	
7月10～13日	波兰格但斯克港务局代表	4	港务局市场专员斯图帕克	参加宁波舟山港与中东欧四港专题合作会议
7月11～13日	罗马尼亚康斯坦察市代表团	3	副市长杜米特鲁·巴布	
7月12～13日	斯洛文尼亚驻沪总领事馆领事	1	史伯扬	
7月12～14日	克罗地亚里耶卡港代表团	2	港务局长高级顾问沃伊科·科齐扬	
8月16～18日	摩洛哥马拉喀什市代表团	16	副市长法塔维·哈立德	友城访问，副市长许亚南会见代表团
9月14～15日	日本静冈县代表团	4	副知事难波乔司	副市长李关定与代表团会谈，代表团还访问东部新城指挥部、宁波博物馆等

续表

日期	团组名称	人数	主宾姓名	主要活动
10月14～17日	德国亚琛宁波友好城市委员会主席一行	3	主席穆勒	拜会市外办，走访市卫生计生委、二院、李惠利医院和工程学院
10月19～22日	日本长冈京市友好交流协会宁波委员会代表团	4	会长木下义次	友城访问
10月31日～11月4日	法国鲁昂市代表团	7	副市长弗朗斯瓦兹·赖斯科奈	友城访问，参加宁波图书馆建馆90周年活动，副市长许亚南会见代表团
11月1～4日	日本长冈京市文化团	2	长冈京市图书馆馆长井木	参加宁波图书馆建馆90周年活动
11月1～4日	日本上田市文化团	2	上田市教育次长中村荣孝	
11月1～4日	约旦伊尔比德市代表团	4		友城访问，参加宁波图书馆建馆90周年活动
11月2～3日	英国诺丁汉特伦特大学代表团		校长爱德华·佩克	拜会市外办和市教育局，访问宁波大学和浙大宁波理工学院
11月15～16日	克罗地亚里耶卡市代表团	2	副市长马可·菲利波维奇	市外办主任叶荣钟会见代表团，参观宁波舟山港、宁波进口商品中心
11月16日	日本横滨市港口代表团	5		访问宁波舟山港
11月23～25日	印度尼西亚东努沙登加拉省代表团	6	省长弗朗斯·勒布·拉亚	副市长许亚南会见代表团，考察宁波市船舶制造和水产品加工企业
12月13～15日	韩国顺天市代表团	11		与市城管局座谈，访问浙江永麟照明工程有限公司

侨务工作

【概况】 2017年，是贯彻全国侨务工作会议精神，落实新一期国家侨务工作发展纲要的开局之年，也是宁波市争创“一大平台”、打造“两个大圈”、建设“三大中心”、狠抓“四大载体”，实现宁波新跨越的关键之年。市侨办紧紧围绕市委市政府重大战略举措，牢牢把握为侨服务和为宁波经济社会发展服务这一主线，以凝聚侨心侨力同圆共享中国梦为主题，积极发挥利侨政策优势、护侨制度优势、惠侨服务优势、聚侨人文优势，为把宁波建设成为国际港口名城、打造东方文明之都、早日跻身全国大城市第一方队作出了全市侨务系统应有的贡献。

【中国驻罗马尼亚大使访问宁波】

1月4日，副市长王剑侯会见中国驻罗马尼亚大使徐飞洪一行。王剑侯介绍宁波与中东欧16国的合作交流情况，特别是近年来宁波与罗马尼亚经贸合作情况。徐飞洪介绍当前罗马尼亚国情和经济发展情况，并提出宁波与罗马尼亚经贸合作文化交流的建议，表示将以“一带一路”战略为契机，充分发挥旅罗华侨华人及社团的桥梁纽带作用,进一步加强中罗两国的交流合作。

【"凝侨连心送温暖"活动】 1月9日至20日,市侨办组织开展"凝侨连心送温暖"走访慰问贫困归侨侨眷活动。市侨办领导先后赴慈溪、鄞州、北仑、海曙、镇海、奉化等地走访慰问贫困归侨和困难侨眷,送去政府的关怀和问候。

【"2016宁波市侨界十件大事"】 2月3日评选揭晓。分别是:1.李达三先生捐资亿元助宁波教育、体育事业齐发展。2.宁波市新增4名"浙江省爱乡楷模"和15名"宁波市荣誉市民"。3.国务院侨办主任裘援平出席2016中东欧国家侨商宁波峰会。4.2016甬港经济合作论坛在宁波举行。5.邵逸夫汉白玉雕像在宁波揭幕。6.宁波大学举行30周年校庆捐资庆典仪式。7.国侨办首批"为侨公共服务体系示范点"落户宁波。8.甬港澳暨海外青年华商创业创新合作论坛在宁波举行。9.中欧跨境电商产业园揭牌。10.宁波市侨办被授予"浙江省为侨法律服务工作站"。

【市侨办代表团访问香港】 2月26日至3月2日,应香港宁波同乡会邀请,市侨办副主任陈进军率代表团一行4人访问香港,就宁波市荣誉市民"荣誉馆""荣誉堂"建设方案和荣誉市民相关工作进行调研并广泛听取在港荣誉市民的意见建议。

【宁波市侨务代表团访问罗马尼亚和波兰】 5月1日至8日,宁波市侨务代表团一行访问罗马尼亚和波兰。访问期间,代表团一行分别拜访罗马尼亚宁波总商会、罗马尼亚华侨华人总会、罗马尼亚河南商会、罗马尼亚华人创业者联合会、罗马尼亚中国文化交流协会、罗马尼亚青田同乡会,波兰中国和平统一促进会、波兰青田同乡会、波兰北方商会等,并就进一步拓展中东欧国家侨务工作,加强侨务工作联络平台建设,建立中东欧侨界宁波联盟达成共识。

【宁波市侨务代表团访问巴西和阿根廷】 5月11日至19日,宁波市侨务代表团一行访问巴西和阿根廷。访问期间,代表团举办了2场涉侨政策法规、宁波经济社会发展和投资环境说明座谈会,与巴西和阿根廷的20多个华侨社团60多位侨领进行联络联谊,并分别拜访中国驻巴西圣保罗、里约总领馆和驻阿根廷大使馆侨务领事。

【浙江首个"侨梦苑"落户宁波】 5月16日,国务院侨务办公室主任裘援平和浙江省委副书记、代省长袁家军在宁波为浙江省首个"侨梦苑"揭牌,这是中国第16个挂牌成立的"侨梦苑"。"侨梦苑"是国务院侨务办公室推出的侨商产业聚集区和华侨华人创新创业聚集区示范品牌。自2014年11月以来,北京、天津、广州、南京、上海、济南等地陆续挂牌建立"侨梦苑"。

【走进浙江"侨梦苑"暨2017海外专业人士宁波行活动】 5月16日在宁波举行。来自世界各地的近百名海外高层次人才参加。国务院侨务办公室主任裘援平,省外侨办主任金永辉,宁波市委副书记陈奕君,省外侨办副主任陈安,宁波市侨办主任顾正为、副主任赵骏等出席活动,并考察浙江宁波"侨梦苑"建设情况。

【中东欧国家侨界宁波联盟】 6月7日在宁波成立。波兰华人总商会、波黑中国和平统一促进会、塞尔维亚华人商业联合会、匈牙利工商会文化贸易中心等45家中东欧国家侨团成为联盟创始成员。该联盟致力于共同推动中东欧国家与中国和宁波的全方位交流与合作。

【2017中东欧国家华侨华人宁波峰会】 6月8日在宁波举行。来自中东欧和"一带一路"沿线50个国家与地区的华侨华人相聚甬城,围绕"激发侨力·丝路同行"这一主题,共商"中国—中东欧国家合作"大计。宁波市委副书记陈奕君致辞,外交部中国—中东欧国家合作事务特别代表霍玉珍和中国社会科学院欧洲研究

所所长、16+1智库网络秘书长黄平作主旨演讲，中国社会科学出版社重大项目出版中心主任王茵、浙江省外侨办副主任陈安讲话。海外侨商、侨团代表和宁波相关园区、企业负责人及侨资企业代表近300人参加会议。

【宁波市海外交流协会七届二次会长会议】 6月9日在宁波召开。市侨办主任、海协会执行会长顾正为出席会议并作《2016年宁波市海外交流协会工作报告》。报告总结2016年度市海协会的工作，分析当前宁波发展的机遇和挑战，部署下一步重点工作。会上，还传达了副市长李关定关于做好宁波市海协会工作的指示精神。

【“中国寻根之旅”夏令营宁波书法分营开营】 7月18日，由国侨办、省外侨办、宁波市侨办主办，江北区侨办和宁波市慈湖中学承办的2017年海外华裔青少年“中国寻根之旅”夏令营——浙江营宁波书法分营开营仪式在慈湖中学举行。来自意大利、加拿大、美国、智利、芬兰、日本和中国香港等国家与地区的80余名师生和慈湖中学师生一起参加活动。

【甬上名家书画展】 9月2日在宁波美术馆举行开幕式。由宁波市侨办主办，宁波市侨商会、宁波市华侨书画院承办。本次书画展汇集了潘天寿、陈逸飞、沙孟海、叶公绰、潘公凯等80余位宁波籍近代与当代书画名家的国画、书法、油画作品100余幅。

【宁波海外中青年侨领研习考察活动】 10月23日至27日，由宁波市侨办主办的“宁波海外中青年侨领创业创新研习班”在渝、蓉两地举行。来自美国、英国及中东欧等19个国家和地区的30余名海外社团中青年负责人、部分区县(市)侨办主任参加研习。宁波市侨办副主任鲁爱丽出席开班式并讲话。研习考察活动得到重庆市外侨办、成都市外侨办的大力支持，24日和26日，重庆市外侨办副主任杨大庆、成都市外侨办副主任卢伟良分别会见研习班学员并简要介绍渝、蓉两地经济社会发展情况等。

【海外华文媒体参访团到宁波采风】 11月8日至9日，由浙江省外侨办组织的2017“海外华文媒体看浙江”参访团在宁波进行采风。参访团成员包括来自美国、加拿大、澳大利亚、日本、英国、意大利、德国、捷克、菲律宾、缅甸和中国香港等18个国家与地区的30名华文媒体负责人。在宁波期间，参访团参观“宁波帮”博物馆、梅山保税港区、吉利汽车春晓制造基地、浙江佛学院、奉化溪口蒋氏故里、雪窦寺大佛景区等，参加“一带一路”建设综合试验区说明会、奉化名山建设情况及经济社会发展总体情况新闻说明会。

【2017年中国侨商会科技创新委员会年会】 12月11日在宁波举行。国务院侨务办公室主任裘援平出席会议并作主旨讲话，宁波市委副书记、市长裘东耀出席会议并致辞。会上宣读国务院侨务办公室关于授予闻丹忆团队等100个团队为第五批国务院侨务办公室重点华侨华人创业团队的决定，并为宁波市智能制造产业研究院甘中学团队、宁波奥林科技(中国)有限公司王坚团队等授牌。中国侨商会科技创新委员会主席赵涛作工作报告。宁波市智能制造产业研究院理事甘中学、中国侨商会科技创新委员会副主席姚力军作主旨发言。大会期间，还举办项目路演、人工智能论坛、借力金融撬动科技创新论坛、侨商科技创新投资基金科创委分享会、走进浙江宁波侨梦苑等活动。

港澳事务

【香港苏浙沪同乡会属校师生夏令营访问宁波】 7月4日至5日，香港苏浙沪同乡会属校师生夏令营一行28人到宁波访问交流。在宁波期间，师生夏令营一行通过中国汉字棋学习交流会、参观宁波帮博物馆等活动，加深了香港学生对宁波的认识，促进了甬港学生间的交流联谊。

【走访会见香港"宁波帮"及工商界人士】 9月25日至28日，赴香港出席2017甬港经济合作论坛的浙江省委副书记、宁波市委书记唐一军，在香港先后走访会见"宁波帮"及工商界人士。市领导毛宏芳、施惠芳、李关定、褚银良、叶双猛等参加相关活动。

【"东方之珠·名城名都"——画说甬港 中国艺术名家油画作品展】 9月26日在香港开幕。浙江省委副书记、宁波市委书记唐一军致辞，并与全国人大常委、香港特别行政区立法会前主席范徐丽泰，香港特别行政区政府民政事务局局长刘江华，香港油画研究会会长林鸣岗一起为画展启幕。本次画展由宁波市政府主办，共展出中国艺术名家笔下的"侨乡宁波"风景油画作品30幅和"百年香港"风景油画21幅。

【2017甬港经济合作论坛暨"财富甬港：新机会新成长"主论坛】 9月27日在香港会展中心举行。香港特别行政区行政长官林郑月娥，浙江省委副书记、宁波市委书记唐一军，香港中联办副主任陈冬，国侨办原副主任何亚非，香港贸易发展局总裁方舜文，舟山市委副书记、市长温暖为论坛启幕。宁波市领导毛宏芳、施惠芳、李关定、褚银良、叶双猛等出席开幕式。开幕式上举行项目签约仪式，共签约项目25个，总投资额112.9亿美元。其中协议利用外资63.1亿美元，主要涉及金融保险、新能源汽车、生命健康等领域。香港中华总商会、香港浙江省同乡会、香港上海总会、香港宁波同乡会、香港甬港联谊会、世界中华宁波总商会、香港工业总会等社团负责人，香港"宁波帮"和工商界代表人士，台州、舟山两地有关领导和部门负责人等出席开幕式。随后，唐一军会见林郑月娥。温暖和施惠芳、李关定参加会见。

【举行李达三旧居修复重启仪式】

10月9日，"宁波帮"著名人士、慈善家、香港著名实业家李达三旧居修复重启仪式在东钱湖沙家垫村举行。副市长李关定出席仪式并讲话。市侨办主任顾正为主持仪式。东钱湖旅游度假区管理委员会主任叶继松，市委统战部副部长胡学健，市侨办副主任赵骏，宁兴集团有限公司总经理、副董事长范海波，李达三先生的孙子李本俊等香港宁波同乡会嘉宾参加仪式。

【"宁波帮"杰出代表李达三向宁波诺丁汉大学捐款】 12月17日，香港著名实业家、慈善家、"宁波帮"的杰出代表李达三先生再次解囊，向宁波诺丁汉大学捐赠1亿元人民币捐赠仪式在香港举行。该捐赠款项用于推动学校师生创业创新，支持学校建设一流学科、培养顶尖人才、拓展国际合作并深化本土对接。宁波诺丁汉大学校长、著名核物理学家杨福家院士向李达三先生颁发捐赠证书以表感谢。该笔款项已以等值港币汇入宁波诺丁汉大学教育发展基金会账户，将以利息形式支持学校青年教师创新、学生创业及学生创新基础设施建设。

（蔡茂青）

温 州 市

综 述

【概况】 2017年，温州市外事侨务工作紧扣服务国家总体外交、服务地方经济发展、服务海内外侨胞侨眷三个中心，认真落实"两个规划"，改革创新、统筹协调、精准施策，着力"补短板、强基础、打品牌"，圆满完成年度重点工作任务，为巩固提升温州"铁三角"地位作出了新贡献。

全力配合外交大局，高层互访成果丰硕。全年接待国（境）外重要来访团组49批324人次，其中正国级团组1个、副国级团组2个、省部级4个。市领导会见28场，其中市主要领导会见12场。举办各类考察、座谈对接活动72场次，接待各国驻沪总领事团组14批。新缔结友城2对，新签结好意向2对，全市已与21个国家的31个城市建立了友城关系或友好交流关系。

借力"最多跑一次"改革，全市外侨管理不断规范。严格因公出国（境）和因公证照签发管理，严把审核关。全年审批因公出国（境）团组341批740人次，与上年相比，批数下降6.1%、人次下降21.2%。调整压缩团组51批70人次71天。按照"八统一"要求，厘清审批清单、再造办事流程、公布办事指南、健全制度机制、推进"互联网+"进程，上线侨政事务管理系统，审批事项均实现"最多跑一次"。全年办理华侨回国定居3727人次，确认三侨生身份514人次，开具涉侨证明768人次，办理归侨证23人次。受理邀请外国人来华申请2944人次，审核发放2020批2800人次。办理APEC商务旅行卡122批156人次。挂牌成立文成县代办点，代办领事认证754件、因私签证733人次。全年处理温州市公民海外领事保护事件22批37人次，新建基层领事保护处70个，在海外侨团中新建领事服务站4个，温州经验在全省推广。强化涉外管理工作，积极稳妥处理涉外案（事）件23批27人次。全市举办温州海外侨胞和港澳同胞新春、中秋联谊会等各类联谊活动133场次，邀请接待侨胞6892人次。开展温籍海外乡贤故乡行活动5次，组织300多位侨领侨商回乡考察。全年全市外侨系统举办引资引智活动80次，对接项目28个，协议侨资77亿元、华侨华人专业人士74人次。实施海外侨团认定"三有一备案"制度，指导58个侨团成立或换届。全年接待海外侨团43批次、侨领1800多人次。

着眼侨界民生福祉，深化"护侨、惠侨、侨爱"工程，健全为侨公共服务体系。全年组织18批1200人次侨胞开展"治水剿劣——温籍侨胞在行动"、侨爱慈善之旅等活动。全年接收侨胞捐赠568.83万元，实施43个项目，支出爱心款854.38万元。"百侨助百村"结对38个村居，落实资金2342.4万元。侨爱分会获第三届温州慈善工作奖。开展"侨爱慈善之旅"系列活动，走访看望重要侨领和困难归侨侨眷1087户，新建市级侨爱惠农基地1处，设立"侨爱暖心驿站"，首创温州市侨爱技能培训基地。

打造华文教育品牌，创新外宣方式，积极传播温州好声音，扩大外侨工作影响力。全年新建4个温州市海外瓯越文化传承基地，新建2个温州市侨务文化基地，创建2个侨馨书屋。全年发布外侨微博177条、外侨网站信息8000多条、微信214期，政务微博报送177条，温州外侨网发布的外侨信息被各级媒体转载440条。

重要活动

【侨爱工程】 1月20日，温州市侨爱艺术团在著名侨乡丽岙街道成立，并举行"侨爱故里，情暖侨乡"2017侨界迎春联欢会。3月7日，温州市"侨爱暖心·关爱妈妈"助医工程在温州医科大学附属第一医院正式启动，18个国家和地区的20位侨领参加，首笔启动资金50万元，主要实施"112"计划。3月13日至20日，市外侨办举办"侨爱心理健康"大型公益巡讲活动，新西兰温州同乡会名誉会长陈安生携5名专家组成公益巡讲团，在永嘉、洞头、瑞安、文成、泰顺、苍南等地开展授课活动，内容涉及女性健康、身心平衡智慧、家庭教育、青少年心理健康等，受众达5000人次。4月11日，"温州市侨爱慈善之旅"活动在泰顺启动，意大利、法国、巴西、奥地利等15个国家和地区的30多位温籍侨领参加，并举行"治水剿劣温籍侨胞在行动"暨捐赠仪式、"泰顺雅阳金狮现代农业观光园侨爱路落成揭碑仪式"等。5月12日，市外侨办联合致公党温州市委赴文成县大峃镇举行温州市"送医送药送侨爱"活动，为村民免费发放5000余元常用药品。

【海外联络联谊】 2月9日，"同心同行、共享共赢"2017温州海外侨胞、港澳同胞新春联谊会在温州举行。由市侨商协会主办。省、市领导及涉侨部门负责人，与来自世界各地的海外侨胞侨商、港澳同胞代表300多人参加活动。9月25日，首次由市侨商协会和华商协会联合举办，以"凝心聚力、合作共赢"为主题的2017温州海外侨胞、港澳同胞中秋联谊会在温州举行。省、市领导，市直涉侨单位负责人，各县(市、区)外侨办、侨联负责人，部分在温州的海外温籍侨团负责人、海外工商界重点人士，温州市侨商协会、市华商协会代表，侨胞侨眷、港澳同胞、侨界青年代表等近400人参加活动。

【温籍海外乡贤故乡行】 2月24日，市外侨办组织开展2017年首次温籍海外乡贤故乡行活动，走进瓯海仙岩时尚智造小镇、参观大西洋银泰城、召开海外温商回归现场座谈会，大力引导海外温商回乡考察、创业创新。市人大常委会副主任王小同、市政协副主席徐育斐及市外侨办主任邱华萍等和来自15个国家近30名海外温商代表，共商海外温商回归之策。3月28日，2017温籍海外乡贤故乡行——法华工商联合会走进永嘉，举行法华工商联合会捐赠仪式和温州市首个侨爱生态园授牌仪式。5月3日，2017温籍海外乡贤故乡行活动，第三站走进瓯海丽岙肯恩小镇，温州海外青年委员会及海外侨胞代表一行60余人，参加首届肯恩风情文化节、参观侨贸回归基地和进口商品展，并赴永嘉开展助学圆梦活动。7月28日至30日，2017温籍海外乡贤故乡行——西班牙温州总商会近20位温籍侨领侨商走进洞头、瑞安、永嘉，为促进内外互动牵线搭桥。11月9日，2017温籍海外乡贤故乡行——走进泰顺，56位海外乡贤集聚"廊桥之乡"，对接招商引资项目，探寻廊桥文化之美。

【"'一带一路'经济文化精英走进温州"活动】 3月22日，由市外侨办主办、市友协承办的"'一带一路'经济文化精英走进温州"活动启动仪式暨2017温州时尚文博会国际馆开幕招待会在温州举行。来自拉脱维亚、保加利亚、斯洛文尼亚、葡萄牙等"一带一路"沿线国家的文创企业代表、驻华使领馆官员和温州市海外青年委员会代表、各高校青年学界代表、外籍教授代表及市有关涉外单位代表近100人出席活动。"一带一路"沿线6个国家的相关机构和企业携各具特色的文创精品，在2017温州国际时尚文化创意产业博览会专门设置的"一带一路"时尚文创展示区展出。在温州期间，葡萄牙法马利康市议会副主席奎罗斯·芮曼努埃尔率代表团一行8人赴永嘉桥头镇与纽扣企业对接。南非中国文化和国际教育交流中心主任陆志雷、南非技能培训发展署主任雷蒙德·帕托率南非教育代表团一行4人赴温州大学、温州职业技术学院等开展教育国际化交流，对接留学生实训项目。来宾们还参访永嘉苍坡古村、丽水街歹欣赏传统昆曲表演，体验温州的人文魅力。

【侨乡文化建设】 4月25日，市侨办举办"侨界瓯越文化之旅——走进平阳"活动，组织近50位温州市海外政协委员、侨领赴平阳参观苏步青故居、励志馆，体验木偶戏等。10月13日至16日，举办"侨界瓯越文化之旅——海外华文作家、华文媒体温州行"活动，来自11个国家和地区的23位海外华文作家、华文媒体记者进行瓯越文化之旅。10月18日，来自美国、匈牙利等国6位海外知名华文作家参加"侨界瓯越文化之旅——走进泰顺"活动。11月17日，全国侨乡侨文化理论研讨会在广东江门举行，市政府副秘书长夏禹桨代表温州在会上作典型发言。

【驻华使节对话温州活动】 5月3日至5日，"2017外国使节对话温州"活动在温州举行。活动主题为"加强教育合作，推广瓯越文化"，邀请马耳他、泰国、匈牙利、斯里兰卡等"一带一路"沿线国家驻沪总领事馆官员参加。12月11日，市外侨办在上海举办第三届驻沪总领事馆官员联谊活动，邀请爱尔兰、乌克兰、英国、匈牙利、乌兹别克斯坦、印度尼西亚、以色列等国驻沪总领事馆外交官参加。

【关爱工程】 5月14日，市外侨办和《温州晚报》联合主办2017温州"侨爱慈孝·感恩母亲"大型公益活动，来自22个国家和地区的100多位侨领携母亲和社会各界人士500多人参加。活动期间，首次举行"侨爱慈孝拍卖会"，筹得爱心款20余万元。10月28日，市外侨办、市慈善总会、《温州晚报》联合主办第三届"爱动全城·孝心不能等待·感恩重阳节"2017温州侨爱慈孝大宴，来自35个国家和地区的400多名侨胞侨属及其长辈共同欢度重阳佳节。12月8日，市外侨办举行"温州市侨爱暖冬系列活动"启动仪式暨"送党报进侨乡"活动，来自18个国家和地区的30多位侨领参加，活动重点支持和帮扶归侨侨眷中的"空巢家庭"、生活困难老年归侨侨眷等群体。

【服务侨企侨商】 5月22日至23日，市外侨办组织市侨商协会会长团成员赴江苏南通、无锡，考察、鼓励外地温籍侨商回乡投资。5月，启动全市为侨资企业服务月活动，市外侨办班子成员分7组分赴各联系重点侨资企业进行走访调研、宣讲政策措施，帮助企业解决问题。6月19日至25日，组织8个国家13名温籍侨领侨商赴青海省参加侨资企业西部行活动。6月26日至29日，组织共融"丝路精神"温籍侨商新疆行活动，12名温籍侨商赴古丝绸之路重要通道——阿克苏地区参观考察，拜访浙江省援疆指挥部、温州市援疆指挥部，走访当地温籍侨商企业。

【2017中印(温州)文化经贸交流系列活动】 6月17日至19日在温州举行。由温州市政府和印度驻沪总领事馆联合主办，市外侨办、市体育局等承办。印度驻沪总领事古光明一行3人出席活动，副市长汪驰会见古光明一行。活动包括中印(温州)鞋革全产业链产能合作交流会、"2017国际瑜伽日·中国温州(洞头)千人国际瑜伽盛会暨功夫瑜伽活动"、温州医科大学与印度辨喜瑜伽大学进行交流等内容。印度北方邦鞋革产业代表团一行4人、印度辨喜瑜伽大学中国区总监米大伟分别出席相关活动。活动期间，印度驻沪总领事馆授予洞头区"中印海岛(洞头)瑜伽养生基地"称号，印度辨喜瑜伽大学与温州医科大学签署两校校际合作备忘录。

【2017中奥(温州)健康养老合作对话会】 8月16日在温州举行。奥地利格拉茨老年病健康中心、奥地利格拉茨大学孔子学院

与温州市民政局、温州医科大学现场签订四方合作备忘录。

【第十期温籍华侨华人社团负责人研习班】 11月6日至12日在温州龙湾举办，来自36个国家55个温籍侨团的63位负责人参加研习。研习班邀请温州市海关、国税、商检、商务等涉侨部门负责人为学员释疑解惑，并赴泰顺开展考察活动。

【国侨办2017年国内为侨公共服务体系建设培训班】 11月20日至25日在温州龙湾举办。培训班系首次由地市级外侨办承办。国侨办副主任郭军出席开班仪式并作《新时代新思想侨务工作应有新举措》主旨报告，国侨办侨务干校常务副校长刘继坤、国侨办国内司副司长许友滋、浙江省外侨办副主任陈安、温州市外侨办主任雷文东参加开班仪式。全国各省、自治区、直辖市侨办，新疆生产建设兵团侨办，各副省级城市和省会城市侨办与部分重点城市、侨乡地区侨办有关负责人180余人参加培训。

【首届温港澳高等教育论坛】 11月25日在温州大学举行。由温州市教育局、市港澳办、市委人才办主办，温州大学承办，在温各高校协办。论坛以“高等教育国际化与城市发展”为主题，香港大学、香港中文大学、香港理工大学，澳门城市大学、澳门科技大学、澳门圣若瑟大学等高校和在温州各高校的专家学者近50人出席，共同探讨高等教育国际化发展模式，共享教育智慧理念，共商高等教育未来发展。副市长郑朝阳出席开幕式并致辞，市港澳办主任雷文东主持开幕式。论坛上，温州大学与澳门科技大学、澳门圣若瑟大学分别签署合作协议，温州医科大学与澳门科技大学签署合作协议。

【海外华裔青少年夏令营】 2017年，温州市举办海外华裔青少年“中国寻根之旅”夏令营“相约温州营”活动，共设9个分营，时间最短的15天、最长的33天，来自20多个国家和地区的800多名海外温籍华裔青少年参加活动，是历年来规模最大、内容最丰富、形式最新颖、参与人数最多的一届。活动期间，市外侨办与温州广电传媒集团新闻广播频道联合主办2017“发现温州之美”温籍华裔青少年寻根之旅微信摄影大赛。

主要出访

【温州市政府代表团访问美国】 5月31日至6月6日，市委副书记、市长张耕率温州市政府代表团访问美国。访问期间，代表团举办“2017温州创新创业政策硅谷推介会——暨硅谷高科技人才座谈会”，与加州都柏林市市长大卫·豪伯特就下阶段开展互动合作进行协商洽谈，与旧金山NGM生物制药公司创始人、斯坦福大学协同创新机构MEDIAX中心主任玛莎·罗素、美国互联网和有线电视协会主席迈克尔·鲍威尔开展交流，并就瓯海生命健康小镇项目与美国杰克逊实验室签署战略合作协议。

【温州市政协代表团访问香港】 7月5日至9日，市政协主席余梅生率温州市政协代表团访问香港。在香港期间，代表团出席香港温州同乡会第17届理监事会就职庆典、2017香港—温州投资环境(香港)推介会及温州市政协港澳委员联络中心年会暨界别活动。

【温州市政协代表团访问南非】 8月2日，应南非约翰内斯堡市政府公共安全局的邀请，市政协副主席谢树华率温州市政协代表团一行访问南非。

【温州市市长赴德国培训】 9月16日至30日，市委副书记、市长张耕随国家外专局团组赴德国参加“转变城市发展方式专题研究班”培训。

表 11　2017 年温州市部分出访团组情况

序号	出访时间	团长职务、姓名	出访地点
1	4 月 6～13 日	副市长苗伟伦	南非、加纳
2	7 月 5～9 日	副市长汪驰	香港
3	7 月 23～30 日	市委常委、常务副市长陈浩	瑞典、挪威
4	8 月 1～8 日	市政协副主席谢树华	南非、加纳
5	9 月 14～21 日	市人大常委会副主任王祖焕	俄罗斯、以色列
6	9 月 14～21 日	浙南产业集聚区管委会主任徐蓬勃	法国、比利时
7	9 月 21～28 日	市人大常委会主任葛益平	捷克、丹麦
8	10 月 18～27 日	市人大常委会副主任厉秀珍	巴西、智利
9	11 月 1～8 日	市政协副主席陈作荣	丹麦、阿联酋
10	12 月 2～9 日	市人大常委会副主任仇杨均	英国、阿联酋

主要来访

【波兰副参议长兼议会波中议员小组主席访问温州】 3 月 3 日至 4 日，波兰副参议长兼议会波中议员小组主席柴莱伊一行 9 人访问温州。市人大常委会主任葛益平会见柴莱伊一行，市领导王小同、苗伟伦参加会见。在温期间，柴莱伊一行出席温州医科大学与波兰卢布林医科大学“华佗项目”合作协议签署仪式，并赴温州医科大学附属第一医院、瓯海生命健康小镇等考察。

【日本驻沪总领事访问温州】 3 月 12 日至 13 日，日本驻沪总领事片山和之一行 2 人访问温州，出席由日本驻沪总领事馆、市外侨办、温州医科大学共同举办的“日本文化交流会”系列活动，并拜会温州市领导。在温州期间，市委副书记、市长张耕会见代表团一行。代表团还走访瑞安湖岭镇中学。

【法国法华工商联合会会长访问温州】 3 月 25 日至 29 日，法国法华工商联合会会长戴安友率第 12 届经贸考察团访问温州。市人大常委会主任葛益平，市委常委、市委统战部长施艾珠，副市长苗伟伦，市政协副主席夏克栋会见戴安友一行，双方就侨团建设和温商回归进行探讨。市人大民宗侨外委主任潘玉花，市政协港澳台侨委主任潘一新，市侨联主席王丽峰，市外侨办副主任陈瓯平、许捷、周海平等参加会见。

【市领导在北京与马达加斯加总统会面】 3 月 26 日，马达加斯加共和国总统埃里·拉乔纳里马曼皮亚尼纳一行 7 人在北京出席“中国—马达加斯加工商领袖峰会”期间，市委副书记、市长张耕与埃里·拉乔纳里马曼皮亚尼纳总统在北京钓鱼台国宾馆会面。

【马达加斯加总统府总统项目、领土整治和装备部部长访问温州】 5 月 16 日至 18 日，马达加斯加总统府总统项目、领土整治和装备部部长纳尔松·拉菲迪马纳纳一行 7 人访问温州，拜会市领导，与中非温州商会会员企业座谈，并考察温州企业。市委副书记、市长张耕会见代表团一行。

【国际货币基金组织秘书长访问温州】 5 月 18 日至 21 日，国际货币基金组织秘书长林建海一行 2 人访问温州，并考察温州企业。

市委书记周江勇会见代表团一行。

【欧洲议会暨荷中友好交流团访问温州】 7月22日至26日，欧洲议会议员尼斯特鲁伊率欧洲议会暨荷中友好交流团一行13人访问温州。市人大常委会主任葛益平会见代表团一行。在温州期间，代表团还赴鹿城区、永嘉县、文成县考察交流，推动中欧地方区域间务实合作。

【美国肯恩大学代表团访问温州】

6月3日至4日，美国肯恩大学校长达伍德·法拉希率代表团一行9人访问温州。市委书记周江勇会见达伍德·法拉希一行，双方就进一步推进合作办学进行深入交流。在温州期间，代表团还参加温州肯恩大学第二届毕业生毕业典礼与学校理事会会议。

【比利时IBA公司和英国信诺医疗考察团访问温州】 6月8日，市委书记周江勇会见比利时IBA公司、英国信诺医疗投资集团有关负责人一行4人。双方就建立长期合作伙伴关系，实现优势互补、资源共享，促进互惠互利、合作共赢进行深入交谈，并就质子肿瘤治疗设备项目投资具体内容等进行洽谈。

【布隆迪共和国参议长访问温州】

9月6日至8日，布隆迪共和国参议长雷韦里安·恩迪库里约率代表团一行7人访问温州。省委常委、市委书记周江勇会见恩迪库里约一行，双方就温州与布隆迪在文化、科技等领域拓展交往合作，推动双方开展更多形式、更多领域交流合作进行深入交谈。在温州期间，恩迪库里约一行还参观考察市规划展示中心、市博物馆、温州医科大学、温州职业技术学院、温州医科大学附属眼视光医院等，并与市中非商会企业家座谈交流。市领导余梅生、米建康、汪驰、谢树华参加会见或陪同参观考察。

【法国浙江同乡会会长访问温州】

9月23日，市政协副主席、市侨联主席谢树华会见由法国浙江同乡会会长高敏铿率领的考察团一行。市外侨办主任雷文东、市侨联党组书记林春霞、市外侨办副主任周海平参加会见。

【法国华侨华人会主席访问温州】

9月26日，副市长汪驰会见由法国华侨华人会主席任俐敏率领的考察团一行。市人大民宗侨外委主任金传顺、市政协港澳台侨外事委主任吴惠芳、市外侨办主任雷文东、市侨联党组书记林春霞等参加会见。

【斯洛文尼亚、埃及、吉尔吉斯斯坦三国前政要访问温州】 9月29日至30日，斯洛文尼亚前总统达尼洛·图尔克、埃及前总理伊萨姆·沙拉夫、吉尔吉斯斯坦前总理卓奥玛尔特·奥托尔巴耶夫等三国前政要一行5人访问温州，出席温州商学院开学典礼并进行调研考察。省委常委、市委书记周江勇会见三国前政要一行，就共享“一带一路”新机遇、加强相互合作进行交流。

【新加坡温州会馆会长访问温州】

10月16日，市政协副主席、市侨联主席谢树华会见由新加坡温州会馆会长李大陆率领的考察团一行。市人大民宗侨外委主任金传顺、市侨联党组书记林春霞、市委统战部副部长叶军、市外侨办副主任周海平参加会见。

【全美浙江总商会会长访问温州】

11月6日，市委副书记、市长张耕会见由全美浙江总商会会长林光率领的百人访华团一行，双方就相关事项进行探讨交流。副市长汪驰、市政府秘书长彭立华、龙湾区区委书记陈应许、龙湾区区长周一富、市外侨办主任雷文东参加会见。

【意大利米兰侨界会长联合考察团访问温州】 12月8日，市政协主席余梅生、副市长汪驰、市政协副主席谢树华会见由意大利米兰华侨华人工商会会长李秀桐率领的意大利米兰侨界会长联合考察团一行。市政协港澳台侨外事委主任吴惠芳、市侨联党组书记林春霞、市委统战部副部长叶军、市政协港澳台侨外事委副主任林宏华、市外侨办副主任周海平参加会见。

【美国驻沪总领事访问温州】 12月14日，省委常委、市委书记周江勇会见美国驻沪总领事谭森一行6人，双方就加强友好交流、加深相互了解，进一步拓展经贸、教育、文化等领域合作进行交流探讨。访问期间，谭森一行还拜访市中级人民法院、考察温州肯恩大学、出席陈天龙美术馆签约仪式、为温州肯恩大学“中美青年创客交流中心”揭牌，并参访温州希伯伦科技有限公司。

表12　2017年温州市接待的其他来访团组

来访时间	团组名称	团长职务、姓名	人数	主要活动
1月5～11日	希腊西马其顿大区科扎尼市代表团	西马其顿大区科扎尼市市长约安尼迪斯	12	拜访市外侨办，进行商务交流和文化考察，举行希腊产品温州发布会
1月6～8日	韩国蔚山市经贸文化代表团	原大韩民国国会副议长、前国会议员郑甲润	39	举行“温州一蔚山友好交流之夜”“走进温州”文化之旅
1月17～19日	亚洲友城进修生省内考察团	韩国全罗南道国际通商课公务员曹子钰	12	考察温州市经济社会发展近况，参观书画院、东瓯王庙、非遗馆、正泰集团、雁荡山
2月10日	塞尔维亚教育协会教授	米兰娜	1	就幼儿教育项目来温州寻找合作
2月10日	斯洛文尼亚驻华旅游投资发展委员会代表团一行	总代表尹晓骁	4	与市外侨办、市报业集团等进行座谈，并就“一带一路”青年精英走进温州、2017第三届温州国际时尚文化创意产业博览会、海外文创馆等进行沟通交流
2月13～14日	美国肯恩大学代表团	肯恩大学理事会理事长艾达·莫雷尔	4	交流温州肯恩大学发展事宜
2月25～27日	奥地利联邦商会外贸委员会副主席和奥地利驻沪总领事	奥地利联邦商会外贸委员会副主席陈万杰	2	拜访温州市政府和温州大学、温州医科大学、温州肯恩大学及红景天老年公寓，就温州市与奥地利格拉茨市开展养老合作进行商谈
3月6日	中捷友好协会副会长、捷克温州商会会长和旅捷华侨华人妇女协会会长一行	中捷友好协会副会长、捷克温州商会会长林国光	4	就温州市与捷克皮尔森州结好进行交流，并商讨捷克文化交流活动事宜
4月2～6日	瑞中协会法语区分会	主席白鹄	1	拜访市外侨办、市友协，就中瑞友好事宜进行交流
4月4～5日	西班牙皇马基金会主席一行	皇马基金会主席华金·萨格斯	4	就上海美高学校在温州创办分校、引进皇马足球资源并于2018年暑期在温州举办皇马夏令营相关事宜进行商洽与对接
4月12～16日	意大利皮埃蒙特大区政府体育部代表团一行	体育部部长乔万尼	2	拜会市领导，参观考察体育学校、体育俱乐部等，与市相关部门就促进体育文化交流、合作举办体育活动等进行交流

续表

来访时间	团组名称	团长职务、姓名	人数	主要活动
4月19～22日	加拿大皮纳瓦市代表团	市长布莱尔·斯金纳	5	与市外事、教育、旅游、商贸部门举行座谈，拜访浙南科技城，参观市中小学，并赴瓯海区交流
4月21日	澳大利亚伊普斯维奇市市长代表	市长代表杰克·秦	1	拜访市外侨办并进行座谈
5月16日	美国杰克逊实验室代表团	美国杰克逊实验室理事会执行主席、首席运营官查尔斯·休伊特	4	拜访市外侨办并进行座谈
5月22～24日	韩国光州韩中企业家代表团	韩国光州韩中企业家协会会长文炳采	7	考察温州市基础设施及GIS智慧化导航建设，寻求产业对接机会
6月20～21日	丹麦童话世界（温州）项目投资考察组一行	丹麦亨利克亲王殿下驻华办事处总代表戴任胜	9	就在温投资兴建丹麦童话乐园项目事宜，考察瓯江口产业集聚区
10月10～13日	奥地利施泰尔马克州代表团一行	奥地利施泰尔马克州政府经济、旅游、体育事务厅厅长赫尔穆特·施纳布尔	8	赴浙南科技城交流、拜访市旅游局、参访洞头
11月19～21日	新西兰北方华人协会代表团一行	新西兰北方华人协会主席史浩	3	拜访市商务局、龙舟协会、旅游公司，商讨新西兰旺阿雷市与温州市进行经贸、体育、文化交流等事宜

表13　2017年驻华使（领）馆官员访问温州情况

来访时间	国家	团长职务、姓名	人数	会见领导	主要活动
2月8～9日	印度	驻沪总领事古光明	2	郑朝阳	拜访市领导，商讨双边投资经贸及友城结好事宜，考察青山钢铁和伟明环保两家企业
2月14～16日	泰国	驻沪总领事巴丽彩	4	张　耕	拜访市领导，参观江心屿和永嘉苍坡古村，考察康奈集团
3月11～13日	爱尔兰	驻沪总领事何莉携爱尔兰山风乐队	13		山风乐队在温州大剧院举办“凯尔特之音”专场演出
3月14～16日	英国	驻沪副总领事柯牧申	5	苗伟伦	参加中英医疗健康产业座谈会、参观温州市中心医院。经济领事林洁希拜访温州市中级人民法院、市金融办、市外汇管理局和温州银行
5月3～5日	马耳他、泰国、匈牙利、斯里兰卡	马耳他驻沪总领事米杰·梁赛、泰国驻沪副总领事兰洛萍等四国驻沪总领事馆官员	8		参观温州医科大学和温州大学高校国际教育项目及设施，开展高等教育合作考察。走进江心屿、永嘉书院、瓯窑小镇等温州文化名迹，体验温州非物质文化遗产
6月3日	美国	驻沪总领事史墨客	1	叶斌斌	出席温州肯恩大学毕业典礼并致辞

续表

来访时间	国家	团长职务、姓名	人数	会见领导	主要活动
8月9～10日	韩国	驻沪总领事馆文化领事兼文化院院长徐东旭	3	周怀中	参观访问温州市越秀中学、衍园美术馆，就加强韩国文化院与温州市之间文化交流等与市有关部门进行协商
9月15日	捷克	驻沪总领事理查德・卡尔帕奇	3	汪　驰	参观温州博物馆、出席捷克历史文化图片展开幕式活动
9月19～20日	科特迪瓦	驻华大使多索・阿达马	3	汪　驰	拜访温州市中非商会并召开座谈会，参观龙湾雅林现代农业园，参访经济开发区企业
9月28～29日	加纳	驻华大使馆副大使查尔斯・庄梅纳	2	汪　驰	参加温州市中非商会中秋晚宴，拜访温州中非商会并召开座谈会
10月3～6日	斯里兰卡、白俄罗斯、斯洛伐克、巴基斯坦、塔吉克斯坦	驻华大使馆官员等	16		赴永嘉考察古村落及出席“中外新闻社屿北国际旅游示范基地”揭牌仪式
10月17日	加纳	驻华大使馆副大使查尔斯・庄梅纳	1	汪　驰	参加温州医科大学留学生开学典礼
10月25日	韩国	驻沪总领事馆领事吴重根、张州砚	2		访问市贸促会并探讨韩商与温商经贸合作交流相关事项
10月28日	英国	驻沪总领事馆领事何伟杰	3	周怀中	参加温州市中心医院120周年院庆
10月30日	法国	驻华大使馆法律参赞安东尼・曼纳林、警务参赞弗朗索瓦・奥廷、法律参赞助理洪迅	3		赴瑞安旁听由法国遣返归案的中国公民陈文华案件的公开开庭审理
11月13日	厄瓜多尔	驻沪总领事卡琳纳	1	汪　驰	拜会市外侨办、市文广新局并参访温州大学，分别就温州与安巴托市交流发展情况、高等教育合作进行交流
11月24日	白俄罗斯	驻沪总领事马采利・瓦列里	3	汪　驰	拜访市领导，探讨温州与白俄罗斯相应城市建立友好关系事宜，拜访市商务局并考察相关企业

表14　2017年温州市接待的部分来访侨团情况

来访时间	侨团名称	人数	团长职务、姓名
1月6日	法国华侨华人会团	3	会长任俐敏
1月9日	意大利马尔凯大区华侨华人企业联谊总会	6	会长邓计赢
1月17日	法国华侨华人会、法国南方华人总商会等	8	法国华侨华人会会长任俐敏

续表

来访时间	侨团名称	人数	团长职务、姓名
3月1日	法国法华工商联合会	2	会长戴安友
3月2日	法国中法友谊互助协会	4	会长吴时敏
3月25日	巴西温州同乡联谊会、澳大利亚墨尔本温州同乡会等	12	巴西温州同乡联谊会会长张伟
3月26日	荷兰中国总商会	9	会长朱少光
3月30日	荷兰瑞安教育基金会	6	会长胡志新
4月1日	卢森堡温州同乡会等侨团联合代表团	10	卢森堡温州同乡会会长李子博
4月6日	加拿大温州同乡总会、加拿大温州商会等	9	加拿大温州同乡总会和加拿大温州商会会长游兆丰
4月14日	缅甸浙江商会	10	会长屠国定
5月16日	法国中国和平统一促进会	20	执行会长王加清
5月22日	美国德州温州总商会	22	会长刘健
6月16日	意大利米兰华侨华人工商会、意大利米兰温州华侨华人商会、西班牙永嘉总商会等	12	意大利米兰温州华侨华人商会会长吴建环
6月19日	欧洲华人华侨妇女联合总会	26	主席熊国秀
7月24日	比利时温州同乡会	10	会长朱子瑜
7月28日	西班牙温州总商会	22	会长张永树
7月31日	比利时国际中餐业联合总会	10	会长杨丐镜
8月11日	南部非洲温州总商会、马达加斯加华商总会、加纳温州商会等非洲侨团联合代表团	8	加纳温州商会会长黄永滔
8月16日	澳洲温籍侨团联合代表团	10	澳大利亚温州联谊会会长杨冬凉
9月4日	塞尔维亚温州商会	2	会长陈楚
9月15日	巴西里约中国和平统一促进会	4	会长林非凡
9月19日	旅荷华侨总会	13	会长张永首
10月3日	荷兰温州同乡会	8	会长张秋月
10月11日	乌干达温州商会	2	会长倪小敏
10月19日	比利时温州同乡会	5	会长朱子瑜
10月19日	美国洛杉矶温州商会	10	会长林选栋
10月20日	泰国温州商会	4	会长祁晓云
10月25日	南部非洲温州总商会	5	名誉会长张永华
10月25日	意大利罗马温州工商总会	3	会长周建军

友好交流与活动

【丹麦斯劳厄尔瑟高级中学代表团访问温州】 3月20日，丹麦斯劳厄尔瑟高级中学代表团一行33人访问温州。在温州期间，代表团赴温州市第八高级中学开展为期一周的学习交流体验活动，拜访并参观市政府。市外侨办副主任周怀中会见代表团一行。

【“在温外籍人士瓯越文化之旅”】 3月29日至30日，“2017在温外籍人士瓯越文化之旅——走进文成”活动在温州举行。来自全市各高校的外籍人士代表30余人赴文成县参加活动，体验畲乡文化。

【温州市首届外国人汉语大赛】 4月10日，“温州市首届外国人汉语大赛”启动，29个国家118名外国人参赛。经过预赛选拔，8个国家的12名选手于5月12日参加决赛，并产生一等奖1名、二等奖2名、三等奖3名。

【温州市与印度勒克瑙市签署友好交流城市关系备忘录】 4月22日至25日，温州市政府经贸代表团访问印度。受温州市政府委托，代表团拜访勒克瑙市政府并签署温州市与勒克瑙市建立友好交流城市关系备忘录。双方同意就鞋革产业和技术开展交流合作，以政府搭台、企业唱戏的模式，为温州企业在印度安全有效投资铺路搭桥。

【友城间互动交流日益频繁】 6月16日，由市外侨办和市体育局联合遴选推荐的吴建、张秀聪两名选手，在日本石卷市第三届灾后复兴马拉松大会上取得优秀成绩。8月，应中国驻韩国光州领事馆要求，温州市外侨办向全市征集15件特色手工艺品，赠予友城韩国光州广域市。此次征集的礼品包括温州市非物质遗产细纹刻纸、蛋画、瓯窑、蓝夹缬等，将在光州广域市承建的“中国中心”展示厅永久展示。9月29日至10月4日，应温州市友城德国吉森市邀请，经市文联推荐，3名青年舞者赴吉森市参加“友好交流城市相约吉森——当经典芭蕾与现代舞蹈相遇”活动。

【奥地利施泰尔马克州魏茨行政大区代表团访问温州】 8月15日至18日，奥地利施泰尔马克州魏茨行政大区区长迪格·陶斯率代表团一行15人访问温州。市委副书记、市长张耕会见代表团一行，并与魏茨行政大区签署友好交流关系意向书。在温州期间，代表团还赴洞头参加奥地利魏茨市与洞头区签订建立友好交流关系意向书仪式，参观温州医科大学、温州职业技术学院，考察对接乐清、永嘉等县(市)高端制造、能源环保等产业，并出席“2017中奥(温州)健康养老合作对话会”等。

【2017年第四届温州市青少年英语风采大赛】 8月19日举行颁奖派对。本次比赛于7月7日启动，全市486名选手报名参赛，通过初赛、复赛、网络人气投票、决赛等多轮角逐，评选出一、二等奖获奖选手并参加颁奖派对。

【2017中捷(温州)文化交流系列活动】 8月23日至24日，由市外侨办、捷克共和国驻沪总领事馆联合主办，市对外友协承办的“2017中捷(温州)文化交流系列活动”之“中捷电影展播活动”在温州举行。

【温州市代表团访问捷克和丹麦】 9月21日至28日，市人大常委会主任葛益平率温州市代表团访问捷克和丹麦。访问期间，葛益平代表温州市与捷克布拉格五区政府签订两地友好交流关系意向书，与温州市友城丹麦斯劳厄尔瑟市市长就进一步发展两地合作交往交换意见。代表团一行还走访在捷克和丹麦两国的主要温籍侨团并召开温商座谈会，鼓励海外侨胞回乡投资创业。

【留学生体验温州时尚智城元素活动】 10月14日，以“面向世界，开放包容”为主题的在温州留学生体验温州时尚智城元素活动在龙湾举行。来自 27 个国家 50 余名在温州的留学生参观温州市非物质文化遗产博物馆、龙湾雅林现代农业园、浙南云谷创新创业平台。

【"我是外交官"——2017 第 11 届温州市"英语之星"电视大奖赛】 10 月 21 日，由温州市文化广电新闻出版局、温州市教育局、温州市人民对外友好协会主办，温视瓯江先锋频道、温州市图书馆、温州市教育国际交流协会、温州市外文学会承办，东海网协办的"我是外交官"——2017 第 11 届温州市"英语之星"电视大奖赛决赛在广电中心举行。全市各县(市、区)近 500 名选手参赛，最终评选出"英语之星""最佳风采奖""最佳口才奖""最佳潜质奖""最佳人气奖"每组各 1 名。

【举办温州市人文旅游图片展】 11 月 2 日至 6 日，由市外侨办主办，温州报业旅游全媒体有限公司、丹麦中华工商联合协会承办的温州人文旅游图片展在丹麦友城斯劳厄尔瑟市展览馆举行。图片展通过上百幅温州照片，以独特的艺术形式和视角向友城人民展示美丽温州。图片展期间，市政协副主席陈作荣率代表团访问丹麦，并与斯劳厄尔瑟市签订友好交流关系正式协议。

【新西兰吉斯伯恩市代表团访问温州】 11 月 6 日至 9 日，新西兰吉斯伯恩市市长廖振明率代表团一行 9 人访问温州。副市长汪驰会见代表团一行，双方代表签署《温州市与吉斯伯恩市关于建立国际友好交流关系城市备忘录》。在温州期间，代表团一行出席了商贸投资对接会。

【非洲文化周】 11 月 15 日至 21 日，"聚温大 · 观天下"第二届国际文化周暨"一带一路 · 非同凡响"2017 温州市非洲文化周在温州大学举行。文化周期间，发布了《我在温州学汉语》教材。

【温州市首届英语单词大赛】 11 月 19 日，"温州市首届英语单词大赛"决赛在温州大学举行。大赛吸引全市 417 名英语爱好者报名参赛，为英语爱好者搭建展示英语风采、分享英语学习经验的平台。来自南浦实验中学的英语教师周永约以优异成绩获得一等奖，周诗千和陈胤博获二等奖，许晨晨、金秋燕和卢晴男分别获得三等奖。

【2017 中国一葡语非洲国家省市交流会】 12 月 19 日在温州举行。由中国人民对外友好协会主办，温州市人民政府承办。莫桑比克马普托市市长戴维 · 西芒戈率由莫桑比克、佛得角、几内亚比绍、圣多美和普林西比等国家全国友协葡语非洲研修班成员一行 30 余人参加交流考察，与温州企业家进行交流，寻求合作。副市长汪驰会见代表团一行。

【2018 在温国际友人新年招待会】 12 月 21 日在温州举行。来自 38 个国家的教育、经贸界外籍人士和在温州的留学生代表，及温州市相关涉外部门代表近 200 人参加活动。

（张钟勇）

嘉 兴 市

综　　述

【概况】 2017年,嘉兴市外侨办充分利用外侨资源优势,在更大范围、更广领域和更高层次上切实做好对外开放前沿工作。

服务中心,外侨助推发展有作为。以服务国家外交大局和嘉兴市经济交流合作为重点,全年接待老挝人革党政治局委员和国会主席代表团、越共高级干部考察团、拉美青年干部考察团等重要团组及俄罗斯、德国、波兰、巴西等国友城和中国香港、澳门地区团组54批467人次。拜会德国、美国、英国等13个驻华使领馆和机构,邀请美国、印度、日本等国驻沪总领事及总领事馆官员30批158人次到嘉兴考察。依托国际友城、驻华使领馆、外国政府驻沪(杭)办事机构和嘉兴市属侨界社团、海外人才工作站点等平台,组织外(侨)商参加各类经贸活动30多场近400人次。巴西康塔根市和日本、韩国等驻沪总领事馆官员等8批团组参加嘉洽会,并举办"一带一路"(嘉兴)投资推介会。新聘英国、德国、加拿大、俄罗斯、日本等国5名海外引才大使,各海外站(点)先后组织23个团组300余名海外高层次人才来嘉兴考察对接。承办浙江省海外中青年侨领研习班、2017"相聚长三角"浙江(嘉兴)行等活动。邀请省侨商会科技创新分会20多名委员到嘉兴考察投资环境。协助秀洲区政府,积极对接英国驻沪总领事馆,创建"中英科技创新园"。配合相关产业平台,邀请驻沪总领事馆官员参加各地投资贸易洽谈会。成功举办瑞士、巴西、波兰等国的经贸洽谈会,举办"侨商服务月"和"友协亲商安商"活动,配合省侨商会来嘉兴开展"访侨企送服务"活动。在全省率先成立市级侨商会科技创新分会,首批22名会员中有"国千"人才4名、"省千"人才3名,分会会长、浙江田中精机董事长钱承林团队由市外侨办推荐获评第五批国侨办重点华侨华人创业团队。配合"红船服务总联盟"举办4场次"侨商服务"专题活动,为侨商提供法律、人才新政、市场拓展等方面咨询服务。第四届世界互联网大会期间,市外侨办派出精干力量,全面参与和指导外宾团组接待工作。圆满完成泰国副总理、蒙古国副总理、法国前总理、利比里亚外长等外国政要团组及苹果、思科、谷歌公司等世界互联网巨头、重要嘉宾457人次的接待任务。同时配合市委宣传部参与"网络空间国际规则"论坛嘉宾的接待与保障工作。协助做好嘉兴市国际人才交流与合作大会、"星耀南湖"精英峰会、嘉洽会等活动。

精准履职,外侨为民服务有担当。全面梳理和推进"最多跑一次"改革。全年办理APEC商务旅行卡92人次、商务认证104批252份、民事认证200批428份,因公护照签证201批727人次,因私签证代办871批1514人次,办理华侨回国定居5人次、三侨生加分证明1人次、浙江省归国华侨证审核转报1人次,办理邀请外国人来华1450人次。认真贯彻执行中央、省、市因公出国(境)管理有关规定,根据"有事才去、因事定人、完事即回"的原则,全年全市因公出国(境)365批937人次。从在外管理和成果管理两方面加强规范团组国(境)外活动。不断完善海外领事保护及涉外突发性事件应急处置机制,妥善处置涉外案(事)件2批(件)次,嘉兴市公民海外领事保护事件1起。2017年申请来嘉兴采访的外国记者共4批66人次。积极推动参政议政。"两会"前夕组织侨界相关人员进行研讨政协委员提案议题,提高提案质量。组织侨界政协委员参加协商、调研、考察交流等,为推动相关工作建言献策。

拓展领域,外侨联谊海外有创新。友城建设扎实推进。以嘉兴市打造"国际化品质城市""高质量外资集聚地"及党的诞生地为抓手,进一步优化友城布局。2017年新增国际友城1对,友好交流关系城市4对,友好交往城市5对。海外联谊不断活跃。全年接待中国海外交流协会考察团、越南浙江商会、新西兰嘉兴联谊会等海外侨团、专家等270多人次,选派4名教师赴厄瓜多尔、意大利华文教育学校,做好"万家海外中餐馆·同讲中国好故事"活动,成功举办海外华裔青少年夏令营、第三期"海燕集结行动计划"嘉兴营、第十期"侨智聚禾"精英论坛等活动。民间交流内容丰富。组织举办"情系嘉兴"系列活动、外国友人裹粽大赛、印度国际瑜珈日等。开展嘉兴市荣誉市民、南湖友谊奖评选工作。2017年,4名外籍人士获得嘉兴市荣誉市民称号,9名在禾外籍人士获得南湖友谊奖。

重要活动

【"情系嘉兴——海宁行"活动】 1月12日在海宁举行。由嘉兴市外侨办、市友协主办,海宁市外侨办承办。来自美国、加拿大、英国、西班牙、爱尔兰、乌克兰、喀麦隆等10个国家的19名外国友人及市友协理事参加活动。本次活动得到各县(市、区)友协及市教育局、经济开发区等相关部门的大力支持。市外侨办(友协)及海宁市外侨办相关领导出席活动。主办方为外国友人安排了参观海宁盐官古城、观钱江潮等活动。同时,通过自由式互动交流,为在嘉兴外国友人相互间交流熟识提供机会。

【省侨商会到嘉兴开展"访侨企送服务"活动】 3月7日,中国侨商会副会长、省侨商会会长廖春荣率省侨商会及经贸、金融、法律等方面专家到嘉兴,开展"访侨企送服务"活动。市委副书记、市长胡海峰,市政协副主席朱静绮陪同或出席相关活动。廖春荣一行先后走访平湖国际进口商品城、浙江耀江城市建设开发有限公司、嘉兴国际毛衫城、比德弗生物科技园发展有限公司等侨资企业,听取企业生产经营情况介绍,并对企业负责人反映的融资、扶持政策等问题作出解答、提出建议。随后,廖春荣一行召开专题座谈会,围绕转型升级、投融资、产业发展定位、科技创新、知识产权、政企合作等事项,同嘉兴的10位侨商代表座谈交流,了解企业情况、解答侨商咨询、分享发展经验。廖春荣一行还赴"红船服务"总联盟落帆亭公园轮值点,参加侨商服务联盟专场活动,倾听海归创业者等与会人员所思所想,并进行面对面交流,分享最新政策、发展思路。廖春荣对嘉兴市高度重视侨商事业发展,成立侨商服务联盟,创新服务手段的做法给予充分肯定。廖春荣表示,省侨商会将继续发挥桥梁纽带作用,通过"访侨企送服务"活动等形式,了解侨资企业遇到的困难问题,向有关部门反映,寻求解决之策,促进侨资企业有序发展。他希望广大侨资企业要充分发挥联系广泛、人才荟萃、智力密集等优势,为地方经济社会发展作出更大贡献。廖春荣还高度评价"红船服务"总联盟的服务形式,认为"红船服务"总联盟为政府和企业的沟通搭建了很好的平台。他强调省侨商会拥有丰富资源,能够为企业发展提供各方面帮助,特别是省侨商会科技委员会,服务对象就是在浙江创业创新的新侨群体,希望嘉兴进一步关注新侨、助力新侨在经济社会发展中发挥更大的作用。嘉兴市委常委、组织部长,市侨商服务联盟领导小组组长连小敏指出,在全力打造具有国际化品质的现代化网络型田园城市和创建全面创新改革试验区征程中，嘉兴独特的区位优势、优良的政务商务环境、创新要素集聚等优势将进一步彰显，欢迎更多侨商积极融入，合作发展。希望在引育“国千”“省千”，实施创新嘉兴·精英引领计划中同省侨商会科技创新委员会加强对接合作。

【外国友人裹粽大赛】 5月30日在嘉兴举行。正在嘉兴访问的南非、乌克兰、厄瓜多尔、波兰等国驻沪总领事夫人代表团参加嘉兴端午民俗文化节的一项重要活动——“外国友人裹粽大赛”，亲身感受中国传统文化魅力。各国总领事夫人及其家人在经验丰富裹粽师傅手把手耐心指导下，认真学习整个裹粽流程——裹叶、放米、扎线。在比赛环节，她们争相施展学到的裹粽技术，最终波兰驻沪总领事夫人艾格妮丝·诺沃特尼亚克以裹粽数量最多、质量最优获得桂冠。

【举办专场服务日活动】 6月1日，市侨商服务联盟举办专场服务日活动。市外侨办、市委人才办、市社保局、市民政局、市经信委等部门领导与市光伏行业协会、市律师协会代表参加活动。市侨商会科创分会6名海归高层次人才企业负责人和侨商代表参加座谈。市外侨办主任朱永明主持专场活动。座谈会上，各企业负责人分别介绍自身企业发展现状和存在问题，主要涉及知识产权（商业秘密）保护、政府补助资金申请、院士工作站设立、员工社保缴纳、产品销售渠道等内容。相关职能部门领导和行业协会代表从人才科技政策、企业内部制度建设、产业发展方向等，对侨商们提出的问题给予一一解答，并提供具体可行的建议。

该活动是市侨商会科技创新分会成立来的首场活动。参加活动的企业涉及光伏、3D打印、高端电池研发和生产、环境系统模拟与软件开发等领域，企业负责人均为嘉兴市“国千”“省千”人才。

【中国·嘉兴“第三届国际瑜伽日”活动】 6月22日在嘉兴南洋职业技术学院举行。由嘉兴市人民政府、印度驻沪总领事馆主办，嘉兴市外侨办、市体育局承办，嘉兴南洋职业技术学院、嘉兴市女子体育协会协办。嘉兴市副市长卜凡伟和印度驻沪总领事古光明出席活动并致辞。来自市直机关瑜珈团队、特迈斯（浙江）冷热工程有限公司、南洋职业技术学院及市本级10个瑜珈馆近千名瑜珈爱好者参加活动。来自印度的瑜珈大师米大伟、阿米特和米小丽与在场的瑜珈爱好者进行教学互动，米大伟为大家讲解瑜珈运动的基本动作要领和呼吸方法。

【2017“相聚长三角”浙江（嘉兴）行活动】 9月13日至15日在嘉兴举行。由省外侨办和嘉兴市人民政府共同主办。来自美国、加拿大、英国等8个国家30名海外华侨华人专家参加活动。专家们带来30多个涉及互联网、新材料、先进制造、生物化学、人工智能等领域的高新技术项目，其中部分项目为获得中外专利授权、首次对外发布的研究成果。14日，专家们走进嘉兴科技城，走访嘉兴雅康博医学检验所。听取嘉兴科技城、嘉兴市人才办、嘉兴“红船服务”总联盟有关招才引智、人才服务等情况介绍，并就感兴趣的话题开展深入探讨。专家们前往秀洲国家高新区，参观高新区展示馆，听取高新区、北科建创新园、上海交大科技园、中节能产业园情况介绍，并进行互动交流。专家们纷纷表示，嘉兴科研机构众多，区位优势明显，硬件设施非常好，他们将持续关注政府对于落户企业的配套政策等相关信息，寻求进一步合作机会。

在嘉兴期间，省外侨办主任金永辉、嘉兴市副市长沈晓红会见全体专家，分别介绍浙江省、嘉兴市基本情况，并希望专家们前来浙江、嘉兴创业发展。专家们还参观中共“一大”革命纪念馆，考察乌镇的世界互联网大会永久会址。

【“星耀南湖”引才工作座谈会】 9月25日，嘉兴市委组织部（人才办）、市人力社保局（专项办）、市外侨办(侨联)联合召开“星耀南湖”引才工作座谈会,听取海外引才工作站(点)负责人、海内外引才大使对嘉兴市引才工作的意见建议,并与新聘引才大使签订合作协议。会上,各站(点)负责人、引才大使积极建言献策,结合嘉兴市人才新政,就如何做好高层次人才培养、引进和使用及如何进一步完善人才发展体制机制,为人才成长、项目引进提供制度保障,加强海智与民营企业的深入对接,加强海外人才数据库运用等提出建设性意见建议。市委常委、组织部长连小敏听取大家的意见建议后指出,各站(点)、引才大使和各级人才办、人才平台要重视引才工作的整体性,更好地把项目引进来。要在引才工作中注重实效性,多组织海外人才嘉兴行活动,加强与本土民营企业家、海外科技资源和国内人才服务资源的对接,进一步深化引才工作。要凝聚合力,整合各县(市、区)引才资源信息,服务人才资源信息及企业技术难题需求信息,加强海内外引进体系的培育。会议由市外侨办主任朱永明主持,市委组织部副部长、人才办主任李捷,市人力社保局副局长冯俊华,市外侨办副主任、侨联副主席娄新生及来自美国、加拿大、英国、德国、日本、澳大利亚等国家的人才工作站(点)负责人、海内外引才大使和特邀嘉宾出席会议。

2017年以来,各海外站(点)先后组织23个团组300余名海外高层次人才,带来电子信息、生物医药、装备制造、节能环保、现代服务、新材料、新能源、现代农业等领域的高科技项目到嘉兴考察对接,为嘉兴市海外引才引智作出了新贡献。在“星耀南湖”精英峰会上又新聘10位引才大使,进一步拓宽了海内外引才渠道。

【浙江海外中青年侨领研习班】 10月30日至11月3日在嘉兴举办。由省外侨办主办,嘉兴市外侨办、浙江清华长三角研究院承办。来自越南等35个国家和地区的50名中青年侨领参加研习。浙江清华长三角研究院院长王涛、副院长张海戈,省外侨办副主任彭波、陈安,嘉兴市人大常委会副主任张永红、副市长盛全生、市政协副主席戴铭和市外侨办主任朱永明等出席开班式和结业式等活动。研习班安排《当前宏观经济形势与一带一路倡议》《互联网十与信息经济发展》《企业家的社会责任》《不忘初心、走在前列——红船精神的历史与当代价值》等专题讲座,并开展重走“一大”路现场教学,让学员们学习领会国家和浙江省最新战略和精神,把握好发展机遇,不忘初心、继续前进。学员们还先后赴平湖进口商品城、嘉善歌斐颂巧克力小镇、嘉善县归谷科创园、海盐县经济开发区、秦山核电站、杭州湾跨海大桥等参观考察,亲身体验嘉兴经济社会发展情况及投资营商环境。嘉兴市外侨办还向学员们赠阅《红船精神:启航的梦想》(中、英文版)、《2017美丽嘉兴》《嘉兴人才新政》《2017投资嘉兴》《嘉兴市地图》等资料,宣传嘉兴,推介嘉兴,期待侨领们协力传播嘉兴好故事,助力嘉兴双招双引工作。

【第四届世界互联网大会】 12月3日在乌镇召开。本届大会主题是“发展数字经济促进开放共享——携手共建网络空间命运共同体”。来自全球各国和地区的1500余位嘉宾参加大会,400余家知名互联网企业和创新型企业展示世界互联网最新发展趋势和前沿技术。

主要出访

【嘉兴市友好代表团访问西班牙和葡萄牙】 6月16日至23日,市人大常委会主任刘冬生率嘉兴市友好代表团访问西班牙和葡萄牙。在西班牙,代表团与赫塔菲市政府及相关部门进行座谈交流。赫塔菲市市长莎拉·赫南德兹·巴罗索会见代表团一行,双方就加强两市间经济联系、开展双边贸易与投资事宜进行磋商。代表团还分别拜访赫塔菲教育部门和相关学校、文化部门和艺术界相关代表,就开展教育合作、文艺演出等进行洽谈对接。代表团拜会巴达罗纳市政府,与市政府第二副市长亚历克斯及相关官员交流座谈并签署两市建立友好关系备忘录。同时，就促进双方未来在各领域开展交流与合作进行磋商。代表团还与巴达罗纳劳工基金会、企业家联合会及人力资源咨询公司代表进行商务会谈，并走访巴达罗纳工业园，详细了解园区的规划、建设和发展模式。在葡萄牙，代表团拜会辛特拉市市长昊塔并进行座谈，详细了解辛特拉市现状。代表团介绍嘉兴经济、社会发展状况，并探讨两市开展友好交流与合作、建立友好城市的可能性。双方还商讨了开展政府间合作的相关事宜。代表团还拜访葡萄牙葡中世代友好联合会，洽谈双方在文化等多领域开拓合作具体事宜。葡萄牙葡中世代友好联合会主席林雅道会见代表团一行。

表 15　2017 年嘉兴市部分出访团组情况

出访时间	团长职务、姓名	人数	出访地点	出访任务
7 月 5～12 日	市人大常委会副主任沈利农	6	罗马尼亚、芬兰	友好访问
7 月 13～21 日	市人大常委会副主任武亮靓	6	埃塞俄比亚、巴西	友好访问
9 月 12～20 日	市政协副主席朱静琦	6	墨西哥、巴西	友好访问
10 月 10～17 日	副市长张仁贵	6	芬兰、俄罗斯	友好访问
10 月 26 日～11 月 2 日	市人大常委会副主任陈越强	5	瑞士、匈牙利	友好访问
11 月 21～29 日	市人大常委会副主任朱伟	6	捷克、巴西	友好访问

主 要 来 访

【阿拉伯国家驻华使节代表团访问嘉兴】 1 月 14 日至 15 日，突尼斯驻华大使迪亚·哈立德及夫人索妮娅·哈立德、也门驻华大使穆罕默德·奥斯曼及夫人胡达·穆罕默德、科威特驻华大使塞米赫·哈亚特及夫人阿丽雅·哈亚特等阿拉伯国家驻华使节代表团一行在中国阿拉伯交流协会副会长秦勇陪同下访问嘉兴。副市长柴永强会见代表团一行，介绍嘉兴市近年来在经济、贸易、文化等方面所取得的成就，并与代表团就如何加强嘉兴市与阿拉伯国家之间的友好交流、经贸往来交换意见。

在嘉兴期间，代表团一行参观游览了乌镇世界互联网大会会址，对古镇在承办国际会议、旅游开发、文化宣传等领域所取得的成就给予高度评价。代表团还出席嘉兴海华武馆举行的年会活动，观看欣赏非物质文化遗产掼牛表演。

【美国驻沪总领事访问嘉兴】 2 月 15 日，市委副书记、市长胡海峰会见美国驻沪总领事史墨客一行，介绍嘉兴经济社会发展概况及近年来美资企业在嘉兴的发展情况。胡海峰说，近年来，嘉兴与美国的经贸关系十分密切。美国已成为嘉兴的第一大出口对象国、第四大进口来源国及第六大投资来源地。雅培、玛氏、荷美尔等一大批美国企业到嘉兴投资兴业。胡海峰表示，随着嘉兴在供给侧结构性改革、“五水共治”等行动的持续深入推进，投资环境会更佳，百姓幸福感会更强。嘉兴将进一步深化改革，积极推动企业“走出去”，也十分愿意将优质的外商投资企业“引进来”。希望美国驻沪总领事馆引荐更多美国企业来嘉兴投资发展，扩大在经贸往来、产业合作、科技创新等领域的务实合作，实现互利共赢。史墨客表示，美国驻沪总领事馆愿在经贸领域、人文交流等方面促进双方有更多合作，并希望以此访为契机，加强相互了解，深化双边合作，谋求共同发展。代表团一行还考察嘉兴经济技术开发区，参观美国在禾投资企业和嘉兴市相关社工组织，详细了解企业发展环境及嘉兴未来产业规划等情况。

【新加坡驻沪总领事访问嘉兴】 3月14日，副市长盛全生会见新加坡驻沪总领事罗德伟一行，简要介绍嘉兴近年来经济社会发展情况和取得的成绩。盛全生表示，嘉兴在制造业、服务业、金融业等各领域不断加大对外开放力度，与多国多地区不断深化合作，已经呈现出合作互利共赢良好局面，希望双方能进一步从文化、经贸等方面互相加深了解，增加合作机会。罗德伟表示，他本人对嘉兴非常有信心，相信通过走访能增进对嘉兴的进一步了解，并愿意做更多努力，加大推介力度，把双方合作交流推向新的高度。访问期间，罗德伟一行考察嘉兴经济开发区、海宁皮革城、乐高公司，参观南湖和乌镇。

【尼泊尔主流媒体和友好团体考察团访问嘉兴】 6月16日，市人大常委会副主任陈越强接待以尼泊尔国家电视台台长马哈什·拉吉·达哈儿为团长的尼泊尔主流媒体和友好团体考察团一行。尼泊尔考察团此次考察旨在了解习近平总书记在浙江工作期间的主要思路、做法和成就，以及嘉兴市经济社会发展情况。

在嘉兴期间，考察团还参观了南湖革命纪念馆和湖心岛。

【澳门廉政公署代表团访问嘉兴】 6月28日，市委常委、市纪委书记陈刚会见澳门廉政公署廉政专员陈永春一行10人。在嘉兴期间，代表团考察了南湖革命纪念馆、中共一大会址、乌镇世界互联网大会会址。

【香港特别行政区政府公务员考察团访问嘉兴】 8月27日至29日，香港特别行政区政府公务员考察团一行34人访问嘉兴。考察团由警务处、海关、房屋署、运输署、廉政公署等20多个部门的成员组成，此前刚参加了清华大学国家事务研习班。在嘉兴期间，考察团一行赴南湖革命纪念馆参观，真切感悟了马克思主义理论在中国的发展壮大和中国共产党从一大到十八大的不平凡发展历程。与嘉兴市经信委、公安局、环保局、建委、交通运输局、水利局、卫计委、统计局、外侨办等部门负责人，就平安建设、城乡统筹发展、医疗卫生事业、房地产开发、交通建设、环境保护、城市防洪等进行交流座谈。听取市港澳办主任朱永明有关嘉兴经济社会发展情况的专题介绍，并观看《大美嘉兴》纪录片。考察团参观加西贝拉压缩机有限公司产品陈列室，听取公司总经理朱金松的介绍，并就生产管理、产品研发、产品营销、专利保护、工会运行、员工权益保障、企业社会责任等感兴趣的话题与公司管理层开展讨论。考察团还参观嘉兴经济技术开发区展示馆、秀洲国家高新区展示馆，访问秀洲区新塍镇潘家浜村、南湖区梅花洲等，亲身体验嘉兴农村的新面貌、感受新农村建设欣欣向荣的景象。

【越共高级干部考察团访问嘉兴】 9月11日，越共中央委员、越通社社长阮德利率越共高级干部考察团一行20余人访问嘉兴，市委常委、宣传部长祝亚伟陪同考察。考察团一行乘船前往南湖湖心岛，瞻仰南湖红船。在红船旁，他们认真聆听了中国共产党建党历史，详细了解红船精神深刻内涵，并与南湖红船合影留念。陪同考察中，祝亚伟简要介绍了嘉兴市经济社会发展情况，并向考察团赠送南湖丝绸画。在嘉兴期间，考察团一行还前往乌镇，参观互联网大会永久会址。

【波兰奥波莱市市长访问嘉兴】 10月17日至21日，波兰奥波莱市市长维希涅夫斯基率代表团一行3人访问嘉兴。市委副书记、市长胡海峰会见代表团一行。维希涅夫斯基对嘉兴市经济社会发展表示高度肯定，并希望通过双方更为深入务实的交流与合作，尽早与嘉兴市签署友好城市协议。在嘉兴期间，代表团一行参观嘉兴经济开发区，听取开发区发展规划介绍。并参观乐高工厂、五芳斋集团、丝绸博物馆等。举行“嘉兴·奥波莱商务座谈会”，嘉兴市数家企业代表参会，听取波兰投资贸易促进局中国区首席代表尤德良所作的“波兰投资环境介绍”和奥波莱市首席投资专家奥尔波特所作的“奥波莱——无限商机”城市介绍。市商务局副局长陈志林向代表团推介嘉兴，以期双方能在经贸领域取得更多合作，实现互惠双赢。

【老挝人民革命党中央政治局委员、国会主席访问嘉兴】 12月3日，老挝人民革命党中央政治局委员、国会主席巴妮·雅图都率代表团一行12人及老挝驻沪总领事一行访问嘉兴。在嘉兴期间，代表团参观南湖革命纪念馆，全面了解中国共产党建党史和新中国的发展史，乘船赴南湖湖心岛瞻仰红船。巴妮·雅图都表示，中老双方应在党建等方面加强沟通和学习。

（许　叶）

表16　2017年嘉兴市接待的部分来访团组

时间	团组名称	团长职务、姓名	人数	会见领导
1月3日	韩国前总理团	韩昇洙	8	
2月9日	德国巴特梅根特海姆市代表团	市长伍多·格拉萨	5	胡海峰
4月1日	印度驻沪总领事	古光明	2	
5月3日	丹麦驻沪总领事	普励志	6	邢海华
5月15日	俄罗斯斯塔夫罗波尔州政府及企业家代表团	副州长安德烈·阿列克谢	9	邢海华
6月12～13日	瑞士驻沪总领事及企业家代表团	霍力轩	24	盛全生
6月19～20日	新加坡驻沪总领事	罗德伟	3	
8月31日	韩国驻沪总领事	卞永台	5	胡海峰、盛全生
9月8日	美国驻沪总领事	谭森	4	盛全生
9月21日	比利时驻沪总领事	兰波	6	
10月30日	俄罗斯专家代表团	俄罗斯中国政府专家委员会委员长萨纳科夫·西尔杰	9	
11月5～9日	德国迪堡行政长官代表团	行政长官克劳斯·舍尔哈斯	17	盛全生
11月6～9日	巴西康塔根市政府代表团	副市长威廉·巴蒂斯塔	6	
11月8日	日本驻沪总领事	片山和之	3	胡海峰
11月8日	韩国驻沪总领事	卞永台	3	
11月12日	捷克外交部审计司司长代表团	司长伊瑞·林肯	6	
11月17日	英国驻沪总领事	吴侨文	2	

湖 州 市

综 述

【概况】 2017年，湖州市外侨办办理因公出国(境)团组229批509人次。全年邀请外国人来华394批571人次，办理APEC商务旅行卡38批49人次，代办因私签证295批538人次。

全力服务引资引智。一是助推浙(湖)商回归工程出实招。举办"'浙商回归、侨商回家'海外侨胞故乡行——走进德清、安吉""海外浙商回归联络站站长及省外浙商会长代表团湖州行""上海青浦侨商湖州行""上海黄浦侨商湖州行"活动，组织策划招商项目的引荐与对接。赴温州向30余名温州侨商作投资推介，利用兄弟市丰富侨务资源为湖州招大引强拓展渠道。积极参与首届湖商大会、2017湖州市融入杭州都市圈推介会与2017湖州市接轨上海推介会。联合省侨商会开展"访侨企送服务"活动，举办"驻湖侨资(港澳投资)企业代表座谈会"，就贷款融资、市场推广、人才引进等问题为侨企现场支招，推动企业创业创新。2017年度，全市侨务系统主动与300多名侨商进行对接，引荐洽谈投资项目7个，涉及智能装备、绿色家居、特色小镇等领域。二是深化招才引智工作见实效。加强与海外专业协会联系，主动策划，向150余名海外高层次人才推介南太湖精英计划。全年全市侨务系统共引荐申报14个创业、创新类项目，其中12个签约落地。联合吴兴区政府赴浙江大学举办"湖州吴兴——浙大科技人才合作交流会"，牵线12名浙大高层次人才与湖州市民营企业进行项目对接，在开展柔性引才方面共谋校地合作新模式。举办"海燕助飞行动"启动仪式，为留学归国人员搭建互动沟通和促进发展的平台，并以此为载体挖掘侨界智力优势，深化侨务引智工作。三是以出访带动项目合作创实绩。充分发挥高层出访引领作用，相继谋划由市、县(区)领导带队的团组赴美国、德国、法国、意大利、阿联酋等多个国家开展招商活动，举办新能源产业、健康产业、生物医药产业等系列推介会，推动UMBRA航空航天部件和新能源汽车的电机部件项目、阿斯克整车制造、杜尔集团工业清洗设备、久戒健康科技等一系列项目洽谈进程，加快湖州市"中美生物医药产业园""吴兴美妆小镇"等多个对外合作平台建设。协助市委组织部做好赴美国、加拿大和日本招才引智团的策划与组织工作。组织参加3场全省性大型招才引智洽谈会、自主组织3场恳谈交流会和6场拜访对接活动，达成人才引进初步意向81个、项目合作初步意向73个，签订37个人才和项目合作协议。

全面拓展合作渠道。一是注重深化国际友城工作。积极拓展友城交往渠道，以产业合作为导向与法国沙特尔市签订建立友好交流关系意向书，邀请墨西哥库奥特拉市政府代表团访问湖州，与英国奇彻斯特市、瑞士穆尔腾市、捷克塔霍夫市、印度海德拉巴市建立初步联系。做好爱尔兰戈尔韦市政府友好代表团和爱尔兰国务部长团接待工作，积极推动两市结好进程。以湖州市与日本岛田市结好30周年庆典为契机，派代表团访日参加青少年乒乓球友谊赛、邀请日方代表团到湖州考察交流等，深化双方友好合作关系。相继接待日本静冈县日中友好协议会代表团、静冈县政府和静冈银行驻沪事务所代表团、静冈县经济产业代表团访问湖州。协助科技局举办“企业技术和管理诊断——日本专家湖州行”活动，为全市100多家企业作精益管理与污水治理现场指导，并牵线湖州美妆小镇与日本开展产业合作。派遣团组出访以色列尤其尼姆利特市、美国圣地亚哥市，邀请克罗地亚卡尔洛瓦兹市友好代表团首次访问湖州，通过产业推介、项目洽谈等深化经贸科技领域的交流合作。2017年，湖州市与各友城间的互访共18批171人次。二是民间对外交流呈现活力。举办“感受湖州魅力·讲述湖州故事”为主题的“老外在湖州”征文活动和“友好使者”荣誉称号评选，30名外国友人获颁征文奖、授予6名国际友人“友好使者”荣誉称号。与印度驻沪总领事馆合作举办第三届国际瑜伽日庆典暨第二届南太湖国际瑜伽节启动仪式，400余名瑜伽爱好者参与表演。策划法国蒙达尔纪森林中学41名师生组成的代表团到湖州访问和韩国灵岩郡青少年交流代表团第四次访问湖州活动，开展课堂、住家体验等互动交流活动。与爱尔兰戈尔韦市爱中友协合作就湖州师范学院与戈尔韦大学开展高校校际交流、浙江信息工程学校引进爱尔兰相关课程等项目作深入推进。参与湖州市国际乡村旅游节、东亚农业文化研讨会等重大外事活动，在提供外事服务的同时积极做好宣传推介工作，讲好湖州故事，提升城市形象。三是加强海外联络联谊拓展。组织团组赴澳大利亚、新西兰开展侨务交流，拜访和联络浙(湖)籍华侨华人，巩固与澳大利亚浙江侨团联合会、新西兰浙江商会等社团的友好关系。推动成立澳大利亚湖州商会·同乡会，并以新侨为重点拓展侨务资源。以“海外中青年侨领、湖州人在澳洲、美国湖州人、海外华文媒体、湖州侨联委员”等微信群为载体，强化点对点联络，着力建设网上侨联，扩大“湖州侨界朋友圈”，快速向海外华人华侨、留学人员宣传家乡发展新貌和惠侨政策，加强联谊联络、增进互动交流，构建大联谊、大宣传新格局，引导侨界人士参与浙(湖)商回归和特色小镇建设。

切实强化管理服务。一是有效提高外事管理水平。持之以恒规范因公出国(境)管理，围绕实施“走出去”战略、推进“一带一路”建设、推动国际产能和中东欧合作，加强对因公出访活动的整体规划，突出服务“六重工作”、产业招商、特色小镇建设和科教人员出访。严格按照“有事才去、因事定人、完事即回”的原则把好审核审批关，同时严格核查护照、反馈表及出访总结，督促团组严守外事纪律并提升出访效果。妥善处置涉外事件与领保事件，营造稳定涉外环境。牵头制定领保联席会议和规范相关外事管理工作，为规范全市涉外管理工作提供制度支撑。二是着力做好为侨服务工作。开展“问侨事、进侨门、解侨忧、暖侨心”访联服务活动，建立健全侨务干部直接联系服务侨界群众机制，全年走访侨户125家。做精做实“侨之家”品牌，丰富乐侨利侨内容和手段，深入开展“一月一主题”活动。携手湖州师范学院和吴兴区侨联联合成立省内第一家“南丁格尔助侨服务站”，结对碧浪湖社区侨界群众定期开展人文关怀、健康咨询、医疗服务等特色活动。开展“侨爱心·光明行”活动，为28名患眼疾的贫困归侨侨眷免费实施复明手术。组织省市为侨服务医疗队赴吴兴区芳山村和安吉县新街桥社区，为100余名患者义诊。与湖州智云联合科技有限公司合作开展“互联网+养老”专题服务活动。结合“最多跑一次”改革，进一步精简涉侨办事事项，简化办事流程、提供办事指南，加强网上互联互通，为办理华侨回国定居、“三侨生”升学加分的侨界群众提供方便。三是积极为企业“走出去”服务。联合省外服中心和日本驻沪总领事馆举办“2017年日本签证业务座谈会”，为湖州企业赴日签证释疑解难。举办“2017签证官看民企——走进湖州”活动，40余名外国驻华使领馆签证官员参加座谈会，与湖州市30多家企业代表面对面交流。协助市工商联举办“‘一带一路’背景下中国民企如何走出去研讨会”，帮助企业更好对接西方资本市场营运环境和跨国并购所需的专业服务。举办“服务企业外事业务培训班”，全市140多位企业外事联络员参加培训。建立“服务企业外事业务QQ群”，吸收近80家重点外向型企业加入工作群，为企业在护签申办、经贸合作、领事保护等多方面提供精准服务。

重要活动

【第三届国际瑜伽日庆典暨第二届南太湖国际瑜伽节】 5月20日在湖举行启动仪式。印度驻沪总领事古光明，市政协副主席、度假区管委会主任葛伟及市外侨办、体育局等相关部门负责人出席仪式。仪式上，度假区管委会与克里希那马查亚瑜伽院签订瑜伽合作备忘录。

印度瑜伽大师米大伟、克里希那马查亚瑜伽院高级导师穆茹里作现场瑜伽演示，近400名瑜伽爱好者参与活动。

【湖州·德清海外高层次人才项目对接洽谈会】 6月10日在德清举行。德清县相关负责人介绍人才引进政策及相关情况，并就进一步加强人才引进项目合作与参加洽谈会的外方相关人员进行深入洽谈。

【第四届东亚地区农业文化遗产学术研讨会】 7月12日在湖州市南浔区召开。联合国粮农组织全球重要农业文化遗产秘书处、科学咨询小组的专家及日本、韩国和中国的农业文化遗产研究人员、管理人员、企业界与农民代表等150余人参加研讨会。会上，与会代表以大会报告、分会交流、墙报发表、产品展示等形式进行交流探讨。

【参加“第三届浙江省·静冈县友好交流乒乓球大赛”】 8月9日至13日，湖州市派遣湖州二中和飞英小学的10名青少年选手，赴日本参加在友城岛田市举办的“第三届浙江省·静冈县友好交流乒乓球大赛”。省体育局副局长吕林，日本静冈县知事川胜平太、岛田市市长染谷绢代等出席开闭幕式。湖州选手分别参加各分组比赛，飞英小学选手郑禹捷获小学男子组冠军。其间，湖州二中和飞英小学的选手还参观了岛田市博物馆、转车台和杏林堂药局等。

【2017第八届环太湖国际公路自行车赛湖州赛段比赛】 10月13日开赛。浙江省体育局局长孙光明，江苏省体育局局长陈刚，湖州市领导夏文星、沈志华、闵云、叶理中等出席开赛及颁奖仪式。30个国家和地区的24支车队140余名运动员参加比赛，来自意大利威廉洲际职业队的雅各布·马雷斯科凭获得湖州赛段冠军。

【澳大利亚湖州商会·同乡会在墨尔本成立】 11月6日，40余名旅澳湖州乡贤出席成立仪式。同时，聘任澳大利亚湖州商会·同乡会首届领导班子，特聘澳大利亚浙江侨团联合会会长陈静为终身名誉会长。澳大利亚浙江侨民联合会会长吕唐雄、副会长薛可为、秘书长李钧等参加成立仪式。

【出席浙江省·静冈县建立友好省县关系35周年庆祝大会】 11月13日，副市长施根宝率湖州市外侨办相关人员出席在杭州举行的浙江省·静冈县建立友好省县关系35周年庆祝大会。会议期间，施根宝会见前来出席庆祝大会的日本岛田市市长染谷绢代、岛田市议长福田正男一行，双方就相关事项进行交流洽谈。

【湖州市与日本岛田市缔结友好城市关系30周年庆典】 11月14日在湖州举行。市人大常委会主任胡菁菁、副市长杨六顺、市政协副主席李建平，日本岛田市市长染谷绢代、岛田市议长福田正男、岛田市国际交流协会委员长冈本广一等出席庆典。在湖期间，岛田市客人还参观湖州市博物馆，考察浙江大东吴绿家木业股份有限公司和浙江大东吴汽车电机股份有限公司。

【庆祝香港回归祖国20周年暨湖州旅港同乡会成立30周年庆典】 11月18日在香港举行。市委副书记陈浩出席庆典并讲话。香港中联办社团部副部长黎宝忠,市委统战部常务副部长蒋晓勇、市外侨办主任孙虎林及200多名湖州乡贤参加庆典。在香港期间,陈浩一行还拜访了香港中联办协调部、香港中华出入口商会、香港永义集团,并看望部分湖州乡贤。

【“天下浙商湖州行”活动】 12月1日在湖州举行。市外侨办组织30多个国家的近百名海外浙商回归联络站负责人和省外浙江商会的负责人来湖参加“天下浙商湖州行”投资环境说明会,副市长卢跃东在说明会上致辞。活动期间,与会代表还考察太湖龙之梦项目,并参观长兴美丽乡村建设。

【“老外在湖州”征文活动暨“友好使者”颁奖仪式】 12月5日在湖州举行。由市外侨办、市友协举办。副市长卢跃东致辞,来自20多个国家近100名中外嘉宾参加颁奖仪式。市政协副主席、市友协副会长李建平,市外侨办主任孙虎林及市人社局、外宣办、教育局、商务局等负责人出席仪式并为“友好使者”荣誉称号获得者及征文活动获奖者颁奖。来自英国的布莱克·德米·露易丝·艾米等30名外国友人获得征文活动奖项,来自法国的司徒夫等6名外国友人被授予“友好使者”荣誉称号。

【“签证官看民企——走进湖州”活动】 12月12日至14日在湖州举行。来自津巴布韦、日本、马来西亚、芬兰、比利时等24个国家近30名使领馆官员走进湖州,考察企业、洽谈合作。活动期间,使领馆官员一行考察天能集团、怡达电梯等民企,参观古木博物馆、月亮广场、大唐贡茶院和南浔古镇。

主要出访

【湖州市现代农业和水利技术交流与项目洽谈代表团访问以色列和塞尔维亚】 3月5日至12日,市人大常委会主任朱坤民率湖州市现代农业和水利技术交流与项目洽谈代表团一行6人访问以色列和塞尔维亚。在以色列,代表团拜访霍夫·哈卡梅尔市政府,交流现代农业与水利方面的先进技术和成功经验。在塞尔维亚,代表团拜访伏伊伏丁那自治省米特罗维察市议会,双方就河道水流域管理经验和农业生产情况进行交流。

【湖州市经贸洽谈代表团访问印度和美国】 3月7日至14日,副市长李建平率湖州市经贸洽谈代表团一行6人访问印度和美国。访问期间,代表团分别拜访印度工业联合会和美国湖州商会等,在美国硅谷高新技术中心举办“湖州·美国(圣克拉拉)项目合作洽谈会”。在洛杉矶举办美国湖州商会项目投资推介会,洛杉矶当地企业代表等100余人参加推介会。

【湖州市代表团参加2017年迪拜国际投资年会】 4月1日至5日,副市长李建平率湖州市代表团一行6人前往阿联酋,参加第七届迪拜国际投资年会并执行经贸交流任务。湖州市在投资年会会场设立36平方米展馆,播放影像宣传视频30小时,发放宣传手册500余份。在阿联酋期间,代表团还拜访中国驻迪拜总领事馆,访问阿联酋经济部,与阿联酋经济部就健康旅游、环境保护等项目进行对接洽谈。

【安吉县代表团访问日本】 4月23日至27日,安吉县常务副县长乐叶俊率代表团一行4人专程赴日本,与日本藤仓橡胶工业株式会社洽谈二期投资项目。

【吴兴区经贸代表团访问韩国】 4月25日至29日,吴兴区副区长朱建忠率代表团一行3人访问韩国。代表团参加“2017首尔国际化妆品博览会”,举办“中国美妆小镇招商推介会”,并与思爱斯生物科技株式会社等多个韩国重点化妆品企业进行项目洽谈。

【湖州市代表团访问乌兹别克斯坦和柬埔寨】 5月5日至12日，市人大常委会副主任王勤率湖州市代表团一行6人访问乌兹别克斯坦和柬埔寨。在乌兹别克斯坦，代表团与乌兹别克斯坦国家农业与水利部举行洽谈，并考察中乌合作桑苗种植项目。在柬埔寨，代表团参观泰中盛发展有限公司建在金边的蚕桑、木薯基地，与柬埔寨国际商会、柬中经济贸易促进会就相关合作事项进行洽谈。

【吴兴区经贸代表团访问日本】 5月12日至16日，区委书记吴智勇率吴兴区经贸代表团一行4人访问日本，开展招商推介及项目洽谈，并考察日本HIS项目。

【德清县政府代表团访问以色列和西班牙】 5月12日至18日，县长王琴英率德清县代表团一行6人访问以色列和西班牙。访问期间，代表团与两国有关方面就经贸合作、项目引进及友城间经贸文化往来等进行交流和探讨。

【湖州市招才引智代表团赴美国、加拿大和日本开展招才引智】 5月25日至6月3日，市委组织部长干武东率招才引智代表团赴美国、加拿大和日本开展招才引智活动。代表团先后在美国波士顿、旧金山、西雅图，加拿大蒙特利尔和日本东京5个高层次人才集中城市，参加3场大型招才引智洽谈会、组织3场海外高层次人才洽谈会和6场拜访对接活动，共达成项目合作意向73个，签订37个人才和项目合作协议。

【长兴民间艺术团赴意大利参演】 7月31日至8月11日，长兴民间艺术团一行35人携节目"鸳鸯龙"前往意大利，参加第34届阿尔贝罗贝洛国际民间艺术节演出。这是长兴"鸳鸯龙"节目在国际舞台上首次亮相。

【湖州市教育考察团访问美国和加拿大】 9月24日至10月1日，副市长闵云率湖州市教育考察团一行6人访问美国和加拿大。在美国，考察团拜访圣地亚哥市政府，举办湖州产业推介会。在加拿大，与温哥华枫树岭教育局进行交流，并考察相关学校。

【赴港参加《中国国家人文地理》丛书海外发布会暨中国城市海外推介活动】 10月12日至16日，市委宣传部长范庆瑜一行3人赴香港，参加《中国国家人文地理》丛书海外发布会暨中国城市海外推介活动。范庆瑜一行拜访《文汇报》《大公报》等香港主流媒体和中旅集团，并接受新华社驻香港分社、央视驻香港分台、《文汇报》《大公报》等媒体采访。

【湖州代表团访问美国】 10月21日至26日，副市长李上葵率湖州市代表团一行4人访问美国。代表团出席在芝加哥举行的第十届国际车用先进锂电池会议并进行相关项目洽谈，考察湖州微宏北美生产基地、美国阿贡国家实验室。

【安吉县招才引智团赴美国和日本开展招才引智】 10月27日至11月3日，县委副书记赵德清率安吉县招才引智团一行6人赴美国旧金山、西雅图和日本东京开展招才引智，先后组织3场海外高层次人才对接洽谈活动。

【南浔区代表团访问德国和荷兰】 11月6日至13日，区委副书记徐昌军率南浔区代表团一行6人访问德国和荷兰。访问期间，代表团先后拜访德国巴伐利亚州农业部和荷兰海牙市政府，学习交流乡村生态环境治理、农业经济发展、美丽乡村建设等方面的经验和做法，并就开展"福荫童心小镇"项目和"盆景小镇"项目招商进行了对接。

表 17　2017 年湖州市部分出访团组情况

出访时间	团长姓名	出访地点	人数	出访任务
3 月 5 日	朱坤民	塞尔维亚、以色列	6	访问交流
3 月 7 日	李建平	美国、印度	6	经贸洽谈
3 月 8 日	夏　平	德国、意大利	4	经贸洽谈
3 月 21 日	吴水霖	德国、阿联酋	6	经贸洽谈
4 月 1 日	李建平	阿联酋	6	经贸洽谈
5 月 5 日	王　勤	乌兹别克斯坦、柬埔寨	5	访问交流
5 月 10 日	董立新	意大利、法国	5	经贸洽谈
5 月 25 日	干武东	美国、加拿大、日本	6	其他
6 月 4 日	项乐民	印度	6	经贸洽谈
8 月 14 日	项乐民	澳门	6	其他
9 月 10 日	方新旗	俄罗斯、瑞典	6	经贸洽谈
9 月 24 日	闵云	美国、加拿大	6	访问交流
10 月 12 日	范庆瑜	香港	3	其他
10 月 18 日	卢跃东	法国、意大利	4	经贸洽谈
10 月 21 日	李上葵	美国	4	其他
11 月 13 日	曹德平	俄罗斯、意大利	6	经贸洽谈

主要来访

【日本静冈县日中友好协议会代表团访问湖州】 2 月 28 日，副市长李建平会见日中友好协议会理事长栗原绩率领的日本静冈县日中友好协议会代表团一行 3 人。在湖期间，市外侨办、市商务局与代表团进行友好会谈与交流。代表团一行还参观了太湖旅游度假区、湖笔博物馆和南浔古镇。

【爱尔兰戈尔韦市代表团访问湖州】 3 月 14 日，爱尔兰国会议员诺埃尔·格里利什率爱尔兰戈尔韦市代表团一行 16 人访问湖州。正在中国访问的爱尔兰国务部长肖恩·坎尼，在驻华大使康宝乐、驻沪总领事何莉陪同下同期访问湖州。市委副书记、代市长钱三雄会见爱尔兰友人。在湖期间，戈尔韦市代表团与市商务局、市教育局、市旅委等进行座谈，并参观丝绸之路集团、久立集团、太湖旅游度假区和南浔古镇等。

【俄罗斯驻沪总领事访问安吉】 3 月 17 日，俄罗斯驻沪总领事 A·叶夫西科夫一行 2 人访问安吉县，考察安吉永裕竹业和安吉国际竹艺商贸城等。

【克罗地亚卡尔洛瓦茨市代表团访问湖州】 3 月 21 日至 23 日，克罗地亚卡尔洛瓦茨市副市长玛丽娜·克拉克维奇率代表团一行 6 人访问湖州。副市长李建平会见代表团一行。市外侨办、市商务局、市旅委、市贸促会与代表团举行座谈。代表团还考察翔顺工贸有限公司，参观湖州博物馆和安吉竹博园等。

【日本静冈县政府上海事务所所长访问湖州】 4月18日，日本静冈县政府上海事务所所长石井亘、静冈银行上海驻在员事务所所长望月一志一行访问湖州，参观美妆小镇及珀莱雅化妆品股份有限公司，与美妆小镇就开展化妆品交流合作进行探讨。

【法国蒙达尔纪森林中学师生访问湖州】 4月21日，法国蒙达尔纪森林中学师生一行41人访问湖州，与湖州新世纪外国语学校开展互动交流。

【韩国灵岩郡女子中学代表团访问湖州】 5月24日至26日，韩国灵岩郡厅总务科系长金圭焕率灵岩郡女子中学代表团一行20人访问湖州，与湖州新世纪外国语学校开展交流活动。

【美国驻沪总领馆外联处处长访问湖州】 6月7日，美国驻沪总领事馆外联处处长、领事费曼舒访问湖州。费曼舒与市外侨办座谈，考察微宏动力股份有限公司，参观衣裳街历史文化街区、湖笔博物馆、市民广场和渔人码头。

【澳大利亚浙江总会会长回乡考察】 6月13日至16日，澳大利亚浙江总会会长陈静一行回乡考察。市外侨办主任孙虎林会见陈静一行。在湖期间，陈静一行参观考察长兴大唐贡茶院、丝绸小镇、钱山漾丝绸文化展览馆和婚庆主题公园等。

【韩国新任驻沪总领事访问湖州】 8月31日，副市长卢跃东会见韩国新任驻沪总领事卞永台一行4人。市外侨办主任孙虎林，市商务局副局长王坚参加会见。在湖州期间，卞永台一行还考察美妆小镇及韩佛化妆品(湖州)有限公司。

【越共高级干部考察团访问德清】 9月9日，越共高级干部考察团一行20余人访问德清。考察团一行考察美丽乡村建设和基层党建工作，并就新农村建设、基层党建、农村农民增收等与德清县相关部门进行交流。

【美国印第安纳州哥伦布市代表团访问湖州】 9月18日，副市长卢跃东会见美国印第安纳州哥伦布市市长吉姆·列恩霍普率领的代表团一行6人。双方表示将共同致力推动教育等领域的交流与合作。市外侨办主任孙虎林、市商务局局长褚连荣参加会见。

【英国诺丁汉森林足球俱乐部代表团访问湖州】 9月23日，英国诺丁汉森林足球俱乐部代表团一行6人访问湖州。在湖州期间，代表团一行参加中英足球中心校园足球合作项目启动仪式，与织里二中进行足球教学交流。

【墨西哥库奥特拉市代表团访问湖州】 10月17日至19日，墨西哥库奥特拉市市长劳尔·塔德奥率库奥特拉市代表团一行6人访问湖州。市政协副主席、市友协副会长李建平会见代表团一行。在湖州期间，代表团考察久立集团和翔顺工贸有限公司，参观湖州博物馆、南浔古镇、长兴大唐贡茶院和古森林博物馆。

【驻澳中资企业及澳门本地企业代表团访问安吉】 11月8日至9日，驻澳中资企业及澳门本地企业代表团一行50余人访问安吉。代表团参观考察“两山”理念(“绿水青山就是金山银山”)诞生地余村、凯蒂猫乐园和安吉港货柜码头等。

【日本静冈县经济交流代表团访问湖州】 11月15日，静冈县中小企业团体中央会副会长山内致雄率日本静冈县经济交流代表团一行8人访问湖州，参加“中日经济交流恳谈会”，副市长卢跃东出席。代表团还考察永兴特钢股份有限公司和德清县下渚湖景区。

【澳大利亚郡德勒普市代表团访问湖州】 11月30日，副市长卢跃东会见由政府战略发展经理布雷克率领的澳大利亚郡德勒普市代表团一行14人。代表团一行考察湖州职业技术学院和市第三人民医院，分别就职业技能培训、医护养老等进行交流探讨。

侨务工作

【2017年安吉籍海外高层次人才家属座谈会】 1月19日在安吉县召开。座谈会以“集聚海外智力,助推‘两山’实践”为主题。安吉县委组织部、统战部等部门负责人和“一对一”联络员与22名安吉籍海外高层次人才家属进行座谈。

【市外侨办主任获“全国侨办系统先进工作者”荣誉称号】 2月17日,在全国侨务工作会议上,市外侨办主任孙虎林被授予“全国侨办系统先进工作者”。国务委员杨洁篪,全国政协副主席、科技部部长万钢,国务院侨办主任裘援平等为获奖者颁奖。

【省侨商会“访侨企送服务”活动】 3月6日走进湖州。中国侨商会副会长、省侨商会会长廖春荣率省发改委等部门经贸、金融专家及省侨商会法律顾问团成员一行18人到湖州,开展“访侨企送服务”活动。市委书记陈伟俊会见代表团一行,市委常委、秘书长高屹等陪同走访侨资企业。

【上海市青浦区侨商湖州行活动】 5月25日在湖州举行。上海市青浦区侨商代表一行和湖州市外侨办主任孙虎林等相关部门负责人参加活动。其间,市外侨办主持召开吴兴区投资环境推介会,吴兴区副区长朱建忠介绍投资环境,南太湖高新区管委会对重点引进产业进行推介说明。青浦侨商代表一行还考察了高新区科创园及工业发展平台、丝绸小镇等。

【出席第四届中国—俄罗斯博览会】 6月15日,以“激活合作热点、推动创新发展”为主题的第四届中国—俄罗斯博览会在哈尔滨国际会展中心开幕。市侨商会常务副会长陆敏一行3人出席会议。其间,陆敏一行还受邀出席“相聚龙江·共谋发展”侨商合作会议,与来自27个国家和地区的300余位侨商共商合作。

【湖州市侨联与上海市黄浦区侨联结为“友好侨联”】 7月10日,上海市黄浦区侨联主席戚显蕙率代表团一行10人访问湖州,出席湖州市侨联与上海市黄浦区侨联结为“友好侨联”活动。在湖州期间,代表团一行还考察长兴太湖资本广场、龙之梦项目、钱山漾文化交流中心、湖州多媒体产业园、德清地理信息产业园等。

【为塞尔维亚贝尔格莱德孤儿院献爱心】 8月2日,湖州籍侨领、塞尔维亚华人商业联合会常务副会长包明强率部分浙商代表前往贝尔格莱德孤儿院看望孤儿,并送上200个书包和办公电脑、奶粉等物品。

【侨界精英访问安吉】 8月10日,浙江省海创院董事刘祖斌率30余名留学美国、英国、法国、日本等国的侨界精英访问安吉,考察天子湖工业园区。安吉县政协副主席陈卫卫陪同考察。

【“香港青年逐梦浙江湖州行”活动】 8月10日走进湖州。在湖期间,来自香港的100多名青年参观丝绸小镇和钱山漾文化交流中心。香港中联办社会工作部副部长梁建、香港浙江省同乡会联合会青委会主席王淑慈,湖州市委统战部常务副部长蒋晓勇等参加活动。

【湖州市“2017海燕助飞行动”启动仪式】 9月26日在安吉“两山”创客小镇举行。由市外侨办、市侨联主办,安吉县委统战部(侨办)承办。来自12个国家和地区的50多位湖州籍归国留学人员代表和各县、区侨务部门负责人参加启动仪式和活动。

【“浙商回归、侨商回家”海外侨胞故乡行】 10月19日走进德清。由浙江省侨界青年联合会组织。来自65个国家和地区的110余位浙江籍侨界青年才俊齐聚德清,开展海外侨胞故乡行活动。省侨联党组书记岑国荣、省侨联副主席张维仁,市侨联主席孙虎林,德清县委统战部长陆卫良、副县长王少华等陪同考察活动。

(张永生)

绍兴市

综述

【概况】 2017年,绍兴市外侨办围绕市委市政府中心工作,立足发挥职能优势,提升科学管理,加强统筹协调,进一步提高外事侨务工作科学化水平,更好地服务中央总体外交大局、服务地方经济社会发展、服务侨界,为绍兴高水平全面建成小康社会作出新的贡献。利用外侨资源,服务地方经济社会发展成效显著。全年,市外侨办接待国际友城及国外友好组织、友好人士来访29批296人次,其中友好访问团14批146人次、经贸类访问团4批41人次、文化体育类访问团5批24人次、教育类访问团6批85人次,接待海外侨胞、港澳同胞、海外高层次人才、留学生等288人次。由绍兴市侨联、文联、新西兰中华文化艺术学院主办,新西兰中华文化交流协会、绍兴鲁迅纪念馆、绍兴周恩来纪念馆、区本艺术馆承办的“亲情中华新丝路·中国梦”中新文化交流书画展在绍兴鲁迅纪念馆开幕。日中友好会馆馆长江田五月为团长的日本“大师对话”代表团一行来绍参加“鲁迅与夏目漱石——大师对话”活动。有序推进友城工作。2017年,与保加利亚第四大城市布尔加斯市签署友好交流关系城市协议,双方政府领导实现互访。与津巴布韦哈拉雷省建立联系,为绍兴产业转型升级、推进国际产能合作拓展新的合作渠道。全市友城总数已达45个(市本级30个、县市区15个),友城布局进一步优化,后备资源更加充足。坚持外事惠民、官民并举原则,全方位、多领域推动民间友好交流。全年接待日本芦原市第30次少年使节团、日本小山市中学生访问团、美国杰克逊维尔大学交流考察团、美国杰克逊维尔市三一学校代表团、巴中学会主席、日本南砺市福绍会第12次友好访问团、日本高桥静豪书法家代表团、日本天溪会、澳大利亚白马市青少年足球队等团组,开展教育、文化、书法等交流与合作。因公出国(境)管理务实有效。全年审批因公出国(境)团组274批714人次,其中党政、参公事业人员团组128批380人次(市直党政、参公事业人员67批160人次,区县市党政、参公事业人员61批220人次)。全市邀请外国人来华1860批次2316人次。全年处理或参与处理涉外事件6起9人次,处置领事保护事件4起4人次。接待驻华使领馆官员3批16人次。严格规范涉侨事务管理。2017年,全市审核办理“三侨生”身份认定49份,其中高考生29份、中考生20份,“三侨生”材料一次上报通过率达100%。深化海外联谊,发挥新侨人才优势,指导市侨商会、市新侨人才联谊会开展活动。全市接受海外侨胞、港澳同胞各类捐赠折合人民币3504万元。开展“访侨企送服务”活动,为“越商回归”牵线搭桥。做好扶贫帮困和关爱侨界空巢老人工作。认真贯彻落实涉侨法律法规,举办侨法宣传进社区暨侨眷座谈会活动,向侨胞和社区居民宣讲《侨法实践和认识》。从基层侨情和涉侨工作实际出发,切实维护归侨侨眷合法权益,积极做好信访接待工作,平稳处理涉侨来信来访。积极推动“两学一做”常态化。制定相关学习教育计划,以总支集中学习、支部讨论、主题党日活动等形式,按照“四讲四有”标准,认真查找在“四个合格”方面的差距和不足，列出问题清单并逐一整改，切实纠正工作中的不良风气，进一步增强党员的政治意识、大局意识、核心意识和看齐意识，全面提升本办党员干部综合素养与工作能力。组织党员进村、入企、走工地，赴结对社区、村开展“五水共治”“赴嵊州市鹿山街道开展剿灭劣V类水挂联工作”、农村“五星达标、3A争创”挂联工作等服务活动。组织实施“先锋工程”，市外侨办交流处(友协办)成功创建为“党员先锋岗”。加强市外侨办机关党建工作和干部队伍建设，提高中层干部整体素质，进一步激发党员干部干事热情，为全面完成各项重要外事侨务工作和重点任务提供强有力的组织保障。办党组成员积极履行“一岗双责”，严格落实党风廉政建设和作风建设相关要求，锻造一支“讲政治、业务精、作风好”的办领导队伍。

重要活动

【绍兴市荣誉市民颁证仪式】 4月8日，绍兴市第七届人民代表大会常务委员会第三十七次会议根据市人民政府的提请，经过审议，决定授予绍兴旅港同乡会会长车弘健，浙江嘉意旅游发展有限公司董事长、浙江嘉尔达纺织服饰有限公司董事长周海波，浙江海隆生物科技有限公司董事长钱泓，新西兰陶波市市长大卫·崔瓦瓦斯，康迈尔机电绍兴有限公司董事长朱德启，日本书法家、绍兴文理学院兰亭书法艺术学院客座教授高桥静豪，绍兴市台协会常务副会长、浙江拓进五金工具有限公司董事长张金满等7人“绍兴市荣誉市民”称号。市领导马卫光、谭志桂、阮坚勇、徐明光参加颁证仪式。会上，市委副书记、代市长马卫光向新一批“绍兴市荣誉市民”颁发证书、证章，并合影留念。自2000年起，绍兴市已先后授予6批共33人“绍兴市荣誉市民”称号。

【设立“新西兰利杰国际助学基金”】 5月18日，“新西兰利杰国际助学基金项目”签约仪式在浙江越秀外国语学院举行。市侨联副主席、浙江省侨联青年总会副会长、新中友好文化艺术交流中心主席曾险出资100万元，为浙江越秀外国语学院设立助学基金——新西兰利杰国际助学基金。这是浙江越秀外国语学院自办学以来首次由毕业学子出资设立的助学基金，也是该校建校以来额度最高的单笔捐赠。该助学基金将作为品学兼优但家庭经济困难的学生赴新西兰高校访学或留学的费用。

【“新西兰绍兴周”活动】 6月10日至14日在新西兰奥克兰、陶波、罗托鲁瓦、哈密尔顿等城市举行。该活动由绍兴市外侨办、市侨联主办，新西兰新中友好文化艺术交流中心、新西兰绍兴同乡会承办，绍兴文理学院、绍兴市侨商协会、绍兴市摄影家协会、新西兰绍兴会馆协办。活动期间，举办“新西兰绍兴周”开幕式暨“梦里水乡”中国民乐专场音乐会、绍兴风情摄影展开幕式、“百名侨商走进新西兰”陶波—绍兴产业对接会、友好城市民众大联欢等活动。绍兴市侨联主席张小华、市侨商会会长骆越峰率代表团一行50余人出席活动。新西兰陶波市市长大卫·崔瓦瓦斯和市政要员、相关部门负责人及当地企业代表近50人参加陶波—绍兴产业对接会。

【参加“沿海上丝路，讲中国故事”盛世号海上丝路首航特别活动】 6月10日至17日，绍兴市友协代表团一行20人代表浙江省参加由中国人民对外友好协会和美国嘉年华集团主办的“沿海上丝路，讲中国故事”盛世号海上丝路首航特别活动。活动中，以“丝路·秀”为主题，通过大型歌舞、小型“快闪”、互动交流等方式，向来自40多个国家的6500余名来宾献上6场充满绍兴特色、中国味道的文化节目。

【“亲情中华新丝路·中国梦”中新文化交流书画展】 7月11日至16日在绍兴鲁迅纪念馆开幕。由绍兴市侨联、绍兴市文联、新西兰中华文化艺术学院主办，新西兰中华文化交流协会、绍兴鲁迅纪念馆、绍兴周恩来纪念馆、区本艺术馆承办。绍兴市文联主席金一波、市侨联副主席金海燕出席并致辞，市文旅集团董事长沈安龙宣布开幕。新西兰中华文化艺术学院院长区本、新西兰中华文化交流协会秘书长陈素玲，绍兴市书画院、市书法家协会、市摄影家协会和鲁迅纪念馆、周恩来纪念馆、兰亭书法博物馆及众多书画爱好者160余人参加开幕式。

【海外华裔及港澳地区青少年“中国寻根之旅”夏令营】 7月25日至8月5日，市外侨办与绍兴文理学院美术学院共同举办2017年海外华裔及港澳地区青少年“中国寻根之旅”夏令营绍兴营活动。活动为期12天，来自9个国家和地区的58名海外华裔及港澳地区青少年参加。其间，营员们参加学唱绍兴民谣、挥墨习书法、提笔绘国画、走进绍兴名胜古迹、感受科技趣味新奇等课程和活动。

【举行青少年足球友谊赛】 8月11日，澳大利亚白马市青少年足球代表团一行访问绍兴，与绍兴袍江中学青少年足球队在绍兴进行友谊赛。

【“2017海外绍兴侨领家乡行”专题研修班】 10月10日至16日，市外侨办联合绍兴市委党校举办“踏寻红色记忆　凝聚发展合力——2017海外绍兴侨领家乡行”专题研修班，来自12个国家和地区的26名海外中青年侨领参加研修。研修班通过专题讲座、主题交流、井冈山红色文化现场教学等，帮助海外侨领深入了解绍兴市经济社会发展现状、规划和引资引智政策等，加强红色文化传承，增进爱国主义情怀，从而更好地凝聚侨心、发挥侨力，助推绍兴走在前列、创新发展，合力共圆中国梦。

【阿联酋绍兴商会、阿联酋绍兴同乡会】 10月17日在阿联酋迪拜成立，绍兴柯迪迈纺织品有限公司董事长徐金根担任首届会长。中国驻迪拜总领事李凌冰、绍兴市政协副主席倪善贵参加成立仪式。中国驻迪拜副总领事马旭亮、王振山，中国驻迪拜总领事馆参赞赵向军，阿联酋浙江侨团联合会、阿联酋和平统一促进会、阿联酋各商协会、阿联酋旗袍协会及各大媒体出席成立大会。这是绍兴市在海外成立的第20个同乡会。

主要出访

【绍兴市经贸访问团访问日本和韩国】 3月8日至15日，市政协主席陈长兴率绍兴市经贸访问团一行6人访问日本和韩国。在日本，访问团与静冈县富士宫市共同举办绍兴—富士宫缔结友好交流关系20周年庆典活动，富士宫市市长须藤秀忠等出席活动。在韩国，访问团与丽水市政府共同举办绍兴—丽水市缔结友好交流关系20周年庆典活动，丽水市副市长崔钟先等出席活动。

【绍兴市代表团访问保加利亚和塞尔维亚】 3月8日至15日，副市长徐明光率绍兴市代表团一行6人访问保加利亚和塞尔维亚。在保加利亚，代表团与布尔加斯市市长迪米特·尼克洛夫签署绍兴市与布尔加斯市缔结为友好交流关系城市协议书。在塞尔维亚，代表团与苏博蒂察市市长鲍丹·拉班签署绍兴市与苏博蒂察市开展友好合作的协议书。

【绍兴市经贸代表团访问新西兰和斐济】 6月28日至7月5日，市政协副主席余利明率绍兴市经贸代表团访问新西兰和斐济。在新西兰，代表团拜访友好城市陶波市，会见陶波市市长大卫·崔瓦瓦斯。在斐济，代表团拜访友好城市苏瓦，会见斐济国家地方事务部、住建部、环保部常务秘书长约瑟夫·怀特。考察劳托卡市纳兰格酒店项目工地，劳托卡市劳托卡区咨询委员会、劳托卡市乡镇自治管理局董事长、西部社区警务司令官阿里陪同考察，双方还就两地友好结对事宜初步交换意向。

【绍兴市代表团访问芬兰和俄罗斯】 7月16日至23日，市政协副主席徐青松率绍兴市代表团一行6人访问芬兰和俄罗斯。在芬兰，代表团拜访友城南塞沃地区政府，参加在米凯利市举行的国际友城大会。在俄罗斯，代表团与圣彼得堡防潮工程管理部门商谈“五水共治”项目合作事项。拜访友城莫斯科州列宁大区政府，洽谈生态城市建设项目的合作。

【绍兴市经贸代表团访问津巴布韦和坦桑尼亚】 9月14日至22日，市人大常委会党组副书记、副主任王继岗率绍兴市经贸代表团一行访问津巴布韦哈拉雷省和坦桑尼亚达累斯萨拉姆省。访问期间，代表团广泛接触了当地政府、商会和投资商。

【绍兴市经贸代表团访问斯里兰卡】 12月1日至5日，市人大常委会主任谭志桂率绍兴市经贸代表团一行6人访问斯里兰卡。访问期间，谭志桂与斯里兰卡康提市理事长钱达那·田纳库签署绍兴市与康提市友好交流关系备忘录。

主要来访

【市新侨人才联谊会名誉会长访问绍兴】 2月8日至9日，市新侨人才联谊会名誉会长、亚腾国际创始人孙冰一行3人访问绍兴。市外侨办主任邓大庆、市侨联主席张小华接待孙冰一行。访问期间，孙冰一行赴上虞e游小镇、绍兴黄酒集团、绍兴一中考察，洽谈合作项目。上虞区委副书记、区长张壮雄，上虞区委常委、上虞经济开发区管委会党工委书记包朝阳，上虞区副区长王永表陪同孙冰一行在上虞的活动。

【卢森堡驻沪总领事访问绍兴】 2月23日至24日，卢森堡驻沪总领事吕可为一行访问绍兴。在绍期间，吕可为一行走访考察了三力士集团、万丰集团和精功集团。

【奥地利奥中文化交流协会会长访问绍兴】 3月6日，奥地利奥中文化交流协会会长茹亚琴一行访问绍兴，与市相关部门商谈“绍兴文化走出去”事项。

【日本友人访问浙江越秀外国语学院】 3月8日，绍兴市荣誉市民、日本友人铃木贤访问浙江越秀外国语学院镜湖校区，出席在该校的日本留学生座谈会。访问期间，浙江越秀外国语学院聘请铃木贤为镜湖校区东方语言文化学院客座教授。

【印度纺织部代表团访问绍兴】 3月27日，印度纺织部部长助理普什帕·塞普拉曼亚姆率印度纺织部代表团一行8人访问绍兴，印度驻沪总领事古光明随同来访。在绍期间，代表团一行赴柯桥区举行“2017印度纺织节推介会”。徐明光副市长会见印度客人，市商务局局长黄旭荣、市外侨办副主任张小华、副调研员方英参加会见。

【日本书道院副会长访问绍兴】 3月29日至4月1日，绍兴市荣誉市民、日本书道院副会长高桥静豪率代表团一行12人访问绍兴。市人大常委会主任谭志桂会见代表团。在绍期间，代表团一行参加第33届兰亭书法节，并举办“我心中的故乡——绍兴”绍兴市荣誉市民高桥静豪书法展。谭志桂和市政协副主席余利明出席展览。

【海外侨胞、旅港乡贤参加2017公祭大禹陵典礼】 4月19日至21日，来自比利时、法国、阿联酋、美国、匈牙利、菲律宾、加拿大、意大利、南非、俄罗斯、新西兰、新加坡、玻利维亚和中国香港等14个国家与地区的海外侨胞、旅港乡贤30人，在绍兴参加2017公祭大禹陵典礼，副市长顾涛会见乡贤一行。

【旅居美国和巴西的绍兴籍侨领访问绍兴】 5月4日，旅居美国和巴西的绍兴籍侨领阮永强、周径钢、傅先标等一行5人访问绍兴。

【日本日立集团代表团访问绍兴】 5月19日，日立制作所执行役专务兼日立电梯(中国)有限公司董事长佐藤宽率日本日立集团代表团一行13人访问绍兴，参观绍兴黄酒馆。市政府副秘书长周宝林，市外侨办主任邓大庆、副调研员方英参加接待。

【香港苏浙沪同乡会属校师生夏令营团访问绍兴】 7月5日至6日，香港苏浙沪同乡会属校师生夏令营团一行28人访问绍兴，与绍兴相关学校师生进行交流。

【日本日中法律家交流协会代表团访问绍兴】 8月26日至27日，以高木喜孝理事长为团长的日本日中法律家交流协会代表团一行22人访问绍兴。市人大常委会副主任孙云耀接待代表团一行，市人大常委会法工委主任周骄德、办公室副主任徐雅香，市外侨办副调研员方英等参加接待。在绍期间，代表团一行参观鲁迅故里、兰亭和黄酒博物馆等。

【澳大利亚图文巴市友好访问团访问绍兴】 9月6日至7日，澳大利亚图文巴市市长保罗·安东尼奥率友好访问团一行访问绍兴，澳大利亚驻沪总领事梅耕瑞同团来访。副市长顾涛会见代表团一行，市外侨办副主任金海燕、越城区副区长柴凌凌、市外侨办副调研员方英等参加会见。在绍期间，访问团一行对越城区进行友好访问，并考察喜临门集团、黄酒小镇等。

【日中友好会馆馆长访问绍兴】 9月10日至12日，日中友好会馆馆长江田五月率日本“大师对话”代表团一行访问绍兴。市人大常委会主任、市友协会长谭志桂，副市长顾涛会见代表团一行。在绍期间，代表团参加“鲁迅与夏目漱石——大师对话”活动。

【“东盟国家驻华使节走进浙江”代表团访问绍兴】 9月27日至29日，由8个国家12名驻华使节(大使级1名，总领事级1名)组成的“东盟国家驻华使节走进浙江”代表团访问绍兴。市长马卫光、副市长顾涛会见代表团一行。在绍期间，代表团参观周恩来祖居、兰亭、环城河、轻纺城展示中心和柯岩鲁镇等。

【澳大利亚昆士兰州前议员访问绍兴】 9月30日至10月1日，澳大利亚昆士兰州前议员、昆士兰州中华总商会永远顾问蔡伟民一行到绍兴访问。

【“踏寻红色记忆，凝聚发展合力——2017海外绍兴侨领家乡行”研修班】 10月10日至16日在绍兴举行。来自12个国家和地区的26名海外绍兴侨领代表22个海外社团参加研修班。研修期间，侨领们考察绍兴相关开发区、黄酒小镇，与市侨商会企业家开展交流联谊，并赴江西井冈山开展红色根据地现场教学。其间，市委副书记、市长马卫光会见并宴请侨领一行，市委常委、统战部长叶卫红，副市长顾涛，市委党校常务副校长何云伟，市侨联主席、外侨办副主任张小华，市外侨办副主任、侨联副主席金海燕等参加会见宴请。

【比利时西弗兰德省副省长访问绍兴】 10月23日，比利时西弗兰德省副省长让·德贝通率代表团一行13人访问绍兴。在绍期间，代表团一行参加浙江工业大学中比合作项目揭牌仪式，并考察一景生态牧业有限公司。

【日本天溪会第十次友好访华代表团访问绍兴】 10月26日至28日，日本天溪会第十次友好访华代表团一行67人访问绍兴。在绍期间，代表团一行出席“信可乐也”碑建碑25周年纪念活动及王羲之显彰碑建碑20周年纪念活动。

【泰国泰华九属会馆荣誉首长联谊会主席访问绍兴】 11月9日至11日，泰国泰华九属会馆荣誉首长联谊会主席、泰国江浙沪总商会主席钱湘麟一行20人访问绍兴。市人大常委会副主任阮坚勇会见钱湘麟一行，市侨联主席、外侨办副主任张小华参加会见。在绍期间，钱湘麟一行参观黄酒博物馆、鲁迅故里和大禹陵。

【香港贸发局华中华东区首席代表访问绍兴】 11月15日，香港贸发局华中华东区首席代表钟永喜一行2人访问绍兴。副市长顾涛会见钟永喜一行，市政府副秘书长周宝林、市港澳办副主任张小华、市发改委副主任刘洪涛、市教育局副局长石鑫炯、市金融办副主任许永明等参加会见。

【捷克前总理访问绍兴】 12月3日至4日，捷克前总理伊日·帕鲁贝克率代表团一行访问绍兴。市人大常委会副主任阮坚勇接待代表团一行。在绍期间，代表团一行考察万丰航空小镇和达利丝绸有限公司。

【香港岛各界社团骨干学习考察团来绍】 12月14日至15日，香港岛各界社团骨干学习考察团一行28人来绍兴市考察交流。市政府副秘书长周宝林、市侨联主席张小华、越城区侨联主席陈烨雷接待学习考察团一行。在绍期间，学习考察团一行与越都社区进行座谈交流并参观鲁迅故里。

【斯里兰卡中央省省长访问绍兴】 12月23日至24日，斯里兰卡中央省省长萨拉斯·伊卡纳亚克率友好访问团一行访问绍兴。市人大常委会主任、市友协会长谭志桂接待访问团一行。在绍期间，访问团一行还参观了越城区皋埠中学。

友好城市交流

【日本芦原市第30次少年使节团访问绍兴】 3月12日至14日，日本芦原市教育委员会委员宫川千乃率日本芦原市第30次少年使节团访问绍兴。在绍期间，使节团一行到文理学院附中、鲁迅中学开展校际交流。

【日本小山市中学生访问团访问绍兴】 3月27日至30日，日本小山市都市整备部长小川浩率日本小山市中学生访问团一行12人访问绍兴。在绍期间，访问团一行到元培中学、树人中学开展校际友好交流。

【日本南砺市福绍会第12次友好访问团访问绍兴】 4月11日至15日，日本南砺市议会议员水口秀治率日本南砺市福绍会第12次友好访问团一行10人访问绍兴。市友协副会长谢振江会见代表团一行。

【美国杰克逊维尔市三一学校国际部主任访问绍兴】 4月13日至14日，美国杰克逊维尔市三一学校国际部主任辛西娅·罗宾森一行2人访问绍兴。在绍期间，辛西娅·罗宾森一行拜访绍兴市第一初级中学教育集团，双方就暑期学生交流事项进行商谈。

【日本福山市日中友协代表团访问绍兴】 5月23日至24日，日本福山市日中友协会长、儿岛书店店主佐藤明久率福山市日中友协代表团一行25人访问绍兴。市友协副会长谢振江接待代表团一行。在绍期间，代表团一行参观了鲁迅故里。

【保加利亚布尔加斯市市长访问绍兴】 6月4日至6日，保加利亚布尔加斯市市长迪米特·尼克洛夫率代表团一行访问绍兴。副市长顾涛会见尼克洛夫一行。在绍期间，代表团参观绍兴一景乳业、滨海新城、中国轻纺城，并与滨海新城签署友好合作备忘录。

【日本南砺市日中友好协会第40次友好访中团访问绍兴】 10月13日至14日，松村谦三显彰会会长、南砺市日中友好协会会长桃野忠义率日本南砺市日中友好协会第40次友好访中团一行14人访问绍兴。

【日本富士宫市友好访问团访问绍兴】 11月14日，日本富士宫市市长须藤秀忠率日本富士宫市友好访问团一行访问绍兴。市委副书记、市长马卫光会见须藤秀忠一行，市人大常委会副主任阮坚勇，市政协副主席余利明，市政府秘书长章长胜，市侨联主席、外侨办副主任张小华，市商务局局长黄旭荣，市外侨办副主任俞平等参加会见。

（王　璐　蒋鑫波）

金华市

综　述

【概况】 2017年，金华市外侨办充分发挥外事侨务资源优势，加强宏观管理和综合协调，按照“走在前列、共建金华”要求，紧紧围绕“服务国家总体外交大局、服务地方经济社会发展、凝聚侨心服务侨界”，脚踏实地、务实进取，全面扎实推进各项工作。全年审核审批因公出国（境）团组209批711人次（不含义乌），审核审批外国人来华183批232人次（不含义乌）。办理APEC商务旅行卡135张，办理因公护签588人次、因私签证669人次、领事认证733人次。全年市本级接待澳大利亚浙江商会访问团、柬埔寨浙江商会访问团、克罗地亚克中文化基金会访问团、欧洲华人华侨妇女联合总会访问团等华人华侨代表团30批278人次，累计办理“三侨生”中高考加分12人次、办理华侨回国定居5人。

深化民间外交，加强成果对接转化，继续开展“海外名校学子走进金华古村落”活动。春节期间举办“金华七天行，感受中国年”知名高校在华留学生走进金华古村落活动，来自37个国家的90名留学生参与。7月和9月举办“海外名校学子走进金华古村落”项目第五、六季活动，21个国家的36名海外参与者参加第五季活动、10个国家的48名海外参与者参加第六季活动。此外，还举办“法国古建修缮”和“世界优秀青年走进金华古村落”专场活动。“海外名校”系列活动共有来自67个国家的348名海外参与者参加，其中涉及“一带一路”国家23个、参与者177人次。活动在讲好中国故事、传播中国好声音，提升金华国际影响力，深化扩大国际朋友圈等方面取得良好效果，获得社会各界的诸多好评和广泛认同。积极探索和推进金华古村落国际研学基地建设，已与浙江理工大学国际教育学院正式签订校地合作协议，与清华大学签订社会实践基地共建协议。

认真做好市主要出访团组成果转化及其他招商招才团组后续项目跟踪落实。着眼全市重点工作，务实对接“一带一路”倡议，积极发挥海外招才引智工作站作用，认真组织谋划境外经贸对接活动，支持金华优势产品、优势产能、优势服务“走出去”，深化与“一带一路”沿线国家的交流与合作。

重要活动

【省外侨办调研组到金华调研】 1月4日，省外侨办副主任彭波率国内侨务处、出国管理处等处室负责人组成的调研组一行到金华调研。在金华期间，彭波一行走访部分困难归侨侨眷，并召开座谈交流会。座谈会上，调研组就出国管理、签证代办、归侨侨眷权益保护、侨界荣誉称号授予、华文教育等听取金华方面的汇报。彭波指出，新形势下的因公出国（境）管理工作，要以出访任务和成效为导向，积极鼓励有任务、有项目的团组走出去，进一步扩大地方的对外开放，带动地方社会经济发展。市外侨办班子成员、各处室负责人及有关县（市、区）负责人参加座谈。调研期间，彭波一行还考察了“海外名校学子走进金华古村落”项目第一季活动营地——金东琐园村，走访了金东区困难归侨侨眷，为他们送上慰问金和慰问品，并提前送上新春祝福。

【市人大民宗外侨工委主任调研全市外侨工作】 1月13日，市人大民宗外侨工委主任王景荣率调研组一行调研全市外侨工作，召开座谈会交流2017年外侨工作思路，积极助力谋划新一年工作。王景荣表示，过去一年全市外侨工作有声有色，以“海外名校”项目为代表的外侨亮点工作层出不穷，出国（境）审核审批、华侨定居审核审批、华侨接待等各项基础工作稳中有进，在服务全市社会经济发展中发挥了积极作用。新的一年，希望市外侨办翻篇归零、再接再厉，不忘初心、继续前进，在服务对外开放、服务招商引资、助推经济发展等方面发挥更大作用。市人大外侨工委也将依托优势，积极推动全市外侨工作顺利有序开展，下一阶段将重点开展侨法保护调研，为全市侨胞侨眷积极营造健康有序的法律环境。市外侨办主任章宏及办班子成员，各处室及下属单位负责人参加座谈。

【“金华七天行　感受中国年”在华留学生走进金华古村落活动】

1月23日至29日在金东区琐园村、金华开发区寺平村、武义县俞源村、兰溪市芝堰村四村联动举办。活动旨在深化“海外名校学子走进金华古村落”活动成效，进一步推进民间交流，提升“金华故事”影响力。来自美国、加拿大、法国、德国等37个国家的90名在华留学生体验了“中国年”“金华年”文化之旅，与古村落住家一起庆祝新年、体验民俗。

【“海外高层次人才金华行”活动】

3月31日至4月1日，为积极服务金义科创廊道建设，发挥海外引才工作站作用，市招才局、市外侨办联合举办“海外高层次人才金华行”活动。市外侨办主动牵线欧美精英创业家协会，组织来自美国、加拿大、英国等国家并与金华产业匹配的22名海外高层次人才到金对接洽谈，其中博士占72.7%，且多数毕业于美国斯坦福大学、美国加州大学伯克利分校等世界名校，多数曾就职于世界500强企业。此次携带25项较为成熟的科研项目寻找合适合作企业或募集资金。项目涉及新能源、装备制造、生物技术与医药、节能环保、集成电路与软件、电子商务、信息技术等领域。最终达成合作意向6项，其中可签约合作项目1项。

【中国国际经济交流中心副总经济师在“浙中论坛”作报告】 4月25日，金华市举行“浙中论坛”报告会，邀请中国国际经济交流中心副总经济师、研究员、中央财经大学兼职教授徐洪才作“当前经济形势与‘一带一路’机遇”专题报告。市委理论学习中心组成员暨军民、马小秋等出席会议，市委常委、宣传部长林丹军主持报告会。报告从中国经济形势、财政金融的总体判断，当前经济运行中的突出问题，中国经济与政策展望及“一带一路”的机遇等方面，运用翔实的数据、事实，就如何务实对接“一带一路”建设，结合金华实际正确把握当前经济形势，深入实施开放活市战略进行阐述。市直属各单位党委（党组）成员、副处以上领导干部和党委（党组）理论学习中心组学习秘书，各县（市、区）外侨办（外办、侨办）主任参加报告会。

在金期间，徐洪才还赴义乌国际小商品城等参观调研。

【传达学习全省侨务工作会议精神】 5月27日，市外侨办组织召开会议，传达学习和贯彻落实全省侨务工作会议及全省外侨办主任会议精神，研究谋划部署金华下一阶段及今后更长一段时期的侨务工作。会议学习中央、省委主要领导对侨务工作的重要批示、指示精神，传达学习省政府领导在全省侨务工作会议上的重要讲话精神。会议要求，要清醒认识和把握金华侨务工作发展机遇，以贯彻落实国家侨务工作发展、全省侨务工作发展纲要为主线，坚持统筹协调、精准施策、创新发展，推动全市侨务工作再上新台阶。

会议还表彰了全市侨务系统先进集体和先进工作者。金华市金东区侨办、兰溪市侨办和东阳市侨办获全省侨务先进集体，市外侨办闻庆方、婺城区侨办施岳良、永康市侨办胡波和武义县侨办林蔚国获先进工作者称号。

【2017第五、六季“海外名校学子走进金华古村落”活动】 6月，第五季“海外名校”活动重回首季活动营地——金东区琐园村举办，来自14个国家的36名海外学子参加。9月，第六季“海外名校”活动在金华开发区上境村举办，来自10个国家的48名海外参与者参加。第五、六季活动更加紧密结合地方优势产业发展，实实在在促进活动成果转化，进一步推动金华市国际化进程，助推金华三条廊道建设和乡村文化旅游等产业发展。

【2017中华寻根之旅海外华裔青少年夏令营金华分营】 7月在金华举行。来自7个国家的16名海外华裔青少年参加活动，开启金华古村落之旅，和住家家庭同吃同住同乐，体验金华古村落的人文美和生态美。安排太极、婺剧、面塑等传统文化体验活动，尽量让华裔青少年们品尝到最地道的农家美食、体验最传统的农耕文化、欣赏到最美丽的金华风景，亲身感受独具特色的金华历史人文风情。

【全市外侨办主任会议】 8月16日，金华召开全市外侨办主任会议。省外侨办副主任顾建新、领事处处长莫志良到会指导。市外侨办主任、副主任和机关科级以上干部，各县(市、区)外侨办(外办、侨办)主任参加会议。会议总结了2017年全市外侨工作取得的成绩，分析外侨工作面临的新形势、新机遇和新挑战，研究部署推进下一步工作。会议就贯彻落实全国侨务工作会议、地方外办主任会议，全省侨务工作会议及全省外侨办主任会议精神等作了重点部署，还就各地外侨亮点工作和特色做法进行经验交流。

【全省APEC商务旅行卡工作座谈会】 11月13日至15日在东阳召开。外交部领事司签证处副处长李春福，浙江省外侨办副主任彭波、护签处处长阮黎斌，市外侨办主任章宏、党组成员琚胜民和全省各地市外侨办分管领导及出管处处长、外服中心主任参加会议。会上，彭波作主旨讲话，李春福讲解APEC商务旅行卡的申办情况及相关政策，东阳市副市长李传煌致辞，各地市就APEC商务旅行卡申办情况进行互动交流。

【“家住金华”——中外友人迎新年联谊活动】 12月22日在金华举办。市委常委、秘书长郑余良出席活动并致辞。市人大常委会副主任周剑敏，市政协副主席吴国成，浙江师范大学副校长、金华海内外人才总会执行会长李伟健，市人民政府副秘书长李天标等出席活动。联谊活动由市外侨办主任章宏主持。来自全市各行各业的“千人计划”“双龙计划”等高层次人才代表，在金外国专家代表、外教代表、外企负责人代表，海外华侨、海外学子联谊会代表等中外友人和市相关部门与单位及浙江师范大学、金华职业技术学院等代表参加联谊活动。

主要出访

【金华市代表团访问留尼旺和坦桑尼亚】 3月20日至28日，市人大常委会副主任王国强率金华市代表团访问留尼旺和坦桑尼亚。在留尼旺，代表团同留尼旺议会及政府相关负责人交流座谈，走访当地侨企并在当地高校推介“海外名校”项目，与各方就加强企业间合作、深化各领域交流等达成初步共识。在坦桑尼亚，代表团与达累斯萨拉姆市孔子学院浙师大教师团队会面，了解浙师大孔子学院近况。

【金华市代表团访问奥地利和德国】 3月28日至4月4日，副市长傅利常率金华市代表团访问奥地利和德国。在奥地利，代表团与奥煌奥地利控股有限公司就技术认证合作及成立合资公司事宜进行商谈。在德国，代表团与德国有关方面就促进金华与德国汽摩配产业合作进行洽谈并达成共识。

【金华市代表团访问美国和日本】 4月16日至23日，金华市治水办常务副主任朱恒钱率市相关部门负责人一行6人赴美国和日本考察、学习。代表团一行对日本长野县伊那市，美国洛杉矶市、华盛顿市和波士顿市城乡污水治理情况进行全面考察。通过座谈、交流和走访，学习西方发达国家在城乡污水治理方面的成功经验，为金华市"五水共治"工作的谋划引进理念和技术支持。

【金华市代表团访问波兰、罗马尼亚和厄瓜多尔】 5月10日至20日，市委副书记、市长暨军民率金华市代表团访问波兰、罗马尼亚和厄瓜多尔。访问期间，代表团会见波兰中国青年联合会、罗马尼亚义乌侨商会、厄瓜多尔教育与产业协作促进会的部分侨领、华侨。考察当地老城保护成果，学习借鉴这些老城以旧修旧、尊重历史、注重文化积淀的保护做法。代表团还与罗马尼亚苗韦尼市政府和厄瓜多尔巴巴奥约市政府签署友好关系意向书，并与苗韦尼市签署青年合作意向书。

【金华市代表团访问美国和日本】 5月25日至6月1日，市政协副主席胡锦全率金华市代表团访问美国和日本，参加浙江海外高层次人才洽谈会及相关引才对接活动。金华市相关企业积极参与，贝肯新材料、赛恩斯高分子材料、众泰汽车、普洛家园药业等11家企业参加洽谈会和设展，圣立邦漆业、合丰信息科技等参加对接洽谈。

【金华市代表团访问印度、斯里兰卡和希腊】 6月13日至22日，市人大常委会主任黄锦朝率金华市代表团访问印度、斯里兰卡和希腊。在印度，代表团考察今飞集团和印度JPM集团在新德里的合资公司JJF铸造有限公司。在斯里兰卡，拜会斯中社会文化合作协会。在希腊，拜会拉菲那—匹克米市政府，和拉菲那—匹克米市市长就加强双方在经贸、文化、教育等领域合作进行座谈。

【金华市代表团访问德国和捷克】 7月10日至18日，以G20从杭州到汉堡的活力传递为契机，市人大常委会副主任陶国兴率市旅游局、市外侨办、市商务局及相关县(市、区)旅游局、旅游企业负责人访问德国和捷克，开展以"德国汉堡G20金华推广周"为主题的金华旅游文化商贸推介活动。在两国期间，代表团举办"锦绣山水・匠心传递"汉堡金华旅游文化商贸推介会和布拉格金华旅游文化商贸座谈会，走访德中交流协会、德国汉堡中国之旅，考察德国汉堡垃圾分类与焚烧站点，参观柏林博物馆中德建交45周年文化系列活动特别展览"面对面——亚洲与欧洲相遇"。

【金华市代表团访问新加坡、南非和毛里求斯】 8月21日至29日，市委书记赵光君率金华市代表团访问新加坡、南非和毛里求斯。在新加坡，代表团会见浙江—新加坡经贸理事会新方主席沈颖等，考察新加坡科技电子有限公司，会见浙江三美化工有限公司和新加坡卡尔泰制冷剂公司负责人并见证与两家公司的项目合作签约仪式。在南非，代表团会见豪登省副议长乌胡鲁・莫拉，见证武义县与该省兰德西市签署友好交流合作备忘录。在约翰内斯堡出席南部非洲金华侨商联合总会成立仪式暨第一届理监事会成员就职典礼。访问友好城市布法罗市，该市市长修勒・帕卡提陪同考察布法罗市工业园区和自然生态保护区。考察开普敦市和开普敦大学、湾区与旅游资源开发、景区规划建设等。会见南非宋庆龄基金会会长陈清等当地侨领。在毛里求斯，拜会中国驻毛里求斯大使孙功谊等。

【金华市代表团访问以色列和俄罗斯】 9月12日至19日，市人大常委会副主任张荣贵率金华市代表团访问以色列和俄罗斯。代表团先后赴以色列霍夫・哈卡梅尔市和俄罗斯圣彼得堡、莫斯科等城市访问考察，重点就推进"一带一路""三农"领域地方立法、农产品推介和贸易洽谈等进行探讨与交流。

【金华市代表团访问法国和西班牙】 9月13日至20日，市委副书记马小秋率金华市代表团访问法国和西班牙。在两国期间，代表团与当地政府及华侨、华人组织分别就友好城市合作、垃圾分类、村镇建设及生态廊道建设等进行广泛交流和探讨，并开展浙中生态廊道项目招商活动。访问期间，代表团还与法国夏斗湖市签订友好交流意向书，并协助金华火腿龙头企业与西班牙火腿知名企业开展合作对接活动。

主要来访

【俄罗斯驻沪总领事访问金华】 2月17日至19日，俄罗斯驻沪总领事叶夫西科夫一行访问金华。市外侨办主任章宏，浦江县委书记施振强、县人大常委会主任虞振贤和县委常委、副县长李立军等会见叶夫西科夫一行。章宏简要介绍金华经济社会发展情况及各县(市、区)产业特色和区位优势，希望进一步加强与俄罗斯相关产业对接合作，推动双方在各方面的务实交流合作。施振强向叶夫西科夫一行推介浦江水晶，并介绍浦江水晶产业发展态势，希望积极拓展双方在水晶产业方面的合作。

【埃塞俄比亚阿瓦萨市市政行政官访问金华】 2月27日至28日，埃塞俄比亚阿瓦萨市市政行政官依曼优萨·塔妲斯一行访问金华。市外侨办主任章宏会见依曼优萨·塔妲斯一行，简要介绍金华市基本情况。章宏表示，中非友谊源远流长，非洲幅员辽阔、资源丰富，中非互补性强，合作潜力巨大，前景广阔。希望双方进一步深化在经济、文化、教育、医疗等方面交流合作。依曼优萨·塔妲斯表示，金华地理位置优越、生态环境优美、市场体系健全、产业基础良好，代表团此行访金收获颇丰。今后将积极推动两市在各方面的交流合作，促进双方交流再上新台阶。

访金期间，依曼优萨·塔妲斯一行还参观考察琐园古村落、燕尾洲公园、浙师大非洲研究院、新能源汽车小镇、华科汽车公司等。

【印度驻沪总领事访问金华】 3月6日，市委副书记、市长暨军民会见印度驻沪总领事古光明一行。暨军民表示，金华历史悠久，经济繁荣，还是“一带一路”陆上桥头堡和“沪杭金发展带”重要节点城市。近年来，印度正成为金华企业“走出去”的热门投资地之一。金华的“海外名校学子走进金华古村落”活动，积极邀请包括印度在内的国际青年学子感受中国古村落历史人文风情。印度经济发展迅速、人力资源丰富、市场空间巨大。希望以总领事此访为契机，进一步加强金华同印度在经济、文化等各领域的合作，实现双方互利共赢。古光明表示，他曾到访过金华，如今重访故地，感觉面貌一新。非常欢迎金华企业积极前往印度投资兴业，希望金华市政府在双方缔结友好城市、加强文化交流等方面给予更多支持。市政府秘书长周剑敏、市府办副主任张群环等参加会见。

在金期间，古光明一行还考察今飞集团、东阳东磁集团等。市外侨办主任章宏、党组成员琚胜民陪同考察。

【国家对外文化贸易基地(北京)斯里兰卡汉班托塔自贸区对外联络办公室主任访问金华】 3月9日，国家对外文化贸易基地(北京)斯里兰卡汉班托塔自贸区对外联络办公室主任何林娣一行访问金华，对接斯里兰卡南部省汉班托塔区与金华缔结友城事宜。市外侨办主任章宏等与何林娣一行座谈。何林娣表示，汉班托塔区位于斯里兰卡南部，金华位于浙中要地，两地在各方面匹配度高、互补性强，友城合作前景广阔。章宏表示，斯里兰卡汉班托塔区是“一带一路”沿线重要节点城市，金华非常希望与汉班托塔缔结友城，加强同“一带一路”沿线国家文化经贸领域的互联互通。双方就进一步加强联络沟通，推进友城缔结达成初步意向。

【柯马中国区总裁访问金华】 3月14日，市委副书记、市长暨军民会见柯马中国区总裁萨米·伊卡一行。暨军民表示，近年来金华汽车整车及零配件产业得到长足发展，特别是新能源汽车领域处于全国较为领先位置。柯马与捷孚在双离合变速箱上合作意义重大。双方合作一定能够取长补短、互利共赢，结出丰硕成果。萨米·伊卡表示，柯马倡导"欧洲技术、本土制造"发展理念，一直致力于引进国际先进技术。柯马与捷孚的合作项目，有地方政府大力支持，有合作伙伴的强大实力，一定会迎来合作共赢的美好明天。市政府秘书长周剑敏，市外侨办主任章宏等参加会见。

柯马隶属于菲亚特集团，是一家全球领先的自动化柔性系统生产企业。柯马(中国)公司与金华捷孚传动科技公司合作开发、制造国际领先的双离合变速箱总成装配线，合作内容包括变速箱装配工艺设计、设备制造、安装调试、生产技术支持等。

【克罗地亚DOK-ING公司负责人访问金华】 3月16日至20日，克罗地亚DOK-ING公司负责人伯李斯·伊莱一行访问金华。市外侨办主任章宏会见伯李斯·伊莱一行。章宏简要介绍金华经济社会发展情况及各县(市、区)产业特色和区位优势。章宏表示，希望能进一步加强与克罗地亚相关产业对接合作，推动双方各方面务实交流合作。伯李斯·伊莱表示，金华汽车产业发达，零部件门类齐全，相信双方在汽车制造，尤其是新能源汽车制造方面合作前景广阔。

在金期间，伯李斯·伊莱一行还参加中国新能源汽车小镇暨新能源汽车高峰论坛系列活动，考察新能源汽车展、新能源汽车小镇等，并赴诺和机电股份有限公司和派尼尔机电有限公司进行对接洽谈。

【加拿大高贵林市教育代表团访问金华】 3月18日至19日，加拿大不列颠哥伦比亚省高贵林市教育局局长助理珍妮弗率高贵林市教育代表团一行访问金华。市外侨办党组成员琚胜民会见代表团一行，简要介绍金华经济社会发展情况及"海外名校"项目情况。琚胜民表示，希望能进一步加强与高贵林市的教育对接合作，推动双方在"海外名校"项目等方面的务实交流合作。珍妮弗表示，非常希望双方在教育领域加强合作，高贵林市教育局将加强对"海外名校"项目的推广，希望推动更多加拿大学子来金华参加"海外名校"项目。

在金期间，代表团一行还考察中国婺剧院、金华古子城、金华博物馆及金东区琐园村等。

【美国德克萨斯州丹顿郡行政长官访问金华】 3月20日，市外侨办主任章宏、副主任金烨会见美国德克萨斯州丹顿郡行政长官罗纳德·马谦特一行。章宏简要介绍金华经济社会发展情况并宣传推介"海外名校学子走进金华古村落"项目。章宏表示，希望双方加强交流合作，优势互补、取长补短、相互促进。并希望在加强教育交流的同时，进一步深化拓展其他领域的交流合作。

在金期间，代表团还考察金华一中、金华外国语学校和金华职业技术学院，就开展教育合作与相关学校达成初步合作意向。

【克罗地亚卡尔洛瓦茨市副市长访问金华】 3月25日，副市长张伟亚会见克罗地亚卡尔洛瓦茨市副市长玛丽娜·克拉克维奇一行。张伟亚简要介绍金华市经济社会发展情况。张伟亚说，金华与卡尔洛瓦茨市有着巨大的合作潜力，希望双方在汽车制造、教育、环保等领域进一步加强合作，携手并进，实现互利共赢。玛丽娜·克拉克维奇表示，卡尔洛瓦茨与金华有着许多相似之处，为两市展开合作奠定了坚实基础，希望双方进一步深化巩固友谊，展开互利合作与交流。市外侨办主任章宏等参加会见。

在金期间，代表团一行还参观琐园国际研学中心、市博物馆、八咏楼、义乌国际商贸城等。

【澳大利亚驻沪总领事访问金华】 5月3日，市委副书记、市长暨军民会见澳大利亚驻沪总领事梅耕瑞一行。暨军民表示，金华区位优势突出、民营经济活跃、专业市场发达、产业基础良好、人文底蕴深厚。澳大利亚矿产、渔业、畜牧等资源丰富，科技教育文化事业发达，双方合作空间十分广阔。金华推出的“海外名校学子走进金华古村落”活动，吸引了澳大利亚学子积极参与，希望今后进一步增进民间交流往来、科技教育学术交流等。梅耕瑞表示，金华独特的“家十”民间交流模式十分富有活力和魅力，十分愿意向澳大利亚企业界、文化界、教育界大力宣传推介金华，推动双方在教育、科技、文化、旅游等方面进一步合作，努力实现共赢发展。副市长邵国强，市外侨办主任章宏参加会见。

在金期间，梅耕瑞一行还赴开发区、金东区、东阳、义乌等地参观考察。

【新加坡驻沪总领事访问义乌】 7月10日，金华市委常委、义乌市委书记盛秋平、金华市外侨办主任章宏会见新加坡驻沪总领事罗德伟一行。章宏表示，在浙新双方推动下，浙江—新加坡合作领域不断拓宽，合作层次不断提升。在城市建设、轨道交通等方面，新加坡有很多先进经验值得金华学习和借鉴。罗德伟表示，新加坡与浙江省关系密切，与金华产业互补性强、合作前景广阔。金华产业特点明显、优势显著，下一步将组织企业到金华考察，开展交流并洽谈合作。

在义乌期间，罗德伟一行还参观义乌铁路口岸、国际商贸城与义乌城市规划馆。

【香港特区政府驻浙江联络处主任访问金华】 7月18日，市外侨办主任章宏会见香港特别行政区政府驻浙江联络处主任廖凤娴一行。章宏表示，金华位于浙江中部，区域经济发达，块状经济优势明显。金华还是浙江省委省政府重点打造的全省第四大都市区，未来发展潜力巨大。香港是国际性大都市，社会开放程度和经济外向度都很高，希望双方进一步加强合作，优势互补、互利共赢。并借助联络处平台，推动金华与香港在更多领域、更广范围、更深层次交流合作。廖凤娴表示，香港与浙江省渊源深厚，关系密切，包括婺商在内的浙商在香港影响较大，为香港经济社会发展作出了很大贡献。香港特别行政区政府驻浙江联络处成立后，与浙江的交流合作正在稳步开展。希望今后同金华在更多领域加强交流合作。

【南非布法罗市市长访问金华】 7月20日，市委副书记、市长暨军民会见南非布法罗市市长修勒·帕卡提一行。暨军民表示，金华与布法罗市自2000年结为友城以来，互访频繁，围绕经贸、卫生、文化、教育等领域开展了富有成效的合作，希望进一步推动双方更多实质性交流与合作。修勒·帕卡提表示，自两市结为友城以来，双方合作交流不断深入。希望能进一步在文化、小商品贸易、汽车制造业、农业食品加工、民间交往等方面加强合作。市外侨办主任章宏、市经信委主任金文胜、市建设局局长孙金荣、市规划局局长陆峰、市招商局局长洪建文、金华开发区管委会常务副主任金春波等参加会见。

在金期间，代表团参观考察了义乌小商品城、金东区琐园村、金华市博物馆及金华开发区青年汽车集团。

【俄罗斯滨海边疆区州长夫人访问金华】 8月24日，俄罗斯滨海边疆区州长夫人伊琳娜·尼古拉耶夫娜率代表团一行访问金华，参加在金华举办的首届“大师杯”CEFA国标舞世界公开赛开幕式。市外侨办党组成员琚胜民会见代表团一行。琚胜民表示，滨海边疆区与中国地缘相近，睦邻友好，金华与滨海边疆区在许多领域有着相似之处，希望双方从加强人文交流合作开始，进一步推动更多领域合作。琚胜民还详细介绍了“海外名校”项目，欢迎边疆区的学子们前来参与。伊琳娜·尼古拉耶夫娜表示，此行是代表团首次来金，但金华的美景、美食及热情好客都给她留下了深刻印象。金华的“海外名校”项目非常吸引人，是一个很好的加强人文交流项目，希望今后能有更多俄罗斯学子参与。

【德国迪恩市医生代表团访问金华】 10月12日，市外侨办主任章宏会见汉斯·弗里德里希·奥特博士率领的德国迪恩市医生代表团一行。章宏表示，自2002年金华市与迪恩市签订《两市建立友好交流关系协议书》以来，双方在经济、文化、医疗、教育等领域开展了多种形式的交流与合作。2009年两市正式达成医生交流协议，该项交流已连续开展9年，此次是迪恩市来访的第4个医生代表团。章宏指出，迪恩有很多方面值得金华学习。希望今后加强全方位、宽领域、多层次友好交流合作。奥特表示，近几年金华社会经济发展很快，城市环境变化很大，令代表团印象深刻。金华的医疗卫生水平也很好，尤其是医院的救护车已达到德国中等以上水平。希望双方能进一步深化在各领域的交流合作。

在金期间，代表团还参观考察金华市博物馆、金华职业技术学院医学院、东阳市人民医院、义乌市人民医院和义乌市小商品城。

【澳大利亚农业与园艺协会会长访问金华】 10月18日，市外侨办主任章宏、党组成员琚胜民会见澳大利亚农业与园艺协会会长蒋渊伟一行。章宏简要介绍金华经济发展状况，并重点介绍金华农产品市场现状，农业、园艺产业发展等。章宏表示，金华市外侨办将发挥桥梁与纽带作用，积极促进双方农业技术交流与合作。蒋渊伟表示，希望双方进一步加强交流合作，在不久的将来到金华专场推介澳洲特色产品。

【非洲外贸银行总经理访问金华】 11月4日，市外侨办主任章宏会见非洲外贸银行总经理默罕默德·阿古米为团长的摩洛哥金融代表团一行。章宏介绍金华经济发展状况，重点就投资、物流、电商产业发展成果作介绍。章宏表示，双方合作前景广阔，希望能进一步加强交流合作。阿古米表示，金华的快速发展是中国崛起的缩影，金华经济社会发展成就令代表团印象深刻，非常希望能与金华展开深入合作，进一步加强双方交流。双方就下一步合作方向交换意见。

在金期间，代表团一行参观考察金义都市新区菜鸟工业园、物流中心和金华市剪纸博物馆。市外侨办副主任张远平陪同考察。

【捷克皮尔森州副州长访问金华】 11月16日，副市长邵国强会见捷克皮尔森州副州长西在克·巴维尔一行。邵国强着重介绍金华的城市化进程和古村落保护发展情况。巴维尔对金华经济社会发展速度表示敬佩和赞叹，表达了希望与金华开展进一步交流合作的强烈愿望。市政府副秘书长李天标，市外侨办主任章宏、副主任张远平参加会见。

在金期间，代表团一行参观考察了华科集团、今飞轮毂集团和金东区琐园村等。

【法国安德尔省夏斗湖市市长访问金华】 11月27日至30日，法国安德尔省夏斗湖市市长吉勒·阿菲胡斯一行访问金华。28日，金华市委副书记、代市长尹学群会见吉勒·阿菲胡斯和副市长让·伊夫·于龚一行。尹学群表示，夏斗湖和金华同为交通物流枢纽、工业商贸重镇、历史文化名城，双方开展深入合作条件比较成熟、空间十分广阔。希望今后能进一步加强物流、产业、旅游、文化等方面合作。吉勒·阿菲胡斯表示，夏斗湖市环境优美、气候宜人，产业配套、公共配套齐全，希望有更多金华企业前往投资兴业，更多金华市民前往旅游观光。副市长邵国强参加会见。随后，双方还共同举办了中法合作园区项目说明会和中法旅游合作座谈会。

在金期间，吉勒·阿菲胡斯一行参观考察了浙江师范大学、金华八中、金华市博物馆、金华市剪纸博物馆和武义县俞源村等。

【吉尔吉斯斯坦工商会浙江地区代表到金华考察】 12月1日至5日，吉尔吉斯斯坦工商会浙江地区代表阿齐兹一行到金华，考察相关企业。市外侨办主任章宏、市政府驻吉尔吉斯斯坦办事处负责人张素兰等陪同考察。

在金期间，代表团还与浙江横店普洛进出口有限公司签订向吉尔吉斯斯坦出口药品、医疗器械的唯一总代理协议。

侨务工作

【克罗地亚克中文化基金会会长访问金华】 2月4日，市外侨办主任章宏会见克罗地亚克中文化基金会会长叶碎雄一行和部分在金的海外学子。市外侨办党组成员、招才局副局长涂李明，市经信委副主任洪建文等参加会见。

【法国金华商会会长获法国参议院最高勋章】 2月17日，法国金华商会会长张磊获法国参议院最高勋章——“参议院金质荣誉勋章”，法国前总理、参议院副议长拉法兰为张磊颁发勋章。该奖项是为表彰那些奋战在法国各行各业的世界杰出代表，本次获此殊荣的华人有5位，张磊是其中之一，这是法国第一次为华人颁发参议院最高规格勋章。张磊，浦江县浦阳镇人，旅法著名华商、侨领，热心于中法两国商业及文化交流，热心慈善事业，多年来为中法两国作出诸多贡献。

【金华市侨商会第二届会员代表大会】 4月28日在金华召开，市政府副秘书长潜高星，全国人大代表、省侨商会常务副会长陈乃科，省侨商会秘书长姜敏达，市直有关部门负责人及市侨商会会员代表、侨资企业代表等120余人出席大会。省外侨办副主任陈安到会指导并讲话。会议审议通过第一届理事会工作报告、监事会工作报告、财务收支情况报告，通过金华市侨商会第二届会员代表大会理事、监事选举办法（草案）。大会选举产生新一届金华市侨商会理事会、监事会，浙江好安居实业有限公司董事长吴超英连任会长，法国凡卓进出口公司董事长张磊荣任监事长。大会聘请陈乃科，省政协委员、法属圭亚那江浙沪华侨联合会主席郭胜华，法国华侨华人联合会会长邱爱华，意大利华商总会荣誉会长王家厚为市侨商会第二届理事会顾问。会上，金华市侨商会还与浙商银行金华分行就建立战略合作伙伴关系举行签约仪式。

【欧华妇联总会代表团访问金华】 6月16日至17日，来自荷兰、法国、意大利等23个国家的欧洲华人华侨妇女联合会女企业家代表团一行访问金华。副市长陶叶萍接待代表团一行。在金期间，代表团参观金华市博物馆、金义都市新区、缤虹星城等，召开中欧女企业家“一带一路”合作论坛，畅谈中欧交流合作。市外侨办主任章宏、市妇联主席陈雷红、婺城区政府相关部门负责人等出席相关活动。

【南部非洲金华侨商联合总会】 8月23日在南非约翰内斯堡市举行成立大会暨第一届理监事会成员就职典礼。南非豪登省议会副议长武湖鲁·莫瓦拉、西兰德市市长科胡马罗，金华市委书记赵光君、市委办主任高峰、市外侨办主任章宏、市经信委主任金文胜、武义县县委书记张新宇等金华市代表团成员和嘉宾等近600人出席大会。

【南非广东总商会会长访问金华】 12月4日，市外侨办主任章宏会见南非广东总商会会长黄宝烈一行。章宏表示，金华作为浙江省着力打造的三大城市群、四大都市区之一，将迎来重要战略机遇期。希望黄宝烈会长此行考察金华后抓住机遇，积极投身到金华的发展建设中来，同时也为南非与金华的友好往来作出进一步的努力和贡献。黄宝烈表示，将进一步跟进此次访问考察成果，争取项目合作落地。双方还就友城合作、教育合作等进行交流。

（徐丽娟）

衢州市

综述

【概况】 2017年，衢州市审核审批因公出国（境）团组124批330人次，其中经贸团组（含招才引智团）77人次、文教卫类团组207人次。党政和参公事业单位出访使用计划指标数70个，占全年指标数的43%。严把出国（境）审核，规范党政干部出访，取消、调整和压缩各类不符合因公出国（境）管理规定团组13批27人次。加大为企业“请进来，走出去”服务力度，全年审核审批外国人来华邀请函160批230人次，办理APEC商务旅行卡12批20人次，因私签证133批192人次，领事认证149批271人次。

围绕全市发展大局，加强对外交流合作。与美国、韩国、印度、以色列等20多个国家驻沪总领事馆，中国驻英国、法国等20多个国家使领馆保持工作交流。全年接待重要来访团组13批38人次，主要有哥伦比亚、斐济、印度尼西亚、尼日利亚、马来西亚、瑞士等六国驻沪总领事馆考察团，加拿大新斯科舍省安纳波利斯市、迪格比市和克莱尔市代表团，日本佐野市日中友好协会理事长宫森胜市，杜立特突袭者子女协会成员刘美远夫妇，德国中德工业4.0联盟主席周向前，以及来衢州参加祭孔活动的14国孔子学院嘉宾等。2017年，共妥善处置公民海外领事保护事件5起16人次，接待巴西、德国等外国媒体记者来访3批8人次，接待各国驻华使领馆人员5批40人次。

做好服务侨界凝聚侨心工作。出台《衢州市人民政府关于贯彻国家侨务工作发展纲要（2016—2020年）的实施意见》。做好“最多跑一次”服务工作，全年办理认定涉侨身份3人。成立澳大利亚衢州同乡会和日本衢州同乡会两个海外侨团。接待海外高层次人才、海外重点侨团负责人等25批75人次。2017年，慰问贫困归侨侨眷和重点人士眷属等58户，慰问款物6.12万元。帮扶贫困学生2人，救济资金0.5万元。做好涉侨信访工作，受理群众来电1起，接待来访2人次。

重要活动

【德国中德工业4.0联盟执委会主席两访衢州】 1月22日，副市长汤飞帆会见德国中德工业4.0联盟执委会主席周向前一行，介绍衢州历史、人文和工业产业等情况。汤飞帆说，衢州是国家级的氟硅新材料产业基地、空气动力机械制造业基地和高档特种纸产业基地，是省级光伏产业基地，也是重要的食品饮料生产基地。希望双方扩大交流合作，为衢州市中小企业创造与德国专家和企业家深入交流合作的机会，把德国“工业4.0”解决方案对接到衢州工业发展上来，实现互惠互利、共同发展。周向前表示，中德工业4.0联盟将积极为衢州引进最前沿的“工业4.0”理念与发展成果，为衢州企业打通与德国企业深度合作和交流的“时空快车道”，寻求共同发展机会。在衢州期间，周向前一行考察了市绿色产业集聚区、衢州城市展馆和水亭街历史文化街区等，副市长马梅芝陪同考察。双方还就衢州市与中德工业4.0联盟交流合作进行座谈，市外侨办主任朱晓红主持座谈会，市经信委、市科技局、市招商局、市绿色产业集聚区和衢州职业技术学院领导参加座谈。

5月7日，周向前一行再访衢州。副市长王良春与周向前洽谈双方合作项目。王良春指出，下一步要加强与中德工业4.0联盟的沟通，研究和借鉴江苏常州在对接中德工业4.0联盟中好的做法和经验，结合衢州本地实际，重点围绕制造业项目，把智力与资本、环境结合起来，尽早拿出合作框架，建立合作机制，实现双方合作共赢。周向前说，希望双方在初步合作成功基础上，可谋求进一步深入合作。经磋商，双方对设立中德工业4.0联盟衢州办事处、建设中德产业园和德国小镇等合作达成共识。

【江山市双塔街道城北社区首获“全国社区侨务工作示范单位”】 4月12日，“全国社区侨务工作示范单位”授牌仪式在衢州市江山市双塔街道城北社区举行，这是衢州市首获国侨办颁发的“全国社区侨务工作示范单位”。市外侨办副主任彭力出席授牌仪式并讲话。彭力希望城北社区要不断创新社区侨务工作方式，扎实有效开展为侨服务，营造知侨爱侨护侨良好社会氛围，为推进和谐社会建设作出新贡献。

【参加“斯中商会”开幕式】 5月18日，斯里兰卡中国商业委员会(斯中商会)成立开幕式在杭州举行。斯里兰卡重大任务合作部部长萨拉特·阿穆努加马、斯里兰卡驻华大使卡鲁纳塞纳·科迪图瓦库、斯里兰卡驻沪总领事拉克士塔·若特纳亚克出席开幕式。衢州市副市长马梅芝参加开幕式并讲话，简要介绍衢州与斯里兰卡开展旅游合作情况。马梅芝说，衢州和斯里兰卡在农业和旅游等领域既有相似优势，又有各自特色，合作共赢潜力大，希望双方能够抓住“一带一路”的战略机遇，促进双方在各领域互惠互利，实现双赢发展。

【“一带一路”城市外交专题培训班】 5月22日至27日，由市委组织部、市外侨办联合举办的“一带一路”城市外交专题培训班在厦门举行。市级各有关单位分管外侨工作领导，市外侨办中层以上干部，各县(市、区)分管外侨工作领导，各县(市、区)外(侨)办主任53人参加培训。厦门大学、厦门市委宣传部和厦门市国家安全局的教授、领导等为培训班学员作“中国和平崛起与外交政策模式”“一带一路：中国改革开放的新战略及其机遇”“隐蔽战线斗争形势以及如何做好相关防范工作”等主题辅导，并进行互动交流。结业仪式上，市外侨办主任朱晓红作总结。

培训期间，学员们还赴厦门经济特区纪念馆和著名爱国华侨领袖——陈嘉庚纪念馆参观。

【慰问受灾侨企侨眷】 7月13日，市外侨办主任朱晓红、副主任彭力一行3人，在开化县外侨办主任方忠陪同下慰问在“6·24”特大洪灾中受灾的开化县侨资企业和侨眷。朱晓红一行在受灾严重的侨资企业开化安鑫农业公司、马金镇星田村侨眷汪承维家了解受灾情况，鼓励他们积极面对困难，抓好抗灾自救工作，尽快恢复正常生产生活，并送上慰问金。朱晓红要求开化县外侨办要认真组织和动员侨界群众、侨资企业做好灾后恢复生产工作，重视关心困难侨眷，形成关心、帮助困难侨眷的良好氛围。

【澳大利亚衢州同乡会】 7月23日在澳大利亚墨尔本市举行成立大会。市委书记陈新、中国驻墨尔本代总领事黄国斌、市外侨办主任朱晓红，墨尔本当地议会议员克拉克、维州议会议员吉德利，维多利亚华人社团联合会会长苏俊希、澳大利亚浙江同乡会总会会长陈静和旅澳衢州籍侨胞及其他旅澳侨胞代表等出席大会。会上，陈新充分肯定旅澳侨胞在发展自身事业、繁荣当地经济、丰富澳洲多元文化、推动中澳交流合作等方面所作的努力和取得的成就，并鼓励海外华人华侨积极融入主流社会，发挥侨胞融通中外的独特优势和桥梁作用，努力为当地经济、国际文化、经贸往来、东西方海上"丝绸之路"作出积极贡献。陈新祝贺旅澳衢州籍侨胞姜军当选澳大利亚衢州同乡会首任会长，祝愿澳大利亚衢州同乡会越办越好，同时希望澳大利亚衢州同乡会在进一步推动旅澳衢州籍侨胞间的交流与合作，助推家乡建设等方面多作贡献。

【赴常山县调研指导外侨工作】 8月1日，市外侨办主任朱晓红和副主任周立年、彭力一行赴常山县，调研指导外侨工作并与常山县委书记叶美峰，县委常委、宣传部长余风，副县长揭政东座谈交流。座谈会上，叶美峰用"一十百千万亿"讲述了常山县国际慢城建设、交通优势、产业发展、千年古县等基本情况，详细介绍常山县打造"何处心安，慢城常山"的"四四二"战略体系。叶美峰希望市外侨办能在国际慢城建设、友好城市交流和"常山喝彩歌谣"走向国际等方面给予指导和支持。余风、揭政东对常山县相关外事侨务工作进行介绍交流。在听取常山县相关情况介绍后，周立年、彭力分别从友城交流、对外渠道拓展和因公出国(境)等进行分析并提出工作建议。朱晓红表示，市外侨办将发挥职能优势和涉外资源优势，一如既往地支持常山县做好外事侨务相关工作。市外侨办人秘处和常山县委办、外事办、侨办、旅委、经信局、商务局和外宣办等单位负责人参加座谈。随后，朱晓红一行还走访国际慢城建设现场。

【衢州市外侨办与杭州市外侨办签定外侨工作战略合作协议】 8月10日，衢州市外侨办主任朱晓红带队赴杭州市外侨办对接、协商合作事宜。会上，朱晓红介绍衢州市经济社会发展概况和发展优势及市外侨办整体工作运行情况，希望杭州市外侨办能在外侨资源、招商引智项目牵线搭桥等方面给予帮助支持。杭州市外侨办主任董祖德表示，杭州和衢州两市互有优势，深化两办合作能发挥"1+1大于2"的效应。两办应把山海协作工作提高到政治层面加以认识和落实，紧密合作、加强互动，共同打造两办外事侨务工作品牌。随后，董祖德和朱晓红签署两办合作协议书。双方一致同意，要以"优势互补、互利互惠、共同发展"为原则，建立协作机制，推进外事侨务资源共享、经验互学、加强合作平台建设和项目对接。衢州市外侨办副主任周立年、彭力，杭州市外侨办副主任祝平及两办相关处室负责人参加上述活动。

【日本衢州同乡会】 9月9日在日本东京成立，这是浙江省在日本成立的第七个地市级同乡组织，也是衢州市在海外成立的第四个同乡会。中国驻日本大使馆领事李万鹏，日本日中协会理事长白西绅一郎，日本浙江总商会会长林立及部分旅日侨团负责人、旅日侨胞代表，市外侨办副主任韩建和及衢州市相关县(市、区)外侨办负责人出席成立大会。成立仪式上，韩建和指出，旅居海外的侨胞是衢州发展不可缺少的力量，家乡大花园建设需要广大侨胞的支持和关心，希望大家做中日交流的友好使者，发挥同乡会"通侨连侨"优势，为祖(籍)国和当地社会经济、文化发展作出积极贡献。

【市领导会见八国孔子学院嘉宾】 9月27日，市委副书记、市长徐文光会见到衢州参加纪念孔子诞辰2568周年祭祀典礼的8个国家12家国际孔子学院嘉宾。徐文光指出，儒家文化历经2500多年，已经超越时代和国家界限而影响深远。作为孔氏南宗所在地，衢州市一直来高度重视儒家文化的传承和发扬光大。从2004年开始，纪念孔子诞辰系列活动已经连续开展13年，成为衢州与世界各国朋友开展交往、建立友谊的重要桥梁和纽带。衢州诚挚欢迎各位嘉宾今后再来衢州、常来衢州，喜欢衢州、爱上衢州，一同见证新时代的"衢州故事"，一起传播"中国好声音""衢州好声音"。法国国立东方语言文化学院博士生导师、欧洲汉语教学协会会长白乐桑代表嘉宾发言。他说，孔子作为著名的思想家、教育家和哲学家，其经典学说在中西交流及西方汉学的诞生等方面起着关键性作用，希望通过此次祭孔活动推动与衢州的文化交流，促进双方开展更多的合作。市领导钱伟刚、王良春、金明参加会见。孔子第75代嫡长孙孔祥楷，市外侨办副主任彭力会见时在座。

【四国驻沪总领馆“一带一路”考察团访问衢州】 12月11日，哥伦比亚驻沪总领事露丝·海伦娜·艾彻维丽、印度尼西亚驻沪总领事宁乔恩、尼日利亚驻沪总领事安德森·N·马杜拜克和捷克投资局上海办事处局长简·扎普莱塔等四国驻沪总领事馆考察团一行到衢州，考察“一带一路”商贸合作项目。市长徐文光和副市长马梅芝与考察团一行进行座谈，南南合作促进会副会长、南南合作促进会国际产能合作长江三角洲分会会长傅水根出席。徐文光说，衢州历史文化底蕴深厚，自然生态环境优美，交通区位优势明显，特别是“大花园”建设前景可期、潜力巨大，与衢州开展合作是明智的选择。衢州作为四省边际中心城市和浙江内陆开放桥头堡，将积极参与“一带一路”建设，创新投资贸易新模式，进一步提升对外开放水平。希望各国驻沪领事机构发挥各自优势和特色，携手参与“一带一路”合作项目，实现互利共赢。衢州将以最大诚意、最好的服务让大家“放心”“舒心”“暖心”。傅水根表示，自衢州市政府与南南合作促进会签署合作备忘录以来，双方合作成效明显。此次四国驻沪总领事馆考察团一行到衢州，主要是了解“一带一路”合作项目举办地的经济社会发展、投资潜力等情况，并就“一带一路”展示馆体验项目建设等共同关心的问题进行交流商讨。南南合作促进会将发挥好平台作用，更多为衢州牵线搭桥，将双方合作落到实处。市外侨办主任朱晓红、南南合作项目推进办负责人等参加座谈。

座谈会前，考察团一行考察了“花园258”创新创业园、“衢时代”创新大厦等。

【省外侨办调研组到衢州调研】 12月13日，省外侨办礼宾处处长陈艳勤率相关处室负责人一行到衢州调研外侨工作情况。调研组听取市外侨办主任朱晓红就衢州市贯彻落实《“十三五”时期浙江外事侨务发展规划》《浙江省贯彻落实〈国家侨务工作发展纲要(2016—2020年)〉的实施意见》专题汇报，并对衢州市外侨办更好地贯彻落实党的十九大、省十四次党代会精神作了相关指导。会后，调研组在市外侨办主任朱晓红陪同下慰问了困难侨眷——柯城区石梁镇余樟福一家。

【三国驻沪总领馆“一带一路”考察团到衢州考察】 12月18日，斐济、马来西亚、瑞士三国驻沪总领事馆考察团一行10人到衢州，考察“一带一路”合作项目。副市长王良春与考察团一行座谈，市“一带一路”合作项目推进办、市外侨办及市级其他相关部门和单位负责人出席座谈会。王良春介绍衢州市基本情况。推进办介绍“一带一路”合作项目的远期发展目标、合作方式和展示细节，希望各国驻沪总领事馆参与项目建设，实现合作共赢。

在衢州期间，考察团一行考察了“花园258”创新创业园、“衢时代”创新大厦等。

主要出访

【衢州市招才引智团访问香港】 3月16日至20日，市委常委、组织部长陈玲玲率衢州市招才引智团赴香港，参加浙江·香港高端服务业人才招聘会。现场接待求职人57名，其中登记32人、初步达成意向23人。在香港期间，还专门安排了在港衢州籍高层次人才座谈会暨人才政策推介会，邀请在港企业家、高层次人才和优秀学生代表21人参加座谈，宣传衢州创业环境和人才政策，吸引海外人才来衢州发展。

【衢州市代表团访问韩国、澳大利亚和新西兰】 7月18日至27日，市委书记陈新率衢州市代表团一行5人访问韩国、澳大利亚和新西兰。在韩国，代表团访问韩国晓星株式会社，与该社高层对接，进一步争取韩方投资意愿。赴韩国浦项制铁株式会社，积极促成浦项制铁与衢州市华友钴业的项目合作。在澳大利亚，代表团拜访昆士兰州政府，访问当地企业、园区、高校，推介衢州生物医药产业。拜访澳大利亚浙江总会、浙江商会，开展衢州投资环境推介，并参加澳大利亚衢州同乡会成立典礼。在新西兰，拜会吉斯伯恩市市长，双方进行了友好交流。

表 18　2017 年衢州市部分出访团组

出访时间	出访地点	团长职务、姓名	人数	出访任务
7 月 9～29 日	美国	衢江区委书记吴江平	1	培训
7 月 9～29 日	德国	江山市市长舒畅	1	培训
一年多次	香港	市委统战部长傅根友	3	公务访问
8 月 6～15 日	俄罗斯、德国、奥地利	市政协副主席、侨联主席吕玉茹	1	侨务工作访问
9 月 10～30 日	法国	衢江区区长朱素芳	1	培训
9 月 10～30 日	美国	柯城区区长方庆建	1	培训
10 月 29 日～11 月 6 日	捷克、波兰	衢州职业技术学院院长江爱民	1	教育交流
11 月 5～18 日	美国	衢州学院党委副书记杨政	21	培训
11 月 9～16 日	德国、意大利	市检察院检察长叶伟忠	1	业务访问
11 月 9～16 日	挪威、意大利	常山县委书记叶美峰	6	友好访问

主 要 来 访

【加拿大安纳波利斯市代表团访问衢州】　1 月 18 日，副市长朱建华会见加拿大新斯科舍省安纳波利斯市市长蒂莫西・巴宾斯基率领的市政府友好代表团一行 4 人，介绍衢州的区位、历史、人文和农业产业等情况。朱建华说，衢州市和安纳波利斯市在农业、旅游、教育等领域既有相似优势，又有各自特色，合作共赢潜力巨大。希望双方扩大交流合作，促进各领域的互惠互利、共同发展。巴宾斯基表示，安纳波利斯和衢州有着良好的合作基础和潜在的合作机会，希望通过此次访问，能促成安纳波利斯市农业主体与衢州农业进行对接，寻求共同发展机会。市友协副会长、市外侨办主任朱晓红，市外侨办副主任周立年参加会见。朱晓红代表衢州市人民对外友好协会与安纳波利斯市政府签署两地建立友好交流城市关系备忘录。

在衢期间，巴宾斯基一行还考察了衢州二中、绿色产业集聚区、孔庙、开化根宫佛国等。

【香港贸发局浙江代表访问衢州】　3 月 28 日至 29 日，香港贸发局浙江代表王斌、香港贸发局杭州办事处市场推广副主任阮媛一行 2 人访问衢州。28 日，王斌一行考察衢州鲟龙水产食品科技开发有限公司和衢州三易易生态农业科技有限公司，并与市外侨办、农业局、贸促会等相关部门就推动衢州市企业“走出去”，推广区域品牌合作进行座谈。市政府副秘书长童子侃，市外侨办主任朱晓红及相关部门分管领导参加座谈。29 日，王斌一行在市外侨办副主任周立年陪同下，考察浙江江山恒亮蜂产品有限公司和浙江红盖头农业科技有限公司，与江山市外侨办、商务局、农业局及健康蜂业、浙江茶之语有限公司、恒亮蜂产品有限公司、三禾生物等进行座谈，就组织江山食品企业参展“2017 香港美食博览”及合作推广区域品牌等进行商讨。

【巴西国家电视台摄制组到衢州拍摄纪录片】 4月6日至8日，巴西国家电视台摄制组和中央电视台一行6人在衢州进行节目录制。摄制组一行赴龙游红木小镇、龙游石窟、衢州二中、衢州儒学文化产业园区、衢江区“针圣”故里和九龙湖风景区等地采访拍摄。此次采访拍摄主题为“中国的改革发展成就”，重点展现中国斐然的经济成就和中巴两国的文化异同，及介绍城市风貌和秀丽河山。

【加拿大安纳波利斯市政府代表团访问衢州】 4月12日至14日，加拿大新斯科舍省安纳波利斯市市长蒂莫西·巴宾斯基率政府代表团一行3人访问衢州。副市长马梅芝会见代表团一行，介绍衢州市基本情况。蒂莫西·巴宾斯基介绍安纳波利斯市情况，并表示愿积极与衢州展开友好交往，希望通过此次访问能够增进双方在经贸、旅游、文化、教育等领域的合作，努力寻求共同发展机会。在衢州期间，蒂莫西·巴宾斯基一行还在市旅委召开安纳波利斯市旅游推介会，考察衢州一中、衢州职业技术学院和衢州学院，参观衢州城市展示馆。市外侨办主任朱晓红、副主任周立年参加会见或陪同考察。

【加拿大新斯科舍省政府代表团访问衢州】 9月13日至15日，加拿大新斯科舍省安纳波利斯议员迈克尔·冈恩率新斯科舍省政府代表团一行8人访问衢州。市人大常委会副主任诸葛慧艳会见代表团一行。诸葛慧艳说，今年贵省安纳波利斯市蒂莫西·巴宾斯基市长分别于1月和4月两次访问衢州，增进了双方的了解，加深了友谊。迈克尔·冈恩介绍新斯科舍省情况。他表示，愿积极与衢州展开友好交往，希望通过此次访问，增进双方在经贸、旅游、文化、教育等领域的合作，努力寻求共同发展机会。在衢期间，迈克尔·冈恩一行还考察了衢州一中、衢州学院、华茂外国语学校、市实验学校和绿色产业集聚区，参观中国根艺美术博览园。市外侨办主任朱晓红参加会见并陪同考察。

【“2017非盟妇女能力建设研修班”女官员一行访问衢州】 9月15日至19日，由商务部主办，中华女子学院承办的“2017非盟妇女能力建设研修班”女官员一行访问衢州。副市长吕跃龙、市外侨办主任朱晓红、市妇联主席魏晓莲等陪同考察。

【斯中协会会长访问衢州】 11月27日，斯里兰卡与中国商务交流及文化协会会长王普、副会长阿萨·阿齐兹一行访问衢州，考察、洽谈“一带一路”斯里兰卡体验馆合作事宜。副市长马梅芝、市外侨办副主任彭力和浙江九彩芝健康管理有限公司董事长叶跃民等接待王普一行。马梅芝详细介绍衢州市政府已与南南合作促进会开展合作共同打造南南合作国家体验馆，努力将衢州打造成四省商贸重镇和新型投资贸易中心情况。在衢州期间，王普一行考察“花园258”创新创业园，参观南南合作印尼体验馆和南南合作斯里兰卡体验馆。双方围绕产品进馆、场地布置、市场开拓等进行深入交流，并表示下一步将加强对接，寻求合作契机。

【美国驻沪总领馆副领事访问衢州】 11月2日至3日，美国驻沪总领事馆副领事吴宁凯、助理张梅静一行2人访问衢州。在衢州期间，吴宁凯一行在江山市“美丽乡村”大陈乡大陈村为衢州市10家旅行社总经理举办“赴美旅行”专题讲座，在衢州市华茂外国语学校为国际班师生和家长100余人举行“赴美留学”专题讲座，详细介绍赴美旅行、留学等办理美国签证的流程等细节事项，解答旅行社老总和华茂师生现场提问。吴宁凯一行还考察了浙江艾美家居有限公司销往欧洲的家具生产线，了解企业生产经营状况和当地投资环境。市外侨办副主任彭力和相关处室负责人陪同考察。

【美国驻沪总领馆外联处长访问衢州】 11月29日至30日，美国驻沪总领事馆外联处处长费舒曼、助手李浩津川一行2人访问衢州。市外侨办副主任彭力，衢州学院、衢州华茂外国语学校外事办负责人等与费舒曼一行举行会谈。彭力介绍衢州市经济社会发展情况，衢州与美国近年来的经贸合作及友好交流现状和成果，并详细讲解“二战”期间衢州市民营救杜立特轰炸机队飞行员的感人故事。费舒曼对衢州与美国雷德温市结好的历史颇感兴趣，希望在2018年年初衢州杜立特纪念馆举行开馆纪念仪式时前来观礼。在衢州期间，费舒曼一行还参观了龙游石窟、衢州孔氏南宗家庙、衢州城市展馆等。

友好城市交流

【美国杜立特突袭者子女协会代表访问衢州】 1月1日至4日，美国杜立特突袭者子女协会会员刘美远和白龙访问衢州。市外侨办主任朱晓红与来宾进行会谈，双方就衢州杜立特行动纪念馆建设事项进行讨论。市外侨办副主任彭力、市文广新局副局长黄韬参加会谈。在衢州期间，刘美远和白龙还赴衢州二中参加“杜立特突袭行动”英文作文比赛颁奖仪式，代表美国杜立特突袭者子女协会为周启充等12名同学颁发奖状及奖学金。走访江山小南坑口村，参观杜立特机组飞行员被营救时住的农房等。并为2018年杜立特突袭者子女协会代表团访问衢州作相关准备。

【日本佐野市日中友好协会理事长访问衢州】 1月9日至11日，日本佐野市日中友好协会理事长宫森胜市一行访问衢州。市外侨办主任朱晓红会见宫森胜市一行并进行会谈。宫森胜市一行还走访衢州市实验学校，与校领导就佐野中日儿童书画作品展等进行交流。

【德国安檬公司浙江代表处主任访问衢州】 3月13日，德国安檬公司浙江代表处主任和哥廷根05足球俱乐部教练访问衢州，与市体育局座谈青少年足球交流项目。

【美国杜立特突袭者子女协会成员到衢州拍摄纪录片】 3月19日至21日，美国杜立特突袭者子女协会成员刘美远一行2人到衢州，拍摄关于衢州人民营救杜立特行动机组人员纪录片。摄制组先后采访衢州水亭街历史街区杨氏民居、江山小南坑口村、东积尾村和与江山交界的遂昌北洋村、侵华日军细菌战展览馆、万少华团队及两位被万少华团队所医治的日军细菌战烂脚病老人姚桂土和魏洪福。该纪录片4月18日在美国举行的杜立特行动75周年纪念会上播放。

【葡萄牙塞尔帕市市长访问衢州】 10月23日至25日，葡萄牙塞尔帕市市长多梅·佩雷斯一行访问衢州。市外侨办主任朱晓红与代表团进行座谈。在衢州期间，代表团还拜访龙游县政府，双方就建立友好交流城市的可能性进行洽谈。

【荷兰洛伦茨卡西姆学校师生代表团访问衢州一中】 10月23日至27日，荷兰洛伦茨卡西姆学校师生代表团一行11人访问友好学校衢州一中。访问期间，荷兰学生与衢州一中学生一起上课，体验中国教育。学习陶艺、水墨等中国独特传统文化课程。与衢州一中9名学生结对，住到学生家中体验住家生活。还深入衢州各处进行城市探索，感受中国魅力。

（邓李薇）

舟山市

综　述

【概况】 2017年，舟山市外侨办安排市委、市政府重要团组10批61人次赴国(境)外开展推介活动。全年接待国(境)外来访团组39批593人次，比上年增加25批474人次。接待外国驻华使领馆团组18批239人次，友城团组10批63人次，民间友好团体8批197人次和港澳地区团组4批88人次。全年累计审批因公出国和赴港澳地区团组172批561人次，审批批次和人次分别比上年下降21.1%和22.2%。邀请外国人访问舟山257批455人次，分别比上年减少58.1%和66.0%。

全年办理因公护照签证81批408人次，办理因私签证341人次，分别比上年减少22%和39%。代办民事认证和商务认证566份，比上年增加7%。代办APEC商务旅行卡37份。处理各类涉外案(事)件21起，办结18起，其中海外领保事件4起、在舟外国人死亡事件10起、重病1起。发出邀请函257批455人次。接待海外重点侨领、侨团到舟山考察369人次，联谊活动13次。接待侨商、海外专业人士194人次，引智引资活动7场。办理华侨回国定居6人次，涉侨身份认定11人。归侨侨眷扶贫122人次，救济资金13.56万元。接受捐赠款物62万元。受理来信来访20件，结案19件。在阿根廷指导设立阿根廷舟山同乡会，设立侨务联络站。

2017年，舟山市外侨办被中共舟山市委防范和处理邪教问题领导小组评为“2016—2017年度防范处理邪教工作先进集体”。

重要活动

【美丽中国、美丽卡塔尔——中卡文化年两国摄影家作品联展】 4月26日走进舟山开展，这是全省巡展活动的第五站。联展展出包括中国摄影家在卡塔尔拍摄的和卡塔尔摄影家在中国拍摄的作品100件，展现了中卡两国的风土人情，展示了两个古老国度厚重历史和文化传统，表达了两国人民对彼此国度的热爱和欣赏。舟山市人大常委会主任钟达出席开幕式。

【2017世界首届油商大会】 9月18日至20日在杭州举行。大会由浙江省人民政府主办，中国(浙江)自由贸易试验区领导小组办公室、中国(浙江)自由贸易试验区管委会、中国石油流通协会承办。来自40多个国家和地区的200余家单位400余位嘉宾出席大会，包括世界前十大石油公司中的6家、前三十大石油公司中的14家、全球五大石油交易商和国内四大油企。沙特阿美、埃克森美孚、英国石油公司、荷兰皇家壳牌、道达尔、雪佛龙等国际知名企业派出董事长、副总裁或区域总裁级高管，国家发改委、商务部、海关总署、国家质检总局、中财办、中国人民银行总行等部委都派出相关负责人参加大会。会议期间，举行了重大项目签约仪式，20个签约项目协议涉及总金额573.7亿元人民币，全部落户舟山。

19日，参加大会近60位嘉宾还走进浙江自贸试验区实施地舟山，考察航空产业园和舟山港综保区。

【第19届中国舟山国际沙雕节】 9月20日在舟山朱家尖南沙开园。本届沙雕节以"一带一路·中国梦"为主题。来自中国、俄罗斯、荷兰、比利时、捷克和加拿大等国家的30余名沙雕手,历时20天创作完成主题沙雕"一带一路"、中国梦、21世纪海上丝绸之路、丝绸之路经济带4个沙雕板块60余座沙雕。用沙约2万立方米,创历届之最,创作难度也堪称历史之最。

【第三届国际海岛旅游大会】 9月21日至23日在舟山召开。45个海岛国家(地区)和城市的55个代表团1300余名来宾聚首千岛舟山,围绕"新丝路　新机遇　新旅程"主题,携手同行、共话发展。会上共有30余个旅游投资项目签约,意向总投资额达698亿元人民币。

会议期间,先后举行"一带一路"国际海岛旅游发展舟山论坛、国际海岛旅游博览会、国际旅游投资与海岛发展论坛、智慧海岛旅游——"数说海岛"旅游产业及大数据共享论坛、"航空+旅游"圆桌会议、"世界海岛·Fami－ly"嘉年华、"欢乐东海　激情九月"等12项主体系列活动和4项配套活动。在"一带一路"国际海岛旅游发展舟山论坛上,亚太旅游协会、欧洲小岛屿联盟分别与舟山市签订《国际海岛旅游战略合作协议》,斯里兰卡旅行社与舟山市旅游委签约推出"从一个圣地到另一个圣地"等国际旅游线路和产品,印度旅行社与舟山市签约合作推出"金砖国度里的黄金线"等旅游产品。国际海岛旅游博览会吸引23个国家与地区的城市和机构及50多个国内滨海城市、重要旅游产品供应商、旅游企业参展,2.8万余人进场参观,线上线下海岛旅游产品交易额达1.215亿元人民币,其中现场成交额450万元人民币。本届博览会还邀约到国内外200多位专业买家,现场促成专业买家配对2800个,意向成交额达3000万元人民币。

【舟山波音完工中心签约揭牌】 9月26日,由波音公司与中国商飞合资的舟山波音完工中心有限公司(筹)及波音·商飞联合项目中心在舟山签约揭牌。国家发改委副主任林念修,浙江省委常委、常务副省长冯飞为中心揭牌并讲话。波音公司与商飞公司签约。

舟山波音完工中心是波音在美国之外的首个飞机完工中心,该中心将主营737MAX系列飞机的内饰安装、喷涂、维修、维护、交付支持及相关服务。

【"驻华使节及文化官员中国文化行"舟山站活动】 10月18日至22日,以肯尼亚驻华使馆参赞约翰·奥迪普为团长的驻华使馆文化官员代表团在全国友协文化交流部组织下到舟山开展"中国文化行"活动。代表团由来自肯尼亚、安哥拉、尼泊尔、缅甸、南非和塔吉克斯坦六国驻华使馆的8位文化官员组成。"中国文化行"舟山站活动以参加"2017年环太平洋国家艺术展"开幕式为切入点,从艺术交流、海岛民俗文化、普陀山佛教文化、渔业经济发展等角度,向代表团展现舟山海洋文化的丰富内涵和发展现状,从全方位多角度认识感受舟山发展的无限潜力,促进舟山与各国间的广泛交流合作。

【第16届"环太平洋国家艺术展"】 10月20日在舟山市美术馆开幕。由中国人民对外友好协会、舟山市文学艺术界联合会、舟山市人民对外友好协会和加拿大国际文化交流协会共同主办。中国人民对外友好协会副会长户思社、舟山市人大常委会副主任钱军、加拿大文化交流协会会长胡凯茜出席开幕式并致辞。来自日本、韩国的艺术家,参加"驻华使馆文化官员及外国专家中国文化行"的各国驻华使节及舟山市文化艺术界代表等100余人出席开幕式。艺术展展出来自中国、加拿大、美国、英国、荷兰、日本、韩国和波兰等国的艺术作品120件,包括版画、油画、刀势画、压花、水彩画、水墨画、摄影等。舟山本地艺术家的海洋题材作品也参加了展览。

【2017海外华文媒体浙江行走进舟山】 11月10日至11日，由浙江省外侨办主办，海外华文媒体浙江联合会和浙江省侨务文化交流中心承办的“2017海外华文媒体浙江行”活动走进舟山。采访团成员包括美国、加拿大、澳大利亚、日本、英国、意大利、德国、捷克、菲律宾和缅甸等17个国家与地区的26家华文媒体负责人。在舟山期间，采访团一行先后考察普陀山、国际海岛旅游大会永久会址、沈家门渔港、舟山城市展示馆等，并纷纷表示，此行加深了对舟山的了解，他们会讲好“舟山故事”，向世界多渠道多角度宣传推介舟山。

主要出访

【舟山市代表团访问香港】 2月14日至16日，舟山群岛新区党工委副书记、市委副书记、市长温暖率市外侨办、招商局等部门主要负责人一行访问香港，开展联络联谊和经贸交流活动。在港期间，代表团先后拜会全国政协副主席董建华和东方海外(国际)有限公司主席董建成，拜访在港各同乡社团，与香港相关经贸机构和企业进行对接洽谈。出席香港舟山同乡会2017年春茗晚会，温暖发表致辞。

【舟山市代表团访问美国、格林纳达和乌拉圭】 5月16日至27日，舟山群岛新区党工委副书记、市委副书记、市长温暖率舟山市代表团一行访问美国、格林纳达和乌拉圭。访问期间，代表团分别与美国里士满市市长、波音公司负责人，格林纳达渔业部部长，乌拉圭罗恰省省长、拉帕洛玛市市长等及相关企业高层进行会谈，共话交流合作。考察舟山市远洋渔业在南美的相关项目，听取舟山市南美远洋渔业基地办事处运行情况汇报。

【舟山市代表团访问香港】 5月29日至6月1日，舟山群岛新区党工委书记、管委会主任、市委书记俞东来率舟山市代表团访问香港，开展商务推介和经贸合作交流活动。在港期间，俞东来一行拜会全国政协副主席董建华，参加香港舟山同乡会庆祝候任行政长官林郑月娥当选酒会，拜访香港舟山同乡会、香港贸易发展局、招商局集团、香格里拉酒店集团、太平船务香港公司、香港光汇石油集团，考察香港城市建设相关情况，开展招商引资、商务推介和经贸合作交流活动。市委常委、统战部长王伟随同访问并参加上述活动。

【舟山市代表团访问挪威和葡萄牙】 8月25日至31日，舟山群岛新区党工委书记、管委会主任、自贸试验区管委会主任、市委书记俞东来率舟山市代表团访问挪威和葡萄牙。在挪威，代表团先后与北挪威省、罗弗敦地区、西奥伦地区政府部门和企业开展一系列友好交流和经贸合作洽谈，并签署有关合作协议。其中，舟山市分别与罗弗敦地区和西奥伦地区签署加强友好合作交流协议，浙江大洋世家股份有限公司(总部舟山)与挪威塞马克渔业股份公司签订三文鱼中国销售经营权和贸易合作协议，舟山国际水产城与挪威前进海洋公司签订三文鱼和鳕鱼贸易合作协议，万邦永跃与挪威有关专业船舶设计公司、航运和渔用设备供应商、专业咨询公司签订渔业船舶开发、近海水产养殖场与水产品加工等项目合作框架协议。在葡萄牙，代表团走访里斯本、辛特拉有关政府机构和企业，开展友好交流和经贸洽谈。

主要来访

【赤道几内亚教育代表团访问舟山】 1月25日，赤道几内亚教育科学部基础教育主管皮奥·恩苏·恩贡加·阿克里、赤道几内亚国立大学孔子学院中方院长章巧眉率代表团一行11人访问舟山。在舟山期间，代表团走访普陀区朱家尖小学、新城中心幼儿园和南海实验学校。代表团希望能借助孔子学院这一平台，在赤道几内亚推广汉语教学，传播中国文化，进一步推进双方的教育交流与合作。并表示，在合适之时，将选派赤道几内亚学生到舟山留学。

【日本常石造船株式会社副社长访问舟山】 3月8日，舟山群岛新区党工委副书记、市委副书记、市长温暖会见日本常石造船株式会社副社长、常石集团(舟山)造船有限公司董事长小叶竹泰则一行。新区海洋产业集聚区管委会主任傅良国等参加会见。

【希腊雅典技术教育学院代表团访问舟山】 3月9日至12日，希腊雅典技术教育学院院长迈克尔·布拉塔克斯一行7人访问舟山。在舟山期间，代表团与浙江海洋大学交流洽谈，双方表达了继续进行深入交流的意愿。参观南洞艺谷，迈克尔·布拉塔克斯与舟山市摄影家协会进行摄影专题交流，舟山市摄影家协会20多位会员参加。希腊雅典技术教育学院副教授康艾斯作摄影与视觉艺术专题讲座。

【外交部社会调查团到舟山考察】 3月15日至16日，外交部外管司司长廖力强率外交部社会调查团一行33人到舟山考察。舟山群岛新区党工委副书记、市委副书记、市长温暖代表市委、市政府接待调查团一行。在舟山期间，调查团考察舟山市城市展示馆、舟山港综合保税区、中澳现代产业园和甬舟集装箱码头，参观文化创意小镇——“南洞艺谷”，实地了解“渔文化”。副市长许小月，市外侨办党组书记陈利文、主任方维全程陪同。

【印度驻沪总领事访问舟山】 3月24日，舟山群岛新区党工委副书记、市委副书记、市长温暖会见印度驻沪总领事古光明一行。双方就如何利用各自优势，开展双边经贸投资和文化旅游交流等事宜进行座谈。古光明表示，将积极推动印度企业到舟山开展经贸交流，在舟山举办印度文化活动，深化双方各领域深层次合作。副市长许小月参加会见。

【新加坡商务代表团访问舟山】 4月26日，新加坡文化、社区及青年部兼贸工部高级政务部长沈颖、新加坡驻沪总领事罗德伟率新加坡商务代表团一行访问舟山，随团到访的还有太平洋船务、伊顿国际教育集团、凯发集团、盛裕集团、凯德置地、吉宝集团、M－DAQ金融科技等新加坡知名企业负责人。舟山群岛新区党工委副书记、市委副书记徐旭会见代表团一行，副市长傅良国参加会见。在舟期间，代表团考察舟山城市展示馆，了解舟山的历史、区位、自然环境、重大事件、经济社会发展情况及新区、自贸区批复以来的重点工作。在舟山港综合保税区，代表团观看港区宣传片，了解港区封关运作以来的贸易、仓储、加工等情况，还参观了万邦永跃船舶修造有限公司的船坞、码头和生产车间，并与公司负责人进行座谈。

【乌拉圭罗恰省代表团访问舟山】 5月2日，舟山群岛新区党工委副书记、市委副书记、市长温暖会见乌拉圭罗恰省省长阿尼巴尔·佩雷拉为团长的罗恰省代表团一行。双方就开展双边经贸投资和渔业旅游合作等事宜进行座谈。副市长姜建明和乌拉圭罗恰省旅游厅厅长安娜·嘉兰、乌拉圭驻沪总领事莱昂纳多·奥力维拉参加会见。

【驻华使(领)馆官员访问舟山】 6月9日，由文莱、坦桑尼亚、斯里兰卡、加拿大、巴基斯坦等国驻华使(领)馆官员组成的代表团一行24人访问舟山。代表团一行走访浙江欧华造船股份有限公司，了解企业历史、技术创新和目前的生产经营情况，并与企业负责人进行交流。副市长方维陪同考察。

【韩国驻沪总领事访问舟山】 6月28日，副市长许小月会见韩国驻沪总领事卡永台率领的代表团一行。双方就如何利用各自优势，开展双边经贸、投资、文化、旅游等事宜进行座谈交流。

【诺贝尔物理学奖得主访问舟山】 7月6日，诺贝尔物理学奖得主乔治·斯穆特教授一行访问舟山。在舟山期间,乔治·斯穆特一行先后考察大健康产业园、普陀医院、全民健身中心、普陀仁济医院,并与普陀区委书记张立军座谈交流。普陀区副区长李莉陪同考察。

【韩国木浦市代表团访问舟山】 7月6日至7日,韩国全罗南道木浦市市长朴洪律、副议长金贵喜率代表团一行访问舟山。7日,副市长许小月会见代表团一行,双方签订两市友好交流意向书。意向书中明确,两市在相互信赖与友好交流基础上保持相互间合作关系,在经济、旅游、行政、文化、教育等多领域积极推进相互交流,在相互派遣代表团时提供各种便利,并适用平等互利原则。市人大常委会副主任夏亚红参加会见活动。

【泰国驻沪总领事访问舟山】 7月13日,舟山群岛新区党工委副书记、市委副书记、市长温暖会见泰国驻沪总领事巴丽彩一行,双方就加强多边领域合作进行座谈交流。

【日本文部科学省前科技审议官访问舟山】 7月31日,日本文部科学省前科技审议官冲村宪树一行访问舟山。在舟山期间,冲村宪树一行主要考察舟山在科技方面的发展情况,并寻求日本与舟山在科技方面的合作包括科技人才交流。冲村宪树一行还参观了舟山港综合保税区、舟山城市展示馆和朱家尖航空产业园,并顺访普陀山。市外侨办主任陈利文全程陪同冲村宪树一行上述活动。

【美国驻沪总领馆领事访问舟山】 8月9日至10日,美国驻沪总领事馆领事、外联处处长费曼舒一行3人访问舟山。在舟山期间,费曼舒一行与市旅委、市妇联、舟山航空产业园、市青洋社工研究发展中心等进行交流,参观舟山城市展示馆、舟山博物馆、舟山港综合保税区、南洞艺谷等。

【加拿大驻沪商务领事访问舟山】 9月11日至12日,加拿大驻沪总领事馆商务领事石凯群和商务专员张申文一行访问舟山,寻求加拿大与舟山在海洋科技和海洋产业上的合作。在舟山期间,石凯群一行与舟山市科技局、舟山市海洋与渔业局、舟山市外侨办等就渔业和海洋科技进行座谈交流,并就多个海洋产业合作交换意见。参观浙江海洋大学校史馆和海洋馆、浙江大学海洋学院的海洋科技实验馆和舟山城市展示馆。

【马来西亚华人公会新村代表团访问舟山】 11月14日至15日,马来西亚华人公会新村代表团一行30人,在拿督李煌治率领下访问舟山。在舟山期间,代表团赴市海洋与渔业局了解舟山渔业经济现状和渔村经济转型升级情况,参观舟山城市展示馆、舟山博物馆,考察朱家尖樟州村,并顺访普陀山。

【美国加州西康校区教育代表团访问舟山】 11月28日,美国加州西康校区国际部主任埃里克·彼得森率教育代表团一行5人访问舟山。代表团分别与舟山市教育局、舟山群岛新区旅游与健康职业学院、长峙岛绿城育华学校进行交流洽谈,就学生短期交流和教师互派达成一致意见,并就学生一年以上长期交流达成意向。代表团还与舟山群岛新区旅游与健康职业学院签订战略性合作意向书。

友好城市交流

【定海区举行匈牙利国际广场启用仪式】 1月19日,主题为"美丽匈牙利·魅力定海山"的匈牙利国际广场正式启用仪式在定海区举行。匈牙利驻沪总领事馆文化和教育领事辛莉薇、领事安德烈·拉尤西,定海区委常委、常务副区长毛铁年和区外侨办主任翁岳龙等出席仪式。

【澳大利亚杰尔顿文法学校师生交流团访问普陀二中】 4月21日至29日,澳大利亚杰尔顿文法学校师生交流团一行11人访问舟山普陀二中，开展“Home－Stay”文化交流体验活动。该活动是普陀二中与澳大利亚杰尔顿文法学校自2014年7月签订友好合作协议以来开展的第三批交流互访活动。

【岱山县与希腊阿利莫斯市、意大利阿金塔里奥市签署友好城市备忘录】 6月25日至7月2日，岱山县政协主席陈雅君率代表团一行访问希腊和意大利。访问期间，代表团与希腊阿利莫斯市、意大利阿金塔里奥市签署友好城市备忘录，双方一致同意加强互访，促进旅游、经贸等方面交流合作。

【韩国谷城郡中学生友好交流团访问舟山普陀】 8月8日至11日，以谷城郡玉果中学校长李永洙为团长的韩国全罗南道谷城郡中学生友好交流团一行32人访问舟山普陀。访问期间，交流团与普陀二中、沈家门一初学生家庭开展为期4天的住家式交流活动。该活动是2007年7月双方开展中学生“Home－stay”活动以来第八批结对交流。

【新西兰费尔菲尔德中学师生团访问舟山普陀】 10月12日至15日，新西兰汉密尔顿市姊妹学校费尔菲尔德中学校长克劳福德率1名教师和22名学生访问舟山市普陀中学，开展友好交流。访问期间，师生团一行开展“Home－stay”文化交流体验活动，走访沈院、沈家门渔港、展茅五匠馆、富丹旅游食品公司等，融入普陀中学美术、体育等特色课堂，并与普陀中学师生进行篮球、足球和拔河友谊赛。

侨务工作

【美国东部地区纽约三江慈善公所第53届职员就职典礼】 1月8日在美国纽约华埠公所会址举行。吴恺连任主席，舟山市外侨办致电祝贺。中国驻纽约总领事馆领事彭玉英、杨博，纽约市议员陈倩雯及侨社嘉宾近百人出席典礼。三江慈善公所系旅居美国东部地区的浙江、江苏和江西三省同乡于1929年初创建，1946年改名为三江慈善公所。公所现有会员1000余人，其中舟山籍会员占三分之二。公所以联络乡谊、团结互助、敬老扶幼、共谋福利及开展慈善活动为宗旨。

【阿根廷舟山同乡会】 1月18日在阿根廷首都布宜诺斯艾利斯正式公告成立。7月12日，阿根廷舟山同乡会成立庆典在布宜诺斯艾利斯举行。舟山市政协港澳台侨委主任陈惠芳率代表团一行出席庆典，旅阿侨团侨领及侨胞代表100余人参加庆典。

【首期浙江省海外示范性侨团侨领高级研修班学员考察团访问舟山】 4月21日至22日，首期浙江省海外示范性侨团侨领高级研修班学员考察团一行访问舟山。在舟山期间，考察团参加舟山产业推介会，与新区招商局、市旅游委等进行座谈，考察参观舟山城市展示馆、中国（舟山）海洋科学城、舟山海洋产业集聚区、舟山国家远洋渔业基地、社会主义新农村南洞艺谷。省外侨办国外侨务处处长王红威、市外侨办主任陈利文全程陪同考察。

【定海区昌国街道香园社区获“全国社区侨务工作示范单位”】 6月1日，舟山市定海区委区政府办公室副主任王成华、定海区外侨办副主任夏志兵一行到定海区昌国街道香园社区，为获得“全国社区侨务工作示范单位”的香园社区授牌。

近年来，香园社区充分运用丰富的侨务资源，积极构筑社区侨务工作网络，健全侨务工作制度，依托社区社工服务中心的优势，不断创新社区侨务工作方式，并引导归侨、侨眷踊跃发挥自身特长，共创社区和谐家园。并于2015年获全国“暖侨敬老行动”示范社区国家级荣誉，2017年又获得“全国社区侨务工作示范单位”荣誉。

【“送医进海岛，侨法进社区”】 6月10日，舟山市外侨办、嵊泗县外侨办联合浙江省外侨办、致公党浙江省委会组织“侨界医疗专家服务队”，到嵊泗县嵊山镇开展医疗义诊、健康咨询和侨法宣传等活动。来自浙医一院和杭州市中医院的7位专家参加义诊和健康咨询，涵盖海岛群众需求较大的内科、皮肤科、耳鼻喉科、中医科、泌尿科、妇科、全科等专业。同时，省、市、县三级侨务部门联合设立侨法咨询台，现场发放《涉侨服务指南》等宣传资料。从华侨回国定居、华侨归侨侨眷身份认定、“三侨生”身份确认等方面为归侨侨眷答疑解惑，提供法律帮助，增强侨界群众法律意识。

【2017年海外华裔青少年“中国寻根之旅”夏令营——浙江舟山营】 7月24日在舟山开营。来自美国、加拿大的31名华裔青少年及领队进行中华文化传承之旅。通过学习、交流和体验，营员们开阔了视野、增长了见识，领略了中华传统文化的魅力，感受了同宗同祖的炎黄情结。8月4日举行闭营仪式，全体营员用合唱、舞蹈、服装秀、二胡独奏等节目进行汇报表演。

【旅美高层次人才访问舟山定海】 7月25日至26日，在舟山市定海区美国“引才工作联络站”负责人姚海涛博士带领下，由10位美籍华人组成的“旅美高层次人才舟山群岛新区定海行”暨人才交流参访团一行访问舟山定海。参访团成员分成城市建设规划、国际金融、国际商务三个组，分别与相关单位人员进行座谈交流。并赴新区海洋产业集聚区、中国(舟山)海洋科学城定海园区、定海工业园区、舟山长宏国际船舶修造有限公司等进行考察，与相关负责人就项目、人才引进与合作等进行交流。

【香港服务业代表团走进自贸区活动】 8月30日至31日在舟山举行。来自香港的服务业代表30余人和舟山市150余家相关部门(单位)、企业、商协会等参加活动。香港服务业代表团实地考察了新区城市规划、综合保税区、自贸区综合服务大厅、航空产业园和波音737完工及交付中心项目。

【浙江省外侨办领导在舟山慰问困难归侨侨眷】 12月26日，浙江省外侨办副主任陈江风一行在舟山调研外侨工作。其间走访慰问普陀区困难归侨侨眷，并为他们送上慰问金和慰问品。舟山市外侨办主任陈利文等陪同陈江风一行走访慰问。

（张璐璐）

台州市

综　述

【概况】 2017年，台州市外侨办以服务国家总体外交、服务地方经济社会发展、服务侨胞为落脚点，扎实推进外事侨务工作，各项工作取得实质性成效。

坚持官民并举，做大对外交流，积极服务国家总体外交。努力打造官方先导、官民并举、双向交流、多领域深层次互动大交流格局。深入推进官方交流。做实做细出访计划，有效服务市领导团组12批73人次出访18个国家，在汽车、新能源等领域达成多项交流合作成果。邀请多个国家驻华大使、总领事及重要外交官访问台州，全年接待150多名外国官员、国(境)外企业高管等来访。实施"走领馆找资源"行动。全年走访25家外国驻华机构，与欧美等重要国家驻华机构建立常态化联系合作机制，商定多起交流合作项目，并邀请到14个国家20多位重要外交官参加"2017上海・台州周"活动。打造"友城+"外事品牌。制定《台州市国际友城五年发展规划》，新建国际友好城市关系13对，推进友城+科技、教育、旅游等多元化交流。2月14日，与韩国全罗南道罗州市签订友好交流意向书。成功举办"中国台州・德国哈瑙友好周"，其间举办旅游对接会、教育交流会等系列活动，友城交流载体更加多样、内容更加充实。力推民间交流"金名片"。实施"文化走出去"行动，组织策划"台州乱弹美国巡演""哈瑙・台州市艺术家山水画展"等。牵线台州各类学校与国(境)外学校开展35批707人次的互访学习交流，推进教育资源共享和优势互补。抓好"留根工程"传承中华薪火。积极开展海外华文教育，选派教师赴国外华文学校授课，举办"中国寻根之旅"夏令营活动，65名海外华裔青少年参加。

主动牵线搭桥，促进投资合作，有力助推赶超发展。以"一带一路"主题活动抢抓发展机遇。策划组织"一带一路・合作共赢——中德智能制造高峰论坛"，举办"瑞士经贸投资推介会""马达加斯加经贸投资说明会"等面向"一带一路"沿线国家和地区的经贸投资推介活动，牵头组织市级有关单位参与"2017甬港经济合作论坛"，为融入"一带一路"建设创造条件。搭建合作桥梁促进产业转型升级。促成瑞典于默尔市政府、法国液化空气集团、德国艾克西欧公司等与台州市相关单位在众多领域达成系列合作事项。举办"外国专家进台州・谋发展"系列活动，邀请德国工业4.0权威专家艾克西欧公司总裁马波比和海尔比西博士、德国建筑专家隆恩教授等为各产业把脉问诊、出谋划策。在马波比指导下，典范智能工厂项目已在中新科技集团落地，生产线的智能化改造已全面启动。引导侨资回归促成项目落地。组织"侨聚台州・共促发展"——海外侨领故乡行主题系列活动，来自15个国家的41位台州籍侨领回乡考察、对接项目，达成投资意向5项。力推"浙商回归"工程，主动宣传政策、陪同侨领侨商考察，协调解决问题，全年侨商回归投资7.98亿元。主抓"千侨工程"，夯实侨务基础，有效汇聚侨心侨力。一是构建重点人士信息库，通过市县两级联动，全年完成1000多名台州籍海外重点人士信息调查，为海外侨务资源的开发利用打下扎实基础。二是搭建海外华侨联络平台，开发启用全省第一个海外华人专用应用程序——“海外台州人”，通过信息发布、招商引资、技术需求等功能模块实现资金技术信息互联互通，有效解决地域、时差等因素造成的联络限制。三是进一步健全侨务工作服务网络，已建立23个海外侨团、15家海外侨务工作站、49家国内基层侨务工作站，将服务触角延伸海外、扎根基层。

深化体制改革，积极改进作风，优化涉外服务。创新因公出国(境)管理工作思路。坚持管理和服务并重，提前谋划出访计划，统筹分配出访指标，按需开辟“绿色通道”，实行团组预审、成果报告和跟踪服务等制度，并对团组出访全程监管。深化“最多跑一次”改革，来华邀请管理体制在全省第一个实行全面改革，将权力与责任同步下放，实现监管与服务双强化。市本级来华邀请、国交中心涉外服务等多项业务办理实现“零次跑”。不断加强领事保护能力，制定实施领保工作联席会议制度，建立海外领保工作联动机制，妥善处置台州市船员在新加坡海域撞船事件等10起涉外突发事件和海外领保事件，有效维护台州市企业和公民在海外的合法权益。主动开展外侨工作转方式、转作风，前移服务环节，将“前来办理”转变为“上门服务”，开展“签证官走台州”活动，邀请多个国家签证官到台州作签证专题讲座。以上门办理和参加各地商会、企业家协会年会等方式大力推荐APEC商旅卡，全市APEC商旅卡办理量居全省第一、全国地市级第五。

主要出访

【台州市代表团访问日本和韩国】

2月7日至14日，市人大常委会主任薛少仙率台州市代表团访问日本和韩国。在日本，代表团走访日本福井县中日友好协会、北海道中国会、日本浙商总会。台州经济开发区管委会与日本新技研株式会社签署项目投资意向书，台州经济开发区管委会与日本浙商总会签署战略合作框架协议，台州市一能科技有限公司与日本新技研株式会社签署合作备忘录。在韩国，代表团拜访罗州市崔溥宗亲及相关研究人员。会见罗州市市长，与罗州市签署建立友好交流城市关系意向书。

【台州市代表团访问德国】 4月23日至27日，市委书记王昌荣率台州市代表团访问德国。访问期间，代表团参加2017汉诺威工业博览会，出席中德工业城市联盟第三次会议，参加中德智能制造合作论坛、中德企业合作洽谈会，会见德方政府高层领导及经济、教育、科技等相关机构高管，考察德国奔马公司。

【台州市代表团访问美国】 6月21日至25日，市委副书记、市长张兵率台州市代表团访问美国。访问期间，代表团与液空集团美国公司洽谈氢能产业合作事宜，走访华海(美国)国际有限公司和富岭环球有限公司，在宾夕法尼亚州艾伦顿市举办“中国台州—美国宾州经贸交流会”。

主要来访

【欧盟委员会前副主席、德国外交部国务部前部长访问台州】 1月11日至13日，欧盟委员会前副主席、德国外交部国务部前部长君特·费尔豪根率代表团一行20人访问台州。11日，市委副书记、市长张兵会见君特·费尔豪根一行。12日，举行中德企业合作专题交流会。会上，浙江中德(台州)产业园授牌成立。浙江省副省长梁黎明，君特·费尔豪根，德国驻沪副总领事白约恩，中德工业城市联盟副秘书长朱锡雄，市领导王昌荣、张兵、单坚、赵跃进等出席。

【比利时东弗兰德省副省长访问台州】 4月20日至21日，比利时东弗兰德省副省长吉尔特·福斯尼克率代表团一行4人访问台州。市领导吴海平、吴丽慧会见代表团一行。在台州期间，代表团考察了吉利V项目工厂。

【马达加斯加驻华大使访问台州】 6月2日至4日,马达加斯加驻华大使维克托一行4人访问台州。维克托一行在台州期间,举办马达加斯加投资环境说明会,考察中国日用品商城、台绣展示厅、黄岩百得塑业、台州博物馆、吴子熊玻璃艺术馆。

表19　2017年台州市接待的其他来访团组

来访时间	团长职务、姓名	人数	来访内容
2月17日	美国驻沪总领事馆知识产权官员孟旺贤	2	拜访台州市市场监督管理局及海正集团,了解台州在商业秘密和商标的行政保护工作及企业申请知识产权方面的保护情况
3月2日	加拿大魁北克—浙江友好协会副理事长、魁北克乐满集团公司总裁亚历山大·布胥瓦	3	作老年护理知识讲座,与台州学院医学专业师生及市卫生计生委相关人员进行交流
3月13～14日	英国驻沪总领事馆副总领事柯牧申	3	拜访市领导,与发改委、商务局等部门座谈,并走访台州卫浴企业欧路莎
3月21～22日	美国加州浸会大学副校长劳瑞·林奈满	2	考察台州学院及台州湾循环经济产业集聚区
4月4～5日	匈牙利摩根斯达集团董事长郭国雄	4	考察调研影视文化产业发展工作
5月12日	瑞士驻华大使馆投资贸易处官员	13	考察海正药业与九州药业两家医化企业并进行座谈
5月23日	德国艾克西欧公司总裁马波比	2	与市长张兵会面,双方就打造工业4.0典范工厂和智慧城市建设进行深入交流
6月5～7日	美国韦恩堡市友好城市委员会副主席李建宁	2	拜访乱弹剧团与市文化馆,参观台绣艺术馆,商讨赴美演出等事宜,考察台州职业技术学院并与师生座谈
6月6日	法国液化空气集团先进事业技术部亚洲区副总裁柯秉文	2	拜访市长张兵,就开展氢能合作等事宜进行会谈
6月27～29日	国际电工委员会及相关企业人员	11	参加2017智能马桶及关键零部件与标准国际研讨会
6月28日	美国佛罗里达州奥兰治郡友城委员会亚洲主席林赫芳	1	访问台州市立医院,与该院书记兼院长王海宝交流
7月10～11日	德国建筑专家隆恩教授	7	举行被动式超低能耗建筑技术与项目说明会
7月14～15日	乌拉圭驻沪总领事莱昂纳多·奥利维拉	4	出席“2017年台州市足球教练员培训班”开班仪式
7月27～8月1日	日本敦贺儿童亲善使节团	11	与台州市儿童进行住家式互访交流

续表

来访时间	团长职务、姓名	人数	来访内容
8月1日	香港远东化工集团行政总裁杨良栋	3	与市商务局及相关企业座谈
8月3～5日	日本敦贺市政策顾问、福井未来研究所所长鳄渕信一	4	与市委书记王昌荣见面，拜访市教育局和企业，探讨开展旅游、经贸、教育等领域合作
8月7日	瑞士工商企业联合会主席、联邦议会议员让·弗朗索瓦·莱姆率瑞士议员和企业家联合代表团	11	考察三门核电站并座谈
9月1～2日	瑞典于默尔市代表柳桦	1	与高新区、经信委座谈，考察高新区
9月21～24日	土耳其新闻总署代表团	10	“丝路名人中国行”活动
9月22～23日	瑞典于默尔市市长汉斯·林德伯格	6	拜访市领导，考察台州市相关企业、高校，并进行交流座谈
10月9～14日	德国哈瑙市代表团	14	参加“中国台州·德国友好周”
10月13～14日	德国驻沪总领事欧珍	1	参加德国哈瑙友好周及中德工业城市联盟第四次全体会议
12月12～14日	瑞士驻华大使馆商务参赞莫海岩	5	在台州举办“投资瑞士”专场说明会

侨务工作

【“寻根之旅”夏令营】 7月3日至12日在台州举行。来自世界各地的65名华裔青少年参加。本次夏令营活动开办书法、剪纸和台州地域文化等10多个中华传统文化课程。

【“千侨工程”】 2017年，市外侨办完成重点人士调查任务，基本掌握了每位个体的详尽信息，建立起重点人士信息库。开发启用全省第一款海外华人交流服务专用软件——“海外台州人”APP。全面铺开海内外侨务工作网建设，构建起海外侨团、海外侨务工作站、国内基层侨务工作站等侨务工作“单元”，为侨务工作开展提供点位支撑。至此，全市已建立海外侨团23个，海外侨务工作站15家、国内基层侨务工作站49家。

【夯实侨务工作基础】 2017年，台州市积极开展侨法宣传，全年举办各类侨法宣传58场，发放宣传资料2.4万多份。做好涉侨信访工作，全年办结涉侨信访案件55件(次)。做好身份认定工作，通过线上线下两种渠道，办理华侨身份认定34人次。

【开展涉侨关爱工程】 2017年，市外侨部门利用重要节假日，先后走访慰问侨领、侨商、侨企、侨团和困难涉侨人士代表877人次。推进捐赠工作，全年涉侨捐赠人民币1343万元。

(任致远)

丽水市

综　述

【概况】 2017年，丽水市共办理因公出国(境)审核审批245人次，实际成行227人次。因公护照、通行证收缴率均为100%。市本级接待国(境)外来访团组9批71人次。加强与多个国家驻华使领馆间的沟通，拓宽对外交往渠道。充分发挥归口管理作用，严把因公出国(境)审核审批关。服务企业，做好外国人来华邀请工作。全年办理邀请外国人来华审批手续65批101人次。办理APEC商务旅行卡24张，领事认证880份，代办因私签证128人次，较好满足了企业和市民“走出去”进行经贸、文化、旅游等对外交流需求。

重要活动

【市外侨办主任拜访印度、越南驻沪总领事】 3月20日，市外侨办主任邢长勇等一行4人赴上海拜访印度、越南驻沪总领事，就进一步加强与印度、越南的联系交流，推动在经贸、旅游、文化、领事保护等领域的合作进行座谈交流。

【第19届浙江省·全罗南道陶(青)瓷国际学术研讨会】 4月24日至26日在丽水召开。由丽水市与浙江省外事侨务办公室、韩国全罗南道经济产业局共同举办。来自韩国全罗南道和丽水市的专家学者及青瓷行业代表，就陶(青)瓷的传承、保护、发展和合作等进行深入交流与研讨。

【第三届国际瑜伽日活动(丽水站)】 6月10日在丽水市处州公园举行。来自印度的三位瑜伽大师和近千名丽水瑜伽爱好者分享瑜伽精髓，感受瑜伽境界。活动的成功举办，为丽水推广瑜伽运动及其背后的健康生活理念创造了一个良好开端。

【六国代表团参加首届世界丽水人大会】 9月26日至29日，来自柬埔寨、智利、保加利亚、希腊、塞尔维亚和匈牙利等六国19名来宾应邀参加首届世界丽水人大会。市委副书记、市长朱晨和市委常委、常务副市长林亮分别会见六国代表团。其中塞尔维亚代表团表示希望能与丽水市建立友好城市关系，匈牙利代表团表示希望与丽水开展教育、文化、卫生等方面的合作交流，智利、希腊和保加利亚代表团表示希望进一步密切双方友好往来，开展更多、更广泛的交流合作。柬埔寨代表团表示，一是感谢丽水市为暹粒省留学生提供政府奖学金；二是感谢丽水市支持暹粒省道路建设，资助150万元人民币修建丽水与暹粒的友好路。并邀请市长朱晨在友好路建成之后到访暹粒，见证这一时刻，为友好路揭牌剪彩。

【“2017走进欧洲——浙江省丽水市高中生英语及欧洲文化知识大赛”决赛暨颁奖仪式】 10月28日至29日在丽水外国语实验学校举行。“走进欧洲”项目由浙江省人民对外友好协会与德国联邦德中协会商定于2013年起共同举办，以体验德国、欧洲社会文化为主题形式的活动，旨在进一步促进德国和中国青少年间交流，增进两国青少年之间的友谊。大赛评选出的一等奖获得者，将由中德双方共同出资赴德国进行友好交流访问，通过“走出去”的方式，充分感受德国的学习环境和教育氛围，与德国学生零距离互动交流，增进两国青少年之间的友谊。

【全省因公出国(境)审批工作培训会在丽水召开】 11月29日至30日，全省因公出国(境)审批工作培训会在丽水召开，省直党政机关和参公管理事业单位、各市外侨办职能处室负责人和外事专办员近150人参加培训班学习。培训班上，省外侨办出国管理处就2018年度因公出国(境)计划报批工作，从计划报批的范围和有关要求等方面作讲解，并就因公出国(境)任务报批基本要求、量化标准及有关注意事项等内容授课。会后，全市各审批权单位还进行了座谈交流。

主 要 出 访

【丽水市代表团访问印度】 5月8日至12日，市长朱晨率丽水市代表团一行访问印度。在印度期间，代表团一行先后赴新德里、果阿和孟买，安排7场交流洽谈与商贸推介活动。走访印度PHD商会、印度工业联合会CII、中印经济文化交流中心和印度塔塔集团咨询服务公司TCS等，分别进行深入交流洽谈。拜访印度果阿邦潘吉姆市市长苏伦德拉、果阿邦旅游厅厅长巴布，洽谈丽水市与潘吉姆市结为友好城市及与果阿邦开展旅游及文化项目交流合作事宜，双方达成缔结友城意向。

【丽水市代表团访问瑞士和捷克】 8月20日至27日，市委书记史济锡率丽水市代表团一行访问瑞士和捷克。在瑞士和捷克期间，代表团参加瑞士构建适应性城市和财政风险解决方案论坛，介绍丽水经验、贡献丽水智慧，对标学习瑞士建设“大花园”。走访慰问海外侨胞，召开“捷克丽水侨胞推动‘一带一路’建设恳谈会”，开展侨务招商引资、招才引智，推动华侨要素回流。宣传介绍首届世界丽水人大会，传递丽水家书，邀请海外侨胞参与大会。开展友好交流，与捷克科林市进行友城结好意向洽谈。

【丽水市农业代表团访问以色列和南非】 9月6日至13日，市人大常委会主任虞红鸣率丽水市农业代表团一行访问以色列和南非。在以色列和南非期间，代表团参加2017年第九届以色列国际水技术和环境控制展览会，学习水资源利用、农业节水、绿色防控等高端技术，考察农业新品种、新设施的应用和推广情况，洽谈农业新品种、新设施、新技术等领域合作事项，以推进丽水生态精品农业发展。

主 要 来 访

【瑞士驻沪总领事访问丽水】 9月16日至17日，瑞士驻沪总领事霍力轩一行3人访问丽水。市委书记史济锡会见霍力轩一行。史济锡说，丽水正在全力创建绿色发展综合改革创新区，打造“绿水青山就是金山银山”的全国标杆，建设“美丽浙江”大花园的最美核心园。瑞士就是丽水建设“大花园”的参照物和坐标系。丽水要对标瑞士、学习瑞士，致力于在生态保护和绿色发展方面成为“东方瑞士”。热切希望以总领事此次来访为契机，进一步加深了解、加强互动，共同把握发展机遇，不断强化双方在旅游、环保、科技、机械、制造等更多领域展开更高水平、更高质量的务实合作，实现互利共赢。2017年是中瑞旅游年，霍力轩表示，会向瑞士人推荐丽水，同时把在丽水的美好印象传播到瑞士。

【瑞士再保险集团访问丽水】 11月3日，瑞士再保险集团全球合作主席潘瑞康一行6人到丽水交流访问。市委书记史济锡会见代表团。瑞士再保险集团与丽水市发改、财政、农业、民政、金融办等相关职能部门进行座谈交流，双方就应对各种自然和人为造成的灾害再保险，洽谈瑞士再保险集团在丽水建立办事处等进行深入交流，双方表达了进一步开展合作交流的愿望。

【美国驻沪总领馆官员访问丽水】 11月28日至29日，美国驻沪总领事馆领事、外联处处长费曼舒到丽水交流访问。在丽水期间，费曼舒一行参观考察市区防洪堤景观带、市城建规划馆和市博物馆，对丽水悠久的人文历史、良好的生态环境留下了深刻印象。费曼舒一行还拜访丽水经济开发区管委会并进行座谈交流，考察浙江百山祖生物科技有限公司、浙江友泰电气股份有限公司等企业并进行交流。费曼舒希望发挥美领馆作用，进一步加强美中两国经贸、教育、文化、体育等方面的交流。

友好城市交流

【丽水市花园中学师生访问团访问日本】 7月13日至18日，应日本静冈县三岛市政府邀请，丽水市花园中学师生访问团一行14人赴日本静冈县三岛市，开展友好交流访问。三岛市市长丰冈武士会见访问团一行。

【赴日本参加友好交流乒乓球大赛】 8月9日至13日，丽水市实验学校学生交流团一行6人赴日本，参加在静冈县岛田市举行的"第三届浙江省·静冈县友好交流乒乓球大赛"。2017年是浙江省与静冈县结好35周年，两省县之间各领域交流与合作进展良好，其中乒乓球交流是一大特色。

【日本三岛市副市长访问丽水】 11月14日至15日，日本三岛市副市长梅原薰率代表团一行7人访问丽水。市长朱晨会见梅原薰一行。在丽水期间，双方签署建立教师互访制度协议书。互访交流将于2018年开始实施，每两年一次、每次两人，为期4—5天。通过公开课、讲座、参观校园、了解学生学习生活等方式开展交流，促进双方教师相互学习、取长补短、共同提高，从而推动两市教育事业发展。

【与柬埔寨暹粒省暹粒市开展多项合作】 2017年，丽水市为务实推进参与"一带一路"建设工作，夯实"一带一路"的人文基础，加快构建对外开放新格局，与友城柬埔寨暹粒省暹粒市开展多项合作。1. 加强教育合作。为推动与友城间的教育交流与合作，扩大丽水市留学生规模，吸引更多优秀的"一带一路"沿线国家学生来丽水学习，市政府设立"一带一路"友城留学生奖学金，向"一带一路"友城来丽水进行本科及以上全日制学历学习的留学生提供资助。柬埔寨暹粒省已选派2名学生来丽水学院留学。2. 加强旅游合作。双方本着资源互换、共享共赢的原则，加强相互间旅游合作，主要包括旅游信息资源共享、客源互换、宣传推介、涉旅企业间合作等，联合打造具有丝路特色国际精品旅游线路和旅游产品。3. 支持修建友城之路。暹粒省副省长波碧涩在访问丽水时提出，希望丽水市政府能在暹粒修建一条具有代表性的友城之路。为支持友城城市建设，青田县鼎力资助，给予暹粒省政府城市建设经费补助150万元人民币，用于在暹粒修建具有代表性的友城之路。

侨务工作

【概况】 2017年，全市侨务系统践行"绿水青山就是金山银山"战略指导思想，推进丽水经济社会发展。开展侨务引智引资、联络交流工作。全年推进实施华侨城项目、民俗乐园地块——丽水中心公园项目、国际家居馆项目，报送丽水(青田)侨乡投资项目交易中心录入项目库，承担首届世界丽水人大会联络工作，先后接待欧洲华人华侨妇女联合总会、葡萄牙侨界联合考察团、意大利曼托瓦华侨华人总会、捷克华商联合会、法国青田同乡会、意大利华侨华人妇女企业联合会等近10个侨团，组织座谈交流，共同探讨和谐侨团建设、华侨回归投资发展方向，发挥华侨优势，助推"一带一路”发展战略。

【召开市侨商会迎春工作年会】 1月12日，丽水市召开2017年市侨商会迎春工作年会，省外侨办副主任陈安，丽水市副市长林亮、市“五侨”部门负责人及市侨商会会长团成员和海内外顾问70余人参加会议。会议通报2016年市侨商会工作情况、提出2017年工作思路、增补15名会长团成员和18名理事，邀请市国税局、检察院相关业务负责人作海外华侨涉税涉法等相关规定讲座，推荐介绍丽水侨商电商平台、网络医院、侨商蜂巢一号、红星美凯龙等项目，市侨商会会长与中国银行丽水分行、红星美凯龙项目负责人签署三方合作协议。

【海外丽水籍侨胞新春大拜年活动】 1月26日，市外侨办联合浙江日报报业集团丽水分社开展“游子心·家乡情——丽水海外侨胞新春大拜年”活动。其间收到来自世界各地32个丽水海外侨团、侨胞拜年小视频，“浙江新闻”客户端上丽水海外侨胞拜年视频点击量超46万，吸引近4万人投票，评出十佳拜年视频、5个特色奖项。

【丽水海外侨团负责人研习班】 4月5日至8日，丽水市举办“2017丽水海外侨团负责人研习班”，来自19个国家近50名海外侨团负责人参加研习。市人大常委会副主任、市政府党组成员林康，省外侨办国外侨务处处长王红威出席开班仪式，市委常委、统战部长任淑女出席有关活动。研习期间，学员们专题学习海外和谐侨团建设、侨情概况和涉侨政策、国家税务政策、外汇政策法规、侨商O2O跨境体验中心设想等，就《丽水市示范性侨团建设实施办法》(征求意见稿)进行讨论，并参观考察莲都区生态休闲项目、丽水经济开发区浙西南工贸城·财富公园项目，参加侨商蜂巢行动及侨商经济研讨会。

【国侨办国外司到丽水调研侨务工作】 4月20日，国侨办国外司司长张健青率欧非处处长刘敬师、省外侨办副主任陈安等调研组一行4人到丽水市青田县就侨务工作开展调研，还召开“团结互助、合法维权，建设海外和谐侨团”座谈会。

【引导侨界奉献爱心】 4月，在景宁县鸬鹚乡校举行荷兰国际商会“育才助学”捐赠仪式，荷兰国际商会名誉会长叶文益代表该商会捐赠鸬鹚乡校5万元人民币。荷兰国际商会已连续六年捐助鸬鹚乡校，每年5万元，已累计捐助30万元人民币，受助学生800多人次。7月，联合《处州晚报》开展“晚报·华侨学子”爱心助学活动，引导2名侨界人士参与爱心助学，资助2名优秀贫困大学生。“八一”建军节前夕，陪同意大利侨商林伯敏一行走访慰问丽水军分区官兵，赠送价值1.2万元人民币的进口日用商品。10月，陪同香港宁波同乡会会长李本俊一行20余人到遂昌县苏村，参加由其捐赠100万元人民币的改建项目——苏村居家养老中心捐赠仪式。

【全国政协港澳台侨委副主任等到丽水考察华文教育】 5月24日，全国政协港澳台侨委员会副主任、中国华文教育基金会理事长赵阳，常务副秘书长邱立国等赴丽水莲都外国语学校考察调研华侨华人子女教育工作。

【丽水籍海外侨商经济研习班】 6月5日至10日在景宁县举行。由市外侨办与市委人才办联合举办，来自22个国家的近50位侨商参加培训。培训期间，学员们参加景宁县招商推介会，考察东弄民族村保护开发项目、澄照佃源创业园项目，参观景宁城市展览馆、畲族博物馆和外舍凤凰古镇，并赴宁波参加浙洽会、中国中东欧国家华侨华人宁波峰会、丽水市华侨投资贸易对接会等，参观考察丽水籍侨商在宁波投资创办的欧洲工业园和欧洲华商大厦。副市长林康出席丽水市华侨投资贸易对接会，并听取侨商的意见建议。

【“中国寻根之旅”夏令营】 7月18日至29日，2017年海外华裔青少年“中国寻根之旅”夏令营——浙江营·丽水职业技术学院分营活动在丽水举行。来自巴西、比利时、德国、荷兰、捷克等16个国家的80名华裔青少年参加。同时还在青田举办两个分营，分别为青田石门中学分营和华侨中学分营，各有100名海外华裔青少年参加。

【首届世界丽水人大会】 9月26日至28日在丽水市召开。大会筹备期间，市外侨办承担大会邀请联络工作，牵头成立邀请联络组工作领导小组并认真制定工作方案。邀请到来自五大洲49个国家和地区的参会嘉宾802名，其中港澳代表、侨界代表211名。大会还特别邀请到希腊雅典市、智利塔尔卡市、保加利亚索非亚市、柬埔寨暹粒市、塞尔维亚伏伊伏丁那自治省、匈牙利道包什市等6个国外友城代表团22人。大会期间，开展海外“走遍天下家在丽水——首届世界丽水人大会家书传递活动”，五大洲12个具有代表性城市的海外侨团、侨胞开展家书传递活动。40多家海外华文媒体报道首届世界丽水人大会新闻发布会情况、开幕式和大会盛况。

【“送剧进侨乡”活动】 11月9日至10日，由市外侨办与青田县侨办承办的省外侨办“送剧进侨乡”活动走进青田。演出活动在该县会展中心大剧院举行，其间组织2400余名小学生观看由浙江儿童艺术剧团演出的话剧《孔子》。

【省外侨办“2017浙籍海外侨商家乡行”活动】 12月26日至28日在松阳举行。来自31个国家和地区的61名浙江籍海外侨商参加活动，省外侨办副主任陈安、丽水市副市长林康、松阳县委书记王峻和丽水市“五侨”部门负责人等出席。活动期间，邀请外交部领事司参赞赵岩讲解“海外领保形势及中国公民的自我保护”，省优秀青年律师潘小飞讲解《非居民金融账户涉税信息尽职调查管理办法》，西班牙中国和平统一促进会会长徐松华作维护华商权益主题发言，并考察松阳大木山茶园和赤寿乡界首古民居。

【助力缙云烧饼走出国门】 2017年，市外侨办联系意大利北部丽水同乡会、意大利商祺集团、意大利中国文化艺术节组委会，邀请缙云县烧饼协会副会长、烧饼大师赵一均，“烧饼西施”鲍旭丹赴意大利米兰，参加首届意大利中国文化艺术节，展示缙云烧饼文化和制作技艺，并在艺术节后前往意大利摩德纳、维罗纳、曼托瓦、普拉托、拉斯佩齐亚等城市巡展，得到当地华人社团积极支持。当地主流媒体撰写《关于加快缙云烧饼在意大利等欧洲国家发展的建议》专题报道。意大利商祺集团专程赴缙云县与政府部门对接，洽谈合作推广事宜。

【推进实施华侨城项目】 2017年，华侨城项目被列为丽水市“破难攻坚百日行动”重点项目。为协调推进招商政策落实工作，市外侨办先后多次牵头或协调召开相关会议，进行专题研究，协助修改细化招商方案，讨论审议华侨城项目规划设计方案，并通过周报、月报及时报送进展情况。华侨城项目已通过规委会评审，正商议落实招商方案。

【推进涉侨审批服务事项“最多跑一次”改革】 2017年，市外侨办推出的归侨、华侨子女、归侨子女考生身份确认，华侨、归侨和侨眷身份认定，华侨回国定居审批事项列入市政府第一批“最多跑一次”项目清单。为将“最多跑一次”改革落到实处，市外侨办通过建立健全制度、创新工作机制、强化监督检查、优化办事流程、提高办事时效，逐项实施改革。通过省、市、县三级联动，变“管理”模式为“服务”模式，全面实现涉侨审批服务事项“最多跑一次”。

【关注做好涉侨工作】 2017年，市外侨办关注维护侨权侨益，及时处理来信来访，全年受理来信来访89件、办结87件。做好华侨捐赠资金统计工作，全年全市接受侨胞捐赠款物1131万元。执行侨务法规，做好华侨回国定居审批工作和“三侨生”升学政策加分资格审核工作。推进涉侨审批服务事项“最多跑一次”改革工作。全年审批华侨回国定居证2835份;审核高考“三侨生”身份证明262份,全部通过省外侨办验审。办理归侨证4件,开具华侨身份证明1件。加强海外侨团建设,推荐上报5个侨团参选“浙江省第二批海外示范性侨团”,其中西班牙加泰罗尼亚华侨华人社团联合总会、意大利青田同乡总会入选。全年向海外侨团发送贺电36份,唁电7份,慰问电1份,接待联系侨胞3190人次。妥善办复人大代表、政协委员提(议)案,办理政协提案6件。

【开展春节送温暖活动】 春节前夕,市外侨办领导分头带队赴青田、庆元、龙泉、云和、缙云等地开展困难归侨侨眷走访慰问活动,详细了解他们的生活和工作状况,送上新春祝福和慰问金。松阳县开展“走进侨家、温暖侨心”新春暖侨活动,共慰问81户困难侨胞侨眷及重点侨胞,共发放慰问金31200元。莲都区开展持续一个多月的“爱心续航、侨心暖人心”活动,莲都区侨界代表共走访慰问150多人,发放物品和慰问金8万余元。走访慰问青田和在义乌的丽水籍侨商投资企业18家,了解企业经营状况和发展过程中存在的困难,听取意见和建议。

(黄亦丹　王伟丽)

义乌市

(县级市)

综　　述

【概况】 2017年,义乌市接待国(境)外来访团组124批1128人次,其中副部级以上高访团24批62人次。接待外国新闻媒体48家101人次。办理因公出国(境)团组70批185人次,邀请外国人来华3967人次,代办因私签证23人次,代办领事认证623份,办理APEC商务旅行卡104张。全年处理和协助处理涉外案(事)件102起。

【侵华日军细菌战"文物"捐赠仪式】 1月11日在义乌举行。日本商人齐藤幸夫在义乌市政协副主席龚有群、浙江省抗战历史研究会会长王选、细菌战受害者遗族王晋华等多人见证下,将1943年日本侵华时期日军所使用的细菌战"文物"——防毒面具、水壶等物证捐赠给细菌战义乌展览馆。

【市人大召开旁听外籍人士座谈会】 2月14日,市十五届人大一次会议召开旁听外籍人士座谈会,来自马来西亚、韩国、土耳其、加拿大、澳大利亚、埃及、英国、俄罗斯、也门、苏丹等国家的12名外籍客商参加座谈会,并提出意见和建议。义乌市委常委、副市长熊韬参加座谈会,市人大常委会副主任颜新香主持会议。

【巴西国会议员访问义乌】 3月13日,市委常委、副市长熊韬会见由巴西国会议员福斯托·皮纳托率领的代表团一行。熊韬介绍义乌最新经济社会发展情况,并就义乌与包括巴西在内的南美国家开展务实合作交换意见。

【"外国人游义乌·上溪行"活动】 3月28日,美国、英国、加拿大等11个国家20位在义乌的外籍人士到义乌上溪镇,体验义乌乡村旅游,品味中国传统文化。此次"外国人游义乌·上溪行"活动由义乌市旅游会展委、义乌市外侨办和上溪镇政府联合主办,活动内容包括参观桃花坞景区和黄山八面厅。

【白俄罗斯总统办公厅副主任访问义乌】 4月12日,白俄罗斯总统办公厅副主任斯诺普科夫·尼古拉、经济部部长季诺夫斯基·弗拉基米尔一行,在商务部合作司司长周柳军、省商务厅副厅长韩杰陪同下访问义乌。市委书记盛秋平会见代表团一行,盛秋平指出,随着中白工业园的开工建设,义乌与白俄罗斯间的合作有了新开端。希望白俄罗斯为商城集团入驻中白工业园项目提供帮助和支持,共同努力将其打造成为"一带一路"上的亮点工程。斯诺普科夫·尼古拉表示,将把义乌市场的成功经验带回白俄罗斯,全力支持商城集团入驻中白工业园项目,为加强双方全方位合作作出积极努力。市委常委、常务副市长陈小忠,白俄罗斯驻华大使、驻沪总领事等参加会见。

【2017中国国际电子商务博览会】 4月12日至13日在义乌举办。会议以"未来已来,连接世界"为主题,设揭牌仪式、主题演讲、嘉宾对话等环节。俄罗斯、德国、澳大利亚、日本、智利、以色列、荷兰、沙特、马来西亚、南非、巴基斯坦、印度等10多个国家的电商协会、知名电商企业负责人

参会，介绍当地电商规则、电商模式及合作前景。

【义乌市代表团访问美国和印度】 4月29日至5月6日，市委书记盛秋平率义乌市代表团一行访问美国和印度。在美国，代表团访问旧金山的杭州硅谷创新中心，考察中心科技生捷科技公司、汉能阿尔特设备和米阿瑟两家薄膜电池公司、欧司朗美国公司，参加义乌硅谷人才工作站授牌仪式，并与西得梅因市、马斯卡廷市签署友好合作交流备忘录。在印度，代表团在孟买访问联合企业信实集团、塔塔集团、印度影业公司等。在新德里考察卡罗布佳市场、可汗市场，出席由印度工业联合会与义乌市共同举办的义乌新德里推介会，参加商城集团与印度新竺会公司签约仪式。

【澳大利亚驻沪总领事访问义乌】 5月4日，副市长施文臻会见澳大利亚驻沪总领事梅耕瑞一行。施文臻说，义乌跨境电子商务已经成为外贸增长新亮点，希望充分利用义乌展会和跨境电商等平台，加快推动澳大利亚肉类、乳制品、日用品等优质商品出口中国。梅耕瑞表示，澳大利亚与义乌市有很强的互补性，双方在经贸领域的合作还有很大潜力。

【印度主宾国文化周活动】 5月6日至12日，印度主宾国文化周活动开幕式在义乌国际博览中心举办。由义乌市人民政府、印度驻沪总领事馆主办。印度手工艺品及礼品促进委员会带来具有印度风情的手工艺品及礼品，并举办印度电影节、美食节、油画图片展、文化展示等系列文化活动。印度驻沪总领事古光明、义乌市副市长施文臻参加相关活动。

【中医体验活动暨"十项举措"说明会】 5月9日，来自35个国家50余名在义乌的外籍人士代表受邀前往义乌市中医院，体验中医诊疗文化。外国友人对中医药传统文化和义乌市医疗机构的现代化发展表现出浓厚兴趣和由衷赞叹。"十项举措"说明会围绕优化涉外审批、引进海外高层次人才、便利外国人签证和子女就学、丰富在义乌外国人文化生活、组织外国人参与社会服务等内容展开，将社会医疗与商业保险结合，与会外籍人士就自身关心的问题进行现场提问。

【埃及旅游推介会】 5月20日在义乌市举行。埃及议会副秘书长默罕迈德·诺赛尔率代表团一行与义乌市副市长施文臻，义乌市相关部门、旅游企业、媒体代表等百余人参加推介会。默罕迈德·诺赛尔介绍埃及旅游发展情况。他说，近年来为吸引更多中国游客，埃及政府进一步便利赴埃签证手续，鼓励并支持埃及航空公司、旅行社与中国同行开展旅游包机等合作，并期待与义乌市在经贸、旅游、文化等领域开展更多合作。

【"我们的节日·走进大陈"端午活动】 5月30日，由义乌市委宣传部主办的"端午风情　义乌印象"——"我们的节日"系列文化活动——"我们的节日·走进大陈"端午活动在大陈镇举办。活动中，外国友人不但吃上了地道的义乌粽子，还亲身体验了包裹粽子。在随后举行的龙舟赛上，义乌市委书记盛秋平为龙舟赛鸣锣。省文化厅副厅长叶菁和义乌市领导盛秋平、周丽水、骆小俊及外籍嘉宾代表共同为龙舟赛点睛。央视中文国际频道"传奇中国节"节目对龙舟赛、包粽子、织香囊等活动进行直播连线。3万余人次参加活动并在现场呐喊观赛。

【浙医四院团队到鸡鸣山社区义诊】 7月1日，由浙医四院、义乌市外侨办、义乌江东街道鸡鸣山社区共同举办的中外居民义诊活动，在义乌市江东街道社区卫生服务中心举行。义诊团队由浙医四院呼吸内科、神经内科、心血管内科、内分泌科、皮肤科、妇科、普外科(甲乳外科)专家组成，现场为中外居民进行体验诊断，并给出相关医治建议。现场还为参加活动的中外居民进行血压、血糖、心电图、B超等各项辅助检查。接受义诊的中外居民共200余人。

【西班牙阿拉贡自治区政府代表团访问义乌】 7月12日,市委书记盛秋平会见西班牙阿拉贡自治区政府代表团一行,双方就进一步深化中欧班列(义乌—马德里)合作,推动投资、会展等经贸互动,增进文化、体育、旅游、教育等领域合作进行交谈。盛秋平表示,希望阿拉贡自治区能充分发挥中欧班列(义乌—马德里)国际贸易大通道作用,积极推动更多的阿拉贡优质特色农产品、商品到义乌市场销售,进而辐射到中国各地。阿拉贡自治区政府经济、工业和就业部部长(副主席)玛尔塔·加斯顿·梅纳尔表示,希望中欧班列(义乌—马德里)能在阿拉贡自治区首府萨拉戈萨建立停靠点。双方还签署战略合作协议,未来将共同推进农业、物流业发展。市领导彭爱华、施文臻参加会见或出席推介会。

【印度税务部副部长访问义乌】 7月28日,副市长施文臻会见印度税务部副部长阿德汗一行。施文臻表示,义乌与印度之间贸易往来密切,文化交往也日趋紧密,希望阿德汗副部长能进一步推动双方在税务方面的相互学习和合作。阿德汗充分肯定义乌发展成就,对义乌发展的速度表示赞赏和敬佩。随后,阿德汗一行访问义乌国际商贸城五区进口馆,并与在义乌的印度商人菲利普进行交谈。

【布拉格—义乌班列抵达义乌铁路西站】 8月4日,满载82个捷克货品标准集装箱的X8074次中欧班列(布拉格—义乌)到达铁路义乌西货运站,标志着铁路义乌西货运站自开行中欧国际货运班列线路两年多来,已从一条快速线增加到第九条。此次从捷克首都布拉格发出的中欧班列(布拉格—义乌),途经波兰、白俄罗斯、俄罗斯、哈萨克斯坦,历时16天顺利抵达义乌。装载的货物为水晶制品、汽车配件、啤酒等捷克特色产品,总货值约500万美元。

【苏丹旅游推介会】 9月18日在义乌市举行。副市长普布珠久出席推介会并致辞,苏丹旅游、古迹和野生动物部部长穆罕迈德率苏丹政府相关部门负责人和义乌市旅游企业、媒体代表等百余人参加推介会。会上,穆罕迈德介绍苏丹旅游发展情况。他说,苏丹自然旅游资源丰富,近年来为吸引更多的中国游客,积极推出一系列便利中国游客前往苏丹旅游观光的举措。此次推介会在义乌举办,正是看中义乌的区位交通和市场优势及城市辐射力,期待与义乌在经贸、旅游、文化等领域开展更多合作。

【捷克驻沪总领事访问义乌】 9月19日,市委书记盛秋平会见捷克驻沪总领事理查德·卡尔帕奇一行。盛秋平希望总领事帮助推动"一带一路"捷克站等对捷合作项目顺利开展,推荐更多捷克企业来义乌开拓市场。理查德·卡尔帕奇表示,捷克驻沪总领事馆将积极为捷克与义乌在平台建设、会展旅游等方面合作提供有利条件。副市长施文臻参加会见。

【苏丹全国大会党对外关系部部长访问义乌】 9月23日,市委书记盛秋平会见苏丹全国大会党对外关系部部长卡迈勒·伊斯梅尔·萨义德一行。盛秋平介绍义乌基本情况,特别是义新欧、义甬舟开放大通道建设项目。卡迈勒·伊斯梅尔·萨义德对义乌的发展表示赞赏,希望能够加强与义乌合作,学习义乌发展经验。在义乌期间,代表团还参观国际商贸城及佛堂老街。

【印度驻沪总领事访问义乌】 10月20日,市委书记盛秋平会见印度驻沪总领事古光明、塔塔集团中国区总裁詹宏钰一行。盛秋平希望印度驻沪总领事馆进一步关注和支持义乌发展,共同促进双方在经贸、教育、文化、科技、旅游等方面合作。希望塔塔集团依托义乌良好的投资环境,在汽车业、零售业及国际贸易等方面寻求合作。古光明表示,印度驻沪总领事馆将积极为双方在经贸、文化、旅游等方面合作提供有利条件,将双方关系提升到一个新的高度。义乌市委常委、副市长多佳参加会见。

【“外交官看义乌”座谈会】 10月20日在义乌举行。市委书记盛秋平、副市长多佳与来自赞比亚、乌兹别克斯坦、白俄罗斯、波兰、塞尔维亚、乌克兰、巴基斯坦、埃塞俄比亚、印度、斯洛文尼亚、泰国、南非、菲律宾、捷克、英国、美国、日本、土耳其、韩国、西班牙、南非等21个国家的驻华使领馆官员参加座谈。

【白俄罗斯主宾国馆日暨国家馆开馆仪式】 10月21日分别在国际博览中心和义乌中国进口商品城举行。白俄罗斯驻沪总领事瓦列里·马采利、领事卡兹洛夫斯基·德米特里，白俄罗斯国立音乐学院主席巴拉比特斯卡娅·阿莲娜和义乌市副市长多佳出席仪式。仪式上，白俄罗斯国立音乐学院学生表演了歌舞。

【苏里南帕拉马里博市市长访问义乌】 10月23日，苏里南帕拉马里博市市长迈克·内卡斯特一行访问义乌。访问期间，迈克·内卡斯特一行考察义乌市场，并与义乌市就两市间加深经贸领域合作交换意见。

【巴西驻华大使访问义乌】 10月25日，巴西驻华大使马尚在巴中国际总商会会长林炳银陪同下访问义乌。市委书记盛秋平会见代表团一行，双方就深化往来，在巴西圣保罗州设立义乌小商品保税区事宜进行探讨。代表团一行还考察了义乌市场和经济社会发展情况。

【泰国清迈市副市长访问义乌】 10月31日，泰国清迈市副市长察帝率代表团一行访问义乌，参加第十届中国义乌国际森林产品博览会。市政协主席葛国庆会见代表团一行。葛国庆希望双方携起手来，在巩固和深化现有合作成果基础上，加强农产品贸易、生态旅游、人文交流等多领域合作。察帝表示，将大力促成更多清迈农产品、特色商品入驻义乌展示和交易，并通过义乌市场平台将商品销往中国全国乃至世界各地。

【捷克州长联合会代表团访问义乌】 11月9日至10日，由捷克7个省州政府官员组成的捷克州长联合会代表团一行访问义乌。在义乌期间，代表团参观考察国际商贸城和义乌港，听取市场发展历程、管理创新、行业布局、物流运输等情况介绍。参观考察大陈镇道人峰茶园和马畈村。代表团表示，近年来随着“一带一路”倡议的深入实施和中国—中东欧国家合作的日益深化，捷克与义乌在经贸、物流等领域的交流与合作广泛，期待双方在经贸、文化、人文等方面交流合作结出新硕果。市委常委、副市长多佳陪同考察。

【中日儿童书画交流展】 11月15日，由日本能美市日中友好协会和义乌市外侨办、义乌市教育局联合举办的“中国义乌市·日本能美市儿童书画作品交流展”在绣湖小学教育集团开幕。市政协副主席、教育局局长王建新，日本能美市日中友好协会会长井出善昭等和义乌市外侨办、教育局领导出席开幕式。

【举办塞内加尔投资环境推介会】 11月17日至18日，义乌市举办塞内加尔投资环境推介会。塞内加尔复兴计划部部长夏赫·坎德、国民建设及志愿促进部部长帕普·高基·恩东、驻华大使玛玛杜·迪尔耶等访问义乌并出席推介会。市领导会见塞内加尔客人，介绍义乌经济社会发展、与塞内加尔经贸交流情况，希望双方进一步扩展经贸、产业、人文、旅游等各领域交流与合作，不断巩固和发展彼此间友好关系。推介会上，塞内加尔客人就该国振兴计划、贸易与投资机遇进行推介，并结合“一带一路”倡议举行相关专题讨论。

【白俄罗斯代表团访问义乌】 11月23日，市委书记盛秋平会见由白俄罗斯布列米诺集团董事长亚里山大·扎伊采夫、白俄罗斯驻沪总领事瓦列里·马采利率领的白俄罗斯代表团一行。盛秋平表示，近年来义乌与白俄罗斯保持着密切往来。2017年是义乌与白俄罗斯人员往来与经贸交流的高峰年。希望能够进一步扩大双边贸易、双边投资,加强沟通协调,尤其是利用好已开通的中欧班列,共同推进开放大通道成为贸易大通道。并通过双方交流,加强在会展、文化、旅游、教育、体育等多领域合作。亚里山大·扎伊采夫表示,希望能与义乌进一步加强交流合作,共同推进白俄罗斯与义乌交流合作的新局面。市领导彭爱华、多佳参加会见。

【"感知中国"交流会】 12月1日,"感知中国·拥抱义乌"交流会在义乌举行。来访的百余名上海高校在读留学生与义乌相关部门、企业及在义乌的外商和留学生代表举行交流。市人大常委会副主任傅春明出席交流会,介绍义乌经济社会发展情况,特别是招才引智、创业创新和涉外服务等情况。傅春明表示,义乌以开放的胸襟欢迎来自海内外的青年学子。在义乌的外商和留学生代表分享了在义乌工作创业、生活学习的心得感受。留学生们还与义乌近十家企业代表进行了无缝对接。

侨务工作

【概况】 2017年,义乌市接待来访华侨华人35批124人次,协调解决涉侨信访纠纷与案(事)件8起,认定华侨、归侨、"三侨生"身份26份。

【华侨华人到义乌访问交流概况】 1月9日,中国之窗文化产业集团董事长程利军、加拿大国际中国商会会长陈庆文、中南美洲中国和平统一促进会秘书长成建新等30余名海外华人华侨到义乌,参加商城友谊奖颁奖典礼暨新春联谊会。

3月27日,巴西中国和平统一促进会会长尹楚平一行4人访问义乌,考察国际商贸城,寻求合作商机。

4月6日,澳大利亚浙江国际商会副会长刘宝伟一行4人到义乌考察市场,推动义乌与澳大利亚的合作交流。

5月17日,美国费城华裔事务主任张文龙一行4人到义乌考察,推动义乌与费城的交流与合作。

6月17日,西班牙青田同乡会会长倪晔敏到义乌,对接在义乌投资设立西班牙产品展销中心等事宜。

9月26日,巴西里约中国和平统一促进会会长林非凡一行4人访问义乌,考察义乌市场。

10月20日至22日,日本义乌(金华)总商会会长马健携13家日本企业到义乌考察对接。其中日本大三和有限会社注资中日合资企业正式入驻义乌金融商务区福田银座。

10月25日,瑞安籍侨商考察团一行28人访问义乌,寻求合作发展。

11月4日,摩洛哥华侨杨小将陪同摩洛哥外贸银行总经理、总裁代表阿古米一行到义乌市场考察。

12月4日,中国高校北美校友会联盟会长、纽约南开大学校友会共同会长于开成到义乌考察。

12月21日,法中国际交流中心、欧洲创新创业中心创始主席陈明红访问义乌,与市外侨办、商务局建立联系,推动法国项目落地义乌。

12月27日,巴西商务文化中心董事长支玮中访问义乌,商讨在义乌打造"葡语国家青年创业中心""葡语国家跨境电商"及"葡语人才培养基地"的合作可行办法。

(王　宁)